Beck'scheReihe

BsR 152

Die philosophische Ethik findet sich dort, wo überkommene Lebensweisen und Institutionen ihre selbstverständliche Geltung verlieren. Das gilt genauso für ihre Anfänge im Griechenland des 5. und 4. Jahrhunderts v. Chr. wie für die zeitgenössischen Industriegesellschaften. Angesichts einer solchen Situation kann die Philosophie nicht einfach einen verlorengegangenen Konsens über sittlich-politische Werte wiederherstellen. Sie kann jedoch auf methodischem Weg – und ohne eine letzte Berufung auf politische und religiöse Autoritäten als solche oder auf das von alters her Gewohnte und Bewährte – Aussagen über die menschliche Existenz versuchen, die an der leitenden Idee eines humanen Lebens, eines Zusichselbstkommens der Menschen, orientiert sind.

Otfried Höffe, Maximilian Forschner, Alfred Schöpf und *Wilhelm Vossenkuhl* sind ordentliche Professoren für Philosophie in Tübingen, Erlangen, Würzburg und München. Weitere Informationen über die Autoren siehe S. 11.

Lexikon der Ethik

*Herausgegeben von Otfried Höffe
in Zusammenarbeit mit Maximilian Forschner,
Alfred Schöpf und Wilhelm Vossenkuhl*

Fünfte, neubearbeitete und erweiterte Auflage

VERLAG C. H. BECK

Die Deutsche Bibliothek – CIP-Einheitsaufnahme

Lexikon der Ethik / hrsg. von Otfried Höffe in Zusammenarbeit mit Maximilian Forschner . . . – Orig.-Ausg.,
5., neubearb. und erw. Aufl. – München : Beck, 1997
  (Beck'sche Reihe; 152)
  ISBN 3 406 42652 2

Originalausgabe
ISBN 3406 42652 2

Fünfte, neubearbeitete und erweiterte Auflage. 1997
Umschlagentwurf: Uwe Göbel, München
© C. H. Beck'sche Verlagsbuchhandlung (Oscar Beck), München 1977
Gesamtherstellung: C. H. Beck'sche Buchdruckerei, Nördlingen
Gedruckt auf säurefreiem, alterungsbeständigem Papier
(hergestellt aus chlorfrei gebleichtem Zellstoff)
Printed in Germany

Inhalt

Vorwort zur fünften Auflage

Da das Grundkonzept des Lexikons vielfache Zustimmung gefunden hat, könnte sich eine Neuauflage mit einer Durchsicht der Artikel und deren gelegentlicher Überarbeitung zufriedengeben. Der Fortgang der ethischen Debatten, ihre Spezialisierung und Ausweitung sowie das Auftauchen neuer Positionen, macht aber immer wieder gründlichere Eingriffe erforderlich. Schon in den früheren Auflagen sind neue Artikel hinzugekommen, zunächst Bioethik und Epikureische Ethik, später Selbstmord, Tierschutz und Widerstandsrecht und in der vierten Auflage Anthropozentrik-Biozentrik, Diskursethik, Moralische Dilemmata und Rechtspositivismus. Außerdem wurden Artikel erweitert und neue Verweise aufgenommen, damals u. a. Forschungsethik, Gefangenendilemma, Gerechter Krieg, Imperativentheorie, Kooperation und Rechtssowie Staatsethik. Für die fünfte Auflage sind nicht bloß die Literaturangaben wieder auf den neuesten Stand gebracht und einige Artikel gründlich überarbeitet worden. Es wurden auch einige Artikel neu geschrieben: Handlung, Person, Wert, Wille. Und vor allem wurden mehr als zwanzig Artikel neu aufgenommen: Energieethik, Feministische Ethik und Gelassenheit, Gemeinsinn, Gentechnik, Gesellschaftsvertrag und Güter, Interkultureller Diskurs, Kommunitarismus, Kynische Ethik, Medienethik und Paternalismus, Philosophie der Befreiung, Pluralismus, Risikoethik, Schintoismus und Soziobiologie, nicht zuletzt Subsidiarität, Technikfolgen, Verdienstlichkeit, Weltrepublik und Willensschwäche. Dazu kommt eine Fülle neuer Verweiswörter, so daß das *Lexikon* wieder zeitgerecht ist.

Ein generelles Problem werfen die nichtwestlichen Ethiken auf. Das wachsende Selbstbewußtsein anderer Kulturen verlangt zu Recht jenen interkulturellen Diskurs, zu dem das *Lexikon* nur eine Vorarbeit, eine erste Kenntnisnahme ihrer Eigenart, leisten kann, und auch sie nur exemplarisch, für einige Beispiele.

Christoph Horn hat es freundlicherweise übernommen, einen Teil der Artikel von Alfred Schöpf durchzusehen und mehrere Artikel neu zu schreiben. Dafür sei ihm herzlich gedankt, ferner Nico Scarano für seine Mitarbeit.

Im Namen der Autoren danke ich für die vielen anerkennenden, auch kritischen Hinweise und freue mich, daß das *Lexikon* außerhalb des deutschen Sprachraumes Beachtung gefunden hat: Im Jahr 1993 erschien unter Federführung von Lukas Sosoe und der Mitwirkung von Yvette Lajeunesse die französische Übersetzung in zweiter Auflage; und eine russische und eine koreanische Übersetzung sind in Arbeit.

Tübingen, im Dezember 1996 · *Otfried Höffe*

Vorwort zur ersten Auflage

Fragen der Ethik stoßen heute wieder auf ein größeres Interesse. Für die wiedererwachte Aufmerksamkeit gibt es mannigfache Indizien und Gründe: die Rehabilitierung der praktischen Philosophie und die Diskussion um die Sinn- und Orientierungskrise fortgeschrittener Industriegesellschaften; die öffentlichen Debatten um die Grundwerte in Staat und Gesellschaft, um die Strafrechtsreform, den Umweltschutz und den Begriff der Lebensqualität; die Einführung des Philosophieunterrichts in der reformierten Oberstufe und in einigen Bundesländern des Ethikunterrichts. Angesichts dieser Situation will das *Lexikon der Ethik* ein informierender und zugleich kritischer „Ratgeber" sein.

Das Aufgabenfeld der Ethik wird hier nicht auf den engeren Bereich des „Moralischen" beschränkt, dem es vor allem um die persönliche Seite rechten Handelns geht, während der soziale und politische Aspekt weitgehend ausgeklammert bleibt. Ethik geht als philosophische Disziplin auf Aristoteles zurück. Bei ihm und in diesem Lexikon hat Ethik die weite Bedeutung, nach der auch Fragen der Anthropologie und der Politik (der Rechts-, Sozial- und Staatsphilosophie), dann auch der Religionsphilosophie zu ihr gehören. Die normativen Probleme, die sich in den persönlichen und politischen Bereichen und Aspekten unseres Lebens stellen, werden aufgegriffen und unter der Leitidee eines humanen, eines guten und gerechten Lebens reflektiert.

Zu den aufgenommenen Stichwörtern gehören sowohl zentrale ethische Positionen und Richtungen (wie „christliche" und „stoische Ethik", „Pragmatismus" und „Utilitarismus") als auch die Grundbegriffe der sittlich-politischen Praxis („Friede", „Recht", „Sittlichkeit" usf.) und ihrer wissenschaftlichen Reflexion (etwa „Moralprinzip" und „kategorischer Imperativ"), schließlich auch solche für die politische Ethik oder durch die Humanwissenschaften bedeutsam gewordenen Begriffe wie „Angst", „Diskriminierung" und „Krankheit", die in die deutschsprachige Diskussion der philosophischen Ethik noch kaum Eingang gefunden haben. Um das *Lexikon der Ethik* nicht in eine Überfülle von Kurzartikeln und Artikelchen aufzusplittern, schien es geboten, eine Reihe von Stichwörtern unter einem einzigen Hauptstichwort abzuhandeln (z. B. „Legalität", „Moralität", „praktische Vernunft" unter „Sittlichkeit"). Personenartikel sind nicht aufgenommen, jedoch verzeichnet der Anhang die wichtigsten Autoren aus der Geschichte der Ethik mit ihren Hauptwerken und deren greifbare Ausgaben, so daß bei den Artikeln selbst die „Klassiker der Ethik" nur mit dem Titel ihrer Werke verzeichnet sind. Ferner informiert der Anhang über allgemeine Hilfsmittel, die ebenso wie die Literaturhinweise zu den einzelnen Artikeln dem Weiterstudium dienen.

Das *Lexikon der Ethik* will nicht einfach ein Fremdwörterbuch für Fach- und Kunstausdrücke aus dem Umkreis der Ethik und ihrer verschiedenen Schulen sein. Trotz der gebotenen Kürze wird der Versuch unternommen, über die begriffliche und/oder historische Erläuterung des Stichwortes hinaus die zugrundeliegende Sachproblematik aufzuzeigen sowie auf Schwierigkeiten und Lösungsvorschläge aufmerksam zu machen. Überdies soll nicht bloß Information, sondern auch philosophische Analyse und Kritik vermittelt werden. Dabei werden weder fertige Rezepte oder dogmatische Lösungen angeboten noch wird eine enge Bindung an bestimmte Weltanschauungen eingegangen.

Die philosophische Ethik findet sich dort, wo überkommene Lebensweisen und Institutionen ihre selbstverständliche Geltung verlieren. Das gilt genauso für ihre Anfänge im Griechenland des 5. und 4. Jahrhunderts v. Chr. wie für die zeitgenössischen Industriegesellschaften. Angesichts einer solchen Situation kann die Philosophie nicht einfach einen verlorengegangenen Konsens über sittlich-politische Werte wiederherstellen. Sie kann jedoch auf methodischem Weg – und ohne eine letzte Berufung auf politische und religiöse Autoritäten als solche oder auf das von alters her Gewohnte und Bewährte – Aussagen über die menschliche Existenz versuchen, die an der leitenden Idee eines humanen Lebens, eines Zusichselbstkommens der Menschen, orientiert sind.

Aufgrund ihrer Herkunft aus der Philosophie fühlen sich die Autoren – bei aller persönlichen Verschiedenheit – sowohl dem Reflexionsniveau der klassischen Ethik als auch dem Methodenbewußtsein der mannigfachen Strömungen der Gegenwart verpflichtet. Zugleich ist ihnen bewußt, daß eine gegenwartsnahe Ethik nicht ohne Bezug auf die zeitgenössischen Humanwissenschaften auskommt. Bei der Behandlung der entsprechenden Sachbegriffe werden deshalb einige der für die Ethik bedeutsamen einzelwissenschaftlichen Forschungsergebnisse (aus der Psychoanalyse, der Verhaltensforschung, der politischen Wissenschaft usf.) aufgegriffen und zur Problematik des Sittlichen in Beziehung gesetzt.

München, im November 1976   *Otfried Höffe*

Die Autoren

Otfried Höffe (O. H.), geboren 1943, ist ordentlicher Professor für Philosophie an der Universität Tübingen. Buchveröffentlichungen: Praktische Philosophie – Das Modell des Aristoteles (1971, [2]1996); Strategien der Humanität. Zur Ethik öffentlicher Entscheidungsprozesse ([2]1985); Ethik und Politik. Grundmodelle und -probleme der praktischen Philosophie ([3]1987); Naturrecht (Vernunftrecht) ohne naturalistischen Fehlschluß (1980); Sittlich-politische Diskurse (1981); Immanuel Kant. Leben – Werk – Wirkung ([4]1996); Introduction à la philosophie pratique de Kant ([2]1993); Politische Gerechtigkeit. Grundlegung einer kritischen Philosophie von Recht und Staat (1987); Den Staat braucht selbst ein Volk von Teufeln. Philosophische Versuche zur Rechts- und Staatsethik (1988); Kategorische Rechtsprinzipien. Ein Kontrapunkt der Moderne (1990); Moral als Preis der Moderne. Ein Versuch über Wissenschaft, Technik und Umwelt ([3]1995); Aristoteles (1996); Vernunft und Recht. Bausteine zu einem interkulturellen Rechtsdiskurs (1996); Hrsg. u. a.: Einführung in die utilitaristische Ethik ([2]1992); John Rawls, Gerechtigkeit als Fairneß (1977); Über John Rawls' Theorie der Gerechtigkeit (1977); Grundlegung zur Metaphysik der Sitten. Ein kooperativer Kommentar ([2]1993); Klassiker der Philosophie, 2 Bde. ([3]1994); Reihe „Große Denker" und „Klassiker Auslegen"; Herausgeber der „Zeitschrift für philosophische Forschung".

Maximilian Forschner (M. F.), geboren 1943, ist ordentlicher Professor für Philosophie an der Universität Erlangen. Wichtigste Veröffentlichungen: Gesetz und Freiheit. Zum Problem der Autonomie bei I. Kant (1974); J.-J. Rousseau (1977); Die Stoische Ethik. Über den Zusammenhang von Natur-, Sprach- und Moralphilosophie im altstoischen System ([2]1995); Mensch und Gesellschaft. Grundbegriffe der Sozialphilosophie (1989); Über das Glück des Menschen. Aristoteles, Epikur, Stoa, Thomas v. Aquin, Kant ([2]1994); Mithrsg. der Reihe „Symposion"; Beiträge in Fachzeitschriften und Sammelbänden.

Christoph Horn (C. H.), geboren 1964, ist Wissenschaftlicher Mitarbeiter am Philosophischen Seminar der Universität Tübingen. Veröffentlichungen: Plotin über Sein, Zahl und Einheit. Eine Studie zu den systematischen Grundlagen der Enneaden (1995); Augustinus (1995); Hrsg.: Augustinus, De civitate dei (Reihe Klassiker Auslegen, 1997); Aufsätze zur antiken und zur praktischen Philosophie.

Alfred Schöpf (A. S.), geboren 1938, ist ordentlicher Professor für Philosophie an der Universität Würzburg. Wichtigste Veröffentlichungen: Wahrheit und Wissen. Die Begründung der Erkenntnis bei Augustin (1965); Augustinus.

Einführung in sein Philosophieren (1970); Sigmund Freud (1982); Hrsg.: Studien zur Anthropologie 11 Bde. (1981 ff); Phantasie als anthropologisches Problem (1981); Aggression und Gewalt (1985); Mithrsg.: Wie erkennt der Mensch die Welt? Geistes- und Naturwissenschaftler im Dialog (1984); Beiträge in Fachzeitschriften und Sammelbänden.

Wilhelm Vossenkuhl (W. V.), geboren 1945, ist ordentlicher Professor für Philosophie an der Universität München. Wichtigste Veröffentlichungen: Anatomie des Sprachgebrauchs. Über die Regeln, Intentionen und Konventionen menschlicher Verständigung (1982); Wittgenstein (1995); Hrsg.: Von Wittgenstein lernen (1992); Mithrsg.: Bedingungen der Möglichkeit. Transcendental Arguments und Transzendentales Denken (1984); Reading Kant (1989); Die Gegenwart Ockhams (1990); Moralische Entscheidung und rationale Wahl (1992); Beiträge im Bereich von Sprachphilosophie, Handlungstheorie, Ethik und Sozialphilosophie in Fachzeitschriften und Sammelbänden.

Abkürzungen

Innerhalb der einzelnen Artikel wurde das jeweilige Stichwort abgekürzt. Außerdem: E = Ethik; e = ethisch; sittl. = sittlich.

A

Abschreckung ↑ Strafe.

Absicht ↑ Gesinnung.

Absolutes ↑ Gott.

Absurd ↑ Existentialistische E.

Abtreibung ↑ wird der Abbruch der Schwangerschaft u. der Entwicklung embryonalen ↑ Lebens nach dem dreizehnten Tag der Empfängnis genannt, nach dem sich das befruchtete Ei in die Gebärmutter eingenistet hat (Nidation). Nach diesem Zeitpunkt gilt das ungeborene Leben als zu schützendes Rechtsgut. Die grundsätzliche Straffreiheit der A. innerhalb von 12 Wochen nach der Empfängnis durch einen Arzt mit der Einwilligung der Schwangeren nach vorheriger Beratung (Fristenmodell § 218 a StGB) lehnte das Bundesverfassungsgericht trotz mehrheitlicher Befürwortung durch den Bundestag als verfassungswidrig ab. Nach dem Indikationenmodell (§ 218 b StGB) kann die Schwangerschaft nach 12 Wochen zeitlich unbegrenzt bei unzumutbarer körperlicher u. seelischer Schädigung der Frau (medizinische Indikation), innerhalb von 22 Wochen bei einer Schädigung des Kindes (genetische Ind.) u. innerhalb von 12 Wochen nach der Empfängnis durch ein Sexualdelikt (e Ind.) mit Einwilligung der Frau durch einen Arzt abgebrochen werden. In der Schweiz (Art. 120 StGB) kommt ein Indikationenmodell zur Anwendung, sofern die schriftliche Zustimmung der Schwangeren u. ein Gutachten eines zweiten, behördlich ermächtigten Facharztes vorliegen, während in Österreich (§ 97 StGB) die A. entsprechend dem Fristenmodell straffrei bleibt. – Für die Freigabe der A. werden als pragmatische Argumente die hohe Zahl illegaler A., die mit ihnen verbundene Gefahr für das Leben der Frau, deren Konfliktsituation bei ungewollter Schwangerschaft durch die Strafandrohung des StGB, die weitgehende Wirkungslosigkeit der Strafandrohung und als prinzipielles Argument das Selbstbestimmungsrecht der Frau angeführt. Die Gegner der A. wenden sich mit sittl. u. verfassungsrechtlichen Argumenten gegen den generellen Vorrang des Selbstbestimmungsrechts der Frau gegenüber dem Rechtsgut des Embryos, verweisen auf die normbildende Kraft strafrechtlicher Sanktionen u. betonen den vollgültigen Schutzanspruch des werdenden Lebens. Im Gegensatz zu dieser Argumentation der A.-Gegner steht der umstrittene Einwand, die Identität des Kindes u. das ↑ Recht auf Leben seien erst Resultat eines sozialpsychologischen Prozesses u. weder der Embryo noch das Kleinkind ein Rechtsgut. Für die sittl. Argumente spricht die verfassungsrechtliche Absicherung des ↑ Grundrechts auf Leben (Art. 2, 2 GG). Der Gesetzgeber kann daher Rechtfertigungsgründe für die A. nur als letztes Mittel, nicht aber prinzipiell anerkennen, um tatsächliche Gefahren für das Leben u. die körperliche und seelische Gesundheit der Schwangeren u. des Kindes unter Berücksichtigung aller Lebensumstände abzuwenden.

Lit.: G. Rüpke, Persönlichkeitsrecht u. Schwangerschaftsunterbrechung sowie R. Spaemann, Am Ende der Debatte um § 218 u. Haben Ungeborene ein Recht auf Leben? in: Zeitschrift für Rechtspolitik (1974); W. Vossenkuhl, A. aus e Sicht, in: Münchener Mediz. Wochenschrift (1981); H. Poettgen (Hrsg.), Die ungewollte Schwangerschaft, Köln-Lövenich 1982; P. Singer, Praktische E, Stuttgart 1984, Kap, 6; ders. Rethinking Life and Death, Oxford 1994, Kap. 5; J. Glover, Causing Death and Saving Lives, London [2]1990, chap. 9–11; R. Dworkin, Die Grenze des Lebens, Hamburg 1994; M. Kindl, Philosophische Bewertungsmöglichkeiten der A., Berlin 1996; R. Spaemann, Personen, Stuttgart 1996; A. Kuhlmann, A. u. Selbstbestimmung, Frankfurt/M. 1996. *W. V.*

Abulie heißt die weitgehende strukturelle Unfähigkeit, das eigene Lebensschicksal in ↑ freiwilliger Weise zu gestalten. Sie kann vorwiegend physiologische Ursachen haben (z. B. hirnorganische Schädigungen), ebenso können psychologisch-soziologische Gesichtspunkte in den Vordergrund rücken (wie bei ↑ Suchterkrankungen, bei Neurosen u. Psychosen: ↑ Krankheit). *A. S.*

Achtung ↑ Gefühl, Pflicht.

Ärgernis ↑ Moral u. Sitte.

Ästhetische Moral ↑ Spiel.

Affekt ↑ Leidenschaft.

Agape ↑ Liebe.

Aggression ↑ Gewalt.

Altern ↑ Leben.

Altruismus ↑ Wohlwollen

Amoralismus ↑ Nihilismus.

Analytische E ↑ Metaethik, Methoden der E.

Anarchismus ↑ Herrschaft.

Anerkennung ↑ Kommunikation.

Angeborenes Verhalten ↑ Instinkt.

Angewandte E ↑ Kasuistik, medizinische E.

Angst ↑ Unter A. verstehen wir das Gefühl, in unserer ganzen Existenz ausgesetzt u. bedroht zu sein. Im Unterschied zur Furcht, die das Woher der Bedrohung als bestimmte Gefahr lokalisieren kann, bleibt es in der A. anonym u. unbestimmbar. Für die Besinnung auf das sittl. Handeln ist dieses Phänomen deshalb bedeutsam, weil durch es der ↑ Handlungs- u. Entscheidungsspielraum des Menschen entscheidend vorbestimmt wird. Nach *Freud* machen vor allem die bedrohliche Einengung der menschlichen Existenz, der Verlust an bewußter Entscheidungsfähigkeit die A. zum Grundphänomen der Neurose (↑ Krankheit). Von seiten des unbewußt-libidinösen Verlangens erscheint die A. als Kehrseite des nicht befriedigten Wunsches. Sie ist die Art u. Weise, wie sich die unerledigten Spannungen im Seelenleben äußern. Von seiten der Realität gründet sie sich zuerst auf die Erfahrung wirklicher Gefahren, etwa des drohenden Liebesverlustes (Real.-A.). Ein dieser Gefahrensituation vorausgehendes Ereignis wird künftig als A.signal wahrgenommen, das zur Vermeidung der Situation mahnt. In jedem Fall ist damit eine Einschränkung der inneren oder äußeren Bewegungsfreiheit des Handelnden verbunden. Die klinische Erfahrung veranlaßte die Psychoanalyse, als Grundtendenzen die A. vor mitmenschlicher Nähe (schizoide A.), vor Näheverlust (depressive A.), vor Wandel u. Veränderung (zwanghafte A.), vor dem Bleibenden u. Beständigen (hysterische A.) zu unterscheiden. Mehr oder weniger ausgeprägt bilden sie den unbewußten Erfahrungshintergrund allen menschlichen Handelns. Sie können jedoch in einem derart bedrohlichen Maße anwachsen, daß sie die normalen Lebensäußerungen (↑ Liebe, ↑ Arbeit, ↑ Genuß u. ↑ Freude) erheblich einschränken. Die sittl. Verantwortung kann dann nur darin bestehen, ihre Wiederherstellung durch ↑ Psychotherapie anzustreben. Diese ist allerdings nicht in der Lage, den Menschen a.frei zu machen, sondern nur die Bedingungen zu schaffen, daß er A. relativ eigenverantwortlich übernehmen kann. In bestimmter Hinsicht ist nach *Heidegger* die A. eine notwendige Bedingung menschlicher ↑ Entscheidungsfähigkeit, da in ihr die Unwiderruflichkeit u. Einmaligkeit jeder zeitlichen Handlung bewußt wird (↑ existentialistische E). Während in der alltäglichen Existenzform, die im Besorgen der Dinge u. im Man aufgeht, diese A. verdeckt ist, wird sie in der existentiellen Wahl in der Sorge um die eigene Existenz angesichts des Todes offengelegt.

Lit.: S. Kierkegaard, Der Begriff der A.; S. Freud, Hemmung, Symptom und A.; M.. Heidegger, Sein und Zeit, Tübingen ⁹1960, § 40 f; W. v. Baeyer, W. v. Baeyer-Katte, A., Frankfurt/M. 1973; H. W. Krohne,. Theorien der A., Stuttgart 1976; F. Riemann, Grundformen der A., München u. a. 1984; F. Strian, A. u. A.krankheiten, München 1995; H. Lang, H. Faller (Hrsg.), Das Phänomen A., Frankfurt/M. ·1996.   *A. S.*

Anomalie ↑ Norm.

Anomie ↑ Gesellschaft.

Anpassung ↑ Konformität.

Anstand ↑ Moral u. Sitte.

Anthropologie ↑ Mensch.

Anthropozentrisch heißt ein Denken, das den ↑ Menschen (griech. anthropos), **biozentrisch** eines, das jedes ↑ Leben (griech. bios) in den Mittelpunkt stellt. Die oft emotional geführte Debatte übersieht in der Regel, daß kein Entweder-Oder vorliegt, vielmehr sind gemäßigte Formen a. u. b. Denkens durchaus miteinander verträglich. Der Mensch kann, wie das b. Denken annimmt, in einem Kontinuum von Gemeinsamkeiten mit anderen Naturwesen stehen u. trotzdem, wie das a. Denken sagt, einen signifikanten Vorrang einnehmen u. durchaus die „Krone der Schöpfung" sein. Außerdem übersieht man den Unterschied, der zwischen einer bloß theoretischen Interpretation u. den praktischen Folgerungen besteht; dort geht es um einen bloßen Vorrang, hier um Vor*rechte;* von ↑ sittl. Belang ist unmittelbar nur ein *praktischer,* nicht ein *theoretischer A.ismus.*

Nach Ansicht mancher ↑ Tierschutz- u. ↑ UmweltschutzE trägt das a. Denken – mit seinen ↑ jüdischen u. ↑ christlichen Wurzeln (die Rede ist sogar von deren „gnadenlosen Folgen": *Améry)* u. der neuzeitlichen Verschärfung – die größte ↑ Verantwortung an der einschlägigen „Unterdrückung u. Ausbeutung" der ↑ Natur. Derartige Genealogien sind aber schon deshalb simplifizierend, weil einerseits für die heutigen Umweltprobleme weit mehr Faktoren zuständig sind, z. B. auch die frühneuzeitliche Umwertung sittl. illegitimer Leidenschaften in sittl. neutrale, sogar positive Interessen; etwa wird aus Habgier jetzt Gewinnstreben. Außerdem gibt es hinsichtlich der Naturbeziehung sowohl im Christentum (*Franziskus* oder *A. Schweitzer)* wie in der Aufklärungsepoche *(Montaigne)* „Häretiker". Vor allem bestätigt eine nähere Interpretation der biblischen Texte (*Gen.,* Kap. 1–9, *Hiob,* Kap. 38–39 u. Psalm 72 u. 104) zwar deren a.es Denken (trotz *Prediger* 3,19), sieht aber auch, daß sie gegen die Natur, immerhin Gottes Schöpfung, ein Verhältnis der Hege u. Pflege gebieten. U. das sog. Dominium terrae („machet euch die Erde untertan") ist im Zusammenhang altoriental.

Herrschaftsdenkens zu lesen; ihm zufolge obliegt dem Herrscher, als Statthalter Gottes, die Sorge für die Armen u. die Schwachen. Ähnlich zu modifizieren ist die Interpretation des fast schon berüchtigten *Descartes*-Wortes von den Menschen als „Herren u. Besitzern der Natur". Herr ist, wer sich in den Naturkräften – immer: zum Wohl des Menschen, also *humanitärer A.ismus –* auskennt (wobei es *Descartes* auf ↑ Medizin u. Ingenieurkunst ankommt), Besitzer, wer sich die Natur zunutze machen darf. Dabei versteht es sich – in der Aufklärungsepoche generell –, daß nur eine schlichte Nutznießung u. kein *despotischer A.ismus* erlaubt ist.

Kritiker des a. Denkens halten es für einen Gattungsegoismus, der ebenso verwerflich wie Rassismus sei. Kritiker des b. Denkens sehen dagegen kulturelle Errungenschaften bedroht, namentlich den ↑ Personencharakter des Menschen. Zumindest in einer Hinsicht ist a. Denken unaufgebbar u. die Gegenposition, ein *radikaler B.ismus,* zu verwerfen: Ohne einen überlegenen Rang des Menschen kann man von ihm nicht fordern, was für eine Tierschutz- und UmweltschutzE unverzichtbar, der Natur als Natur aber fremd ist, sich nämlich auch gegen Nichtartgenossen sittl. zu verhalten. Insofern wir nur ein einziges animal morale kennen, verdient der Prototyp des a. Denkens in der Moderne, *Kant,* Zustimmung: sittl. Subjekt ist allein der Mensch. Aus dieser Einsicht eines *fundamental-e* oder *gemäßigten A.ismus* folgt allerdings nicht ein *radikaler A.ismus,* demzufolge sittl.

Ansprüche lediglich dem Menschen zugute kommen können oder sollen, weshalb es Pflichten nicht „gegen" Tiere, sondern nur „in Ansehung von" Tieren gebe *(Kant)*. Schon um des Menschen willen (aus ästhet., aus pädagog., aus Ressourcen-Gründen usw.), aber nicht nur um seinetwillen verdient alles Leben Schutz *(gemäßigter B.ismus)*; je nach ihrer Organisationshöhe verdienen Lebewesen aber einen größeren Schutz, Tiere z.B., die schmerz- u. leidensfähig sind, einen höheren Schutz als Tiere, die es nicht sind. Nach demselben Kriterium gebührt aber dem Menschen ein nochmals höherer Schutz. – Das in b. Denken beliebte Wort von der „Heiligkeit des Lebens" hat vielleicht dieselbe Intention, bleibt trotzdem eine Verlegenheit. Denn in der subhumanen Natur lebt Leben vom Leben; u. um des bloßen Überlebens willen kann der Mensch zwar auf tierische, aber nicht auf pflanzliche Nahrung verzichten. Im übrigen gebührt Heiligkeit – u. ebenso Ehrfurcht – lediglich ↑ Gott; nach Überwindung des Animismus durch den Monotheismus ist dem Menschen diese Einstellung gegenüber allem natürlichen Leben versperrt.

Lit.: Montaigne, Essay de cruauté, in: Essais; Descartes, Abhandlung über die Methode, 6. Kap.; I. Kant, Kritik der Urteilskraft, §§ 61–68; ders., Metaphys. Anfangsgründe der Tugendlehre, § 17; A. Schweitzer, Kultur u. E, München 1960, bes. Kap. XXI–XXII; ders., Die Lehre von der Ehrfurcht vor dem Leben, Berlin 1963; J. Passmore, Man's Responsibility for Nature, London ²1970; C. Améry, Das Ende der Vor-

sehung. Die gnadenlosen Folgen des Christentums, Hamburg 1972; C. Westermann, Genesis, Neukirchen 1974; O. Steck, Welt u. Umwelt, Stuttgart u. a. 1978; H. Jonas, Das Prinzip Verantwortung, Frankfurt/M. 1979; D. Birnbacher (Hrsg.), Ökologie u. E, Stuttgart 1980; K. M. Meyer-Abich, Wege zum Frieden mit der Natur, München 1984; ders., Aufstand für die Natur, München 1990; F. Ricken, A.ismus oder B.ismus? in: Theologie u. Philosophie 62 (1987) 1–21; O. Höffe, Moral als Preis der Moderne, Frankfurt/M. ³1995, bes. Kap. 12; A. Krebs (Hrsg.), NaturE, Frankfurt/M. 1996.
O. H.

Antiautoritäre Erziehung ↑ Autorität, Erziehung.

Antipathie ↑ Liebe.

Antisemitismus ↑ Diskriminierung.

Antizipation ↑ Utopie.

Apathie ↑ Stoische E.

Arbeit, wiewohl im Alltag, in Mythos u. Dichtung der meisten Kultursprachen ein häufig gebrauchtes Wort mit wechselnder u. vielfältiger Bedeutung, wurde erst spät zu einem Terminus der philos. Reflexion (im Übergang von der auf agrarisch-handwerklicher Grundlage ruhenden Gesellschaft zur modernen industriellen Welt, v.a. durch *J. Locke, J.-J. Rousseau, A. Smith, G. W. F. Hegel, K. Marx, F. Engels*). Der vorphilos. Sprachgebrauch verweist auf drei grundlegende Bedeutungen: A. als Mühsal, Not, Beschwerde, A. als gewollte u. bewußte Tätigkeit zur Sicherung des Lebensunterhaltes u.

Verbesserung der Lebensbedingungen u. A. als Resultat dieser Anstrengung: als *Leistung*, Werk. A. im heutigen Sprachgebrauch, in dem die Widerfahrnisbedeutung von A. verlorengegangen ist, meint Tätigkeit des Menschen in Abhängigkeit von Natur u. natürlicher Bedürftigkeit zum Zweck der Lebensunterhaltung u. -verbesserung. Durch planvolle Aneignung, Indienstnahme u. Aufbereitung der Natur, durch ,Produktion' von Werkzeugen, von Gebrauchs- u. Verbrauchsgütern unterscheidet sich der Mensch vom Tier. So gesehen wird die Genese des Wortes (lat. arvum: Ackerland) ebenso wie die späte begriffliche Präzisierung u. Interpretation des Phänomens A. verständlich (*Rousseau* etwa spricht von A. erst im Zusammenhang der Agrikultur, 2. Disc., 2. Teil): Sie orientiert sich einseitig am Modell des Bearbeitens von Grund u. Boden u. von Naturdingen, nach dem Modell handwerklicher Tätigkeit, in der das arbeitende Subjekt einen Stoff formiert. Sowohl die antik-mittelalterliche Unterscheidung von knechtischer A. u. freier Tätigkeit, von mühsamer Aufbereitung widerständiger Natur (opera servilia) u. von freier Betätigung in Kunst, ↑ Wissenschaft, Kult u. Staatsdienst (opera liberalia) wie der neuzeitliche Gedanke der Selbstschöpfung im Prozeß der Aneignung u. Unterwerfung von Natur, in dem der Mensch sich in seinen Produkten vergegenständlicht u. aus der Naturabhängigkeit zu sich selbst befreit u. herausbildet, haben hier ihre Wurzel. In der Tat deckt die Bearbeitung von Natur u. die Herstellung von Instrumenten, in denen sich die generalisierten Erfahrungen des Arbeitenden mit seinem Objekt niederschlagen, einen Großteil von A. ab, wenn auch A. sich nicht in Herstellen u. instrumentellem Handeln erschöpft (vgl. etwa Sammeln u. Jagen, Dienstleistungen etc.).

Bestimmt man A. indessen von ihrem Zweck her als jegliche planvolle Leistung zur Sicherung des Lebensunterhaltes u. Verbesserung der Lebensbedingungen, so muß sie nach wie vor als Grundbedingung menschlichen Lebens u. Fundament aller Kulturleistungen angesehen werden. Aber das Recht der tradierten Abgrenzung von A. u. Muße *(freie Zeit)*, von A. u. ↑ *Kommunikation*, von A. u. ↑ Spiel bleibt gewahrt. Während man immer auch arbeitet, um zu leben (das Moment möglicher Selbstverwirklichung in der A. ist damit keineswegs geleugnet), haben Mußetätigkeiten, Spiel, z. T. auch kommunikative Praxis ihren Zweck in sich selbst. A. in Gestalt handwerklich-technischen Hervorbringens kann nicht zum Paradigma menschlichen Tätigseins überhaupt gemacht werden (so etwa bei *F. Engels)*, zwischen sprachlichem Handeln, kommunikativem Handeln u. A. ist zu unterscheiden, erst aus ihrem dialektischen Zusammenspiel u. nicht durch Reduzierung der Interaktion auf A. kann die Konstitutionsgeschichte des Menschen u. der Gesellschaft zureichend verstanden werden. Wie jener theologische Gedanke, der A. als Fortführung u. Vollendung göttlicher Schöpfungstat u. *A.ethos, Berufsethos, Fleiß* als Signum sich bewährender Auserwählung interpretiert (↑ Berufsethik), so überanstrengt auch die Philosophie einen Begriff, wenn sie die „Erzeugung einer gegenständlichen Welt" im Prozeß der A., die produktive Tätigkeit zum entscheidenden „Gattungscharakter des Menschen" *(Marx)* macht. Eine Entmythologisierung des A.begriffs u. die Differenzierung des ↑ Handlungsbegriffs ist um so dringender, als die A. in der technisch-industriellen Welt durch die Einführung von Teilfertigung, des mechanisch-normierten A.rhythmus u. der lückenlosen Kontrolle sowie das komplexen Systems der Dienstleistungen für den einzelnen (↑ Individuum)eine immer geringere Möglichkeit der Selbstrealisierung u. Befriedigung bietet.

Lit.: A. Smith, Der Wohlstand der Nationen; G. W. F. Hegel, Jenenser Realphilosophie; ders., Phänomenologie des Geistes, Abschnitt B: Selbstbewußtsein; ders.,Rechtsphilosophie,III. Teil, 2. Abschn. A: Das System der Bedürfnisse; K. Marx, Ökonomisch-philosophische Manuskripte aus dem Jahre 1844; ders., Das Kapital, MEW Bd. 23–25; F. Engels, Anteil der A. an der Menschwerdung des Affen, MEW Bd. 20; M. Scheler, A. und E. (1899), in: Frühe Schriften, Bern 1971; F. Giese, Philosophie der A., Halle 1932; H. Marcuse, Die philosophischen Grundlagen des wirtschaftswissenschaftlichen A.begriffs (1932), Kultur u. Gesellschaft, Bd. II, Frankfurt/M. 1965; M. D. Chenu, Pour une théologie du travail, Paris 1955; J. Huizinga, Homo ludens. Vom Ursprung der Kultur im Spiel, Hamburg 1956; H. Arendt, Vita activa oder vom tätigen Leben, Stuttgart 1960; R. C. Kwant, Philosophy of Labour, Pittsburg 1960; J. Habermas, A. u. Interaktion, Technik u. Wissenschaft als ‚Ideo-

logie', Frankfurt/M. [2]1968; M. Riedel, Art. A., Handb. philos. Grundbegriffe, Bd. I; W. Conze, Art. A., Geschichtliche Grundbegriffe, Bd, 1; Th Ebert, Poiesis u. Praxis, Zeitschr. f. philos. Forsch. Bd. 30, 1976; J. Moltmann (Hrsg.), Recht auf A. – Sinn der A., München 1979; S. Müller, Phänomenologie u. philosophische Theorie der A., 2 Bde., Freiburg/München 1992, 1994.
M. F.

Arbeitsethos ↑ Arbeit.

Argumentation ↑ Begründung.

Armut ↑ Eigentum, Verzicht.

Askese ↑ Verzicht.

Asozial ↑ Sozialisation.

Ataraxie ↑ Epikureische E, stoische E.

Atheismus ↑ Gott.

Aufklärung ↑ Moralkritik.

Ausbeutung ↑ Entfremdung.

Ausnahmesituation ↑ Notsituation.

Autarkie ↑ Glück.

Autonomie ↑ Freiheit.

Autorität nennen wir die natürliche oder erworbene Überlegenheit von Personen oder Institutionen, die eine Anerkennung ihres Vorranges u. ein Befolgen ihrer Anordnungen *(Gehorsam)* erwarten. In der ↑ Sozialisation erfährt der heranwachsende Mensch eine strukturelle Überlegenheit der Erziehungspersonen, weil er bestimmte Funktionen zur Sicherung der eigenen Bedürfnisbefriedigung noch nicht selbst übernehmen u. daher noch nicht gleichberechtigt interagieren kann. Wenn sich die Erziehungspraxis an der Abwendung wirklicher Gefahren für das Kind u. an den realen Möglichkeiten der Bedürfnisbefriedigung orientiert, begründet sie natürliche A., die zu Recht ein Sicheinfügen fordern kann, sich aber in *autoritäre* oder *antiautoritäre* Erziehung pervertiert, wenn sie an deren Stelle das eigene Machtstreben oder die Indifferenz u. Beliebigkeit setzt. Im gesellschaftlich-politischen Leben ist die A. dann legitim, wenn der einzelne aufgrund eigener Entscheidung an ihr partizipieren kann (formale Anerkennung bzw. Autorisierung: ↑ Demokratie) u. seine wesentlichen Bedürfnisse in ihr befriedigt findet (inhaltliche Anerkennung). Legitime A. u. Einsicht bedingen sich gegenseitig. Institutionen werden dann autoritär, wenn sich der Herrschaftsanspruch einzelner oder weniger von der Zustimmung aller ablöst (Hierarchisierung der Macht) u. über ihre Bedürfnisse hinwegsetzt (↑ Entfremdung). Die antiautoritäre Reaktion dagegen betont abstrakt die Freiheit des einzelnen gegen alle gesellschaftliche Bindung (Anarchie). Beide Positionen schließen sittl. Handeln aus, die eine aufgrund mangelnder Selbstbestimmung des einzelnen, die andere aufgrund fehlender Übereinstimmung u. ↑ Sitte.

Lit.: Th. Hobbes, Leviathan, Kap. 14–20; H. G. Gadamer, Wahrheit und Methode, Tübingen ²1965, S. 261 f; H. Arendt, Was ist A.? in: Fragwürdige Traditionsbestände im politischen Denken der Gegenwart, Frankfurt/M. o. J. (1957); Th. Eschenburg, Über A., Frankfurt/M. 1965; H. Marcuse, Studie über A. u. Familie, in: Ideen zu einer kritischen Theorie der Gesellschaft, Frankfurt/M. 1969; M. Horkheimer, A. u. Familie, Ges. Schr. Bd. 3, Frankfurt/M. 1988, S. 326–417.   *A. S.*

Axiologie ↑ Wert.

B

Barmherzigkeit ↑ Christliche E.

Bedeutung ↑ Gesinnung, MetaE.

Bedürfnis. Das menschliche Handeln ist von B.en bestimmt. Im Unterschied zum Tier, bei dem ein großer Teil durch angeborene Auslösemechanismen u. Umweltfaktoren determiniert ist u. kausal die Reaktionen bestimmt, hat der Mensch durch Denken u. Sprache die Möglichkeit, sie als Motive seiner ↑ Handlungen aufzunehmen, sie zu verwirklichen, zu modifizieren oder zu unterdrücken. Dadurch gewinnt er ein freieres u. ↑ willentlicheres Verhältnis zu ihnen. Bedeutsam wird die Frage nach den B.en unter dem Blickwinkel, daß ↑ sittl. Handeln die wahren, die „vernünftigen" B.e des Menschen aufgreifen und realisieren müsse. Die Bedürftigkeit des Menschen ist biologisch in der Notwendigkeit begründet, sich selbst erhalten u. fortpflanzen zu müssen. Wird der homöostatische Gleichgewichtszustand des Organismus mit seiner Umwelt unter- oder überschritten, dann treten Triebreize im Körperinnern auf, die wie Hunger, Durst u. sexuelle Reize auf Befriedigung drängen, um die Selbsterhaltung zu sichern. Diese körperlichen Vorgänge auf der Grundlage von Instinktresten, worin der Mensch Gemeinsamkeiten mit dem Tier hat, spiegeln sich auch in seinem Erleben (psychische Repräsentation) wider. In den Vorstellungen u. Affekten (↑ Leidenschaft) des Menschen drücken sich seine B.e aus. Wir nennen diese psychologische Seite der menschlichen B.e seine Wünsche. Triebreize u. Wünsche zusammen, d. h. die psychophysische Einheit der menschlichen B.e, nennt *Freud Trieb*. Allein von seiner ↑ instinktiven Basis u. seiner Naturausstattung her wäre der Mensch nicht in der Lage zu überleben. Seine biologische Undifferenziertheit, die *Gehlen* als Mängelwesen interpretiert, kann er nur durch die psychischen Funktionen des Gedächtnisses, der Phantasie, des Denkens u. Handelns ausgleichen, um seine B.befriedigung zu sichern. Dem Einzelmenschen gelingt es nicht, sie sicherzustellen, vielmehr ist er zur Interaktion mit seinen Mitmenschen genötigt. Obgleich die Inhalte der menschlichen B.e biologisch vorstrukturiert sind, liegen sie nicht endgültig fest, sondern werden durch gesellschaftliche Prozesse u. die psychische Verarbeitung des Einzelmenschen modifiziert u. weiterentwickelt.

Der frühkindliche Versuch, die Befriedigung in ungeschiedener Einheit u. unmittelbar von den Pflegepersonen zu erhalten, wird schon früh versagt. Je nach Stand der körperlichen Reifung u. psychologischen Entwicklung muß das Kind lernen, seine B.friedigung von Stufe zu Stufe differenzierter zu organisieren, so z. B. seine Befriedigung aufzuschieben, zu ↑ verzichten, um sie durch Zwischenschritte des Denkens u. Handelns zu erarbeiten. Dabei ist es abhängig von dem, was durch die Pflegepersonen an B.en gesellschaftlich akzeptiert wird u. möglich ist. Die Diskrepanz zwischen den eigenen B.en u. dem gesellschaftlich Erlaubten wird verinnerlicht u. führt zu einer psychologischen Aufgliederung der B.e in solche, die nie zugelassen oder wieder verdrängt wurden (die *Es*bedürfnisse), solche, die gegenüber der Realität vertretbar sind (die Ichbedürfnisse oder *Interessen)*, solche, die die gesellschaftlichen Verbote repräsentieren (die Über-Ich-, Schuld- oder Strafbedürfnisse). Da sogar ein großer Anteil der Ich-b. oder Interessen dem einzelnen gesellschaftlich vermittelt wird, ohne daß ihm dies bewußt wird, ist es schwierig, seine wahren B.e u. Interessen zu erkennen. Zum Teil sind sie im Prozeß gesellschaftlicher Entwicklung zurückgeblieben u. zu unbewußten Es-Anteilen geworden *(Adorno).* Damit aber sind sie dem reflexiven Wissen um sich so lange unzugänglich, als sie nicht durch affektive Erfahrung wiederbelebt u. in die Einheit der ↑ Person reintegriert werden. – Die B.befriedigung kann allein in Auseinandersetzung mit der Natur u. den Mitmenschen erreicht werden, d. h. sie ist durch ↑ Arbeit vermittelt. Die Abhängigkeit der Arbeit des einzelnen von der aller anderen führt zur Arbeitsteilung u. zugleich zu einer Weiterdifferenzierung der B.e *(Hegel).* Die Frage, ob jeder Arbeitende für seine eigenen B.e produziert, scheint nur so lange positiv beantwortbar, wie er in geeigneter Form den Produktionsprozeß mitbestimmen kann. Wo dies nicht der Fall ist, wie bei der Entgegensetzung von Kapital u. Arbeit zu Zeiten der ersten industriellen Revolution *(Marx)* oder in gegenwärtigen ökonomischen Organisationsformen ohne geeignete Mitbestimmung, erhebt sich die Frage, ob sich nicht die ökonomische Entwicklung von der eigentlichen B.lage der Menschen entfernt, künstliche B.e produziert u. zur Luxus- oder Konsumgesellschaft fortschreitet. Die gesellschaftliche Seite der B.entwicklung verlangt vom sittl. Handelnden zu prüfen, ob die wahren menschlichen B.e mit den sozial anerkannten übereinstimmen oder nicht.

Lit.: G. W. F. Hegel, Grundlinien der Philosophie des Rechts, §§ 188–200; S. Freud, Triebe u. Triebschicksale; A. Gehlen, Der Mensch, Frankfurt/M. 1971; Th. W. Adorno, Zum Verhältnis von Soziologie u. Psychologie, Schriften Bd. 8, Frankfurt/M. 1972, S. 42 f; D. Claessens, Instinkt, Psyche, Geltung, Köln-Opladen ²1970; S. Moser u. a. (Hrsg.), Die wahren B.e, Stuttgart 1977; W. Vossenkuhl, Zur Legitimationsfunktion sozialer B.e, in: C. Hubig u. a. (Hrsg.), Konsequenzen kritischer Wissenschaftstheorie, Berlin 1978; K. Meyer-Abich/D. Birnbacher (Hrsg.), Was braucht der Mensch, um glücklich zu sein? München 1979; H. Stachowiak, B.e, Werte u. Normen im Wandel, München u. a. 1982; K.-O. Hondrich/R. Vollmer (Hrsg.), B.e, Stabilität u. Wandel, Opladen 1983; D. Wiggins, Needs, Values, Truth, Oxford 1987; D. Braybrooke, Meeting Needs, Princeton 1991.   *A. S.*

Befindlichkeit ↑ Existentialistische E.

Befreiung ↑ Philosophie der Befreiung.

Begegnung ↑ Kommunikation.

Begierde ↑ Leidenschaft.

Begründung. Welches Handeln sittl. geboten, verboten oder erlaubt ist – dessen sind sich die Menschen nicht immer sicher, u. noch weniger sind sie sich untereinander darüber einig. In drei Stufen zunehmender Radikalität beziehen sich Unsicherheit u. Uneinigkeit entweder auf die Anwendung einer Handlungsmaxime (↑ Norm) in einer konkreten Situation oder auf die Sittlichkeit der Maxime oder das Kriterium u. Prinzip der Sittlichkeit, dabei auch auf die Grundfrage, warum man sich überhaupt auf den Standpunkt der ↑ Sittlichkeit stellen u. nicht auf dem des ↑ Selbstinteresses verbleiben soll. Diese Fragen zu beantworten ist das Ziel der *(Normen-)*B. Sie ist nur dort belanglos, wo man glaubt, sittl. Urteile aufstellen zu können, ohne sie selbst oder ihre Kriterien zu überprüfen. Im Gegensatz zu einem solchen *Dogmatismus* sucht die ↑ E seit der griechischen Aufklärung *(Sophisten, Sokrates)* auch im Bereich von ↑ Moral u. Sitte nach rationaler *Argumentation,* nach B. oder *Rechtfertigung.* Zwar findet man häufig sowohl Gründe für als auch wider die Richtigkeit gewisser Maximen. Aber daraus folgt noch nicht, daß der Bereich des Praktischen einem objektiven *Erkennen* nicht zugänglich sei *(e Skeptizismus).*

Eine philosophisch zufriedenstellende B. ist ein zweiteiliger, methodisch mehrfach differenzierter Prozeß (↑ Methoden der E). Der erste Teil ist reduktiv: Nach der Vorfrage, warum es überhaupt normative Anforderungen braucht, sucht man in einer Selbstreflexion des sittl. Bewußtseins dieses auf sein Prinzip u. Kriterium zurückzuführen. Dazu muß man bei einem konkreten sittlichen Urteil (der Synthesis einer sittl. Maxime mit den wechselnden Situationsbedingungen) vom nicht-sittl. Element (den Situationsbedingungen, auch von geschichtlich-gesellschaftlichen Vorgaben) abstrahieren, ebenso von den verschiedenen Inhalten der Maximen, so daß nur eine formale Gleichheit, die Qualität des Sittl. selbst, übrigbleibt. Das ist der Begriff einer Verpflichtung, die schlechthin oder unbedingt gültig ist, d. h. unabhängig von den zufälligen Gegebenheiten individueller, geschichtlich-gesellschaftlicher, selbst gattungsmäßiger Natur. Sittl. Gebote oder Verbote sind objektiv, notwendig u. allgemein (für jedes Vernunftwesen) gültig. Sie haben ihren Ursprung in der Selbstbestimmung des Willens (Prinzip ↑ Freiheit im Sinne von Autonomie). Letztlich ist man nicht deshalb sittl., weil es dem langfristigen eigenen oder gemeinsamen Wohlergehen (↑ Utiliarismus) dient, sondern weil man nur beim sittl. Handeln selbstgesetzten Geboten folgt, also im strengen Sinn frei ist. Das Kriterium für die Autonomie eines Handelns ist die Verallgemeinerbarkeit der Maxime, der das Handeln folgt (↑ kategorischer Imperativ). Ebenso kann man sagen, daß eine Maxime sittl. ist, die ein idealer (unparteiischer u. rationaler) Beobachter wählen bzw. die aus einer idealen Beratungssituation (*Rawls*, ↑ konstruktive E, ↑ kritische Theorie) hervorgehen würde.

Der zweite Teil der B. ist deduktiv: Mit Hilfe der genannten Kriterien kann man Handlungsmaximen, somit auch unsere moralischen Alltagsurteile auf die Sittlichkeit hin prüfen u. sie bestätigen oder revidieren. Im Gegensatz zur Vorstellung einer mechanischen Subsumptionsmöglichkeit schreiben die entsprechend begründeten Maximen in der Regel noch kein konkretes Handeln vor. Sie haben vielmehr die methodische Bedeutung von normativen Leitprinzipien, die (wie: Versprechen zu halten, anderen in Not zu helfen, aber auch wie das Prinzip des ↑ Utilitarismus oder die ↑ Goldene Regel) einen weiteren methodischen Schritt erfordern. Aufgrund von oft umfangreichen empirischen Kenntnissen u. teilweise recht komplizierten Beurteilungsprozessen (z. B. gilt es, die fremde Not zu erkennen, sie genau zu diagnostizieren u. die rechten Mittel der Hilfe zu finden) sind die Leitprinzipien ↑ situationsgemäß anzuwenden.

Durch die B. wird weder der sittl. Standpunkt noch ein konkretes sittl. Urteil aus dem Nichts hervorgebracht. Eine gelebte Moral, ein schon vorhandenes sittl. Bewußtsein werden vielmehr über sich selbst aufgeklärt, evtl. auch kritisiert (↑ Moralkritik). Durch die Erkenntnis des Prinzips sieht man, daß sittl. Gebote nicht eine Sache willkürlicher Dezision oder persönlichen Gefühls, nicht eine Frage der Herkunft, des Taktes oder der eingespielten Konvention u. letztlich auch nicht bloß Gebote einer religiösen Instanz sind. Der Mensch wird sich vielmehr seiner Autonomie bewußt. Zugleich gewinnt er das Kriterium, nach dem sich die Autonomie seines Handelns prüfen läßt.

Lit.: I. Kant, Grundleg. z. Metaphysik der Sitten; ders., Kritik der praktischen Vernunft; V. Kraft, Die Grundlagen der Erkenntnis u. der Moral, Berlin 1968, 2. Teil; J. Rawls, Ein Entscheidungsverfahren f. d. normat. E, Texte zur E, München 1976; ders., Gerechtigkeit als Fairneß, Freiburg-München 1977, S. 34 ff; K. Baier, Der Standpunkt der Moral, Düsseldorf 1974; R. M. Hare, Freiheit u. Vernunft, Düsseldorf 1973; O. Höffe, E u. Politik, Frankfurt/M. [3]1987, Kap. 2, 3, 8; ders., Kategorische Rechtsprinzipien, Frankfurt/M. 1990; F. Kambartel (Hrsg.), Praktische Philosophie u. konstruktive Wissenschaftstheorie, Frankfurt/M. 1974; W. Oelmüller (Hrsg.), Materialien zur Normendiskussion, 3. Bde., Paderborn 1978–79; A. Pieper, Pragmat. u. e Normenb., Freiburg/München 1979; J. Habermas, Moralbewußtsein u. kommunikatives Handeln, Frankfurt/M. [2]1985; D. Brink, Moral Realism and the Foundations of Ethics, Cambridge 1989; A. Gibbard, Wise Choices, Apt Feelings. A Theory of Normative Judgement, Oxford/New York 1990. *O. H.*

Behaviorismus ↑ Belohnen u. Bestrafen, Strafe.

Belohnen u. Bestrafen sind mitmenschlich-gesellschaftliche Tätigkeiten, in denen eine Seite ihre Forderungen gegenüber der anderen dadurch wirksam zu machen versucht, daß sie die Erfüllung mit einem Vorteil bzw. die Nichterfüllung mit einem Nachteil verbindet. Die Aspekte von B. u. B. sind ansatzweise in allen menschlichen Interaktionen zu finden, besonders in jenen Bereichen, in denen die natürliche oder erworbene Überlegenheit bestimmter Personen oder Gruppen (↑ Autorität) die Beziehungen bestimmt: in ↑ Sozialisation u. ↑ Erziehung, ↑ Krankheit u. Therapie (↑ Psychotherapie) sowie im politischen Leben. Zur Frage der sittl. Berechtigung ist es nötig, verschiedene Auffassungen von B. u. B. zu unterscheiden. Eine erste enthüllt sich, wenn wir die Dimension menschlichen Handelns auf die Unterschicht der ↑ Bedürfnisbefriedigung u. hier ausschließlich auf die physiologische Schicht des Organismus im Verhältnis zu seiner Umwelt reduzieren. Die Verhaltenspsychologie nimmt an, daß der menschliche Organismus in einer dem Tier vergleichbaren Weise gemäß dem kausalen *Reiz (Stimulus)-Reaktionsmuster* (S-R-Schema) auf seine Umwelt reagiert. Alle Lernfortschritte im Verhalten entstehen durch B. u. B. von seiten der Umwelt. Die Theorie der klassischen *Konditionierung (Pawlow)* bediente sich der sog. bedingten Reflexe des Organismus (z. B. Magensaftsekretion beim Anblick von Speisen, Schließen der Augenlider bei Gefahr), um dem natürlichen Auslöser (z. B. Speise) einen anderen künstlichen unterschieben (z. B. Läuten einer Glokke; neutraler Stimulus). Durch die Paarung beider Stimuli lernt der Organismus auch auf das Läuten hin mit Magensaftsekretion zu reagieren (konditionierter Stimulus), weil er sozusagen über lange Zeit durch Bereitstellen von Speisen belohnt wurde. Die Theorie des operanten Konditionierens *(Skinner)* erweiterte diese mechanische Art des Lernens durch B. u. B. auf alles Verhalten. Jedes zufällig auftretende (= operante) Verhalten kann demzufolge in der Häufigkeit seines Auftretens (Emissionsrate) gesteigert werden, wenn ihm nachfolgend entweder Belohnung (Darbieten eines positiven oder Entzug eines negativen Verstärkers) oder Bestrafung (Darbieten eines negativen oder Entzug eines positiven Verstärkers) erfolgt. Als Verstärker gelten dabei alle pragmatisch gesehen erfolgreichen Stimuli. Eine philosophische Theorie, die ihre Erklärung von Mensch u. Gesellschaft ausschließlich auf dieses von der Umwelt bestimmte Verhalten stützt, heißt *Behaviorismus* (engl. behavior: Verhalten, Betragen). Diese Richtung wurde durch *J. B. Watson* begründet. B. u. B. erscheinen durch die Abstraktion vom psychischen Erleben, insbesondere von der Symbolisierungsfähigkeit sprachlichen Erlebens, als Moment eines ↑ deterministischen Umweltverhältnisses u. schließen Steuerung (Dressur) ein. Die sittl. Fragwürdigkeit dieser Auffassung besteht darin, daß sie sich methodisch „jenseits von Freiheit u. Würde" *(Skinner)* weiß u. daher leicht zur Manipulation des Menschen verwandt werden kann.

Wenn wir jedoch die Abstraktion der Verhaltenspsychologie aufheben u. in das Verhältnis des Organismus zu seiner Umwelt die spezifisch menschlichen Fähigkeiten der Verarbeitung von Erlebnissen durch Denken u. Sprache einbeziehen, wandelt

sich der Sinn von B. u. B. Es ist dann nicht mehr wissenschaftlich gleichgültig, welcher Art die gesellschaftlichen Forderungen sind, die durch Belohnung u. Bestrafung den Charakter von *Sanktionen* erhalten, u. es ist nicht nur eine Frage der Effektivität, wie das Verhalten des ↑ Individuums am besten gesteuert werden kann. Die Psychoanalyse unterscheidet zwischen autoritativen Forderungen, die dem Individuum einen überflüssigen ↑ Verzicht abnötigen, u. den Anforderungen der Realität, die den Stand des natürlich u. gesellschaftlich Notwendigen repräsentieren. Während B. u. B. im Dienste der Unterdrückung (punitiver Begriff von B. u. B.) die Einschränkung des Selbst durch innerpsychischen Zwang betreiben, ermöglichen B. u. B. im Dienste der Realität die Entwicklung eines Spielraums an eigener Verarbeitungsmöglichkeit u. ein relativ eigenständiges Selbst. Weil sie sich an eigene Einsicht u. ↑ freie Stellungnahme wenden, äußern sie sich sprachlich in Zustimmung u. Ablehnung, emotional in Liebeszuwendung oder -entzug (permissiver Begriff von B. u. B.). In diesem Falle sprechen wir eher von *Lob* u. *Tadel (Aristoteles)*.

Im Bereich der ↑ Sozialisation, in dem wir die künftige Selbständigkeit des Menschen antizipieren müssen, wird eine realitätsgerechte Erziehung sich an der permissiven Form von B. u. B. orientieren. Im Bereich von ↑ Krankheit u. ↑ Therapie verlangt es die ↑ Verantwortung gegenüber dem Kranken, so lange mit seiner Einsicht u. Selbständigkeit zu arbeiten, als noch Ansätze dafür vorhanden sind (↑ Medizin u. E). Die Tech-

niken der Verhaltenssteuerung bedürfen der Zustimmung des Kranken
oder können (z. B. bei schweren hirn-
organischen Schädigungen) in stell-
vertretender Verantwortung für un-
mündiges menschliches Leben wirksam eingesetzt werden. Im Bereich
des politischen Lebens werden sich
B. u. B. an der Idee des ↑ Rechts
orientieren u. bei der Verbrechensbe-
kämpfung vor allem die Angemessenheit der Mittel für den Zweck eines freien u. gemeinschaftlichen politischen Lebens bedenken (↑ Strafe).

Lit.: Aristoteles, Nikomach. E, Buch III;
S. Freud, Das Unbehagen in der Kultur,
Werke Bd. XIV; J. Pawlow, Die beding-
ten Reflexe, München 1972; B. F.
Skinner, Wissenschaft u. menschliches
Verhalten, München 1953; ders., Jen-
seits von Würde u. Freiheit, Rein-
bek/Hamburg 1973; Ch. Kraiker
(Hrsg.), Handbuch der Verhaltensthe-
rapie, München ²1975; M. Foucault,
Überwachen u. Strafen, Frankfurt/M.
1976. *A. S.*

Beratung ↑ Konstruktive E.

Beruf ↑ Arbeit.

Berufsethik bezeichnet den Teilbe-
reich moralphilosophischer Theori-
en, der sich mit jenen ↑ Pflichten befaßt, die sich aus den spezifischen
Aufgaben der verschiedenen Berufe
einer arbeitsteiligen ↑ Gesellschaft
ergeben. In einem umfassenden Sinn
wird von B. dann gesprochen, wenn
eine Theroie des guten ↑ Lebens die
berufliche Tätigkeit als für die ↑
Sittlichkeit u. Selbstentfaltung der
↑ Person konstitutiv erachtet. In Ansätzen wurde B. erst von der ↑ stoi-

schen E entwickelt. Der klassischen
griechischen Philosophie ist der Gedanke einer B. fremd, wohl durch
mangelnde positive Arbeitsgesinnung
bei der Oberschicht u. durch den
rechtlich wie politisch unfreien Status der arbeitenden Bevölkerung bedingt. Die ↑ teleologische Orientierung der E u. die Bestimmung des
↑ Ziels als geglückten Lebens von
Freien u. Gleichen in politischer
Handlungsgemeinschaft ließen ↑ Arbeit als unfreie Tätigkeit nicht ins
Blickfeld treten. Ebenso traten im
Urchristentum irdischer Berufseifer
u. Berufsethos hinter der Erwartung
des nahen Endes zurück. Das frühe
Mittelalter konzentrierte sich auf den
privilegierten Weg geistlicher Berufung. Durch *Luther* wurden der
weltliche Beruf zur Berufung durch
↑ Gott u. der Dienst am gottgewie-
senen Platz zum Gottesdienst. Der
reformierte Protestantismus *Calvins*
schließlich wertete den Beruf zum
Feld äußerer Bewährung u. Bekun-
dung innerer Erwählung durch Gott,
Berufseifer u. -erfolg zum zeitlichen
Signum ewigen Heils auf. Der deutsche Idealismus säkularisierte dieses
theologisch begründete Berufsethos
u. verstand Berufsarbeit als Möglichkeit der Selbstentfaltung der Person. Industrielle Revolution u. technische Entwicklung führten zu weitgehender Entmythologisierung dieser
Auffassung. Beruf wird zunehmend
verstanden als Ergebnis gesellschaftlich notwendiger Arbeitsteilung u.
fachlicher Spezialisierung u. als Mittel zum Erwerb des Lebensunter-
halts. Ein spezifisches Berufsethos
wird allenfalls von jenen Berufen erwartet bzw. beansprucht, deren Auf-

gabe das funktionale Spielregelsy-
stem der Tausch- u. Marktgesell-
schaft transzendiert (Arzt, Wissenschaftler, Politiker, Künstler, etc.:
↑ Medizin u. E, ↑ Standes E ↑ WissenschaftsE).

Lit.: Cicero, De officiis, Buch I; Ambrosius, De officiis ministrorum;
E. Durkheim, Physik der Sitten u. des
Rechts, frz. 1950, dt. Frankfurt/M.
1991, 1.–3. V.; A. Auer, Zum christlichen Verständnis der Berufsarbeit nach
Thomas v. Aquin u. Luther, 1953; Max
Weber, Die protestantische E, I, Hamburg ³ 1973; ders., Der Beruf zur Politik; Vom inneren Beruf zur Wissenschaft, in: M. Weber, Soziologie. Uni-
versalgeschichtliche Analysen. Politik,
Stuttgart ⁵ 1973; H. Gatzen, Beruf bei
M. Luther u. in der industriellen Gesellschaft, Diss. Münster 1964; A. Müller,
B. Schnyder (Hrsg.), Berufsethische
Fragen, Freiburg i. U. 1969.   *M. F.*

Besitz ↑ Eigentum.

Besonnenheit (gr. sophrosyne, lat.
temperantia) hat seit den Anfängen
der E ihren Ort unter den vier Kardinaltugenden, die als Grundtugenden die elementaren Dispositionen
sittl. Exzellenz darstellen (↑ Tapferkeit, ↑ Klugheit, ↑ Gerechtigkeit).
Historisch gründet sie sich auf die
Zurückweisung des Hochmuts (Hybris) in der populären griechischen E.
Während die umgangssprachliche
Verwendung des Wortes B. die
↑ Tugend vernünftig abwägenden
Verhaltens im Gegensatz zu distanz-
los unmittelbarer Affektivität u. zu
maßloser Begierde (Pleonexie) überhaupt benennt, ist der Bedeutungs-
horizont von B. in der philosophischen Terminologie (der *platonisch-*

aristotelischen Tradition) enger gefaßt: B. als Tugend des rechten *Ma-*
ßes bezüglich *leiblicher* Begierde u.
Lustempfindung. Das griechische
Wort sophrosyne meint zunächst
ganz allgemein den ‚gesunden Sinn‘,
der sich durch die Bestimmung des
Sich-selbst-Kennens, durch die Fähigkeit, sich mit den Augen der anderen zu sehen, im objektivierenden
Bewußtsein eigener Möglichkeiten u.
Grenzen, im vernünftigen Verhalten
gegen Götter u. Menschen sowie in
der ordnenden (Selbst-) Beherrschung der ‚blinden‘ Begierden äußert. *Platon* betont vor allem den
politischen Aspekt dieser Tugend. B.
als „Mäßigung der Begierden"
(Politeia 430e) bringt sowohl in der
Seele wie in der Polis das Bessere
über das Schlechtere zu ordnender
Herrschaft. In engem Anschluß an
Platons Seelenmodell, doch nun ausschließlich auf die Person des Handelnden u. seine Leiblichkeit bezogen, definiert *Aristoteles* B. als die
Tugend jenes irrationalen Seelenteils
des Menschen, der die mit den Tieren gemeinsamen Kräfte, Begierden
u. entsprechenden Formen des Genießens zum Zweck der Erhaltung
des Lebens enthält. B. ist die Tugend
der Mäßigkeit im Essen, Trinken u.
Zeugen, die gehörige Mitte hinsichtlich leiblicher Begierde u . Lustempfindung, die Tugend vernunftgeleite-
ter Ordnung natürlichen Begehrens
u. Genießens. Darin unterscheidet sie
sich von der Tugend der *Selbstbe-*
herrschung (enkrateia), die nicht natürliche Begierden ordnet, sondern
gegen unvernünftiges Begehren an-
kämpft. Diese spezifische Bedeutung
von B. erhält sich über *Thomas v.*

Aquin bis in die deutsche Schulphilosophie hinein. In der Neuzeit wird der Begriff zum Teil aus dem Rahmen der Tugendlehre gelöst u. zur Grundkategorie der Anthropologie erhoben: B. als Fähigkeit zur Reflexion u. damit als Voraussetzung der Sprache *(Herder)*, B. als Fähigkeit, zum Augenblick Distanz zu gewinnen, u. damit als Voraussetzung jeder Kulturleistung *(Schopenhauer)*.

Lit.: Platon, Charmides; Aristoteles, Nikomach. E, Buch III, 13–15; Thomas v. Aquin, S. theol. II–II, qu. 141; ders., Quaestio disp. de virtutibus cardinalibus; D. S. Hutchinson, The Virtues of Aristoteles, London 1986; A. Gehlen, Der Mensch, Bonn[6]1958, S. 88 f; J. Pieper, Zucht u. Maß, München [8]1960; N. North, Sophrosyne. Self-Knowledge and Self-Restraint in Greek Literature, Cornell Studies in Class. Phil. Bd. 35, 1966; N. Van der Ben, The Charmides of Plato, Amsterdam 1985; O. Höffe, Moral als Preis der Moderne, Frankfurt/M. [3]1995, Kap. 10–12.
M. F.

Bestrafen ↑ Belohnen u. Bestrafen, Strafe.

Bildung ↑ Erziehung.

Billigkeit ↑ Gerechtigkeit.

Die **Bioethik** (gr. bios, Leben) versteht sich als eine interdisziplinär angelegte Überlebenswissenschaft, die vor allem zwischen den Geistes- u. den Natur- ↑ Wissenschaften Brücken schlagen will. Gerichtet gegen eine bloß instrumentelle Beziehung zur ↑ Natur, befaßt sie sich mit den wirtschaftlichen, gesellschaftlichen, politischen, auch kulturellen Voraussetzungen der menschlichen Naturbeziehung. Erweitert zu einer *biomedizinischen Ethik* erörtert sie sittl. Fragen von Geburt, ↑ Leben u. Tod, insbesondere im Hinblick auf neuere Entwicklungen u. Möglichkeiten der biologisch-medizinischen Forschung u. Therapie. Sie untersucht u. a. die sittl. Problematik von ↑ Abtreibung, Sterilisation u. Geburtenregelung, von ↑ (Gen-) Manipulation, Sterbehilfe/Euthanasie u. Humanexperimenten (↑ medizinische E), auch den ↑ Tierschutz.

Lit.: T. A. Shannon (Hrsg.), Bioethics, Mahwah N. J. [3]1987; L. Walters, Bibliography of Bioethics, Detroit 1977 ff; W. T. Reich (Hrsg.), Encyclopedia of Bioethics, 5 Bde., New York [2]1995; T. L. Beauchamp, J. F. Childress, Principles of Biomedical Ethics, New York/Oxford [3]1989; O. Höffe, Sittl.-polit. Diskurse, Frankfurt/M. 1981, 3. T.; P. Singer, Praktische E, Stuttgart 1984; H. T. Engelhardt, The Foundations of Bioethics, Oxford/New York 1986; H.-M. Sass (Hrsg.), B. in den USA, Berlin u. a. 1988; M.-H. Parizean (Hrsg.), Les fondements de la bioéthique, Brüssel 1992; J. Harris, Wonderwoman and Superman: The Ethics of Biotechnology, Oxford 1992; J. Ach, A. Gaidt (Hrsg.), Herausforderung der B., Stuttgart-Bad Cannstatt 1993; R. M. Hare, Essays on Bioethics, Oxford 1993; J. Harris, Der Wert des Lebens, Berlin 1995. *O. H.*

Biologismus (griech. bios: Leben) ist eine ↑ Ideologie, die die natürlichen u. organischen Bedingungen des ↑ Lebens, seiner Entwicklung (↑ evolutionistische E, Soziobiologie) u. Erhaltung als Basis der gesamten physischen u. geistigen Wirklichkeit des ↑ Menschen u. der ↑ Gesellschaft betrachtet. Der B. leitet von den biologischen Lebensbedingungen u. ↑ Bedürfnissen des Menschen, seinen Erbanlagen u. Umweltbedingungen sowohl die ↑ Normen des Handelns wie die Prinzipien des Erkennens ab. Als ↑ Weltanschauung diente der B. dem Nationalsozialismus als pseudowissenschaftliche Absicherung des Rassismus (↑ Diskriminierung).

Lit.: L. v. Bertalanffy, Das biologische Weltbild, Bern 1949; G. Ewald, Der biologisch-anthropologische Aufbau der Persönlichkeit, Stuttgart 1959; I. Fetscher, Der neue B., in: M. Kirfel, O. Walter (Hrsg.), Die Rückkehr der Führer, Wien/Zürich 1989, 221–224; E. O. Wilson, Biologie als Schicksal, Berlin 1980; P. Singer, The Expanding Circle. Ethics and Sociobiology, Oxford 1981; E. Voland, Grundriß der Soziobiologie, Stuttgart 1993.

W. V.

Böse, das. Das B. ist als Gegensatz zum ↑ Guten das schlechthin Verwerfliche. Da alles, was ist, gut ist *(Augustinus),* hat der metaphysische Begriff des B. keine Eigenwirklichkeit. Das B. ist danach nicht nur die Verneinung oder der Mangel des Guten, sondern entweder dessen radikaler Gegensatz (dualistischer Begriff des B.: *J. S. Mill)* oder innerhalb einer universellen Harmonie des Guten aufgehoben (monistischer Begriff des B.: *Spinoza).* Das B. setzt sich in seiner dualistischen Auffassung der radikalen Negation des Guten selbst als bejahbares „Gutes", während es nach der monistischen Auslegung lediglich eine Folge unvollständigen menschlichen Wissens ist, das, wäre es vollkommen, keinen Begriff des B. kennen würde. Als moralischer Begriff wird das B. an einem be-

stimmten, von religiösen Wertsetzungen u. sittl. ↑ Normen abhängigen Gut gemessen u. der Schwäche des menschlichen ↑ Willens im Handeln angelastet. Das moralische B. bedarf wie das metaphysische B. eines bösen Willens, der sich (in seiner Bosheit) bejaht u. bei absolutem Vorrang der Maximen der Selbstliebe des radikalen B. *(Kant),* der Umkehrung der sittl. Ordnung, fähig ist. Beide Begriffe des B. bezeichnen daher einen Konflikt eines einzelnen, sich selbst absolut setzenden Willens mit einem bestimmten Guten. – Es ist das Grundproblem der *Theodizee* (griech. theos: Gott; dike: Recht), wie es das B. geben könne, wenn es ↑ Gott gibt. Diese „Rechtfertigung Gottes" durch menschliche Vernunft *(Leibniz)* geht von der apriorischen Unvereinbarkeit des B. mit dem allmächtigen, allwissenden Gott aus u. sucht nach Erklärungsgründen in der ↑ Schuld der Menschen u. der ↑ Freiheit des endlichen Geistes, Gott schafft jedoch durch das B. das Gute *(Luther);* das B. hebt sich aufgrund seiner inneren Widersprüchlichkeit selbst auf *(Kant)* oder verschwindet als Übergangsphänomen des subjektiven (Moralität) im objektiven Geist (↑ Sittlichkeit: *Hegel).*

Die Möglichkeit des B. ist als grundsätzliche Fehlbarkeit für das Wesen des ↑ Menschen kennzeichnend: Er verfehlt in seinem Handeln immer schon die Synthese von Endlichkeit u. Unendlichkeit. Diese „Disproportion" u. Urschwäche *(P. Ricœur)* macht ihn zum B. fähig. Hinter diese Fähigkeit läßt sich das B. nicht zurückverfolgen; es ist seinem Ursprung nach unaufklärbar. Das

Faktum des B. kann aus der Schwäche des Menschen nur hervorgehen, weil es im Handeln von ihm gesetzt wird. Die Fähigkeit u. das Faktum des B. werden von der E, die eine sittl. ↑ Erziehung des Menschen fordert, vorausgesetzt. Im Übergang von der Möglichkeit zur Wirklichkeit des B., zur willentlichen Verfehlung, liegt der Grund menschlicher Schuld. Die ↑ christliche E versteht daher die *Sünde* nicht als unumgängliches Faktum, sondern als frei gewählte u. zu verantwortende willentliche Ablehnung des Guten. Auch als Verzweiflung u. Angst vor dem B. *(Kierkegaard)* ist die Sünde ein Nein des Willens zu Gott, der diese Schuld durch seinen Tod u. seine Auferstehung überwindet.

Im Unterschied zum sittl. B. ist das *Übel* nicht von Willen oder sittl. Entscheidungen abhängig, sondern auf Empfindungen von Unlust, Schmerz u. Mangel bezogen. Übel können als Folgen von Handlungen aus Unwissenheit oder unter äußerem Zwang durch Überlegung u. das Wissen um die Umstände u. den Zweck des Handelns gemildert oder vermieden werden *(Aristoteles)*. – Als reparable Entartungserscheinung in der Naturgeschichte der menschlichen Aggression (↑ Gewalt) betrachtet die Verhaltensforschung *(K. Lorenz)* das B. Sie reduziert damit das B. auf ein biologisches u. psychisches Phänomen. Dabei bleibt unklar, in welchem Sinn der Mensch für das B., das er tut, moralisch ↑ verantwortlich ist.

Lit.: Aristoteles, Nikom. E, Buch III; B. de Spinoza, Die E, Teil I; G. W. Leibniz, Die Theodizee, Hamburg ²1968; I.

Kant, Kritik der praktischen Vernunft, A 101–126; ders., Die Religion innerhalb der Grenzen der bloßen Vernunft, 1.–3. Stück; G. W. F. Hegel, Rechtsphilosophie, Das Gute u. das Gewissen; S. Kierkegaard, Der Begriff Angst, Kap. 4; J. S. Mill, Three Essays on Religion, London 1875, S. 186 ff; B. Welte, Über das B., Freiburg 1959; K. Lorenz, Das sogenannte B., Wien 1963, Abschn. 3; J. Hick, Evil and the God of Love, London ²1970, Teil I; P. Ricœur, Symbolik des B., Freiburg/München 1971, Teil I, Kap. 2, 3; A. Plantinga, God, Freedom and Evil, London 1975; A. Görres, K. Rahner, Das B., Freiburg 1982; Ch. Schulte, Radikal B., München 1988; Die Philosophie vor der Herausforderung des B.n, Studia philosophica, Bd. 52, Basel 1993; A. Schuller, W. v. Rahden (Hrsg.), Die andere Kraft. Zur Renaissance des B.n, Berlin 1993; C. Colpe, W.Schmidt-Biggemann (Hrsg.), Das B., Frankfurt/M. 1993; O. Höffe, A. Pieper (Hrsg.), F. W. J. Schelling, Über das Wesen der menschlichen Freiheit, Berlin 1995, Kap. 1 u. 4–7.   *W. V.*

Brauch ↑ Moral u. Sitte.

Brüderlichkeit ↑ Wohlwollen.

Buddhistische Ethik. Die im Buddhismus (Buddha, Sanskrit: der Erwachte, der Erleuchtete; Ehrentitel des Stifters *Siddharta,* genannt Gotama) enthaltene ↑ E stellt weder eine systematische Moralphilosophie noch eine göttliche Offenbarung, vielmehr den Weg zur Erleuchtung dar (als der endgültigen und vollständigen ↑ Freiheit von allen Fesseln u. ↑ Leiden des weltlichen, weil ↑ individuellen Lebens), gelehrt von dem, der diesen Weg gegangen ist. Ausgangspunkt der b. E ist der Grundsatz vom Leiden, zusammen-

gefaßt in den „Vier heiligen Wahrheiten": (1) Alles ↑ Leben ist unab-
lässigem Leiden unterworfen, das die
↑ Freuden so weit überwiegt, daß es
besser wäre, niemals geboren zu
sein. (2) Ursprung des Leidens sind
die ↑ Leidenschaften (die Begierde
nach Lust, der ↑ Wille zum ↑ Leben). (3) Die Befreiung von den Leidenschaften hebt alles Leiden auf.
(4) Der Weg zur Aufhebung des Leidens ist der „heilige, achtfache
Pfad". Er zeigt, wie man sich durch
↑ sittl. Selbst- ↑ Erziehung nach u.
nach von allen Trieben u. Illusionen
freimacht: rechte Anschauung
(gemäß den Lehren Buddhas), rechte
Gesinnung, rechtes Reden, rechtes
↑ Handeln, rechtes Lebens, rechtes
↑ Streben (als beständige geistige
Wachsamkeit), rechtes Denken u.
rechtes Sichversenken. Der heilige
Pfad enthält sittl. Grundhaltungen
(↑ Tugenden), keine detaillierten
Vorschriften u. ist so für die indivi-
duell u. soziokulturell wechselnden
Umstände des Lebens offen. Er gilt
seit Buddha als der „Mittlere Weg"
zwischen den beiden Extremen: der
Hingabe an die weltlichen, sinnlichen Leidenschaften u. Freuden einerseits u. der an die Selbstabtötung,
die asketischen Freuden andererseits.
Besondere Bedeutung kommt der
Meditation (↑ Spiritualität) zu, über
deren verschiedene „Techniken" und
Stufen detaillierte Anweisungen u.
Beschreibungen vorliegen. Für den
Zen(-Buddhismus) (japan.: Selbstver-
senkung), eine Aufnahme des chinesischen Chan-Buddhismus, besteht
sie im wesentlichen in der Übung der
in einer bestimmten Sitzhaltung vor-
genommenen, unter der Anleitung
von Meistern geübten Kontemplation.

Letztes Ziel des heiligen Pfades ist
das *Nirwana* (Sanskrit: das Verwe-
hen): die Erleuchtung u. Erlösung als
vollständiges Aufhören aller Leidenschaften, jedes Lebenstriebes. Es ist
ein Zustand, den der Heilige durch
stufenweise Vernichtung der Kar-
dinallaster Haß, Gier u. Wahn u.
damit verbunden der Komponenten
von Individualität erlangt, so daß
keine Wiedergeburt in einer individuellen Existenz mehr möglich (u.
notwendig) ist. Vom Standpunkt
des weltlichen Menschen ist das
Nirwana ein Nichts. Wer es aber erreicht hat, empfindet es als eine un-
sagbare, überweltliche Wonne: als die
schlechthin vollendete Stufe von
↑ Glück u. ↑ Frieden. Für die eine
Richtung des Buddhismus, den
Hinayana („kleines Fahrzeug" für
den Weg zur Erleuchtung), liegt das
Nirwana in der Abkehr von der
Welt. Der *Mahayana* („großes Fahrzeug") hält dagegen mindestens gelegentlich ein Nirwana, das „dem
Verlöschen einer Lampe gleicht",
nur für eine niedere Form. Die wahre
höchste Form ist keine negative Haltung der Weltentsagung, sondern die
dynamische u. aktive der Weltüber-
legenheit, in der ein Heiliger – für
alle Zeit von Nichtwissen, Leidenschaft u. Leid frei – unter Aufopferung u. Selbstverleugnung be-
ständig für das Wohl aller Lebewesen arbeitet: Grundprinzip u. Ideal
der b. E ist die Entwicklung einer
Haltung des Mitleids oder ↑ Wohlwollens, der (Nächsten-) ↑ Liebe u.
↑ Freundschaft zu allem Lebendigen,
die keinen verletzt, beleidigt, verach-

tet usw. Diese Haltung wird verstanden als Erweiterung der Grenzen seines Selbst durch Niederreißen der Grenzen zwischen sich u. anderen. Man gewinnt sie vor allem durch Meditation. Aufgrund der meditativen Auflösung der individuellen Existenz in die sie konstituierenden Komponenten wird man vom Begriff des Ego frei u. schrittweise zur schließlich grenzenlosen, alle Menschen, selbst alle Lebewesen umfassenden Ausdehnung des Selbst geführt.

Während sich der heilige Pfad vor allem an den Mönch wendet, fordert die b. E vom „Laien" die Beachtung von fünf Verboten: nicht zu töten, nicht zu stehlen, nicht zu lügen, keinen unerlaubten Geschlechtsverkehr auszuüben u. keine berauschenden Getränke zu genießen. Als Grundkriterium des sittl. richtigen Verhaltens kennt die b. E auch die ↑ Goldene Regel. – Die b. E lehnt den in der ↑ hinduistischen E gelehrten Vorrang der Brahmanen u. überhaupt das Kastenwesen als göttliche Institution ab. Die Mönchsorden kennen deshalb keine Kastenunterschiede. Gleichwohl zielt die b. E nicht auf Gesellschaftsreform, sondern nur auf die persönliche Vollkommenheit, die Erleuchtung, ab.

Wie in der ↑ hinduistischen E so spielen auch in der b. E die Begriffe des *Dharma,* des Gesetzes vom rechten Leben, und des *Karma,* der Vergeltung der Taten, eine große Rolle. In der b. E ist das Dharma seinerseits deren Werden u. Vergehen unterworfen. Die Kombination auf fünf Faktoren: Körper, Empfindung, Unterscheidungsvermögen, Begehren u. Bewußtsein, ergeben die verschiedenen Menschen, die deshalb keine Selbständigkeit beanspruchen, kein genuines Selbst.

Lit.: H. V. Glasenapp, Entwicklungsstufen des indischen Denkens. Untersuchungen über die Philosophie der Brahmanen u. Buddhisten, Halle 1940; T. Shcherbatsky, The Central Conception of Buddhism and the Meaning of the Word „dharma", London 1923, Nachdr. Kalkutta 1961; C. Regamey, B. Philosophie, München 1950; K. E. Neumann, Die Reden Gotamo Buddhas, 3 Bde., Zürich-Wien 1956–1957; E. Zücher, The Buddhist Conquest of China, Leiden 1959; E. Conze (Hrsg.), Im Zeichen Buddhas (b. Texte), Frankfurt/M./Hamburg 1957; E. Conze, Der Buddhismus, Stuttgart u. a. [6]1977; Buddha. Reden, Aus dem Pâlikanon, Stuttgart [2]1971; H. Dumoulin (Hrsg.), Buddhismus der Gegenwart, Freiburg/B. 1970; ders., Begegnung mit dem Buddhismus. Freiburg/B. u. a. 1978; D. T. Suzuki, Die große Befreiung. Einführung in den Zen-Buddhismus, Darmstadt [7]1976; H. Nakamura, The Basic Teachings of Buddhism, in: H. Dumoulin u. a. (Hrsg.), Buddhism in the Modern World, New York/London 1976; H. Dumoulin, Der Erleuchtungsweg des Zen im Buddhismus, Frankfurt/M. 1976; G. Szczesny, Die eine Botschaft u. die vielen Wege, Reinbek 1978; Pfad zur Erleuchtung, b. Grundtexte, Düsseldorf/Köln 1978; H. Saddhatissa, Buddhist Ethics, London 1987; R. Aitken, Ethik des Zen, München 1989; R. A. Mall, Buddhismus – Religion der Postmoderne?, Hildesheim 1990; H. Cheng, Exploring Zen, New York 1991; D. Keown, The Nature of Buddhist Ethics, London 1991; E. Frauwallner, Die Philosophie des Buddhismus, Berlin [4]1994.   *O. H.*

Bürgerliche Gesellschaft ↑ Gesellschaft.

Bürgertugend ↑ Freundschaft, Gemeinsinn.

C

Chancengleichheit ↑ Erziehung, Gleichheit.

Charakter ↑ Tugend.

Chiliasmus ↑ Utopie.

Chinesische Ethik faßt – unter dem generellen Vorbehalt der noch ausstehenden Klärung ostasiatischen Denkens – jene e Richtungen zusammen, die in China schon vor dem Einfluß der ↑ buddhistischen E existierten. Es handelt sich vor allem um drei, durchaus gegensätzliche u. auch in sich nicht etwa homogene, teils (kultisch-)religiös, teils philosophisch, teils lebenspraktisch bestimmte Schulen: (1) Der Konfuzianismus *(rujia)* beruft sich auf *Konfuzius* (Kong zi, 551–479 v. Chr.) und hat als weitere Hauptvertreter *Meng zi* (ca. 372–289 v. Chr.) und *Xun zi* (ca. 325–238 v. Chr.). (2) Der *Daoismus,* vorher Taoismus, *(daojia)* wird auf *Lao zi* (traditionell: 6. Jh. v. Chr.) und den ihm zugeschriebenen Text Daodejing zurückgeführt u. von *Zhuang zi* (ca. 369–286 v. Chr.) fortgeführt. (3) Der *Legismus* oder auch Legalismus *(fajia)* mit den Hauptvertretern *Shang Yang* (ca. 390–338 v. Chr.) und *Han Fei* (ca. 280–233 v. Chr.).

(1) *Konfuzianisches Denken* erstrebt eine Veränderung der Welt zum Guten durch sittl. Prinzipien u. einen edlen Herrscher. Es wendet sich nicht wie der Daoismus gegen kulturelle Errungenschaften u. fordert weder dessen Nicht-Handeln noch ein wirklichkeitsfremdes einfaches Leben, sondern – vor allem für den Herrscher – den edlen, „vollkommenen Menschen", der den sozialen Schichten adäquat, d. h. menschlich u. gerecht handelt. Güte, ↑ Menschlichkeit *(ren),* Pflichterfüllung *(yi),* Loyalität *(zhong)* etc. sollen auf dem Weg der sittl. Ordnung als der einzigen Möglichkeit der Selbstentfaltung geübt werden. *Konfuzius* wünscht eine ↑ Gesellschaft, die von tugendhaften Menschen regiert wird. Er glaubt aber nicht an die vollkommene Beseitigung des ↑ Bösen, sondern an dessen Kontrollierbarkeit, an die Macht sittl. Überzeugung u. Überredung, aber nicht durch *fa,* Gesetz (↑ Recht) u. ↑ Strafe, sondern durch Sitte *(li)* u. vorgelebtes Beispiel. Der Konfuzianismus, vor allem seine ↑ standes-e Festigung der Familienstruktur u. der absoluten Monarchie, wurde seit Beginn des 20. Jahrhunderts u. verstärkt durch den chinesischen Kommunismus für die politische, wissenschaftliche u. soziale Rückständigkeit Chinas verantwortlich gemacht. Grundelemente konfuzianischen Denkens behaupten sich nicht nur in China und Taiwan, sondern auch in Japan, Korea und südostasiatischen Staaten.

(2) Im daoistischen Denken heißt *dao* nicht nur der Weg, der ein Eintreten in eine umfassende Ordnung ermöglicht, sondern auch das eine unveränderliche, „methaphysische" Prinzip der Erschaffung u. ständigen Formung der Welt u. des Kosmos. Für den Daoismus gilt der Grund-

satz, daß es in der Natur nichts gibt, was nicht schon vollkommen wäre, wenngleich es sich auch in Wandlung befindet. Auf dieser Basis gerät der ↑ Mensch aber häufig mit seinen Zielen und selbstsüchtigem Handeln in Gegensatz zu dieser Ordnung. Für westliches Denken sieht die sich daraus ergebende Konsequenz – als die höchste sittl. Maxime – wie ein Verzicht auf die der natürlichen Ordnung zuwiderlaufende Individualität, eigenes Wünschen u. Handeln aus. Das einschlägige *wu wei* („Nicht-Handeln") wird von *Zhuang zi* aber durch ein Beispiel erläutert: Ein Metzger zerteilt ein Tier derart genau an den richtigen Stellen, daß es wie von selbst zerfällt. Es ist also nicht Passivität gemeint, sondern der Einsatz einer Persönlichkeit, die ohne unnötige Kraftanstrengung und durch ein Eintreten in die bestehende Ordnung ans Ziel kommt: Wo man die richtigen Voraussetzungen oder Kontexte schafft, tritt der Handelnde zugunsten der Handlung in den Hintergrund. Wer das entsprechende Ideal erreicht hat, kann die sittl. ↑ Tugenden erfüllen: frei von Ruhm, Selbstsucht u. ↑ Gewalt „richtig" zu handeln. Hinsichtlich der staatlichen ↑ Herrschaft gibt es im Daoismus zwei Momente: einerseits den anarchistischen Gedanken einer Ablehnung jeglicher ↑ Herrschaft und andererseits das Laissez-faire-Prinzip der Herrschaft, das die Gesellschaft gerne in einem unzivilisierten Urzustand sähe, mit einem „Heiligen" als Herrscher, der (ähnlich dem konfuzianischen Denken) durch Weisheit u. Vollkommenheit die Gesellschaft ordnet, aber selbst möglichst wenig

eingreift. Der Daoismus verbindet damit eine ↑ SozialE, die Luxus auf seiten der Mächtigen bei gleichzeitiger Armut des Volkes verurteilt und darüber hinaus viele zivilisatorische und kulturelle Errungenschaften als Entfremdungsphänomene kritisiert.

Nach dem religiösen Daoismus *(daojiao)* gewinnt Unsterblichkeit, wer über die spirituellen hinaus auch bestimmte körperliche Übungen, Diätvorschriften oder auch alchimistische Rezeption gewissenhaft beachtet. ↑ Glück ist aber primär durch Einklang mit der inneren und kosmischen äußeren Ordnung, einer interesselosen Lebendigkeit, erreichbar. Interessanterweise zählt das Daodejing traditionell auch zu den militärstrategischen Schriften; Kampfsportarten bzw. Formen der Selbstverteidigung wie *Judo* (chin.: roudao), *Gongfu* u. *Taijiquan* haben daoistischen Hintergrund. Letztlich lassen sich philosophischer und religiöser Daoismus nicht scharf voneinander trennen; sie bilden vielfältigste Mischformen aus. – Wie alles traditionelle Denken (mit Ausnahme des Legismus) und alle Formen der Religionsausübung wurde auch der Daoismus während der chinesischen Kulturrevolution (1966–1976) unterdrückt, wobei insbesondere das Moment der Opposition gegen die etablierte Regierung und die Verankerung des Daoismus in breiten Volksschichten eine Rolle gespielt haben wird.

(3) Das Denken der *fajia*, des *Legismus*, ist eine unmittelbar aus der Regierungspraxis entspringende politische Lehre. Ihr Zentralbegriff ist *fa*, positives ↑ Recht, das als Straf-

recht verstanden wird. Sie sucht mittels drakonischer Strafen selbst für kleine Vergehen jederart Regelverstoß zu verhindern und durch vielfältige Standards eine Gesellschaft zu konditionieren, die, kontrolliert vom Herrscher als einem uneingeschränkten Machtzentrum, fast automatisch funktionieren soll (legistisches Handeln ist im Sinne des daoistischen *wu wei* gedacht). Der Legismus knüpft an konfuzianisches und daoistisches Denken an, indem er *fa* als Gegenkonzept zu *li* (Ritus, ↑ Sitte) bildet und *dao* (Weg) vorrangig als Weise des Herrschens interpretiert.

Lit.: J. Legge (Hrsg.), The Chinese Classics, 4 Bde., Oxford 1893 ff; Shang Yang, The Book of Lord Shang, London 1928; R. Wilhelm (Hrsg.), Dschuang Dsi. Das wahre Buch vom südlichen Blütenland, Köln 1979; ders. (Hrsg.), Li Gi. Das Buch der Riten, Sitten u. Gebräuche, Köln 1981; ders. (Hrsg.), Mong Dsi. Die Lehrgespräche des Meister Meng K'o, Köln 1982; E. Schwarz (Hrsg.), Konfuzius. Gespräche des Meisters Kung (Lun Yü), München 1985; J. Knoblock (Übers.), Xunzi. A Translation and Study of the Complete Works, Vol. 1–3, Stanford 1988–94; W. Mögling, Die Kunst der Staatsführung. Die Schriften des Meisters Han Fei, Leipzig 1994; H. G. Möller (Hrsg.), Laotse, Tao te king. Nach den Seidentexten von Mawangdui, Frankfurt/M. 1995; H. Maspero, Taoism and Chinese Religion, Amherst 1981; K. Schipper, Le Corps taoiste, Paris 1982; Jean Levi, Dangers du discours, Aix-en-Provence 1985; B. Schwartz, The World of Thought in Ancient China, Cambridge 1985; A. C. Graham, Studies in Chinese Philosophy and Philosophical Literature, Singapure 1986; D. Hall, R. Ames, Thinking through Confucius, Albany 1987; A. C. Graham, Disputers of the Tao, Open Court, La Salle 1989; R. L. Taylor, The Religious Dimensions of Confucianism, New York 1990; S. Krieger, R. Trauzettel (Hrsg.), Konfuzianismus und die Modernisierung Chinas, Mainz 1990; H. Roetz, Ethik der Achsenzeit, Frankfurt/M. 1992; ders., Konfuzius, München 1995; I. Robinet, Geschichte des Taoismus, München 1995; M. Kaltenmark, Lao-Tzu u. der Taoismus, Frankfurt/M. 1996. *O. H./W. V.*

Christliche Ethik stellt insofern eine problematische Begriffsverbindung dar, als einerseits in der Geschichte des Christentums auftretende rationale Analysen, Argumentationen u. Theorien bezüglich des sittl. u. geglückten Lebens weder methodisch noch inhaltlich etwas genuin Christliches enthalten, als zum anderen spezifisch christl. Momente in den Auffassungen über Bedingungen, Mittel u. Ziele des guten Lebens wie der Methodik ihrer Erkenntnis sich dem philosophischen Anspruch auf rein rationale ↑ Begründung entziehen.

(a) Die ↑ Sittlichkeit des Alten wie des Neuen Testaments versteht sich als gläubig-praktische Antwort des Menschen auf den verpflichtenden göttlichen Anspruch. Legitimationsgrund der ↑ Normen u. Verhaltensregeln ist die Heiligkeit u. Allmacht des Gottes, das Ziel des sittl. Lebens die beglückende Partizipation des Menschen am Heil, das ↑ Gott selbst ist u. er allein zu verleihen vermag. Das biblische Ethos preist nicht den trefflichen Menschen u. den Weg selbstmächtiger ↑ Tugend (dies wäre Hochmut); es rühmt die Heiligkeit, Macht, ↑ Gerechtigkeit, ↑ Liebe u. das Erbarmen des Herrn, der seine

Herrlichkeit im Tun des gehorsamen Volkes bzw. von einzelnen offenbart. Christl. Moral ist theonom u. theozentrisch (↑ theologische E). Im Glauben an die historische Person Jesus als den gottgesandten Christus gewinnt sie das Paradigma eines gottgefälligen Lebens, das zur Nachfolge verpflichtet (Vorbild-E). Seine sittl. Botschaft findet sich im Neuen Testament in Weisungen u. Parabeln, in ↑ Tugend-, Lasterkatalogen u. Haustafeln ausgedrückt. Sieht man von deren Verschränkung mit der endzeitlichen Naherwartung ab, derzufolge viele radikale Forderungen Jesu wie der urchristlichen Gemeinden als zeitbedingte Mahnungen angesichts des drohenden Gerichts u. als Einlaßbedingungen für die nahe Gottesherrschaft verstanden werden müssen, so enthält sie wenig für das Christentum Spezielles u. findet sich z. T. auch im hellenistischen Judentum u. in der hellenistischen Popularphilosophie. Verallgemeinernd kann gesagt werden, daß Jesus vor allem in den in der Bergpredigt gesammelten Weisungen (Matthäus 5 ff; Lukas 6) einerseits die alttestamentlichen Gebote des Dekalogs (Exodus 20, ↑ jüdische E) als Zusammenfassung des Gotteswillens anerkennt (Markus 10, 17–19), andererseits jedoch universalisiert, radikalisiert u. verinnerlicht. Entscheidend wird das Doppelgebot der Gottes- u. Nächstenliebe (Markus 12, 28 ff; Matthäus 21, 37 ff), das sowohl seiner (teilweisen) partikular-völkischen Begrenzung im Alten Testament (Leviticus 19, 18; Deuteronomium 15, 2 ff; 23, 20; Psalm 137) entledigt wird als auch die ‚heidnischen‘ Tu-

genden der Achtung, Billigkeit, Gerechtigkeit u. ↑ Freundschaft (v. a. im Gebot der Feindesliebe Matthäus 5, 44 ff) überbietet. Diese ↑ Liebe, die sich in die Teiltugenden der Geduld, der Sanftmut, der *Barmherzigkeit,* der Friedfertigkeit, der Gelassenheit im Unrechtleiden u. des sich verschwendenden Einsatzes für andere gliedert (Matthäus 5), schafft befreiende Gemeinschaft mit dem zum Sünder gewordenen Mitmenschen u. läßt sich nicht mit Mitteln der ‚Weisheit dieser Welt‘, sondern nur in der gnadenhaft gläubigen Teilhabe am endzeitlichen Heilswerk Christi verstehen u. realisieren.

(b) Das Ausbleiben der Parusie machte den Schritt der urchristl. Gemeinden der Heiligen in die profane Geschichte notwendig. In der allmählichen Übernahme von Theorien stoischer (etwa durch *Clemens v. Alexandria*), neuplatonischer *(Irenäus, Augustinus)* u. aristotelischer *(Albertus Magnus, Thomas v. Aquin)* E dokumentiert sich das Ringen des Christentums um eine Synthese von natürlichem Moralgesetz u. Evangelium. Die Grundprobleme dieser c. E konzentrieren sich auf die Bestimmung des Verhältnisses von Natur u. Übernatur, von Sünde u. Erlösung, von ↑ Freiheit u. Gnade. Im Gegensatz zur klassischen griechischen Auffassung, die sittl. Verfehlung als Irrtum bzw. Schwäche der ↑ Vernunft gegenüber der ↑ Leidenschaft bestimmt, versteht das Christentum im Anschluß an alttestamentliche Gedanken die Sünde als freies Wollen des ↑ Bösen, als bewußte Auflehnung gegen Gott u. seine Schöpfungsordnung, deren Folge die schuldhafte

Verderbnis des Menschen unter der Herrschaft dämonischer Mächte ist. Ist konkrete Sünde so Resultat freier persönlicher Wahl, so sieht c. E sie zudem als Aktualisierung eines vorgegebenen sündhaften Habitus *(Erbsünde)*, der durch die Verfehlung Adams auf alle Nachkommen übergeht und nur durch den (gnadenhaften) Glauben an die Erlösung durch Christus aufgehoben werden kann (vgl. Paulus, Röm 5, 12 ff).

In der Interpretation dieser Sündhaftigkeit des nichterlösten Menschen unterscheiden sich die Kirchen. Während der Protestantismus dieses vorgängige Sein in der Sünde als freie Urtat des je eigenen Willens ansieht, der gleichwohl nicht das Bleiben in Gottes Willen u. das Zurückkehren in ihn als eigene Wahlmöglichkeit besitzt, betrifft im katholischen Verständnis die Erbsünde substantiell nur die übernatürliche, nicht aber die natürliche Konstitution des Menschen. Für die protestantischen Kirchen stellt somit die Konfrontation, in der sich die eschatologisch erfaßte Person des Christgläubigen u. der in der profanen Welt lebende mündige Mensch befindet, ein schwer lösbares Problem dar. Die reformatorische Absicht, sich nicht von einem gesetzlichen Denken, sondern allein von der Heilsbotschaft in Christus leiten zu lassen (sola fide, sola scriptura), versteht das jeweilige Handeln Gottes als das Gebot, das je neu zu hören sei u. sich nicht auf anthropologische u. geschöpfliche Vorbedingungen stützt. Gleichwohl gilt es, das in Christus bereits angebrochene Reich Gottes, das in seiner erwarteten Wiederkunft seiner Vollendung entgegensieht, in sittl. Weltverhalten tätig mitzugestalten. So hat die Reformation keine einheitliche systematische E, aber immer wieder Spielarten eines sozial u. politisch eminent wirksamen Ethos entwickelt: z. B. im Calvinismus englischer Prägung *(Puritanismus)* mit seiner eigenartigen Verschränkung von Bewährung des Glaubens in einem asketischen Leben u. energischer Weltgestaltung, oder im *Pietismus,* der die Pflege gläubiger Innerlichkeit mit einem tätigen Christentum verbindet.

Auf der Basis der Unterscheidung von Natur u. Übernatur u. ihrer teleologischen Beziehung in der Gnadenlehre (die Gnade setzt die Natur voraus u. vollendet sie) kann die katholische ↑ Moraltheologie eine von den heilsgeschichtlichen Dogmen relativ unabhängige allgemeine E entwickeln (bestehend v. a. aus stoischem ↑ Naturrecht u. aristotelischer Tugendlehre), die durch die theologischen Theoreme der Heilstaten Gottes in Christus u. seiner Kirche nicht außer Geltung gesetzt, sondern positiv überhöht wird. In diesem Sinn wird selbst dem ‚Heiden‘, der sich nicht bewußt u. willentlich der Gnade des Glaubens verschließt, die wenn auch erschwerte Möglichkeit eines guten Lebens u. eine (denkbare) natürliche Glückseligkeit im Jenseits zugestanden. Im Ausgang von einer rationalen, natürlichen E. beinhaltet dann die Moraltheologie die Lehre von den religiös-sittl. Verpflichtungen des durch die Taufe zum übernatürlichen Sein erhobenen Menschen. Die Aufgabe der Bewahrung u. Vermehrung der empfangenen Rechtfertigung erfüllt sich in der Pflege des Glaubens (u. der Erfüllung kultischer Obligationen), der ↑ Hoffnung u. der tätigen christl. Liebe. Neben der E von den notwendigen Anforderungen christl. Existenz tritt schließlich noch jene eines vollkommenen Status, für den die evangelischen Räte der Armut, des Gehorsams u. der Keuschheit konstitutiv sind (Matthäus 19, 12; 19, 21; *Thomas v. Aquin*, Summa theol. I–II, q. 100 a 2; q 108 a 4; Summa c. gent. III, 30) u. in dem die Radikalität der eschatologischen Jesus-E aufbewahrt bleibt. Seit der industriellen Revolution u. der Emanzipation des vierten Standes, die die Kirchen in einem verhängnisvollen Bündnis mit bestehenden Staats- u. Gesellschaftsformen vorfanden, besinnt sich der Katholizismus schließlich wieder im Anschluß an *Thomas v. Aquin* auf Probleme einer christl. ↑ SozialE. In entsprechenden Enzykliken der Päpste werden jene Normen entfaltet, die in allen Gesellschaftsformen verpflichtende Gültigkeit besitzen: der einzelne ist für das ↑ Gemeinwohl u. die Gemeinschaft für das Wohl des einzelnen verantwortlich (das *Solidaritätsprinzip);* was das ↑ Individuum oder die untergeordnete Gruppe zu leisten vermag, soll von der übergeordneten Gemeinschaft unterstützt, aber nicht selbst erledigt werden *(↑ Subsidiaritätsprinzip).* Kern dieser SozialE ist die Vermittlung kollektivistischer u. individualistischer Antithesen. – Vgl. ↑ anthropozentrisches u. biozentrisches Denken.

Lit.: J. Mausbach, G. Ermecke, Katholische Moraltheologie, Münster Bd. I–II

⁹1959, Bd. III ¹⁰1961; Max Weber, Die protestantische E, 2 Bde Hamburg ³1973; D. Bonhoeffer, E, München ³¹1956; H. van Oyen, Evangelische E, 2 Bde, Basel 1952–1957; B. Häring, Das Gesetz Christi, Freiburg ⁶1961; R. Schnackenburg, Die sittliche Botschaft des Neuen Testaments, München ²1962; E. Neuhäusler, Anspruch u. Antwort Gottes, Düsseldorf 1962; I. T. Ramsey (Hrsg.), Christian Ethics and Contemporary Philosophy, London 1966; A. Auer, Autonome Moral u. christl. Glaube, Düsseldorf 1971; F. Böckle, Fundamentalmoral, München 1977; W. Kluxen, Philosophische E bei Thomas v. Aquin, Hamburg ²1980; Handbuch der c. E., 3 Bde; G. E. M. Anscombe, Ethics, Religion and Politics, Coll. Phil. Pap. III, Oxford 1981; E. Schockenhoff, Bonum hominis. Die anthropol u. theolog. Grundlagen der TugendE des Thomas v. Aquin, Mainz 1987; J. Rohls, Geschichte der E, Tübingen 1991; O. Höffe, Moral als Preis der Moderne, Frankfurt/M. ³1995, Kap. 12. 2; ders. Vernunft u. Recht, Frankfurt/M., Kap. 4: Christentum u. Menschenrechte. *M. F.*

Christliche Tugenden ↑ Christliche E, Tugend.

Common Sense (lat. sensus communis, frz. sens commun, bon sens, dt. Gemeinsinn, gesunder Menschenverstand) benennt ein Urteilsvermögen, das ohne Hilfe von Verstandesargumenten u. Vernunftschlüssen, im Ausgang von Sinneserfahrung, Alltagspraxis u. unmittelbarem sittl. Empfinden, Einsichten über lebensrelevante Probleme vermittelt. (a) Das lat. Wort sensus communis geht zurück auf die (vermeintlich) *aristotelische* Konzeption eines Gemeinsinnes (koine aisthesis: De anima 425 a 14 ff), der die verschiedenen Daten der äußeren Sinne zu einer einheitlichen Gegenstandswahrnehmung vereint (so auch bei *Thomas v. Aquin,* Summa theol. I, q 1 a 3 u. q 78 a 4). Dieser psychologisch-erkenntnistheoretische Sinn des Wortes schwingt heute nur noch insofern nach, als die Berufung auf den C. S. sich in der Regel gegen erkenntnistheoretische Skepsis wie gegen übertriebene Spekulation richtet: die Erkenntnis der Welt durch die Sinne ist über alle theoretischen Probleme erhaben u. praktisch legitimiert. (b) Die heute vorherrschende Bedeutung von C. S. meint den „gesunden Sinn" überhaupt, der sich als theoretische u. praktische Urteilskraft im normalen Verstehen von u. im praktischen Umgang mit Alltagsangelegenheiten dokumentiert: ein Sinn für das konkret Gegebene, das je Machbare, das sittl. Gebotene, der gleichsam instinktiv u. ex tempore arbeitet u. deshalb durch ein Wissen aus allgemeinen Prinzipien nicht ersetzbar ist (↑ Klugheit). Eine zentrale systematische Funktion erhielt der Begriff in der C. S.-Philosophie der Schottischen Schule *(Th. Reid, D. Steward, J. Beattie* u. a.): der C. S. als Quelle ursprünglicher u. natürlicher Urteile bezüglich fundamentaler Lebensfragen (Existenz ↑ Gottes, Unsterblichkeit der ↑ Seele, Existenz der Außenwelt etc.) u. als Berufungsinstanz gegen philosophische Skepsis u. Spekulation. Diese Tradition reicht von den griechischen Popularphilosophie u. der römischen Klassik *(Cicero)* über die Schotten bis in die analytische Philosophie der Gegenwart *(G. E. Moore).* (c) Die dritte Bedeutung ist spezifisch e bzw. naturrechtlicher Art (so im Anschluß an spätantike Vorstellungen bei *Vico* u. *Shaftesbury,* vor allem aber präsent im frz. bon sens): der C. S. als ↑ „Gemeinsinn" ist natürliche Quelle der Erkenntnis des dem Gemeinwesen Nützlichen wie Ursache gesellig-gesellschaftlichen Verhaltens. (d) Das deutsche Wort *„gesunder Menschenverstand"* hat, zumindest seit *Kant,* gleichfalls eine primär praktische Bedeutung; es meint (im Gegensatz zur reinen Theorie) einmal ein der Regeln Kundigsein in Fällen der Anwendung, den Besitz angemessener Begriffe „zum Zwecke ihres Gebrauchs" (Anthropologie § 41), zum anderen die (unreflektierte, aber gesunde) sittl. Urteilsfähigkeit des gemeinen Mannes (Grundl. z. Metaph. d. Sitt., Abschn. 1). Der gesunde Menschenverstand ist brauchbar bei Urteilen, „die in der Erfahrung unmittelbar Anwendung finden", nicht jedoch in Fragen der ↑ Wissenschaft (Prolegomena, Vorrede).

Lit.: G. B. Vico, De nostri temporis studiorum ratione; A. Shaftesbury, Sensus Communis; Th. Reid, An Inquiry into the Human Mind on the Principles of C. S.; G. E. Moore, Eine Verteidigung des C. S., Frankfurt/M. 1969; N. Isaacs, The Foundations of C. S., London 1949; S. A. Grave, The Scottish Philosophy of C. S., Oxford 1960; H. G. Gadamer, Wahrheit u. Methode, Tübingen [2]1965, S. 16 ff.   *M. F.*

D

Dankbarkeit ↑ Wohlwollen.

Darwinismus ↑ Sozialdarwinismus.

Dasein ↑ Existentialistische E.

Dekalog ↑ Jüdische E.

Demokratie (griech., Volksherr-schaft) bezeichnet nicht nur eine be-stimmte Staatsform, sondern allge-mein eine sozio-politische Lebens-form. Als Staatsform ist D. ein ↑ Herrschafts-System, dessen Macht vom Volk abgeleitet wird (Volks-souveränität) u. das den gemeinsa-men Willen (nicht die Summe der Einzelwillen) des Volkes in parla-mentarischen Gremien direkt (Räte-system) oder indirekt (repräsentative D.) repräsentieren u. durch die Re-gierung u. Rechtsprechung durchset-zen soll. Die *politische Beteiligung,* die Mitwirkungsrechte der Bürger an der Gesetzgebung, primär durch ak-tives u. passives Wahlrecht, werden durch die Organisationsprinzipien des Mehrheitsprinzips u. der *Gewal-tenteilung* formal gesichert: den Miß-brauch staatlicher Macht soll deren Aufteilung in die unabhängigen Or-gane der Gesetzgebung, Rechtspre-chung u. Regierung verhindern. Die Freiheitssphäre des Bürgers wird durch die Bindung der Staatsge-walt an Gesetze, insbesondere die ↑ Grundrechte, gewahrt (Rechts-staatlichkeit). Die Regierung wird von einer Mehrheit des Parlaments, einer Partei oder Koalition gebildet u. von einer verfassungsmäßig gesi-cherten *Opposition* kontrolliert *(Par-lamentarismus).* Als Leitprinzipien dieser Organisation gelten die Grund-rechte, die mit den weiteren Rege-lungen der ↑ Verfassung allgemeine, direkte, freie, gleiche u. geheime Wahlen, ein Mehrparteiensystem, ei-ne parlamentarische Opposition, eine unabhängige Rechtsprechung u. Verfassungsgerichtsbarkeit gewähr-leisten sollen. Die materialen Ele-mente der D. sind neben Volkssouve-ränität u. Rechtsstaatlichkeit vor allem ↑ Freiheit u. ↑ Gleichheit. Sie bilden die normativen politischen, sozialen, ökonomischen u. kulturel-len Kriterien der D., nicht nur als Staats-, sondern allgemein als Le-bensform. Die Forderung nach D. geht von der Annahme aus, daß ohne diese Leitprinzipien u. ohne die Gül-tigkeit der formalen u. materialen Kriterien der D. Menschen zu Werk-zeugen anderer Menschen gemacht u. in ihren angeborenen Rechten unter-drückt werden können, ohne daß dies geahndet werden könnte. D. ba-siert auf der Grundforderung, daß das Recht auf Selbstverwirklichung u. ↑ Glück dem Menschen als Glied ei-ner ↑ Gesellschaft unveräußerlich ist. Jedes Herrschaftssystem, das dieses Recht leugnet, ist nicht vernünftig le-gitimierbar. Spezifisch für die D. ist die e Rechtfertigbarkeit ihrer Herr-schaft mit Hilfe der jeweils besten Lö-sung der Aufgaben des ↑ Gemein-wohls, der möglichst geringen Ein-schränkung der individuellen Freiheit u. der größtmöglichen Mitwirkung des einzelnen *(Partizipation)* an der Festlegung u. Verwirklichung huma-ner ↑ Normen, auch in Form der *Mitbestimmung* der Arbeitnehmer an ökonomischen Entscheidungen.

Die Geschichte des demokrati-schen Denkens hat sich auf die bei-den Grundprobleme konzentriert, die ↑ Rechte einer Gesellschaft so festzu-legen, daß sie von allen Mitgliedern auch gegenüber dem ↑ Staat geteilt werden können u. ihre rechtlichen Mittel durch die Teilung der ↑ Gewalt langfristig sichern. Als beste Methode zur Lösung dieser Probleme gilt seit *Aristoteles* vernüftige Überlegung, ohne die keine gerechte Herrschaft legitimierbar ist. Die rationale ↑ Legitimation der Normen u. ↑ Entscheidungen, mit der die Gültigkeit der Normen selbt wieder rechtfertigbar wird, ist das e Postulat sowohl der politischen wie der sozialen u. ökonomischen Bereiche der D. Normen wie ↑ Verantwortung, Uneigennützigkeit, ↑ Toleranz sind erst auf der Basis dieses e Postulats für die Sicherung des Gemeinwohls, den Schutz vor ↑ Manipulation u. die Kontrolle des Einflusses von Gruppeninteressen zu realisieren. Voraussetzungen ihrer Realisierung sind einmal die Mündigkeit der Bürger, ihre Fähigkeit, Ziele und Handlungen eigenverantwortlich im Rahmen der gesetzlichen Normen zu bestimmen, u. zum anderen die politische Willensbildung als Möglichkeit, Ziele, Interessen u. Bedürfnisse zu erkennen u. zu artikulieren. Dem Postulat der rationalen Legitimation kommt dabei die besondere Bedeutung zu, orientiert an den Zielen der Verfassung einseitige Interessen von gesellschaftlich notwendigen u. zumutbaren Erfordernissen unterscheidbar u. die politischen, rechtlichen oder ökonomischen Entscheidungen einsehbar zu machen. Der Grad der Selbst- und Mitbestimmung, der dabei erreicht wird, hängt einmal von den institutionell geregelten Verfahren u. den formalen Kriterien der D. ab, zum anderen von der Anerkennung u. Verwirklichung der materia-

len humanen Leitprinzipien der Verfassung, die in den Verfassungs- u. Gesetzestexten nicht als unmittelbare Handlungsanweisungen, sondern nur als Rahmenbedingungen vorliegen. D. hat in der Pflicht zur Rationalität u. zur Rechtfertigung des Handelns die e Grundlagen des für sie gültigen engen u. kritischen Wechselverhältnisses zwischen E u. ↑ Politik.

Lit.: Montesquieu, Vom Geist der Gesetze, Buch 3, 5, 8, 11, 12, 13; Rousseau, Der Gesellschaftsvertrag; A. de Tocqueville, Über die D. in Amerika, München 1976, Teil II (1835), Kap. 6–9; B. M. Barry, Neue Politische Ökonomie, ökonomische u. soziologische D.-Theorie, Frankfurt/M./New York 1975; J. Habermas, Strukturwandel der Öffentlichkeit, Neuwied/Berlin ³1968; P. Hartmann, Interessenpluralismus u. politische Entscheidung. Zum Problem politisch-e Verhaltens in der D., Heidelberg 1968; J. a. Schumpeter, Kapitalismus, Sozialismus u. D., München ³1972, Kap. 20–23; W. Conze u. a., D., in: Geschichtliche Grundbegriffe, Bd. 1; O. Negt, Keine D. ohne Sozialismus, Frankfurt/M. 1976; C. B. Macpherson, Demokratietheorie, München 1977; O. Höffe, Die Menschenrechte als Legitimation demokratischer Politik, in: Freiburger Zeitschrift für Philosophie u. Theologie Bd. 26, 1979; J. Lively, Democracy, Oxford 1979; R. A. Dahl, Dilemmas of Pluralist Democracy, New Haven 1982; R. Wichhard (Hrsg.), D. u. Demokratisierung, Frankfurt/M. 1983; I. Maus, Zur Aufklärung der D.theorie … im Anschluß an Kant, Frankfurt/M. 1992; J. Habermas, Faktizität u. Geltung, Frankfurt/M. 1992; D. Copp u.a. (Hrsg.), The Idea of Democracy, New York 1993; K. Bayertz (Hrsg.), Politik u. E, Stuttgart 1996; O. Höffe, Vernunft u. Recht, Frankfurt/M. 1996.   *W. V.*

Demut ↑ Gott, hinduistische E.

Deontische Logik. Die d. L. (griech. to déon: das Erforderliche, die „Pflicht"), auch *Normenlogik* genannt, ist eine von *Bentham* begründete, als eigene Forschungsrichtung aber noch sehr junge Disziplin, die normative Sätze: *Gebote* (Pflichten, Verpflichtungen), *Verbote* u. *Erlaubnisse* (↑ Rechte) formallogisch analysiert. Diese L. der d. Operatoren „geboten" (obligatorisch), „verboten" u. „erlaubt" ist, wie man schon im Mittelalter gesehen hat, der ModalL. der Operatoren „notwendig", „unmöglich" u. „möglich" analog. Die d. L. formuliert u. systematisiert Prinzipien wie „nichts kann zugleich geboten u. verboten sein"; „was geboten ist, ist auch erlaubt"; „was verboten ist, dessen Unterlassung ist geboten". Als formale L. untersucht sie im Unterschied zur ↑ (normativen) E nicht das, wozu man inhaltlich verpflichtet ist. Sie interessiert sich nicht für die Richtigkeit normativer Sätze, sondern ausschließlich für die formale Schlüssigkeit, die Fogerichtigkeit zwischen beliebigen normativen Sätzen. Sie betrifft das widerspruchsfreie, das konsistente Gebieten u. Verbieten, so wie die AussagenL. das konsistente Aussagen betrifft. Da alle vorschreibenden, steuernden, kontrollierenden u. beurteilenden Verhaltensregeln ↑ Normen sind, es der ↑ E aber nur um eine besondere Art geht, ist die d. L. für sie unspezifisch. Sie ist ebenso für die Rechtswissenschaft, die ↑ Politik- u. Gesellschaftstheorie, die ↑ Entscheidungs- und Planungstheorie von Bedeutung. – Eine für die E

spezifische d. L. arbeitet im Anschluß an *Kants* ↑ kategorischen Imperativ mit dem *Universalisierungsprinzip*, mit dessen Hilfe sittl. von nichtsittl. Normen abgehoben werden sollen. Um dies zu erreichen, kann man sich aber nicht auf die äußere Form des normativen Satzes berufen. Denn nicht das Fehlen jeder Bedingung definiert einen kategorischen (praktisch unbedingten oder ↑ sittl.) Imperativ, genausowenig wie das Vorliegen irgendeines Bedingungsverhältnisses, sprachlich eines Wenndann-Satzes, einen hypothetischen (praktich bedingten oder nichtsittl.) Imperativ anzeigt. Kategorische Imperative mögen zwar unter Voraussetzung eines bestimmten Situationstypes gelten, sie sind gleichwohl sittl. verbindlich, weil sie ohne jede Rücksicht auf Interessen und Wünsche des Handelnden auskommen (z. B. „Wenn jemand dir Geld geliehen hat, dann zahle es vereinbarungsgemäß zurück"), während der Imperativ „Achte auf deine Gesundheit" ohne Situationsbedingungen formuliert ist, trotzdem nur hypothetisch, nämlich unter Voraussetzung des Wunsches gilt, ↑ glücklich zu sein.

Mit der d. L. verwandt, jedoch älter als sie, ist der *praktische Syllogismus*. Er hat dieselbe Struktur wie ein wissenschaftlicher (theoretischer) Syllogismus, nur bezieht er sich auf das Handeln: Aus zwei Prämissen, deren ↑ Wahrheit bzw. Richtigkeit nicht zur Debatte steht, dem allgemeinen Obersatz u. dem besonderen oder individuellen Untersatz, folgt logisch notwendig der Schlußsatz, die Konklusion. *Aristoteles* verwendet ihn als formales Denkmodell, um die Struktur des Handelns zu erläutern, u. zwar jedes, nicht bloß des sittl., nicht einmal nur des spezifisch menschlichen Handelns. Eine Handlung verdanke sich dem Moment des ↑ Strebens, das ein relativ allgemeines ↑ Ziel verfolge, u. dem der Überlegung bzw. Empfindung, das das entsprechende besondere Mittel bestimme, so daß die Handlung als Schlußsatz aus einem Ober- u. Untersatz verstanden werden könne: „Weil A das Verlangen hat, q herbeizuführen, u. weil A glaubt bzw. die Empfindung hat, um q herbeizuführen, müsse er p tun, macht sich A daran, p zu tun." – Man kann den praktischen Syllogismus auch verwenden, um z. B. aus einem allgemeinen Gebot u. einer singulären Tatsachenaussage ein singuläres Gebot abzuleiten (Du sollst Notleidenden helfen; hier ist jemand in Not; also: Du sollst ihm helfen). Aus Tatsachenaussagen allein läßt sich dagegen kein Gebot erschließen (Sein-Sollen-Fehlschluß: ↑ MetaE).

Lit.: E. Mally, Grundgesetze des Sollens, Graz 1926; R. M. Hare, Die Sprache der Moral, Frankfurt/M. 1972; ders., Practical Inferences, London 1971, bes. Kap. 1, 2. u. 4; G.E.M. Anscombe, Intention, Oxford [3]1963; G. H. v. Wright, Norm u. Handlung, Königstein 1979; ders., Handlung, Norm u. Intention. Untersuchungen zur d. L., Berlin/New York 1977; R. Hilpinen (Hrsg.), Deontic Logic, Dordrecht 1971; ders. (Hrsg.), New Studies in Deontic Logic, Dordrecht 1981; J. Kalinowski, Einführung in die Normenlogik, Frankfurt/M. 1973; F. v. Kutschera, Einführung in die L. der Normen, Werte u. Entscheidungen, Freiburg/München 1973, Kap. 1; H. Lenk (Hrsg.), NormenL., Pullach 1974; A. G. Conte u.a. (Hrsg.), D. L. u. Semantik, Wiesbaden 1977; R. Stuhlmann-Laeisz, Das Sein-Sollen-Problem, Stuttgart 1983; U. Nortmann, D. L. ohne Paradoxien. Semantik u. L. des Normativen, München u.a. 1989; P. Geach (Hrsg.), Logic and Ethics, Dordrecht 1991.   *O. H.*

Deontologische E ↑ Normative E.

Deskriptive E ↑ Krankheit, E.

Determination im e Sinn heißt die vielfache Bedingtheit menschlicher Praxis im persönlichen, sozialen u. politischen Bereich. D. ist nicht nur der E, sondern auch dem Alltagsbewußtsein seit langem vertraut, in ihren verschiedenen Aspekten aber erst durch die modernen Natur- u. Sozialwissenschaften zu präziser empirischer Erkenntnis geworden: Der Mensch unterliegt wie jeder Körper den Gesetzen der Phyik u. Chemie u. als lebendiger Leib den Gesetzen der Physiologie; seine Motivationen sind durch Triebkonstellation, Charakter usf. bedingt, die wiederum von Genstrukturen (↑ Instinkt), frühkindlichen Prägungen, ferner von Temperament u. persönlichen Erfahrungen, von ökonomischen, sozialen, politischen u. geschichtlich-epochalen Faktoren abhängen. Ähnlich stehen die ↑ Entscheidungen politischer Gemeinschaften unter mannigfachen geographischen, ökonomischen, sozialen, persönlichen u. anderen Bedingungen. Selbst wenn die Ursachen menschlicher Praxis erst unvollständig erkannt u. deren Verflechtungen noch unzureichend aufgehellt sind:

die empirischen ↑ Wissenschaften gehen grundsätzlich von der Idee durchgängiger D., nämlich der prinzipiellen Erklärbarkeit aller Phänomene aus Ursachen u. Motiven, aus, wobei deren Gesetzmäßigkeiten – wie etwa im subatomaren Bereich – auch durch Wahrscheinlichkeits- u. Unbestimmtheitsbeziehungen *(Heisenberg*-Prinzip) ausgedrückt sein können. Die empirischen Wissenschaften vertreten insgesamt einen methodischen *Determinismus,* nach dem sich für alles, auch die menschliche Praxis u. das ihr zugrundeliegende Wollen, im Prinzip (wenn auch nicht immer schon auf dem gegenwärtigen Forschungsstand) adäquate wissenschaftliche Erklärungen finden lassen. Diese Einstellung rechtfertigt jedoch nicht die Tendenz vor allem junger Wissenschaften, sich selbst absolut zu setzen u. alle Bedingtheiten menschlichen Verhaltens jeweils nur aus physikalischen, biologischen, psychologischen, ökonomischen oder soziologischen Gesetzen (Physikalismus, ↑ Biologismus, Psychologismus usf.) zu erklären. Aus einem methodischen Determinismus läßt sich auch nicht – wie es der sog. „e Determinismus" tut *(d'Holbach, Hospers, Skinner)* – ableiten, daß ↑ Freiheit u. ↑ Verantwortung bloße Illusionen seien, wohl aber, daß sie nicht als Lücken im Wissen von Ursachen, als Gesetz- u. Ursachlosigkeit, aufzufassen sind, sondern entweder als ein ↑ Handeln, das – ohne äußeren Zwang – im Einklang mit den eigenen Wünschen u. Überzeugungen steht *(Hobbes, Hume, Mill* u. a.), oder als Selbstgesetzgebung (Auto-

nomie: *Kant, Fichte, Schelling, Hegel).*

Im Gegensatz zum Determinismus behauptet der *Indeterminismus,* mindestens einige Handlungen oder ↑ Willensentschlüsse ließen sich prinzipiell nicht empirisch erklären, womit weniger menschliche Freiheit u. Verantwortung „gerettet" als grundsätzliche Grenzen der menschlichen Erkenntnisfähigkeit behauptet werden.

Lit.: Spinoza, Ethik; Leibniz, Prinzipien der Natur u. der Gnade; D. Hume, Eine Untersuchung über den menschl. Verstand, Stuttgart 1967, Kap. 8; P. d'Holbach, System der Natur ..., Kap. 11–12; I. Kant, Kritik der reinen Vernunft, B 472–479, 560–586; J. G. Fichte, Die Bestimmung des Menschen (1800); M. Planck, Determinismus oder Indeterminismus, Leipzig ⁶1958; S. Hook (Hrsg.), Determinism and Freedom ..., New York 1958; B. Berofsky (Hrsg.), Free Will and Determinism, New York 1966; W. Wickler u. a., Freiheit u. D., Würzburg 1966; F. B. Skinner, Jenseits von Freiheit u. Würde, Reinbek 1973; P. F. Strawson, Freedom and Resentment, London 1974, Kap. 1; J. Monod, Zufall u. Notwendigkeit, München 1975; U. Pothast (Hrsg.), Freies Handeln u. Determinismus, Frankfurt/M. 1978; T. Honderich, A Theory of Determinism, 2 Bde., ²1990. *O. H.*

Determinismus ↑ Determination.

Dezisionismus ↑ Entscheidung.

Dialektische E ↑ Methoden der E.

Dialog ↑ DiskursE, Kommunikation.

Diebstahl ↑ Eigentum.

Diktatur ↑ Herrschaft.

Diskriminierung (lat. discrimen: Unterscheidung) ist die rechtliche Benachteiligung, politische Unterdrückung oder ungleiche u. feindselige Behandlung von Gruppen oder Individuen durch andere, in der Regel einer Minderheit durch eine Mehrheit. Dabei werden nicht nur die ↑ Grundrechte, sondern auch die sittl. Grundforderungen der ↑ Humanität u. ↑ Toleranz wegen rassischer, sprachlicher, kultureller, ethnischer, religiöser, politischer, sozialer oder geschlechtlicher Verschiedenheit verletzt. – Der *Antisemitismus* benachteiligt Juden aus ethnischen, religiösen, sozialen u. politischen Gründen. Bereits im Mittelalter wurde Juden jedes ,ehrbare' Handwerk verboten, u. sie wurden für Naturkatastrophen wie Pest und Hunger verantwortlich gemacht u. in Pogromen verfolgt. Die rassische D. von Juden durch den ↑ Sozialdarwinismus und *Faschismus* berief sich auf den pseudowissenschaftlichen Begriff der minderwertigen Rasse, war aber von Konkurrenzneid u. dem Gefühl sozialer Benachteiligung bestimmt. Der Faschismus verfolgte mit der ↑ Ideologie von ,Volksgemeinschaft' u. ,Führerprinzip' nicht nur Juden, sondern alle sozio-politisch, ethnisch u. kulturell andersartigen Gruppen bis zu deren Vernichtung in Konzentrationslagern. Die Formen der D. sind geprägt von ↑ Gewalt u. Terror u. bedingt durch Massenorganisationen, Propaganda, Indoktrination u. Intoleranz. – *Imperialismus* u. *Kolonialismus* unterdrücken, getrieben vom „biologi-

schen Druck wachsender Massen" *(A. Gehlen)* industrialisierter Nationen, ganze Völker u. Gebiete im Interesse der Sicherung oder Gewinnung von politischen Einflußbereichen, von Absatzmärkten oder Rohstoffquellen. Beide Formen der D. wurden zwar bei der Gründung der UN (1948) verurteilt u. mit der Entkolonialisierung nach dem Ende des 2. Weltkriegs offiziell beendet, wirken aber weiterhin als Hegemoniestreben vieler Staaten. Andererseits bedient sich die politische Propaganda der Begriffe Imperialismus u. Kolonialismus auch zur D. von Staaten u. Parteien, u. a. im Zusammenhang mit der ↑ Entwicklungshilfe. – Eine spezifische Form der D. richtet sich gegen ethnische u. soziokulturelle *Minderheiten,* deren ↑ Grundrechte zwar verfassungsmäßig anerkannt sind, ihnen jedoch von der Mehrheit vorenthalten werden. Dabei können neben rassischen u. weltanschaulichen Gründen auch Sprachkompetenz, Aussehen, sozialer Status, Besitz, Bildungsstand, Familien- u. Stammeszugehörigkeit maßgebend sein. D. führt in solchen Gesellschaften zu ↑ Konflikten bis zu Terror u. Bürgerkrieg. – Demokratische ↑ Verfassungen garantieren einen Minderheiten-Schutz (vgl. Art. 3, 4 GG), der jedoch gefährdet ist, wenn die Meinungs- u. Willensbildung ein Monopol von Mehrheiten ist u. sich das politische Verhalten in der Anwendung von Mehrheitsentscheidungen erschöpft. Soziale Vorurteile werden so gefestigt; etwa dann, wenn *Gastarbeiter* weniger beruflich u. sozial gesichert sind als einheimische Arbeitnehmer, keine ausreichenden Bildungsmöglichkeiten für deren Kinder verfügbar sind oder sich deren Familien aufgrund selektiver Wohnungsangebote u. fehlender Sozialkontakte mit der ansässigen Bevölkerung zur Gettobildung veranlaßt sehen. – Widerstand gegen die geschlechtliche D. der Frau im öffentlichen Leben, in Beruf, Familie u. Politik leistet der *Feminismus* (↑ Feministische E). Sein Protest, der in ideologisch fixierter Form selbst eine Form der D. ist, richtet sich gegen die Bevorzugung des Mannes in allen Lebensbereichen. Er fordert mit der ↑ Emanzipation der Frau die Verwirklichung des Gebots der ↑ Gleichheit, allgemein die Befreiung von geschlechtlichen Rollenklischees u. Vorurteilen. – Bei allen Formen der D. korreliert mit den sozialen Benachteiligungen ein Dogmatismus, der seine Normen absolut setzt u. die *Minderwertigkeit* aller anderen behauptet. Die dafür notwendigen Machtmittel können politisch-ideologischer, ökonomischer oder militärischer Art sein. Der Dogmatismus kann sich rechtlicher Formen bedienen u. Rechtsnormen zu Lasten derer auslegen, die soziokulturell benachteiligt sind oder als bevorzugt gelten (↑ KlassenE). Dogmatismus (↑ Begründung) u. Intoleranz (↑ Toleranz) gegenüber Fremdem und Andersartigem, aber auch Unkenntnis, Desinteresse u. Voreingenommenheit durch ↑ Ideologien sind die Grundlage von *Vorurteilen,* auf denen die Formen der D. basieren. – Der Mißbrauch sittl. Normen zur Disziplinierung u. als Sanktionen gegen gesellschaftliche Gruppen bildet auch in demokratischen Staaten

eine häufig latente Form sozialer D. Die Grundrechte formulieren in ihren Freiheits- und Gleichheitsrechten D.-Verbote, die auch bei der Bedrohung des sozialen ↑ Friedens u. der staatlichen Sicherheit gültig bleiben.

Lit.: H. Adam, Südafrika, Soziologie einer Rassengesellschaft, Frankfurt/M. 1969; H. J. Gamm, Judentumskunde, Frankfurt/M. 1962; G. Myrdal, An American Dilemma. The Negro Problem and Modern Democracy, New York 1944; A. Gehlen, Moral u. Hypermoral. Eine pluralistische E, Frankfurt/M./Bonn ²1970, Kap. 8; T. Nipperdey, Antisemitismus, in: Geschichtliche Grundbegriffe, Bd. 1; S. Pohl, Entwicklung u. Ursachen der Frauenlohn-D., Frankfurt/M. 1984; H. Nagl-Docekal (Hrsg.), Feministische Philosophie, Wien/München 1990; C. Card (Hrsg.), Feminist Ethics, 1991; A. Pieper, Aufstand des stillgelegten Geschlechts, Freiburg i. Br. 1993; A. K. Flohr, Fremdenfeindlichkeit, Opladen 1994. *W. V.*

Diskursethik. Die D.E, auch KommunikationsE, ist ein von K.-O. Apel u. J. Habermas entwickelter Ansatz zur Begründung derjenigen e Ansprüche, die eine gewaltfreie, rationale u. allgemein zustimmungsfähige Lösung von ↑ Konflikten ermöglichen. Alle öffentlichen Verfahren, mit denen ↑ Entscheidungen über strittige soziale u. politische Fragen getroffen werden, sollen diesem Prinzip folgen. Die D.E versteht dieses Prinzip als kultur- u. zeitunabhängig, für alle vernünftigen Wesen in gleicher Weise geltend. Aufgrund dieses universalistischen Anspruchs, aber auch aufgrund der kritischen Distanz zu den individuellen ↑ Glücks- u. Nutzenerwartungen der Individuen ist sie der E *Kants* verwandt. Da sich die D.E weder allein auf die Gesinnung der Menschen verlassen will noch bestimmte materiale ↑ Normen empfiehlt, deutet sie ihr Prinzip „formalprozedural". Die Inhalte der zu befolgenden Normen u. Ansprüche u. das, was konkret zur Lösung eines Konflikts getan werden soll, wird im praktischen D. der Betroffenen verhandelt. Die D.E billigt den Menschen die Fähigkeit zu, die Gründe der Gültigkeit e Prinzipien zu erkennen u. rationale Lösungen einzusehen u. zu akzeptieren. Diese Fähigkeit wird nicht psychologisch verstanden. Sie findet bei K.-O. Apel eine eigene Grundlegung im sog. *transzendentalpragmatischen* Anspruch auf Letztbegründung, der besagt, daß jeder ernsthaften Auseinandersetzung die Anerkennung des normativ-e Grundprinzips der D.E a priori zugrundeliege. Auf diese Weise gibt die D.E der pragmatischen Fähigkeit, konsensfähige Lösungen zu finden, eine transzendentale Basis. Da auf diese Fähigkeit aus vernünftigen Gründen nicht verzichtet werden kann, handelt es sich um eine ‚letzte', nicht weiter begründbare Geltungsgrundlage. Sie soll auch für den e Skeptiker verbindlich sein, der keine bestimmten normativ-e Ansprüche als allgemein verbindlich anerkennt. Die D.E ist sowohl anti-skeptisch als auch anti-relativistisch. Ihre Ansprüche können bei der Aushandlung konsensfähiger Lösungen nicht zur Disposition gestellt werden u. daher nicht Teil von Nutzenabwägungen sein. Gegen die D.E kann eingewandt werden, daß sie jeden Konflikt für rational lösbar hält; wie jede

empirische Annahme ist auch diese enttäuschbar. Ein weiterer Einwand ist, daß die D.E wie die ↑ deontische Logik von der ebenfalls widerlegbaren Prämisse ausgeht, daß ↑ moralische Dilemmata unmöglich sind.

Lit.: K.-O. Apel, Das Apriori der Kommunikationsgemeinschaft u. die Grundlagen der E, in: ders., Transformation der Philosophie, Bd. 2, Frankfurt/M. 1973, 358–436; ders., Warum transzendentale Sprachpragmatik?, in: H. M. Baumgartner (Hrsg.), Freiheit als praktisches Prinzip, Freiburg/München 1979, 13–34; ders., Grenzen der D.E? Versuch einer Zwischenbilanz, in: Zeitschrift für philosophische Forschung 40 (1986), 3–31; ders., D. u. Verantwortung, Frankfurt/M. 1988; J. Habermas, Was heißt Universalpragmatik?, in: K.-O. Apel (Hrsg.), Sprachpragmatik u. Philosophie, Frankfurt/M. 1976, 174–272; ders., D.E. Notizen zu einem Begründungprogramm, in: ders., Moralbewußtsein u. kommunikatives Handeln, Frankfurt/M. 1983, 63–126; ders., Erläuterungen zur D.E, Frankfurt/M. 1991; R. Spaemann, Glück u. Wohlwollen, Stuttgart 1989, 172–185; O. Höffe, Kategorische Rechtsprinzipien, Frankfurt/M. 1990, Kap. 12–14; G. Schönrich, Bei Gelegenheit D., Frankfurt/M. 1994.   W. V.

Dogmatismus ↑ Begründung.

Doppelte Moral. Unter d. M. verstehen wir die wissentliche oder unwissentliche Praxis, einen grundsätzlichen Unterschied zwischen dem moralischen Anspruch an sich selbst, die eigene Gruppe oder eigene Gesellschaftsschicht u. dem an die anderen zu machen, so etwa, wenn der moralische Standpunkt des Künstlers vom Bürger, des Politikers vom Privatmann getrennt wird. In der Philosophie taucht der Ausdruck gelegentlich im Zusammenhang mit der Forderung der Befreiung der Staatsraison von der Individualmoral auf. Vielfach wird damit auch die Diskrepanz zwischen offiziellem Lippenbekenntnis religiöser oder politischer Art u. dem tatsächlichen Verhalten bezeichnet. Das Problem der d. M. erscheint stets im Zusammenhang von ↑ Herrschaft, die sich auf ↑ Macht u. ↑ Willkür u. nicht auf die Zustimmung der Beherrschten stützt. In diesem Sinne ist das Problem der d. M. so alt wie die machtpolitischen Auseinandersetzungen der Menschheit. Im besonderen Sinne ist die moderne bürgerliche Gesellschaft in den Ruf geraten, die d. M. zu fördern, weil in ihr die Triebfeder des Eigennutzes des einzelnen (↑ Individuum) in Gegensatz zum ↑ Gemeinwohl geraten kann. Bewußt oder verschleiert wird sich daher das Machtstreben des einzelnen anderen moralischen Ansprüchen unterstellt wissen (Naturzustand bei *Hobbes* u. *Locke),* als dies in den bürgerlichen Gemeinschaftsformen in Erscheinung tritt (Vertragszustand). Selbst in den privaten Beziehungen, insbesondere der bürgerlichen ↑ Ehe, hat dies zu der Erscheinungsform geführt, daß sich aufgrund des Besitzdenkens u. der Herrschaft des Mannes eine d. M. herausgebildet hat, derzufolge ↑ sexuelle Untreue dem Mann eher nachgesehen wird als der Frau. Pseudowissenschaftliche Auffassungen haben diese Einstellung durch verschiedene „Veranlagung" der Geschlechter zu legitimieren versucht. *Nietzsche* hat aus der zweideutigen

Moral seiner Zeit, die verschleiert nach Eigennutz u. Macht strebte, öffentlich aber von der Forderung des Altruismus u. des Mitleids (*Schopenhauer*) bestimmt war, die radikale Konsequenz gezogen, daß die E der Nächsten- ↑ Liebe insgesamt Ausdruck einer d. M. u. einer uneingestandenen Position der Schwäche sei. Der Schmerz über das eigene Unglück sei verdrängt u. zum unbewußten Ressentiment (↑ Neid) geworden. Die daraus entspringende Forderung der Gleichheit u. Nächstenliebe würde jedoch nur den eigenen Machthunger verdecken. Die ↑ Moralkritik der Psychoanalyse *Freuds* zeigte, daß die Befangenheit in einer d. M. nur auflösbar ist, wenn das sittl. Streben durch Einbeziehung des Unbewußten eine neue vertiefte Wahrhaftigkeit gewinnt.

Lit.: Th. Hobbes, Leviathan, Kap. I, 13 u. 14; J. Locke, Über die Regierung, Kap. II–IV; F. Nietzsche, Zur Genealogie der Moral. Eine Streitschrift.

A. S.

Doppelte Wirkung ↑ Erfolg.

Dritte Welt ↑ Entwicklungshilfe.

E

Egoismus ↑ Selbstinteresse.

Ehe nennen wir die Verbindung zwischen ↑ Menschen verschiedenen Geschlecht, die teils ihrem ↑ sexuellen Verlangen (biologische Wurzel), teils ihrer Neigung (psychische Wurzel) entspringt u. durch persönliche ↑ Entscheidung u. gesellschaftliche Bestimmung ihre Form erhält. Die biologische Antriebskraft zur E. ist das sexuelle Verlangen des Menschen, das auf lustvolle (↑ Freude) Erfüllung u. indirekt auf Fortpflanzung gerichtet ist. Aufgrund seiner Erlebnisfähigkeit bilden sich im Menschen darüber hinaus Gefühle der Zuneigung zum anderen aus, die sich in Sympathie (↑ Wohlwollen) u. Verliebtheit zur erotischen ↑ Liebe weiterentwickeln können. Die emotionale Bindung ist dabei durch den unbewußten Erfahrungshintergrund beider Personen bestimmt, die ihre je verschiedenen Erwartungen mitbringen u. unterschwellig dem Partner signalisieren. Die Beziehung stellt somit eine wechselseitige Rollenzuschreibung dar. Deformierte Erfahrungsstrukturen der frühen Kindheit führen dabei zu einer Art unbewußten Zusammenspiels (Kollusion) zwischen den Partnern, das sie wechselseitig in ihrer neurotischen Struktur stabilisiert. Die wesentlichen emotionalen Beziehungsformen bleiben dabei unter der Schwelle des sprachlich Mitteilbaren (*Willi*). Im Falle gelingenden Austausches ermöglichen Denken u. Sprache den Partnern, sublime, d. h. geistige Formen des ↑ personalen Interesses aneinander zu entwickeln, die die Entscheidung zur E. erst tragfähig machen. Die persönliche ↑ sittl. Entscheidung ist von den vorgegebenen gesellschaftlichen Möglichkeiten der Organisation dieser Verbindung mitabhängig u. konkretisiert sie durch den eigenen Entschluß. Die E.formen differieren daher sehr stark nach der Art u. Weise gesellschaftlicher Organisation. In matriarchalischen Gesellschaften ist die geschlechtliche Beziehung von unmittelbareren erotischen Bedürfnissen bestimmt u. meist offener u. *polygam*, jedoch nicht so sehr personal orientiert. In patriarchalischen Gesellschaften ist mit der Vorherrschaft des Mannes der Gesichtspunkt der persönlichen Bindung hervorgetreten u. die Entwicklung zur *Monogamie* erfolgt.

Im bürgerlichen Denken des 19. u. 20. Jh. ist die E.form deshalb in eine Krise geraten, weil mit dem ↑ Herrschafts- u. Besitzdenken das Problem der lebenslangen sexuellen Treue u. der Eifersucht in den Vordergrund getreten ist u. in einer ↑ doppelten Moral „eheliche Verfehlungen" des Mannes u. der Frau unterschiedlich bewertet werden. Die Entwicklung neuer Partnerschaftsformen schwankt zwischen der Tendenz zu Bindungslosigkeit in der „freien Liebe" u. dem sittl. Anliegen, die Mängel der bürgerlichen E. zu überwinden. Durch die Möglichkeit der Kinderzeugung ist die E. mit dem sittl. Problem der ↑ Familie untrennbar verbunden, dies insbesondere im Hinblick auf das Problem ihrer Auflösung in der *Scheidung*. Ihre sittl. Problematik ist darin zu sehen, daß gegen sie die Bedeutung langjähriger personaler Bindung u. die Notwendigkeit konstanter Bezugspersonen für die Kindererziehung spricht. Die ↑ christliche E hält daher die E. aus Gründen der personalen Bedeutung für unauflöslich. Für die Auflösbarkeit spricht jedoch der Gesichtspunkt, daß ein strukturelles sexuelles u. emotionales Mißverständnis den Partnerschaftsgedanken aufhebt. Die Unauflösbarkeit der E. bedeutet daher ein schwer zu verwirklichendes sittl. ↑ Ideal.

Lit.: G. W. F. Hegel, Grundlinien der Philosophie des Rechts; §§ 161–169; A. Westermarck, The History of Human Marriage, London ⁵1921; C. Lévi-Strauss, Les formes élémentaires de la parenté, La Haye (Den Haag) 1968; P. Bovet, E.kunde, 2 Bde., Bern 1961–62; J. Bodamer, Schule der E., Freiburg i. Br. 1965; M. Mead, Mann u. Weib. Das Verhältnis der Geschlechter in einer sich wandelnden Welt, Hamburg 1974; J. Willi, Die Zweierbeziehung, Hamburg 1975; ders., Therapie der Zweierbeziehung, Hamburg 1985; K. Böhme, Ansätze zu einer Theorie von Partnerschaft, Königstein/Ts. 1979; M. O. Métral, Die E. Analyse einer Institution, Frankfurt/M. 1981; M. Schröter, „Wo zwei zusammenkommen in rechter Ehe ...". Sozio- u. psychogenetische Untersuchungen ..., Frankfurt/M. 1985.   *A. S.*

Ehelosigkeit ↑ Verzicht.

Ehre (gr. timē, eudoxia, lat. honor). Unter E. versteht man die im menschlichen Zusammenleben bekundete Anerkennung u. Schätzung, die man selbst empfängt u. anderen erweist. E. ist das in Worten u. Taten sich äußernde positive Urteil, die symbolisch vermittelte Manifestation des Wertes, den wir uns gegenseitig beimessen *(Hobbes)*. Welche Qualitäten als Gegenstand begründeter E. gelten (edle Geburt, Zugehörigkeit zu einer Klasse, einem bestimmten Berufsstand, Alter, Besitz von materiellen Gütern u. Macht, Leistung, sittl. Trefflichkeit oder das Personsein überhaupt), hängt entscheidend von den Wertvorstellungen u. der sozio-kulturellen Verfassung einer

Gesellschaft ab. Da menschliches Selbstbewußtsein u. Selbstwertgefühl durch mitmenschliche Anerkennung vermittelt sind, ist das *Bedürfnis nach Geltung* natürlich u. als vernünftig zu rechtfertigen. Hoher Sinn (gr. megalopsychia), *Stolz, Hochmut, Ehrgeiz* u. *Eitelkeit* sind jene ↑ Tugenden u. Untugenden, die das Verhältnis des Menschen zu seiner E. bestimmen. Als hochsinnig gilt, wer sich hoher Dinge für wert hält u. es auch wirklich ist, wer E. allein nach Maßgabe seiner Verdienste beansprucht, sie nur bei ernstzunehmenden Personen sucht u. über ihre unberechtigte Kränkung gelassen hinwegsieht *(Aristoteles)*. Ähnliches gilt vom Stolz als einer feststehenden Überzeugung vom eigenen überwiegenden Wert in irgendeiner Hinsicht; fehlt diesem das Bewußtsein des rechten Maßes, so spricht man von Hochmut (gr. Hybris); als ehrgeizig u. eitel hingegen gilt, wer zu sehr nach E. trachtet (inordinatus honoris appetitus, *Thomas v. Aquin)* und das Selbstwertgefühl nur durch die Anerkennung von seiten anderer zu erringen trachtet u. zu bewahren vermag. E. als ‚Dasein in der Meinung anderer‘ *(Schopenhauer)* wird vielfach als höchstes der ‚äußeren‘ Güter eingestuft, da sie neben ihrer identitätsstiftenden Funktion sowohl das Handeln anderer mit u. gegen uns wie unsere eigenen Handlungsmöglichkeiten in einer Gemeinschaft bestimmt. Ihre eminente soziale Bedeutung führte in der Geschichte zu den verschiedensten Begriffen u. Unterscheidungen von E. (StandesE., BerufsE., AmtsE., SexualE., FamilienE., StammesE. etc.) u. zu geschriebenen

u. ungeschriebenen Normen, die ihre Zuerkennung, Bewahrung, Verletzung u. Wiederherstellung regelten. Die Bedingungen der Restituierung verletzter oder verlorener E. bestanden zumeist, insofern selbstverschuldet, in Formen der Bewährung, insofern fremdverschuldet, in Formen der *Rache,* wobei in beiden Fällen oft das Leben der Preis der E. war. In den Rechtssystemen der Gegenwart wird in der Regel die ungerechtfertigte Verletzung der E. des anderen durch falsche Aussagen *(Verleumdung)* unter ↑ Strafe gestellt.

Lit.: Aristoteles, Nikomach. E, Buch IV, 7–9; A. Schopenhauer, Aphorismen zur Lebensweisheit, Kap. IV; H. Reiner, Die E., Darmstadt 1956; L. Strauss, Hobbes' politische Wissenschaft, Neuwied/Berlin 1965, Kap. IV; W. Korff, E., Prestige, Gewissen, Köln 1966; H. J. Hirsch, E. u. Beleidigung, Karlsruhe 1967; J. L. Mackie, E, Stuttgart 1981, Kap. 3.   *M. F.*

Ehrfurcht ↑ Gott.

Eifersucht ↑ Neid.

Eigentum. Unter E. versteht man im allgemeinen das Recht der unbeschränkten u. ausschließenden Herrschaft (dominium) einer natürlichen oder künstlichen Person über eine Sache *(F. C. v. Savigny).* Dieses Recht umfaßt nicht nur körperliche, festumrissene Gegenstände wie Grundstücke (GrundE.) u. bewegliche Dinge (FahrnisE.), sondern auch Obligationen, Mitgliedschaftsrechte, Urheberrechte, Patentrechte etc., d. h. alles, was „Vermögen" ist. Das unbeschränkte u. ausschießende E.recht verleiht dem Eigentümer die Befugnis, die „Sache" mit Ausschluß aller anderen nicht nur zu eigenem Nutzen zu gebrauchen u. zu verbrauchen, sondern auch zu veräußern, zu verpfänden, zu belasten oder sonst nach Gutdünken damit zu schalten u. zu walten. Dieser moderne E.begriff im Sinne eines ungeteilten Herrschaftsrechts (dominium plenum) verdankt sich dem spätrömischen Recht u. ↑ naturrechtlichen Reflexionen der neuzeitlichen Aufklärung. Er kontrastiert in gewisser Weise dem germanischen Recht, das vor allem bezüglich des GrundE. starke Bindungen zugunsten sozialer Gruppen kannte sowie zwischen einem gegenseitig sich beschränkenden OberE. des Lehnsherrn u. dem UnterE. des freien Lehnsmannes unterschied (geteiltes E.).

Der Begriff des E. konstruiert eine intelligible Beziehung, ein unsichtbares, über Raum u. Zeit hinweggehendes Band zwischen einer Person u. einer bestimmten Sache, er erweitert die Rechtssphäre einer Person über ihren Leib u. seine natürliche Grenze hinaus auf einen Gegenstand derart, daß im unrechtlichen Gebrauch der Sache durch andere die Person in ihrem Rechtsanspruch verletzt wird *(Kant).* Der Begriff des E. beinhaltet also eine Rechtsbeziehung, einen naturrechtlichen bzw. positiv-rechtlichen Herrschaftsanspruch, während der Begriff des *Besitzes* eine physische Beziehung, die tatsächliche Herrschaft einer Person über eine Sache meint *(Hegel).* Das E. kann einer Gesamtheit von Berechtigten zustehen (KollektivE., GemeinE.), es kann auch individuellen

Personen zur freien Verfügung zugewiesen sein (PrivatE., IndividualE.). Die gewöhnlichen Formen der Verletzung von E. sind *Raub* (gewaltsame, manifeste unrechtliche Besitzergreifung) u. *Diebstahl* (heimliche unrechtliche Besitzergreifung). Unter *Enteignung* hingegen versteht man die rechtliche Entziehung von PrivatE. durch staatlichen Hoheitsakt zum Wohl der Allgemeinheit. Im allgemeinen ist die Enteignungsbefugnis des ↑ Staates u. die Bedingung ihrer Anwendung gesetzlich fixiert.

Der Anspruch auf E. ist ganz allgemein bedingt durch menschliche Grundbedürfnisse (z. B. Hunger, Durst, Schlaf). Zu ihrer Befriedigung sind Dinge nötig (Nahrungsmittel, Wohnung u. dgl.), die nicht von mehreren zugleich gebraucht bzw. verbraucht werden können. Insofern derartige „Gebrauchsgüter" begrenzt sind u. die Menschen nicht nur in freundschaftlicher Verbindung stehen, ist eine individuelle E.ordnung in Bezug auf sie unverzichtbar. Die Frage hingegen, ob das E. an Grund u. Boden sowie an anderen Produktionsmitteln nach Normen einer Privat- oder Gemein-E.ordnung juridisch organisiert werden soll, läßt sich ohne Rekurs auf Versuche rechts- u. sozial-philosophischer Letzt- ↑ Begründung wie auf Fragen ökonomischer Zweckmäßigkeit u. sozialer Tradition nicht entscheiden (↑ WirtschaftsE). Die Rechtfertigung individueller Ansprüche auf E. geht in der neuzeitlichen Rechtsphilosophie aus vom Theorem eines Status ursprünglichen Gemeinbesitzes der Erde u. ihrer Früchte, der für jeden die rechtmäßige Möglichkeit des Gebrauchs von Gütern impliziert. Die individuelle Aneignung ist naturrechtlich möglich als Besitzergreifung herrenlosen Gutes (occupatio) zum Zweck unmittelbaren Gebrauchs u. Verbrauchs. Die Entstehung eines privaten E.rechts, das über dieses zeitlich u. räumlich gebundene physische Verfügungsverhältnis hinausgeht, ist rekonstruierbar nur als Resultat einer stillschweigenden oder expliziten gegenseitigen Vereinbarung (pactum) *(Grotius)*. Diese vertragstheoretische Grundlegung des E.begriffs bewahrt dem Souverän bzw. dem Gemeinwillen den Herrschaftsprimat über das GemeinE., das den Einzelpersonen zur privaten Verfügung überantwortet ist *(Grotius, Hobbes, Rousseau)*. Erst die These, daß ↑ Arbeit ein exklusives Rechtsverhältnis der Person zu der von ihr bearbeiteten Sache stiftet *(Locke)*, legitimiert ein E.recht, das aller staatlichen Ordnung vorausliegt. Gleichwohl läßt sich diesem liberalistischen Ansatz nachweisen, daß Grund u. Boden sich eben nicht menschlicher Arbeit verdankt *(Rousseau)* u. daß die Formen der Arbeit selbst je schon gesellschaftlich vermittelt sind. Die Institution von PrivatE. an Produktionsmitteln kann nur als bedingte rechtliche Übertragung innerhalb einer positiven Rechtsordnung gerechtfertigt werden. Die sozialistische bzw. kommunistische Ablehnung dieser Institution stützt sich auf die Grundthese, daß PrivatE. in Verbindung mit den Mechanismen von Arbeitsteilung, Tausch u. Konkurrenz zu Besitzakkumulation u. Verelendung, zur Ausbeutung des Menschen durch den

Menschen u. zu radikaler ↑ Entfremdung führt *(Marx, Engels)*. Liberalsoziale Theorien verweisen darauf, daß PrivatE. die äußere Sphäre der ↑ Freiheit der Person sei, daß es das Interesse an Wirtschaft u. Gesellschaft wecke u. damit zur Förderung des ↑ Gemeinwohls beitrage; gleichzeitig wird, vor allem im Anschluß an christliche Soziallehren, die Sozialbindung des PrivatE. betont: in Zeiten gesamtgesellschaftlicher Not fällt die Verfügungsgewalt über PrivatE. an die Gemeinschaft zurück, in Situationen extremer individueller *Armut* (insofern diese nicht im freiwilligen ↑ Verzicht auf entbehrliche, sondern im Fehlen der lebensnotwendigen Güter besteht) hat der einzelne das natürliche Recht, sich von dem anzueignen, was andere im Überfluß besitzen *(Thomas v. Aquin, Leo XIII., Pius XI.)*.

Lit.: Thomas v. Aquin, Summa theol. II–II, q. 66; H. Grotius, De jure belli ac pacis, Buch II, Kap. 2, 3, 8; J. Locke, Zweiter Traktat über die Regierung, Kap. 5; J.-J. Rousseau, 2. Discours, Teil 2; I. Kant, Metaphysik d. Sitten, Allgemein. Rechtslehre, Teil I, §§ 1–17; G. W. F. Hegel, Rechtsphilosophie, §§ 41–71; P.-J.Prudhon, Théorie de la propriéte; K. Marx, Ökonomisch-philosophische Manuskripte aus dem Jahre 1844; K. Marx/F. Engels, Die deutsche Ideologie; F. Engels, Der Ursprung der Familie, des PrivatE. u. des Staats; M. Stirner, Der Einzige u. sein E.; Leo XIII., Rerum novarum; Pius XI., Quadragesimo anno; F. Negro, Das E., Geschichte u. Zukunft, München/Berlin 1963; H. Zeltner, E. u. Freiheit, Zürich 1970; C. B. Macpherson, Die politische Theorie des Besitzindividualismus, Frankfurt/M. 1973; ders., Demokratietheorie, München

1977; R. Brandt, E.theorien von Grotius bis Kant, Stuttgart 1974; D. Schwab, Art. E., Geschichtl. Grundbegriffe, Bd. 2; H. Rittstieg, E. als Verfassungsproblem, Darmstadt 1975; L. C. Bekker, Property Rights. Philosophic Foundations, London u. a. 1977; M. Forschner, Mensch u. Gesellschaft, Darmstadt 1989, Kap. 1.6 (Lit.). *M. F.*

Einfühlung ↑ Verstehen.

Einsamkeit ↑ Leid.

Emanzipation (lat. emancipare: jmd. für selbständig erklären) bezeichnet einmal den historischen u. weltanschaulichen Prozeß der Befreiung von einzelnen u. von sozialen Gruppen aus politischer Abhängigkeit, religiöser Bevormundung u. ↑ Diskriminierung (s. auch ↑ Feministische E, Philosophie der Befreiung). Dieser Prozeß, vor allem politisch-historisch durch die Aufklärung u. die Französische Revolution ausgelöst, hat sein Ziel in der politisch-rechtlichen Selbstbestimmung (↑ Freiheit) des einzelnen: seiner Mitbestimmung am politischen u. sozialen Leben, der Sicherung der ↑ Grundrechte, von Chancengleichheit u. freiem Zugang zu Bildung u. ↑ Arbeit. E. ist in ihren Zielen von dem politischen u. soziokulturellen Begriff der ↑ Demokratie bestimmt. – E. ist als utopisches Ideal die Befreiung von allen Zwängen der äußeren u. inneren ↑ Natur des Menschen (↑ kritische Theorie, ↑ marxistische E). – Als geistesgeschichtlicher Prozeß meint E., von der Vernunft freien u. öffentlichen Gebrauch zu machen *(Kant)*. Ziel dieses Prozesses ist nicht primär die Befreiung des Menschen von einer entfremdeten Bedürfnis- u. Gesellschaftsnatur, sondern seine *Mündig-keit:* die Fähigkeit, sittl. u. soziale Normen u. deren Verbindlichkeit unabhängig von äußeren Bestimmungsgründen zu erkennen u. anzuerkennen u. entsprechend eigenverantwortlich zu handeln (↑ Sittlichkeit). Diese E. begründet ein sittl. Verhältnis des Menschen zu seiner eigenen ↑ Person wie zu seiner ↑ Gesellschaft, hat aber über den politisch-historischen Prozeß der E. hinaus normativen u. rationalen Charakter. Ergebnis dieser E. ist die sittl. Kompetenz (↑ Erziehung), die nicht ein für allemal erworben werden kann, sondern ständiges ↑ Ziel im Bildungsprozeß des einzelnen bleibt. – Zur ↑ Ideologie wird E. dann, wenn sie ihr Ziel nicht in bestimmten sittl. u. sozialen Normen u. in der Vermittlung sozialer Kompetenz, sondern in einer bloßen Prozeßhaftigkeit hat, in der die Infragestellung jener Normen unabhängig von Gründen selbst zur Norm wird.

Lit.: I. Kant, Beantwortung der Frage: Was ist Aufklärung?; K. Marx, Ökonomisch-philosophische Manuskripte, Mskr. III; K. M. Grass, E., in: Geschichtl. Grundbegriffe, Bd. 2; M. Horkheimer, Th. W. Adorno, Dialektik der Aufklärung, Frankfurt/M. 1975, S. 7–41; R. Spaemann, E. – ein Bildungsziel? in: Tendenzwende? Stuttgart 1975; I. Fetscher, Herrschaft u. E., München 1976; A. Meulenbelt, Feminismus. Aufsätze zur Frauenbefreiung, München 1982; C. Türcke, Sexus u. Geist, Philosophie im Geschlechterkampf, Frankfurt/M. 1991. *W. V.*

Emotion ↑ Leidenschaft.

Emotivismus ↑ MetaE.

Empfängnisverhütung ↑ Geburtenregelung.

Empirische E ↑ Empirismus, E.

Empirismus. Der E. geht im allgemeinen von folgenden Grundpostulaten aus: (1) Es läßt sich ein unmittelbar Gegebenes vom Unterscheidungs- u. Aussageapparat der natürlichen u. der Wissenschaftssprache rein ablösen. (2) Nur diejenigen Termini u. Begriffe sind wissenschaftlich gerechtfertigt, deren Bedeutung bzw. Inhalt sich auf der Basis dieses Gegebenen konstituieren läßt. Erkenntnistheoretisch bedeutet der E. die Zurückführung aller Vorstellungen, Begriffe u. Urteile über die Wirklichkeit auf Erfahrung (als Rezeptionsinstanz von Gegebenem, Bedeutungsbasis von Begriffen, Kontrollinstanz von Urteilen), wobei als primäres Erfahrungsinstrumentarium die Wahrnehmung u. das Gefühl fungieren. Im Bereich der ↑ normativen E, die die Erkenntnis u. Begründung des moralisch Richtigen zum Inhalt hat, führt die Ablehnung der Möglichkeit nichtempirischer Erkenntnis zu einer spezifischen Position bezüglich der ↑ Ziele sittl. Handelns wie bezüglich des Charakters der ↑ Normen als Handlungsregeln zur Erreichung der Ziele. Praktische Vernunft ist demzufolge empirisch-praktische Vernunft in einem doppelten Sinn: sie gewinnt ihre ↑ Zwecke aus den empirisch gegebenen ↑ Bedürfnissen, Interessen, Wünschen, Gefühlen etc., die sie dann als gut oder schlecht qualifiziert; sie gewinnt die einzelnen Handlungsregeln induktiv aus Tatsachen vergangener Erfahrung, die anzeigen, wie diese Ziele im allgemeinen erreicht werden können. Empiristisch in diesem Sinn sind die verschiedenen Spielarten einer hedonistischen E (↑ Freude): egoistischer Hedonismus bei *Aristipp, Epikur, Hobbes,* universalistischer bei *Bentham, J. S. Mill, Sidgwick* u. a. (↑ Utilitarismus). Ihre Wertlehre setzt das Ziel menschlichen Handelns in das ↑ Glück des einzelnen oder das der Allgemeinheit u. bestimmt dieses durch empirisch erhebbare u. kontrollierbare Momente. Normativ bleiben diese Theorien insofern, als sie einen empirisch beschreibbaren Zustand nach einem axiomatischen Kriterium (↑ Moralprinzip) als gesollt auszeichnen. Sie unterscheiden sich darin von rein deskriptiv-empirischen Arten der Untersuchung, die wie etwa die *Moralstatistik* (d. h. der empirische Aufweis typischer Gleichförmigkeiten menschlichen Verhaltens) moralische Phänomene beschreiben, erklären u. Theorien menschlichen Verhaltens u. seiner Entwicklung entfalten. Die Verabsolutierung ihrer Methodik führt, wie etwa im *Positivismus* (es gibt nur das tatsächlich Gegebene im Sinne des konkret Gegebenen, Wissenschaft ist die induktiv gewonnene Erkenntnis der Zusammenhänge dieses Gegebenen), zur Eliminierung der normativen E aus dem Bereich der Wissenschaft.

Der E. übt seinen Einfluß auf die E vor allem über den logischen Positivismus *(Schlick, Carnap)* u. die Philosophie der normalen Sprache *(Wittgenstein)* auf meta-e Diskussionen der Gegenwart aus *(R. M. Hare, A. J. Ayer, C. L. Stevenson, St. Toul-*

min u. a.). In der ↑ MetaE, in der sich kognitivistische u. nichtkognitivistische Theorien unterscheiden lassen, ist innerhalb des Kognitivismus der Naturalismus *(Schlick, R. B. Perry* u. a.) eine extreme Spielart des E. Seine Kernthese lautet: Moralische Prädikate lassen sich bei genauer Analyse als gleichbedeutend erweisen mit deskriptiv-empirischen Prädikaten (z. B. gut = begehrt werden), moralische Urteile sind mit Hilfe der betreffenden Definition des betreffenden moralischen Begriffs aus empirischen Urteilen in logisch gültiger Form ableitbar. Im Anschluß an Untersuchungen *G. E. Moores* wie *R. M. Hares* besteht indessen heute weitgehend Einigkeit darüber, daß moralische Prädikate nicht natürliche Eigenschaften bezeichnen, daß moralische Normen nicht als alternative Formen von Tatsachenbeschreibungen interpretierbar sind. Zwar begründen wir moralische Urteile häufig unter Hinweis auf Tatsachen, und insoweit Handlungen ihrer Zwecksetzung wie ihrer Realisierungsmöglichkeit nach von faktischen Bedingungen u. Gegebenheiten abhängen, ist dies auch sinnvoll (darin liegt die Berechtigung der alltäglichen Rede von der *normativen Kraft des Faktischen),* doch eine solche Begründung bleibt logisch betrachtet stets unvollständig. Es ist offensichtlich nicht möglich, moralische Urteile aus Prämissen abzuleiten, von denen nicht mindestens eine ebenfalls moralischer Natur ist (praktischer Syllogismus: ↑ deontische Logik). – Der Nonkognitivismus *(B. Russell, A. J. Ayer),* der es für unangebracht hält, im Bereich moralischen Sprechens mit Begriffen wie Erkenntnis u. Wahrheit zu operieren, interpretiert moralische Prädikate u. Urteile als Expressionen von ↑ Gefühlen, Wünschen, Befehlen in mißverständlicher grammatischer Form ohne deskriptive Bedeutung. Insofern diese Theorie der ‚emotiven‘ Bedeutung moralischer Sprache (die auf *D. Hume* zurückgeht) moralische Normen auf subjektive Erfahrung des Fühlens u. Strebens zurückführt, vertritt auch sie einen E. Eine transzendentalphilosophische Antwort (↑ Methoden der E) auf den E. stellt *Kants* Versuch dar, die apriorischen Bedingungen menschlichen Erfahrungswissens zu rekonstruieren u. das Sittengesetz als Selbstverpflichtung einer autonomen, erfahrungsunabhängigen praktischen Vernunft zu interpretieren (↑ Freiheit).

Lit.: D. Hume, Eine Untersuchung über die Prinzipien der Moral; G. E. Moore, Principia Ethica; M. Schlick, Fragen der E, Wien 1930; C. L. Stevenson, Ethics and Language, New Haven 1944; St. Toulmin, Reason in Ethics, Cambridge 1950; A. J. Ayer, Sprache, Wahrheit u. Logik, Stuttgart 1970, Kap. VI; R. M. Hare, Die Sprache der Moral, Frankfurt/M. 1972; J. L. Mackie, Hume's Moral Theory, London 1980; F. von Kutschera, Grundlagen der E, Berlin/New York 1982, Kap. 5.4; E. Tugendhat, Vorlesungen über E, Frankfurt/M. 1993, Kap. 9.   *M. F.*

Endzweck ↑ Höchstes Gut.

Energieethik. Die E.E richtet sich gegen das in der Menschheitsgeschichte bis vor kurzem vorherrschende Verhalten, daß man die natürlichen E.quellen als unerschöpflich u. zugleich als vogelfrei: als das unbegrenzt verfügbare Rohmaterial einer konsumorientierten Zivilisation, betrachtet. Die E.E erweitert die technischen u. wirtschaftlichen Fragen der E um moralische Fragen: (1) Angesichts der nur langsam (Holz) oder aber gar nicht erneuerbaren E.quellen oder E.träger (Kohle, Öl, Erdgas) verlangt die ↑ Gerechtigkeit gegen künftige Generationen, die E.quellen nicht schneller abzubauen, als sie nachwachsen oder aber durch neue, „künstliche" E.quellen (Wasser-, Sonnen-, Wind-, KernE.) ersetzt werden. (2) Angesichts der negativen ↑ Nebenwirkungen, den ↑ Umwelt-, einschließlich Klimarisiken des E.verbrauchs, verlangt sie eine Minimierung dieser Risiken. (3) Hier u. bei den besonderen Risiken von E.trägern wie Kernkraft fordert sie zu einer ↑ RisikoE u. einer vorlaufenden Risiko-Vorsorge, bei übergroßen Risiken sogar zu einem grundsätzlichen Verzicht auf. (4) Angesichts des E.verbrauchs einer ins Gigantische gewachsenen Weltbevölkerung, die überdies immens steigende Pro-Kop-Ansprüche anmeldet, kommt man ohne ↑ Besonnenheit als Element eines ökologischen Weltethos nicht aus. Denn selbt bei einer konstanten Weltbevölkerung steigt der WeltE.bedarf, sobald sich die ärmeren Länder an das Niveau der reicheren anpassen, etwa auf das Dreifache, wenn sie das Niveau Nordamerikas erreichen wollen, sogar aufs Fünffache des gegenwärtigen Bedarfs. Die E.E verlangt nicht bloß, komplexe ↑ Güterkonflikte sowohl umwelt- als auch sozialverträglich zu lösen. Sie führt der

Menschheit auch die Grenzen ihrer ↑ Macht vor Augen u. verlangt einschneidende Verhaltensänderungen.

Lit.: R. Spaemann, Technische Eingriffe in die Natur als Problem der politischen E, in: D. Birnbacher (Hrsg.), Ökologie u. E, Stuttgart 1980, 180 ff; R. Bauernschmidt, Kerne. oder Sonnene., München 1985; K. M. Meyer-Abich, B. Schefold, Die Grenzen der Atomwirtschaft. Die Zukunft von E., Wirtschaft u. Gesellschaft, München 1986; M. Kleemann, M. Merliß, Regenerative E.quellen, Berlin u. a. 1988; OECD (Hrsg.), Environmental Impacts of Renewable Energy, Paris 1988; M. Czakainski, E. für die Zukunft, Frankfurt/M./Berlin 1989; Ch.-D. Schönwiese, D. Diekmann, Der Treibhauseffekt, Reinbek 1989; P. Borsch, H.-J. Wagner, E. und Umwelt, KFA Jülich 1990; W. Korff, Die E.frage. Entdeckung ihrer e Dimension, Trier 1992; O. Höffe, Moral als Preis der Moderne, Frankfurt/M. ³1995, Kap. 10.2.   *O. H.*

Engagement ↑ Verantwortung.

Enteignung ↑ Eigentum.

Entfremdung bezeichnet den Verlust oder die Verfehlung des menschlichen Wesens im Prozeß der ↑ Arbeit (↑ marxistische E), allgemein bei der Selbstentfaltung des ↑ Menschen. *Hegel* hat diesen Begriff am Verhältnis von Herrschaft u. Knechtschaft erläutert: Der Knecht entfremdet sich von sich selbst, weil er seine Arbeit für den Herrn u. nicht zur Herstellung seines eigenen Bewußtseins leistet, u. der Herr, weil er die Arbeit des Knechts nur genießt, sich dabei selbst aber nicht schafft. Weder der Herr noch der Knecht

gewinnen ihr eigentliches menschliches Wesen. Es ist aber letztlich die Arbeit des Knechts, die die Welt gestaltet. *K. Marx* nahm diesen dialektischen Ansatz auf u. sprach dem Knecht die höhere Möglichkeit zu, sich von der E. zu befreien. Grund der E. ist die Teilung der Arbeit zwischen Kapitalisten u. Arbeitern als Lohnarbeit u. zwischen den Arbeitern. Die E. hat vier Stufen: die E. vom Produkt der Arbeit, von der Natur der Arbeit, die des Arbeiters von sich selbst u. von der ↑ Gesellschaft. Die E. zur Ware, zu einem Ding mit Geldwert, kennzeichnet die *Ausbeutung* des Arbeiters, der vom Wert seiner Arbeit nur das für seine Existenz Nötige erhält, während der Mehrwert vom Kapitalisten für Maschinen investiert wird, die den Arbeiter ersetzen sollen. Zur Überwindung der E. fordert *Marx* die Abschaffung des Eigentums in der ↑ Revolution, die ↑ Emanzipation des Menschen vom Trieb des Habenwollens im Kommunismus u. eine Versöhnung des Menschen mit sich u. der ↑ Natur. – Dieser radikale ↑ Humanismus lehnt eine kontinuierliche Steigerung menschlicher Lebensbedingungen als Vertiefung des Egoismus ab. Dagegen geht die E davon aus, daß E. sowenig wie das ↑ Böse oder die Abhängigkeit des Menschen von der Gesellschaft dauerhaft überwindbar sind. Ziel der E ist es, E. in Form inhumaner Abhängigkeiten durch einen vernünftigen Ausgleich zwischen den natürlichen Anlagen des Menschen u. den sittl. Normen des Handelns mit der Anerkennung ihrer Verbindlichkeit u. der Einsicht in ihre Richtigkeit zu überwinden.

Lit.: G. W. F. Hegel, Phänomenologie des Geistes, Herrschaft u. Knechtschaft; K. Marx, Ökonomisch-philosophische Manuskripte, Manuskript I, S. XXII–XXVII; H. Marcuse, Ideen zu einer kritischen Theorie der Gesellschaft, Frankfurt/M. ⁴1970, S. 7–54; J. Langenbach, Selbstzerstörung als Vollendung des bürgerlichen Subjekts, München 1982. *W. V.*

Enthaltsamkeit ↑ Verzicht.

Entscheidung bezeichnet den (freien) Entschluß von einzelnen oder von Gruppen, mit dem man aus verschiedenen Handlungsmöglichkeiten eine als die eigene ergreift u. sich dadurch zu einem Tun oder Lassen bestimmt. Durch E.en entsteht im persönlichen u. politischen Raum geschichtliche Wirklichkeit. Mit der Zurückführung seiner Handlungen auf E.en wird der Mensch zum Ursprung seines Tuns, für das er deshalb ↑ Verantwortung trägt, allerdings keine totale, da er den persönlichen u. gesellschaftlichen Kontext seiner E. nicht mitsetzt (↑ Determination). Als E. ist nicht bloß der örtlich u. zeitlich punktuelle Akt der Beschlußfassung zu verstehen, sondern der ganze Prozeß der E.findung, in dem oft auf eine problemorientierte Phase die lösungsorientierte folgt. Dieser Prozeß besteht begrifflich aus drei Momenten, denen je eine Dimension von Richtigkeit (↑ Rationalität) bzw. Verantworlichkeit entspricht: aus der Überlegung eines Zieles oder Zwekkes, aus der bewußten u. freiwilligen Anerkennung des Zieles als des eigenen u. aus der Überlegung (Planung) der Wege zum Ziel (der Rationalität im verkürzten Sinn: ↑ E.theorie). –

Im Unterschied zu diesem Verständnis der E. als *Wahl* (vgl. *Aristoteles*) erfährt der Begriff in der ↑ existentialistischen E seit *Kierkegaard* eine emphatische Bedeutung: Danach stehen konkrete E.en innerhalb eines umfassenden (ästhetischen, e oder christlichen) Sinnhorizontes u. Lebensmaßstabes, über den mitentschieden wird u. letztlich in ursprünglicher ↑ Freiheit eine GrundE. zu fällen ist. Diese zeigt sich weniger in einem einmaligen empirischen Ereignis als in der (auf eine spätere Korrektur hin offenen) Lebensausrichtung des Menschen, die all sein Denken u. Tun bestimmt. – In dem auf *Carl Schmitt* zurückgehenden *Dezisionismus* wird – in abstraktem Gegensatz zum ↑ Naturrechtsdenken, zu bürgerlicher E.flucht u. einer Totalisierung des Sachverstandes – die E. (Dezision) als nicht mehr ableitbarer, rein voluntativer Akt verstanden. In der souveränen E. des Staates sollen Normen nicht befolgt, sondern allererst gestiftet werden (vgl. *Hobbes:* auctoritas, non veritas facit legem). Hier verbindet sich mit dem Pathos der (permanenten) Ausnahme-Situation eine Irrationalisierung der E.: Über E.en kann man nicht mehr streiten, weil es für sie keine guten Gründe gibt.

Lit.: Aristoteles, Nikomach. E, Kap. III 1–7; S. Kierkegaard, Entweder-Oder; C. Schmitt, Polit. Theologie, München/Leipzig ²1934; P. Ricœur, Le volontaire et l'involontaire, Paris 1949; C. v. Krokkow, Die E., Stuttgart 1958; R. C. Jeffrey, Logik der E.en, Wien/München 1967; H. Lübbe, Theorie u. E, Freiburg 1971; S. 7 ff, S. 144 ff; W. Kirsch, Einführung in die Theorie der Entscheidungsprozesse, Wiesbaden 1977; Gesellschaftl. Entscheidungsvorgänge, Basel/Stuttgart 1977; O. Höffe, E u. Politik, Frankfurt/M. ³1987, Kap. 12–13; M. Hollis, W. Vossenkuhl (Hrsg.), Moralische E. u. rationale Wahl, München 1992.   *O. H.*

Entscheidungstheorie. Die E. ist eine interdisziplinäre Forschungsrichtung, die als sozialwissenschaftliche (deskriptive) Theorie faktisches Entscheidungsverhalten untersucht, als normative Theorie aber Regeln für rationale ↑ Entscheidungen aufstellt, wobei sie ↑ Rationalität auf Nutzenkalkulation verkürzt. Die für die E bedeutsamere, normative E. ist aus mathematischer Statistik, klassischer Nationalökonomie u. dem ↑ Utilitarismus entstanden. Sie entwickelt logisch-mathematische Verfahren (Entscheidungskalküle), mit deren Hilfe Individuen oder Gruppen bzw. Organisationen aus mehreren Handlungsmöglichkeiten die zu ihren Zielen optimale Möglichkeit errechnen. Eine ↑ methodische Erschließung der Handlungsmöglichkeiten, vor allem eine kritische Reflexion u. evtl. Veränderung der Ziele unterbleibt. Die E. erklärt stillschweigend die Nutzenoptimierung u. deren Erfolgskontrolle, also den aufgeklärten Egoismus (↑ Selbstinteresse) zur e Grundverbindlichkeit. – (1.1) Sofern die Ergebnisse u. Nutzenwerte der Handlungsmöglichkeiten genau bekannt sind (die sog. Entscheidung unter Gewißheit), lautet die Entscheidungsregel *(Rationalitätskriterium):* „Wähle die Handlung mit dem maximalen Nutzen", wobei Gewinn u. Vorteile als positiver, Kosten, Verluste u. Nachteile als negativer Nutzen gelten. (1.2) Sofern sich Ergebnis u.

Nutzen der Handlungsmöglichkeiten nicht genau, sondern nur mit einer bestimmten (subjektiven) Wahrscheinlichkeit angeben lassen (die sog. Entscheidung unter Risiko), gilt es nach der Entscheidungsregel von *Bayes* (1764), den (subjektiv) *erwarteten* Nutzen zu maximieren. (1.3) Sofern man die Ergebnisse nicht einmal mit einer bestimmten Wahrscheinlichkeit kennt (die sog. Entscheidung unter Ungewißheit), gibt es mehrere rivalisierende Regeln, z. B. die pessimistische Maximin-Regel („Wähle eine Handlung, für die der Schaden auch in der ungünstigsten Situation möglichst gering ist."). – (2) Da Entscheidungen meist in ↑ Konfliktsituationen stattfinden, in denen der eigene Handlungserfolg vom Handeln anderer abhängt, haben *v. Neumann* u. *Morgenstern* die E. im engeren Sinn zur *Spieltheorie* modifiziert (1944). Insofern diese davon ausgeht, daß man sich die eigenen Ziele gemäß seiner Macht durchzusetzen sucht, wird Konfliktlösung hier auf rationalen Egoismus u. tatsächliche Machtverhältnisse fixiert. – (3) Die *Wohlfahrtsökonomie* (Sozialwahltheorie) dagegen betrachtet die einzelnen als Mitglieder einer Gruppe, die trotz unterschiedlicher individueller Ausgangsziele doch als Gruppe ein gemeinsames Ziel, den kollektiven Gesamtnutzen, anstrebt. Nach Regeln, die gewissen Postulaten der Fairneß (↑ Gerechtigkeit) genügen (sog. Wohlfahrtsfunktionen), wird aus individuellen Nutzenwerten der entsprechende kollektive Wert errechnet; zu wählen ist die Handlung mit dem größten kollektiven Nutzen. Wegen ihrer Orientierung an Fairneßgesichtspunkten bedeutet diese Variante der E. einen e Fortschritt. Allerdings kann man kritisieren, daß weder eine Reflexion u. Veränderung der individuellen Ziele vorgesehen noch es ausgeschlossen ist, daß berechtigte individuelle Interessen dem Kollektivwohl geopfert werden. – (4) Neuerdings hat *Rawls* (auch *Buchanan*) versucht, selbst Prinzipien der ↑ Gerechtigkeit aus einer rationalen Entscheidung abzuleiten. Aufgrund von Zusatzannahmen wird der Ansatz der E. hier aber so radikal verändert, daß es sich weniger um Nutzenkalkulation als um eine sittl. Wahl handelt. Sowohl für die Evolutionstheorie *(Dawkins)* wie die Sozialphilosophie wichtig ist die Theorie der *Kooperation* (↑ SozialE) unter Egoisten. Nach dem entscheidenden Denkmittel, dem *Gefangenendilemma,* führt ein aufgeklärtes Selbstinteresse, das nicht durch externe Faktoren (z. B. durch ↑ Moral oder durch ↑ Recht u. ↑ Staat) zur Kooperation gebracht wird, zu deutlich suboptimalen Resultaten.

Lit.: R. D. Luce, H. Raiffa, Games and Decisions, New York, 1957; J. v. Neumann, O. Morgenstern, Spieltheorie u. Wirtschaftswissenschaft, Wien/ München 1963; A. Bohnen, Die utilitarist. E als Grundlage der modernen Wohlfahrtsökonomie, Göttingen 1964; R. C. Jeffrey, Logik der Entscheidungen, Wien/München 1967; M. Shubik (Hrsg.), Spieltheorie u. Sozialwissenschaften, Hamburg 1965; A. Rapoport, A. Chammah, Prisoner's Dilemma, Ann Arbor/Mich. 1965; G. Gäfgen, Theorie der wirtschaftlichen Entscheidung, Tübingen 2 1968; J. Rawls, Eine Theorie der Gerechtigkeit, Frankfurt/M. 1975; F. v. Kutschera, Einführung in die Logik der Normen, Werte u. Entscheidungen, Freiburg/München 1973; J. M. Buchanan, The Limits of Liberty, Chicago/London 1975; O. Höffe, Strategien der Humanität, Frankfurt/M. 2 1985, 1. Teil; ders. Politische Gerechtigkeit, Frankfurt/M. 1987, Teil III; ders., Kategorische Rechtsprinzipien, Frankfurt/M. 1990, Kap. 10; A. K. Sen, Collective Choice and Social Welfare, San Francisco 1970; E., Texte u. Analysen, Wiesbaden 1977; R. Dawkins, Das egoistische Gen, Berlin 1978; H. Raiffa, Einführung in die E., München 1973; H. Kliemt, Antagonistische Kooperation, Freiburg/München 1986; D. Gauthier, Morals by Agreement, Oxford 1987; J. Nida-Rümelin, E. u. E, München 1987; R. Axelrod, Die Evolution der Kooperation, München 2 1991; S. Hargreaves Heap, Y. Varoufakis, Game Theory, London/New York 1995.   *O. H.*

Entwicklungshilfe hat aus der Sicht westlicher Industrienationen den Zweck, den zumeist aus Kolonialgebieten hervorgegangenen Entwicklungsländern *(Dritte Welt,* D. W., im Unterschied zur Ersten Welt, E. W., der Industrieländer) die Möglichkeit zur politischen, ökonomischen u. sozialen Selbstbestimmung als freie Gesellschaften u. zur Teilnahme am allgemeinen Fortschritt zu gewähren u. mit der Beseitigung der Armut in der D. W. soziale ↑ Gerechtigkeit zu ermöglichen. (1) Als direkte E. gelten a) staatliche Kredite als Kapitalhilfe zur Finanzierung wirtschaftlicher Projekte mit Einflußnahme auf die Verwendung der Mittel u. Programme ohne Einflußnahme sowie b) technische Hilfe (Fachkräfte etc.) u. Ausbildungshilfe. Aufgrund der zunehmenden Verschlechterung des Verhältnisses der Exportgüterpreise (meist von Rohstoffen) zu den Importgüterpreisen (meist Industriegüter) für die D. W., aufgrund mangelnder Koordination der Hilfeleistungen zwischen den Industrieländern u. aufgrund von deren Eigeninteresse bei der Mittelvergabe konnte die E. bisher das ständige Anwachsen des Abstands zwischen dem Reichtum der E. W. u. der Armut der D. W. nicht verhindern. (2) Mehr Aussicht auf Erfolg verspricht die indirekte E.: eine Neuordnung des Weltmarkts, der Rohstoffpreise, des Währungssystems, der Außenhandels- u. Zollpolitik.

Die Probleme der E. kristallisieren sich im sog. Nord-Süd-Konflikt zwischen Industrie- u. Entwicklungsländern. Die Übertragung von Technologien, Gesellschafts- u. Bildungssystemen auf die Länder der D. W., die im Interesse westlicher Länder zur politischen Stabilisierung, im Interesse einiger östlicher Länder zur Revolutionierung der politischen Ordnungen beitragen sollte, ließ die E. als imperialistische u. kolonialistische ↑ Ideologie erscheinen. – Radikal ablehnend zur E. verhalten sich jene Marxisten, die nur in der ↑ Revolution die Bedingungen für eine Entwicklung der D. W. sehen *(H. G. Isenberg)*, in der E. aber ein „Mittel kapitalistischer Systemstabilisierung" *(J. Küster)*. Anstelle der E. fordern diese Kritiker den internationalen Klassenkampf. – Problematisch ist die E., die die Kriterien von Entwicklung mit den Zivilisations- und Fortschrittsnormen der Industrieländer gleichsetzt. Wenn Entwicklung nicht wirtschaftliches Wachstum mit sozialer Gerechtigkeit verbindet, trägt sie zur vermehrten Abhängigkeit der D. W. von den Industrieländern u. nicht zur Selbstbestimmung bei. E. als Weltsozialpolitik soll als Strategie weltweiter Gerechtigkeit zur Sicherung des ↑ Friedens beitragen: E. soll als Bedingung dafür die Minimalerfordernisse menschenwürdiger Existenz in der D. W. erfüllen. Dazu ist eine größere politische Kompetenz internationaler Organe (EWG, UN) zur Koordinierung wirtschaftlicher Maßnahmen erforderlich. – E. wird mißverstanden, wenn man sie als Rechtsanspruch der D. W., als ↑ sittl. Pflicht der Industrieländer oder als Instrument politischer u. ökonomischer Interessen auffaßt. Die Ziele einer Weltsozialpolitik sind nur durch kooperative E. erreichbar. Damit sollen die legitimen Interessen von Geber- u. Nehmerländern nicht bilateral, sondern multilateral (durch internationale Organe) vermittelt werden. Voraussetzung dafür ist nicht die plane Übertragung von technischer Zivilisation, von Lebens- u. Konsumgewohnheiten, sondern die Anerkennung der kulturellen Eigenständigkeit der Länder der D. W. Deren Selbstbestimmung ist zwar von Industrialisierung u. allgemeinem Lebensstandard u. diese wiederum vom Bildungsniveau der Menschen abhängig; der kausale Zusammenhang dieser Faktoren setzt auch Bedingungen wirksamer Hilfeleistung. Aber ohne eine gleichberechtigte Kooperation von armen u. reichen Ländern bei der Bestimmung von Zielen u. Mitteln der Entwicklung ist E. weder als frei gewährte Hilfe anerkennbar noch als Mittel einer Politik der Friedenssicherung gerechtfertigt.

Lit.: J.-J. Kaplan, The Challenge of Foreign Aid, New York/Washington/London 1967, Abschn. I u. III; Kooperative E., Bochumer Symposion 1968, Bielefeld 1969, Teil 1 u. 6; H. G. Isenberg, Imperialismus u. E., in: Das Argument, Bd. 51, 1969; M. Bohnet (Hrsg.), Das Nord-Süd-Problem, München ²1971; C. Uhlig, E.politik, Hamburg 1971; bes. J. Küster, K. Jettmar, W. Ehmann; H. Schoeck, E., München 1972; J. P. Agarwal u. a., Wirkungen der E., Köln/München 1984.   *W. V.*

Epikie ↑ Gerechtigkeit.

Epikureische Ethik. Die e.E geht auf den griechischen Philosophen *Epikur* u. seine in einem Garten gegründete Schule zurück. Zu ihren Vertretern gehören auch *Lukrez* u. *Horaz.* In *Epikurs* Philosophie haben Erkenntnis- und Naturtheorie keinen Selbstzweck, dienen vielmehr einer E, die die Empfindungen von ↑ Freude u. Schmerz als letzten Maßstab von ↑ Gut u. ↑ Böse betrachtet. Das einzige u. natürliche Ziel menschlichen ↑ Strebens wird in der beständigen u. sicheren Freude des ↑ Glücks gesehen, gegenüber dem die ↑ Tugenden wie ↑ Gerechtigkeit u. ↑ Tapferkeit nur instrumentale Bedeutung haben; sie sollen zusammen mit Erfahrung u. ↑ Klugheit eine lustvolle Harmoie aller ↑ Leidenschaften bewirken. Damit wird zugleich die *Ataraxie,* die unerschütterliche Gemütsruhe des Weisen, erreicht, der seine Begierden zu beherrschen weiß, von allem Äußeren unabhängig ist u. daher wie ein Gott unter den Menschen weilt. Zu den Voraussetzungen des Glücks gehört es, daß der Mensch von den Schrecknissen des Aberglaubens u. der ↑ Religion u. überhaupt

der Furcht vor dem Tod befreit wird. – Nach der e.E ist nicht jede Freude zu erstreben, nicht jeder Schmerz zu fliehen, z. B. nicht der, auf den eine höhere Freude folgt. Weil sie beständiger und von äußeren Störungen unabhängiger sind als die sinnlichen Freuden, werden die geistigen Freuden ungleich höher geschätzt. Deshalb wird die e.E zu Unrecht verdächtigt, einen unbedenklichen Genuß aller sinnlichen Daseinsfreuden zu vertreten (der Epikureer als Genußmensch). Um die Ataraxie zu erreichen, hält sich der Weise auch von den Aufregungen des politischen Lebens möglichst fern: „Lebe zurückgezogen!" (Als Zweck des ↑ Staates gilt lediglich die Sicherung der ↑ Gesellschaft gegen das Unrecht, von dem die Menge nur durch ↑ Strafen zurückgehalten werden kann.) Aus Rücksicht auf möglichste Ungestörtheit leitet sich auch die Bedenken der e.E gegenüber ↑ Eheschließung u. ↑ Familiengründung ab. Die e.E empfiehlt die Freundschaft, die Milde gegen Sklaven u. ein ↑ Wohlwollen gegen alle Menschen.

Lit.: H. Usener (Hrsg.), Epicurea, Leipzig 1887; Epikur, Philosophie der Freude; A. J. Festugière. Epicure et ses dieux, Paris 1946 (engl. Oxford 1955); B. Müller, Die e. Gesellschaftstheorie, Berlin 1974; J. Bollack, La pensée du plaisir. Epicure, Paris 1975; J. H. Nichols, Epicurean Political Philosophy, Ithaca/London 1976; P. Mitsis, Epicurus' Ethical Theory, Ithaca, N. Y. 1988; M. Hossenfelder, Epikur, München 1991.   *O. H.*

Erbarmen ↑ Christliche E.

Erbsünde ↑ Christliche E.

Erfahrung ↑ Handlung.

Erfolg. Unter E. versteht man im allgemeinen das (positive, seltener das
negative) Resultat, die *Wirkung*
zweckgerichteten menschlichen Handelns. Im Unterschied zu natürlichem
Geschehen ist Handeln qualifiziert
durch Antizipation, durch die *Voraussicht* von Ereignissen, die not-
wendiger-, wahrscheinlicher- oder
möglicherweise auf das Tun folgen
u. durch die *Absicht,* d. h. durch die
Auszeichnung einer oder mehrerer
dieser Folgen als Mittel u. Zweck.
Angesichts der Komplexität der Welt-
prozesse u. der ↑ Freiheit der mit-
handelnden anderen kann menschliche Voraussicht immer nur einen
Teil der Handlungsfolgen antizipieren; unter den vorausgesehenen
zeichnet die selegierende Absicht einige als Mittel u. Zwecke, andere
als unbeabsichtigte *Nebenwirkungen*
aus. Zur Handlung gehören also un-
vorhergesehene u. vorhergesehene
Folgen; letztere unterscheiden sich in
beabsichtigte (Zwecke u. Mittel) u.
in Kauf genommene (Nebenwirkungen). Ersichtlich kann der Mensch
nur für den Bereich voraussehbarer
Folgen seines Tuns ↑ Verantwortung
tragen. Soll indessen allein die subjektive Absicht über die Moralität
(↑ Sittlichkeit) einer Handlung entscheiden, so stellt sich das Problem,
inwieweit der Zweck einer Handlung
die Inkaufnahme beliebiger Nebenwirkungen rechtfertigt (das stets aktuelle Problem des actus duplicis ef-
fectus, der *doppelten Wirkung,* das
vor allem im 16. und 17. Jh. von
Philosophen u. Moraltheologen wie
B. Medina, G. Vasquez, F. Sanchez,

Johannes a Sancto Thoma, B. Pascal
intensiv diskutiert wurde). Eine To-
talverantwortung für alle voraussehbaren Folgen würde menschliches
Handeln objektiv überfordern (gerade in einer Zeit wachsender Inter-
dependenz des Weltgeschehens u.
weltweiter Information müssen wir
die Augen verschließen dürfen vor
einer Unzahl alternativer Handlungsmöglichkeiten, um überhaupt handeln zu können); die Nebenwirkungen völlig dem Verantwortungsbe-
reich zu entziehen führte zu einer
problematischen Überbetonung subjektiver Intention. Neben der entla-
stenden Funktion von ↑ Institutionen, die den persönlichen Verant-
wortungsbereich eingrenzen (sie prä-
judizieren in gewisser Weise, wer
mein Nächster, was meine konkrete
Aufgabe ist), bleibt dem ↑ Individuum für die moralische Rechtfertigung der Inkaufnahme einer Nebenwirkung die Pflicht der Prüfung seiner subjektiven Aufrichtigkeit wie
der objektiven Proportion, in der der
‚Wert‘ des intendierten Zweckes zum
möglichen ‚Unwert‘ der unbeabsich-
tigten Nebenwirkung steht. Was
niemals zum bloßen Mittel oder gar
zur in Kauf genommenen Nebenwirkung im Verfolgen eines Handlungs-
zieles gemacht werden darf, ist nach
Kant die Verletzung des Selbstwertes
einer ↑ Person. – Unter *E.moral* versteht man eine Position, die die sittl.
Qualität des Handelns nicht an der
subjektiven Absicht, sondern an den
objektiven, tatsächlichen Folgen des
Tuns festmacht. E.E gilt seit *M. Scheler* als Terminus für jene Moralphilosophie, die im Gegensatz zur
↑ GesinnungsE den sittl. Wert der

Person u. des Willensaktes nicht an einer bestimmten Qualität des subjektiven Wollens, sondern an dem Verfolgen von Zielen mißt, die als positive Wirkungen in der realen Welt u. der Gesellschaft empirisch bestimmbar sind. Als Paradigma einer E.E kann der ↑ Utilitarismus dienen.

Lit.: Johannes a Sancto Thoma, De bonitate et malitia actuum humanorum; B. Pascal, Lettres à un Provincial; M. Scheler, Der Formalismus in der E u. die materiale WertE, Teil III, Materiale E u. E.E; J. Mangan, An Historical Analysis of the Principle of Double Effect, in: Theol. Studies 1949; J. Ghoos, L'Acte à Double Effect, in: Theol. Louvaniensis Bd. 27, 1951; H. Reiner, GesinnungsE u. E.E, in: Archiv f. Rechts- u. Sozialphilos. Bd. 40, 1953; R. Spaemann, Nebenwirkungen als moralisches Problem, in: ders., Zur Kritik der polit. Utopie, Stuttgart 1977; J. L. Mackie, E, Stuttgart 1981, Kap. 7; Ph. Pettit, Consequentialism, in: P. Singer (Hrsg.), A Companion to Ethics, Oxford 1991, IV, Kap. 19. *M. F.*

Erfolgsmoral ↑ Erfolg.

Erkennen ↑ Begründung, Gewissen.

Erlanger Schule ↑ Konstruktive E.

Erlaubnis ↑ Deontische Logik.

Erlösung ↑ hindustische E, Religion.

Eros ↑ Liebe.

Erziehung ist allgemein das auf bestimmte humane, soziale oder berufliche Ziele gerichtete planvolle u. gestaltende Handeln von Eltern, Lehrern u. anderen Erziehern. Es soll Kindern u. Jugendlichen in ihrer Entwicklung zu Selbstbestimmung (↑ Freiheit) u. Mündigkeit (↑ Emanzipation), bei der Entfaltung ihrer individuellen kognitiven, emotionalen, physischen u. psychischen anlagen u. bei ihrer Intergration in die ↑ Gesellschaft Hilfe, Fürsorge, Lehre u. Orientierung gewähren. Komplementär zur E. u. ihren Zielen verhält sich das *Lernen* als Handeln der zu Erziehenden: Es soll nicht nur eine kognitive Aufnahme der E.inhalte sein, sondern zur bewußten Annahme u. zu eigenem Urteilen über die E.ziele führen. Der auf beruflich-soziale Ziele gerichteten (intentionale E.), Kulturtechniken (Lesen, Schreiben etc.), praktische Fertigkeiten, wissenschaftliches u. technisches Wissen vermittelnden (funktionale E.) u. von pädagogischen Techniken (Didaktik, instrumentale E.) bestimmten E. liegt das sittl. Verhältnis von Erziehung u. zu Erziehendem zugrunde: Es soll eine bloße Konditionierung u. fremdbestimmte (↑ Entfremdung) Anpassung Jugendlicher an die Welt der Erwachsenen dadurch verhindern, daß es den Erfolg der E. von der sittl. Kompetenz, der Solidarität, dem gegenseitigen Vertrauen u. der ↑ Verantwortung beider Seiten abhängig macht. Wenn das Kind u. der Jugendliche erfahren, daß ihre Rolle als Lernende mit der der Erzieher austauschbar ist, daß dementsprechend auch die sittl. Ansprüche an menschliches Handeln grundsätzlich umkehrbar sind, werden sie am moralischen Urteilen beteiligt u. gewinnen so Verständnis für die ↑ Normen humanen ↑ Lebens. Dem Kind wird damit nicht schon von vornherein wie von der *antiautoritären E.* moralische Autonomie zugebilligt: dies wäre seinem zunächst „egozentrischen" Verhalten *(J. Piaget),* in dem es das eigene Wünschen zum Maß aller Bewertungen macht, unangemessen (↑ Sozialisation).

Sittl. bzw. *humane Kompetenz* soll den Lernenden befähigen, „sich seiner selbst als eines verantwortlich Handelnden bewußt" zu werden, „daß er seinen Lebensplan im mitmenschlichen Zusammenleben selbständig fassen u. seinen Ort in Familie, Gesellschaft u. Staat richtig zu finden u. zu bestimmen vermag" *(Deutscher Bildungsrat* = D. B.). Als Leitziel der *moralischen E.,* der E. im engeren Sinne, erfordert der Erwerb humaner Kompetenz an äußeren Bedingungen eine bestimmte Struktur der Lernprozesse: sie sollen einen „Wechselbezug von reflexionsbezogenem u. handlungsbezogenem Lernen" (D. B.) ermöglichen. *Bildung* kann daher als Funktion der E. nicht auf allgemeine Kompetenzen, die am klassischen u. humanistischen Bildungsgut orientiert sind, beschränkt sein. Die Forderung, die Trennung von allgemeiner u. pragmatisch verstandener, beruflicher Bildung aufzulösen *(H. Krings),* geht einmal davon aus, daß Urteils- u. Handlungsfähigkeit u. -bereitschaft zur Bewältigung sowohl beruflicher wie sozialer u. individueller Lebenssituationen dient; zum anderen soll die *Chancengleichheit* (↑ Gleichheit) allen Lernenden den Zugang zum Erwerb dieser Kompetenzen u. beruflicher Fähig-

keiten eröffnen. – Der seit 1973 in einigen Bundesländern (z. B. Bayern, Rheinland-Pfalz) alternativ zum Religionsunterricht eingeführte *E-Unterricht* macht die „Grundsätze der Sittlichkeit" u. des „natürlichen Sittengesetzes" zu Leitzielen eines Unterrichtsfaches. Im Hinblick auf den Wechselbezug von Handlung u. Reflexion, auf den sittl. Kompetenz angewiesen ist, kann das Fach ‚E' nur methodische Bedeutung für die sittl. Reflexion haben: es kann helfen, „Begründungs-, Beurteilungs- u. Kritik-Aspekte nach Maßgabe von Selbstbestimmung u. sozialer Verantwortung zu finden" *(O. Höffe).* Sittl. Kompetenz bildet sich als Fähigkeit, tolerant, verantwortlich u. solidarisch zu handeln u. zu urteilen in ↑ Kommunikations- u. Interaktionsprozessen. Theoretisches Lernen schafft dafür reflexive Bedingungen, die jedoch gefährdet sind, wenn für jenes Lernen das Prinzip der Auslese dem der individuellen Förderung u. Werte wie Fleiß u. konkurrierende Leistung denen der sittl. Kompetenz übergeordnet werden.

Lit.: E. Durkheim, E., Moral u. Gesellschaft. Vorlesung an der Sorbonne 1902/03, 1984; W. Klafki, Studien zur Bildungstheorie u. Didaktik, Weinheim [9]1967; R. Dahrendorf, Bildung ist Bürgerrecht, Hamburg [3]1968; R. S. Peters, Ethics and Education, London [6]1969, Teile I, IV, VII, XI; D.B., Empfehlungen der Bildungskommission, Strukturplan für das Bildungswesen, Bonn 1970, Kap. 3. u. 4.; ders., Zur Neuordnung der Sekundarstufe II, Bonn 1974, Abschn. 2.2 u. 2.3; W. Killy, Bildungsfragen, München 1971; H. Krings, Neues Lernen, München 1972; J. Piaget, Das moralische Urteil beim Kinde,

Frankfurt/M. 1973; A. Flitner, Tugendlehre u. moderne E., in: Merkur,
Nr.336, 1976; C. Günzler, Antropo-
logische u. e Dimensionen der Schule,
Freiburg/München 1976; J. Fellsches,
Moralische E. als politische Bildung,
Heidelberg 1977; O. Höffe, E-Unterricht in pluralistischer Gesellschaft, in:
E u. Politik, Frankfurt/M. ³1987, Abschn. 16; ders., Sittl. politische Diskurse, Frankfut/M. 1981, Kap. 4; K. Mol-
lenhauer, Vergessene Zusammenhänge:
über Kultur u. E., München 1983;
F. Oser, O. Höffe, R. Fatke (Hrsg.),
Transformation u. Entwicklung. Grund-
lagen der MoralE., Frankfurt/M. 1986;
J. Rekus (Hrsg.), Schulfach u. E. Fach-
didaktische Beiträge zur moralischen
E. im Unterricht, Hildesheim 1991.

W. V.

Es ↑ Bedürfnis.

Eschatologie ↑ Hoffnung.

Ethik (griech. ēthos: gewohnter Ort
des Lebens, Sitte, Charakter) geht als
philosophische Disziplin u. als Dis-
ziplintitel auf *Aristoteles* zurück, der
ältere Ansätze *(Sophisten, Sokrates,
Platon)* aufgreift. Dort, wo überkommene Lebensweisen u. ↑ Institutionen ihre selbstverständliche Geltung verlieren, sucht die philosophische E, von der Idee eines sinnvollen
menschlichen Lebens geleitet, auf
methodischem Weg (↑ Methoden
der E) u. ohne letzte Berufung auf
politische u. religiöse Autoritäten
(↑ theologische E, ↑ buddhistische,
↑ christliche E usw.) oder auf das
von alters her Gewohnte u. Bewährte
allgemeingültige Aussagen über das
gute u. gerechte Handeln (↑ Moral
u. Sitte, ↑ Sittlichkeit, ↑ Gerechtigkeit). Bei *Aristoteles* u. in der von
ihm begründeten Tradition (↑ Ge-

schichte der E) hat die E neben der
engen auch eine umfassende Bedeutung, nach der die Ökonomie u. die
Politik (Sozial-, Rechts- u. Staatsphilosophie) mit zu ihr zählen. E ist
dann gleichbedeutend mit ↑ praktischer Philosophie. Später verengt
sich die Bedeutung auf *Moralphilosophie* (philosophia moralis), die sich
vor allem mit der persönlichen Seite
guten Handelns befaßt u. die soziale
u. politische Dimension weitgehend
ausklammert.

Je nach dem Erkenntnisinteresse
lassen sich drei Formen der E unterscheiden. (1) die *deskriptive* oder *empirische* E sucht die mannigfachen
Phänomene von ↑ Moral u. Sitte der
verschiedenen Gruppen, ↑ Institutionen u. Kulturen zu beschreiben, zu
erklären u. evtl. zu einer empirischen Theorie menschlichen Verhaltens zu verallgemeinern. Dies ist keine genuine Aufgabe der Philosophie,
sondern eine der Historie, Ethnolo-
gie, Psychologie u. Soziologie (z. B.
M. Weber). Allerdings kann die Philosophie auf dem allgemeinen Niveau mitwirken und etwa als Sozial-
↑ Anthropologie menschliches Verhalten überhaupt, etwa das Gewicht
von Brauch, Sitte u. Recht, untersuchen. (2) Das Ziel der ↑ *normativen*
E dagegen u. wohl der letzte Zweck
einer philosophischen E überhaupt
ist es, die jeweils herrschende Moral
kritisch zu prüfen (↑ Moralkritik)
sowie Formen u. Prinzipien rechten
Handelns zu ↑ begründen. (3) Dafür
übernimmt die ↑ *MetaE* die wichtige Aufgabe, die sprachlichen Elemente u. Formen moralischer Aussagen kritisch zu analysieren u. Methoden zu ihrer Rechtfertigung u. ih-

rer Anwendung zu entwickeln. –
Von *Aristoteles* her hat das Adjektiv
„ethisch" zwei Bedeutungen. Es
kennzeichnet sowohl die das Sittl.
behandelnde Wissenschaft als auch
das Sittl. selbst. Allerdings dient es
der besseren Verständigung, wenn
man nur in bezug auf die Wissenschaft von „ethisch" (oder moralphi-
losophisch), in bezug auf den Gegenstand aber von „sittl." (↑ Sittlichkeit) oder „moralisch" spricht.

Lit.: Platon, Protagoras; Aristoteles,
Nikomach. E; Spinoza, E; Malebran-
che, Abhandlung über die Moral;
D. Hume, Untersuchung über die Prin-
zipien der Moral; I. Kant, Grundlegung
zur Metaphys. d. Sitten; M. Weber,
Die E des Protestantismus u. der Geist
des Kapitalismus (1904/05), 2 Bde.,
Hamburg 1973; R. B. Brandt, Ethical
Theory, Englewood Cliffs/N. J. 1959;
R. Spaemann, Moralische Grundbegrif-
fe, München ²1983; G. Patzig, E ohne
Metaphysik, Göttingen 1971, Kap. II;
W. K. Frankena, Analyt. E, München
²1975; J. L. Mackie, E, Stuttgart 1981;
G. Harman, Das Wesen der Moral,
Frankfurt/M. 1981; F. v. Kutschera,
Grundlagen der E, Berlin u. a. 1982;
F. Ricken, Allgemeine E; Stuttgart u. a.
1983; A. Pieper, E u. Moral. Eine Ein-
führung in die praktische Philosophie,
München 1985; O. Höffe, E u. Politik,
Frankfurt/M. ³1987; B. Williams,
Ethics and the Limits of Philosophy,
London 1985; W. Schulz, Grundpro-
bleme der E, Pfullingen 1989; H. Krä-
mer, Integrative E, Frankfurt/M. 1992;
E. Tugendhat, Vorlesungen über E,
Frankfurt/M. 1993.   *O. H.*

E-Kommissionen ↑ Medizinische E.

E ohne Metaphysik ↑ Methoden der
E.

E-Unterricht ↑ Erziehung.

e Pluralismus ↑ Relativisimus.

e Relativismus ↑ Relativismus.

Ethnozentrismus ↑ Kultur.

Ethologie ↑ Instinkt.

Ethos ↑ Moral u. Sitte.

Eudämonismus ↑ Glück.

Eugenik ↑ Gentechnik.

Eurozentrismus ↑ Kultur.

Euthanasie ↑ Medizinische E.

Evidenz ↑ Sittliche Gewißheit.

Evolution ↑ Evolutionistische E, Soziobiologie.

Evolutionistische Ethik. Die Evolution (Lat. evolvere: entwickeln) beschreibt den organischen Entwick-
lungsprozeß biologischen ↑ Lebens
als Entstehen der Arten von Lebewesen aus anderen Arten nach den Gesetzen der natürlichen Auslese. Da
von jeder Art meist mehr ↑ Individuen geboren würden als überleben
könnten u. da sich die organischen
Anlagen der Individuen von Generation zu Generation veränderten,
würden im notwendigen Kampf ums
Dasein – dem Kampf von Individuen
gleicher Art untereinander, gegen andere Arten u. gegen die äußere Natur
– die Tüchtigsten überleben: Deren
Anlagen böten die größeren Chancen
der Erhaltung der Art (↑ Soziobiologie). Die natürliche Auslese wirke

durch u. für das Wohl eines Lebewesens u. perfektioniere seine körperliche u. mentale Ausstattung kontinuierlich *(C. Darwin).* – (1) Die e.E zieht aus diesen deskriptiven Gesetzen der Evolution den normativen Schluß: Der evolutionäre Prozeß sei ein Kriterium des ↑ Guten *(J. Needham).* Das Gute wird dabei von der Tüchtigkeit, nach bestimmten naturalen Erfordernissen in einer Umwelt zu überleben, abgeleitet. Es ist zwar ein Kriterium sittl. ↑ Werte, dem ↑ Glück u. den ↑ Bedürfnissen der Betroffenen zu dienen; aus der Tatsache, daß etwas Bestimmtes gewünscht wird, läßt sich aber nicht schließen, daß dies wünschenswert ist (naturalistischer Fehlschluß: ↑ MetaE). Allgemein ist das *Überleben,* das von der Effizienz organischer Dispositionen abhängt, weder ein Grund für die Annahme, daß das sittl. beste Lebewesen überlebt, noch umgekehrt dafür, daß sittl. Kriterien überhaupt Bedingungen des Überlebens sind. Schließlich kann man nicht sagen, daß ein Opfer der Auslese den Kampf ums Dasein zu seinem Wohle verloren hat. Die e.E läßt im übrigen offen, welche evolutionären Tatsachen mit welchen sittl. Werten verknüpft sind. – (2) Die e.E übernimmt die Fortschrittsidee der Evolutionstheorie u. interpretiert sie e: Der evolutionäre Prozeß begünstige jeden Wandel der ↑ Natur, der Leben vermehre u. ↑ Glück steigere *(H. Spencer).* Ein Gesetz des evolutionären ↑ Fortschritts zur höheren, besseren Art, das im historischen Sinne auch vom ↑ Materialismus geteilt wird, ist aber nicht einmal biologisch zwingend. Die Auslese beruht

lediglich auf der Effizienz der Anlage, die in einer bestimmten Umwelt zum Überleben notwendig ist. Ein Lebewesen kann trotz hochentwikkelter anderer Anlagen nicht überleben. Daß die Besten überleben, liefert daher kein allgemeines Kriterium für das, was sie vor anderen Lebewesen auszeichnet. Die Fortschittsthese der e.E ist aus analogen Gründen unhaltbar: Sie würde ein indiffferentes sittl. Verhalten nahelegen, wenn die Evolution per se immer das Beste bewirken würde. Da der ↑ Mensch seine Geschichte selbst gestaltet u. selbst eine bestimmende Funktion in der Entwicklung des organischen Lebens innehat u. die evolutionären Gesetze bis in den Bereich der Erbanlagen manipulieren (↑ Manipulation) kann, sind Kriterien seines Verhaltens aus dem evolutionären Prozeß nicht ableitbar. Die *Konkurrenz* (lat. Wettstreit), das egoistische ↑ Streben nach dem Vorrang individueller ↑ Interessen mit Hilfe höherer Durchsetzungskraft (↑ Sozialdarwinismus), gefährdet sowohl das Leben in der ↑ Gesellschaft wie in der Natur (↑ Umweltschutz). Die Verminderung des Unglücks u. die Sicherung des sozialen u. natürlichen Lebens ist auf ↑ Toleranz, gerechten Interessenausgleich u. wechselseitige ↑ Verantwortung angewiesen. Sie müssen notwendig an die Stelle evolutionärer Gesetzlichkeiten treten, damit humanes Leben möglich ist.

Lit.: Darwin lesen. Eine Auswahl aus seinem Werk, hrsg. v. M. Ridley, München 1996; C. M. Williams, Evolutional Ethics, London/New York 1893, Teil 1, 2; H. Spencer, The Principles of

Ethics, Bd. 1, Teil 1, Bd. 2, Teil 6;
A. G. N. Flew, Evolutionary Ethics,
London u. a. 1967, Teil 3 u. 4; W. Vossenkuhl, Die Unableitbarkeit der Moral
aus der Evolution, in: P. Koslowski
u. a. (Hrsg.), Die Verführung durch das
Machbare, Stuttgart 1983; H. Mohr,
Natur u. Moral. E in der Biologie,
Darmstadt 1987; R. Axelrod, Die Evolution der Kooperation, München
1988; D. Birnbacher, Ökologie, E u.
neues Handeln, in: H. Stachowiak
(Hrsg.), Pragmatik, Bd. III, Hamburg
1991, S. 393–417; F. M. Wuketis, Ver-
dammt zur Unmoral? München 1993;
K. Bayertz (Hrsg.), Evolution u. E,
Stuttgart 1993; G. Vollmer, Auf der
Suche nach der Ordnung, Stuttgart
1995; E.-M. Engels, Die Rezeption von
Evolutionstheorien im 19. Jh., Frank-
furt/M. 1995; R. Dawkins, Das egoistische Gen, Hamburg 1996.   *W. V.*

Existentialistische Ethik. Die e.E ist
keine einheitliche, systematisch entwickelte e ↑ Methode. Die unterschiedlichen Ansätze entwickeln keine Prinzipienlehre sittl. Verhaltens,
sondern betonen die Abhängigkeit
unbedingter Forderungen von der
jeweiligen geschichtlichen Existenz
des Handelnden. *Heideggers* von den
übrigen Ansätzen abweichende These ist, daß der ↑ Sinn e Bestimmungen solange ungeklärt ist, solange sie
nicht als Möglichkeiten des Daseins
dem ↑ Verstehen der Menschen u.
ihrer Sinngebung offen sind. Das
Dasein als Geworfensein in die Welt
ist geprägt von Furcht u. Bedroh-
lichkeit *(Befindlichkeit)* u. schließlich
von der ↑ Angst vor dem Nicht-sein.
In der Befindlichkeit erschließt sich
dem Menschen die Möglichkeit des
Seinkönnens u. das Verstehen seiner
Existenz (lat.: Dasein) als „Sein zum

Tode". Die Existenz ist primär von
der Endlichkeit der Zeit bestimmt u.
daher auf ihre unwiederholbaren geschichtlichen Möglichkeiten einge-
grenzt. Die *Geschichtlichkeit* des
Menschen besagt daher, daß sein
Handeln u. der ↑ Sinn seines ↑ Lebens nicht von absoluten sittl. Normen, sondern von der absoluten
Endlichkeit des Daseins bestimmt
sind. Das Glücken oder Scheitern des
Lebens ist damit dem „Geschick des
Seins" ausgesetzt. Das Dasein wird
zum *Wagnis,* da über seine Seinsbe-
dingungen weder im Denken noch
im Handeln Sicherheit zu gewinnen
ist.

Grundgedanken dieses Ansatzes
formulierte schon *Kierkegaard:*
Nicht die abstrakten sittl. Bestimmungen einer allgemeinen Vernunft,
sondern die Selbstwahl als Realisierung subjektiver ↑ Freiheit begründet die Verbindlichkeit u. die Verwirklichung des von den Normen
christlicher Existenz geprägten „Kön-
nen-Sollens". Die sittl. Forderungen
stehen hier in einem Spannungsverhältnis zwischen sittl. Unbedingtheit
u. zeitlich-geschichtlicher Notwendigkeit. – *Jaspers* hält wie Kierkegaard an der Gesetzlichkeit des Sollens fest. Der einzelne kann sich über
dieses Sollen in der geschichtlichen
Situation seiner Existenz keine absolute, sondern nur eine relative Gewißheit in der Erhellung des „philosophischen Glaubens" verschaffen. Er
ist in seinen *Grenzsituationen* (Tod,
↑ Leid, ↑ Schuld) zum *Scheitern* verurteilt u. auf sich zurückgeworfen.
Eine unbedingte Forderung gibt es
nicht ausdrücklich, sie muß aber
vorausgesetzt werden u. kann in der

↑ Liebe erfahren werden. Die Erhellung der Existenz hat eine appellative Funktion: Sie stellt den einzelnen vor die sittl. Aufgabe, die ↑ Verantwortung seiner Existenz in ↑ Freiheit zu übernehmen. – *Sartre* radikalisiert diese Position, indem er jegliche ↑ Werte, einen unbedingten Sinn des Daseins u. ein den Menschen moralisch bindendes Wesen negiert. Der Mensch erfährt sich nicht im Ganzen einer sinnvollen Welt, sondern schafft sie sich. Er ist zu seiner Freiheit verurteilt, die er rückhaltlos auf sich nimmt u. dem Anspruch der andern gegenüber verantwortet. Die Freiheit jedes einzelnen muß mit der Freiheit der andern übereinstimmen, sie fordert „Engagement" u. bildet das Grundelement dieses e. Humanismus (↑ Humanität). – *Camus* sieht im Verhältnis u. gleichzeitigen Vorhandensein einer überlegenen Welt u. eines in seinem Wollen u. Handeln unterlegenen u. daher zur Revolte aufgerufenen Menschen die Sinnlosigkeit des Daseins (↑ Nihilismus). Dieses *Absurde,* als Mißverhältnis zwischen den Kräften u. Zielen des Menschen, ist für ihn die erste Wahrheit u. Gegebenheit. Aus ihr leitet er die Forderungen der Auflehnung, der Freiheit und der ↑ Leidenschaft ab. Nur die Einsicht in das Absurde ist vernünftig, jede absolute Forderung aber irrational. Absolut ist nur die Leidenschaft, alles im Leben Gegebene auszuschöpfen. – Im Gegensatz zu Camus vertritt *Marcel* einen christlichen Existentialismus. Das Unbedingte, das Geheimnis, vermittelt u. offenbart sich dem Menschen. Aus ihm schöpft er die Kraft der ↑ „Hoffnung wider alle Hoffnung". Der Mensch verfehlt sich, wenn er sich dem Geheimnis entzieht; er findet seine wahre Möglichkeit in Treue u. Verpflichtung ihm gegenüber. – Die Bedeutung der e.E liegt nicht in der argumentativen Lösung u. der theoretischen Entfaltung e Probleme, sondern in ihrer Verknüpfung mit der Interpretation existentieller Probleme. Die e. Ansätze vertreten die These, daß zur Lösung existentieller Probleme sittl. Postulate nicht hinreichend sind u. daß die Bedeutung dieser Postulate von den geschichtlichen Bedingungen des Daseins abhängig ist. Gemeinsam ist diesen Ansätzen der Vorbehalt, kritisch betrachtet: die Resignation, gegenüber rationalen Lösungen e u. existentieller Probleme.

Lit.: S. Kierkegaard, Die Krankheit zum Tode, Teil A.; M. Heidegger, Sein u. Zeit, §§ 54–60; ders., Über den Humanismus, Frankfurt/M. 1949; E. Griesbach, Gegenwart. Eine kritische E, Halle 1928; K. Löwith, Das Individuum in der Rolle des Mitmenschen, München 1928; K. Jaspers, Vernunft u. Existenz, München 1960, Vorlesung 1 u. 3; J.-P. Satre, Das Sein u. das Nichts, Hamburg ²1962, Teil 4; ders., Drei Essays, Frankfurt/M./Berlin 1963, S. 7–51; A. Camus, Der Mythos von Sisyphos, Düsseldorf 1956, Abschn. I u. II; ders., Der Mensch in der Revolte, Reinbek 1953, S. 14–86; G. Marcel, Homo viator, Düsseldorf 1949, S. 173 ff; M. Warnock, Existentialist Ethics, London/New York 1967; H. Fahrenbach, Existenzphilosophie u. E, Frankfurt/M. 1970; K.Jacobi, Jean Paul Sartres Weg zu einer Philosophie der konkreten Praxis, in: P. Engelhardt (Hrsg.), Zur Theorie der Praxis, Mainz 1970, 111–162; B. Sitter, Dasein u. E., Zu einer e Theorie der Existenz, Freiburg/München 1975; W. Anz, Zur Wirkungsgeschichte Kierkegaards . . ., in: Zeitschr. f. Theol. u. Kirche 79 (1982), 451–482; M. Müller, Existenzphilosophie, Freiburg/München 1986; G. Seel, Wie hätte Sartres Moralphil. aussehen können?, in: T. König (Hrsg.), Sartre, Hamburg 1988, 276–293; W. Greve, Kierkegaards maieutische E, Frankfurt/M. 1990.   W. V.

Existenz ↑ Existentialistische E.

F

Fairneß ↑ Gerechtigkeit.

Fajia ↑ chinesische E.

Faktisch ↑ Empirismus.

Faktum der Vernunft ↑ Methoden der E, Sittlichkeit.

Familie heißt die soziale Einheit, die durch die eheliche Verbindung zweier ↑ Menschen verschiedenen Geschlechts begründet wird, gemeinsam die ökonomischen Reproduktionsbedingungen erarbeitet u. die Erzeugung u. ↑ Erziehung der Kinder zum Inhalt hat. Die F. wird durch die ↑ Ehe begründet. Als Form des Zusammenlebens (Gemeinsamkeit von Bett u. Tisch) bedarf sie einer ökonomischen Grundlage, die durch die ↑ Arbeit beider Teile erworben werden muß. Dies ist selbst dann noch der Fall, wenn der Mann die Berufsarbeit im engeren Sinne u. die Frau die Hausarbeit verrichtet, wie dies die traditionelle gesellschaftliche Rollenverteilung vorsieht. Die ökonomische Seite der F. muß einer sorgsamen Erwägung u. Planung un-

terzogen werden, teils um die Ressourcen für die Gestaltung des gemeinsamen Lebens (Wohnung, alltäglicher Verbrauch, Erholung) zu kennen, teils um in ↑ verantwortungsvoller Weise den Lebensraum für die Kinder vorzubereiten. Durch die Möglichkeit der Fortpflanzung ist die F. mit der Entscheidung konfrontiert, neues ↑ Leben zu ermöglichen u. die heranwachsenden Kinder zu erziehen oder diese Möglichkeit aus gewichtigen Gründen auszuschließen. Die ↑ Entscheidung für ein Kind stellt eine der zentralen ↑ sittl. Fragen der F. dar, weil damit ein neuer Erfahrungsbereich für die Eltern erschlossen wird (nach *Hegel* die objektiv angeschaute Einheit der Beziehung), aber auch weil ↑ Liebe u. Einsatz der Eltern auf Jahre hinaus dem gemeinsam erzeugten Dritten gelten muß. In diesem Erfahrungsbereich fließen unbewußte emotionale Beziehungsformen der Ehepartner zueinander auch in das Verhältnis zum Kind ein. Im Erziehungsprozeß findet eine wechselseitige unbewußte Rollenzuschreibung zwischen Eltern u. Kind statt. Die Gefahr krankhafter Verzerrungen zeigt sich in den angsthysterischen, paranoiden u. hysterischen Grundmustern, die solche Beziehungen prägen können, sei es, daß diese Krankheit einem F.mitglied zugeschoben wird (Sündenbockrolle) oder die F. als ganzes betrifft *(Richter)*.

Ehe u. F. stehen als kleinere soziale Einheit in ihrer Struktur mit den gesamtgesellschaftlichen Organisations- u. Beziehungsformen in einem wechselseitigen Austauschverhältnis. Dies verdeutlicht die Geschichte des

F.begriffs. Während in den fruchtbaren Flußkulturen des Mittelmeerraumes u. Mesopotamiens matriarchalische Frühformen ausgebildet wurden, wobei der Mutterclan ihre Form bestimmte, veränderte sie sich unter patriarchalischen Vorzeichen zur männlich regierten Großf., die planmäßig Ackerbau betrieb. Das antike Haus (oikos) ist nach *Aristoteles* aus den drei sozialen Verhältnissen Mann – Frau, Eltern – Kinder u. Herr – Sklave zusammengesetzt. Gleichzeitig stellt es die ökonomische Produktionszelle dar, in der die Sklaven die körperliche Arbeit verrichten, auf deren Grundlage die Herren handeln. Das „ganze Haus" bildet einen kleinen Organismus, in dem jedem Teil von Natur seine Funktion zugewiesen ist, deren Ausübung der Herr lenkend überwacht. Diese alteuropäische F.struktur, in der auch die neuen F.gründungen durch Vereinbarung der Eltern gestiftet wurden, wird erst im bürgerlichen Zeitalter des 19. und 20. Jh. durch den Begriff der KleinF. abgelöst, die sich auf die persönliche Neigung u. Liebe sowie auf die sittl. Entscheidung der einzelnen freien Person gründet. Diese sog. „sentimentale" F. bringt die triadische Struktur Vater – Mutter – Kind zum Tragen, die von der Psychoanalyse *Freuds* im Ödipuskomplex als Grundfigur eines Beziehungsdramas erkannt wurde. Erst Mitte des 20. Jh. beginnt sich eine weitere tiefgreifende Veränderung der F.struktur abzuzeichnen. Bedingt durch die ökonomische Selbständigkeit der Frau, zeichnet sich nicht nur eine Gewichtsverschiebung von der Herrschaft des Mannes zur gleichberech-tigten Partnerschaft ab. Die Mobilitätsforderungen der Industriegesellschaft (z. B. rascher Wechsel des Arbeitsplatzes) stellen auch die Stabilität einer lebenslangen Verbindung in Frage. Das moderne Partnerschaftsverhältnis schwankt daher zwischen dem Rückgriff auf traditionelle F.vorstellungen u. dem ↑ Emanzipationsversuch ihnen gegenüber.

Lit.: Aristoteles, Politik, Buch I; G. W. F. Hegel, Grundlinien der Phiolosphie des Rechts, §§ 158–181; S. Freud, Das Ich u. das Es, Werke Bd. XIII; A. Gehlen, Moral u. Hypermoral, Kap. 6, Frankfurt/M. ³1973, S. 87f; D. Claessens u. P. Milhoffer (Hrsg.), F.soziologie, Frankfurt/M. 1973; R. König, Soziologie der F., in: Handbuch der empirischen Sozialforschung, München 1969; ders., Die F. der Gegenwart, München 1974; H. E. Richter, Patient F., Hamburg 1972; S. Simitis u. G. Zenz, F. u. F.recht, 2 Bde. Frankfurt/M. 1975; F.dynamik. Interdisziplinäre Zeitschrift für Praxis u. Forschung, hrsg. v. H. Stierlin u. J. Duss von Werdt, Bd. 1, 1976; M. Mitterauer u. R. Sieder, Vom Patriarchat zur Partnerschaft. Zum Strukturwandel der F., München 1977; M. Perrez (Hrsg.), Krise der Kleinfamilie? Bern u. a. 1979; B. Schnyder u. a. (Hrsg.), F. Herausforderung der Zukunft, Freiburg i. Ü. 1982; J. Willi, Die Zweierbeziehung, Hamburg 1983; ders., Therapie der Zweierbeziehung, Hamburg 1985; H. Stierlin, Individuation u. F., Frankfurt/M. 1989; R. Nave-Herz, F. heute. Wandel der F.strukturen u. Folgen für die Erziehung, Darmstadt 1994; L. A. Vaskovics (Hrsg.), F. Soziologie familialer Lebenswelten, München 1994.   *A. S.*

Faschismus ↑ Diskriminierung.

Fatalismus ↑ Schicksal.

Feigheit ↑ Tapferkeit.

Feministische Ethik bestreitet die Möglichkeit einer geschlechtsneutralen e Theorie (u. daher auch einer unparteilich-objektiven e Praxis). Sie deutet den Universalitätsanspruch neuzeitlicher E im Sinn einer Vernachlässigung der Geschlechterdifferenz; die spezifisch weibliche Sichtweise werde damit unterschlagen. Eine aus weiblicher Perspektive formulierte E soll hingegen durch die Einbindung moralischer Phänomene in bestimmte Lebenskontexte charakterisiert sein; durch diese Kontextsensitivität erhält die f.E eine Verwandtschaft mit dem ↑ Kommunitarismus u. der ↑ TugendE. Ein grundlegender u. in der Folgezeit anstoßgebender Ansatz der f.E bestand darin, eine spezifisch „weibliche" Moral der Anteilnahme, des ↑ Wohlwollens u. der Fürsorglichkeit einer „männlichen" Perspektive von ↑ Gerechtigkeit, Unparteilichkeit, Verallgemeinerung u. Wechselseitigkeit gegenüberzustellen (FürsorgeE: CareE, *Gilligan)*. Eine solche Antithese ist neben der externen Kritik etwa auch dem internen f.en Bedenken ausgesetzt, hier würden moralpsychologische u. moralphilosophische Elemente unzulässig vermengt; auch werden die einschlägigen empirischen Untersuchungen in methodischer Hinsicht kritisiert. In Anlehnung an die FürsorgeE stellen verschiedene Ansätze aus der f.E die Mutter-Kind-Beziehung als Paradigma einer nichtreduktiven e Beziehung dar; für eine weibliche Moral charakteristisch sei hier die Nichtverallgemeinerbarkeit sowie die Asymmetrie (u. damit die Nicht-Reziprozität) des moralischen Anspruchs. Unterschiedlich bewertet wird in der f.E das Gewicht der neuzeitlichen Aufklärung sowie ihres Vernunft- u. Autonomieideals: teils gilt sie als Ausdruck einseitig-männlichen Denkens, teils als eine vorbereitende Grundlage weiblicher Selbständigkeit. Zentrale Themen der angewandten f.E sind Chancengleichheit von Frauen im gesellschaftlichen, beruflichen wie häuslichen Bereich, das Problem der Quotierung, die Stellung der Frau in den Entwicklungsländern sowie Fragen der Reproduktionsmedizin u. der ↑ Abtreibung. Zudem spielen Vertreterinnen der f.E eine wichtige Rolle bei der Neuentdeckung kontextsensitiver Klassikertexte, besonders aus der antiken Ethik.

Lit: S. de Beauvoir, Das andere Geschlecht. Sitte u. Sexus der Frau, Reinbek ²1992 (frz. 1949); C. Gilligan, Die andere Stimme. Lebenskonflikte u. Moral der Frau, München 1984; H. Nagl-Docekal (Hrsg.), F. Philosophie, Wien/München ²1994; S. Benhabib, Situating the Self, New York 1992; H. Nagl-Docekal, H. Pauer-Studer (Hrsg.), Jenseits der Geschlechtermoral. Beiträge zur f.E, Frankfurt/M. 1993; V. Held, Feminist Morality, Chicago/London 1993; A. Pieper, Aufstand des stillgelegten Geschlechts, Freiburg i. Br. 1993; G. Nunner-Winkler (Hrsg.), Weibliche Moral. Die Kontroverse um eine geschlechtsspezifische E, München 1995; H. Pauer-Studer, E u. Geschlechterdifferenz, in: J. Nida-Rümelin (Hrsg.), Angewandte E, Stuttgart 1996, 86–136.   *C. H.*

Finalität ↑ Ziel.

Fleiß ↑ Arbeit.

Föderalismus ↑ Staat.

Formale Ethik – Materiale Ethik. Die Unterscheidung von f.E u. m.E, zunächst von *Kant*, dann in polemischer Betonung von *Max Scheler* in die philos. Diskussion eingeführt, gründet in der unterschiedlichen Auffassung vom Bestimmungsgrund menschlichen Begehrens u. Handelns, der dieses als sittl. qualifiziert. Während die m.E den Begriff des Moralischen primär am Erkennen (oder Fühlen), Wollen u. Verfolgen an sich guter ↑ Zwecke bzw. ↑ Werte, also am intendierten Inhalt festmacht *(Scheler)*, sieht die f.E Moralität allein in einer betimmten Qualifikation der freien Subjektivität, in der vernünftigen Form ihres Begehrens begründet *(Kant)*. Zur m.E gehören nach dieser Unterscheidung alle Spielarten ,teleologischer' ↑ E, die dem menschlichen Leben ein individuelles (e Egoismus) oder kollektives (e Universalismus), empirisch bestimmbares (↑ Utilitarismus), metaphysisch erkennbares *(Platon-Aristoteles)* oder durch Offenbarung vermitteltes (↑ theologische E) Ziel vor Augen stellen, dem die Regeln des Handelns funktional zugeordnet sind. Zur m.E gehören auch jene ,deontologischen' Theorien, die nicht ,außermoralische' Güter (wie Glück, Erkenntnis, die Ehre ↑ Gottes, die Ordnung des Seins etc.), sondern inhaltlich bestimmte Handlungsregeln u. moralische Werte *(Scheler, N. Hartmann, W. D. Ross)* als in sich sinnvolle, weder weiter begründbare noch begründungsbedürftige ↑ Normen menschlicher Verpflichtung anerkennen. Die f.E, als deren Paradigma

Kants E gilt, rekonstruiert im Ausgang von „der gemeinen Idee der Pflicht und der sittl. Gesetze" mit ihrem Charakter unbedingter u. allgemeingültiger Forderung den transzendentalen Grund der Verpflichtung „aus dem allgemeinen Begriffe eines vernünftigen Wesens überhaupt". Das Moment autonomer Praxis der sich selbst wollenden u. bestimmenden ↑ Vernunft, nicht die vorgegebenen u. nur empirisch feststellbaren Bedürfnisse, Interessen u. Ziele menschlichen Wollens konstituieren Moralität (↑ Freiheit). Das aus reiner praktischer Vernunft deduzierbare Gesetz des Handelns ist für ein endliches Vernunftwesen wie den Menschen lediglich in seiner formalen Grundstruktur (der Verallgemeinerungsfähigkeit der Maximen u. der Anerkennung aller Vernunftwesen als Selbstzwecke) a priori bestimmbar. Insofern dieser ↑ kategorische Imperativ wohl ein notwendiges, nicht aber (wie *Kant* unterstellt) auch ein zureichendes Kriterium für die Gebotenheit bzw. Erlaubtheit konkreten moralischen Handelns darstellt, ist die Kritik der m.E berechtigt. Insofern eine m.E Kriterien zur Prüfung des moralischen Werts von Inhalten u. Zielen des Handelns bereitstellt, könnte sie als Ergänzung einer f.E dienen.

Lit.: I. Kant, Grundlegung zur Metaphysik d. Sitten; ders., Kritik d. praktischen Vernunft; M. Scheler, Der Formalismus in der E u. die materiale WertE; N. Hartmann, E, Kap. 11–13; W. D. Ross, The Right and the Good; G. Patzig, E ohne Metaphysik, Göttingen 1971; G. J. Warnock, The Object of Morality, London 1971, Kap. 5–6;

P. Singer (Hrsg.), A Companion to
Ethics, Oxford 1991, Teil IV.   *M. F.*

ForschungsE ↑ WissenschaftsE.

Forschungsfreiheit ↑ WissenschaftsE.

Fortschritt benennt die Form einer
geordneten Bewegung vom Niederen
zum Höheren. Als philos. Terminus
gehört F. in die *Geschichtsphilosophie*
u. zwar als eine Idee, die die Einheit
des Gegenstandes Geschichte als ziel-
gerichtete Bewegung der Menschheit
interpretiert, als stetigen oder revolutionären Progreß aus Unwissenheit
zur Aufklärung, aus Armut u. Unglück zu Reichtum u. ↑ Glück, aus
Unfreiheit zu ↑ Freiheit, aus barbari-
scher Animalität zu kultivierter Ge-
sittung *(Kulturf.)*. Die Entwicklung
des F.gedankens ist aufs engste verbunden mit dem Auftreten neuzeitlicher, auf Mathematik, Erfahrung u.
Experiment basierender Naturwissenschaft, die Wissen nicht länger als er-
kennende Betrachtung der unverfügbaren Welt versteht, sondern als
Forschung, Entdeckung u. Konstruktion, die die wahre Natur der Dinge
erfaßt, um sie in den Griff zu bekom-
men (vgl. *F. Bacon*, Nov. Org. I, 84).
Die Wissenschaft u. die auf sie gegründete Kunst (↑ Technik) wird zum
Träger menschlicher Praxis, u. Praxis
versteht sich zunehmend als graduell
sich erweiternde Herrschaft des Menschen über die Natur (ebd. II, 52).
Der Erfolg ihrer Methode macht Naturwissenschaft in der Aufklärung
zum Paradigma von ↑ Vernunft überhaupt u. zum Garanten der erhofften
Herrschaft der Ratio auf allen Gebieten des Lebens (so v. a. bei *Condor-*

cet). Mit der technisch-praktischen
Befreiung aus Naturzwängen verbindet sich der Glaube an eine zuneh-
mende Befreiung des Menschen aus
ökonomischer, rechtlich-politischer,
religiöser u. moralischer Knechtschaft in Richtung auf eine ihre Geschichte selbst verwaltende Menschheit, die sich aus Freien, Gleichen u.
Vernünftigen konstituiert (etwa *Voltaire)*. *Rousseaus* Kulturkritik er-
schütterte den naiven Glauben an die
Parallelität von wissenschaftlich/kul-
turellem u. eudämonisch/sittl. F. Die
Erfahrung schließlich, die die Moderne mit den keineswegs nur befrei-
enden Folgen des technischen F. gemacht hat, scheint inzwischen das
Gegenmodell der Verfallsgeschichte
zu stützen. *Kants* präzise Unterscheidung von theoretischer, technisch-
praktischer u. praktischer Vernunft
löst denn auch zu Recht den F.be-
griff aus dem Rahmen theoretischer,
objektive Erkenntnis konstituieren-
der Vernunft. Geschichte in ihrer Einheit ist nicht erkennbar, sie ist nicht
theoretisch-objektiv als Verfalls- oder
Vervollkommnungsprozeß der Gattung diagnostizierbar. Die „Tendenz
zum continuierenden F. des Men-
schengeschlechts zum Besseren ...
(ist) eine moralisch-praktische Ver-
nunftidee", nach der zu handeln die
praktische Vernunft dogmatisch gebietet (Akad. Ausg. XIX, 611), u. ein
hypothetischer Leitfaden, nach dem
die reflektierende Urteilskraft in praktischer Absicht den Verlauf der Geschichte als Prozeß zunehmender Kul-
tivierung teleologisch interpretiert.

Lit.: F. Bacon, Novum Organum; M. J.
de Condorcet, Esquisse d'un tableau

historique des progrès de l'esprit humain; J.-J. Rousseau, 1. u. 2. Discours; I. Kant, Idee zu einer allgem. Geschichte in weltbürgerl. Absicht; ders., Die Religion innerhalb der Grenzen der bloßen Vernunft; Hegel, Vorlesungen über die Philosophie der Geschichte; H. Kuhn, F. Wiedemann (Hrsg.), Die Philosophie u. die Frage nach dem F., München 1964; J. Ritter, Art. F., Hist. Wörterb. d. Philos., Bd. II; Th. Nisters, Kants Kategorischer Imperativ als Leitfaden humaner Praxis, Freiburg/München 1989 (Lit.); O. Höffe, Kategorische Rechtsprinzipien, Frankfurt/M. 1990, Kap. 9; ders., Moral als Preis der Moderne, Frankfurt/M. ³1995; G. Beestermöller, Die Völkerbundidee, Stuttgart 1995.   *M. F.*

Frankfurter Schule ↑ Kritische Theorie.

Freiheit meint *Selbstbestimmung.* Der philosophische u. sittl.-politische Schlüsselbegriff vor allem der Neuzeit bedeutet negativ die Unabhängigkeit von *Fremdbestimmung* (naturaler, sozialer oder politischer Art) u. positiv, daß man selbt seinem Tun den bestimmten Inhalt gibt. Zunächst – sowohl im Germanischen als auch im Griechisch-Römischen – war ‚frei‘ ausschließlich eine partikulare Rechtsbestimmung, die gewisse Personen vor anderen auszeichnete. Als vollwertige Mitglieder einer Gemeinschaft lebten die ‚Freien‘ im Unterschied zu den Sklaven um ihrer selbst willen, unabhängig von fremder Gewalt, waren im Unterschied zu den Fremden vor Verletzung oder Unterdrückung durch andere Gewalt geschützt u. wirkten gleichberechtigt am politischen Leben mit. Unter dem Einfluß von ↑ stoischer u. ↑ jüdisch-↑ christlicher E sowie von Philoso-

phen u. politischen Bewegungen der Neuzeit wird die F. zum universalen Anspruch jedes ↑ Individuums u. jeder politischen Gemeinschaft. Die doppelte Bedeutung des ‚Freien‘ hat sich jedoch bis heute durchgehalten: Politische F. besteht im Ledigsein von fremder Gewalt u. zugleich der Sicherung des Ledigseins durch eine anerkannte Gewalt. Die universal gewordene F. tritt auf zwei verschiedenen Ebenen auf, als die Selbstbestimmung des Handelns (HandlungsF.) u. als die des Wollens (WillensF.).

(1) *HandlungsF.* besteht im elementarsten Sinn schon dort, wo sich jemand im Sinne seiner eigenen Kräfte u. Möglichkeiten bewegen kann. So leben auch ↑ Tiere frei, wenn sie sich in ihrer angestammten Umwelt entfalten u. nach den Gesetzen ihrer Art- u. Selbsterhaltung bewegen können. In einem engeren u. spezifisch menschlichen Sinn besteht die HandlungsF. erst dort, wo jemand (einen Spielraum von alternativen) Möglichkeiten des Verhaltens sieht u. eine davon auswählen kann. F. heißt hier, handeln u. auch nicht handeln (libertas exercitii) oder das eine u. auch ein anderes tun können (libertas specificationis): WillkürF. Diese F. hat zwei Aspekte: Zum einen meint sie die Fähigkeit des Menschen, aus sich heraus Vorstellungen von den Zielen u. Wegen seines Lebens zu entwickeln u. den Vorstellungen gemäß, ohne äußeren Zwang, zu handeln; sie meint die Fähigkeit, etwas zu wollen: bewußt u. freiwillig zu handeln. Zum anderen bedeutet sie, daß die eigenen Kräfte sowie die soziale u. politische Welt es erlau-

ben, das auszuführen, was man will. – HandlungsF. ist keine angeborene Eigenschaft, sondern eine Möglichkeit, die es zu realisieren gilt, was den verschiedenen Menschen unterschiedlich weit gelingt. Ein Individuum ist um so freier, auf je mehr Bahnen es sich bewegen kann *(Hobbes, Vom Bürger, Kap. 9)*. Dies hängt von den physischen, psychischen, wirtschaftlichen u. politischen Bedingungen ab. HandlungsF. ist deshalb ein komparativer Begriff. Dem Kind, dem Kranken, Armen oder Schwachen sind engere Grenzen gesetzt als dem Erwachsenen, dem Gesunden, Reichen oder Mächtigen. Ferner hat man desto mehr F., je mehr Handlungsalternativen man aufgrund von Intelligenz u. Erfahrung sieht, je mehr man aufgrund seines Charakters die Affekte u. ↑ Leidenschaften beherrscht u. je weniger Zwänge eine „offene Gesellschaft" *(Bergson, Popper:* ↑ kritischer Rationalismus) ausübt.

Eine politische Gemeinschaft ist in ihrem Handeln frei, wenn ihre Gesetze nicht von außen auferlegt, sondern von ihr selbst gegeben werden (Souveränität nach außen) u. diese auf das eigene ↑ Gemeinwohl zielen. Sie ist – worauf vor allem die liberale Tradition *(Locke, Hume, A. Smith, J. S. Mill* u. a.) Wert gelegt hat – für ihre Mitglieder in dem Maß frei, wie sie diese von Einschränkungen direkter u. zusätzlich – so nach der ↑ kritischen Theorie – auch indirekter Art (↑ Manipulation, ↑ Ideologie u. a.) freihält. F. gilt hier als der Inbegriff der in den GrundF.en (Recht auf Leben, MeinungsF., VersammlungsF., F. des Eigentums usf.) näher

bestimmten individuellen Freiräume, die gegen die Übergriffe von anderen Individuen, auch Verbänden u. der politischen Gewalt gesichert sein sollen u. die es jedem erlauben, sich nach eigenen Zielen u. Wegen zu entfalten, evtl. auch auszuleben. Ferner ist eine politische Gemeinschaft nach innen frei aufgrund einer Regierungsform, die sich durch (a) allgemeine Gesetze, nicht durch willkürliche Maßnahmen (↑ Recht), (b) Gewaltenteilung, dabei insbesondere unabhängige, auch Regierung u. Parlament kontrollierende Gerichte, (c) ein ↑ demokratisch gewähltes, die Regierung wählendes u. abwählendes Parlament u. (d) Dezentralisierung der Macht (Föderalismus) auszeichnet sowie (e) im Fall der Verletzung der GrundF.en die Möglichkeit, vor Gericht zu klagen, notfalls auch ↑ Widerstand gegen die Regierung zuläßt.

(2) Da die WillkürF. des einen mit der eines anderen in Konflikt geraten kann, sind politische Gesetze der ↑ Konfliktregelung notwendig, durch die die HandlungsF. eines jeden eingeschränkt u. zugleich gesichert wird. Überdies ist dort, wo man rechtlich das tun kann u. darf, was man will, das Wollen seinerseits durch physische, psychische, soziale u. andere Bedingungen vielfach bestimmt. Der Tatbestand mannigfacher ↑ Determination läßt sich nicht leugnen u. stellt die F. in Frage. Entgegen einem geläufigen Mißverständnis schließen sich aber F. u. Bestimmtsein (Determination) nicht aus. Politische F. und *WillensF. (liberum arbitrium)* bestehen nicht in reiner Ungebundenheit, sondern in ei-

ner Determination zweiter Ordnung: im Selbergeben der Gesetze *(Autonomie)*, nach denen man als politische Gemeinschaft (politische F.) oder als Individuum *(moralische F.)* handelt.

(2.1) WillensF. ist das Vermögen, einen Zustand von selbst anzufangen *(Kant)*. Sie besteht darin, daß der Wille sich letztlich nicht von etwas anderem, den Antrieben der Sinnlilchkeit oder auch vom sozialen Zwängen, bestimmen läßt *(Heteronomie)*, sondern selbst Ursprung seines So-u.-nicht-anders-Wollens ist. Dies heißt keineswegs, daß der Mensch seine mannigfaltigen Bedingungen einfach abstreifen u. aus dem Nichts neu anfangen könnte. Vielmehr sind Bedingungen vorhanden, aber nicht als unabänderliche Fakten, sondern der Mensch kann sich in ein Verhältnis zu ihnen setzen: sie benennen, beurteilen u. anerkennen (sie sich produktiv u. kreativ zu eigen machen) oder aber verwerfen u. in (selbst-)erzieherischen, therapeutischen, politischen u. anderen Prozessen auf ihre Veränderung hinarbeiten. Das Moment des Selbstverhältnisses heißt *praktische Vernunft* oder freier ↑ Wille. Der freie Wille ist also nicht, wie vielfach angenommen (z. B. *Ryle*), empirisch oder quasi-empirisch als eine unabhängige Geistsubstanz, sondern transzendental (↑ Methoden der E) als ein Reflexionsverhältnis zu denken *(transzendentale F.)*, das in der entsprechenden Art zu handeln manifest wird. Die transzendentale F. bedeutet, daß dem Willen sein Gehalt nicht einfach vorgegeben ist, sondern daß der Wille sich dem Gehalt allererst

öffnen, daß er eine primäre Anerkennung leisten soll. Angemessen für die Anerkennung ist nur ein Gehalt, der selbst den Rang von F. hat. F. setzt sich deshalb durch Bejahung anderer F., durch Anerkennung des anderen als freier Person; F. hat Kommunikationscharakter *(Fichte, Krings)*. (2.2) Eine Handlung ist moralisch frei oder sittl., wenn sie nicht sinnlich bedingten u. insofern subjektiv zufälligen Maximen, sondern objektiven oder universalisierbaren Gesetzen folgt, d. h. dem Kriterium des ↑ kategorischen Imperativs genügt. (2.3) Eine Gemeinschaft von Menschen, eine politische Ordnung, ist frei, wenn das äußere Verhältnis der Mitglieder zueinander nicht durch Willkür u. Anarchie (Naturzustand), sondern durch streng universalisierbare Gesetze bestimmt ist. Die F. besteht in einem Rechtszustand gemäß dem Vernunftbegriff von Recht: in einer Ordnung der wechselseitigen Einschränkung u. zugleich Sicherung der Willkür (HandlungsF.) eines jeden Individuums, zu der jeder seine Zustimmung geben könnte. Politische F. besteht primär nicht in der Minimierung von Einschränkungen u. Maximierung von Freiräumen, sondern in der Gleichheit u. Wechselseitigkeit von Einschränkung u. Sicherung der WillkürF.en. Frei ist ein System von Rechten als Erlaubnissen (Recht auf ↑ Leben, ↑ Eigentum, freie Meinungsäußerung usw.) u. von komplementären ↑ Pflichten in der Form von Verboten (Verbot von Tötung, Diebstahl, Behinderung der Meinungsäußerung anderer usw.). Die Maximierung der Freiräume ist al-

lerdings eine notwendige Begleiterscheinung. Denn gesetzlicher Zwang
ist nur dort legitim, wo es um die
Verhinderung eines Hindernisses der
F. anderer geht.

Seit den Griechen gibt es einen
weiteren F.sbegriff. Nach *Aristoteles*
ist frei, wer, statt an seinem Vermögen zu hängen oder es zu ver-
schwenden, mit äußeren ↑ Gütern
einen souveränen Umgang pflegt,
sich mithin durch die Eigenschaft
der Freigebigkeit *(eleutheriotēs)* auszeichnet.

Lit.: Aristoteles, Metaphys., I 2, 982 b
24–28; ders., Nikomach. E, Kap. III 1–
3, IV 1–6; ders., Politik, Kap. III 6–9
u. a.; Augustinus, Der freie Wille;
Thomas v. Aquin, Die menschl. WillensF., hrsg. v. G. Siewerth, Düsseldorf
1954; Spinoza, E, V; Leibniz, Neue
Abhandlungen über den menschlichen
Verstand, Kap. XXI; R. Descartes, Me-
ditationen, IV; D. Hume, Untersuchung
über den menschl. Verstand, Kap. 8;
I. Kant, Kritik der reinen Vernunft, B
350–595; ders., Kritik der praktischen
Vernunft; B. Constant, Über die Freiheit, Basel 1946, bes. 27–60 (frz. Orig.
1819); F. W. J. Schelling, Phiolosph.
Unters. über das Wesen der menschl.
F.; G. W. F. Hegel, Grundlinien der
Philosophie des Rechts; J. S. Mill, Über
die F.; G. E. Moore, Grundprobleme
der E, Kap. 6; M. Heidegger, Vom We-
sen des Grundes, Frankfurt/M. ³1949;
G. Ryle, Der Begriff des Geistes, Stutt-
gart 1969; Kap. 3; P. Ricœur, Philoso-
phie de la volonté, Bd. I, Paris 1963;
I. Berlin, Four Essays on Liberty, Ox-
ford 1969; F. A. Hayek, Die Verfas-
sung der F., Tübingen 1971; J. Ellul,
Ethique de la liberté, 2 Bde., Paris
1974; P. F. Strawson, Freedom and
Resentment, London 1974, Kap. 1;
J. M. Buchanan, The Limits of Liberty,
Chicago/London 1975; A. Kenny, Will,
Freedom and Power, Oxford 1975,
Kap. VIII; U. Pothast (Hrsg.), Freies
Handeln u. Determinismus, Frank-
furt/M. 1978; H. M. Baumgartner
(Hrsg.), Prinzip F., Freiburg/München
1979; J. Simon (Hrsg.), F., Freiburg-
München 1977; J. Splett (Hrsg.), Wie
frei ist der Mensch?, Düsseldorf 1979;
H. Krings, System u. F., Freiburg/
München 1980; U. Pothast, Die Un-
zulänglichkeit der F.sbeweise, Frank-
furt/M. 1980; R. Aron, Über die F.en,
Stuttgart 1981; R. Bittner, Moralisches
Gebot oder Autonomie, Freiburg/
München 1983; W. Kersting, Wohl-
geordnete F., Berlin 1984; H. Allison,
Kant's Theory of Freedom, Cambridge
1990; A. R. Mele, Autonomous Agents,
New York/Oxford 1995.   *O. H.*

Freiwillig ↑ Handlung.

Freitod ↑ Selbstmord.

Freizeit ↑ Arbeit, Spiel.

Fremdbestimmung ↑ Freiheit.

Freude *(Lust,* griech. hedonē, engl.
pleasure) ist kein Gefühl eigener Art,
sondern das subjektive Empfinden
der Erfüllung eines ↑ Strebens: Man
empfindet F., sofern man das erreicht bzw. durchführt, wonach man
(oft unbewußt) verlangt. F. liegt in
der ungehinderten Aufmerksamkeit,
die von der Sache, mit der man sich
beschäftigt, selbst hervorgerufen
wird *(Ryle).* Man empfindet in dem
Maß F., wie man in seinem Tun aufgeht, wobei das Tun keineswegs mü-
helos sein muß, das Gelingen
schwieriger Dinge die F. eher ver-
mehrt. F. stellt sich beim ungehinderten Selbstvollzug ein.

Die elementarste Form der F. ist
die sinnliche F. Sie verbindet sich

teils mit der Befriedigung von primär physiologisch bedingten ↑ Bedürfnissen (Hunger, Durst, sexuellem Verlangen) u. ist auf die biologischen Ziele der Selbst- u. Arterhaltung bezogen; teils betrifft sie das aus kultureller Verfeinerung stammende Verlangen nach genußreichen Erfahrungen; teils hat sie auch pathologische psychische Bedingungen (etwa tiefe Unsicherheit), wobei die Bedürfnisse dann als Gier erscheinen, die – von den biologischen Zielen weitgehend abgekoppelt – bestenfalls vorübergehende Befriedigung findet. Aufgrund seiner Vernunft u. ihrer geschichtlich-kulturellen Entfaltung hat der ↑ Mensch im Unterschied zum Tier wesentlich auch geistige: soziale, intellektuelle, ästhetische, auch religiöse Interessen, deren Erfüllung entsprechende geistige F.n gewährt. – Über die biologisch orientierten Bedürfnisse kann man sich täuschen; ferner können sie untereinander u. mit den geistigen Interessen des Menschen u. diese auch untereinander in ↑ Konflikt geraten. Zu einem gelungenen ↑ Leben gehört es deshalb, die Bedürfnisse u. Interessen so zu entwickeln u. zu ordnen, daß man nach dem strebt u. darin F. findet, was – auf die biologischen Ziele bezogen – diesen tatsächlich dient u., allgemeiner, mit der Gesamtheit der Ziele eines Menschen in Einklang steht u. darüber hinaus – gemäß den Forderungen der ↑ Gerechtigkeit u. ↑ Sittlichkeit – nicht bloß das eigene Wohlergehen, sondern auch das anderer berücksichtigt. Die einem solchen vernünftigen Streben korrespondierende F., die F. der ↑ Tugend, gilt nach *Aristoteles* u. zu

Recht als die höchste Form der F.; denn sie hat sittl. Qualität. Sie dokumentiert, daß man das sittl. ↑ Gute auch gern, ohne emotionale Widerstände tut. – Die F. eines ↑ Masochisten ist insofern unvernünftig, als sie den Wunsch nach eigenem Schmerz u. eigener Erniedrigung betrifft, somit, objektiv betrachtet, die harmonische Erfüllung der eigenen Wünsche grundsätzlich verhindert. Die F. des Sadisten ist unvernünftig, als sie mit dem Wunsch nach Angst, Qual u. Demütigung der Mitmenschen die Erfüllung ihrer Wünsche zu vereiteln sucht.

Eine Auffassung, die die F. zum höchsten Prinzip erklärt, heißt *Hedonismus:* (a) Nach dem psychologischen Hedonismus strebt der Mensch letztlich nach nichts anderem als F. Hierhin gehört auch das *Lustprinzip,* nach dem alle Lebewesen, auch der Mensch, nur Lust zu erlangen u. Unlust zu vermeiden suchen *(Freud).* Allerdings hält *Freud* das Programm des Lustprinzips für unerfüllbar, da der Mensch als Kulturwesen auch dem Realitätsprinzip unterliegt, das in sublimierter Form das Glücksstreben des Menschen auf Bedingungen kollektiver Selbsterhaltung einschränkt. Optimistischer als *Freud,* glaubt *Marcuse,* in einer Überflußgesellschaft ließen sich die repressiven Züge der ↑ Kultur entscheidend mildern. (b) Nach dem e Hedonismus ist allein F. um ihrer selbst willen erstrebenswert. Dabei erklärt ein naiver e Hedonismus *(Aristipp)* die sinnliche F. des Augenblicks zum Maßstab; ein aufgeklärter e Hedonismus sucht das langfristige ↑ Glück u. zieht deshalb die geistigen F.n vor (↑ epikureische E, auch *Mill*), während der von der christlichen Tradition beeinflußte ↑ utilitaristische Hedonismus das Glück für möglichst viele sucht. Dem e Hedonismus ist insoweit Recht zu geben, als ein gelungenes, gerade auch ein sittl. Leben ohne F. nicht denkbar ist. Aber die F. ist nicht das Ziel des Lebens, weil F. kein Gegenstand unseres Strebens, wohl die notwendige Begleiterscheinung ist, sofern das Streben Erfüllung findet. Man verlangt nicht nach Gegenständen der Bedürfnisbefriedigung, auch nicht nach Reichtum, Erkenntnis, ↑ Freundschaft oder Gerechtigkeit, weil sie F. machen. Man findet vielmehr F. an ihnen, sofern man nach ihnen verlangt. Vor allem ist das subjektive Erleben der F. kein sittl. angemessener Maßstab, weil weder die sinnlichen noch die geistigen F.n als solche um ihrer selbst willen erstrebenswert sind, sondern nur jene F.n, die sich mit der Erfüllung eines vernünftigen Strebens verbinden.

Lit.: Platon, Protagoras 351 b 3 ff; Gorgias 431 b 5 ff; Philebos; Aristoteles, Nikomach. E, Kap. III 13–15, VII 12–14, X 1–5; Epikur, Philosophie der F.; de Sade, Die Philosophie im Boudoir, Hamburg 1973; S. Freud, Jenseits des Lustprinzips; G. E. Moore, Principia Ethica, Kap. III; H. Marcuse, Zur Kritik des Hedonismus, in: Kultur u. Gesellschaft, Frankfurt/M. 1965; ders., Triebstruktur u. Gesellschaft, Frankfurt/M. ²1968; E. Fromm, Psychoanalyse u. E, Stuttgart u. a. 1954, S. 187–213; G. Ryle u. W. B. Gallie, Plesure, Proceedings of the Aristotelian Society, Suppl. Vol. 28, 1954; J. C. Goshing, Pleasure and Desire, Oxford 1969; J. Moltmann, Die ersten Freigelassenen der Schöpfung, München 1971; R. B. Brandt, A Theory of the Good and the Right, Oxford 1979, Teil I. *O. H.*

Freundschaft (gr. philia, lat. amicitia) ist Thema der ↑ praktischen Philosophie, die ihre Gegenstände unter dem Gesichtspunkt des vom ↑ Menschen zu lebenden ↑ Lebens analysiert. Als besondere Weise der Gemeinschaft hat F. ihren Ort im vieldimensionalen Feld des ↑ Sozialen, das von passiver Gattungsgemeinschaft über den primär sachbezogenen Umgang miteinander bis zum direkten Zugang zueinander reicht. Im Unterschied zu einem mittelbaren interpersonalen Verhältnis, das sich durch die Gemeinsamkeit sachlicher Interessen konstituiert (der Andere als Mitarbeiter, Werkgenosse, Parteifreund, Berufskollege etc.) u. in dem die ↑ Person des Anderen gleichsam nur passiv mitpräsent ist, ist F. durch direkte personale Zuwendung, durch ausdrückliche u. gegenseitige Anerkennung, Achtung u. Zuneigung gekennzeichnet u. insofern mit der Struktur der ↑ Liebe identisch. Bei *Aristoteles,* der neben den Anregungen durch den christlichen Liebesbegriff die Begriffsgeschichte der F. entscheidend geprägt hat, findet diese ihren Ort in der Lehre von den sittl. ↑ Tugenden, die nicht in Empfindungen u. ↑ Leidenschaften, sondern im Habitus u. in freier Vorzugswahl gründen. F. im eigentlichen Sinn versteht sich als gegenseitiges u. ausdrückliches Wollen des ↑ Guten für den anderen um des anderen willen (eunoia, Nikomach. E 1157 b 28–37). Sie ist so nur möglich zwischen Personen, die einander gleich

u. liebenswert sind in ihrem Gut-sein u. die vertrauten Umgang haben in gemeinsamem Leben. Die ↑ Lust u. der Nutzen, die neben dem Guten als mögliche Motive für F.sbeziehungen figurieren, sind in der eigentlichen F. nicht Grund, sondern Begleitfolge ihrer Erfüllung. Die F.en allein um des Genusses u. um des Nutzens willen, die von *Aristoteles* als Vorformen u. als Implikationen der Grundform beigeordnet werden, wären präziser als Gegenform bzw. Verfallsform zu bestimmen. Folgt man dem heute vorherrschenden Sprachgebrauch u. der überwiegenden Ansicht der philosophischen u. literarischen Tradition, so unterscheidet sich F. von erotischer Liebe durch ihre größere ↑ Freiheit von naturwüchsigen Voraussetzungen, durch das Dominieren der ↑ Vernunft gegenüber den Momenten irrationaler Leidenschaft u. durch geringere Exklusivität u. Intimität. Während freilich im aristotelischen Begriff der F. der politisch-öffentliche neben dem intimen Aspekt präsent war – F. ist das Band, dem jede Gemeinschaft ihre Kohäsion u. Dauer verdankt –, wurde von dem das politische Denken beherrschenden ↑ Rechtsgedanken der Neuzeit die Bedeutung der F. in die Sphäre des Privaten zurückgestuft. (↑ Gemeinsinn).

Lit.: Platon, Lysis; Aristoteles, Nikomach. E VIII, IX; Cicero, Laelius de amicitia; Montaigne, Essai de l'amité; J.-J. Rousseau, Nouvelle Heloïse; F. H. Jacobi, Woldemar; M. Theunissen, Der Andere, Berlin 1965; F.-A. Steinmetz, Die F.lehre des Panaitios, Wiesbaden 1967; B. Waldenfels, Das Zwischenreich des Dialogs, Den Haag 1971; H. Kuhn, ,Liebe'. Geschichte eines Begriffs, München 1975; F. Ricken, F. u. Glück in der Nikom. E des Aristoteles, in: Was heißt Liebe? (Hrsg. Rab.-Maurus-Akad., Bd. 3) 47–65; A. W. Price, Love and Friendship in Plato and Aristotle, Oxford 1989.   *M. F.*

Friede ist durch die Gültigkeit des ↑ Rechts gekennzeichnet, als Zustand nach Beendigung eines Krieges durch Vertrag (negativer F.) oder als Zustand rechtlich geregelter u. an humanen Leitprinzipien orientierter Lösung politischer, sozialer u. rechtlicher ↑ Konflikte (positiver F.), nicht aber als konfliktfreier Zustand. *Kant* sah den F. durch das öffentliche Recht, durch Legalität u. Moralität (↑ Sittlichkeit) der Politik in der republikanischen Verfassung gewährleistet, d. h. durch die Prinzipien der ↑ Freiheit der Bürger, ihre Abhängigkeit von der Gesetzgebung u. ihre Gleichheit vor dem Gesetz. F. als Bedingung der Selbstverwirklichung des Menschen setzt dessen Moralität voraus. *Kants* Zuversicht, daß sich als Bedingung des F. in der Geschichte das Gute gegen die selbstzerstörerische Kraft des ↑ Bösen durchsetzt, teilt die ↑ christliche E. Sie unterscheidet den weltlichen vom jenseitigen F. u. identifiziert F. allgemein als spirituelles Ordnungsprinzip mit dem Heil durch Erlösung. Der Tod Christi hat F. als *Versöhnung* zwischen Gott u. den Menschen ermöglicht. Sie wirkt von Gott her auch im zwischenmenschlichen Bereich als Nächstenliebe u. Bemühen um Eintracht zur Herstellung des weltlichen F. u. ist Grundlage der ↑ Hoffnung auf den jenseitigen F. *(Paulus).* Die christliche Forderung nach *Gewaltlosigkeit* schließt die Sicherung des weltlichen F. u. der mit ihm verbundenen Güter der ↑ Wahrheit u. ↑ Gerechtigkeit als sittl. Pflicht ein, so daß auch Gewaltanwendung im Gegensatz zum *Pazifismus,* der ↑ Gewalt auch als Mittel gerechter Verteidigung des F. ablehnt, proportional zur Gefährdung des F. gerechtfertigt wird. Die christliche E lehnt zwar *Krieg* als bewaffnete Auseinandersetzung zwischen Staaten, als Mittel der Interessenpolitik gesellschaftlicher Gruppen (Bürgerkrieg) u. als Revolutionskrieg ab, hält ihn aber als äußerstes Mittel zur Wiederherstellung der Rechtsordnung u. des F. nach Ausschöpfung aller vernünftigen u. friedlichen Mittel für gerechtfertigt. Die durch den Krieg entstehenden Schäden müssen jedoch im Verhältnis zur Rechtsverletzung legitimierbar sein. Allerdings leitet sich aus dieser Position der christlichen E kein komplementäres Verhältnis zwischen F. u. Gewalt ab, da mit Zwangsmitteln zwar Eintracht (concordia), aber nicht F. herstellbar ist. *Augustinus* wies auf diesen Zusammenhang hin u. sah allein in der gerechten ↑ Ordnung (opus iustitiae pax) die Grundlage des F.

Die Möglichkeiten der politischen u. sozialen F.-Sicherung u. die Ursachen für Gewalttätigkeit u. Krieg untersucht die *F.-Forschung.* Sie hält Krieg im Zeitalter der Abschreckung durch nukleare Vernichtungswaffen nicht für moralisch legitimierbar. F. durch Abschreckung ist ein Angst- u. Terror-F. u. entspricht einer Symbiose von ↑ Politik u. Gewalt (*D. Senghaas).* Angesichts des ständig wachsenden Vernichtungspotentials fordert die F.-Forschung eine E der technischen Welt (*C. F. v. Weizsäkker),* die als Planung des F. einer Welt-F.-Ordnung (↑ Weltrepublik) dienen soll. Dieser E wird jedoch vorgeworfen, als technokratisches Modell mit der Angst vor Vernichtung zu kalkulieren u. die e Anstrengung zum F. nur als privates Motiv zu verstehen. Solche Kritik sieht die Möglichkeit des F. im angstfreien Handeln, das in einer revolutionären Veränderung gesellschaftlicher Machtpositionen in einer „Weltrevolution als F." *(S. Papcke)* gelernt werden soll. Der *soziale F.* als Überwindung der sozialen Ängste (z. B. Arbeitsplatzunsicherheit) sei mit der Selbstbestimmung des Bürgers revolutionär zu gewinnen. Die für den sozialen F. maßgeblichen Prinzipien der ↑ Grundrechte, der Solidarität u. der freien ↑ Kommunikation sind dabei weder gesichert noch in ihrem Wert erkannt. Diese revolutionären Strategien bannen weder die Kriegsgefahr noch Gewalt als Mittel der Politik. Dagegen fordern die *F.-Strategien* einen Abbau von Spannungen durch Beseitigung von Vorurteilen, durch die Lösung politischer Streitfragen oder durch Abrüstung *(C. Osgood).* Sie halten ein minimales Abschreckungspotential unentbehrlich für eine rationale Außenpolitik u. hoffen auf rationale Lern- u. Kommunikationsprozesse, die langfristig den F. von der Abschreckung durch die Vernichtungsgefahr befreien sollen. – Die e Alternative zum F. der Angst, der der Politik erstmals ein gemeinsames Bewußtsein der Menschheit vermittelt hat, ist nicht die Politisierung des F., mit der nur Machtkonflikte durch ideologische ersetzt werden, sondern eine Erziehung zum F. als sozialer Kompetenz. Diese begreift F. als Ergebnis einer vernünftig rechtfertigbaren sittlichen ↑ Entscheidung.

Lit.: Paulus, Römerbrief 14, 19; Korintherbrief 14, 33; A. Augustinus, De civitate Dei, Buch XIX, Abschn. 13; Nikolaus von Kues, De pace fidei; I. Kant, Zum ewigen F.; H.-E. Bahr (Hrsg.), Welt-F. u. Revolution, Frankfurt/M 1970; E. Biser, Der Sinn des F., München 1960; K. v. Raumer, Ewiger F. F.rufe u. F.pläne seit der Renaissance, Freiburg/München 1953; C. F. v. Weizsäcker, Ist der Welt-F. unvermeidbar? in: Protokoll Nr. 24 des Bergedorfer Gesprächskreises, 1966; W. Janssen, F., in: Geschichtliche Grundbegriffe, Bd. 2; R. Steinweg (Hrsg.), Der gerechte Krieg: Christentum, Islam, Marxismus, Frankfurt/M. 1980; V. Deile (Hrsg.), Zumutungen des F., Reinbek 1982; C. v. Krockow, Gewalt für den F.? München 1983; D. Henrich, E zum nuklearen F., Frankfurt/M. 1990; O. Höffe (Hrsg.), I. Kant, Zum ewigen F., Berlin 1995; ders., Vernunft u. Recht, Frankfurt/M. 1996, Kap. 5; M. Lutz-Bachmann, J. Bohman (Hrsg.), F. durch Recht, Frankfurt/M. 1996.   *W. V.*

Friedensforschung ↑ Friede.

Friedensstrategien ↑ Friede.

Frömmigkeit ↑ Spiritualität.

Frustration ↑ Verzicht.

Fürsorge ↑ Liebe, ↑ feministische E.

Fundamentalismus ↑ Islamische E.

G

Gastarbeiter ↑ Diskriminierung.

Gebot ↑ Deontische Logik.

Geburtenregelung umfaßt alle bevölkerungspolitischen oder von einzelnen ergriffenen Maßnahmen, die den Zeitpunkt von Geburten regeln, ihre Häufigkeit beschränken oder, seltener, fördern. Die Gründe für die G. können humaner, sozialer, ökonomischer u. eugenischer (erbhygienischer) Art sein. Die durch medizinischen Fortschritt verminderte Kinder- u. Müttersterblichkeit, die dadurch einerseits verminderte natürliche Auslese u. andererseits verursachte Bevölkerungsexplosion u. Übervölkerung sind kausale Zusammenhänge, die die Staaten zur G. als bevölkerungspolitischem Mittel veranlassen können. Indirekte Faktoren der G. in einem weiten Sinn sind Heiratsalter, Zahl der Eheschließungen u. sozialer Status außerehelicher Nachkommen. Zur G. im engeren Sinne können neben der dem biologischen Zyklus der Frau angepaßten geschlechtlichen Enthaltsamkeit als natürlichem Mittel chemische (ovulationshemmende Medikamente) u. mechanische (intrauterine Pessare) Mittel zur *Empfängnisverhütung* angewandt werden. Durch Aufklärung u. soziale Anreize werden darüber hinaus auch die organische Empfängnisunfähigkeit durch *Sterilisation* u. Zeugungsunfähigkeit durch Kastration nach einer bestimmten Zahl von Kindern vor allem in der Dritten Welt öffentlich gefördert. – G. lediglich als ein unter staatlichem Druck verordnetes Mittel zur Bekämpfung von Überbevölkerung ohne hinreichende Aufklärung u. Willensbildung der einzelnen u. als Ersatz für strukturelle soziale Entwicklungen ist weder politisch noch ↑ sittl.

legitimierbar. In hochindustrialisierten Ländern fördern dagegen die hohen ökonomischen u. sozialen Erwartungen, die wirtschaftliche Belastung durch Erziehungs- u. Ausbildungskosten der Kinder u. die eher subjektiv verstandene Rolle der ↑ Sexualität die private Initiative zur G. – G. ist allgemein, sofern sie sich nicht des Mittels der ↑ Abtreibung bedient, sittl. indifferent; sie kann unter besonderen Bedingungen zur Erhaltung der psychischen u. physischen Gesundheit der Frau u. im Interesse des Wohls von ↑ Ehe u. ↑ Familie, zur Wahrung der Würde u. zur Entfaltung eines freiheitlichen u. humanen ↑ Lebens sittl. gerechtfertigt sein.

Lit.: T. R. Malthus, Über die Bedingungen u. Folgen der Volksvermehrung, 1789; M. Sanger, Pivot of Civilization, New York 1922; D. E. C. Eversley, Social Theories of Fertility . . ., Oxford 1959; G. Myrdal, Population. A Problem of Democracy, Gloucester/Mass. 1962; Th. Bruck, F. Rath, G. heute, Flensburg 1966; K. H. Wrage, Intimgemeinschaft u. Empfängnisregelung, Gütersloh ³1971; Paul VI., Humanae vitae, in: Acta Apostolica Sedes 60 (1968), 481–503; A. F. Guttmacher, Die Praxis der Geburtenkontrolle, München 1969; D. Kennedy, Birth Control in America, New Haven/London 1970; D. Mieth, G., Mainz 1990.
W. V.

Geduld ↑ Gelassenheit.

Gefangenendilemma   ↑ Entscheidungstheorie.

Gefühl (frz. sentiment, engl. feeling, sentiment, emotion) bezeichnet im Deutschen einmal den Tastsinn, zum anderen eine Vielzahl seelischer Phänomene. Sein Bedeutungsspektrum reicht von Sinnesempfindungen wie Hunger, Durst, Lust, Schmerz über seelische Zustände wie ↑ Angst, Unsicherheit, ↑ Freude, intentionale Gemütsbewegungen (Affekte, ↑ Leidenschaften) wie ↑ Liebe, Haß, Zorn, Mitleid bis zur Benennung einer eigenständigen Weise menschlicher Selbst- u. Welterfahrung (im Unterschied zu begrifflicher Erkenntnis). Versucht man eine allgemeine Bestimmung all dessen zu finden, was mit dem Wort bezeichnet wird, so könnte man G. als (lust- bzw. unlustbesetzte) subjektive Befindlichkeit des Gemüts bezeichnen, in der das ↑ Individuum sein In-der-Welt-sein *(Heidegger)*, sein Betroffensein u. seine Reaktionen erfährt. Antike u. Mittelalter, die keinen eigenen Namen für das G. hatten, bezeichneten sowohl den Zustand der Lust u. Unlust (↑ Freude) als auch die ↑ Leidenschaften mit pathos, passio bzw. affectus, affectio. Zwar spielte das mit dem Wort G. Gemeinte in den verschiedenen E-Entwürfen immer schon eine zentrale Rolle: So setzte der Hedonismus *Aristipps* u. *Epikurs* das Ziel menschlichen Handelns in die Vermehrung von Lust- u. Verminderung von UnlustG.en, während die von *Platon* u. *Aristoteles* beeinflußte ↑ stoische E die Leidenschaften (passiones) wenn nicht als Krankheiten, so doch als Verwirrungen des Gemüts (perturbationes animi, *Cicero),* als einen der menschlichen ↑ Freiheit u. Selbstbestimmung abträglichen Seelenzustand qualifizierte u. ihre eindeutige Unterordnung unter die Maximen einer rein aus der Vernunft bestimmten Lebensführung forderte. Doch erst im 18. Jahrhundert wurde im Zusammenhang erkenntnistheoretischer Begründungsfragen der E *(Shaftesbury, Hutcheson, Hume, Kant),* der Ästhetik *(A. Baumgarten, Kant, Schiller),* später der Religionsphilosophie *(Schleiermacher)* der Begriff reflektiert u. terminologisch schärfer umrissen. Dabei wurde (insbesondere von *F. Hutcheson)* das *moralische* G. (moral sense) zum spezifischen Erkenntnisorgan wie zur primären Motivationskraft für Moralität erkoren. Der moral sense fungiert danach, auf der naturalen Basis uneigennütziger Neigungen (den kind affections, allgemein als ↑ Wohlwollen für andere, als benevolence bzw. sympathy bzw. pitié bezeichnet), als inneres Sensorium wie als emotionale Kraft für das nicht weiter hinterfragbare ↑ höchste Gut allgemeiner Glückseligkeit u. dient den partiell blinden naturalen Neigungen als erhellendes u. leitendes Korrektiv. Entgegen empiristischen Fehlinterpretationen ist zu betonen, daß die moral-sense-Philosophie des 18. Jh. das moralische G. in die Nähe einer apriorischen *Intuition* rückt, einer reinen, billigenden Anschauung materialer ↑ Werte, wie sie später, im Anschluß an *H. Lotze, F. Brentano, E. Husserl,* vor allem von *M. Scheler* ausgearbeitet wurde. Die Kritik dieser *Gefühlsmoral* bzw. GefühlsE (ein seit der 2. Hälfte des 19. Jahrhunderts gebräuchlicher Titel für alle Moralphilosophien, die das G. zur Beurteilungsinstanz wie zur Triebfeder für das gute Handeln

machen) findet sich paradigmatisch bei *Kant* u. *Hegel.* Ein auf G.en basierendes Urteil vermag keine unbedingte Verpflichtung zu ↑ begründen, da es lediglich eine faktische Befindlichkeit zur Darstellung bringt, die das passive Subjekt einem Eindruck verdankt; es ist zum anderen ein Urteil, dem die Möglichkeit vernünftiger Allgemeinheit (↑ kategorischer Imperativ) mangelt, da es der besonderen Erfahrung eines Subjekts in seiner Besonderheit entspringt. Wer sich in theoretischen wie in praktischen Problemen auf G.e beruft, verweigert sich „der Gemeinschaft der Vernünftigkeit" *(Hegel).* Das spezifisch moralische G. der *Achtung* vor dem Sittengesetz und den diesem entsprechenden Handlungen wird deshalb von *Kant* aus seiner Funktion als Erkenntnisorgan für sittl. Handeln entlassen und als Wirkung reiner praktischer Vernunft auf die Sinnlichkeit interpretiert. Als Motivationskraft ist es für moralisches Handeln konstitutiv.

Lit.: R. Descartes, Les passions de l'âme; A. A. C. Shaftesbury, An Inquiry concerning Virtue; F. Hutcheson, Abhandlung über die Natur u. Beherrschung der Leidenschaften; D. Hume, Eine Untersuchung über die Prinzipien der Moral, Anhang I; I. Kant, Grundl. zur Metaphysik der Sitten, 2. Abschn.; A. Smith, Theory of Moral Sentiments, F. Brentano, Grundlegung u. Aufbau der E; M. Scheler, Der Formalismus in der E u. die materiale WertE; J.-P. Sartre, Esquisse d'une théorie des émotions; G. Ryle, Der Begriff des Geistes, Stuttgart 1969, Kap. IV; S. Strasser, Phenomenology of Feeling, Pittsburgh 1977; W. Lyons, Emotion, Cambridge 1980; O. Letwin, Ethics, Emotion and the Unity of the Self, London 1987; H. Köhl, Kants GesinnungsE, Berlin/New York 1990, Kap. 4: Achtung; H. Fink-Eitel, G. Lohmann (Hrsg.), Zur Philosophie der G., Frankfurt/M. 1993; J. Brunschwig, M. Nussbaum (Hrsg.), Passions and Perceptions, Cambridge 1993.   *M. F.*

Gefühlsmoral ↑ Gefühl.

Gehemmtheit ↑ Hemmung.

Gehorsam ↑ Autorität.

Geistiges Leben ↑ Spiritualität.

Gelassenheit bezeichnet eine Haltung von Gleichmut, Geduld u. Gemütsruhe; seit den hellenistischen Philosophenschulen (↑ stoische E, ↑ epikureische E, ↑ kynische E, Skeptiker) bildet sie das zentrale philosophische Lebensideal. Das Ziel der G. (mit unterschiedlichen Nuancen: *apatheia, ataraxia, galēnē)* soll durch eine Verbindung aus theoretischen Übungen, einer Eliminierung oder wenigstens rationalen Neuordnung der Affekte u. einem angemessenen Umgang mit äußeren Dingen erreichbar sein. Das Ideal der G. hat sich im Christentum besonders in monastischen Lebensmodellen erhalten (z. B. im Hesychasmus). Das deutsche Wort G. (frz. délaissement) geht auf *Meister Eckhart* zurück *(gelâzen sîn, gelâzenheit);* auch in seiner weiteren Begriffsgeschichte ist es zentral von Bewegungen der „Verinnerlichung" geprägt: von der Mystik *H. Seuses* u. *J. Taulers,* von der Reformation *(Luther, Karlstadt),* von der Theosophie *J. Böhmes* u. vom Pietismus. In diesen Strömungen nimmt G. oft die Bedeutung einer Preisgabe des menschlichen Eigenwillens zugunsten des göttlichen Willens an. Allerdings steht G. weder in der antiken noch in der christlichen Tradition für Fatalismus oder Passivität: der Begriff meint vielmehr eine Haltung der inneren Stabilität u. Unanfechtbarkeit. Eine gewisse Renaissance erlebte der Begriff der G. in *K. Jaspers'* Existenzphilosophie u. in der Spätphilosophie *Heideggers;* bei letzterem bezeichnet G. eine abwartende Haltung der gleichzeitigen Bejahung u. Verneinung des technischen Zeitalters.

Lit.: Meister Eckhart, Deutsche Werke, Bd. 5, Stuttgart 1963; H. Seuse, Deutsche Schriften, Frankfurt/M. ²1961; J. Tauler, Predigt 26, in: Predigten, Einsiedeln ²1980; J. Böhme, Schriften, hrsg. v. Peuckert, 1955–61; K. Jaspers, Philosophie, Heidelberg ²1948; M. Heidegger, G., Pfullingen 1959; J. Völker, G. Zur Entstehung des Wortes in der Sprache Meister Eckharts . . ., in: Festschrift W. Mohr, Göppingen 1972; P. Heidrich, U. Dierse, Art. G., in: Historisches Wörterbuch der Philosophie, 219–224; A. Bundschuh, Die Bedeutung von ‚gelassen' u. die Bedeutung der G. in den deutschen Werken Meister Eckharts . . ., Frankfurt/M. 1990; O. Höffe, Moral als Preis der Moderne, Frankfurt/M. ³1995, Kap. 10.
                                                    C. H.

Geltung ↑ Moral u. Sitte.

Geltungsbedürfnis ↑ Ehre.

Gemeinschaft ↑ Gesellschaft.

Gemeinwohl. Das G. gilt als sozial-e Grundprinzip in ↑ Gesellschaft u. ↑ Staat. Das Wohl der gesamten Ge-

sellschaft soll als ↑ Entscheidungs-
Prinzip im Rahmen der allgemeinen
Verwirklichung der ↑ Gerechtigkeit
indirekt der Erfüllung der Ansprüche
u. ↑ Bedürfnisse der einzelnen Glieder der Gesellschaft dienen. – Solange die öffentliche ↑ Ordnung als
vernünftig begriffen wird, stehen
sowohl die privaten wie die allgemeinen Bedürfnisse an materiellen
Gütern u. das Streben nach ↑ Glück
der einzelnen unter der Kontrolle der
Vernunft *(Platon, Aristoteles)*. Alle
individual-e u. ↑ sozial-e Vorschriften leiten unter dieser Bedingung ihren ↑ Wert u. ihre Gültigkeit vom G.
als höchstem allgemeinem Gut
(bonum commune: *Th. v. Aquin*) ab
u. sind ihm als dem höchsten ↑ Ziel
allen Handelns untergeordnet. Das
G. entspricht dabei einem übergeordneten, vernünftigen u. göttlichen
Interesse. – Als ↑ sittl. Imperativ von
↑ Politik fordert das G. sowohl die
Trennung von privatem u. *öffentlichem Interesse* wie ihre Vermittlung.
Das öffentliche Interesse ist nicht die
Summe der Einzelinteressen, sondern
das rechtliche u. politische Gleichgewicht zwischen den Einzel- u.
Gruppeninteressen, das in staatlichen
Entscheidungen den Bestand gerechter u. stabiler sozialer Verhältnisse
sichert. Das G. ist das allgemeine
sittl. Kriterium des Gleichgewichts-
charakters des öffentlichen Interesses, ohne dessen Inhalte konkret zu
bestimmen: Der Ausgleich der Interessen muß vernünftig legitimierbar
sein u. der Verwirklichung humanen
↑ Lebens dienen.

    Wenn die ↑ Tugenden des persön-
lichen Lebens aufgrund „eingeborene-
ner praktischer Prinzipien" (Bedürf-

nis nach Glück, Ablehnung von Unglück: *J. Locke*) prinzipiell mit der
öffentlichen Wohlfahrt verknüpft
sind, ist das G. sowohl Erfüllung wie
Vermittlung von individuellem u. öffentlichem Interesse. Diese sich selbst
regulierende Harmonie zwischen
dem individuellen Streben nach
↑ Glück u. Gewinn +u. der Befriedigung der Bedürfnisse der ganzen Gesellschaft *(A. Smith)* überwindet nur
scheinbar den ↑ Konflikt zwischen
G. u. Einzelwohl, da das öffentliche
auf das private Interesse reduziert
wird. Dieses Dilemma wird auch
vom formalen Prinzip des „größten
Glücks der größten Zahl" *(J. Bentham,* ↑ Utilitarismus) nicht überwunden: Einerseits bleiben die individuellen Bedürfnisse unspezifisch u.
die Annahmen über private Wünsche
u. Ziele willkürlich, da sich kein allgemein gültiger Glückskalkül finden
läßt, andererseits kann das private
Glück nicht Gegenstand öffentlicher
Planung sein. Die Orientierung der
öffentlichen Ordnung am privaten
Nutzen bleibt zweideutig; sie muß
das G. mangels eines Prinzips des
Gleichgewichts entweder dem radikalen, liberalistischen Konkurrenz-
prinzip (↑ Wirtschafts-E) oder staatlicher Planung überlassen *(J. S. Mill)*.
– Letztere kann aber die Vermittlung
von G. u. Einzelwohl weder auf der
liberalistischen Grundlage freier
Konsumwahl noch allein auf der
staatlicher Macht leisten. Staatliche
Planung benötigt Legitimität als Kriterium für G.: die Vermittlung von
individuellem u. öffentlichem Interesse muß als Interessenausgleich vernünftig zu rechtfertigen sein. G.
kann deshalb weder einer Gruppe

von Experten noch einer politischen Mehrheit oder Partei überlassen sein. Das vernünftige Gleichgewicht der Interessen von Individuen u. Gruppen ist an die demokratischen Verfahren der Konfliktlösung gebunden. Die Legitimität des G. erfordert über diesen verfassungsmäßigen kooperativen Prozeß der Entscheidung über konkurrierende Interessen hinaus auch eine Entscheidung über konkurrierende soziale ↑ Ziele, die bestimmten Interessen entsprechen. G. u. öffentliches Interesse hängen letztlich vom vernünftigen guten ↑ Willen u. der sittl. Kompetenz (↑ Erziehung) der öffentlichen Entscheidungsträger ab. Sie sind zusammen mit den demokratischen Entscheidungsmechanismen notwendig, um G. zu ermöglichen: als größtmögliche individuelle Selbstverwirklichung, als Minimierung sozialer Konflikte u. als gerechte Verteilung ökonomischer u. kultureller Vorteile u. Lasten. Vernünftige öffentliche Entscheidungen erhöhen als Vollzugsformen des G. nicht nur die Chancen seiner Verwirklichung, sondern auch die Chancen der Übernahme u. Anwendung dieses Typs von Entscheidungen durch die Betroffenen.

Lit.: Platon, Der Staat, Buch I u. V; Aristoteles, Nikom. E, Buch I, V, VIII; Th. v. Aquin, Summa theol., I–II qu. 96,2, II–II qu. 31,3; J. Locke, Versuch über den menschlichen Verstand, Buch I Kap. 3, II 20, 22; A. Smith, Der Wohlstand der Nationen, Buch IV; J. Bentham, Eine Einführung in die Prinzipien der Moral u. der Gesetzgebung, in: O. Höffe (Hrsg.), Einführung in die utilitaristische E, Tübingen ²1992; J. S. Mill, Über die Freiheit, Kap. 4; F. J. Sorauf, The Public Interest Reconsidered, in: Journal of Politics, Bd. XIX, 1957; C. J. Friedrich (Hrsg.), The Public Interest, New York 1962, Abschn. 1–6, 9, 13, 15, 19; O. Höffe, Strategien der Humanität, Frankfurt/M. ²1985, Kap. 4–7, 10–12; B. Jordan, The Common Good, Oxford 1989.   *W. V.*

Gemeinsinn heißt ursprünglich ein allen Menschen gemeinsames Erkenntnisvermögen, ein Sensus communis oder Common sense, ein gemeiner oder gesunder (Menschen-) Verstand. *Kant* hat die für ihn entscheidenden Maximen aufgestellt: „1. Selbstdenken; 2. An der Stelle jedes anderen denken; 3. Jederzeit mit sich selbst einstimmig denken" (*Kritik der Urteilskraft*, § 40). In der E heißt G. jene Einstellung, die sich im Gegensatz zum bloßen ↑ Selbstinteresse auch für das ↑ Gemeinwohl einsetzt u. entsprechende ↑ Verantwortung, auch Einschränkungen auf sich nimmt. In der neueren Sozialtheorie verlangt mehr G. vor allem der ↑ Kommunitarismus. G. zeigt schon, wer sich dank einer *Bürgertugend* (↑ Freundschaft) in gemeinwohlverpflichteten Vereinen engagiert, aber auch wer zu spontaner Hilfe (für den Nächsten u. die Fernsten) bereit ist. Ein weitsichtiger G. setzt sich für entsprechende ↑ Institutionen, vor allem den demokratischen Rechts- u. Verfassungsstaat ein. Er weiß, daß eine ↑ Gesellschaft zwar ihren Lebensunterhalt durch die ↑ Wirtschaft verdient, ihren Zusammenhalt aber durch die ↑ Sprache, das Schul- u. Hochschulwesen, durch ↑ Kunst, ↑ Wissenschaft u. Philosophie. Zum G. in pluralistischer Gesellschaft gehören ↑ Toleranz u. Kompromißfähigkeit, ferner die Bereitschaft, den Einfluß übermächtiger Gruppen zu bändigen. Im modernen Fürsorgestaat droht die Gefahr, daß der freie G. durch einen verordneten, überdies bürokratisierten G. verdrängt wird.

Lit.: M. Walzer, Kritik u. G., Frankfurt/M. 1993; L. Wingert, G. u. Moral, Frankfurt/M. 1993; Ph. Pettit, The Common Mind, Oxford 1993; E. Teufel (Hrsg.), Was hält die moderne Gesellschaft zusammen?, Frankfurt/M. 1996.   *O. H.*

Generalprävention ↑ Strafe.

Gentechnik (engl. genetic engineering), auch Genmanipulation genannt, ist eine neue Fähigkeit in der progressiven Naturbeherrschung. Sie verdankt sich molekularbiologischen Entdeckungen, die eine zweite biologische Revolution ermöglichen. Bausteine der Erbsubstanz (DNS) werden erst isoliert, dann verpflanzt, ohne den Lebensprozeß zu unterbrechen. Bei der ersten biologischen Revolution, der Züchtung, wird die natürliche ↑ Evolution beschleunigt, bei der G. wird in sie eingegriffen, indem man gezielt genetisch veränderte Lebewesen hervorbringt. Davon erwartet man – neben Einsichten der Grundlagenforschung – vielfältigen Nutzen: für Nahrung u. Energie, für Arzneimittel u. Impfstoffe, für Schädlingsbekämpfung u. zur Therapie von Erbkrankheiten *(negative Eugenik)*. Ein weiterer Vorteil: Produkte der G. lassen sich oft umweltfreundlich herstellen: energiesparend, bei nachwachsenden Rohstoffen u. mit biologisch abbaufähigen Nebenprodukten.

Die E der G. versperrt sich nicht gegen den erwarteten, freilich langsamer als erwartet eintretenden Nutzen. Sie macht vorab auf wesentliche Neuartigkeiten aufmerksam: Während man in der gewöhnlichen ↑ Technik neue Produkte *erfindet*, werden sie in der G. vornehmlich *gefunden* u. abgewandelt; ein schon selbständig funktionierender Organismus wird nur marginal verändert. Da man neue biologische Produkte, die mißfallen, nicht so leicht wegwerfen kann, bedarf es besonderer Vorkehrungen, die auch getroffen wurden. Zunächst, Mitte der 70er Jahre, legte man ein Moratorium ein u. traf dann strenge, sowohl biologische als auch physikalische Sicherheitsvorkehrungen. Weil trotzdem bislang unbekannte Gefahren möglich sind, bedarf es zusätzlich einer Risikoforschung, die mit derselben Phantasie u. Sorgfalt mögliche Gefahren u. ihre Wahrscheinlichkeit erkundet wie die gewöhnliche Wissenschaft neue Chancen (↑ RisikoE). Ein evtl. Versuch, durch gezielte Eingriffe in die Erbsubstanz einen neuen ↑ Menschen herzustellen *(positive Eugenik)*, der den Anforderungen der modernen Zivilisation besser gewachsen ist, wäre nicht bloß gefährlich, sondern auch e höchst bedenklich. Die Grenze zwischen e erlaubten u. e verbotenen Eingriffen ist allerdings schwer zu ziehen. Selbst die Vorstufe der Gentherapie, die Analyse des menschlichen Genoms, die Entzifferung u. „kartographische" Erfassung genetischer Defekte, ist nicht unproblematisch. Sie macht eine genetische Diagnose möglich, die den einen belasten, den anderen reifen lassen kann. Gemäß dem Prinzip ↑ Freiheit sollte man in Abwesenheit von gesellschaftlichem Zwang ein Recht auf Wissen, aber auch auf Nicht-Wissen haben.

Lit.: U. Steger (Hrsg.), Die Herstellung der Natur. Chancen u. Risiken der Gentechnologie, Bonn 1984; W. v. d. Daele, Mensch nach Maß? e Probleme der Genmanipulation u. Gentherapie, München 1986; K. Bayertz, GenE. Probleme der Technisierung menschlicher Fortpflanzung, Reinbek 1987; ders., Gentherapie beim Menschen, Reinbek 1990; K. Dohmen (Hrsg.), Gentechnologie. Die andere Schöpfung, Stuttgart 1988; H.-M. Sass (Hrsg.), Genomanalyse u. Gentherapie, Berlin 1991; O. Höffe, Moral als Preis der Moderne, Frankfurt/M. [3]1995, Kap. 5.
O. H.

Gerechter Krieg ↑ Friede.

Gerechtigkeit als sittl. (nicht auch theologischer) Begriff hat zwei aufeinander bezogene Bedeutungen. In einem „objektiven" (institutionellen, polit.-sozialen) Verständnis ist G. das grundlegende normative Prinzip des äußeren Zusammenlebens in seinen Kooperations- u. ↑ Konfliktaspekten: das sittl. Ideal u. Kriterium von individuellen Handlungen, von Institutionen, selbst der Grundordnung einer politischen Gemeinschaft. Diese G. betrifft vor allem den Bereich von ↑ Recht u. ↑ Staat: die Gesetzgebung, Rechtsprechung u. vollziehende Gewalt (die polit.-soziale G. als normative Idee von Recht u. Staat), dabei – als *internationale G.* – auch die Beziehung der Staaten

untereinander (↑ Entwicklungshilfe, ↑ Weltrepublik). Als *intergenerationelle G.* betrifft sie die Beziehung zwischen den Generationen, dabei nicht bloß das Verhältnis zur natürlichen ↑ Umwelt *(ökologische G.),* sondern auch sozial- u. finanzpolit. Fragen. Darüber hinaus bezieht sich die G. auch auf Kooperation u. Konflikte in informell geregelten Bereichen (etwa in ↑ Familie, Nachbarschaft u. Schule). Zwar gibt es noch andere normative Kriterien (wie Stabilität, Sicherheit, Zweckmäßigkeit u. Wohlfahrt). Aber allein die G. ist der Maßstab einer unbedingten, einer sittl. Rechtfertigung oder Kritik der Regeln des Zusammenlebens (↑ Sittlichkeit).

Im zweiten, „subjektiven" (personalen) Verständnis ist G. jene sittl. Lebenshaltung im Verhältnis zu den Mitmenschen, die – im Unterschied zu ↑ Freundschaft, ↑ Liebe u. ↑ Wohlwollen – weder auf freier Zuneigung beruht noch beim Handeln über das hinausgeht, was man einem anderen schuldet (G. als ↑ Tugend). G. als Persönlichkeitsmerkmal bedeutet nicht bloß, das Gerechte zu tun, sondern es aus einer bestimmten ↑ Gesinnung zu tun, nämlich deshalb, weil es gerecht ist, u. nicht etwa, weil man andernfalls bestraft oder sozial geächtet würde. G. als Tugend zeigt sich dort, wo man trotz größerer Macht u. Intelligenz andere nicht zu übervorteilen sucht oder wo man sein Tun – als Gesetzgeber, Richter, Lehrer, Eltern, Mitbürger – auch dann an der Idee der objektiven G. ausrichtet, wenn Recht u. ↑ Moral Lücken u. Ermessensspielräume lassen oder ihre Durchsetzung höchst unwahrscheinlich ist. G. als Tugend der Bürger ist eine wichtige Schranke gegen das Abgleiten einer politischen Gemeinschaft in eklatante Unrechtsverhältnisse.

Die abendländische Philosophie erkennt die G. in beiden Grundbedeutungen, sowohl als *politische G.*: als sittl. Leitidee für Recht, Staat u. Politik, als auch als *personale G.*: als eine der Kardinaltugenden, seit *Platon* u. *Aristoteles* an. Beiden Denkern verdankt sie eine derartige Fülle von Gesichtspunkten, Argumenten u. Einsichten, daß die weitere Begriffsgeschichte größtenteils als Aufnahme von u. Kommentar zu *Platon* u. *Aristoteles* erscheint. In der Neuzeit macht sich aber in verschiedenen Formen eine philosophische u. rechtstheoretische Skepsis gegen die G. breit. Nach der wissenschaftstheoretischen Variante dieser Skepsis gebe es über einen moralischen Wert wie die G. keine objektiven Aussagen. Nach der rechtstheoretischen Variante, vertreten von *Hobbes* über *J. Austin* bis zu *H. Kelsen,* in abgeschwächter Weise auch *Hart,* gehöre die G. nicht zu den Geltungsbedingungen positiven Rechts (↑ Rechtspositivismus). Nach der normativen Variante, dem ↑ Utilitarismus, vertreten von *Bentham, J. S. Mill* u. *J. Austin,* gilt nicht die G. als sittl. Leitidee, sondern das Wohlergehen aller Betroffenen. U. in der ↑ Systemtheorie eines *Luhmann* meint G. eine funktions*un*spezifische Normativität, für die es in den modernen Gesellschaften deshalb keinen Platz gebe, weil diese sich aus (relativ) autonomen Teilgesellschaften zusammensetzten, die – wie etwa die ↑ Wirtschaft, das Recht u. die Politik

– von einer je anderen, funktionsspezifischen Normativität bestimmt seien.

Eine Philosophie der G. sucht derartige Skepsis zu entkräften. Sie beginnt mit einer Semantik der G. Diese ordnet im Rahmen des mehrstufigen Begriffs „gut" die G. der dritten, höchsten Stufe zu, dem sittl. oder unbedingten Begriff des ↑ Guten. In seinem Rahmen geht es um einen Teil, um soziale Beziehungen unter dem Gesichtspunkt konkurrierender Interessen u. Ansprüche. Im Rahmen der Sozialmoral greift die G. jenen Teil heraus, deren Anerkennung die Menschen sich gegenseitig schulden; die G. unterscheidet sich vom verdienstlichen Mehr, etwa ↑ Wohlwollen (↑ Verdienstlichkeit).

Den Kern unserer Vorstellungen von G. bildet – neben den Ideen der unantastbaren Menschenwürde (↑ Humanität), der ↑ Freiheit u. der Solidarität: ↑ Wohlwollen – das e Prinzip der ↑ Gleichheit: Menschen in gleichen Umständen sollen gleich handeln bzw. gleich behandelt werden (Gleichheitsgebot, vgl. ↑ Goldene Regel), negativ formuliert: jede willkürliche Ungleichbehandlung ist ungerecht (Willkürverbot). Die Grundordnung einer politischen Gemeinschaft ist dann schon in einer wesentlichen Hinsicht als gerecht anzusehen, wenn das Gleichheitsprinzip eine alle drei Gewalten des Staates bindende Verfassungsbestimmung ist (vgl. für die Bundesrepublik Deutschland Art. 3 zusammen mit Art. 1 III des Grundgesetzes, für Österreich Art. 7 (1) des Bundesverfassungsgesetzes, für die Schweiz Art. 4 u. 60 der Bundesverfassung). –

Um dem Gleichheitsprinzip zu genügen, muß das geltende Recht *erstens* aus Bestimmungen bestehen, die nicht Einzelpersonen u. Einzelfälle als solche, sondern Typen von Fällen (Einkommensteuer, Diebstahl, Totschlag usf.) mit Hilfe gewisser Kriterien regeln (die Einkommensteuer z. B. nach Höhe des Einkommens, nach Familienstand u. Kinderzahl). Auch die Kriterien dürfen nicht willkürlich sein. Rechtsregeln sind *zweitens* nach Maßgabe derselben Regeln zweiter Ordnung zu gewinnen, nach den in der Verfassung niedergelegten Verfahrensregeln über die Entstehung von Gesetzen sowie nach normativen Leitprinzipien (etwa nach den Prinzipien des freiheitlichen Rechtsstaats, der Demokratie u. des Sozialstaats). Diese lassen sich aus einer Vermittlung der Anwendungsbedingungen der G. (Kooperation u. Konflikt; deskriptives Moment) mit dem höchsten Kriterium der Sittlichkeit (normatives Moment) ↑ begründen. Erkennt man die Univeralisierbarkeit (↑ kategor. Imperativ) als Maßstab der Sittlichkeit an, dann ergibt sich als G.prinzip die Bewältigung von Kooperations- u. Konfliktverhältnissen nach streng allgemeinen u. für alle gleichen Grundsätzen, insbesondere nach den unveräußerlichen Menschenrechten (↑ Grundrechten), persönlichen Freiheitsrechten, politischen Mitwirkungsrechten u. Sozialrechten. *Drittens* müssen Exekutive u. Rechtsprechung die Gesetze u. Erlasse unparteiisch, ohne Ansehen der Person (ihres Geschlechts, ihrer Religion, Rasse, sozialen oder wirtschaftlichen Stellung), anwenden: *formale G.* (in der

bildenden Kunst wird deshalb die G. mit verbundenen Augen dargestellt).

Die nähere Bestimmung der G. ist umstritten. (Doch stellen die genannten normativen Leitprinzipien wichtige Kriterien dar.) Bei der Verteilung von Rechten u. Pflichten, Gütern u. Lasten (austeilende oder *distributive* G.) gibt es vor allem drei Maßstäbe: Jedem das Gleiche oder jedem nach seinem Wert als Mensch überhaupt; jedem nach seiner Leistung oder Leistungsfähigkeit; jedem nach seinen Bedürfnissen. Gemäß der Idee der unantastbaren Würde des Menschen u. der Unverletzlichkeit der Person ist es im allgemeinen unumstritten, daß in bezug auf die ↑ Grundrechte jedem das Gleiche zukommt (daher Menschenrechte: unveräußerliche Rechte jedes Menschen). Soziale Positionen u. wirtschaftliche ↑ Güter dagegen sollen nach Leistungs-, nach Bedürfnisgesichtspunkten oder einer Verbindung beider verteilt werden (der individuelle Lohn richtet sich meist nach der Leistung, die Sozialhilfe nach Bedürftigkeit, die Steuern nach beidem: nach der Höhe des Lohns, aber auch nach Familienstand u. Kinderzahl). – Die genauen Regeln nach Maßgabe der normativen Leitprinzipien, aber auch der wirtschaftl., gesellschaftl. u. kulturellen Lebensbedingungen zu bestimmen gehört in den Aufgabenbereich der ↑ Politik, für die die Idee der G. eine normativ-kritische Funktion hat. Allgemein läßt sich sagen, daß zur unantastbaren Würde des Menschen auch die elementare Existenzsicherung gehört, hier deshalb der Bedürfnisaspekt den Vorzug verdient, während die Ausgestaltung der eigenen Existenz der Freiheit des einzelnen überlassen bleiben soll, wobei die Idee der G. als Fairneß fordert, daß alle Güter, Positionen u. Ämter grundsätzlich für jeden offenstehen u. die Ordnung des wirtschaftlich-sozialen Systems nicht bloß zum Vorteil gewisser Gruppen ist, sondern dem Wohlergehen aller dient. Für manche gehört es schon zur sog. *sozialen G.,* für andere erst zur ↑ Solidarität, vorgefundene natürliche u. soziale Nachteile auszugleichen.

Die soziale G. hat heute zwei Bedeutungen. In einem unspezifischen Sinn verstärkt „sozial", was die G. ohnehin besagt: es geht um die Moral des Gesellschaftlichen. In einem spezifischen Sinn befaßt sich die soziale G. mit der sog. sozialen Frage: mit Phänomenen wie Arbeitslosigkeit, Schutzlosigkeit bei Krankheit u. im Alter, mangelnder Bildung, ↑ Armut, sogar Hunger, kurz: Verelendung. Sofern diese Phänomene auf gesellschaftliche Veränderungen zurückgehen, die wie etwa die Industrialisierung einen kollektiven Vorteil erbringen, einige aber schlechter stellen, verlangt die G. eine Entschädigung.

Die *ausgleichende* G. betrifft den Tausch verschiedenartiger Dinge (Kauf, Miete usf.). Der Tausch ist dann gerecht, wenn die getauschten Dinge den gleichen Wert haben, wobei das Geld als allgemeiner Wertmaßstab dient. Allerdings besteht die Schwierigkeit, den genauen Wert eines Dinges zu bestimmen, da die Kriterien selbst kontrovers sind (richtet sich der Wert nach der aufgewendeten Arbeit, dem Gebrauchswert

oder dem Marktpreis?). – Obwohl in der zeitgenössischen Debatte der Gedanke der VerteilungsG. vorherrscht, lassen sich selbst grundlegende G.saufgaben von der TauschG. her lösen (*Höffe* 1996, Kap. 9), vorausgesetzt man hat weder einen zu engen noch zu ungeduldigen, noch zu kleinlichen Tauschbegriff. Außer Geld, Waren u. Dienstleistungen treten auch ideelle Vorteile im Tausch auf: ↑ Macht, Sicherheit, gesellschaftliche Anerkennung, nicht zuletzt ↑ Freiheit u. Chancen zur Selbstverwirklichung. Ferner sind Phasenverschiebungen zu beachten, nicht zuletzt gibt es Formen von Ringtausch.

Die Idee der G. fordert auch, verschuldete Schäden in der Höhe des Schadens wiedergutzumachen: *korektive G.* Sie verlangt z.B. Entschädigungen gegen Eskimos, Indianer u. andere Ureinwohner, deren Besitz teils gewaltsam, teils gegen unzureichende Gegenleistungen erworben wurde. Auch Sklaverei u. Kolonialisierung (↑ Diskriminierung) fordert die korrektive G. heraus. Die G. verlangt auch, ↑ Strafen für Rechtsverletzungen nicht beliebig, sondern nach der Schwere der Übertretung zu verhängen.

Im Rahmen der *VerfahrensG.* sind drei Falltypen zu unterscheiden. Bei der vollkommenen VerfahrensG. gibt es einen unabhängigen Maßstab u. ein Verfahren, das das gerechte Ergebnis so gut wie mit Sicherheit liefert (z.B. „der eine teilt, der andere wählt"). Bei der unvollkommenen VerfahrensG. gibt es zwar einen unabhängigen Maßstab, auch klare Minimalbedingungen (z.B. darf niemand in eigener Sache richten, auch ist stets die Gegenseite anzuhören), aber wie bei (Straf-)Gerichtsprozessen kein sicheres Verfahren. Weil hierzu die politischen Verfahren gehören, ist gegen ein bloß prozessuales Verständnis der ↑ Demokratie Zurückhaltung geboten. Die reine VerfahrensG. wiederum kennt keinen unabhängigen Maßstab, wohl ein faires Verfahren, beispielsweise das Losen oder Würfeln.

Die Anwendung einer allgemeinen Rechtsregel kann in besonderen Einzelfällen zu offensichtlich nicht gerechten Ergebnissen führen. Hier fordert das Prinzip der *Billigkeit (Epikie)*, vom Buchstaben des geltenden Rechts abzuweichen, u. zwar nicht deshalb, weil die Idee der G. suspendiert, sondern weil sie auch dort beachtet werden sollte, wo es sich um außergewöhnliche Umstände handelt, die der Gesetzgeber nicht vorausgesehen hat.

Lit.: Platon, Der Staat; Aristoteles, Nikomach. E, Buch V; Thomas v. Aquin, Summa theologica II–II, quaestio 57–62; De virtutibus cardinalibus; Th. Hobbes, Leviathan, bes. Kap. 13–15; I. Kant, Metaphys. Anfangsgründe der Rechtslehre; J. S. Mill, Utilitarismus, Kap. V; H. Kelsen, Was ist G.? Wien ²1975; J. Pieper, Über die Gerechtigkeit, München ⁴1965; H. L. A. Hart, Der Begriff des Rechts, Frankfurt/M. 1974, Kap. VIII; H. Welzel, Naturrecht u. materiale G., Göttingen ⁴1968; Ch. Perelman, Über die G., München 1967; J. Rawls, Eine Theorie der G., Frankfurt/M. 1975; ders., Gerechtigkeit als Fairneß, Freiburg/München 1977; ders., Die Idee des politischen Liberalismus Frankfurt/M. 1992; ders., Political Liberalism, New York 1993;

D. Miller, Social Justice, Oxford 1976; R. Nozick, Anarchie, Staat, Utopia, München o. J.; O. Höffe (Hrsg.), Über John Rawls' Theorie der G., Frankfurt/M. 1977; ders. E u. Politik, Frankfurt/M. ³1987, Kap. 4–7, 14–15; ders., Politische G., Frankfurt 1987; ders., G. als Tausch? Baden-Baden 1991; ders., Vernunft u. Recht, Frankfurt/M. 1996; G. Robbers, G. als Rechtsprinzip, Baden-Baden 1980; B. Ackerman, Social Justice in the Liberal State, New Haven 1980; R. Lucas, On Justice, Oxford 1980; F. A. v. Hayek, Recht, Gesetzgebung u. Freiheit Bd. 2, Landsberg a. L. 1981; B. Moore, UnG., Frankfurt 1982, J. Derrida, Gesetzeskraft, Frankfurt/M. 1991; J. Assmann, Ma'at. G. u. Unsterblichkeit im alten Ägypten, München ²1995; J. Shklar, Über UnG., Berlin 1992; M. Walzer, Sphären der G., Frankfurt/M 1992; W. Kymlicka (Hrsg.), Justice in Political Philosophy, 2 Bde., Cambridge 1992; C. Demmerling, Th. Reutsch (Hrsg.), Die Gegenwart der G., Berlin 1995; M. Beck-Managetta u. a. (Hrsg.), Der G.anspruch des Rechts, Wien/New York 1996; O. O'Neill, Tugend u. G., Berlin 1996; W. Kersting (Hrsg.), G. als Tausch?, Frankfurt/M. 1997.   *O. H.*

Geschichte der Ethik. ↑ E als eigene philosophische Disziplin geht auf *Aristoteles* zurück, der von e Theorie spricht (Anal. post. 89 b 9) u. die theoretische von der ↑ praktischen Philosophie unterscheidet (Nikom. E 1096 b 31). In der Sache nimmt er die *sokratisch-platonische* Frage nach dem guten Leben auf u. sucht gleich seinen Vorgängern die durch die Sophisten problematisierte Antwort im maßgebenden Grund u. der rechten Verfassung eines in Gesetz, ↑ Sitte u. Gewohnheit geordneten menschlichen Lebens. Während indessen von *Sokrates/Platon* die Möglichkeit des guten Lebens u. der Wiederherstellung der politischen Ordnung an die philosophische Einsicht in die reine Idee des ↑ Guten gebunden wird, geht die *aristotelische* E methodisch von den menschlichen Begehrungen, Vermögen u. Tätigkeiten (↑ StrebensE) wie von den bestehenden Ordnungen des Zusammenlebens aus u. sucht den Grund der ↑ Sittlichkeit in dem im individuellen u. gemeinschaftlichen Handeln tätig erreichbaren ↑ höchsten (menschlichen) Gut. Dieses, das ↑ Glück eines vollendeten Lebens, wird bestimmt als „Verwirklichung der Seele gemäß der Tugend" mit ausreichenden äußeren Gütern im Stande des freien Bürgers einer vollendeten Polisgemeinschaft. Praktische Philosophie als Theorie über das „zum Menschsein des Menschen Gehörige" hat deshalb die Lehre vom Hauswesen (Ökonomik), die E im engeren Sinn (Wesen u. Arten der ↑ Tugend) u. die Lehre von der Polis (Politik) als untrennbare Einheit zum Inhalt. Die enge Verbindung von E u. Politik zerbricht bereits mit dem Zerfall der antiken Polis. ↑ Epikureische u. ↑ stoische E negieren die Verschränkung von geglücktem Leben mit politischer Praxis. Inhalt der E wird die Lehre von den individuellen ↑ Bedürfnissen, Strebungen u. Trieben u. ihrer vernünftigen Befriedigung *(Artistipp, Epikur)* bzw. die Kunstlehre tugendhafter Lebensführung, die im Glück des leidenschaftslosen, von politischen u. persönlichen Umständen innerlich freien Weisen ihr Leitbild findet (Stoa). Der Neuplatonismus (vor allem *Plotin*) macht Glück u. Tugend zum Gehalt

des philosophischen Lebens im Göttlichen u. Unsterblichen u. bereitet die enge Verbindung von E u. Theologie vor.

In der ↑ christlichen E wird der Inhalt der philosophia moralis in die theologische Lehre vom Menschen hineingenommen (so bei *Origenes, Klemens v. Alexandria* u. a.) u. in die Dogmatik von Erbschuld, Gnade, Rechtfertigung u. endzeitlichem Heil integriert *(Augustinus, Thomas v. Aquin* u. a.). Peripatetisches, stoisches, neuplatonisches u. (vor allem im Mittelalter) genuin aristotelisches Gedankengut findet Aufnahme in die christliche Tugendlehre, die freilich im Glauben an die von ↑ Gott eröffnete Heilswirklichkeit ihr entscheidendes Richtmaß findet. Diese theologische Fundierung der E geht bei einigen Autoren *(P. Abaelard, Duns Scotus, W. v Ockham)* so weit, daß sie nicht nur das Endziel allen Handelns in der Partizipation am jenseitigen Gott u. die Möglichkeit eines rechten Lebens in der Mitwirkung seiner Gnade sehen, sondern das Gute selbst auf die souveräne Disposition des göttlichen Willens gründen (↑ theologische E). E wird erst dann wieder zum Teil einer allein auf den Menschen reflektierenden Philosophie, als durch *F. Bacon, R. Descartes, Th. Hobbes* u. a. Philosophie sich von ihrer Verschränkung mit der Theologie löst u. ihre Reflexionen auf wissenschaftlich kontrollierte Erfahrung u. rein rationale Argumentationen zu stützen beginnt (↑ Begründung, ↑ Methoden der E).

Die neuzeitliche E setzt vor allem mit *Th. Hobbes* ein. Für ihn ist die Basis der praktischen Philosophie ein nach dem Vorbild von Geometrie u. Physik gewonnenes Wissen um die Natur des Menschen. Als deren Grundtendenz glaubt er das ↑ Streben nach Selbsterhaltung ausmachen zu können. Diese Tendenz führt, unter den gegebenen Bedingungen einer verunsichernden Ratio, einer Vielzahl von Menschen, einer begrenzten Erde u. fehlender sozialer Instinkte bzw. Triebe zu einem Status gegenseitiger Aggressivität u. Destruktion. E versteht sich dann als Inbegriff jener Verhaltensnormen, die eine schlußfolgernde Vernunft (recta ratio) im Blick auf die Situation des Menschen in der Welt zur Erreichung des primum bonum optimaler Selbsterhaltung als notwendig erkennt (law of nature, Naturgesetz). Auf dem Boden der auf Selbsterhaltung u. Bedürfnisbefriedigung gerichteten Gesellschaft antagonistischer Individuen, die weder alle ihre ↑ Vernunft richtig gebrauchen noch von sich aus den Normen der Friedenssicherung folgen, hat die E den Begriff des ↑ Rechts u. den das Recht als Gesetz verbürgenden u. durchsetzenden ↑ Staat zur Voraussetzung. Hobbes gründet also die praktische Philosophie auf die mechanisch bestimmbare Natur des Menschen u. die sittl. Normen auf die Vernunft; er löst damit das scholastische ↑ Naturrecht ab, das sittl. Verhalten an den ‚Gesetzen‘ einer als zweckgerichtet interpretierten Natur orientierte, in der sich die verbindliche göttliche Schöpfungsabsicht dokumentiert. Wenngleich die starke Verschränkung von praktischem Naturgesetz qua Vernunftgesetz mit dem politischen Gesetz

von zahlreichen Autoren der beginnenden Neuzeit gelockert wurde, so bildet die von Hobbes gezeichnete Bestimmung der philosophischen E im Zusammenhang von ↑ Gesellschaft, Recht u. Staat, ihre Gewichtung äußeren Verhaltens u. ihre Abgrenzung von der theologischen E (die die Bewegungen des Herzens u. das innere Verhältnis zu Gott enthält) Gemeingut neuzeitlich naturrechtlicher E (so bei *Th. Golius, Ph. Melanchthon, J. G. Darjes, H. Grotius, S. Pufendorf, G. F. Meier, Chr. Wolff* u.a.).

Im Gegenzug gegen *Hobbes'* Anthropologie, die neben der ambivalenten Ratio nur egozentrische Triebe, Bedürfnisse u. Affekte als naturgegeben anerkennt, setzt in England eine Strömung ein, die E auf ein inneres, von der Sphäre der Gesellschaft u. des Staates unabhängiges Prinzip gründet. Grundanliegen sowohl der platonischen Schule von Cambridge *(H. More, R. Cudworth)* wie der späteren moral-sense-Philosophie *(Shaftesbury, F. Hutcheson, D. Hume:* ↑ Gefühl) ist der Aufweis einer natürlichen inneren Anlage des Menschen zur Erkenntnis u. Anerkennung sittl. Grundsätze, die die vernünftige Harmonie von Selbstliebe (↑ Selbstinteresse) u. Nächsten↑ Liebe zum Inhalt hat u. von den animalischen Strebungen nach Bedürfnisbefriedigung u. Selbsterhaltung sich unterscheidet. E wird so auf die innere Konstitution der menschlichen Natur gegründet, die unverstellte Subjektivität wird zum Maßstab sittl. Verhaltens. *Kants* Werk u. die ihm folgende Philosophie versucht die auf das Innere des

Menschen gegründete E u. die E der Naturrechtsschule zusammenzuführen. Im Anschluß an bereits vorgeprägte Unterscheidungen (*A. Rüdiger, A. G. Baumgarten* u. a.) wird die „Sittenlehre" in Rechts- u. Tugendlehre gegliedert u. letztere auf diejenigen „inneren" Pflichten gegen sich selbst u. andere beschränkt, die „keiner äußeren Gesetze fähig" sind. Die Rechtslehre, die Prinzipien u. Normen des Daseins äußerer ↑ Freiheit als Freiheit aller unter einem die Willkür gegenseitig beschränkenden Gesetz untersucht, ist auf die Legalität der Handlungen, d. h. ihre äußere Gesetzmäßigkeit ohne Rücksicht auf ihre Triebfedern bezogen. Die Tugendlehre hingegen, die sich allein mit der Moralität des Handelns befaßt, hat ihr Prinzip in der inneren Selbstbestimmung eines vernünftigen Wesens allein um der Vernunft willen. Grund der ↑ Sittlichkeit ist nicht eine vorgegebene innere Naturanlage, sondern die absolute ↑ Freiheit vernünftiger Selbstbestimmung.

Konsequenterweise schließt *Kant* von der Begründung der Moralität wie des ↑ Rechts jeden Rekurs auf die sinnliche Natur des Menschen, auf den Erwerb von Lust u. Glückseligkeit aus. Den bei *Kant* unvermittelt zurückgebliebenen Dualismus von intelligibler Freiheit u. empirischer Natur wie von Moralität u. Legalität versucht *Hegel* dadurch zu überwinden, daß er die E der Moralität durch eine politisch-institutionelle E ersetzt. In den sittl. ↑ Institutionen von ↑ Familie, bürgerlicher ↑ Gesellschaft u. Staat kommen sowohl die natürlichen ↑ Bedürfnisse wie das Recht u. die Moralität zu ihrer vernünftigen geschichtlichen Wirklichkeit. Das 19. Jahrhundert ist durch verschiedene Neuansätze gekennzeichnet. *Marx* u. *Engels* nehmen die E in ihre Gesellschaftstheorie zurück, interpretieren die traditionelle E als klassengebundene Ideologie u. stellen eine neue sozialistische E nach Beseitigungen der alten Moral in Aussicht (↑ marxistische E). *F. Nietzsche* versucht eine Neubestimmung der E, indem er die Scheinhaftigkeit bzw. lebensnegierende Unterdrückungsfunktion der traditionellen (speziell platonisch-christlichen) Moral aufzudecken sich bemüht (↑ Moralkritik). Erst in der freien Entfaltung des Lebens werde eine E möglich, die den Prozeß der Selbstgestaltung u. Selbstbejahung des Lebens zum Inhalt hat (↑ Lebensphilosophie). Der Neukantianismus (vor allem Marburger Prägung) entwickelt in Analogie zur transzendentalen Theorie der Erfahrung als Logik der reinen Naturwissenschaft die E als „Logik der Geisteswissenschaften" *(H. Cohen)*, die im Ausgang vom Faktum der Rechts- u. Staatswissenschaft deren reine Prinzipien kritisch rekonstruiert. Im Gegenzug gegen den kantischen Formalismus wird *F. Brentano* zum Wegbereiter einer phänomenologischen E, die im beginnenden 20. Jh. durch *M. Scheler* u. *N. Hartmann* ihre Ausarbeitung erfuhr: als Quelle moralischer Begriffe gilt ihr der intentionale Akt innerer Wahrnehmung, der materiale ↑ Werte u. ihre Ordnung zur Erscheinung bringt. Sittl. Verpflichtung sei nur auf diese „Einsicht" in die apriorischen Zusammenhänge zwischen materialen Werten u. Zwecken zu gründen (↑ Formale-Materiale E).

Eine von der kontinentalen Philosophie verschiedene Richtung nimmt die E des angelsächsischen Sprachraums, die im 19. Jahrhundert im Gegenzug gegen die Formen subjektiv begründeter E im ↑ Utilitarismus *J. Benthams, J. St. Mills* u. *H. Sidgwicks* ihre dominierende Theorie findet: Der mit empirischen Methoden bestimmbare Nutzen der möglichst großen Zahl wird zum Prinzip privater Moral wie öffentlicher Entscheidungsprozesse (↑ Entscheidung, ↑ Entscheidungstheorie). In höchst differenzierter Form gilt der Utilitarismus auch heute als entscheidender Bezugspunkt der Diskussion über Probleme normativer E im angloamerikanischen Sprachraum (*J. O. Urmson, J. J. C. Smart, J. Rawls, R. Brandt, M. Singer* u. a.). Daneben verlaufen die Bemühungen um Probleme der E in der Nachkriegszeit in zwei Richtungen, die sich gegenwärtig zu berühren beginnen: (a) auf der einen Seite arbeitet man an einer kritischen Rehabilitierung der praktischen Philosophie von *Aristoteles* u. *Hegel* (*J. Ritter* u. a.), von *Kant, Hegel* u. *Marx* (↑ Kritische Theorie), von *Hobbes, Kant* u. *Marx* im Verein mit sprachkritischer Methodik (↑ Konstruktive E) im Bereich der ↑ normativenE; auf der anderen Seite steht die Verwertung der Methodik der analytischen Philosophie im Bereich der ↑ MetaE, die sich mit der sprachlichen Form von Imperativen u. axiologischen Aussagen befaßt. Die derzeit diskutierten metae Theorien lassen sich ihrerseits in kognitive u. nichtkognitive unterscheiden. Die kognitiven halten an der möglichen objektiven Bedeutung moralischer Begriffe u. Sätze fest. Der e Naturalismus behauptet dabei die Transformierbarkeit moralischer Termini in empirisch-deskriptiv bestimmbare Begriffe (*M. Schlick, R. B. Perry, C. I. Lewis* u. a.), der e Intuitionismus hingegen verteidigt die Eigenart moralischer Termini u. Sätze, deren objektiver Gehalt sich durch unmittelbare Einsicht in die innere Qualität von Handlungen u. Werten finden lasse (*G. E. Moore, W. D. Ross* u. a.), der e Logizismus versucht die Erstellung einer spezifischen Logik der E (↑ deontische Logik), mittels derer sich die rationale Struktur moralischer Rede demonstrieren lasse (*S. E. Toulmin, R. M. Hare, G. H. v. Wright* u. a.). Für die nichtkognitiven Theorien (*A. J. Ayer, C. L. Stevenson* u. a.) sind imperativische u. wertende Begriffe u. Sätze bloßer Ausdruck subjektiver Gefühle, die keiner intersubjektiven Kontrolle zugänglich sind (Emotivismus).

Lit. F. Vorländer, G. der philosophischen Moral-, Rechts- u. Staatslehre, 1855 (Neudr. Aalen 1964); H. Sidgwick, History of Ethics, 1879 (Repr. London 1962); M. Wundt, G. der griechischen E, 2 Bde., Leipzig 1908–1911; F. Jodl, G. der E in der neueren Philosophie, 2 Bde., Stuttgart/Berlin ³1920 (Neudr. 1964); E. Howald, A. Dempf, Th. Litt, G. der E, München/Wien 1978; C. D. Broad, Five Types of Ethical Theory, London 1930; F. Wehrli, Lathe biosas. Studien zur ältesten E bei den Griechen, Leipzig 1931; F. Wagner, G. des Sittlichkeitsbegriffs, 3 Bde., Münster 1928–1936; B. Switalski, Neoplatonism and the Ethics of St. Augustin, New York 1946: F. Flückiger, G.

des Naturrechts, Zürich 1954; H. Welzel, Naturrecht u. materiale Gerechtigkeit, Göttingen ⁴1962; E. Wolf, Große Rechtsdenker der deutschen Geistesgeschichte, Tübingen ⁴1963; H. Reiner, Die philosophische E, Heidelberg 1964; G. J. Warnock, Contemporary Moral Philosophy, London 1966; A. Pieper, Analytische E. Ein Überblick . . ., Philos. Jahrb. Bd. 78/1, 1971; E. Bloch, Naturrecht u. menschliche Würde, Frankfurt/M. ²1975; M. Warnock, Ethics since 1900, Oxford ³1978; R. Norman, The Moral Philosophers, Oxford 1983; A. MacIntyre, G. der E im Überblick, Meisenheim 1984; J. Rohls. G. der E, Tübingen 1991; P. Singer (Hrsg.), A Companion to Ethics, Oxford 1991; M. Forschner, Über das Glück des Menschen. Aristoteles, Epikur, Stoa, Thomas v. Aquin, Kant, Darmstadt ²1994.   M. F.

Geschichtlichkeit   ↑ Existentialistische E.

Geschichtsphilosophie ↑ Fortschritt.

Geschick ↑ Schicksal.

Gesellschaft hat im Unterschied zur ↑ Natur einen moralischen, normativen u. geschichtlichen Charakter, der im menschlichen ↑ Handeln begründet ist. Die Natur als Lebensraum u. die innere Natur des ↑ Menschen werden durch seine ↑ Arbeit in G., er selbst in das Wesen der G. (*Aristoteles*) umgewandelt (Transformation der Natur). Das zwischenmenschliche Handeln (↑ Kommunikation) schafft u. wird geleitet durch Normen u. Konventionen, die für die G. grundlegend sind. In Übereinstimmung oder Abhebung von ihnen kann sich jedes Mitglied der G. individuell u. sozial verstehen u. verständigen. Die Individuen gestalten

das Leben der G. so, daß sie sich u. der G. in wechselseitiger Erfahrung ↑ Sinn geben. Selbstbewußtsein, Handlungsvermögen, die Kenntnis der materiellen u. konventionellen Gegebenheiten u. der allgemein anerkannten Handlungsprinzipien der G. sind die Bedingungen dafür, daß die Zwecke gesellschaftl. Handelns wechselseitig erwartbar u. erkennbar sind. Beurteilbar u. verantwortbar sind diese aufgrund der normativen Struktur der G. u. der Intentionen u. des Handlungsvermögens ihrer Mitglieder. Die Entstehung der *bürgerlichen G.* leitet die liberale G.-Theorie (*Smith, Bentham, Mill*) vom Schutzbedürfnis individueller Güter (↑ Freiheit, ↑ Leben, ↑ Eigentum) u. dem Vorrang des menschlichen ↑ Selbstinteresses ab, das sich durch ein beschränktes Maß an Gemeininteresse mit den Konventionen des ↑ Rechts sichert. Dagegen ist das Recht für den Idealismus *(Hegel)* nicht nur Mittel, sondern Voraussetzung u. Zweck der bürgerlichen G. Das Subjekt soll in ihr im Bildungsprozeß seines Selbstbewußtseins seine Bedürfnisse, seinen Willen u. seine Freiheit als die aller anderen u. damit als notwendig erkennen. Freiheit u. Eigentum werden zu objektiven Zwecken der G. u. stehen damit in einem sittl., nicht vom Selbstinteresse geleiteten Verhältnis zum Individuum. – Die ↑ marxistische E *(Marx)* lehnt diesen Begriff der G. als Grundlage der ↑ Entfremdung u. als Klassenbegriff der G. ab. Sie bestimmt G. mit deren ökonomischer Struktur, den Produktionsweisen u. dem von ihnen bedingten ↑ Konflikt, der nicht zwischen ↑ Individuum u.

G., sondern zwischen deren Klassen herrscht u. nur in einer sozialistischen G. aufgelöst werden kann. *Marx* analysiert im Unterschied zur ↑ Kritischen Theorie der G. *(Adorno, Marcuse, Habermas)* nicht die Gründe der Konflikte von Normen u. Interessen, die sowohl innerhalb der Klassen wie unabhängig von ihnen in der G. herrschen.

Als Gegenbegriff zum mechanischen, konstruierten Charakter der G., die Menschen durch ökonomische Konkurrenz u. Konflikte nicht verbindet, sondern trennt, steht die *Gemeinschaft (F. Tönnies)* als eine auf Gewöhnung, Sprache, Verwandtschaft u. ↑ Freundschaft beruhende organische Form des Zusammenlebens (↑ Kommunitarismus). Diese Elemente gewinnen in der modernen G.-Theorie als moralische Ideen Bedeutung *(E. Durkheim),* die neben den materiellen, das Verhalten mechanisch beeinflussenden Zwecken die moralischen Bestimmungen des Handelns sind. Gesellschaftl. Werte verknüpfen individuelle Bedürfnisse, in deren Struktur sie eingegangen sind, mit normativen Rollenerwartungen zum sozialen System *(M. Weber, T. Parsons).* Dieses System setzt einen moralischen u. kulturellen ↑ Konsens voraus u. ordnet jedes Handeln in die umfassende Struktur der G. ein. G. ist danach ein statisches System von Normen, die befolgt oder nicht befolgt werden (abweichendes Verhalten), über die auch eine Ungewißheit im gesellschaftl. Handeln *(Anomie,* griech. Gesetzlosigkeit) bestehen kann, die sich auf das Rollenverhalten desorientierend u. störend auswirkt. – Die produktiven Fähigkeiten, Techniken u. Eigenschaften der Menschen, deren Rationalisierung in Form von Handlungsmöglichkeiten (Reproduktion) u. das für G. konstitutive Vermögen der Sprache lassen sich aber nicht allein mit der Verinnerlichung von Werten u. Normen verstehen. Der ↑ *Pluralismus,* die Verfügbarkeit u. Vielfalt der Normen einer *offenen* G. *(K. Popper),* setzt die kritische Fähigkeit des Menschen, zwischen Normen zu wählen u. sie zu bestimmen, frei u. bedingt so die Einsicht in den abstrakten institutionellen Zusammenhang der G. u. die Regeln der ↑ Kommunikation, die die Grundlage sittl. Entscheidungen im sozialen Handeln sind. Der Pluralismus der G. wird gewährleistet durch die ↑ Toleranz (moralischen Entscheidungen anderer, sofern sie dieses Prinzip selbst nicht verletzen, mit Achtung zu begegnen), das politische Bemühen, die gesellschaftl. Leiden zu verringern u. die gesellschaftl. Machtverhältnisse durch Gesetzgebung u. Recht zu kontrollieren.

Lit.: A. Smith, Der Wohlstand der Nationen, Kap. I, III, IV; G. W. F. Hegel, Rechtsphilosophie, §§ 182–256; K. Marx, Ökon.-philos. Manuskripte, III; ders., Die Deutsche Ideologie, MEW, Bd. 3, S. 17–77; F. Tönnies, Gemeinschaft u. G., [8]1935, Darmstadt 1970, S. 8 ff, 40 ff, 184 ff, 251 f; E. Durkheim, Soziologie u. Philosophie, Frankfurt 1967, Kap. II; M. Weber, Wirtschaft u. G., Tübingen [5]1972, Teil 1, Kap. I, III, §§ 1–5; R. Dahrendorf, G. u. Demokratie in Deutschland, München 1971; J. Habermas, Zur Logik der Sozialwissenschaften, Tübingen 1967; ders., Theorie des kommunikativen Handelns, 2 Bde.,

Frankfurt/M. 1981; H. Marcuse, Ideen zu einer kritischen Theorie der G., Frankfurt/M. 1969; K. Popper, Die offene G. u. ihre Feinde, 2 Bde., Bern/München [2]1970, Bd. I, Kap. 10, Bd. II, Kap. 3–12; Th. Parsons, Structure and Process in Modern Societies, Glencoe 1960, Teil IV, Kap. 8; H. P. Dreitzel, Die gesellschaftl. Leiden u. das Leiden an der G., Stuttgart 1972, Kap. II, V; M. Riedel, G., in: Geschichtliche Grundbegriffe, Bd. 2; J. S. Coleman, Macht u. G.struktur, Tübingen 1979; P. Koslowski, G. u. Staat, Stuttgart 1982; S. Benhabib, Situating thè Self, New York 1992; A. Honneth (Hrsg.), Kommunitarismus, Frankfurt/M./New York 1993. *W. V.*

Gesellschaftsvertrag nennt sich die wichtigste Legitimation für eine zwangsbefugte Gesellschaftsordnung, für ↑ Recht u. ↑ Staat; der G. ist die Grundfigur politischer ↑ Gerechtigkeit. Die entsprechenden Theorien heißen *Vertragstheorien* bzw. *Kontraktualismus*. Nach Ansätzen in der Antike (*Platon: Kriton, Politeia* II 359 a u. *Nomoi* III 684 a–b, X 889 d–890 a) wird sie in der Aufklärungsphilosophie des 17. u. 18. Jh. zu begrifflicher Schärfe u. von *Althusius* u. *Hobbes,* von *Pufendorf, Spinoza,* von *Locke* u. *Rousseau* bis ins einzelne entwickelt u. von *Kant* im methodischen Status geklärt. Durch die Kritik von *R. Filmer, Hume, A. Smith, Burke* u. *Bentham, Hegel, Schlegel, Rehberg* u. *Gentz,* später *Austin* u. *Durkheim* beiseite gedrängt, wird sie erst wieder von *O. v. Gierke* (mit Bezug zu *Althusius* u. *Pufendorf*), dann von *Buchanan* (zu *Hobbes*), *Rawls* (zu *Kant* u. *Rousseau*), *Nozick* (zu *Locke*), auch *Höffe* erneuert.

Vorher gilt der G. als Übereinkunft innerhalb einer vorgegebenen politischen Ordnung; erst in der Neuzeit dient er der Legitimation von Recht u. Staat überhaupt. Hier ist der G. weder ein ausdrücklich noch ein stillschweigend abgeschlossener historischer Vertrag, vielmehr ein Gedankenexperiment, das aus drei Elementen besteht: (1) Im rechts- u. staatsfreien Zustand, Naturzustand genannt, besteht, weil es keinerlei Rechte (primärer Naturzustand) oder keine öffentliche Sicherung (sekundärer Naturzustand) gibt, ein latenter Krieg von jedem gegen jeden. (2) Weil dieser Zustand für jeden nachteilig ist, verzichten alle auf jene unbegrenzte Handlungsfreiheit, die den latenten Krieg hervorruft. Der Verzicht, der den eigentlichen G. ausmacht, erfolgt, weil im aufgeklärten Selbstinteresse von jedermann, freiwillig; Vertragstheorien sind Zustimmungs- oder Konsenstheorien politischer Legitimation; die ↑ Demokratietheorie sagt: Alle Gewalt geht vom Volk aus. (3) Weil ein Vertrag bloß ein Wort ist u. die Gefahr eines parasitären Ausnützens droht (vgl. das Gefangenendilemma: ↑ Entscheidungstheorie), bedarf es im Sinne der ↑ Subsidiarität zur näheren Bestimmung, zur Durchsetzung u. zur nichtprivaten Streitschlichtung öffentlicher Gewalten, also eines Staates.

Der Vertrag eignet sich deshalb als Metapher für die Legitimation einer öffentlichen Rechtsmacht u. der mit ihr verknüpften Gehorsamsverpflichtung, weil er die Grundform eines Rechtsgeschäftes beinhaltet, bei dem wechselseitig Rechte u. Pflichten übertragen werden – der G. gehört zur Tauschgerechtigkeit – u. bei dem aus ↑ Freiheit rechtskräftige Verbindlichkeiten entstehen. Der Inhalt der Selbstverpflichtung besteht nicht in einer Blankovollmacht, sondern in jenen transzendentalen Interessen, die, als Bedingung von Handlungsfähigkeit u. -freiheit für jeden unverzichtbar, distributiv (für jeden) vorteilhaft sind, folglich die allseitige Zustimmung verdienen. Wegen dieser Interessen, die auf die ↑ Menschenrechte hinauslaufen, ist der G. kein Unterwerfungsvertrag; er verbindet die Legitimation von ↑ Herrschaft mit ihrer Limitation. Mit dem Rechtsverzicht der „Privatpersonen" geht die Gerechtigkeitsbindung der öffentlichen Gewalten einher. Der G. ist ein normativ-kritischer Maßstab zur Beurteilung ihrer Rechtmäßigkeit u. Grenzen.

Lit.: J. Althusius, Politica methodice digesta, 1603, Nachdruck Aalen 1961, dt. Grundbegriffe d. Politik, Frankfurt/M. ²1948; Th. Hobbes, Leviathan; J. Locke, Über die Regierung; S. Pufendorf, De jure naturae et gentium libri VIII; Spinoza, Theologisch-politischer Traktat, Kap. 16; J.-J. Rousseau, Der Gesellschaftsvertrag; D. Hume, Essays II 12: Of the Original Contract; I. Kant, Über den Gemeinspruch, II.; ders. Metaphysische Anfangsgründe der Rechtslehre, bes. §§ 9 u. 44; J. Bentham, A Fragment on Government, in: Works, Edingburgh 1848; G. W. F. Hegel, Rechtsphilosophie, § 75; O. v. Gierke, Johannes Althusius u. die Entwicklung der naturrechtlichen Staatstheorien, Aalen 1880; E. Durkheim, Über soziale Arbeitsteilung, Frankfurt/M. 1988; J. Rawls, Eine Theorie der Gerechtigkeit, Frankfurt/M. 1975 (engl. 1971); R. Nozick, Anarchie, Staat, Utopia, München o. J. (engl. 1974); J. Buchanan, Die Grenzen der Freiheit, Tübingen 1984 (engl. 1975); ders., Freedom in Constitutional Contract, College Station 1977; O. Höffe, Politische Gerechtigkeit, Frankfurt/M. 1987, Teil III; ders., Vernunft u. Recht, Frankfurt/M. 1996, Kap. 11; P. Koller, Neue Theorien des Sozialkontrakts, Berlin 1987; W. Kersting, Die Politische Philosophie des G., Darmstadt 1994.   *O. H.*

Gesetz ↑ Naturrecht, Norm, Recht.

Gesinnung. Unter G. verstehen wir das subjektive Wissen u. Wollen des ↑ Individuums, das sich im ↑ Gewissen dem Anspruch des ↑ Guten ausgesetzt weiß. Aus diesem Wissen u. Wollen leitet sich das Recht ab, der eigenen G. zu folgen u. seine ↑ Entscheidungen darauf zu gründen. Die G. äußert sich in Sprechen, Gestik u. ↑ Handeln des Menschen. Sie gründet sich auf das, was er weiß, will u. fühlt. Der Handelnde verleiht seiner Handlung eine *Bedeutung* oder mißt ihr ↑ Sinn bei. Sinn u. Bedeutung stellen dabei die innere ↑ Zielorientierung oder *Intention* der Handlung dar. Diese wiederum ist bedingt durch die vorgefundene ↑ Situation der Umwelt u. des eigenen ↑ Leibes, die im Wissen angeeignet u. zu einem *Motiv* für das Handeln wird. Die G. ist dadurch von der tierischen Sensomotorik abgehoben, daß durch die Sprache die Umwelt- u. Körperbedingungen zu lebenspraktisch angeeigneten, wißbaren Motiven werden, die damit einen Spielraum von ↑ Freiheit für die intentionale Antwort öffnen. Die G. als vorreflexives Wissen u. innere Disposition des ↑ Menschen kann in Entscheidungssituationen zum Gegenstand ausdrücklicher Überlegung u. bewußter Wahl werden. In jedem Falle findet in ihr eine (stillschweigende oder bewußte) Vergleichung statt zwischen den besonderen ↑ Bedürfnissen u. Wünschen des Individuums (*Hegel* nennt sie die Seite des Vorsatzes) u. den Ansprüchen der Allgemeinheit, die in ↑ Normen u. ↑ Werten verinnerlicht sind (*Hegel* spricht von allgemeiner Absicht). Diese steht unter dem unbedingten Anspruch des Gewissens, das Gute zu wollen u. das Böse zu verneinen. Die Eigentümlichkeit der G. besteht darin, sich ganz auf dieses eigene Wissen u. Wollen des Guten zu stützen, unabhängig davon, ob die Handlung in der gesellschaftlichen Wirklichkeit zum Erfolg führt oder nicht. Als *GesinnungsE* unterscheidet sie sich von der ↑ ErfolgsE (*M. Weber*). *Hegel* kritisiert diese moralphilosophische Einschränkung auf die Innerlichkeit der G., die er *Kant* zuschreibt, als eigensinnig u. eitel, da sie das Gute nur zu dem Teil in den Blick bekommt, den sie weiß, will u. fühlt. Dadurch kann sich aber die beste *Absicht* in ihr Gegenteil verkehren u. böse werden, weil die eigene Auffassung an die Stelle des wirklichen Guten gesetzt wird. Er spricht daher der Gesellschaft gegenüber dem Einzelnen das Recht zu, dessen G. durch ↑ Sitte u. Übereinkunft (↑ Konsens) zu korrigieren. Umgekehrt ist aber gegenüber dem Anspruch der Gesellschaft am Recht des Individuums festzuhalten, in seiner Besonderheit gehört u. respektiert zu werden. Eine Tat als Ausdruck der G. findet daher vor dem ↑ Recht ihre Berücksichtigung.

Lit.: E. Husserl, Ideen zu einer reinen Phänomenologie u. phänomenologischen Philosophie II, Husserliana Bd. IV, Den Haag 1952, S. 172–280; G. W. F. Hegel, Grundlinien der Philosophie des Rechts § 115–140; M. Weber, Politik als Beruf, Berlin 1969; G. E. M. Anscombe, Intention, Oxford ²1963; O. Höffe, Kategorische Rechtsprinzipien, Frankfurt/M. 1990, Kap. 3.

A. S.

GesinnungsE ↑ Gesinnung.

Gespräch ↑ Kommunikation.

Gestalttherapie ↑ Psychotherapie.

Gesunder Menschenverstand ↑ Common Sense.

Gesundheit ↑ Krankheit.

Gewalt ist ein ↑ Handeln, das menschliches ↑ Leben unmittelbar verletzt, bedroht oder mittelbar gefährdet. Die potentielle und aktuelle Verwendung der G.-Mittel wird zur Durchsetzung bestimmter Zwecke in vorbedachter u. vorsätzlicher Weise eingesetzt. Diese G. hebt bestehende Rechtsverhältnisse auf. Ihr Erfolg hängt, sofern er nicht unmittelbar physischer Natur ist, von der Erzeugung von ↑ Angst ab. Damit schafft G. physischen u. psychischen Schrecken. G. ist in letzter Konsequenz auf den Tod gerichtet. Mit der Aufhebung von Rechtsverhältnissen u. der Erzeugung von Angst zerstört G. die intersubjektiven Bedingungen menschlicher ↑ Gesellschaft. – Von diesem Begriff der G. ist die sog. *legitime* oder *öffentliche G.* (vgl. Art. 19,4 GG) zu unterscheiden, das rechtlich begrenzte Vermögen, mit den staatlichen ↑ Institutionen G. einzelner u. von Gruppen zu verbieten, zu verhindern oder zu ahnden (↑ Staat). G. als Mittel des ↑ Rechts zur Stabilisierung des gesellschaftlichen u. staatlichen ↑ Friedens u. zur Austragung von Konflikten nach formellen Regeln ist weder identisch mit Recht noch generell davor geschützt, es bei seiner Durchsetzung zu verletzen. G. ist als Funktion des Rechts in Vollzug u. Methode der Rechtfertigung unterworfen (Grundrechtsbindung). Sie verändert dabei ihren auf Unterwerfung gerichteten Charakter nicht. Eine zu enge Identifikation von G. u. Recht führt zu einer Abhängigkeit der Geltung des Rechts u. der Autorität seiner legislativen, exekutiven u. judikativen ↑ Institutionen von den jeweiligen Formen ihrer Durchsetzung, die dem Recht selbst negativ angelastet werden können. Die Anwendungsweisen staatlicher G. können daher als Kriterien der Beurteilung des Rechts zur Legitimation von sog. Gegen-G. führen. Weiterhin sind mit der einseitigen Rückführung von G. auf Recht oder Unrecht die Formen der G., die sich nicht unmittelbar gegen eine Rechtsordnung richten oder auf sie berufen können (↑ Diskriminierung, ↑ Manipulation), nicht beschreibbar.

G. wird psychologisch als *Aggression* bestimmt, entweder als ererbter (*K. Lorenz, Eibl-Eibesfeld* u. a.) oder durch Frustrationen (*J. Dollard*) verursachter menschlicher Trieb (↑ Instinkt) oder als sozial vermitteltes u. gelerntes Verhalten. G. soll dann entweder durch einen vernünftigen Willen gesteuert oder in einem sozialen Lernprozeß oder mit beidem zugleich abgebaut werden. Die ↑ Konflikt-Soziologie versucht diese psychologische Erklärung von G. soziologisch zu ergänzen oder zu ersetzen, indem sie Konflikte auf die Struktur sozialer Systeme u. deren zwanghaft vermittelte Wertordnung zurückführt (*E. Durkheim, T. Parsons*). – Strukturelle G. ist nach der These von *J. Galtung* allen gesellschaftlichen Systemen immanent, die die volle Entfaltung der individuellen Anlagen durch eine ungleiche Verteilung von Eigentum u. Macht verhindern. Neben der utopischen Forderung der Entfaltung aller menschlichen Anlagen weist dieser Begriff über den der personalen G. hinaus auf die G. politischer Institutionen, deren Handeln sich der rechtlichen Kontrolle entziehen kann. Wenn im Sinne der strukturellen G. aber „alles sozial Organisierte, Kultivierte u. Judifizierte für G." gehalten wird (*U. K. Preuß*), löst sich der rechtlich, psychologisch oder soziologisch definierbare Begriff der G. auf, u. G. läßt sich beliebig als Gegen-G. rechtfertigen. – Als individuell beliebiger Rechtsanspruch bildet G. die Grundlage anarchistischen *Terrors,* als Rechtsanspruch einer gesellschaftlichen Klasse Grundlage des Terrors der Revolution, die „alle Gegensätze der Entwicklung auf die Alternative bringt: Leben oder Tod" (*Trotzki*). Bereits *N. Machiavelli* empfiehlt den Terror als letzte notwendige Sicherung der eigenen ↑ Freiheit gegenüber politischen Gegnern. Terror ist die letzte Form der Eskalation von G. Diese G. hat in politischen G.-Systemen u. Terrorregimes ihren Zweck u. ihre Ursache unmittelbar in sich selbst zu ihrer eigenen Aufrechterhaltung. – Zweck u. Ursache außerhalb ihrer selbst hat die G. als *Zwang*. Beispielhaft dafür ist die Wahl zwischen zwei Übeln, von denen zwar keines an sich frei gewählt werden würde, aber doch eines in einer Handlung freiwillig übernommen wird (*Aristoteles*). Handlungen unter Zwang können aus eigener Entscheidung oder durch Überzeugung freiwillig sein. Erst wenn die Willensfreiheit des einzelnen behindert oder aufgehoben ist, wird Zwang zur G. Zwanghaft sind alle politischen Systeme, insofern sie die prinzipiell unendlichen Handlungsmöglichkeiten des einzelnen zum Zweck gesellschaftlicher Gemeinschaft einschränken. Auf der Basis demokratischer ↑ Verfassungen herrscht über den gesellschaftlich notwendigen Zwang jedoch ein ↑ Konsens. Sein G.-Charakter wird durch freie u. gleiche Willens- u. Konsensbildung aufgehoben. Das sittl. Prinzip der freien Verständigung hebt Zwang nicht gänzlich auf, sondern macht ihn für die Beteiligten freiwillig u. vernünftig anerkennbar. Zwang ist insofern eine Grundlage demokratischer ↑ Gesellschaften, als das vernünftige Abwägen von Handlungen nach der von allen äußeren emotionalen Bedingungen unabhängigen Verständigung als sittl. Prinzip gilt. G. hat daher ihren stärksten Gegensatz nicht in der G.-losigkeit, sondern in der ↑ Gerechtigkeit. Diese Erkenntnis nimmt das Postulat vernünftiger ↑ Kommunikation zwischen freien u. gleichen Individuen auf, das die Rechtfertigung von G. aus grundsätzlichem Gegensatz zu ihr fordert.

Lit.: Aristoteles, Nikom. E, Kap. III, 1–4; N. Machiavelli, Discorsi, Buch III; G. Sorel, Über die G., Frankfurt/M. 1969; Die Rolle der G. in der modernen Gesellschaft, Bergedorfer Gesprächskreis, Protokoll Nr. 33 (Beiträge v. U. K. Preuß u. a.); H. Arendt, Macht u. G., München 1970; J. Dollard, Frustration and Aggression, New Haven 1939; J. Eibl-Eibesfeldt, Krieg u. Frieden, München 1975; K. Lorenz, Das sogenannte Böse, Wien 1963, Abschn. III, IV, VII; H. Marcuse, Triebstruktur u. Gesellschaft, Frankfurt/M. 1956; U. Matz, Politik u. G., Freiburg/München 1975; O. Rammstedt (Hrsg.), Anarchismus, Grundtexte zur Theorie u. Praxis der G., Köln/Opladen 1969; R. Spaemann, Moral u. G., in: M. Riedel (Hrsg.), Rehabilitierung der prakt. Philos., Bd. I, Freiburg 1971; S. Papcke, Progressive G., Studien zum sozialen Widerstandsrecht, Frankfurt/M. 1973, S. 13–67; W. Lienemann, G. u. G.verzicht, München 1982; J. Derrida, Gesetzeskraft, Frankfurt/M. 1991; W. Sofsky, Traktat die G., Frankfurt/M. 1996. *W. V.*

Gewaltenteilung ↑ Demokratie.

Gewaltlosigkeit ↑ Friede.

Gewissen. Unter G. verstehen wir ein Selbstverständnis des ↑ Menschen, in dem er sich dem (unbedingten) Anspruch unterstellt weiß, das Gute zu tun. Während er in der sittl. ↑ Handlung auf Dinge u. Mitmenschen hin orientiert ist, ist er im G. bei sich. Diese Innerlichkeit des Erlebens begründet ↑ Individualität u. Identität der ↑ Person. Die Art u. Weise, in der der Mensch im G. bei sich ist, darf jedoch nicht vorschnell als ausdrückliche Selbstreflexion gefaßt werden. Vielmehr äußert es sich als begleitendes Wissen, als Mitwissen (lat. conscientia), d.h. der Anspruch des G. wird gefühlt oder erlebt. Erst die ausführliche G.prüfung fragt nach ↑ Begründung u. sittl. Rechtfertigung. Die Elemente des erlebten G.anspruchs sind das ↑ Gute, das in strenger Allgemeinheit erfahren wird, u. die besonderen Wünsche des einzelnen, der sich dem Guten unterstellt weiß (↑ Gesinnung). Sieht man von den inhaltlichen Bestimmungen des Guten ab, die vor allem persönlichen, religiösen oder sozialen Ursprungs sind u. entsprechend differieren können, so kann man als allgemeinsten Begriff des Guten festhalten, daß es auf Grund seiner Verbindlichkeit für alle Menschen die Grundsätze der ↑ Humanität und ↑ Freiheit beinhaltet. Das strukturelle Problem des Gemäß-seinem-G.-Handelns liegt darin, daß sich die Unbedingtheit der G.forderung in den historisch sozialen Bedingungen der menschlichen Praxis verwirklichen soll.

Ein Blick auf die menschliche ↑ Sozialisation zeigt, daß die Genese des G. mit der Ausbildung der Sprachlichkeit beginnt. Von da an ist das Kind in der Lage, in den sprachlich vermittelten Handlungsanweisungen Verneinungen u. Bejahungen, Verbote u. Gebote zu *erkennen*. Diese sind mit Sanktionen des Liebesentzugs oder der Zuwendung, der Bestrafung oder ↑ Belohnung verbunden u. bewirken im kindlichen Erleben eine Aufgliederung seines Wirklichkeitserlebens (Objektrepräsentanzen) zwischen dem, was die Eltern fordern (die Verbote als *Über-Ich,* die Gebote als Ich-Ideal ↑ Ideal), u. dem, wie es sich tatsächlich verhält (reale Objekte). *Freud* hatte nur diese Seite der sozialen Abhängigkeit des G. im Blick u. sah nur den strafend-beurteilenden Aspekt des Über-Ichs. Neuere Erkenntnisse (*Erikson*) weisen auf die gleichzeitigen Veränderungen im Selbsterleben (Selbstrepräsentanzen) hin. Nicht alles, was die ↑ Autoritäten fordern, macht sich das Kind in seiner Idealvorstellung (Idealselbst) u. seiner Realeinschätzung (Realselbst) zu eigen. In dem Maße, als es dieses Selbstgefühl ausbildet, kann es die Diskrepanz zwischen den Forderungen der Autoritäten u. der Wirklichkeit besser ertragen, flexibler in seinem moralischen Urteil (*Piaget*) damit umgehen u. relativ autonom ↑ entscheiden, in welcher Weise es dem Anspruch des Guten genügen kann. Das kindliche G. ist kein schlichtes Abbild der sozialen Normen, sondern entwickelt im individuellen Erleben einen Spielraum zwischen gesellschaftlichen Forderungen u. persönlichen Wünschen: sein eigenes Wollen.

Gelingt es nicht, eine realitätsgerechte Entscheidungsfähigkeit u. G.bildung zu erreichen, dann kann eine Veränderung ins Pathologische (↑ Krankheit) eintreten. So kann z.B. der Heranwachsende zwischen übermäßigen Schuldgefühlen auf der einen u. verbotenen Wünschen auf der anderen Seite hin- u. hergerissen werden u. sich im skrupulösen G. der Zwangsneurose zerreiben. Oder das G. kann zu übermäßiger Aufopferung u. Hingabe an den anderen antreiben, die notwendig mit Enttäuschung u. Kränkung bezahlt werden muß. *Freud* hat den Zwang zur Aufopferung „moralischen Masochismus" genannt. – Nicht nur die krankhaften Veränderungen zeigen, daß das G. irrtumsfähig ist. Da es immer der einzelne Mensch ist, der in besonderer Weise das Gute im G. erfährt, kann er es auch in seinem Sinne auslegen. Das G. kann dann zum moralischen Deckmantel pervertieren. Es ist daher an die ↑ Kommunikation mit den anderen (Regeln u. Übereinkünfte der Gemeinschaft) als Orientierungshilfe u. Korrektiv verwiesen. Diese kann jedoch nicht von der G.entscheidung entlasten, die daher immer ein ↑ Widerstandsrecht gegen die geltenden Normen beanspruchen kann: Individuum u. Gemeinschaft, G. u. ↑ Sitte, Moral u. öffentliche Meinung stehen in einem spannungsvollen Wechselverhältnis. In Demokratien ist das G. als letzte Entscheidungsinstanz anerkannt.

Lit.: Augustinus, Confessiones, Buch X; G. W. F. Hegel, Grundlinien der Philosophie des Rechts, §§ 129–157; H. Kuhn, Begegnung mit dem Sein, Tübingen 1954; P. Ricœur, Die Fehlbarkeit des Menschen, Phänomenologie der Schuld I, II, Freiburg/München 1971; J. Piaget, Das moralische Urteil beim Kinde, Frankfurt/M. 1973; F. Böckle, E. W. Böckenförde, Naturrecht in der Kritik, Mainz 1973; E. H. Erikson, Kindheit u. Gesellschaft, Stuttgart ⁵1974, 241–273; A. Gehlen, Moral u. Hypermoral, Kap. 11, Frankfurt/M. ³1973; J. Blühdorn (Hrsg.), Das G. in der Disskussion, Darmstadt 1976; F. Oser, Das G. lernen, Olten u. Freiburg 1976.   *A. S.*

Gewissensbildung ↑ Gewissen.

Gewißheit ↑ Sittliche Gewißheit.

Gewohnheit ↑ Moral u. Sitte.

Glaube ↑ Religion.

Gleichgültigkeit ↑ Indifferenz.

Gleichheit ist neben ↑ Freiheit eine Grundforderung der ↑ Grundrechte u. Grundnorm demokratischer Gesellschaftsordnungen. Als rechtliches, politisches, moralisches oder religiöses Verhältnis zwischen Individuen oder Gruppen kann sie normativ-formal, material oder proportional bestimmt werden. Formal ist die G. aller Mitglieder einer ↑ Gesellschaft vor dem Gesetz. Das Grundrecht der G. (Art. 3 GG) fordert G. unabhängig von Geschlecht, Abstammung, Rasse, Sprache, Herkunft u. religiöser oder politischer Überzeugung (↑ Diskriminierung). Die ↑ Verfassung garantiert darüber hinaus die politische G. der demokratischen Mitwirkungsrechte jedes Bürgers u. die soziale G. der personalen u. beruflichen Entfaltungsmöglichkeiten. Materiale G. ist aufgrund der Un-G. menschlicher Anlagen, ↑ Bedürfnisse, Interessen u. Fähigkeiten weder erwartbar noch herstellbar. Die sozialen Grundrechte intendieren eine materiale G. im Sinne der *Chancen-G.,* d. h. G. des Zugangs zu Möglichkeiten der ↑ Erziehung u. ↑ Arbeit u. G. im Hinblick auf die gerechte Verteilung von Lasten; sie richten sich gegen soziale Benachteiligungen u. ermöglichen eine öffentliche Kontrolle der Zumutbarkeit sozialer Lasten. – Proportional ist G. als G. gleicher Verhältnisse *(Aristoteles):* als geometrisch zuteilende oder arithmetisch ausgleichende ↑ Gerechtigkeit. Die arithmetische G. regelt den Ausgleich von Gütern als Mittleres zwischen Leistung u. Schaden. Der Grundsatz ‚jedem das Seine' gilt für die geometrische G., die entsprechend den ↑ Tugenden u. Fähigkeiten bürgerliche Freiheiten zuteilt u. die politisch-rechtlichen Verhältnisse regelt. Die proportionale G. als ↑ Recht beruht demnach auf sittl. Kriterien. – Diese G. wird von der ↑ christlichen E u. dem ↑ Naturrecht zugunsten einer wesenhaften oder natürlichen G. aller Menschen verworfen. Die arithmetische G. wird demgemäß zu einem e Postulat (*Hobbes, Locke, Rousseau*), das seinen historischen Niederschlag in der Amerikanischen Unabhängigkeits- u. der Französischen Menschen- u. Bürgerrechtserklärung findet. Einen e Begriff der G. formuliert *Kant* im ↑ kategorischen Imperativ: Aufgrund ihrer ↑ Freiheit u. Autonomie sollen die Menschen unabhängig von äußeren Zwecken ihre Handlungen am unbedingten Prinzip der ↑ Pflicht orientieren, das allein der absoluten Würde des Menschen entspricht. Die Pflicht ist deshalb für jeden gleich unbedingt, weil sie keinem anderen Gesetz folgt als dem, das sich der Mensch als Wesen der Vernunft selbst gibt (normative G.). – Demokratische ↑ Verfassungen enthalten Elemente der proportionalen (an Leistungen orientierten), der normativen u. der materialen (distributiven) G. Menschen, die unter benachteiligenden Voraussetzungen handeln, die ihnen nicht selbst anzulasten sind, sollen nicht deren Lasten tragen (vgl. Art. 6, *5* GG: gleiche Startchancen für unehelich geborene Kinder). Ziel ist der Ausgleich, nicht die G. der Lebensbedingungen. Das demokratische G.-Prinzip verpflichtet den ↑ Staat einerseits, gleiches Handeln gleich zu behandeln, andererseits aber Individuen u. Gruppen vor den Benachteiligungen der Gleichbehandlung zu schützen. Demokratische G. ist nicht eindeutig u. umfassend definierbar. Sie sucht einen Ausgleich zwischen formaler Gleichbehandlung u. der materiell an individuelle Voraussetzungen gebundenen Gerechtigkeit, die die Freiheitsrechte des einzelnen wahren soll. Ein Gegensatz zwischen Freiheit u. G. kann nur durch ein Gleichgewicht zwischen normativer, materialer u. proportionaler G. aufgelöst werden, zu dessen Bestimmung im konkreten Fall sowohl die sittl. Kriterien der Gerechtigkeit wie der Billigkeit, die Intentionen der Grundrechte u. die sozialen Lebensbedingungen notwendig sind.

Lit.: Aristoteles, Nikom. E, Buch V; ders., Politik, Buch II; J.-J. Rousseau, Über die Entstehung der UnG. unter den Menschen, Hamburg 1955; I. Kant, Grundlegung zur Metaphysik der Sitten, Abschn. 2 u. 3; A. de Tocqueville, Über die Demokratie in Amerika, München 1976, S. 517 ff, 581 ff, 638 ff, 695 ff, 783 ff; S. I. Benn, R. S. Peters, Social Principles and the Democratic State, London ⁴1965, Teil 2, *5* u. 6; C. Jenks, ChancenG., Reinbek 1974; A. Podlech, Gehalt u. Funktionen des allgemeinen G.-Satzes, Berlin 1971; O. Dann, G., in: Geschichtliche Grundbegriffe, Bd. 2; R. Spaemann, Bemerkungen zum Problem der G., Zeitschrift für Politik, Bd. 22, 1975; J. Rawls, Eine Theorie der Gerechtigkeit, Frankfurt/M. 1975; Th. Nagel, G. u. Parteilichkeit,

Paderborn 1994; D. McKerlie, Equality, in: Ethics 106 (1996), 274–296.

W. V.

Globalismus ↑ Weltrepublik.

Glück i. S. von „glücklich sein" (gr. eudaimonia, lat. felicitas, engl. happiness, frz. bonheur), nicht von „G. haben" (eutychia, fortuna, luck, fortune) ist ein Äußerstes u. Letztes, nach dem der ↑ Mensch strebt. Obwohl alle Menschen nach G. verlangen, ist die nähere Bestimmung des G. höchst unterschiedlich. Die einen suchen es in Reichtum oder ↑ Macht, andere in ↑ Freundschaft oder ↑ Liebe, wieder andere in wissenschaftlicher Forschung, ↑ Kunst oder ↑ Meditation. Wegen der individuellen u. sozio-kulturellen Vielfalt menschlicher Interessen u. ↑ Sinnentwürfe können die G.erwartungen u. G.erfahrungen auch nicht einheitlich sein (↑ Pluralismus). Die Einheit des Begriffs G. ist nur eine formale: G. ist weniger ein dominantes als ein inklusives ↑ Ziel, nicht die Spitze einer Hierarchie von Zielen, sondern der Inbegriff der Erfüllung der dem jeweiligen Menschen wesentlichen Bedürfnisse u. Wünsche. Das G. ist kein direkter Gegenstand menschlichen ↑ Strebens, sondern die Begleiterscheinung im Fall des Gelingens: die Qualität eines zufriedenstellenden, weil sinnvollen, eben *guten Lebens*. Man entschließt sich nicht zum G., wohl aber zu einer Lebensform (gr. *bios*), die das G. mit gutem Grund erwarten läßt. Ein derartiges G. besteht weder im Zustand höchsten Wohlbefindens noch in einer überragenden Einzelleistung, viel-

mehr in einer Qualität, die man für seine Biographie als ganze gewinnt.

Nicht erst in den zeitgenössischen Konsumgesellschaften neigen die meisten Menschen dazu, das G. ausschließlich oder vornehmlich im Besitzen u. Benützen materieller ↑ Güter sowie in leiblichen Genüssen zu suchen. Der Erwerb materieller Güter hängt aber von der Gunst der Umstände ab; das ängstliche Nachjagen nach ihnen schafft Zwänge, die uns vom G. abhalten; u. entgegen ihrem Versprechen gereichen diese Güter oft genug zum Schaden. Überdies: Für sich genommen sind sie allenfalls G.*chancen,* Gratifikationspotentiale, die man als diese erkennen, ergreifen u. in persönliche Befriedigung umsetzen muß. Deshalb läßt sich auch das G. nicht öffentlich herstellen. Gesellschaftspolitik entscheidet nicht über das G. der Bürger, sondern über die limitierenden Grundbedingungen; G. ist intentio indirecta, nicht directa öffentlichen Handelns.

Weil ein G., das von äußeren Gütern abhängt, dem Zufall ausgesetzt ist u. weil leibliche Genüsse in der Regel nur oberflächliche u. kurzfristige Befriedigung schenken, hat die philosophische E seit der Antike das G. auf das verlagert, was der Mensch aus sich heraus hervorbringt. Unter Voraussetzung einer durch entsprechende ↑ Erziehung bewirkten Veränderung der noch unkontrollierten Triebe u. ↑ Bedürfnisse wird das G. in einer Lebensweise gemäß der Tüchtigkeit u. ↑ Tugend des Menschen, in einem vernunftgemäßen Leben gesehen. Näherhin erwartet man das G. entweder aus einer Reinigung der Seele *(Platon)* u. einer inneren Unabhängigkeit u. ↑ Freiheit des Charakters, in einer heiteren Gelassenheit (tranquillitas animi: ↑ epikureische u. ↑ stoische E), was nur wenigen vorbehalten ist, den Philosophen *(Platon)* u. Weisen (Epikur, Stoa), oder man sieht es außerdem in einem freien sittl.-politischen Leben, das vielen offensteht *(Aristoteles)*. In all diesen Fällen ist G. der Inbegriff des gelungenen Lebens, wobei dieses vor allem als sittl. Leben bestimmt ist. G. ist nicht erst der Lohn der ↑ Tugend, sondern liegt in der Tugend selbst *(Spinoza)*.

Die Vielfalt der G.bestimmungen betrifft nicht bloß die G.erwartungen und G.erfahrungen, sondern auch den Begriff von G., der allerdings auf die G.erfahrungen und G.erwartungen zurückwirkt:

(1) Als Begriff der praktischen Vernunft (↑ Sittlichkeit) ist G. jenes formal u. transzendental (↑ Begründung, ↑ Methoden der E) zu verstehende Ziel, über das hinaus kein Ziel mehr gedacht werden kann, das absolute Optimum i. S. von *Aristoteles'* Begriff der *Autarkie*. Dabei bezeichnet Autarkie nicht persönliche Bedürfnislosigkeit oder wirtschaftliche Unabhängigkeit, sondern die Qualität eines in sich sinnvollen Lebens. Wie die Autonomie der Vernunft (↑ Freiheit) einen schlechthin ersten, einen unbedingten Anfang meint u. das Prinzip eines vom ↑ Willen her verstandenen Handelns darstellt, so ist G. als Autarkie das schlechtin höchste oder unbedingte Ziel, das sittl. Prinzip von allem als ↑ Streben gedeuteten Handelns; es ist das ↑ höchste Gut oder der Lebenssinn des Menschen, sofern er Ziele u.

Zwecke verfolgt. Nach *Kant* zeichnet sich das G. durch ein hohes Maß an Unbestimmtheit aus. *Artistoteles* gelangt über die charakteristische Leistung des Menschen *(ergon tou anthrōpou)* und die Lebensform *(bios)* zu einem objektiven Begriff, der den Menschen aber nicht von den Unsicherheiten u. Risiken des Lebens befreit.

(2) Als Ideal der Einbildungskraft (unserer Wünsche u. Phantasie) ist G. die – der Mannigfaltigkeit, dem Grad u. der Dauer nach – vollständige Erfüllung aller je auftretenden Interessen u. Sehnsüchte, mit *Kant* „ein Maximum des Wohlbefindens in meinem gegenwärtigen und jedem zukünftigen Zustande" bzw. „das Bewußtsein eines vernünftigen Wesens von der Annehmlichkeit des Lebens, die ununterbrochen sein ganzes Dasein begleitet". G. herrscht dort, wo alles nach Wunsch u. Willen geht, mithin alles menschliche Verlangen vollkommen gestillt wird. Ein solches G., das gleichbedeutend ist mit dem vollkommenen Heil, der totalen Versöhnung u. dem ewigen ↑ Frieden, ist für den Menschen vorstellbar, aber nicht erreichbar. Es ist im emphatischen Sinn ↑ utopisch, da es alle Beschränkungen u. Widersprüche der Wirklichkeit als endgültig aufgehoben ansieht, also keine ↑ Konflikte mehr zwischen den Neigungen desselben Menschen, zwischen verschiedenen Menschen u. zwischen Mensch u. Natur zuläßt. Dieser zu hohe Begriff von G. führt leicht zur Resignation: „die Absicht, daß der Mensch glücklich sei, ist im Plan der Schöpfung nicht enthalten" (*S. Freud*).

(3) Vor allem im Umkreis von Hedonismus (↑ Freude) u. ↑ Utilitarismus herrscht ein empirisch-pragmatischer Begriff von G. vor: G. als der Zustand der angesichts der jeweils gegebenen Handlungsmöglichkeiten tatsächlich erreichbaren relativ größten Interessen- u. Bedürfnisbefriedigung. Oft wird er von dem neuzeitlichen Optimismus begleitet, das G. der Menschen rational berechnen u. herstellen zu können (vgl. zum hedonistischen Kalkül: ↑ Utilitarismus).

Da die augenblicklichen Wünsche u. Hoffnungen durch mannigfache Faktoren kognitiver, emotionaler u. sozialer Natur verzerrt sein können, garantiert deren Erfüllung keineswegs schon das G. Das G. ist vielmehr in einem lebenslangen, inhaltlich offenen Bildungs- u. Selbstfindungsprozeß immer wieder neu zu bestimmen u. zu verfolgen, wobei die Entwicklung der eigenen Möglichkeiten u. Fähigkeiten dazugehört. Das G. liegt weniger, wie nach dem „epikureischen" Ideal, im Besitz u. Verzehr lustbringender Dinge noch allein, wie nach asketischen Idealen, in dem durch Verminderung der Begierden zu erreichenden Gleichgewicht von Begierde u. Befriedigung. Er setzt auch nicht die Befreiung von all unseren Sorgen u. Problemen voraus. Das G. als Überbietung des gewöhnlichen Lebens stellt sich viel eher dort ein, wo man in all seinen Problemen sich erfüllt: bestätigt, erfreut, erhoben findet. Es tritt ein, wenn ein starkes Verlangen befriedigt, etwas Unerwartetes zuteil wird oder wenn man seiner selbst in einer ursprünglichen Einheit mit anderen Menschen u./oder der Natur inne-

wird. Als nicht notwendig das Gewöhnliche überbietender u. deshalb nicht bloß momentaner Zustand, sondern als Grundzug eines tätigen Lebens verstanden, findet sich G. dort, wo man Pläne verfolgt, die eine harmonische Erfüllung der eigenen Interessen erwarten lassen, u. man in diesen Plänen vorankommt, dort, wo man das tun kann, was man gern u. gut tut, u. wo man dieses so vollkommen wie möglich tut: G. als aktive Freude. Dazu gehört auch die kreative Auseinandersetzung mit den Bedingungen, die man jeweils vorfindet.

Eine E, die nicht die ↑ Pflicht, sondern das G. zum höchsten Prinzip menschlichen Handelns erklärt, heißt *Eudämonismus* (gr. eudaimonia: G.). Sie wird von *Kant* (u. vorher schon *Fénelon*) als Widerspruch zur Sittlichkeit scharf kritisiert. Diese Kritik geht allerdings von G. als Inbegriff der Erfüllung aller persönlichen Neigungen aus u. trifft dort nicht zu, wo G. (wie z.B. bei *Aristoteles*) selbst sittl. bestimmt wird. Als eudämonistische E bezeichnet *W. Kamlah* den Teil der ↑ E, der sich nicht mit der Frage befaßt, was wir tun sollen, sondern mit der, wie wir leben können (Philosophie als Lebenskunst). Als E des *guten Lebens* findet sie neuerdings verstärkte Aufmerksamkeit. Sie muß nicht, wie man im ↑ Kommunitarismus glaubt, nur über Partikulares handeln. Auch ersetzt sie nicht die E des genuin sittl., gerechten Lebens, wohl bildet sie deren notwendige Ergänzung.

Lit: Aristoteles, Nikom. E, Buch I u. X 6–9; Seneca, Vom glückseligen Leben;

Thomas v. Aquin, Summa theologica I–II, q. 1–5; Th. Hobbes, Leviathan, Kap. 11; Sponoza, E, IV; Leibniz, Von der Glückseligkeit; La Mettrie, Discours sur le bonheur; Kant, Kritik der reinen Vernunft, Von dem Ideal des höchsten Guts; ders., Grundlegung zur Metaphysik der Sitten, 1. u. 2. Abschn.; ders., Kritik der prakt. Vernunft, 1. Buch, §§ 3 u. 8; 2. Buch, 1. u. 2. Hst.; J. S. Mill, Utilitarismus, Kap. 2; S. Freud, Das Unbehagen in der Kultur, Kap. 2; G. E. Moore, Principia Ethica, Kap. VI; L. Marcuse, Die Philosophie des G., Zürich ²1972; B. Russell, Eroberung des G., München 1951; G. H. v. Wright, The Varieties of Goodness, New York 1963, Kap. 5; F. H. Tenbruck, Zur Kritik der planenden Vernunft, Freiburg/München 1972, Kap. 2; W. Kamlah, Philosoph. Anthropologie, Mannheim u. a. 1972, 2. T., 2. Kap.; Was ist G.? Ein Symposion, München 1975; O. Höffe, Strategien der Humanität, Frankfurt/M. ²1985, Kap. 4 u. 7; ders., Moral als Preis der Moderne, Frankfurt/M. ³1995, Teil II; A. Mitscherlich, G. Kalow, G., Gerechtigkeit, München 1976; W. Tatarkiewicz, Analysis of Happiness, Den Haag, 1976; La recherche du bonheur – Die Suche nach dem G., Freiburg/Schweiz 1978; G. Bien (Hrsg.), Die Frage nach dem G., Stuttgart 1978; K. M. Meyer-Abich, D. Birnbacher (Hrsg.), Was braucht der Mensch, um glücklich zu sein?, München 1979; G. Höhler, Das G., Düsseldorf 1981; B. Williams, Moral Luck, Cambridge 1981; N. Daniels, Just Health Care, Cambridge 1985; R. Spaemann, G. u. Wohlwollen, Stuttgart 1989; M. Forschner, Über das G. des Menschen, Darmstadt ²1994; J. Annas, The Morality of Happiness, Oxford 1993; A. Bellebaum, Vom guten Leben. G.svorstellungen in Hochkulturen, Berlin 1994; M. Seel, Versuch über die Form des G.s, Frankfurt/M. 1995. *O. H.*

Gnade ↑ Christliche E.

Goldene Regel. Die G. R. ist eine Grundregel für das sittl. richtige Verhalten, die sich in mancher volkstümlichen E, etwa bei Konfuzius u. den Sieben Weisen (Thales), im indischen Nationalepos Mahabharata (XIII, 5571 ff; ↑ hinduistische E), im Alten (Tobias 4, 16) u. im Neuen Testament (Matthäus 7, 12; Lukas 6, 31) findet. In der philosophischen E wird sie – nach ihrer Bedeutung z. B. bei *Augustin, Albert, Thomas, Hobbes, Voltaire* u. *Herder* sowie ihrer Kritik durch *Kant* – erst in jüngster Zeit wieder stärker beachtet. Da die G. R. gleicherweise in der ↑ chinesischen, ↑ jüdischen, ↑ christlichen u. ↑ islamischen E erscheint, kann man in ihr eine fundamentale Übereinstimmung der Menschen über das sittl. Richtige u. damit ein empirisches Argument gegen die These vom Wandel aller Moral (↑ Relativismus) sehen. Die G. R. wird sowohl negativ als auch positiv formuliert (was du nicht willst, das man dir tu', das füg' auch keinem andern zu; behandle andere so, wie du auch von ihnen behandelt sein willst). In beiden Fällen fordert die G. R. dazu auf, vom naturwüchsigen Handeln (gemäß dem bloßen ↑ Selbstinteresse, einer ↑ Vergeltungsmoral oder dem sozial Üblichen) Abstand zu nehmen u. sich in einem Gedankenexperiment auf den Standpunkt des Betroffenen zu stellen, was als der moralische Standpunkt gilt. – Die G. R. spricht keine konkreten Handlungsanweisungen aus (du sollst nicht lügen, nicht stehlen usf.), sondern hat die Bedeutung eines Maßstabs sittl. richtiger Handlungen oder Normen (↑ Moralkriterium). Wegen ihrer Einfachheit u. Plausibilität eignet sie sich für die moralische ↑ Erziehung der Heranwachsenden, erweist sich aber bei näherer Betrachtung weder als zureichender noch als hinreichend genauer Maßstab. Denn einerseits wird die sittl. Verantwortung nur gegenüber den Mitmenschen, nicht auch gegenüber sich selbst angesprochen, u. andererseits führt die G. R. zu offensichtlich absurden Resultaten, wenn man sie unmittelbar auf die ↑ Bedürfnisse u. Interessen des jeweils Handelnden bezieht (wer zu stolz ist, sich helfen zu lassen, dürfte anderen nicht helfen; ein Masochist wäre moralisch verpflichtet, zum ↑ Sadisten zu werden, d. h. seine Mitmenschen zu quälen). Eine sinnvolle Präzisierung der G. R. setzt die Abstraktion von den individuellen (evtl. exzentrischen oder asozialen) Bedürfnissen und Interessen voraus u. fordert, beim Handeln – so wie man selbst will, daß die eigenen Bedürfnisse u. Interessen von anderen in Rechnung gestellt werden – auch die Bedürfnisse u. Interessen der anderen zu berücksichtigen: Die G. R. gebietet die wechselseitige Respektierung der Menschen untereinander.

Lit.: H. Reiner, Die Grundlagen der Sittlichkeit, Meisenheim 1974, S. 348–379; A. Diehle, Die G. R., Göttingen 1962; M. G. Singer, The Golden Rule, Philosophy Bd. 38, 1963; R. M. Hare, Freiheit u. Vernunft, Düsseldorf 1973, Kap. 6; G. Spendel, Die G. R. als Rechtsprinzip, Festschrift f. F. v. Hippel, Tübingen 1967; H.-U. Hoche, Die G. R., Zeitschr. f. philosoph. Forschung Bd. 32, 1978; ders., Elemente einer Anatomie der Verpflichtung, Freiburg/München 1992, Kap. 4; H. T. D. Rost, The Golden Rule, Oxford 1986. *O. H.*

Gott. Der Name G. ist der Philosophie in religiöser, dichterisch-mythischer u. umgangssprachlicher Rede vorgegeben. Das von ihm Bezeichnete wird im allgemeinen als Inhalt einer ‚Erfahrung‘ ausgegeben, in der der Mensch sich selbst u. seine Welt auf einen Grund bzw. ein Gegenüber hin übersteigt, der bzw. das sich als überwältigend, mächtig, gebietend, als planend, schaffend, ordnend, als richtend, strafend u. beseligend zeigt. Die vorphilosophische Auslegung dieser Erfahrung dokumentiert sich in Prädikatoren, die der jeweiligen Lebenswelt entnommen sind und die dem G. bestimmte Prädikate in unüberbietbarer Weise zusprechen (Licht, König, Herrscher, Vater, Liebe etc.).

Die philosophische Reflexion, die seit ihren Anfängen als Metaphysik die begriffliche Erhellung des Seienden im Ganzen intendiert, spricht von G. im Hinblick auf Grund u. Ziel der Welt, auf den letzten Grund der Wahrheit theoretischen u. praktischen Erkennens, auf das erfüllende Ziel alles ↑ Strebens u. Begehrens. Der G. als der unbewegte Grund aller Bewegung, als Schöpfer aller ↑ Ordnung, als reine Wirklichkeit, als nichtendliche Bedingung alles Bedingten u. Kontingenten (= das *Absolute*), als Prinzip der Wahrheit, als ↑ höchstes Gut fungiert in der prima philosophia von *Aristoteles* bis in die deutsche Schulphilosophie hinein als letzter Grund alles Seienden u. seiner Ordnung u. dementsprechend als vorzüglicher Gegenstand philosophischer Erkenntnisbemühung. In verschiedenen Verfahren (Gottesbeweise), die alle von einsichtig Gegebenem auf die notwendig vorauszusetzende unbedingte Bedingung des Gegebenen schließen, werden Existenz u. Wesen G.es zu erkennen u. zu bestimmen versucht. *Kants* Metaphysikkritik hat diesen Versuchen den erkenntnistheoretischen Boden entzogen u. zugleich eine Möglichkeit eröffnet, das mit dem Wort G. Gemeinte auf neue Weise zu verstehen. Die G.idee ist eine Setzung der endlichen Vernunft, die in ihrer Totalisierungstendenz allem kontingent Wirklichen u. Möglichen einen absoluten Einheitsgrund unterstellt u. ihn „nach der Analogie der Realitäten in der Welt" mit den Prädikaten höchster Vollkommenheit auszeichnet, ohne freilich in ihrer auf erfahrungsmäßig Gegebenes (das je kontingent u. relational ist) beschränkten Erkenntnisfunktion einen der Idee korrespondierenden Gegenstand ausmachen zu können. G. ist ein „Gedankending einer sich selbst zu einem Gedankendinge constituierenden Vernunft" (Op. Post. XXI, 27), in der Erkennen u. Sein (Allmacht, Allwissenheit), Sollen u. Wollen *(Heiligkeit),* Begehren u. Haben (Glückseligkeit) ineinsfallen. Im Gegensatz zum *Atheismus,* der dieses Gedankending zu einer aus Defizienzerfahrungen entspringenden Chimäre macht, der keine Wirklichkeit entspricht, stellt es für *Kant* ein fehlerfreies Ideal dar, dessen objektive Realität weder bewiesen noch widerlegt werden kann (theoretischer Agnostizismus).

In den metaphysischen Systemen ist Erkenntnis u. Begründung sittl. Verpflichtung aufs engste mit der Erkenntnis G. verknüpft. Die Frage nach dem Verpflichtungsgrund moralischer Forderungen wird z. T. mit dem Verweis auf den souveränen u. heiligen Willen G. beantwortet, das Ziel sittl. Handelns als beglückende Gemeinschaft mit G. bestimmt u. die Erkenntnis praktischer Gesetze an die Selbstoffenbarung göttlicher Absicht in seinen Werken (Naturordnung, Gewissen) gebunden. Das oberste ↑ Moralprinzip dieser ↑ theologischen E bildet die Forderung, dem Willen G. zu gehorchen, als Grundtugenden figurieren *Ehrfurcht* u. *Demut,* als Grundverfehlung die *Gottlosigkeit,* die als bewußtes u. willentliches Sich-Verschließen vor G. u. als stolzes Sich-auf-sich-selbst-Beziehen verstanden wird. Wesentlich anders stellt sich das Problem einer Philosophie, die in der Bestimmung der Grenzen menschlicher Erkenntnisfähigkeit die G.frage als theoretisch unlösbar erweist u. den Anspruch des Sittengesetzes als Selbstverpflichtung vernünftiger ↑ Freiheit interpretiert. Moralität basiert dann allein auf Vernunft, G. wird Gegenstand des Glaubens, der den Verpflichtungsgrund sittl. Handelns unberührt läßt. Spezifisch neuzeitlich ist der Gedanke, daß nicht die Erkenntnis G. die Moral, sondern das Sittengesetz den Glauben an G. begründen kann. In der französischen Aufklärung (vor allem bei *Voltaire, Rousseau)* dominiert die pragmatische Ansicht, daß Moralität, wenn auch allein im Anspruch der menschlichen Natur u.

Vernunft begründet, bei den meisten Menschen der Unterstützung des Glaubens an einen richtenden G. im Jenseits bedarf, um eine ausreichende Triebkraft für menschliches Handeln zu werden. Die *kantische* E enthält den Gedanken von einem „moralischen Beweise des Daseins G.", der dem 19. u. 20. Jh. vielfach als die einzig diskutable Argumentationsbasis im Zusammenhang des G.problems erscheint: die unparteiische Vernunft kann es nicht billigen, wenn ↑ Glück u. ↑ Tugend nicht ausgeglichen sind; in der erfahrbaren Ordnung der Natur ist die Verbindung beider jedoch kontingent. Das Bedürfnis der Vernunft nach einem System der ↑ Zwecke, in dem ↑ Sittlichkeit mit dem Inbegriff aller anderen Güter (zusammengefaßt als Glückseligkeit) eine synthetische Verbindung ausmachen (das ↑ höchste Gut), ist nur befriedigbar unter der Voraussetzung eines G.es, der die Folgen sittl. Handelns mit dem von diesem unverfügbaren naturalen Geschehen in ein harmonisches Verhältnis zu bringen vermag. G. ist das Postulat einer auf Sinneinheit gerichteten endlichen Vernunft.

Lit.: Artistoteles, Physik VII–VIII; Metaphysik XII; Anselm v. Canterbury, Monologion; Proslogion; Thomas v. Aquin, Summa theol. I, q. 2. a. 3; Descartes, Meditationes, III u. V; Leibniz, Theodizee, Chr. Wolff, Theologia naturalis; J. N. Tetens, Abhandlung von den vorzüglichen Beweisen des Daseins G.; I. Kant, Kritik d. reinen Vernunft, Transzendentale Dialektik, 3. Hauptstück; Kritik d. praktischen Vernunft I. Teil, 2. Buch, 3. Hauptstück; Die Religion innerhalb der Grenzen der bloßen Vernunft; J. G. Fichte, Wissenschaftslehre von 1804, Vorträge I–XV; Anweisung zum seligen Leben; L. Feuerbach, Das Wesen des Christentums; M. Scheler, Vom Ewigen im Menschen, Leipzig ³1933; W. Schulz, Der G. der neuzeitlichen Metaphysik, Pfulligen 1957; D. Henrich, Der ontologische G.beweis, Tübingen 1960; T. O'Brien, Metaphysics and the Existence of God, Washington 1960; I.-H. Walgrave, L'existence de Dieu, Tournai ²1963; H. Krings, Freiheit. Ein Versuch, G. zu denken, Philos. Jahrb. Bd. 77, 1970; W. Weischedel, Der G. der Philosophen, Darmstadt 1971–1972, 2 Bde.; H. Knudsen, G. im deutschen Idealismus, Berlin 1972; J. L. Mackie, Das Wunder des Theismus, Stuttgart 1985; R. Swinburne, The Existence of God, Oxford 1979; G. E. M. Anscombe, Ethics, Religion and Politics, Coll. Phil. Pap. III, Oxford 1981; O. Höffe, R. Imbach (Hrsg.), Paradigmes de théologie philosophique, Fribourg 1983; F. v. Kutschera, Vernunft u. Glaube, Berlin 1991 (Lit.); F. Ricken (Hrsg.), Klassische Gottesbeweise in der Sicht der gegenwärtigen Logik u. Wissenschaftstheorie, Stuttgart 1991; ders., F. Marty (Hrsg.), Kant über Religion, Stuttgart 1992.   *M. F.*

Gottlosigkeit ↑ Gott.

Grausamkeit ↑ Sadismus-Masochismus.

Grenzsituation ↑ Existentialistische E.

Grundgesetz ↑ Verfassung.

Grundrechte sind, soweit sie im weiteren Sinne als *Menschenrechte* verstanden werden, jedem Menschen seiner Natur nach angeboren u. unantastbar; sie gelten im Sinne des ↑ Naturrechts zu allen Zeiten u. überall in gleicher Weise. Im engeren

Sinn sind G. die „rechtlich-institu-
tionell verbürgten Menschenrechte"
(M. Kriele), die räumlich u. zeitlich
bedingt als objektives ↑ Recht gelten
u. als subjektive Rechte einklagbar
sind. G. sind insoweit positivierte
Menschenrechte; d. h. letztere sind
diejenigen ↑ Normen, aus denen sich
die ↑ Geltung der G. ableiten läßt.

Als individuelle Freiheitsrechte, als
Schutz- u. Abwehrrechte der ↑ Menschen vor den Mitmenschen u. dem
↑ Staat u. als politisch-soziale We-
sensdefinition der ↑ Person wurden
die G. erstmals vom rationalen ↑ Naturrecht *(Pufendorf, Hobbes, Locke,
Wolff)* im Rückgriff auf Elemente
der ↑ stoischen u. ↑ christlichen E
formuliert; sie haben jedoch auch religiöse Wurzeln in der Reformation.
Das Recht auf ↑ Leben, ↑ Freiheit,
↑ Eigentum, das Streben nach
↑ Glück u. Sicherheit waren die primären G. Historisch manifest wurden sie erstmals in der Virginian Bill
of Rights (1776), dann in der Erklärung der Menschen- u. Bürgerrechte
(1789) der Französischen Revolution. Die erste Phase der Entwicklung
der G. war bestimmt von der rechtlichen ↑ Emanzipation des ↑ Individuums von staatlicher ↑ Herrschaft u. willkürlicher ↑ Gewalt. Bereits der Entwurf der Französischen
Verfassung von 1793 kannte soziale
G. wie das Recht auf Unterricht u.
Bildung. Damit wurde die zweite
Phase der Entwicklung der G. eröffnet. Weltweit, aber unverbindlich
wurden die G. von den UN nach
dem 2. Weltkrieg anerkannt (1948).
International verbindlich machte die
G. (auch die sozialen) für die Staaten
des Europarats die Europäische

Konvention zum Schutz der Menschenrechte u. Grundfreiheiten (1950
u. Paris 1952).

In der Bundesrepublik Deutschland wurden die G. in den Artikeln 1–19 des Grundgesetzes (GG)
als unmittelbar geltendes ↑ Recht
erklärt (1949). Die unantastbare
Würde des Menschen gilt als höchster u. unbedingter ↑ Wert. Die G.
umfassen positivierte Menschenrechte u. Bürgerrechte. Erstere gelten für
jeden Menschen als öffentliche Rechte, die letzteren in gleicher Weise für
jeden Deutschen; sie werden durch
Gesetze näher geregelt, für die sie als
normative Kriterien bestimmend sind
(z. B. Presserecht, Wirtschaftsrecht
usw.). Die G. sind im GG darüber
hinaus mit staatlichen Organisationsprinzipien (Bundesstaatlichkeit,
sozialer Rechtsstaat, Volkssouveräni-
tät, Gewaltenteilung) verknüpft. Zu
den G. zählen auch die staatsbürger-
lichen Rechte: aktives u. passives
Wahlrecht, Zugang zu öffentlichen
Ämtern, Recht auf gesetzlichen Richter, Rechtsgarantien bei Freiheitsent-
zug. Eingeschränkt sind die G. für
Beamte, Soldaten u. Ersatzdienstlei-
stende, Schüler, Studenten u. Strafge-
fangene. Die G. sind auch als Gesetze unverletzlich u. in ihrem Wesens-
gehalt (Art. 19, 2 GG) u. ihrer Dauer
(Art. 79, 3 GG) geschützt. Umstritten ist, ob sie auch als subjektiv öffentliche Rechte im sozialen u. privaten Bereich u. damit als Pflichten gelten können, etwa im Verhältnis zwischen Arbeitgeber u. Arbeitnehmer
(sog. Drittwirkung). Mit der Um-
wandlung aller G. in Pflichten wäre
der individuelle Freiheitsraum nicht
mehr abgrenzbar u. der Charakter

der G. grundlegend verändert. – Die
G. sind nach außen dadurch geschützt, daß sie durch ihren Mißbrauch zum Kampf gegen die freiheitlich-demokratische Grundordnung verwirkt werden. Dazu bedarf
es jedoch einer Entscheidung des
Bundesverfassungsgerichts. Die freie
Wahl von Beruf u. Arbeitsplatz,
Freizügigkeit, Streikrecht, Brief-,
Post- u. Fernmeldegeheimnis können
unter Bedingungen des Notstands, jedoch nur bei parlamentarischer Kontrolle eingeschränkt werden.

Die G. sind keine individuelles
Handeln bindenden, rechtlich ein-
klagbaren Pflichten, sie sind unmittelbar nur für die staatlichen ↑ Gewalten verbindlich, enthalten jedoch
mit der Unantastbarkeit der Würde
des Menschen, der Freiheit der Person u. dem Recht auf Leben Grundnormen, die alles politische u. soziale
Handeln leiten sollen. Jenseits der
Anerkennung des Menschen als
Zweck an sich selbst ist dessen *Würde* nicht zu rechtfertigen. Würde,
Freiheit u. Leben haben als Grundnormen absoluten Wert, fließen in
alle G. als Geltungskriterien ein u.
verleihen ihnen eine e Legitimations-
basis. Als ↑ Pflichten sind jene
Grundnormen jedoch im Sinne *Kants*
zu verstehen, nämlich als Bestim-
mungsgründe des Handelns, die von
jedem vernünftigen Wesen ohne äußeren Zwang als gültig anerkannt
werden. Dagegen sind alle anderen
G. primär Rechtsansprüche, deren
Verpflichtungscharakter von den
Grundnormen ableitbar ist. Jedes G.
ist daher von jedermann so zu hand-
haben, daß weder die eigene noch
des andern Würde, Freiheit u. Leben

verletzt werden. – Daraus, daß die
G. keine Drittwirkung haben u. Ver-
stöße gegen sie Dritten gegenüber
rechtlich nicht zu ahnden sind, darf
nicht geschlossen werden, daß sie im
e Sinne keinen Verpflichtungscharakter haben. Die staatliche Verpflichtung durch die G. ist letztlich nur
von der subjektiven ableitbar, u. deren absolute Legitimation durch die
von keinen äußeren Gründen bedingten (selbstzwecklichen) Normen von
Würde, Freiheit u. Leben (Grundnormen) begründet erst den Verpflichtungscharakter der G. für den
Staat. Die Normativität von Würde,
Freiheit u. Leben ist selbst nicht
mehr begründbar; sie sind Kriterien
ihrer eigenen Gültigkeit (unableit-
bare G.). Im Unterschied dazu ist der
Verpflichtungscharakter von Gleichheit, Eigentum, freier Meinungsäußerung u. aller Freiheitsrechte (ab-
leitbare G.) nicht aus diesen G.
selbst, sondern von den Grundnormen ableitbar. Jene G. sind notwendige Entscheidungsnormen, um konkrete humane u. soziale Ansprüche
beurteilen u. befriedigen zu können.
Die ihnen zuzuordnenden Entschei-
dungsregeln orientieren sich an der
↑ Goldenen Regel, die von jedem einzelnen fordert, so zu handeln, als ob
er jederzeit die negativen Folgen u.
Nachteile seines Handelns selbst zu
tragen hätte. Diese ↑ pragmatische e
Basis ermöglicht bei wechselseitiger
Abwägung von Interessen zwischen
Handelnden eine rationale Begründung u. Rechtfertigung der Inhalte
dieser Interessen. Sie steht keineswegs im Gegensatz zur absoluten
Legitimierbarkeit von Leben, Freiheit
u. Würde, sondern ermöglicht deren

konkrete Bestimmung unter historischen Bedingungen.

Die naturrechtliche Begründung
von Freiheit, Eigentum u. Gleichheit
mit der Annahme eines ursprünglichen
Naturzustandes (*Hobbes, Locke:*
↑ Gesellschaftsvertrag) kann die e
Legitimation dieser G. in einer Gesellschaft nicht leisten, sondern ver-
harrt bei naturalistischen Rechtferti-
gungsgründen. Diese sind für eine
normative Begründung des Ver-
pflichtungscharakters von G. nicht
hinreichend. Erst die Verknüpfung
von Entscheidungsnormen (ableitbaren G.) mit absoluten Grundnormen
(unableitbaren G.) ermöglicht demokratisches Handeln, das sich an allen
G. orientieren u. in der Gesetzgebung verwirklicht werden soll.

Der Konflikt zwischen der Grundnorm Freiheit u. der Entscheidungs-
norm Gleichheit ist der zwischen
dem e Anspruch der Pflicht u. der
pragmatischen Legitimierbarkeit von
materiellen Ansprüchen. Er ist methodisch u. formal nicht lösbar, sondern notwendig zur konkreten Bestimmung des Verpflichtungscha-
rakters der ableitbaren G. Das G. der
freien Meinungsäußerung als Presse-
u. Informationsfreiheit u. Verbot jeder *Zensur* (Art. 5, 1 GG) wird danach z. B. dann eingeschränkt, wenn
die Verpflichtung dieses Rechts gegenüber den Grundnormen, die
selbst gesetzlich geregelt sind, nicht
erfüllt wird (Art. 5, 2 GG). – Der
Konflikt zwischen Freiheit und
Gleichheit wird auch am Problem
der sozialen G. deutlich. Die e Impli-
kate z. B. der Sozialpflichtigkeit des
Eigentums lassen sich von keinem
Selbstwert des Eigentums ableiten,
sondern nur auf gegebene soziale Erfordernisse hin interpretieren u. gesetzlich regeln. Andererseits gelten
für die Beurteilung von sozialen Not-
wendigkeiten die absoluten e Normen von Leben, Freiheit u. Würde.
Der von ihnen gesetzte Maßstab
muß zwar selbst historisch ausgelegt
werden, ist aber nicht pragmatisch
mit äußeren Bedingungen zu rechtfertigen. Das Recht auf Eigentum ist
nur im Verhältnis zu den Erfordernissen im einzelnen bestimmbar, die
sich mit den Grundnormen der G.
rechtfertigen lassen. Die pragmatischen Entscheidungsnormen der G.
werden durch deren Verhältnisbestimmung zu den unableitbaren G.
rechtfertigbar. Die individuellen Frei-
heits- u. Gleichheitsrechte, die angesichts sozialer G. in einen Konflikt
geraten, haben in Freiheit, Leben u.
Würde ihren absoluten e Rechts-
grund. Wirksam wird dieser Rechts-
grund, wenn er im Zusammenhang
mit allen G. im demokratischen Handeln die rationale Begründung pragmatischer Entscheidungen bei der
Formulierung von Gesetzen als kritisches Moment begleitet.

Lit.: T. Hobbes, Leviathan, Kap. 14–
17; J. Locke, Über die Regierung,
Kap. 2–5, 7; I. Kant, Metaphysik der
Sitten, Rechtslehre; W. Abendroth, Das
Grundgesetz, Pfullingen 1966; K. A.
Bettermann u. a. (Hrsg.), Die G., Hdb.
der Theorie u. Praxis der G., 4 Bde.,
Berlin 1954–67; F. Hartung, Die Ent-
wicklung der Menschen- u. Bürgerrech-
te von 1776 bis zur Gegenwart, Göt-
tingen [3]1964; N. Luhmann, G. als
Institution, Berlin 1965; R. Schnur
(Hrsg.), Zur Geschichte der Erklärung
der Menschenrechte, Darmstadt 1964;
S. I. Benn, R. S. Peters, Social Principles

and the Democratic State, London [4]1965, Teil 2; G. Brunner, Die Problematik der sozialen G., Tübingen 1971; W. Heidelmeyer (Hrsg.), Die Menschenrechte, Erklärungen ..., Paderborn 1972; M. Kriele, Einführung in die Staatslehre, Reinbek 1975, Teil II, Kap. 3; O. Höffe, Politische Gerechtigkeit, Frankfurt/M. 1987, Teil III; ders., Kategorische Rechtsprinzipien, Frankfurt/M. 1990; ders., Vernunft u. Recht, Frankfurt/M.1996, Kap. 3–5; R. Dworkin, Bürgerrechte ernstgenommen, Frankfurt/M. 1984; R. Alexy, Theorie der G., Frankfurt/M. 1986; W. Hassemer (Hrsg.), G. u. soziale Wirklichkeit, Baden-Baden 1982; W. Kerber (Hrsg.), Menschenrechte u. kulturelle Identität, München 1991; W. Kersting (Hrsg.), Gerechtigkeit als Tausch?, Frankfurt/M. 1997.   *W. V.*

Grundwerte ↑ Grundrechte, Wert.

Gruppentherapie ↑ Psychotherapie.

Gültigkeit ↑ Moral u. Sitte.

Güter sind Strebensziele in dem Sinne, als sie als Voraussetzungen, Mittel u. ‚Material‘ den gelungenen Vollzug menschlichen Lebens ermöglichen. Wir gebrauchen „gut" substantivisch in Sätzen wie: „Leben ist ein Gut", „Gesundheit ist ein Gut", „Wohlstand ist ein Gut" etc. Bedeutung und ↑ Begründung solcher mit dem Anspruch objektiver Gültigkeit verbundener Werturteile lassen sich rekonstruieren über die Intuitionen einer fiktiven Vorzugswahl unter isolierten Gegensatzpaaren: Wir wollen – ceteris paribus – lieber leben als tot, lieber intelligent als dumm, lieber schön als häßlich, lieber wohlhabend als arm, lieber frei als gefangen etc. sein.

Derartige Urteile bilden die Grundlage des gesamten menschlichen Lebens u. Zusammenlebens. Sie sind die Selbstverständlichkeiten der weltbezogenen praktischen Vernunft, ohne die keine praktische Argumentation u. Verständigung möglich ist.

G. sind Inhalte und Ziele unseres ↑ Strebens, die als Gegenstände bzw. *Sachverhalte in der Welt* gegeben sind oder sein können. Dies bedingt, daß die Verwirklichung eines Gutes die anderer G. beeinträchtigen oder ausschließen kann u. der Mensch zu Distanz, Abwägung, Gewichtung und Auswahl gefordert ist.

G. sind, als bestimmte objektive Weltgegebenheiten, eo ipso *begrenzt* u. lassen einen verschiedenen, einen vernünftigen u. unvernünftigen, *Gebrauch* zu. Sie können demgemäß keine letzten Gesichtspunkte des ↑ Handelns sein, sondern verweisen auf übergeordnete Gesichtspunkte (sc. der Qualität des Personseins u. der Art des Lebensvollzugs: ↑ Person), die allein die Bedingungen eines letzten Ziels u. unbedingten Worumwillens des Handelns erfüllen können. Die philosophische Tradition *(Platon, Artistoteles, Stoa, Kant)* hat deshalb zwischen dem Guten u. den G. genau unterschieden u. das Gute in eine Beschaffenheit des Personseins gesetzt, die die richtige Einstellung zu den G., die richtige Abwägung u. den richtigen Gebrauch der äußeren, der leiblichen u. der seelischen G. einschließt oder zur Folge hat. Die rationale G.abwägung u. vernünftige ↑ Entscheidung in Zielkonflikten nach Gesichtspunkten des Eigenwohls, des ↑ Gemeinwohls u. der ↑ Gerechtigkeit gehört zu den pri-

mären Leistungen einer erfahrungs-
orientierten sittlichen Urteilskraft.

Lit.: Platon, Gorgias 511 c–512 b; Aristoteles, Rhetorik I,6; Eud. E VIII, 3;
Cicero, Academica II (Lucullus), 129–
141; Kant, Grundl. zur Met. d. Sitten,
Erster Abschn. AA IV, 393 f; F. Ricken,
Allgemeine E, Stuttgart 1983, 54–66,
85–89, 136–150 (Lit.); M. Forschner,
Monon to kalon agathon – Oder von
der Gleichgültigkeit des Wertvollen in
der stoischen E, in: Perspektiven der
Philosophie, Neues Jahrbuch 21
(1995), 125–145.   *M. F.*

Gute, das. D.G. gehört zu den zentralen Begriffen der Metaphysik u. der
↑ praktischen Philosophie. Gleichwohl ist seine Bedeutung keineswegs
eindeutig bestimmt. Im Sprachgebrauch der philosophischen Tradition kann man zwischen einer absoluten u. einer relativen Bedeutung des
Begriffs unterscheiden: d.G. wird
einmal verstanden als Eigenschaft eines Gegenstandes, Zustands, Ereignisses, einer Handlung, einer Aussage, die diesen an sich zukommt; ein
Seiendes ist gut, insofern es ist, was
es sein kann. Seiendes wird als Zu-
Seiendes verstanden, u. sein Gut-sein
bedeutet die Erfüllung der in ihm an-
gelegten Möglichkeit, seine Vollendung. – Gut wird ferner genannt,
was gut zu oder für etwas anderes
ist: d.G. meint dann das funktionale
Tauglichsein von dinglichen Gegenständen, von Organen, Tieren, von
Menschen für einen bestimmten
↑ Zweck. – Im Kontext einer objektiven Wesensmetaphysik, die Sein als
teleologisch strukturierten, systematischen ↑ Ordnungszusammenhang
interpretiert, führt der Begriff d.G.

als Vollkommenheit u. Zweckmäßigkeit zum Gedanken eines Systems
des inneren wie funktionalen Gut-
seins der Dinge (omne ens est bonum), das abgeschlossen u. begründet wird durch ein ↑ höchstes Gut
(summum bonum), dem jedes Seiende nach Maßgabe seiner Partizipation an ihm sein Gut-sein verdankt.
Sein heißt Gut-sein, jedes Seiende ist
u. ist gut in dem Maß, in dem es seinem vorgängigen Wesensbegriff entspricht; u. dieser Wesensbegriff ist
fundiert in einem letzten Prinzip, das
jedem Seienden seinen Stellenwert im
Ganzen zuweist. Die christliche Philosophie übernimmt die ontologische
Vorstellung eines allen Gütern ihr
Gutsein gewährenden G. als Prinzip
allen Seins u. Erkennens u. identifiziert sie mit ihrem Begriff eines
persönlichen ↑ Gottes (*Augustinus,
Thomas v. Aquin* u.a.). – Die Rede
vom relativ G. meint noch ein zwei-
tes: d.G. ist gut für jemanden, d.G.
ist das, was von einem Subjekt um
seiner selbst oder seiner Nützlichkeit
für anderes willen erstrebt, begehrt,
gewollt, geliebt wird. In dieser Bedeutung wird der Begriff zum Prinzip
der E u. Politik. Die von *Aristoteles*
begründete praktische Philosophie
befaßt sich mit dem menschlich G.
(anthropinon agathon) als letztem
Worumwillen menschlichen Wollens
u. Tuns, das allein um seiner selbst,
alles andere aber um seinetwillen erstrebt wird: d.G. als absolutes Ziel u.
Prinzip der Stufenordnung des relativ
G., d.G. als das, wodurch u. worin
der Mensch sein Seinsziel erreicht,
also ganz er selbst wird (d. h. Eudaimonia, ↑ Glück qua Autarkie). Die
aristotelische Antwort auf die Frage,

worin dieses G. für den Menschen der Sache nach bestehe, ist ambivalent: ein vollendetes Leben von Freien u. Gleichen in politischer Gemeinschaft, dessen Struktur durch die verschiedenen praxisorientierten ↑ Tugenden bestimmt ist u. (oder?) die als Seligkeit gedachte, von aller Potentialität befreite, in sich selber zusammengeschlossene Aktualität des reinen Denkens. Die rein formale Bestimmung d.G. als des Letzterstrebten, auch die enge Verbindung (wenn nicht Gleichsetzung) mit dem Begriff des Glücks war Gemeingut antiker u. mittelalterlicher ↑ StrebensE (kontrovers war stets seine materiale Qualifikation: Lust, ↑ Tugend, Wissen, Gottesgemeinschaft etc.). Entscheidend für die *platonisch-aristotelisch*-scholastische Tradition ist: die affirmative teleologische Ontologie bleibt Basis der Bestimmung auch des praktisch G.; das menschlich G. als Ziel des Strebens ist eingebunden in einen kosmologischen Rahmen, das allein befriedigende Ziel menschlichen Begehrens ist auch das objektive Ziel seiner aus Anlagen u. Fähigkeiten erkennbaren Wesensnatur.

Die neuzeitliche Rede vom G. ist von aller objektiv-teleologischen Interpretation des Seienden abgelöst. Die Auslegung des Seins als reiner, in raumzeitlicher Verlaufsgesetzlichkeit bestimmbarer Gegenständlichkeit entzieht dem objektiv Seienden seinen theoretisch erkennbaren u. praktisch zielgebenden Wertcharakter. D.G. wird definierbar nur im Rekurs auf ein Subjekt, das Gegenstände, Sachverhalte, Dispositionen, Handlungen etc. im Bezug auf sein Gefühl der Lust, sein Begehren, seinen Willen als angenehm, zweckmäßig, nützlich bzw. sittl. gut qualifiziert. D.G. ist demnach nicht ein Prädikat, das eine objektive Eigenschaft des Seienden beschreibt, sondern ein Relationsbegriff, in dem die ↑ wertende Einstellung eines Subjekts zu diesem Seienden zum Ausdruck kommt. Da menschliches Begehren auch u. primär in seiner ↑ Bedürfnisstruktur wurzelt, wird das (außermoralisch) G. vielfach in jene Güter gesetzt, die der Befriedigung der Bedürfnisse dienen. Da menschliche Bedürfnisse gesellschaftlicher Vermittlung u. geschichtlichem Wandel unterliegen, ist das so verstandene G. relativ zu Person, Ort u. Zeit (*Th. Hobbes,* Vom Menschen, 11, 4). Das moralisch G. wird dann meist funktional interpretiert als die Anerkennung u. Befolgung jener Normen, die der Realisierung der Bedürfnisse des einzelnen (e Egoismus: ↑ Selbstinteresse) oder einer Handlungsgemeinschaft (e Universalismus: z.B. ↑ Utilitarismus) dienen. Verschiedene Theorien versuchten der Konsequenz dieses Ansatzes, der d.G. radikal relativiert u. Moralität (↑ Sittlichkeit) zu bloßer Zweckrationalität herabstuft, durch den Nachweis der Wahrheitsfähigkeit d. G. u. des Selbstwerts der Moralität zu entgehen: (1) Das im moralischen Urteil anerkannte u. geforderte G. wird interpretiert als Ausdruck allgemeinmenschlicher Empfindungen, die den Rahmen der auf Selbsterhaltung u. Selbststeigerung abzielenden Bedürfnisbefriedigung sprengen (*J. Butler, D. Hume);* (2) das in moralischen Wert- u. Verpflichtungsurteilen wie in außermoralischen Werturteilen erkannte, anerkannte u. geforderte G. wird als objektiver, überzeitlicher Gegenstand einer spezifisch praktischen Erkenntnisweise verstanden (moral sense-Philosophie von *Shaftesbury, F. Hutcheson:* ↑ Gefühl; das Wertfühlen der ↑ WertE von *M. Scheler, N. Hartmann*); (3) das Phänomen uneingeschränkter Achtung vor einem Handeln, das in der Befolgung eines kategorisch gebietenden Sittengesetzes alle Glückserwägungen zurückstellt, wird rekonstruiert als emotionaler Widerschein einer sich selbst zum letzten Ziel setzenden u. als allein unbedingt gut anerkennenden praktischen Vernunft *(Kant).*

Lit.: Platon, Politeia VI, 503 e–509 d; Aristoteles, Nikomach. E I, 4; Cicero, De finibus bonorum et malorum; Thomas v. Aquin, De malo; Summa contra gentiles, lib. III; Wilhelm v. Auvergne, De bono et malo; Th. Hobbes, Vom Menschen; Leviathan; I. Kant, Grundlegung zur Metaph d. Sitten; G. E. Moore, Principia Ethica; W. D. Ross, The Right and the Good; J. Pieper, Die Wirklichkeit u. d. G., München [8]1956; F. E. Sparshott, An Enquiry into Goodness and Related Concepts, Chicago 1958; B. Blanshard, Reason and Goodness, London 1961; Helmut Kuhn, Das Sein u. d. G., München 1962; G. H. v. Wright, The Varieties of Goodness, London 1963; W. Wieland, Platon u. der Nutzen der Idee. Zur Funktion der Idee d. G., in: Allg. Zeitschr. f. Philos. 1/1976; R. B. Brandt, A Theory of the Good and the Right, Oxford 1979; F. Ricken, Allgemeine E, Stuttgart 1983, Kap. B III; M. C. Nussbaum, The Fragility of Goodness, Cambridge 1986; A. W. Müller, Wie notwendig ist d. G.?, in: L. Honnefelder (Hrsg.), Sittliche Lebensform

u. praktische Vernunft, Paderborn u. a. 1992, 27–57.   *M. F.*

H

Haftung ↑ Verantwortung.

Handlung. Unter H.en versteht man von ↑ Personen wissentlich u. willentlich hervorgerufene Ereignisse; allerdings sind nicht alle von Personen ausgehenden Vorgänge zugleich H.en, wie die Beispiele Frieren, Verdauen oder Niesen zeigen. Dagegen müssen willentliche Unterlassungen ebenfalls als H.en gelten; unter Zwang oder in verminderter Zurechenfähigkeit begangene H.en wiederum weisen einen verminderten Grad von Willentlichkeit u. deswegen einen reduzierten H.charakter auf (↑ Wille). Bereits *Aristoteles* verfügt über eine komplexe Theorie der vorsätzlichen bzw. unfreiwilligen Verursachung äußerer Ereignisse; er kennt u. a. den Fall, bei dem sich jemand schuldhaft selbst in die Situation der H.unfähigkeit bringt.

Der Begriff der H. wird häufig unscharf sowohl für *Arten* oder *Typen* von H.en (z. B. Spazierengehen oder Lesen) als auch für *EinzelH.en* gebraucht (Herr Müller geht hier u. jetzt spazieren). Aus der Perspektive der E geht es primär um die sittl. Beurteilung von H.typen, doch liegt eine wichtige Anschlußfrage darin, ob eine bestimmte EinzelH. evtl. in relevanter Hinsicht vom Normalfall abweicht u. daher anders bewertet werden muß. In der H.theorie unterscheidet man als formale Elemente einer H. primär das Subjekt, den Vollzug (Akt), die Absicht (Intention), das Ziel u. das Objekt. Mit dem H.ziel kann entweder das unmittelbare H.ergebnis gemeint sein oder aber eine mittelbar intendierte H.folge. Unter den Objekten ist entweder das Material, d. h. ein Gegenstand, auf den eingewirkt wird, oder das Werkzeug der H. zu verstehen. Richtet sich die H.intention nicht auf ein Ergebnis, sondern auf eine Folge, so liegt eine „KausalH." vor, bei der man die Ziele als „Zwecke" und die Werkzeuge oder TeilH.en als „Mittel" bezeichnet. Ein wichtiger Sonderfall solcher „zweckrationaler" H.en ist die sog. HerstellungsH., die *Aristoteles poiēsis* nennt, deren Ziel ein künstliches Erzeugnis, ein Artefakt, ist; der *Aristotelische* Gegenbegriff *praxis* bezeichnet eine H., deren Ziel mit dem H.vollzug zusammenfällt. Abgesehen von intendierten H.-folgen gibt es häufig noch unbeabsichtigte Folgen (Nebenwirkungen); nach dem Maß ihrer Vorhersehbarkeit u. Vermeidbarkeit sind auch sie dem Handelnden zuzuschreiben. Für die H.theorie bildet die Frage nach der raumzeitlich abgrenzbaren Einheit *(Individuation)* einer H. ein ganz erhebliches Problem. Denn H.en schließen i. d. R. mehrere TeilH.en und eine Reihe von H.folgen ein. Unitarische Ansätze (etwa *G. E. M. Anscombe*) verstehen TeilH.en u. H.folgen als ein einziges Ereignis; pluralistische Modelle deuten sie als bloße Ereignissequenzen oder auch im Sinne einer Teil-Ganzes-Relation. *A. C. Danto* spricht dann von einer „BasisH.", wenn eine H. vorliegt, die nicht durch den Vollzug einer anderen H. geleistet wird. BasisH.en stehen direkt in der Disposition des Handelnden (z. B. die rechte Hand heben); nicht basal u. in gewissem Sinn sogar unverfügbar sind dagegen solche H.en wie eine wissenschaftliche Entdeckung machen oder eine Revolution auslösen. Ein bedeutendes Teilgebiet der H.theorie bildet die Theorie der Sprechakte, die im Anschluß an *J. L. Austin* besonders von *J. Searle* betrieben wurde; dabei werden besonders die Formen u. die Regeln sog. illokutionärer Akte (wie Versprechen, Bitten, Fragen, Warnen, Danken) untersucht. Zu den zentralen Frage der H.theorie gehört überdies die Klärung des Verhältnisses von Absicht u. H.vollzug. Denn die Intention läßt sich entweder nur als Grund (engl. *reason*) einer H. auffassen oder zusätzlich auch als Ursache (engl. *cause*). Im ersten Fall wird der Handelnde gleichsam als „unbewegter Beweger" betrachtet, dessen Intentionen sich direkt in H.en umsetzen (z. B. *R. Chisholm*); im zweiten Fall werden Intentionen als mentale Zustände verstanden, die auf die physischen Bewegungsabläufe einwirken sollen *(D. Davidson)*.

Für die philosophische H.theorie von wachsender Bedeutung sind Erkenntnisse über die natürlichen Grundlagen des Handelns, u. a. aus der Ethologie, der Neurophysiologie, der Soziobiologie u. der Psychologie. Nach einer alten Kontroverse läßt sich Handeln entweder stets mit einem empirischen Triebmoment in Verbindung bringen *(Hume)* – vielleicht sogar auf es reduzieren –, oder aber es existieren darüber hinaus noch h.wirksame intelligible Antriebe wie die Achtung vor dem Sittengesetz *(Kant)*. Die soziale Dimension individuellen Handelns ist vor allem von *Hegel* herausgestellt worden: demnach konstituiert sich das H.subjekt erst in einem „Kampf um Anerkennung", der von einer asymmetrischen Form (Herr-Knecht-Verhältnis) zur symmetrischen, wechselseitigen Form fortschreiten soll. *J. Habermas* hat versucht, ein „verständigungsorientiertes", „kommunikatives" Handeln, das er als Gegenstück zu einem strategisch-instrumentellen Handeln auffaßt, als Grundvoraussetzung alles Sozialen zu erweisen. Zusehends verselbständigt wird gegenwärtig die Theorie der ↑ rationalen H.wahl untersucht, besonders seitens der Ökonomie; dabei spielt die durch das *Gefangendilemma* bezeichnete „Rationalitätsfalle" eine wichtige Rolle: wohlüberlegtes strategisches Handeln kann u. U. Kooperation sinnvoll einschließen (↑ Entscheidungstheorie).

Lit.: Aristoteles, Nikomachische E, Buch III; Eudemische E, Buch II; G. W. F. Hegel, Phänomenologie des Geistes, Kap. Herrschaft u. Knechtschaft; G. E. M. Anscombe, Intention, Oxford 1957; G. H. v. Wright, Norm u. Intention, Berlin 1977; J. Searle, Sprachakte, Frankfurt/M. 1971; A. C. Danto, Analytical Philosophy of Action, Cambridge 1973; A. Beckermann, G. Meggle (Hrsg.), Analytische Handlungstheorie, 2 Bde., Frankfurt/M. 1977; J. Habermas, Theorie des kommunikativen Handelns, 2 Bde., Frankfurt/M. 1981; D. Davidson, H. u. Ereignis, Frankfurt/M. 1985; D. Birnbacher, Tun u. Unterlassen, Stuttgart 1995; E. Runggaldier, Was sind H.en?, Stuttgart u. a. 1996.

C. H.

Handlungsutilitarismus ↑ Utilitarismus.

Haß ↑ Liebe.

Hedonismus ↑ Freude.

Hedonistischer Kalkül ↑ Utilitarismus.

Heil ↑ Religion.

Heiligkeit ↑ Gott.

Hemmung heißt die durch Verarbeitung äußerer Einschränkungen erworbene psychische Fähigkeit des Menschen, seine eigenen Antriebe u. Begierden in gezügelter Weise zuzulassen. Da die erfahrbare Wirklichkeit den menschlichen ↑ Bedürfnissen nur selten unmittelbare Befriedigung erlaubt, muß der Mensch die äußeren Einschränkungen dadurch zu bewältigen versuchen, daß er im ↑ Verzicht seine Begierden hemmen lernt, um durch ↑ Arbeit die Wirklichkeit nach seinen Bedürfnissen zu gestalten. Von dieser realitätsgerechten Form der H. ist die *Gehemmtheit* zu unterscheiden, die aus einer über die Anforderungen der Wirklichkeit hinausgehenden Unterdrückung durch die Erziehungspersonen oder die ↑ Gesellschaft entsteht. Diese wird in der ↑ Angst verinnerlicht u. führt zu einer Reihe von Abwehrmaßnahmen gegen die Verwirklichung berechtigter Wünsche u. daher zur Einschränkung der normalen Lebensfunktionen des Ich. Widerstandserfahrungen der Wirklichkeit, insbesondere die Gebote u. Verbote der Eltern, zerstören schon frühzeitig die narzißtische Illusion des vollständigen Luststrebens. Die verinnerlichten Gebote u. Verbote bilden in Form des Über-Ich/Ich-Ideals eine hemmende Gegeninstanz zum Luststreben. Übermäßige Strenge der elterlichen ↑ Autorität, aber auch antiautoritäre Schrankenlosigkeit haben zur Folge, daß sich überhöhte innere Maßstäbe ausbilden, die als drückendes Über-Ich die Ausbildung eines *skrupulösen* ↑ Gewissens befördern oder als unerreichbares ↑ Ideal die Entwicklung der normalen Lebensfunktionen hemmen. Auf der anderen Seite bewirkt die Verunsicherung durch schwankende u. labile elterliche Erziehungsmaßnahmen, daß sich überhaupt kein tragfähiges Gefühl für ↑ Normen u. damit keine Kontrollinstanz im Hinblick auf die eigenen Begierden ausbildet. Deren unmittelbares Hervorbrechen äußert sich dann als *Hemmungslosigkeit*. Sowohl übermäßige Gehemmtheit wie weitgehende Hemmungslosigkeit bedrohen die Eigenständigkeit der ↑ Person, die sich nur in Form der real notwendigen H. ausbilden kann.

Lit.: S. Freud, H., Symptom u. Angst, Werke Bd. XIV; H. Schultz-Hencke, Der gehemmte Mensch, Stuttgart ²1969.   *A. S.*

Hemmungslosigkeit ↑ Hemmung.

Hermeneutische E ↑ Methoden der E.

Herrenmoral-Sklavenmoral ist eine Unterscheidung von *F. Nietzsche,* der die Unbedingtheit moralischer Gesetze als unmoralisch (↑ Moralkritik, ↑ Nihilismus) u. ihre Befol-

gung als sklavenhafte Unterwerfung verurteilte. Die ↑ Moral verfehle dadurch die Natur des ↑ Menschen, daß sie der Schwachheit der meisten gegen die wenigen starken u. schöpferischen Menschen zur Macht verhelfe. Moral beruhe auf Mißgunst, gehöre als „Zeichensprache der Affekte" in die Erscheinungswelt u. könne keinen Anspruch auf ↑ Wahrheit erheben. S. sei wesentlich „Nützlichkeits-Moral", die das Schwache als ↑ „gut" u. das Starke aus Furcht als ↑ „böse" empfinde. Die H. sei die des „vornehmen" Menschen, der weder gut noch böse kenne, das Schwache verachte u. Strenge gegen sich selbst übe. H. sei die eigentliche Schöpferin der ↑ Werte. Sie sei das ↑ Streben des ↑ Individuums nach einer höheren Gattung als der des Menschen u. entspringe der höchsten Moralität, dem „Selbstmord der Moral zugunsten der Befreiung des ↑ Lebens" (↑ Lebensphilosophie). *Nietzsches* Unterscheidung H.-S. beruht primär auf einer psychologischen Kritik des platonisch-christlich bestimmten moralischen Urteilens seiner Zeit, trifft daher Entstehungsweisen von ↑ Sitten u. bestimmte Verwirklichungsweisen, nicht aber die Normativität sittl. Werte, ihre ↑ Sittlichkeit. Ein bloß zwanghaftes, nicht auf der Anerkenntnis einer ↑ Pflicht u. auf dem Wollen eines Guten, sondern auf Nützlichkeitserwägungen beruhendes Handeln entspricht in der Tat einer S.: sie handelt scheinbar legal, aber nicht sittl. Die H. befreit sich von der Pflicht der ↑ Begründung von ↑ Handlungen u. setzt deren ↑ Zwecke gegen die Normen des

↑ Gemeinwohls absolut. Sie lehnt sowohl die Anerkennung der ↑ Verantwortung gegenüber den Mitmenschen wie die Allgemeingültigkeit sittl. Normen ab.

Lit.: F. Nietzsche, Jenseits von Gut u. Böse, *5.* Hauptstück, *9.* Hauptstück; ders., Umwertung aller Werte, Bd. I, Kap. 3, II, 4 u. 6; K. Jaspers, Nietzsche, Berlin/Leipzig 1936, S. 117–146; M. Heidegger, Nietzsche, 2 Bde., Pfullingen ²1961, Bd. 2, S. 117 ff.   W. V.

Herrschaft ist ein Rechtsverhältnis, das die politischen Beziehungen zwischen den Mitgliedern einer ↑ Gesellschaft verbindlich u. zu bestimmten Zwecken regelt. Sie äußert sich als öffentliche u. staatliche ↑ Gewalt u. wird als politische *Macht,* deren Entstehung u. Anwendung nach geltendem ↑ Recht legitimierbar sein soll, gegenüber der Gesellschaft durch ↑ Institutionen vermittelt. Der Charakter der H. ist abhängig von ihren Zwecken u. von der Entstehung, Rechtfertigung u. Anwendung des Rechts. Unabhängig von den Zwecken der H. gibt es jeweils Herrschende u. Beherrschte, die formal identisch sein u. sich in beiden Funktionen ablösen können (↑ Demokratie, auf ↑ Freiheit u. ↑ Gleichheit beruhende H.-Formen) oder in einem einseitigen H.-Verhältnis nicht die gleichen Rechte in Anspruch nehmen können (autoritäre H.-Formen). Die Unterscheidung in Herrschende u. Beherrschte macht jedoch den Charakter der H. als Autoritäts-, Abhängigkeits- u. Befehlsverhältnis nur formalorganisatorisch deutlich (Gewaltenteilung). Grundlegender sind die Zwecke u. Legitimationen von

H. Die Zwecke sind von Annahmen über die Natur des ↑ Menschen abhängig:

Gilt er als Wesen, das sich vor sich u. seinesgleichen schützen muß *(T. Hobbes),* ist der Grund der H. das Schutzbedürfnis u. ihr Zweck das Überleben der Menschen. H. entspricht damit dem Interesse der Herrschenden u. der Beherrschten. Die bürgerliche H. setzt zu diesem Zweck den ↑ Staat als ↑ Autorität u. Hüter des Rechts ein, der die Gesellschaft als Summe rechtlich u. moralisch autonomer Individuen regiert, ohne deren private Zwecke zu bestimmen *(Hobbes, Locke, Spinoza).* Gilt der Mensch primär als Wesen der Vernunft, können die privaten mit den allgemeinen Zwecken der Gesellschaft identisch werden *(Hegel),* u. der Zweck der H. ist nicht mehr das bloße Überleben, sondern die Verwirklichung derjenigen Freiheit, die wiederum mit der Idee des Staates identisch ist (↑ Sittlichkeit). Der Zwangscharakter der H. löst sich zwar formal auf, da unter der H. der Vernunft die Herrschenden gleichzeitig die Beherrschten sind. H. wird damit aber totalitär. Der *Totalitarismus* geht von der absoluten Gleichheit der moralischen u. materialen Zwecke des Staates u. der Bürger u. damit von der Übereinstimmung von H. u. E aus; er verzichtet daher auf die Gewaltenteilung, auf die Trennung der repräsentativen H. des Volkes durch die Gesetzgebung von der direkten, gesetzlich gebundenen Regierung. Diese Regierung, die zugleich gesetzgebend ist, ist despotisch *(Kant),* u. die Gesetzgebung ist selbst dem Zwang ihrer Gesetze unterworfen u. nicht frei (↑Autonomie). Dies ist der Grundcharakter der *Diktatur:* die Zwecke der Gesetzgebung sind weder öffentlich änderbar noch überprüf- u. rechtfertigbar, da sie von der Regierung vorgegeben werden.

Gilt der Mensch als vernünftiges Wesen, das des guten ↑Handelns fähig ist oder durch Erziehung u. Gewöhnung werden kann, erübrigt sich die Furcht vor seinesgleichen langfristig, u. der indirekte Zweck der H. kann das ↑Glück als gutes u. tugendhafts ↑Leben des einzelnen werden *(Aristoteles).* Indirekt ist dieser Zweck, weil er an individuelles Handeln u. Wollen gebunden bleibt. Direkter Zweck der H. wird Glück dann, wenn jeder Mensch nur des guten Handelns fähig ist, so daß sich die Schutzfunktion der H. u. der ihr entsprechende Gehorsam der Bürger erübrigt (H.-Freiheit). Diese Lösung des Problems der H. macht sich zunächst die Einsicht zunutze, daß jede im Mißtrauen aller gegen alle begründete H. notwendig zur Tyrannei führe *(Platon).* Sie hält dann, aber ohne hinreichende Gründe, die Ursachen des Mißtrauens durch einen ↑Wandel der Moral in einer Erziehungsdiktatur mit der Aufhebung der ↑Entfremdung als Versöhnung von Mensch u. Natur *(K. Marx)* für beseitigbar u. verfolgt mit der Aufhebung des ↑Eigentums u. privater Glücksziele letztlich die selben totalitären Zwecke wie die H. der Vernunft. Diese langfristig angelegte Befreiung von H. durch moralische Umerziehung unterscheidet die ↑marxistische E vom *Anarchismus:* er fordert eine unmittelbare H.-

Freiheit als Befreiung von jeder sittl. legitimen u. staatlich garantierten Beschränkung individueller Gewalt. Damit tritt die H.-Freiheit in den äußersten Gegensatz zur gerechten H., die davon ausgeht *(Hobbes, Kant,* auch ↑ christliche E), daß E notwendig ein Korrektiv von H. sein muß, da die Möglichkeiten menschlicher Gewalt u. des ↑Bösen im Handeln nicht vernachlässigt werden können.

Geht man davon aus, daß der Mensch sein Glück nur in individueller Freiheit verwirklichen, sittl. Handeln lernen u. seine Selbstentfremdung abbauen kann, ist die *Technokratie* als H.-Form denkbar. Sie nimmt seit *Bacon* an, daß der Mensch mit Rationalität als vernünftiger Planung seiner materialen Zwecke auch sein Glück verwirklichen kann. Ihre Mittel sind technischer, wissenschaftlicher u. ökonomischer Natur, ihre Zwecke die Verbesserung der technischen Fähigkeiten u. des Wissens als Befreiung des Menschen von äußerem Zwang. Diese Perfektionierung des Lebens entkleidet den Menschen seiner Kreativität u. Kritikfähigkeit u. macht ihn zu einem ,eindimensionalen' Wesen *(H. Marcuse),* das sich der Rationalisierung seiner Lebenszwecke durch die Technik nur in einer ,großen Weigerung' u. nicht mehr mit rationalen Argumenten entziehen kann. Der Zweck der H. wird mit dem Nutzen der Beherrschten pragmatisch u. ihre Ausübung mit formalen Verfahren *(M. Weber)* gerechtfertigt.

H.-Formen sind der Gefahr von *Legitimationskrisen (J. Habermas)* ausgesetzt. Die *Legitimation* von H. als öffentliche Rechtfertigung ihrer

Zwecke soll zeigen, in welcher Form H. geeignet ist, ihre Macht zur Verwirklichung der Werte einzusetzen, die für die Gesellschaft u. ihre Mitglieder konstitutiv sind. Zur Krise kommt es dann, wenn alternative ↑ Entscheidungen zwischen konkurrierenden Zwecken notwendig sind u. als Kriterium legitimer H. nicht ein bestimmtes Niveau der *Rechtfertigung* verfügbar ist, mit dem eine für alle sozialen Gruppen tragbare u. konsensfähige Entscheidung über öffentliche Ansprüche getroffen werden kann. Verfahrensformen haben ohne eine vorherige Entscheidung über den Wert öffentlicher Ansprüche keine legitimierende Kraft. Legitime H. ist dann nicht möglich, wenn die konkurrierenden ökonomischen oder sozialen Zwecke einzelner Gruppen eine Legitimationsfunktion für politische Entscheidungen gewinnen u. die Intergrationsfunktion der H. aufgehoben ist. Ziel legitimer H. ist es, durch einen glaubhaften Sozialstaat ↑ Konflikte zwischen Gruppen u. ihren Zwecken zu lösen u. den Verteilungskampf um soziale Güter u. eine Desintegration der Gesellschaft zu verhindern. Der Abbau sozialer Ungleichheit wird zum Kriterium legitimer H. – Die Legitimation von H. ist allgemein vom Problem gekennzeichnet, daß nicht nur materielle, sondern auch sittl. Interessen verfehlt werden können u. keine unbezweifelbare sittl. Legitimation von H. möglich ist. H. ist mit unterschiedlichen, z. T. auch gegensätzlichen Zwecken u. den diesen entsprechenden sittl. Normen legitimierbar, ohne damit schon kritisier- u. kontrollierbar zu sein. Alle H.-Formen,

die die adäquaten Mittel zur Durchsetzung ihrer Zwecke finden, können sich deshalb rational definieren *(M. Weber)*, ohne damit in einem kritischen Sinne schon legitim zu sein. Kontrolle u. Kritik von H. garantiert das Prinzip der ↑ Gerechtigkeit als rationaler Kalkül zur Kritik der H.-Zwecke. Es ist jedoch nur dann wirksam, wenn sich das H.-System verpflichtet hat, auf die legitimen Interessen der Beherrschten u. ihre Argumente einzugehen. Dies leisten freiheitliche demokratische Systeme, deren Politik nicht auf für alle verbindliche Zwecke, sondern auf sittl. Normen festgelegt ist, die sowohl die Wahrnehmung pluraler Zwecke wie eine legitime H. sichern sollen.

Lit.: Platon, Der Staat, Buch 8; Aristoteles, Nikom. E, Buch 1 u. 10; T. Hobbes, Leviathan, Kap. 13, 17, 21; J. Locke, Über die Regierung, Kap. 7 u. 8; B. Spinoza, Theologisch-politischer Traktat; I. Kant, Zum ewigen Frieden; G. W. F. Hegel, Rechtsphilosophie, §§ 257–360; M. Weber, Wirtschaft u. Gesellschaft, Tübingen [5]1972, Teil 1, Kap. III., Teil 2 Kap. IX.; H. Arendt, Elemente u. Ursprünge totalitärer H., Frankfurt/M. [2]1958; R. Spaemann, Die Utopie der H.Freiheit u. die Utopie des guten Herrschers, in: ders., Zur Kritik der polit. Utopie, Stuttgart 1977; H. Marcuse, Der eindimensionale Mensch, Neuwied 1967; M. J. C. Vile, Constitutionalism and the Separation of Powers, Oxford 1967; J. Habermas, Legitimationsprobleme im Spätkapitalismus, Frankfurt/M. 1973; H. Lenk (Hrsg.), Technokratie als Ideologie, Stuttgart u. a. 1973, S. 9–20, 94–124; G. Geismann E u. H.ordnung, Tübingen 1974; J. Fetscher, H. u. Emanzipation, München 1976; O. Höffe, E u. Politik, Frankfurt/M. [3]1987, Kap. 14;

ders., Polit. Gerechtigkeit, Frankfurt/M. 1987; ders., Kategorische Rechtsprinzipien, Frankfurt/M. 1990, Kap. 9–10; H. Haferkamp, Soziologie der H., Opladen 1983; S. Collini, D. Winch, J. Burrow (Hrsg.), That Noble Science of Politics, Cambridge 1983, chap. III.

W. V.

Herrschaftsfreiheit ↑ Herrschaft.

Heteronomie ↑ Autonomie.

Hinduistische Ethik. Die im Hinduismus (*Hindu,* Persisch: Indus) enthaltene ↑ E ist genausowenig wie die ↑ buddhistische E eine systematische Moralphilosophie, vielmehr eine religiös-metaphysisch begründete Lehre des rechten ↑ Lebens. Im Unterschied zu anderen ↑ Religionen hat der vor allem in Indien, Nepal u. Teilen Indochinas verbreitete Hinduismus weder einen Stifter noch eine allgemeinverbindliche Glaubens- u. Sittenlehre. Der Begriff „Hinduismus" faßt eine Gruppe miteinander verwandter Religionen zusammen, deren wichtigsten die Vedische Religion, der Vishnuismus, der Shivaismus u. der Shaktismus sind. Maßgebend für die h. E ist allein die Anerkennung der in den heiligen Schriften entwickelten Lehre der persönlichen Vollendung u. die Teilnahme in dem von diesen Schriften begründeten Kastenwesen. An dessen Spitze steht die Kaste der Brahmanen (Priester); es folgen die der Adligen (König, Krieger, Richter u. Verwaltungsbeamte), die der Ackerbauern u. Gewerbetreibenden sowie die der Dienstleistungsberufe. Außerhalb der vier in sich noch gestuften Hauptkasten stehen die rechtlosen Parias (Unberührbare). Dieses religiös-soziale System beruht auf der Lehre von *Seelenwanderung* u. *Wiedergeburt:* Alle Lebewesen der in ständigem Entstehen u. Vergehen begriffenen Welt bilden eine Stufenleiter, die bei den Pflanzen beginnt u. bei den Göttern endet. Die Zugehörigkeit zu einer der Stufen u. auch Kasten ist nicht die Folge eines Zufalls oder des Willens Gottes. Der ganze Kosmos wird vielmehr von dem ↑ sittl. Vergeltungsgesetz (*Karma,* Sanskrit: Handlung, Opfer) beherrscht, das jedem Wesen, das geboren wird, aufgrund der ↑ guten u. ↑ bösen ↑ Handlungen im vorausgegangenen Dasein seinen Platz im gegenwärtigen anweist. Die sich daraus ergebende Seelenwanderung (*Samsara:* Kreislauf der Wiedergeburten) findet nur dann ein Ende, wenn eine in zahlreichen Existenzen geläuterte Seele durch Befreiung vom Gesetz des Karma die *Erlösung (Moksha)* erreicht. Auf drei Weisen ist dies möglich: (a) durch ein Tun, das von religiösen Pflichten geleitet ist, dem *Dharma* (Sanskrit: das Tragende, Recht, Gerechtigkeit, soziales u. natürliches Gesetz); (b) durch Hingabe an Gott (Sanskrit: *Bhakti,* Demut, Liebe); (c) durch ein von Meditation (Sanskrit: *Dhyana*) u. Argumentation *(Nyaya)* geleitetes Wissen *(Juana).*

Den Hauptteil der heiligen Schriften bilden die als Offenbarung geltenden *Veden* (Sanskrit: Werke, Wissen), deren älterer Teil aus vier ursprünglich mündlich überlieferten Sammlungen besteht. Sie haben jedoch stark an Bedeutung gegenüber den jüngeren *Upanischaden* (Sanskrit: geheime Unterweisung) verloren, die wegen ihres e-philosophischen Gehalts auch im Abendland, etwa auf *Schopenhauer* (↑ Lebensphilosophie), Einfluß hatten. Bei den Upanischaden tritt an die Stelle des Glaubens an eine Vielheit wunschgewährender Götter das ↑ Streben, durch die Versenkung in das eigene Innere das Absolute, das Brahman (die „Weltseele"), zu erfassen, jene Kraft, die im einzelnen Menschen wie im ganzen Weltall wirkt. Die weltzugewandte Haltung der Arier macht hier dem Wunsch Platz, durch Askese (↑ Spiritualität) der ↑ Welt zu entsagen u. durch innere Erfahrung, die zugleich Grund u. Folge der Askese ist, die ursprüngliche Einheit von ↑ Mensch u. Welt zu erkennen, sich dadurch vom natürlichen Lebensdrang u. allen Bedingungen ↑ individueller Existenz zu befreien u. somit das Ende der Seelenwanderung, die *Erlösung*, zu gewinnen. In der h. E sind Erkennen u. Handeln, ↑ Theorie u. Praxis, ursprünglich aufeinander bezogen: das Wissen wird durch ein asketisches Ethos ermöglicht, das auf Klärung u. Läuterung des Selbstseins gerichtet ist. Um die Erlösung zu gewinnen, liegt es im ↑ Selbstinteresse des Menschen, den Heilsweg zu gehen.

Der *Yoga* (Sanskrit: Anspannung, Übung) war zunächst mit einer bestimmten h. Metaphysik, dem Sankhya, verbunden, hat aber dann weit darüber hinaus kulturgeschichtliche Bedeutung gewonnen. Er ist eine höchst differenzierte Lehre der geistigen Konzentration u. Vertiefung des inneren Lebens, durch die man – kraft völliger Herrschaft über den Körper – den Geist befreit u. die Er-

lösung findet. Er lehrt acht Stufen der psychischen u. moralischen Selbstkontrolle, durch die der Mensch mehr u. mehr die Bindung des Geistes an die Welt aufhebt u. Lebensdrang, ↑ Leid u. Schuld von sich ablöst, bis er nur in sich selbst versenkt da ist: (1) moralisches Wohlverhalten, (2) äußere u. innere Reinheit, (3) das auch außerhalb der h. E bekanntgewordene Einnehmen bestimmter Körperstellungen, (4) Regelung des Atmens, (5) Abwendung der Sinnesorgane von den Objekten, (6) Festlegen des Denkens auf einen bestimmten Punkt, (7) Meditation u., als deren Steigerung, (8) Versenkung.

Zu den heiligen Schriften gehören ebenso die beiden großen Epen Mahabharata u. Ramayana. Ersteres enthält (neben der ↑ Goldenen Regel) unter seinen Lehrgedichten auch die berühmte *Bhagavadgita* (Gesang des Erhabenen), die über das Wesen von ↑ Gott, Welt u. Seele belehrt u. drei seitdem in der h. E als gleichwertig geltenden Wege zur Erlösung erläutert: (a) den Weg der Askese u. Erkenntnis entsprechend den Upanischaden, (b) den neuen Weg des vom selbstischen Interesse freien pflichtgemäßen Handelns in ↑ Liebe zu ↑ Gott, der den Menschen gnädig aus dem Strom der Wiedergeburten befreit, u. (c) den vom Yoga eröffneten Weg der Hingabe.

Zu den ↑ Pflichten zählen in der h. E sowohl allgemein menschliche Pflichten (wie ↑ Gerechtigkeit, ↑ Wohlwollen, Standhaftigkeit, ↑ Verzeihung, Kontrolle der Sinne, Wahrhaftigkeit: ↑ Wahrheit, Abwesenheit von Ärger) als auch kastenspezifische (so dürfen z. B. Krieger auf die Jagd gehen u. Fleisch essen, was den Brahmanen verboten ist).

Lit.: Upanischaden, Stuttgart 1974; Bhagavadgita, Stuttgart 1975; P. Deussen, Die Philosophie der Upanishad's, Leipzig ³1919; H. v. Glasenapp, Entwicklungsstufen des indischen Denkens. Untersuchungen über die Philosophie der Brahmanen u. Buddhisten, Halle 1940; S. Radhakrishnan, Indische Philosophie, 2 Bde., Darmstadt u. a. 1956; J. Gorda, Die Religionen Indiens, 2 Bde., Stuttgart 1960; I. C. Sharma, Ethical Philosophies of India, London 1965; M. Eliade, Yoga. Unsterblichkeit u. Freiheit, Frankfurt/M. 1977; B. Singh, The Conceptual Framework of Indian Philosophy, Neu Delhi 1976; ders., Hindu Ethics. An Exposition of the Concept of Good, Neu Delhi 1984; S. Dasgupta, Hindu Ethos and the Challenge of Change, Mysore ²1978; W. D. O'Flaherty (Hrsg.), Karma and Rebirth in Classicat Indian Traditions, Berkeley 1980; C. S. Crawford, The Evolution of Hindu Ethical Ideals, Honolulu ²1982; R. W. Neufeldt (Hrsg.), Karma and Rebirth: Post Classical Developments, New York 1986; A. Malinar, Rājavidyā. Das königliche Wissen um Herrschaft u. Verzicht, Wiesbaden 1996.   *O. H.*

Hirntod ↑ medizinische E.

Hochmut ↑ Ehre.

Höchstes Gut (lat. summum bonum bzw. finis ultimus). Vom h. G. ist philosophisch im Zusammenhang der Metaphysik u. der ↑ praktischen Philosophie die Rede. Im Anschluß an *Platons* Konzeption der Idee des ↑ Guten als letztem Seins- u. Erkenntnisgrund wurde in Neuplatonismus u. christlicher Philosophie dieses Prinzip mit ↑ Gott identifiziert. Gott ist das „höchste ursprüngliche Gut" *(Kant)* in dem Sinne, als in ihm absolute Vollkommenheit des Seins (absoluter Selbstbesitz der Existenz, Allmacht, Allwissenheit, Glückseligkeit, moralische Güte) sich versammelt u. der Grund für die Existenz wie die Qualität alles kontingent Seienden nach Maßgabe seiner Partizipation an diesem absolut Seienden vorgegeben ist.

Im praktischen Sinn wird der Terminus verwendet als Reflexionsbegriff, der den Handlungszusammenhang teleologisch interpretieren u. normieren soll. H. G. bedeutet dann soviel wie das letzte ↑ Ziel unseres Strebens u. Wollens, der *Endzweck* (finis ultimus), in dessen vollendeter Realisierung menschliche Praxis ihre Erfüllung findet. Die nicht immer klare Grundlage der Rekonstruktion dieser von *Platon* eingeführten, von *Aristoteles* ausgearbeiteten u. von der gesamten nachfolgenden Tradition übernommenen formalen Bestimmung des h. G. als des Letzterstrebten u. zuhöchst Erstrebenswerten sind fundamentale Unterscheidungsmöglichkeiten in der Struktur unseres ↑ Strebens: (1) Die Unterscheidung nach dem Schema von Mittel u. Zweck: wir wollen etwas um eines anderen willen, wir wollen etwas in gewisser Rücksicht um seiner selbst, in gewisser Rücksicht um eines anderen willen, wir wollen etwas allein um seiner selbst willen. Das h. G. ist nach dieser Unterscheidung das allein um seiner selbst willen Erstrebte u. Erstrebenswerte, das h. G. als das letzte Gut (finis ultimus); (2) die Unterscheidung nach dem Schema von Teil u.

Ganzem: Gegenstand unseres Strebens ist ein Ziel, das sich aus mehreren Gütern, Handlungen etc. zusammensetzt. Das h. G. versteht sich dann als vollendetes Gut (bonum consummatum, inclusive end); (3) die Unterscheidung nach dem Schema der Rangordnung: unter den verschiedenen Gegenständen unseres Strebens bevorzugen wir einige vor anderen. Das h. G. ist hier zu verstehen als das oberste der Güter (bonum supremum, dominant end). (1) u. (3) sind bedeutungsmäßig vielfach verschränkt in Wert- u. Güterlehren, die der Pluralität der ↑ Werte eine hierarchische Struktur u. einen funktionalen Ordnungszusammenhang zugleich unterstellen. Teleologische E-en, die Moralität u. ihre Prinzipien funktional im Blick auf die Erreichung des außermoralisch Guten begründen, setzen das h. G. gewöhnlich in einen vollendeten Zustand des menschlichen Lebens (meist Glückseligkeit genannt), der freilich im Blick auf das vorzügliche Mittel zu seiner Erreichung oder bezüglich seiner inhaltlichen Qualifikation höchst unterschiedlich bestimmt wird: als voluptas, d.h. Lust (*Epikur, Bentham* u.a. – ↑ Freude), als scientia, d.h. Wissen, beseligende Aktualität des reinen Denkens (*Aristoteles,* Peripatetiker: ↑ WissenschaftsE), als machtvolle Größe u. Ruhm (*Machiavelli, Nietzsche),* als Gemeinschaft mit dem Göttlichen (*Platon,* ↑ christliche E), als ungehindertes Fortschreiten von ↑ Bedürfnisbefriedigung zu Bedürfnisbefriedigung (*Hobbes)* etc. Für *Kant,* dessen deontologische ↑ E den unbedingten Verpflichtungschrakter von Moralität

(↑ kategorischer Imperativ, ↑ Sittlichkeit) betont, ist ↑ Tugend das oberste Gut vernünftigen Wollens (bonum supremum), ↑ Glück das naturhaft erstrebte Endziel allen lebendigen Begehrens u. die Kongruenz von Tugend u. Glück in einer Person u. in der Welt das h. G. (bonum consummatum).

Lit.: Platon, Politeia 503 e–509 d; Aristoteles, Nikomach. E, Buch I u. X, Politica II; Cicero, De finibus bonorum et malorum; Ulrich v. Straßburg, S. de summo bono; Th. Hobbes, Vom Menschen; I. Kant, Die Religion innerhalb der Grenzen der bloßen Vernunft, Vorrede zur 1. Auflage; G. H. v. Wright, The Varieties of Goodness, London 1963; G. E. Moore, Principia Ethica, Kap. VI; K. Düsing, Das Problem des h. G. in Kants praktischer Philosophie, Kant-Studien Bd. 62, 1971; R. Spaemann, Art. ‚G.‘, h.‘, Hist. Wörterb. d. Philos., Bd. 3.   *M. F.*

Höhere Gewalt liegt im Unterschied zur bewußten oder planmäßigen Anwendung von ↑ Gewalt dann vor, wenn ein Schaden (z.B. Unfall) ohne Verschulden (↑ Schuld) von ↑ Personen durch ein äußeres Ereignis (z.B. ein Naturereignis) verursacht wurde, das weder vorhersehbar noch mit angemessenen Mitteln u. unter äußerster zumutbarer Sorgfalt rechtzeitig zu vermeiden war.   *W. V.*

Hoffnung ist eine theologische, geschichtsphilosophische u. e Kategorie, die zwar als Kategorie, nicht aber mit wissenschaftlichen Kriterien präzisierbar ist, da sie sich auf Mögliches, nicht auf Vorhandenes bezieht. H. ist als religiöses, psychologisches oder ideologisches Phänomen identisch mit einem bestimmten Glauben, einem ↑ Streben oder einer Überzeugung u. bestimmt von einem ↑ Ziel, das realen oder utopischen Charakter haben kann. Als theologische Kategorie basiert H. auf der Erwartung künftigen Heils (↑ christliche E) u. dem Glauben an die absolute, zeitlich nicht bestimmbare *Zukunft* des Reiches Gottes; sie gilt als eine ↑ Tugend, die dem Menschen durch Gnade gegeben oder nicht gegeben ist. Gegenbegriff dieser H. ist die *Verzweiflung* als vermessene Vorwegnahme der Nichterfüllung der H. u. als Sünde des Unglaubens. – Dagegen ist H. geschichtsphilosophische Kategorie einer Handlungslehre, die menschlichem ↑ Leben angesichts von Tod, ↑ Leid, ↑ Schuld u. Versagen ↑ Sinn geben (↑ existentialistische E) oder durch eine revolutionäre Verwirklichung einer vorgeplanten humanen Zukunft einen von allen Leiden erlösten Menschen schaffen will (↑ marxistische E). Für diese *Eschatologie* (griech., Lehre von den letzten Dingen) wird H. zu einem Prinzip der Unruhe *(E. Bloch)*, das den Mangel jeder historischen Gegenwart u. damit gleichzeitig die „Not-wendigkeit" der Zukunft verdeutlicht (↑ Utopie). Als ideologische Entartung dieser H. gelten die technologische Rationalität u. der Fortschrittsglaube. – H. hat als theologische u. geschichtsphilosophische wie auch als e Kategorie einen handlungsorientierenden, teleologischen Charakter: als H. auf ↑ Glück (↑ Streben). Während sie aber in den beiden ersten Begriffen direkte Bedingung u. Antrieb des Handelns u. vom Handeln selbst letztlich unab-

hängig ist, ist H. e Folge sittl. guten Handelns u. damit als indirekte Bedingung des Handelns von diesem abhängig; e basiert H. auf der *Treue*: auf dem Vertrauen in die Rechtmäßigkeit u. dem Gehorsam gegenüber den sittl. Pflichten, unabhängig von erwartbarem Nutzen oder zu befürchtendem Nachteil guten Handelns. Das Maß dieser Treue entspricht demjenigen der H. auf Glück, dessen sich der einzelne in seinem Handeln als würdig erweist *(Kant)*.

Lit.: I. Kant, Kritik der reinen Vernunft, A 804, B 832 ff; S. Kierkegaard, Die Krankheit zum Tode, Abschn. 2; G. Marcel, Homo viator, Düsseldorf 1949; E. Bloch, Das Prinzip H., 3 Bde., Frankfurt/M. [3]1976, Teil 1, 2, 4; J. Moltmann, Theologie der H., München [6]1966, Kap. 1 u. 4.   *W. V.*

Homosexualität ↑ Sexualität.

Humanexperimente ↑ medizinische E, WissenschaftsE.

Humanismus ↑ Humanität.

Humanitarismus ↑ Humanität.

Humanität heißt wörtlich das, was den ↑ Menschen vor allen anderen Lebewesen auszeichnet, seine ↑ Natur oder sein Wesen. Seiner Natur nach ist der Mensch nicht auf bestimmte Verhaltensweisen u. Lebensformen festgelegt. Er ist ein offenes Wesen mit einem außergewöhnlich weiten Spielraum, innerhalb dessen er als einzelner, als Klein- oder Großgruppe sich unterschiedlich entwickeln u. tätig werden kann. Überdies wird man nicht schon durch biologische Prozesse, sondern erst durch ↑ (Selbst-)Erziehung u. freie ↑ Sinnstiftung zu einem konkreten Menschen. H. bezeichnet daher weder einen empirischen Befund noch ein vorfindliches Muster, sondern eine Aufgabe, die die Menschen in einem nie abgeschlossenen Prozeß der Bildung, der Selbstfindung u. des Selbstentwurfs näher zu definieren u. aus eigenem Antrieb auszuführen haben. H. ist das stets riskante Unternehmen der ↑ Individuen u. der ↑ Gesellschaft, zu sich selbst zu kommen u. ein gelungen-erfülltes Leben zu führen. Sie meint weniger die Schwäche u. Hinfälligkeit, Niedrigkeit u. Bosheit des Menschen als die für das persönliche, soziale u. politische Leben gültige normative Leitidee eines „wahren", von Selbstverwirklichung u. Mitmenschlichkeit bestimmten Menschseins. H. ist eine formale Idee, die für verschiedene, von den jeweiligen persönlichen u. soziokulturellen Bedingungen, Interessen u. Sinnvorstellungen abhängige Ausgestaltungen offen ist. Sie besagt, daß es dem Menschen letztlich nicht auf Selbstbehauptung u. Expansion, sondern auf jene Verständigung mit seinesgleichen ankommt, die unter den Ideen von ↑ Gerechtigkeit u. ↑ Sittlichkeit steht. H. geht vom unbedingten Wert des Menschen, von seiner ↑ Freiheit u. Würde als unhintergehbarem Fluchtpunkt allen persönlichen, sozialen u. politischen Bemühens aus.

Diese Idee ist, von griech.-röm. u. ↑ christl. Vorstellungen beeinflußt, durch Denker der Aufklärung u. Romantik, des ↑ Marxismus, ↑ Pragmatismus u. ↑ Existentialismus so-

wie durch Ereignisse wie die Französische Revolution, die Entstehung ↑ demokratischer u. sozialer Verfassungs- ↑ Staaten, die Veränderung des künstlerischen u. des religiösen Bewußtseins geprägt worden. Als Ideal des persönlichen Lebens zielt sie auf die Entwicklung u. den Gebrauch der sprachlichen, emotionalen, kreativen u. vor allem auch politisch-sozialen Fähigkeiten. Als normatives Leitprinzip von Gesellschaft u. ↑ Politik fordert sie ein ↑ Rechts- u. Sozialsystem, das von der gegenseitigen Anerkennung der Menschen als Wesen gleicher Würde bestimmt ist, das Not, ↑ Leid, Unfreiheit u. Ungerechtigkeit zu mindern sucht u. aus Respekt vor den Interessen u. dem ↑ Gewissen der Mitglieder ihnen unterschiedliche Formen der Selbstverwirklichung ermöglicht: durch Sicherung der Menschenrechte (↑ Grundrechte) für jedermann; durch ein Bildungswesen, das von Chancengerechtigkeit u. individueller Förderung bestimmt ist; durch eine ↑ Arbeitswelt, die es jedem erlaubt, nicht bloß seinen Lebensunterhalt zu verdienen, sondern auch – aufgrund einer Beanspruchung verschiedener Fähigkeiten u. Interessen – sich selbst zu verwirklichen; durch ein ↑ Strafsystem, das von Gerechtigkeit, aber auch von Resozialisierung bestimmt ist; durch öffentliche Entscheidungsprozesse, die sich an humanen Leitprinzipien orientieren, usw.

Der *Humanismus* als historische Epoche (der römischen Republik, der Renaissance, des 19. u. 20. Jahrhunderts) vertritt ein Ideal vom gebildeten, schönen u. sittl. Individuum, das von Philosophie, Kunst, Geisteswissenschaften u. der Liebe zur Antike bestimmt ist, dabei aber ↑ Wirtschaft, ↑ Technik u. Industrie, oft auch die Politik ausklammert u. so einen Dualismus von Kultur- u. Arbeitswelt, von „hoher" Freizeit u. „niedriger" Erwerbstätigkeit (auch Machtkampf) schafft, wodurch tendentiell die Welt der Wirtschaft u. Politik den normativen Anforderungen der H. entzogen u. – aufgrund der Beziehungslosigkeit zweier Welten – das Zusichselbstkommen des Menschen in seinen vielfältigen Aspekten beeinträchtigt wird. Der Humanismus als geistige Haltung u. überzeitliche Aufgabe befreit sich von solchen Einseitigkeiten. Er dokumentiert sich in dem immer neuen Bemühen, daß der Mensch – in mannigfacher Weise – frei für Menschlichkeit u. Mitmenschlichkeit werde u. darin seine Würde finde. – Als *Humanitarismus* bezeichnet *Gehlen* „die zur e Pflicht gemachte unterschiedslose Menschenliebe".

Lit.: J. G. Herder, Briefe zur Beförderung der H.; I. Kant, Grundlegung zur Metaphysik der Sitten, Akad. Ausg. Bd. IV, S. 428 ff; J. G. Fichte, Die Bestimmung des Menschen; K. Marx, Pariser Manuskripte, Reinbek 1970, bes. S. 50 ff, 73 ff; J. S. Mill, Über die Freiheit, bes. Kap. 3; F. C. S. Schiller, Humanismus, Leipzig 1911; J. Maritain, L'humanisme intégral, Paris ²1969; J.-P. Sartre, Ist der Existentialismus ein Humanismus?, in: Drei Essays, Frankfurt/M. u. a. 1971; M. Heidegger, Brief über den Humanismus; Th. Litt, Das Bildungsideal der deutschen Klassik u. die moderne Arbeitswelt, Bonn ⁶1959; G. Krüger, Abendländischer H., Stuttgart 1953; H. G. Gadamer, Wahrheit

u. Methode, Tübingen ⁴1975, S. 1 ff; W. Maihofer, Rechtsstaat u. menschliche Würde, Frankfurt/M. 1968; A. Gehlen, Moral u. Hypermoral, Frankfurt/M. ³1973, Kap: 6; W. Rüegg, Anstöße, Frankfurt/M. 1973; E. Bloch, Naturrecht u. menschliche Würde, Frankfurt/M. 1977; O. Höffe, Strategien der H., Frankfurt/M. ²1985; ders., Sittlich-politische Diskurse, Frankfurt/M. 1981, Kap. 5; R. Toellner (Hrsg.), Aufklärung u. Humanismus, Heidelberg 1980; E. Benda, Die Menschenwürde, in: ders. u. a. (Hrsg.), Handbuch des Verfassungsrechts, Berlin/New York 1984, S. 107–128; A. Clair, Éthique et Humanisme, Paris 1989.   *O. H.*

Hybris `↑ Besonnenheit.

Hypothetischer Imperativ ↑ Kategorischer Imperativ.

I

Ich ↑ Person.

Ideale bilden sich im Kontext des eigenen Handelns heraus, in dem wir emotional bejahend oder verneinend Stellung nehmen. Die persönliche Wertung steht dabei im Zusammenhang gesellschaftlichen Wertens, in dem bestimmte Handlungsweisen als besonders trefflich u. gelungen u. die Handelnden selbst als *Vorbilder* ausgezeichnet werden. Sieht man von den einzelnen gelungenen ↑ Handlungen oder vorbildlichen Personen ab u. faßt abstrakt deren Eigenschaften auf, dann kann man sie als allgemeine ↑ Werte, ↑ Normen, ↑ Tugenden oder I. aussagen. Die I. nehmen somit eine vermittelnde Stellung zwischen der realen Handlung u. der Idee des ↑ Guten ein, indem sie diese durch modellhafte Handlungen oder allgemeine Eigenschaften erläutern. Die Psychologie der I.bildung zeigt, daß diese an eine ↑ Sozialisationsphase anknüpft, in der das Kind die äußeren Versagungen dadurch zu meistern versucht, daß es narzißtische Allmacht- u. Größenphantasien ausbildet. Neben diesem gesteigerten Selbsterleben (Ideal-Ich) überschätzt es auch die Macht die Eltern u. idealisiert sie. Um diese idealisierte Elternimago kristallisiert sich der Teil des ↑ Gewissens, in dem die Gebote der Vorbilder enthalten sind (das IchI.). In ihm sedimentieren sich auch alle späteren Erfahrungen von ↑ Autorität. Davon sind *Idole* zu unterscheiden, die als Kompensationen eines versagten Lebens ideologische Funktionen erfüllen. Die e Bedeutung der I. ist darin zu sehen, daß sie Modelle gelungenen Handelns darstellen, die jedoch nur dann sittl. wirksam werden, wenn sie an frühere affektive Erlebnisse anknüpfen u. in ein ausgewogenes Verhältnis zu den realen Handlungsmöglichkeiten gebracht werden (relativ autonomes Selbst).

Lit.: F. Schiller, Briefe über die ästhetische Erziehung des Menschen; G. E. Moore, Principia Ethica, Kap. 6; L. S. Stebbings, Ideals and Illusions, London 1948; H. Kohut, Narzißmus, Frankfurt/M. 1976; M. Mitscherlich, Das Ende der Vorbilder, München 1978.
                                                    A. S.

Identität ↑ Ich.

Ideologie (griech.-franz.: Lehre von den Ideen) ist ein erkenntnis- u. gesellschaftskritischer Begriff. Er dient dazu, Überzeugungen u. Theorien zu kritisieren, die nur vermeintlich bestimmten Kriterien von Wirklichkeit u. ↑ Wahrheit entsprechen, tatsächlich jedoch von Interessen u. ↑ Zwekken geleitet sind, die diesen Kriterien widersprechen. Ist der Begriff der Wirklichkeit auf den Bereich der sinnlichen Erfahrungen beschränkt (Positivismus), gelten alle Ideen, ↑ Weltanschauungen u. nicht-empirischen Theorien als I.n. Da I.n nach diesem Verständnis empirische Kriterien ihrer Gültigkeit fehlen, liefern sie der *Illusion* (lat., Täuschung), sowohl der subjektiven Selbsttäuschung wie der Mißdeutung der empirischen Wirklichkeit, Vorschub. – Gilt die objektive Wirklichkeit als Funktion der gesellschaftlichen u. ökonomischen Verhältnisse, so ist das menschliche Bewußtsein Produkt ökonomischer u. sozialer Verhältnisse *(Marx).* Das ,wahre' proletarische Bewußtsein läßt sich danach mit Hilfe der I.kritik vom ideologisch ,falschen' Bewußtsein aller anderen Klassen unterscheiden. Liberalismus u. Kapitalismus (↑ Wirtschafts-E) sind dann zu kritisierende I.n. – Nicht nur das bürgerliche, sondern jedes von Werturteilen geprägte nicht-rationale Bewußtsein ist nach der soziologischen Modifikation des marxistischen Ansatzes von seiner „sozialen Seinslage" bestimmt u. damit i. *(K. Mannheim).* Danach wären auch Sprache, Kunst (↑ Spiel) u. ↑ Erziehung I. – Wenn die Theorien, die die Wirklichkeit nach technischen Zwecken u. deren Verfügbarkeit definieren, als vom Interesse an ↑ Herrschaft bestimmt gelten, gerät die wissenschaftliche Rationalität selbst in den Verdacht, I. zu sein *(J. Habermas)*. Auch der Versuch des ↑ kritischen Rationalismus, I. von ↑ Wissenschaft durch kritische Prüfung *(H. Albert)* zu unterscheiden u. dialektische Theorien als nicht prüfbar u. daher i. zu kennzeichnen, ist mit dem Problem konfrontiert, seine nicht näher begründeten sozialen Geltungsansprüche vom I.verdacht zu befreien (sogenannter Positivismusstreit). – I. ist demnach ein Begriff, mit dem alle theoretischen u. praktischen Positionen bezeichnet werden können, deren Wahrheits- u. Wirklichkeitskriterien von der jeweils entgegengesetzten Position her negativ beurteilt werden. Begründet ist der I.-Vorwurf allerdings nur auf der Basis vernünftig begründeter Kriterien von Wahrheit u. Wirklichkeit.

Lit.: K. Marx, Die deutsche I., Abschn. I.; K. Mannheim, I. u. Utopie, Frankfurt/M. ³1952, Teil I, II, V; Th. W. Adorno, H. Albert, J. Habermas, K. Popper u. a., Der Positivismusstreit in der deutschen Soziologie, Darmstadt/Neuwied ⁴1975; J. Habermas, Technik u. Wissenschaft als ‚I.‘, Frankfurt/M. 1968, S. 48–103; G. Lukács, Schriften zur I. u. Politik, Darmstadt/Neuwied ²1973, S. 1–40, 75–81; K. Lenk (Hrsg.), I., Neuwied/Berlin ⁵1971; P. C. Ludz, I.begriff u. marxistische Theorie, Opladen 1976, S. 82 ff; M. Ewert, Die problematische Kritik der I., Frankfurt/M. 1982; K. Salamun (Hrsg.), Aufklärungsperspektiven. Weltanschauungsanalyse u. I.-Kritik, Tübingen 1989; T. Eagleton, I. Eine Einführung, Stuttgart/Weimar 1993.

W. V.

Idol ↑ Ideal.

Illusion ↑ Ideologie.

Immoralismus ↑ Nihilismus.

Imperativ ↑ Kategorischer Imperativ.

Imperativentheorie ↑ Rechtspositivismus.

Imperialismus ↑ Diskriminierung.

Indeterminismus ↑ Determination.

Indifferenz. Mit I. bezeichnen wir eine Einstellung des ↑ Menschen, die sich den Inhalten möglicher ↑ Handlungen gegenüber ↑ sittl. neutral verhält. Der Begriff der I. deckt sehr verschiedene e Probleme ab: (1) In der mittelalterlichen Philosophie taucht er im Zusammenhang der Analyse des Handlungsverlaufes u. der sittl. Wahl (↑ Entscheidung) auf. Die menschliche ↑ Freiheit wird durch die Annahme einer Phase im Handlungsverlauf gesichert, in der der Mensch den Inhalten der Handlung indifferent gegenübersteht (libertas indifferentiae), ehe er wählt. Während *Duns Scotus* eine strenge I. bis zur willentlichen Stellungnahme festhalten will, sieht *Thomas v. Aquin* im Erkenntnisakt bereits eine sittl. Qualifizierung, die die Wahl leitet. (2) Ein weiteres Problem der I. ergibt sich aus der Frage, ob man bestimmte Handlungen als sittl. neutral bezeichnen kann. Hierbei steht die Behauptung sittl. relativ bedeutungsloser Handlungen des Alltags der Auffassung entgegen, die stets einen entfernten Zusammenhang zu bedeutsamen Handlungen sieht. Aufgrund des ↑ personalen u.

↑ gesellschaftlichen Zusammenhangs menschlicher Entscheidungen muß man in der Tat auch den relativ bedeutungslosen einen indirekten Bezug zu sittl. bedeutsamen u. daher eine abgeleitete ↑ Wertigkeit zusprechen. (3) Von den objektiven Bedingungen der I. unserer Handlungen ist schließlich die I. der subjektiven Einstellung zu unterscheiden. Eine solche fehlende ↑ Motivation zur sittl. Stellungnahme nennen wir *Gleichgültigkeit.* Sie hat entweder ihre Ursachen in der frühkindlichen ↑ Sozialisation, in der eine labile elterliche Erziehungspraxis keine Ausbildung eines sittl. Unterscheidungsvermögens ermöglichte. Oder sie resultiert aus der Enttäuschung über die mangelnde Überzeugungskraft u. praktische Wirksamkeit sittl. Entscheidungen u. äußert sich als Gefühl der *Resignation,* das u. U. die gesamte Lebenseinstellung bestimmen u. in den ↑ Selbstmord treiben kann.

Lit.: Thomas v. Aquin, Summa Theologica II-I qu. 18; S. Kierkegaard, Die Krankheit zum Tode; W. Hoerres, Der Wille als reine Vollkommenheit nach Duns Scotus, München 1962, S. 212–220.   *A. S.*

IndividualE ↑ Individuum.

Individualismus ↑ Individuum.

Individuum heißt das Einzelseiende, das nicht geteilt werden kann, ohne seine Einzigkeit u. Eigenexistenz zu verlieren. Als e Begriff bezeichnet er den einzelnen Menschen in der Einmaligkeit seiner ↑ Bedürfnisse u. Interessen, Talente, Fähigkeiten u. auch ↑ Leidenschaften, seiner Lebens-

weise u. ↑ Sinnvorstellungen. Vor allem die ↑ christliche u. die ↑ existentialistische E (*Kierkegaard* als Antipode *Hegels*) haben die Würde (↑ Humanität) u. Unvertretbarkeit des einzelnen Menschen herausgestellt u. ihn aufgefordert, sich in einem emphatischen Sinn als I. zu realisieren, indem er weder rein willkürlich handelt noch bloß Autoritäten, vielmehr dem eigenen ↑ Gewissen folgt, sich in seiner Eigenart, auch seinen Schwächen anerkennt u. für sein Handeln die ↑ Verantwortung übernimmt. – Das menschliche I. ist weder eine beziehungslose noch eine von Geburt an fertige Monade. Es findet seine Identität in einem lebenslangen Bildungsprozeß. Für ihn sind charakteristisch ↑ Erziehung u. Selbstfindung, Gruppen mit einem gemeinsamen Wir-Gefühl (↑ Kommunitarismus), ↑ Arbeit u. ↑ Kommunikation (dabei vornehmlich Beziehungen, die durch ↑ Freiheit u. ↑ Gerechtigkeit bestimmt sind), auch ↑ Spiel, ↑ Religion u. die Selbstdarstellung in Werken der Kunst, ↑ Wissenschaft usw. Wo I.en allein nicht zurechtkommen, sind gemäß dem Prinzip ↑ Subsidiarität Gemeinschaft u. ↑ Gesellschaft gefordert.

In Ergänzung zur ↑ SozialE, die die angemessene Grundordnung der Gesellschaft bestimmt, untersucht die *IndividualE* die ↑ Pflichten des I. gegen sich selbst u. den Mitmenschen (etwa die Verbote zu töten, zu lügen, zu stehlen). Sie geht vom Wesen des ↑ Menschen als individueller Person aus u. hebt auf Eigenverantwortung u. Selbstverwirklichung ab, ohne die komplementäre soziale u. politische Dimension des Menschen leugnen zu müssen. – Der *Individualismus* behauptet den absoluten Vorrang des einzelnen: seine Eigenverantwortlichkeit, die ihm keine Gemeinschaft abnehmen kann, u. seine Unvertretbarkeit, so daß (im Gegensatz etwa zum ↑ Utilitarismus u. zu Formen ↑ marxistischer E) das Wohl keines I. gegen das anderer verrechnet werden darf. Ein „methodischer Individualismus" der klassischen u. zeitgenössischen Wirtschafts- und Vertragstheorie (*Hobbes, Locke, Rousseau, A. Smith, Kant, Hayek, M. Friedman, Rawls, Nozick, Höffe* u. a.) behauptet weder die gänzliche Isoliertheit der Menschen noch, daß Zusammenarbeit nur ein Mittel zur Verfolgung individueller Ziele sei, wohl aber, daß jede soziale u. politische ↑ Ordnung sich letztlich nur aus dem ↑ Selbstinteresse der I.en rechtfertigen könne (↑ Gesellschaftsvertrag). Teils begründet er eine ↑ WirtschaftsE des laisser-faire u. einen ↑ Staat, der sich auf die Sicherung der ↑ Grundrechte konzentriert, um die freie Entfaltung der I.en zu ermöglichen (Liberalismus), teils resultiert er in einem politischen Absolutismus *(Hobbes).*

Lit.: Th. Hobbes, Leviathan, bes. Kap. 6, 11, 13; M. Stirner, Der Einzige u. sein Eigentum, (1844) Stuttgart 1972; J. S. Mill, Über die Freiheit, bes. Kap. 3 u. 4; Th. Litt, I. u. Gemeinschaft, Leipzig [3]1926; F. Neumann, Die Herrschaft des Gesetzes, Frankfurt/M. 1980; G. H. Mead, Geist, Identität u. Gesellschaft, Frankfurt/M. [3]1978, Teil III; H. Bouchet, Introduction à la philosophie de l'individu, Paris 1949; A. v. Hayek, Individualismus u. wirtschaftliche Ordnung, Erlenbach/Zürich 1952; H. Thomae, Das I. u. seine Welt, Göttingen 1968; P. B. Medawar, Die Einmaligkeit des I., Frankfurt/M. 1969; M. Landmann, Das Ende des I., Stuttgart 1971; R. Nozick, Anarchie, Staat u. Utopia, München 1976; S. Lukes, Individualism, Oxford 1976; A. Schaff, Marxismus u. das menschliche I., Reinbek 1977; C. Taylor, Negative Freiheit. Zur Kritik des neuzeitl. Individualismus, Frankfurt/M. 1988; O. Höffe, Polit. Gerechtigkeit, Frankfurt/M, 1987; ders., Vernunft u. Recht, Frankfurt/M. 1996. *O. H.*

Instinkt heißt in der biologischen *Verhaltensforschung (Ehtologie)* von *Tinbergen, K. Lorenz, Eibl-Eibesfeldt* u. anderen eine *angeborene* u. artspezifische Antriebskraft, das Moment der von individueller Lernfähigkeit nicht beeinflußbaren biologischen ↑ Determination im Verhalten von Tier u. Mensch. Eine I.handlung ist eine auf Erbkoordination beruhende starre Bewegungsweise, die ohne Einsicht in ihren Ablauf oder gar in ihre ↑ individuum- u./oder arterhaltende ↑ Zweckmäßigkeit verläuft. Ihr geht ein von individuellem Lernen beeinflußbares Appetenzverhalten, das triebhafte Suchen nach jener Reizsituation, voraus, die den ererbten Mechanismus auslöst, dessen Ablauf als lustgeladene (↑ Freude) Aktivität Befriedigung verspricht. I.e nach ihrer Funktion zu benennen (z. B. Paarungs-, Brut-, Beute-I.) ist irreführend, da an einer solchen Leistung mehrere voneinander unabhängige I.e sowie nicht-instinktive Elemente beteiligt sind. – Die Bedeutung von I.en für den Menschen ist kontrovers. In der Kulturanthropologie, etwa bei *A. Gehlen*, gilt der Mensch im I.bereich als verarmt u. verunsichert, zudem seien die Reste

seiner I.e durch die kulturelle Entwicklung u. die Bewußtseinstätigkeit
stark überdeckt. Das nicht mehr
durch I.e (u. organische Schutz- u.
Angriffsmittel) gesicherte individuelle u. kollektive Überleben soll daher
durch ↑ Kultur, durch ↑ Moral u.
Sitte auf der Basis gegenseitigen Vertrauens garantiert werden. Gegen eine zu starke Reduktion der biologischen Determinanten wendet sich die
Verhaltensforschung, insofern sie
biologische Kräfte, I.e u. Energien als
Miturosachen menschlichen, z. B.
auch aggressiven Verhaltens (↑ Gewalt) sieht. Ihre Kritiker (*J. Dollard,
A. Plack, W. Michaelis* u. a.) halten
Aggressionen usw. nicht für biologisch, sondern für rein sozial bedingt. Ursache sei allein eine repres-
sive Umwelt u. die durch sie erzeugte
Vereitelung von Bedürfnisbefriedigung (Frustration).

Verhaltensforscher wie ihre Kritiker gehen von einem linear-kausalen
Konzept sowie der Alternative Erb-
gut-Umwelt aus. Als Ursache gelten
entweder die ererbten I.e u. ihre
Auslöser oder die soziale Umwelt u.
ihre spezifischen Reize. Gegen I.- u.
Umwelttheoretiker zugleich wendet
sich die neuere „ ↑ Systemtheorie des
Verhaltens" (*E. Mayr, W. Wieser;*
Vorläufer: *J. v. Uexküll*) mit ihrem
kybernetischen Modell der Wech-
selwirkung zwischen Organismus u.
Umwelt, zu der bei Menschen auch
Staatsformen, Erziehungsmethoden
usf. gehören. Die Systemtheorie erkennt biologische Determinanten an,
jedoch nicht in der starren Form von
I.en. Sie sieht das Verhalten durch
genetische Programme gesteuert, die
sich in den Grundstrukturen des
Zentralnervensystems finden, auf zusätzliche Informationen von außen
angewiesen u. unter Einfluß individueller Erfahrung in Grenzen verän-
derlich, also offen u. modifizierbar
sind. Auch der ↑ Mensch besitze angeborene genetische Programme, die
sein Verhalten mitbestimmen. Zu
seinen Invarianzen gehört es etwa,
von einem sozialen System abhängig
zu sein, Kontakt u. Geborgenheit zu
suchen, nicht an bestimmte Territo-
rien gebunden u. in ständiger Paa-
rungsbereitschaft zu sein. Erst durch
Verarbeitung von Umweltinforma-
tionen, z. B. durch das Erleben sozialer Beziehungen, werden die Programme funktionsfähig, d. h. gehen
sie von einer latenten in eine reali-
sierte Struktur über. Überdies lassen
sie aufgrund ihrer gegenüber dem
Tier qualitativ größeren Plastizität
die Art der brauchbaren Umweltin-
formation weitgehend offen, in bezug auf Sozialbeziehungen z. B., ob
sie die Form von Sippen oder die von
Kleinfamilien haben usf. Schließlich
können Teile des Programms, etwa
jene, die für die destruktiven Aspekte
des Kampfes der Gruppen untereinander mitverantwortlich sind,
durch den Um- u. Einbau in komple-
xere Verhaltensstrukturen modifiziert werden (z. B. Abbau aggressiver
Gefühle gegen Fremde durch Ausweitung des Begriffs der Gruppe auf
die Bevölkerung der Erde: ↑ Humanitarismus). Diese Modifikation läßt
sich im kybernetischen Modell auch
als durch Bewußtsein, Vernunft gesteuert denken, da das Zentralner-
vensystem von einem gewissen Grad
der Komplexität an beginnt, seine eigenen Anweisungen zu formulieren.

Lit.: J. v. Uexküll, Umwelt u. Innenleben der Tiere, Berlin 1909; M. Scheller, Die Stellung des Menschen im Kosmos, München [8]1975; J. Tinbergen, I.lehre, Berlin [6]1979; A. Gehlen, Anthropolog. Forschg., Reinbek, 1961; ders., Moral u. Hypermoral, Frankfurt/M. [3]1973; K. Lorenz, Über tier. u. menschl. Verhalten, 2 Bde., München 1965 u.ö.; ders. u. P. Leyhausen, Antriebe tier. u. menschl. Verhaltens, München [4]1973; E. Mayr, Behavior Programs and Evolutionary Strategies, American Scientist Bd. 6, 1974; G. Roth (Hrsg.), Kritik der Verhaltensforschung, München 1974; W. Wieser, K. Lorenz u. seine Kritiker, München 1976; M. Merlau-Ponty, Die Struktur des Verhaltens, Berlin 1976; J. Eibl-Eibesfeldt, Die Biologie des menschlichen Verhaltens. Grundriß der Humanethologie, München 1984. *O. H.*

Institutionen (von lat. instituere: einsetzen, anordnen) sind kein starres System, das die Verhältnisse zwischen Individuen u. Gruppen untereinander u. gegenüber der ↑ Gesellschaft u. dem ↑ Staat rein funktional bestimmt. Gewohnheiten, ↑ Sitten u. ↑ Bedürfnisse werden mit ihrer Anerkennung auf Dauer gestellt. Sie bilden die Regelmäßigkeiten sozialen Handelns, entlasten den einzelnen von der Wiederholung bewußter ↑ Entscheidungen zu bestimmten Handlungsweisen (Entlastungsfunktion), heben jedoch nicht das subjektive Bewußtsein der Handlungsnormen so auf wie biologische oder triebhafte Funktionen (↑ Biologismus). I. sind „Handlungsformen der Gewohnheit" *(A. Gehlen),* ein „objektiv festgelegtes System sozialer Handlungen" *(H. Schelsky),* im Sinne *Hegels* „objektiver Geist", als Einheit des vernünftigen u. des einzelnen Willens, in der der subjektiven Willkür Schranken gesetzt sind u. die Zwecke von Gesellschaft u. Staat mit den privaten in Sitte u. Gewohnheit übereinstimmen. I. können anthropologisch als bedürfnisbedingte Funktionen *(B. Malinowski)* zur Stützung einer soziokulturellen Einheit (Integrationsfunktion), sozialphilosophisch als Funktion der ihnen zugrundeliegenden Ideen u. Vorstellungen *(M. Hauriou)* oder pragmatisch als funktionale u. zweckmäßige Organisationsformen des sozialen Lebens *(A. Gehlen)* betrachtet werden: Sie bilden jeweils das ein Handeln konstituierende System von Normen, das einerseits gesellschaftliches Leben stabilisiert, andererseits aber Basis des sozialen Wandels ist, indem es ein kritisches Bewußtsein von Normen u. deren Legitimität schafft. Damit kann sich ein Gegensatz zwischen normativen Ansprüchen u. institutioneller Legitimität entwickeln, der einen Wandel der I. notwendig macht. – Ein Konflikt zwischen ↑ Freiheit u. I. entsteht für jene E, die die normativen Bestimmungen des Handelns auf die subjektive Verpflichtung des ↑ Gewissens einschränkt *(I. Kant)* u. demgegenüber den normativen Anspruch der I. abwertet. Das Problem der I. ist jedoch das der sittl. Wirklichkeit des Handelns, das notwendig die kritische Reflexion von Handlungsnormen u. die Legitimation von I. im Prozeß der ↑ Kommunikation einschließt. Das offene, kritisierbare Verhältnis von Freiheit u. I. innerhalb der politischen u. rechtlichen ↑ Ordnung mit Hilfe der Grund-Institution der ↑ Sprache *(K.-O.*

Apel) bildet die Grundlage freien u. vernünftigen Handelns.

Lit.: G.W. F. Hegel, Rechtsphilosophie, §§ 1820 ff, u. Enzyklopädie, §§ 483–552; K.-O. Apel, Transformation der Philosophie, Bd. 1, Frankfurt/M. 1973, 197–221; H. Schelsky (Hrsg.), Zur Theorie der I., Düsseldorf 1970; R. Schnur (Hrsg.), Die Theorie der I. u. 2 andere Aufsätze von M. Hauriou, Berlin 1965, S. 27–66; ders. (Hrsg.), I. u. Recht, Darmstadt 1968; A. Gehlen, Moral u. Hypermoral, eine pluralistische E, Frankfurt/M.-Bonn ²1970, Kap. 7; H. J. Helle (Hrsg.), Kultur u. I., Berlin 1982; C. Hubig (Hrsg.), E institutionellen Handelns, Frankfurt/M./New York 1982; O.Höffe, Politische Gerechtigkeit, Frankfurt/M. 1987, Teil II–III.   *W. V.*

Instrumentaler Wert ↑ Wert.

Integration ↑ Krankheit.

Intention ↑ Gesinnung, Handlung.

Intentionalität ↑ Handlung, Verstehen.

Interaktion ↑ Kommunikation.

Interesse ↑ Bedürfnis.

Interkultureller Diskurs. Der i. D. über ↑ Moral u. ↑ Recht, der weder in der eigenen Kultur allein stattfindet noch sich an deren besondere Voraussetzungen bindet, wendet sich gegen die Gefahr, andere ↑ Kulturen am Maßstab der eigenen zu messen *(Ethnozentrismus)*, insbesondere gegen die Neigung, von den europäisch-amerikanischen Kulturen her alle anderen als defizient, als primitiv, barbarisch oder als zurückgeblieben („unterentwickelt") abzuwerten *(Eurozentrismus)*. Ansätze zur Achtung fremder Völker finden sich in *Herders* Begriff vom „Genius eines Volkes" und in *Hegels* Theorie der „Volksgeister", wonach sich im Laufe der Geschichte verschiedene Kulturformen herausbilden, die in sich kohärent sind u. insoweit sich selbst rechtfertigen. Der i. D. verlangt, andere Kulturen in ihrer unverwechselbaren Eigenart ernst zu nehmen, ohne deshalb in einen e ↑ Relativismus zu verfallen. Herausgefordert schon durch den vielfältigen ↑ Pluralismus der Neuzeit, gewinnt er eine neue Dringlichkeit durch die Globalisierung der Lebensverhältnisse, durch das wachsende Selbstbewußtsein anderer Kulturen u. durch die weltweiten Wander-(Migrations-)Bewegungen. Von Gegenseitigkeit kann nur dort die Rede sein, wo die Europäisierung des Globus mit einer Globalisierung Europas Hand in Hand geht. Heuristisch kann ein i. D. mit folgender Faustregel arbeiten: Das, wofür wir uns stark einsetzen, finden wir auch bei anderen, sowohl im Positiven – was wir einfordern, läßt sich mindestens in Ansätzen andernorts entdecken – als auch im Negativen: worüber wir uns empören, empören sich andere auch. Ein i. D. des Rechts u. der Moral findet auf mehreren Ebenen statt. (a) Als Moral- u. Rechtsgeschichte sucht er den den anderen Kulturen eigenen, oft älteren Ursprung von Moral u. Recht auf. Oder bei den ältesten juristischen Fakultäten Europas sieht er, daß sie vom ↑ Islam beeinflußt sind, den seinerseits das griechische Rechts- und Staatsdenken prägen. Außerdem erinnere man sich, daß der Gesetzgeber *Solon* weit herumgereist ist, daß *Platon* andere Stadtrepubliken, vor allem Sparta, zum Vorbild nimmt u. daß *Aristoteles* die Verfassung Karthagos rühmt. (b) Im Kulturvergleich hebt er auf das gemeinsame moral. Erbe der Menschheit ab, etwa auf die ↑ Goldene Regel u. auf elementare Prinzipien der ↑ Gerechtigkeit. (c) In der Moral- u. der Rechtsbegründung greift er nicht auf kulturspezifische, sondern auf kulturübergreifend gültige Prämissen zurück, gegründet in der allgemeinen Menschenvernunft u. in Elementen der Anthropologie (↑ Mensch). Der i. D. hält das für gültig, was dem Widerspruch aller anderen Kulturen standhält. Er legt wert auf die Unterscheidung von Universalität u. Uniformität. Er verteidigt gegen den ↑ Kommunitarismus universale Prinzipien, die er freilich so formal begründet (↑ Begründung), daß sie für die Eigenart anderer Kulturen offen bleiben. Dabei geht es sowohl um Prinzipien, die innerhalb der ↑ Gesellschaften als auch zwischen ihnen herrschen sollen (↑ Weltrepublik). (d) Für die Moral- u. Rechtspraxis verlangt er schließlich, die Prinzipien so behutsam zu verwirklichen, daß die anderen Kulturen dasselbe Recht auf einen Lernprozeß erhalten, das sich – etwa bei den Menschenrechten (↑ Grundrechte) u. dem Völkerrecht – Europa u. Nordamerika auch genommen haben.

Lit.: J. G. Herder, Ideen zur Philosophie der Geschichte der Menschheit; G. W. F. Hegel, Vorlesungen über d. Phil. der Geschichte, §§ 448 ff; Ch. Taylor, Multikulturalismus u. die Politik der Anerkennung, Frankfurt/M. 1993; M. Delgado, M. Lutz-Bachmann (Hrsg.), Herausforderung Europa, München 1995; R. A. Mall, Philosophie im Vergleich der Kulturen, Darmstadt 1995; O. Höffe, Vernunft u. Recht. Bausteine zu einem interkulturellen Rechtsdiskurs, Frankfurt/M. 1996. *O. H.*

Internationale Gerechtigkeit ↑ Gerechtigkeit, Weltrepublik.

Interpretation des Verhaltens ↑ Verstehen.

Intuition ↑ Gefühl, Methoden der E, Wert.

Intuitionismus ↑ MetaE.

Irrtum ↑ Wahrheit.

Islamische Ethik (arab. islām: Ergebung in Gott, Hingabe). Die i. E ist der Inbegriff der Glaubens- u. Rechtsvorschriften, die sich für den gläubigen Moslem (muslim: jemand, der den Islam praktiziert) als Mitglied der islamischen Gemeinschaft (umma) ergeben. Sie leiten sich aus dem Glauben an Allah als den einzigen ↑ Gott, an Mohammed als seinen höchsten Propheten u. an den *Koran* ab, das heilige Buch, in dem die Offenbarung Allahs an Mohammed niedergelegt ist. Sure 4, 136 enthält sinngemäß die Glaubensformel (šahāda), die die Zugehörigkeit zum islamischen Glauben begründet: „Es gibt keinen Gott außer Allah, u. Mohammed ist der Gesandte Allahs". Die vorislamischen sittl. Prinzipien u. Rechtsgrundsätze (↑ Tugend, murū'a = virtus, Ehrbegriff, Freigebigkeit, ius talionis) wurden von Mohammed (570–632 n.Chr.) gewandelt u. modifiziert. Elemente der ↑ jüdischen u. ↑ christlichen E, die in den Glaubensauseinandersetzungen des vorderen Orients präsent waren, gingen in seine Lehre ein, wurden aber dem Primat des streng monotheistischen Glaubens an Allah u. dem Anspruch der Einzigartigkeit der Berufung Mohammeds als des höchsten Propheten untergeordnet. Mohammed lenkte die arabische Kriegslust auf den heiligen Krieg gegen die Ungläubigen (ǧihād) u. empfahl die Möglichkeit der finanziellen Begleichung der Blutrache.

Die E des Koran verpflichtet den Moslem, 1. seinen Glauben öffentlich zu bekennen (šahāda); 2. fordert sie ihn zum fünfmaligen täglichen Gebet (ṣalāt) verbunden mit Riten u. Waschungen auf, das seinen Höhepunkt in der Gemeindeversammlung zum Freitagmittgagsgebet in der Moschee findet; 3. verlangt sie von ihm Steuern u. Abgaben zur sozialen Fürsorge für Arme, Kranke u. Waisen u. zum Kampf gegen die Ungläubigen (zakāt); 4. ermahnt sie ihn zum Fasten im Monat Ramaḍān, in dem Mohammed die Offenbarung zuteil wurde; u. sie fordert 5. zur Pilgerfahrt nach Mekka (ḥaǧǧ) als Höhepunkt des religiösen Lebens auf. Diese Hauptpflichten werden von der *Sunna,* einer Sammlung von Koranerläuterungen u. biographischen Begebenheiten aus dem Leben Mohammeds, als die fünf Säulen (arkān) des Islam bezeichnet. Vom i. Herrscher verlangt die i.E ↑ Gerechtigkeit u. Sorge für die Armen und Schwachen (Witwen u. Waisen). Nach Abu Hanifa (8. Jhd.) ist ein Staat, der nicht soziale Gerechtigkeit verwirklicht, auch dann nicht i., wenn er sich i. nennt.

Glaube u. ↑ Recht, ↑ Religion u. ↑ Politik bilden im Islam weder notwendigerweise noch von Anfang an, wohl aber seit dem Modell von Medina eine ungeschiedene Einheit. Aus Koran u. Sunna als den Hauptquellen der Rechtsvorstellungen wurde durch die Gelehrten (sing. muftí) die Gesetzeswissenschaft (fiqh) weiterentwickelt. Neben dem Prinzip der Tradition (ḥadít), das sich auf Präzedenzfälle stützt, hat bereits der Koran eine Quelleninterpretation (iǧtihāt) auf der Basis von Analogieschlüssen (qiyās) vorgesehen. Dazu kommt gemäß der Sunna das Prinzip der Übereinstimmung der Gesetzeslehrer (iǧmā'), das eine Angleichung der Rechtsvorschriften an die religiösen, politischen, sozialen u. individuellen Erfordernisse erlaubt. Von den orthodoxen Vorschriften sind vor allem die Heiratsgesetze (Möglichkeit, bis zu vier Frauen zu ehelichen), die rigiden Strafen bei Diebstahl (Abhacken der Hand) u. das Verbot von Alkohol u. Glücksspiel bekannt geworden.

Die i. E hat zahlreiche historische Wandlungen durchgemacht. Die frühen theologischen Auseinandersetzungen kreisten um das Problem der Einzigkeit Gottes u. der Möglichkeit von Offenbarung, der Vorherbestimmung u. menschlichen ↑ Freiheit. Die strikt deterministische Auffassung der Qadriten, die als Fatalismus, als Glaube an die qisma, das von Allah zugeteilte ↑ Schicksal, dem Islam nachgesagt wird, hat sich jedoch in der Gesamttradition nicht durchgesetzt. Die Auseinandersetzung mit der philosophischen E wurde durch die arabischen Übersetzungen der griechischen Philosophie zwischen 700 u. 900 n. Chr. möglich. Dem monotheistischen Prinzip war der durch *Porphyrios* vermittelte neuplatonische Gedanke der Emanation u. des Aufstiegs der Seele zur Vereinigung mit Gott verwandt. Daneben gewannen durch die Übersetzung der Nikomachischen E des *Aristoteles* das klassische Vernunftprinzip u. die auf Erkenntnis gestützten sittl. Prinzipien durch *Al-Fārābī* u. *Ibn Sina (Avicenna)* große Bedeutung. Ihren Höhepunkt fand die philosophisch bestimmte E des Islam in den Schriften des *Ibn Miskawaihi* u. *Al Ghazzālī* im 10. u. 11. Jh., die das sittl. Prinzip der ↑ Freude u. der ↑ Tugend in den Mittelpunkt stellten. Neuplatonisches fand neben der gnostischen Lehre des *Mani*, der Prinzipien von ↑ Gut u. ↑ Böse ontologisch durch Sein u. Nichsein interpretierte, Eingang in die Bewegung der i. Mystik (Sufismus), die in der Gottesliebe (taṣawwuf) u. der Ekstase die sittl. Vollendung erblickte. Insbesondere die Bewegung der Derwische suchte durch Musik u. Tanz diese Vereinigung herbeizuführen. Insgesamt orientierte sich die i. Mystik an sittl. Prinzip der persönlichen Nachfolge des Propheten. Mystik u. philosophische E standen in ständiger Auseinandersetzung mit der theologischen Orthodoxie, ehe sie integriert wurden. Dies gilt auch für den modernen Reformismus des 19. u. 20. Jh., der unter dem Eindruck der politischen Vormachtstellung Europas einen Ausgleich mit dessen Rechtsvorstellungen suchte. Ihre Integration (z. B. im Hinblick auf die ↑ Ehegesetze u. eine völkerrechtlich vertretbare Auffassung des heiligen Krieges) wurde durch eine Neuinterpretation der Tradition angestrebt. In ähnlicher Weise beruft sich der Islam in der Auseinandersetzung mit dem Sozialismus (↑ WirtschaftsE) auf verwandte Ideen in den i. Quellen.

Ein besonderes Problem für die i. E stellen heute die ↑ Menschenrechte dar; i. Staaten haben die internationalen Verträge der Vereinten Nationen nur z. T. ratifiziert. Traditionalistische Moslems sehen die Menschenrechte im Koran schon verbürgt u. erwarten von einer Koran-Nachfolge, daß sie die Kehrseite, eine individualistische u. desintegrierte Gesellschaft, verhindern. I. Rechtsschulen des 8. u. 9. Jhd.s entwickeln übrigens ein Instrument, das anderen Religionsgemeinschaften eine allerdings kollektive Autonomie verleiht. Moderne Moslems sehen in den Menschenrechten eine Herausforderung, die neue Möglichkeiten im Islam zu entdecken hilft. Voraussetzung ist, daß man die Grundlage der nachmittelalterlichen Orthodoxie, Al-Gazhalis Synthese aus Gesetzes- u. mystischer Frömmigkeit, aufhebt, die Selbständigkeit von Philosophie u. ↑ Wissenschaft wiederanerkennt, sich erinnert, daß der Islam als eine individualistische Revolution innerhalb einer Stammesgesellschaft beginnt, nicht zuletzt, daß man einsieht, daß die Einheit von Thron u. Altar nicht nur der Politik, sondern auch der Religion schadet.

Lit.: Der Koran, in der Übersetzung v.
M. Henning, Leipzig 1901; ders., in der
Übersetzung von R. Paret, Stuttgart
1962 ff; The Encyclopaedia of Islam
(New Edition), Leiden 1960 ff; G. Berg-
strässer, Grundzüge des i. Rechts, Ber-
lin/Leipzig 1935; H. Stieglecker, Die
Glaubenslehren des Islam, München/
Paderborn/Wien 1959; D. M. Donald-
son, Studies in Muslims Ethics, London
1953; Pierre Rondot, Der Islam u. die
Mohammedaner von Heute, Stuttgart
1963; G. Hourani, Reason and Tradition in Islamic Ethics, Cambridge 1985;
R. Houvannisian (Hrsg.), Ethics in Islam, Malibu 1985; B. Tibi, Krise des
modernen Islam, Frankfurt/M. ³1991;
ders., Im Schatten Allahs: Der Islam u.
die Menschenrechte, München/Zürich
1994; A. A. Au-Na'im u. B. Tibi in:
A. A. Au-Na'im, F. Deng (Hrsg.), Human Rights in Africa, Washington
1990; M. Charfi, Die Menschenrechte
. . . in den i. Ländern, in: J. Schwartländer (Hrsg.), Freiheit der Religion,
Mainz 1993, 93–118; N. H. Abu Zaid,
Islam u. Politik, Frankfurt/M. 1996.
                                    A. S./O. H.

J

Jüdische Ethik. Die E, die sich implizit in den maßgebenden Schriften
der jüdischen Religion findet – im
Pentateuch, d.h. den 5 Büchern Moses, u. den Schriften der Propheten
als den beiden Teilen des Kanons,
sowie in Talmud u. Midrasch als der
kodifizierten mündlichen Lehre, in
der die gelehrte Auslegung der
Schrift, bestehend aus lehrhafter reli-
gionsgesetzlicher Anweisung (Ha-
lacha) u. erbaulichen Betrachtungen,
Erzählungen, Sittensprüchen, Gleich-
nissen (Haggada) des nachbiblischen
Judentums versammelt ist – kann als

Paradigma einer ↑theologischen E
bezeichnet werden.

Der Glaube an Jahwe als den einen ↑Gott, den Souverän über Natur u. Geschichte, der das Volk Israel
zum Bundespartner seines Handelns
in der Geschichte erwählt, bildet den
unhintergehbaren Bezugspunkt jüdi-
scher ↑Sittlichkeit. Moralität ist formal definiert als Gehorsam gegenüber dem souveränen Willen Gottes,
dessen Gebote, durch Moses u. die
Propheten geoffenbart, in ihren sittl.,
rechtlichen u. kultischen Vorschriften den verpflichtenden Rahmen eines guten, d.h. gottgefälligen Lebens
vorgeben. Die streng theozentrische
Interpretation des Lebens u. der Gedanke völkischer Auserwählung führen zu einer unlöslichen Verschränkung von Theologie, ↑Politik u.
↑E. Kultisch-rituelle Vorschriften
(bezüglich Sabbat, Fest- u. Fasttage,
Beschneidung, Tempelkultus, Tora-
studium, Speiseordnung) stehen
gleichberechtigt neben Normen öffentlichen u. privaten ↑Rechts wie
der ↑Moral im engeren Sinn. Die
Dominanz des Gesetzesbegriffs u.
seine juridische Auslegung hat in
verschiedenen Phasen der Geschichte
des Judentums zu einer stark legali-
stischen Auffassung von Moral u.
zur Ausbildung einer subtilen ↑Ka-
suistik geführt (vor allem im Tal-
mudismus). In Antithese hierzu standen immer wieder Strömungen, die
das Recht der Innerlichkeit, der Gesinnung, des persönlichen ↑Gewis-
sens, der unmittelbaren Frömmigkeit
in den Vordergrund stellten, so in
Ansätzen bei den Propheten, etwa
Jeremias, in den asketisch-apokalyp-
tischen Täuferbewegungen der Zei-

tenwende, etwa bei den Essenern, den Heiligen von Qumran, der Jesusbewegung, in der mittelalterlichen, aus neuplatonischem Gedankengut gespeisten Mystik der Kabbala u. deren neuzeitlicher Spätblüte, dem Chassidismus des osteuropäischen Judentums *(M. Buber)*, sowie in der jüdischen Aufklärung (etwa *Moses Mendelssohn)* u. im Neukantianismus *(H. Cohen)*.

Die j. E bildet kein geschlossenes System wie etwa die katholische ↑ Moraltheologie. Gleichwohl lassen sich neben der theonomen Begründung zwei Grundgedanken angeben, die die Moralvorstellungen des Judentums entscheidend bestimmen, der Gedanke der Nächsten- ↑ Liebe u. der der Vergeltung. Die älteste systematisierende Fassung j. E, auf die sich alle weitere Auslegung u. Differenzierung bezieht u. die der zeitweiligen Verengung des Interesses auf Fragen des Ritus, Kultus, des kasuistischen Rechts u. der nationalen Sittlichkeit als Korrektiv zur Seite stand, ist der mosaische *Dekalog* (Exodus 20; Deuteronomium *5)*. Neben Weisungen der Gottesverehrung u. der Sabbatheiligung haben diese Zehn Gebote allein das Verhältnis zum Mitmenschen zum Inhalt (Elternliebe, Verbot von Mord, Ehebruch, Diebstahl, Lüge). Auf dem Monotheismus fußt dabei der zentrale Gedanke, daß die Menschen als Menschen einander gleich sind, nämlich als Kinder u. Ebenbilder Gottes. Daraus resultiert die Pflicht der Nächstenliebe (vgl. Leviticus 19, 18), die sich nicht nur, wie die christliche Auslegung bis zu Beginn des 20. Jahrhunderts glauben machte, auf den

Volksgenossen beschränkt, sondern explizit den Fremdling einbezieht (Exodus 23, 9). Neben der Grundtugend der Gottesfurcht (so vor allem in den Weisheitsbüchern) steht also die Nächstenliebe, deren formales Prinzip in der ↑ Goldenen Regel des Rabbi *Hillel* klassischen Ausdruck fand. Die j. E ist ferner entscheidend geprägt vom Begriff der Vergeltung. Der jüdische Gott ist der Gott der ↑ Gerechtigkeit, der menschliches Handeln nach Maßgabe von Schuld u. Verdienst belohnt u. bestraft, der Gott der Rache (Psalm 94, 1), der Gott der Vergeltung (Jeremias 51, 56). Der altorientalische Gedanke der Vergeltung im Diesseits u./oder (im nachexilischen Judentum) im endzeitlichen Gericht wird zum primären Motiv der ↑ Sittlichkeit (vgl. etwa R. Akiba, Abot 3, 1) u. bedingt einen stark eudämonistischen Zug j. E (vgl. etwa das Gebot: Du sollst Vater u. Mutter ehren, auf daß es dir wohl ergehe auf Erden); zugleich bestimmt er entscheidend den in Strafrechtsfragen leitenden Grundsatz, wonach der Täter die gleiche Verletzung an Leib u. Gütern erdulden soll, die er zufügte oder verursachte (lex talionis, vgl. Exodus 21, 23–25; Leviticus 24, 18.20; Deuteronomium 19, 21; Weisheit 11, 16; Äth. Henoch 41, 1; R. Abika, Abot 3.16). – Vgl. ↑ anthropozentrisches u. biozentrisches Denken.

Lit.: Moses Mendelssohn, Schriften zum Judentum; M. Lazarus, The Ethics of Judaism, 2 Bd., Philadelphia 1900; H. Cohen, Jüdische Schriften (Hrsg. F. Rosenzweig), 3 Bde., Berlin 1924; Der Nächste (Hrsg. F. Rosenzweig), Berlin 1935; L. Baeck, M. Dienemann

u. a., Die Lehren des Judentums nach den Quellen, 3 Bde., Berlin 1920–29 (Bd. I Die Grundlagen der j. E.); J. Z. Lauterbach, The Ethics of Halakah, Rabbinical Essays, Cinncinati 1951; I. Mattuck, Jewish Ethics, London 1953; E. L. Berkovits, Was ist der Talmud?, Frankfurt/M. [2]1963; L. Baeck, Das Wesen des Judentums, Darmstadt [6]1966; L. Goldschmidt, Der babylonische Talmud (Deutsche Übersetzung in 12 Bänden), Berlin [2]1968; M. Mielziner, A. Guttmann, Introduction to the Talmud, New York [4]1968; M. Fox, Modern Jewish Ethics, Ohio 1975; M. M. Kellner (Hrsg.), Contemporary Jewish Ethics, New York 1978; S. D. Breslauer, Contemporary Jewish Ethics. A Bibliographical Survey, Westport Conn. 1985; ders., Modern Jewish Morality. A Bibliographical Survey, Westport Conn. 1986; O. Höffe, Moral als Preis der Moderne, Frankfurt/M. [3]1995, Kap. 12.2: „Macht euch die Erde untertan".   *M. F.*

K

Kampf ums Dasein ↑ Sozialdarwinismus.

Kapitalismus ↑ WirtschaftsE.

Kardinaltugenden ↑ Tugend.

Kasuistik (lat. casus: der Fall). Unter K. versteht man die an Einzelfällen exemplifizierte methodische Anleitung, die allgemeinen ↑ Normen des ↑ Rechts- oder Sittengesetzes auf konkrete ↑ Handlungen u. Handlungssituationen anzuwenden bzw. das im Einzelfall geltende u. anzuwendende Gesetz zu finden. Sie ist notwendig, weil die allgemeinen Normen die konkreten Handlungen u. Handlungssituationen nicht zureichend u./oder eindeutig bestimmen (v. a. in den Grenzsituationen von Gewissenskonflikten u. ↑ Pflichtenkollisionen); sie ist möglich, weil sich konkretes Handeln sowohl durch einmalige u. unwiederholbare wie durch allgemeine u. schematisierbare Momente konstituiert; sie wird problematisch, insofern sie durch Sammlung u. Systematisierung exemplarischer Fälle ein bis ins Kleinste spezifiziertes Gesetzessystem zu liefern beansprucht, das alle möglichen Fälle erschöpfend regelt u. das Handeln seines ↑ Freiheits- u. ↑ Verantwortungsspielraumes beraubt. Unumstritten ist die Notwendigkeit der K. für die konkrete Rechtsfindung. Auch eine philosophische ↑ E, die sich nicht auf eine ↑ Begründung allgemeiner Prinzipien u. Normen sittl. Handelns beschränkt, wird auf K. nicht verzichten können (vgl. etwa *Kants* Metaph. d. Sitten, 2. Teil). Eine Theorie sittl. Handelns zielt auf Handeln ab, u. dieses ist je konkret. Die heute gängige Aversion gegen Moral-K. resultiert z. T. aus berechtigter Kritik gegen das geschlossene System moralischer Vorschriften u. Sündenregister, das von der katholischen ↑ Moraltheologie der nachtridentinischen Ära im 17. u. 18. Jh. bis zu skurriler Perfektion gesteigert wurde (↑ Probabilismus). Die protestantische Theologie lehnt im allgemeinen unter Berufung auf die personale Unmittelbarkeit des göttlichen Gebotes, das im Hören des geoffenbarten Wortes den Gläubigen in Anspruch nimmt, die Moral-K. als ‚gesetzliches' Mißverständnis des Evangeliums ab. Eine unumgängliche

Rehabilitierung erlebt die K. zur Zeit in der Angewandten E, insbesondere der ↑ medizinischen E.

Lit.: Augustinus, Enchiridion ad Laurentium, cap. 78; Angelus de Clavasio, Summa de casibus conscientiae vulgo Summa Angelica, Venedig 1468; Alfons v. Liguori, Theologia moralis; I. Kant, Metaphysik d. Sitten, 2. Teil; J. Mausbach, Die katholische Moral u. ihre Gegner, Köln ⁵1921; F. v. Hippel, Richtlinien u. K. im Aufbau von Rechtsordnungen, Marburg 1942; J. Klein, Ursprung u. Grenzen der K., Festschr. F. Tillmann, Düsseldorf 1950; G. Söhngen, Gesetz u. Evangelium, Freiburg i. Br. 1957; Th. Nisters, Akzidentien der Praxis, Freiburg/München 1992; G. Patzig, Gesammelte Schriften II, Göttingen 1993.   *M. F.*

Kategorischer Imperativ heißt in der E *Kants* jenes schlechthin höchste Gebot (Sollen), das ohne jede Einschränkung, also unbedingt gültig ist. Der k. I. steht im Gegensatz zu *hypothetischen* I.en, die als (technische) I.e der Geschicklichkeit nur unter Voraussetzung gewisser Absichten gelten (z. B. wer reich werden will, muß weit mehr Einnahmen als Ausgaben haben) oder die als (↑ pragmatische) I.e der ↑ Klugheit bestimmte Handlungen als Mittel zum eigenen ↑ Glück gebieten (z. B. Diätvorschriften). Der k. I. fordert zu Handlungen auf, die nicht in bezug auf etwas anderes, sondern als solche für sich selbst gut sind (↑ Sittlichkeit). Sie sind (a) fall-, (b) personen- u. (c) kultur- u. epochenunabhängig (↑ interkultureller Diskurs). Weil der k. I. jede (subjektive) Absicht, auch die allgemeinste, das Glück, ausschließt, ist er objektiv, allgemein u. notwendig gültig; er ist das Grundgesetz reiner praktischer Vernunft (eines von empirischen Bedingungen unabhängigen Begehrungsvermögens). Sein Ursprung liegt in der Autonomie des Willens (↑ Freiheit). Mit der Aufforderung zum sittl. Handeln nennt der k. I. zugleich das höchste Kriterium dafür (↑ Moralprinzip): „Handle nur nach derjenigen Maxime, durch die du zugleich wollen kannst, daß sie ein allgemeines Gesetz werde." Da das Dasein der Dinge nach allgemeinen Gesetzen der formale Begriff der ↑ Natur ist, lautet der k. I. auch: „Handle so, als ob die Maxime deiner Handlung durch deinen Willen zum allgemeinen Naturgesetz werden sollte." Der k. I. spricht keine genauen Handlungsanweisungen an. Doch lassen sich mit seiner Hilfe persönliche Lebensgrundsätze, eben Maximen, als sittl. oder nichtsittl. beurteilen. Als I. betrifft der k. I. nur die sog. endlichen Vernunftwesen (↑ Menschen), die im Unterschied zu reinen Vernunftwesen (↑ Gott) auch durch ↑ Sinnlichkeit bestimmt sind, deshalb nicht notwendig sittlich handeln u. so überhaupt unter I.en stehen. – Im Anschluß an den k. I. *Kants* haben neuere Ethiker *(Hare, Singer)* das Prinzip der *Verallgemeinerung (Universalisierungsprinzip)* als Moralprinzip formuliert: „Man sollte keine Handlung ausführen, deren allgemeine Ausführung schlechte Folgen hat." Doch werden hier nicht Maximen (↑ Normen), sondern direkt die Handlungen verallgemeinert; ferner sind Folgeüberlegungen erforderlich, die der k. I. als Kriterium reiner Vernunft ausdrücklich abwehrt.

Lit.: I. Kant, Grundlegung zur Metaphysik der Sitten; H. J. Paton, Der K. I., Berlin 1962; R. M. Hare, Freiheit u. Vernunft, Düsseldorf 1973; J. Ebbinghaus, Die Formeln des k. I., in: Ges. Aufsätze, Darmstadt 1968; K. Cramer, Hypothet. I.e, in: M. Riedel (Hrsg.), Rehabilitierung der prakt. Philosophie, Bd. I, Freiburg 1972; R. P. Wolff, The Autonomy of Reason, New York 1973; M. G. Singer, Verallgemeinerung in der E, Frankfurt/M. 1975; O. Höffe, Immanuel Kant, München [4]1996, Kap. 9; ders. (Hrsg.), Grundlegung zur Metaphysik der Sitten, Frankfurt/M. [2]1993; ders., Kategor. Rechtsprinzipien, Frankfurt/M. 1990; R. Bittner, Hypothetische I.e, Zeitschr. f. philosoph. Forschung Bd. 34, 1980.   *O. H.*

Keuschheit ↑ Sexualität.

Kirche ↑ Religion.

Klassenethik. Die K.E ordnet die Kriterien der ↑ Sittlichkeit dem gemeinsamen politischen, ökonomischen u./oder sozialen Interesse einer gesellschaftlichen Gruppe (Klasse) unter. Dies geschieht z. B. in der ↑ marxistischen E, die die ↑ Moral als eine Form des ökonomisch bestimmten gesellschaftlichen Bewußtseins betrachtet u. damit einen funktionalen Zusammenhang zwischen E u. geschichtlichen Lebensprozessen herstellt. Sittl. ist danach, „was der Zerstörung der alten Ausbeutergesellschaft . . . dient" (*W. I. Lenin*) u. die Entwicklung zu einer klassenlosen ↑ Gesellschaft fördert. Allgemein setzt eine K.E ihre sittl. Kriterien absolut u. räumt Menschen anderer Klassen nicht den gleichen sittl. Wert u. die gleiche Kompetenz, sittl. zu handeln, ein (↑ Diskriminierung). Im

Unterschied dazu billigt eine *universale* E allen ↑ Menschen in gleicher Weise ein Streben nach ↑ Glück, den Anspruch auf die Erfüllung ihrer humanen Bedürfnisse u. eine moralische Urteilsfähigkeit zu. Eine universale E macht die Gültigkeit sittl. Normen von ihrer vernünftigen ↑ Begründbarkeit im Hinblick auf die allgemeinen Ziele der ↑ Humanität, nicht aber vom historischen Stellenwert politischer u. sozialer Ziele einzelner Gruppen oder Parteien abhängig.

Lit.: ↑ Marxistische E.   *W. V.*

Klassenkampf ↑ Marxistische E.

Klugheit (gr. phronesis, lat. prudentia) als philosophischer Terminus gewinnt seine festumrissene Bedeutung durch die Aufteilung des Gesamtbereichs der Philosophie in eine theoretische u. eine praktische Sphäre. Wiewohl auch ↑ praktische Philosophie Theorie ist u. bezüglich der Pflicht zur reflexiven Aufklärung ihrer Begriffe u. zur Strenge ihrer Beweise u. ↑ Begründungen nicht hinter der theoretischen Philosophie zurückbleibt, so ist ihre Unterscheidung von reiner Theorie gerechtfertigt durch ihren spezifischen Objektbereich (menschliches Handeln) u. durch ihren Ausgang von spezifischen Formen der Erkenntnis (sittl. Einsicht), die ihren Gegenstand nicht lediglich darzustellen, sondern ihn zu gestalten u. zu verändern streben. Praktische Philosophie verständigt sittl. Einsicht über sich selbst u. tritt insofern selbst in die Sphäre des Praktischen ein. Der Inbegriff der der Praxis eigenen Erkenntnisweisen wird von der aristotelischen Tradition als K. (phronesis) bezeichnet. Davon unterscheidet sich der vor allem durch *Kant* definierte Begriff der K., der diese als pragmatisches Wissen um die zur Beförderung eigener Glückseligkeit dienlichen Mittel bestimmt. Diese Bedeutung ist im heutigen Sprachgebrauch dominant.

(a) Im Rahmen der Unterscheidung von theoretischer u. praktischer Erkenntnis steht *Weisheit* (sophia) für die Vollendung theoretischen Wissens, das ein kontemplatives Wissen um die Ursachen u. letzten Prinzipien alles Seienden anzielt u. im Veränderlichen u. Kontingenten das Unveränderliche, Notwendige, Gesetzmäßige, Allgemeine sucht. K. hingegen ist jene Verstandestugend, die im Blick auf das allgemeine Ziel menschlichen Lebens (das ↑ Glück des Einzelnen, des Hauswesens, der Polis im Ganzen) im konkreten Einzelfall das ↑ Gute zu treffen u. das Handeln zu leiten vermag. Menschliches Glück realisiert sich in vollendetem Handeln, u. menschliches Handeln ist je konkret. Die auf rechtes Handeln zielende praktische Vernunft ist deshalb nicht nur normatives Wissen um allgemeine sittl. Prinzipien, ↑ Normen u. Regeln, sondern auch rechtes handlungsleitendes Situationsverständnis. Als konstitutive Momente der K. werden deshalb bei *Artistoteles* neben ihrer Orientierung am guten u. geglückten Leben im ganzen jene Fähigkeiten genannt, die die rechte Urteilsbildung in den Einzelfällen des Handelns ermöglichen: die richtige Überlegung (eubulia), die das konkrete Ziel bedenkt u. über Alternativen, die Arten der Durchführung, die möglichen Folgen u. die Zeitumstände reflektiert; die Verständigkeit (synesis), die in Kommunikation mit anderen ein eigenes Urteil über das sittl. Rechte zu finden vermag; die geistige Gewandtheit (deinotes), die dem geschickten Erfassen u. Verwerten der auf ein gegebenes Ziel hintendierenden Umstände dient. Entscheidend ist freilich, daß die die K. konstituierenden Teiltugenden dem Richtmaß des sittl. geglückten Lebens zugeordnet bleiben. Nur so kann sich K. als allen praxisbezogenen Verstandestugenden voranstehende Trefflichkeit verstehen, als eine mit rechter ↑ Vernunft verbundene, zum Habitus verfestigte Fähigkeit des Handelns im Bereich des dem Menschen Wertvollen. K. ist demnach sittl. *Urteilskraft,* die aufgrund natürlicher Verstandesfähigkeiten u. einer auf ↑ Entscheidung u. Gewöhnung beruhenden sittl. Grundhaltung im Feld der Praxis das Einzelne mit dem Allgemeinen zu vermitteln vermag. K. ist die zur ↑ Tugend gewordene Fähigkeit zu einem durch vernünftige Überlegung gelenkten Handeln in allen Einzelfällen, die nie adäquat u. zureichend als Fälle einer allgemeinen Handlungsnorm u. einer schematisierten Handlungssituation erfaßbar sind. Das Ziel der ↑ Sittlichkeit ist sittl. Handeln, u. dieses kann ob seiner eigenen Struktur der Zeitlichkeit u. Situationsabhängigkeit nur Gegenstand einer spezifisch praktischen Vernunft sein. K. ist die Grundtugend menschlichen Lebens, insofern dieses, in unterschiedlichen, je wechselnden, nie eindeutig bestimmbaren Umständen

u. als Praxis unwiederholbar, unwiderruflich u. unbedingt, zugleich in seinen einzelnen Akten wie im ganzen vernunftbestimmt sein soll.

(b) K. verliert ihren dominierenden Rang als ‚Herrin des Lebens‘, sobald dieses sein Ziel nicht mehr in seinen vollendeten Handlungen, sondern in einer transzendenten Anschauung ↑ Gottes zu finden glaubt, dem alles Handeln als Vorbereitung dient. Das Wissen um das eine, absolute Ziel wird Sache gläubiger, kontemplativer Weisheit (sapientia), die Kenntnis universaler praktischer Gesetze Sache des ↑ Gewissens (synderesis), die K. (prudentia), der sapientia u. synderesis instrumentell nachgeordnet, bewahrt dann lediglich die Funktion rechter Erkenntnis der Mittel zum anderwärts vorgegebenen Endzweck (vgl. *Thomas v. Aquin,* Summa theol. II–II, q 47a 6). Auf dieser Linie liegt noch die Bestimmung der K. durch *Kant:* sie ist Wissen um die Mittel u. Wege zur Beförderung eigener Glückseligkeit. Und da ↑ Glück nicht mehr als leitendes Prinzip sittl. Lebens fungiert, ist die Tugend der K. nur noch von pragmatischer, nicht aber von sittl. Bedeutung (Grundl. z. Metaph. d. Sitten, 2. Abschn.). Die Idee einer praktischen Philosophie u. mit ihr der zentrale Begriff der K. (im Sinn der phronesis) gerät ferner in dem Maß in Vergessenheit, in dem sich die Konzeption der neuzeitlichen Wissenschaft als für alle Theorie verbindlich durchsetzt: baut sich diese doch auf durch normierte, situationsenthobene, wiederholbare, schematisierte Handlungen u. sieht ab von entscheidenden Strukturmerk-

malen konkreter Praxis. Eine philosophische E, die sich nicht auf die Legitimation von Normen wie auf die Rekonstruktion schematisierter Handlungen u. Handlungssituationen beschränkt, sondern das eminent praktische Problem der Anwendung der Norm auf den kategorial heterogenen konkreten Sachverhalt mitbedenkt, wird auf eine Analyse der sittl. Urteilskraft, die von *Aristoteles* unter dem Titel Phronesis eingeführt wurde, nicht verzichten können.

Lit.: Aristoteles, Nikomach. E, Buch VI; Thomas v. Aquin, Summa theol. II–II, q. 47; D. S. Hutchinson, The Virtues of Aristotle, London 1986; P. Aubenque, La prudence chez Aristote, Paris 1962; J. Pieper, Traktat über die K., München [7]1965; R. A. Gauthier, J. Y. Jolif, L'Éthique à Nicomaque, Louvain/Paris 1970, vol. I, 1, 267–283; W. Wieland, Praxis u. Urteilskraft, Zeitschr. f. philos. Forsch., 28, 1974; O. Gigon, Phronesis u. Sophia in der Nikomach. E . . ., Festschr. C. J. de Vogel, Assen 1975; R. Bittner, Moral. Gebot oder Autonomie, Freiburg/München 1983, Kap. VI; R. Spaemann, Glück u. Wohlwollen, Stuttgart 1989, S. 73 ff; O. Höffe, Moral als Preis der Moderne, Frankfurt/M. [3]1995, Teil II–III; Ch. Schröer, Praktische Vernunft bei Thomas v. Aquin, Stuttgart 1995, Kap. II; Th. Ebert, Phronesis. Anmerkungen zu einem Begriff der Aristotelischen E, in: O. Höffe (Hrsg.), Aristoteles: Die Nikomach. E, Berlin 1995, 165–185.   *M. F.*

Kognitivismus ↑ MetaE.

Kolonialismus ↑ Diskriminierung.

Kommunikation nennen wir ein Beziehungsgeschehen *(Interaktion)* zwischen Menschen, das auf Verständnis abzielt. Für ↑ sittl. ↑ Handeln als eine Vermittlung des ↑ Selbstinteresses mit dem der anderen, wie dies etwa die ↑ Goldene Regel fordert, ist K. eine notwendige Bedingung. Sozialphilosophisch gesehen steht sie im Dienste der ↑ Bedürfnisbefriedigung u. daher im Zusammenhang mit der ↑ Arbeit. Deren Organisation verlangt eine Verständigung über Produktionsgüter, Produktionsweise (Arbeitsteilung) u. Verteilung der Produkte (Distribution: ↑ Gerechtigkeit). Selbst dort, wo sich K. vom Zusammenhang der Arbeit löst u. der Befriedigung geistiger (wissenschaftlicher, musischer oder religiöser) Interessen dient, muß der Freiraum der Muße durch Arbeit ermöglicht sein. K. in Arbeit u. Muße zeigt die Doppelstruktur, daß in ihr Sachinformationen ausgetauscht werden (semantisch-syntaktischer Aspekt) u. daß gleichzeitig die Art der Beziehung zwischen den Menschen festgelegt wird (pragmatischer Aspekt). K. über gesellschaftlich notwendige u. sinnvolle Arbeit kann nur gelingen, wenn alle Arbeitenden in sie einbezogen werden. Sie setzt gesellschaftlich-politische *Anerkennung* voraus. Im Herrschafts-Knechtschaftsverhältnis, in dem die Arbeit dem Knecht, die freie Verfügung über die Produkte dem Herrn zugeteilt ist, beschränkt sich die K. auf despotisches Befehlen u. Gehorchen. Erst die Befreiung aus der politischen Unmündigkeit ermöglicht mit der (formalen) Anerkennung der prinzipiellen Gleichrangigkeit aller Mitglieder einer Gesellschaft (↑ Gleichheit) eine K.form von der Art eines vertraglich geregelten Austausches. K. gewinnt jedoch erst dann ihren vollen Sinn, wenn sie über die formale Regelung hinaus wesentliche menschliche Bedürfnisse einbeziehen u. (inhaltlich) anerkennen kann. K. besteht dann in der Intention, daß nicht nur jeder Teilnehmer sein Selbstsein im Anderssein realisieren kann, sondern daß das „Tun des Einen" ebenso das „Tun des Anderen" (*Hegel*) ist. Die Interaktion gewinnt die Form des *Dialogs* ihrer Mitglieder.

↑ Anthropologisch gesehen bestimmt K. die menschliche Sozialisation, längst bevor sich die Befähigung zur Arbeit ausgebildet hat. Vorformen der K. finden sich bereits im affektiven Austausch von Körpersensationen zwischen Mutter u. Kind, die die ersten Lebensmonate bestimmen. Auf ihm baut der Erwerb der Wahrnehmungsfähigkeit auf, die bereits eine taktil-optisch-akustische K. ermöglicht, wie sie besonders im blickerwidernden Lächeln des Säuglings deutlich wird. Von entwickelter K. können wir erst sprechen, wenn im Zusammenhang der sog. Achtmonateangst eine individuelle Bezugsperson ausgesondert u. durch Einführung in die *Sprache* (ca. 15. Lebensmonat) eine symbolische Interaktion *(G. H. Mead)* möglich ist. Diese kann freilich nur gelingen, wenn die affektiven Beziehungsformen der frühen Kindheit Eingang in den Symbolgebrauch finden, d. h. wenn die Sprache zur angemessenen Ausdrucksform der Gefühle wird. Zugleich muß die Befangenheit des Kindes in den bildhaft-imaginären Erlebnisweisen des primären Narißmus dadurch ausgelöst werden, daß ihr besonderer Gehalt in die allgemeine Symbolik der Sprache eingebracht wird *(Lacan)*. Das Wort der primären Bezugsperson (Mutter) repräsentiert diesen allgemeinen vorstrukturierten Sinn der Sprache. Durch das Vorsprechen in Verbindung mit dem Gefühlsausdruck (in Gestik u. Mimik) u. praktischen Anweisungen (Handlungen) stiftet sie den Zusammenhang mit den Intentionen u. dem Ausdrucksbedürfnis des Kindes u. fädelt sie in die Sprache ein. Vorstrukturierter Sinn der Symbole u. sinnbildende Intention des einzelnen verbinden sich damit in der Einführungssituation der Sprache u. ermöglichen die *Begegnung* der Sprechenden im allgemeinen Symbol, d. h. K. in Form des *Gesprächs*.

Die sittl. Bedeutung von K. wird aus dem Versuch des Rückzugs von ihr u. aus Störungen deutlich. Die Fähigkeit des Menschen, in der Reflexion sich selbst zuzuwenden, eröffnet ihm die Möglichkeit des Rückzugs aus der K. in eine relative Einsamkeit. Da jedoch selbst dieses Sichzurückziehen in die Innerlichkeit im Medium von ↑ Leib u. Sprache seinen Ausdruck findet, ist zu bezweifeln, ob ein vollständiger Zustand der Icheinsamkeit *(Solipsismus)* unter nichtpathologischen Bedingungen denkbar ist. Vielmehr sind Einsamkeit u. K. zwei Pole menschlicher Beziehung, die sich wechselweise voraussetzen u. daher sittl. gesehen in einem komplementären Verhältnis stehen. Dagegen vollzieht sich eine tiefgreifende Vereinsamung in den Störungen der K., die durch eine neurotische Veränderung der Persönlichkeit eintreten. Frühe affektive u. bildhaft-imaginäre Erlebnisformen, die nicht in die allgemeine Symbolik der Sprache Eingang gefunden haben, sondern aus ihr verdrängt wurden, bewirken, daß sich in die allgemein vollziehbare sprachliche K. narzißtisch-imaginäre Erlebnisformen einschieben, die den Einzelnen der Allgemeinheit entfremden (↑ Krankheit). Dabei kann sowohl die Befangenheit in der Eigenwahrnehmung die Fremdwahrnehmung verdecken (schizoide oder autistische K.form) wie das Aufgehen im Fremderleben die Selbstwahrnehmung auslöschen (depressive oder symbiotische K.form). Die Auflösung der K. kann im Grenzfall bis zur wahnhaften Verkennung der Umwelt führen. K.störungen im persönlichen Bereich verweisen indirekt auf allgemeingesellschaftliche Probleme, ohne durch sie zureichend erklärt werden zu können. Politische Unterdrückung hat ihre Entsprechung in psychischer, die unter besonderen Bedingungen zur Verdrängung wird. Die Wiederherstellung gesellschaftlicher K. als sittl. Aufgabe unterliegt daher anderen Bedingungen als der therapeutische Prozeß, wenngleich sie sich wechselseitig voraussetzen. Im politischen Bereich müssen sich die Beteiligten selbst reflexiv über ihre unterdrückten Bedürfnisse verständigen u. stokkende K. wieder in Gang setzen. Dies kann nur gelingen, wenn den Mitgliedern der K.gemeinschaft die eigenen Bedürfnisse erlebnismäßig präsent sind u. sie durch ein Minimum an unmittelbarer K.bereitschaft den Diskurs tragen. Dieser kann nur in dem Maße erfolgreich sein, als sich seine Resultate politisch realisieren lassen. Beim therapeutischen Prozeß hingegen erfordert es die sittl. Verpflichtung gegenüber der eigenen Gesundheit, sich an den „neutralen Anderen", den Therapeuten, zu wenden, der die Bedingungen einer emotionalen Wiederherstellung der Person schafft u. die Fäden der K. knüpft. Diese kann nur in dem Rahmen gelingen, den der Stand der allgemeingesellschaftlichen K. vorzeichnet.

Lit.: Aristoteles, Politik, Kap. I, 2; G. W. F. Hegel, Phänomenologie des Geistes, S. 141 f; M. Buber, Ich u. Du; M. Theunissen, Der Andere, Berlin 1965; G. H. Mead, Geist, Identität u. Gesellschaft, Frankfurt/M. 1968; Watzlawick, Beavin, Jackson, Menschliche K., Bern/Stuttgart/Wien [3]1972; B. Waldenfels, Das Zwischenreich des Dialogs, Den Haag 1971; K.-O. Apel, Transformation der Philosophie, Frankfurt/M. 1973, Bd. II, S. 220–263 u. 330–435; J. Lacan, Funktion u. Feld des Sprechens u. der Sprache in der Psychoanalyse, Schriften I, Frankfurt/M. 1975; M. Auwärter, E. Kirsch, K. Schröter (Hrsg.), K., Interaktion, Identität, Frankfurt/M. 1976; W. Zimmerli (Hrsg.), K., München 1978; Handbuch der christl. E, Bd. III, Kap. 6: Zur E der Informationsmedien; H. Maier (Hrsg.), E der K., Freiburg i. Ü. 1985; J. Habermas, Theorie des kommunikativen Handelns, 2 Bde., Frankfurt/M. 1981; ders., Moralbewußtsein u. kommunikatives Handeln, Frankfurt/M. [2]1985.   A. S.

Kommunismus ↑ Marxistische E.

Kommunitarismus nennt sich eine Familie von sozialtheoretischen, sozialpolitischen u. moralphilosophischen Ansätzen, die das Gewicht kleinerer Gemeinschaften (engl. *communities*) betonen: ihre kulturellen Besonderheiten, ihren Wert für die Integrität einer ↑ Person, für die Bildung der ↑ Moral u. die eines Wir-Gefühls. Nicht in den anonymen, pluralistischen Gesellschaften, sondern nur in überschaubaren, auf gemeinsame Werte verpflichteten Gemeinschaften könne man noch einen greifbaren, die Leiden u. Ängste der Menschen rechtfertigenden Lebenssinn vermitteln. Im Ergebnis verwandt, aber unabhängig entwickelt, mit *Hegels* anspruchsvollem Gedanken der substantiellen ↑ Sittlichkeit im Hintergrund u. als Kritik der Traditionsvergessenheit in der ↑ Frankfurter Schule setzt sich *Marquard* für Üblichkeiten ein.

Der nordamerikanische K. fordert ↑ Gemeinsinn u. Bürgertugend *(Etzioni)*. Er rehabilitiert im Anschluß an *Aristoteles* Theorien des guten Lebens. Er kritisiert die Aufklärung, namentlich *Kants* PflichtE, er zweifelt an der Möglichkeit einer geschichts- u. kulturunabhängigen ↑ Begründung der Moral; selbst für ↑ Gerechtigkeit gebe es keine universalen Prinzipien *(MacIntyre)*. In seiner Kritik am Liberalismus wirft der K. ihm vor, von einem geschichts- u. gesellschaftsunabhängigen Subjekt, einem „ungebundenen Selbst", auszugehen *(Sandel)* u. die für eine Gesellschaft notwendigen moralischen Ressourcen nicht erneuern zu können *(Böckenförde)*. Gegen Uniformisierungstendenzen in der vielfältigen Globalisierung stellt der K. ein Gegengewicht dar, das sich für die gewachsenen Lebensformen kleinerer Gesellschaftseinheiten, für die in ihr gestifteten Bindungen, für Gemeinsamkeiten der ↑ Geschichte, ↑ Religion u. politischen ↑ Hoffnung einsetzt. Gegen die Entwicklung einer die Einzelstaaten nicht ersetzenden, aber sie übergreifenden ↑ Weltrepublik ist er skeptisch (↑ Patriotismus-Kosmopolitismus).

Der vieldeutige Ausdruck „Gemeinschaft" *(Tönnies)* – er kann ↑ Familien oder Nachbarschaften meinen, Vereine, politische oder religiöse Gemeinden, selbst einzelne Staaten – wird kaum näher bestimmt. Der K. unterschätzt den ↑ Pluralismus der Moderne, die Gerechtigkeit als gemeinsames Erbe der Menschheit u. den begrifflichen Unterschied zwischen einem Kern universalistischer Moral u. ihrer kulturspezifischen Ausprägung (↑ interkultureller Diskurs). Er überschätzt gern das Gewicht der Gemeinschaft im Verhältnis zum letztentscheidenden Maß, dem einzelnen Menschen (↑ Subsidiarität). Schließlich übersieht er bei der Berufung auf *Aristoteles,* daß auch dessen E universalistisch ist.

Lit.: G. W. F. Hegel, Rechtsphilosophie, III. Die Sittlichkeit; F. Tönnies, Gemeinschaft u. Gesellschaft, Berlin ⁸1935; M. Taylor, Community, Anarchy, and Liberty, Cambridge 1982; O. Marquard, Apologie des Zufälligen, Stuttgart 1986, 117–139; A. MacIntyre, Whose Justice? Which Rationality? London 1988; E.-W. Böckenförde, Recht, Staat, Freiheit, Frankfurt/M. 1991, 92–114; M. Walzer, Zivile Gesellschaft u. amerikanische Demokratie, Berlin 1992; A. Honneth (Hrsg.), K., Frankfurt/M./New York 1993; Ch. Taylor, Multikulturalismus u. die Politik der Anerkennung, Frankfurt/M. 1993; R. Forst, Kontexte der Gerech-

tigkeit, Frankfurt/M. 1994; M. Sandel, Liberalismus oder Republikanismus, Wien 1995; A. Etzioni, Die Entdeckung des Gemeinwesens, Stuttgart 1995; E. Teufel (Hrsg.), Was hält die moderne Gesellschaft zusammen?, Frankfurt/M. 1996; O. Höffe, Vernunft u. Recht, Frankfurt/M. 1996, Kap. 7: zum K.   O. H.

Kompetenz, humane ↑ Erziehung.

Kompetenz, sittl. ↑ Erziehung.

Kompromiß ↑ Konflikt.

Konditionieren ↑ Belohnen u. Bestrafen.

Konflikt (lat. confligere: streiten) bezeichnet allgemein einen Gegensatz, keinen unversöhnlichen Widerspruch, zwischen ↑ Personen, Ideen, ↑ Werten u. ↑ Handlungen. (1) K.e sind innerhalb oder zwischen staatlichen, ökonomischen u. ideologischen ↑ Ordnungen möglich. In beiden Fällen können die K.parteien bestimmte ↑ Normen u. ↑ Interessen teilen, sie aber verschieden auslegen oder für unterschiedliche Zwecke in Anspruch nehmen. Uneingeschränkte K.e im Sinne kriegs- oder bürgerkriegsähnlicher Auseinandersetzungen sind dann möglich, wenn die K.parteien unvereinbare Normen u. Interessen vertreten oder keine verbindlichen Normen bei widerstreitenden Interessen vorhanden sind. Die Möglichkeit eines solchen totalen K. geht von den anthropologischen Voraussetzungen aus, daß der Mensch seinem Wesen nach in einem vorgesellschaftlichen Naturzustand der Feind seines Mitmenschen sei *(Hobbes)*, daß er aus „krummem Holz" sei u. zur Verhinderung des Mißbrauchs seiner Freiheit „einen Herrn nötig" habe *(Kant)*. *Die K.forschung* (↑ Friedensforschung) begründet die Möglichkeit von K.en entweder analog mit einem reparablen, angeborenen Aggressionstrieb *(K. Lorenz)* oder entwicklungspsychologisch mit bestimmten Frustrationen in der individuellen ↑ Sozialisation, die durch soziale Maßnahmen wie ↑ Erziehung kompensiert werden sollen. (2) Die K.soziologie lehnt diese Begründungen von K. ab u. betrachtet jeden sozialen Prozeß als K. K.e sind dementsprechend der kreative Kern u. ein struktureller Faktor der ↑ Gesellschaft zur Gewinnung humaner Lebenschancen, zur Integration von Individuen u. Gruppen, die Bedingung ihrer Aktivierung u. Solidarisierung *(R. Dahrendorf)*. Die Formen des K. entscheiden über den Typ der freien oder autoritäten Gesellschaft. Primäres Ziel freier Gesellschaften ist daher nicht die Beseitigung von K.en, sondern deren rationale Regelung mit Hilfe der Prinzipien des ↑ Rechts u. staatlicher ↑ Institutionen: Sie bieten formale Mechanismen zur Lösung von InteressenK.en mit dem Ziel der Stabilisierung des sozialen Systems u. des Interessenausgleichs an. Der *Kompromiß* (lat., Übereinkunft) soll mit der Herstellung des Gleichgewichts von Interessen deren Legitimität anerkennen. Der Interessenausgleich ist jedoch nur auf der Basis eines allgemeinen rationalen *Konsens* (lat., Zustimmung) über die Grundwerte (↑ Grundrechte) der

Gesellschaft u. die verfassungsmäßigen Formen der K.regelung möglich, die aus den K.en ausgegrenzt sind. Sind Grundwerte in den K. einbezogen, werden der bisherige Konsens u. die Legitimität formaler K.regelung in Frage gestellt (normativer K.). Eine Alternative zur gewaltsamen Neufestlegung von Normen u. Werten (↑ Revolution) bietet dann ein Normenwandel auf der Basis eines erneuten rationalen Konsens: die e legitime Einlösung der Geltungsansprüche verbindlicher Werte u. Normen. Da die praktische Geltung sittl. u. sozialer Normen nicht allein rational bestimmbar ist, kommt auch die Regelung normativer K.e nicht ohne Regeln aus, die außerhalb des K.bereichs liegen u. entscheiden, welches der rationalen Argumente Recht hat (↑ Begründung). (3) K.e entstehen auch bei Individuen u. zwischen ihnen u. der Gesellschaft. Wenn soziale Werte u. Normen als Formen der Regulierung der individuellen Triebstruktur u. der Bedürfnisbefriedigung versagen, kehrt sich deren Funktion der Anpassung in Abwehrmechanismen um (↑ Entfremdung). Sie bewirken einen Orientierungsverlust (RollenK.), der zu Neurosen (↑ Krankheit) u. Verhaltensstörungen führen kann. Er weitet sich zu einem sozialen K. aus, wenn sich allgemein individuelle Bedürfnisse nicht mehr durch gesellschaftliche Interessen legitimieren lassen u. diese nicht mehr in die Motivation individuellen Handelns eingehen. Dieser K. läßt sich analog dem normativen durch einen Normenwandel, durch die Ermöglichung von Integration unter veränderten sozialen Bedingungen lösen.

Lit.: Hobbes, Leviathan, Kap. 13–15; I. Kant, Idee zu einer allg. Geschichte in weltbürgerl. Absicht, Satz 6; R. Dahrendorf, Gesellschaft u. Demokratie in Deutschland, München 1971, Abschn. 10; W. Sohn, Der soziale K. als e Problem, Gütersloh 1971; W. Bühl (Hrsg.), K. u. K.strategie, München 1972, bes. G. Simmel, J. Galtung, V. Aubert; L. Coser, Theorie sozialer K.e., Neuwied/Berlin 1972; H. P. Dreitzel, Die gesellschaftlichen Leiden u. das Leiden an der Gesellschaft, Stuttgart 1972, Kap. V. u. VI; K. Berkel, K.forschung u. K.bewältigung, Berlin 1984; R. Spaemann, Glück u. Wohlwollen, Stuttgart 1989, 1. Teil.   *W. V.*

Konflikte, moralische ↑ moralische Dilemmata, Pflichtenkollision.

Konfliktforschung ↑ Konflikt.

Konformität bezeichnet ein Verhalten, in dem der einzelne die Übereinstimmung mit den ↑ Normen u. ↑ Werten der Allgemeinheit (Gruppen, Klassen, ↑ Gesellschaft) sucht, NonK. ein Verhalten, in dem er seine Unabhängigkeit, Selbständigkeit u. Verschiedenheit gegenüber den anderen betont. Ein Minimum an Übereinstimmung mit den Wertvorstellungen der anderen ist die Bedingung von Rollenspiel u. Interaktion, d. h. ohne ein bestimmtes Maß an K. gibt es kein Gesellschaftsverhältnis des Menschen. Umgekehrt würde die Gesellschaft die wirklichen ↑ Bedürfnisse des einzelnen verfehlen u. zum funktionalen Apparat erstarren, wenn das ↑ Individuum nicht seine eigenständigen Ansprüche anmelden u. den anderen entgegensetzen könnte. Ohne NonK. im Sinne von Selb-

ständigkeit u. Kritikfähigkeit gibt es keine Identität der ↑ Person u. kein differenziertes Leben der Gesellschaft. Die sittl. Bestimmung des ↑ Guten ist daher ebensowenig wie die anthropologische Bestimmung der Gesundheit (↑ Krankheit) mit der *Anpassung* an die Gesellschaft identisch. Für das Gutsein der Übereinstimmung mit den anderen spricht die Bedeutung von ↑ Sitte u. ↑ Konsens, für das Gutsein der Differenz die eigene ↑ Gewissensentscheidung. Die sittl. Aufgabe, zu entscheiden, in welchem Maße K. u. NonK. vertretbar sind, stellt sich in verschiedenen historischen Lebens- ↑ Situationen jeweils anders, ebenso in einer totalitären Gesellschaftsordnung anders als in einer ↑ demokratischen. Einseitige Anpassung als Ausdruck einer *opportunistischen* ↑ Gesinnung, wie sie dem Typus des Karrieristen u. Erfolgsmenschen in unserer Gesellschaft zugeschrieben wird, muß jedoch ebenso sittl. fragwürdig erscheinen wie prinzipieller Widerspruch. Wird der Widerspruch gar zum Lebensprinzip einer Gruppe oder Vereinigung, kann die NonK. gegenüber Dritten selbst noch einmal Ausdruck planer K. sein.

Lit.: Th. W. Adorno, Studien zum autoritären Charakter, Frankfurt/M. 1973; D. Claessens, Rolle u. Macht, München 1974; M. Foucault, Wahnsinn u. Gesellschaft, Frankfurt/M. [2]1973; J. McDougall, Plädoyer für eine gewisse Anormalität, Frankfurt/M. [2]1989.   *A. S.*

Konfuzianismus ↑ Chinesische E.

Konkurrenz ↑ Evolutionistische E, Neid.

Konsens ↑ Konflikt.

Konstruktive Ethik. Die k. E der sog. *Erlanger Schule* steht im Gesamtzusammenhang der Rekonstruktion von Aufgaben u. Bedingungen der Bildung menschlichen Wissens überhaupt u. seiner methodischen ↑ Begründung. Die Hauptaufgabe der Wissensbildung sieht der Konstruktivismus darin, unser Eingreifen in die Geschehnisse, d. h. unser Reden, ↑ Handeln u. Herstellen, zu rekonstruieren u. vorzubereiten; ihr ↑ methodischer Aufbau besteht dem Anspruch nach in einer schrittweisen u. zirkelfreien, interpersonal überprüfbaren Rekonstruktion von Grundregeln u. Grundbegriffen des vernünftigen Argumentierens. Als Wissenschaftstheorie im weitesten Sinn unterwirft der Konstruktivismus auch die ↑ E jenen Anforderungen, nach deren Befolgung Theorie sich nicht als Mitteilung persönlicher Meinungen oder Handlungsvorschläge, sondern als eine begründete u. lehrbare Tätigkeit verstehen kann. In diesem Rahmen schlägt die k. E Regeln rationaler Argumentation vor, die für vernünftiges Handeln u. damit verbundene Zwecksetzungen konstitutiv sind. E wird dabei nicht als Theorie des guten (menschlichen) Lebens u. der es leitenden ↑ Werte, auch nicht als transzendentale Rechtfertigung von ↑ Sittlichkeit u. ihren Prinzipien verstanden. Vielmehr beschränkt sich die k. E – unter der Voraussetzung eines elementaren Interesses an konfliktfreiem Miteinanderleben – auf die Analyse und Begründung jener Regeln der *Beratung*, die zu vernünftiger, d. h. argumenta-tiv vermittelter, gewaltloser Gemeinsamkeit des Handelns führen. Im ‚Vernunftprinzip' (Transsubjektivität der Zwecksetzungen) u. ‚Moralprinzip' (Aufsuchen gemeinsamer ‚Oberzwecke', Substitution konfligierender ‚Unterzwecke' durch konfliktfreie, äquivalente ‚Unterzwecke' zu diesen ‚Oberzwecken') sieht die k. E jene situations- u. kulturinvarianten Regeln, die die Aufstellung gemeinsam überprüfbarer u. annehmbarer Sätze als Handlungsvorschläge zum Zweck vernünftiger Konfliktbewältigung ermöglichen. Die Begründung materialer Normen verlangt darüber hinaus die Anwendung dieser Prinzipien in einer von der Basis der menschlichen ↑ Bedürfnisse ausgehenden kritischen Genese von Normensystemen.

Lit.: P. Lorenzen, Normative Logic and Ethics, Mannheim 1969; O. Schwemmer, Philosophie der Praxis, Frankfurt/M. [2]1980; W. Kamlah, Philosophische Anthropologie, Mannheim 1972; P. Lorenzen, O. Schwemmer, K. Logik, E u. Wissenschaftstheorie, Mannheim [2]1975; W. Wieland, Praxis u. Urteilskraft, Zeitschr. f. philos. Forschung, 28, 1974.   *M. F.*

Konsum ↑ Materialismus.

Kontext ↑ Situation.

Kontextualisierung ↑ Relativismus.

Kontraktualismus ↑ Vertragstheorien.

Konvention ↑ Moral u. Sitte.

Kooperation ↑ Entscheidungstheorie, SozialE.

Kosmopolitismus ↑ Patriotismus-Kosmopolitismus, Weltrepublik.

Krankheit ist eine Schädigung oder Beeinträchtigung der psychophysischen Einheit des ↑ Menschen u. seiner Interaktionsfähigkeit, die er teils aus der Auseinandersetzung mit der Umwelt (exogener Ursprung), teils aus eigenen Bedingungen (endogener Ursprung) erleidet. Ein umfassendes Verständnis der K. läßt sich nur erarbeiten, wenn man den ↑ medizinischen (biologisch-physiologischen) Aspekt nicht von dem psychischen der Erlebnisweise der K. u. diesen nicht von dem sozialen der Umweltbeziehungen trennt. Selbst im Falle einer organischen Schädigung, sei sie durch äußere Verletzungen zustande gekommen oder konstitutionell-erblichen Ursprungs, ist nicht allein die Funktionstüchtigkeit des Organismus betroffen. Die psychische Veränderung durch Einstellung auf den Schmerz bedeutet eine Einschränkung der Außenwahrnehmung u. eine Konzentration auf die Wahrnehmung des Körpers als „Schmerzraum". Die Umweltbeziehung kann in der doppelten Weise betroffen sein, daß gefährdende Umstände die K. mitbedingt haben bzw. die Tatsache der K. die Beziehungen zur Umwelt verändert.

Unter ihrem Außenaspekt in methodischer Neutralität betrachtet, erscheint K. als Naturtatsache. Die Medizin kontrolliert hierbei vorwiegend die Irregularitäten der physiologischen Abläufe u. betrachtet sie als somatisches K.bild. Die Verhaltenspsychologie dagegen beobachtet den Organismus in seiner Abhängigkeit von der Umwelt. Diese Beziehung gilt als gestört, wenn der Organismus den zu seiner Selbsterhaltung notwendigen Gleichgewichtszustand (Homöostase) nicht aufrechterhalten kann, sei es, daß er dazu konstitutionell nicht in der Lage ist, sei es, daß er durch Umwelteinwirkung daran gehindert wird. Abweichendes Verhalten soll dann die benötigten Bedingungen ersatzweise herstellen. Dieses unangepaßte Verhalten gilt der Verhaltenspsychologie als krank (Verhaltensstörung), wobei sie unterstellt, daß das durchschnittliche Verhalten der Umwelt als normal zu bezeichnen ist. Die naturwissenschaftliche Abstraktion im Hinblick auf K. wird aufgehoben, wenn man die Erlebnisweise des Kranken u. seine ↑ Kommunikationsweise ins ↑ Verstehen einbezieht. Wie die Gestaltpsychologie gezeigt hat, ist der Mensch im Hinblick auf seinen ↑ Leib u. seine leibliche Umwelt (↑ Situation) bis zu einem gewissen Grad in der Lage, die auftretenden Bedingungen kognitiv-emotional zu verarbeiten u. seinem Erleben zu *integrieren*. Psyche u. Soma (↑ Leib) sind dann in der Einheit des leiblichen Bewußtseins verschmolzen (Merleau-Ponty). Widersprüchliche Umweltbedingungen (*Watzlawick* u. a.) sowie organische Schädigung u. die begrenzte Integrationsfähigkeit des Menschen bewirken eine Abtrennung des Erlebens vom leiblichen Verhalten. Diese *Desintegration* hat zur Folge, daß das Verhalten stereotyp u. die Erlebnisfähigkeit eingeschränkt wird. Für die Gestaltpsychologie ist K. somit nur unter dem Doppelaspekt der somatischen u. der Bewußtseinsveränderung zu erfassen. Sie ist ein Problem der *Psychosomatik*. Während diese jedoch die Untersuchung des Erlebens ganz auf die aktuelle Wahrnehmungsfähigkeit u. die Verengungen des Bewußtseins einschränkt, nimmt die Tiefenpsychologie oder Psychoanalyse (↑ Psychotherapie) die ausgeklammerten „sinnlosen" K.phänomene u. -symptome als Ausdruck ungelöster Beziehungskonflikte der fruhen Kındheit, die eine Fixierung des Erlebens auf einer ihrer Stufen u. eine Einschränkung der weiteren Entwicklungsmöglichkeiten bewirkt haben. Während es in der *Perversion* gelungen ist, diese ↑ Konflikte in eine wenn auch abweichende, so doch nicht krankmachende Lebensform umzusetzen, ist in der *Neurose* der Konflikt als solcher aus dem Bewußtsein *verdrängt* worden. Dies hat die pathogene Wirkung, daß er in unbewußter Weise weiterhin wirksam ist. Dem Symptom liegt ein in widersprüchliche Intentionen aufgelöstes Erleben zugrunde, von dem lediglich das Resultat eines schlechten Kompromisses die Bewußtseinsschwelle überschreitet u. als K.bild faßbar wird. Unfähigkeit zur Konfliktlösung im frühesten Stadium der Kindheit kann aber auch eine Disposition zur Abwendung von Wirklichkeit u. zum Rückzug in die primärnarzißtische Phantasiewelt zur Folge haben, wie sie besonders eindrucksvoll in der *Psychose* in Erscheinung tritt, die in ihren Schüben weitgehend mit der Realität bricht. Während in der Verhaltenstheorie (↑ Belohnen-Bestrafen, ↑ Instinkt) das Normalitäts- bzw. Gesundheitskriterium in der Anpassungsfähigkeit an das durchschnittliche Verhalten der Umwelt liegt, kann in der Gestaltpsychologie u. Psycho-

analyse abweichendes Erleben durchaus als realitätsgerecht gegenüber einer von Widersprüchen gekennzeichneten Umwelt gelten. Die Anormalität kann statt auf seiten des Individuums auch auf seiten der Umwelt liegen (*Laing*). Von K. kann man erst sprechen, wenn soziale Unterdrükkung über weitgehende psychische Einschränkungen hinaus zur Verdrängung der Konflikte führt u. sich in subjektivem Leidensdruck (Arbeits-, Genuß- u. Liebesunfähigkeit) äußert.

Die Bedeutung einer Analyse des K.begriffs liegt darin, daß sich die Begriffe von Gesundheit/K. sowie von ↑ Gut/ ↑ Böse teilweise überschneiden, ohne sich zu decken. Da bestimmte Formen der K. die ↑ Freiwilligkeit des menschlichen ↑ Handelns weitgehend einschränken können, ist psychische Gesundheit eine notwendige Vorbedingung für sittl. Handeln. Umgekehrt besteht auch eine Verpflichtung, die eigene Gesundheit nach Kräften zu schützen. In organischer Hinsicht sind Hygiene, Sport u. medizinische Vorsorge geeignete Möglichkeiten, in psychischer emotionale ↑ Wahrhaftigkeit u. Kommunikationsbereitschaft. Im Falle der Unvermeidbarkeit der Erkrankung stellt sich die Aufgabe, das ↑ Leid anzunehmen u. alles zur Wiederherstellung Erforderliche zu tun. Eine unheilbare K. (wie Krebs etc.) freilich bedeutet eine äußerste Belastung u. eine schwer zu lösende sittl. ↑ Grenzsituation. Das Problem von K. u. Heilung bewegt sich jedoch insofern im Bereich der Vorbedingungen sittl. Handelns, als psychische Gesundheit eine notwendige, aber

keine hinreichende Voraussetzung
für es darstellt. Eine besondere
Schwierigkeit ergibt sich daraus, daß
es im Grenzgebiet von E u. Therapie
Erkrankungen gibt, bei denen das
Bewußtsein der Gesinnung die Einsicht in die K. versperrt. So erscheint
die zwangsneurotische ↑ Gewissens-
prüfung als ausgeprägtes moralisches
Bewußtsein, obgleich sie jede Entscheidungsfähigkeit lähmt. Depressive Aufopferungstendenzen u. die unbegrenzte Bereitschaft zu leiden, wie
sie den „moralischen ↑ Masochismus" *(Freud)* kennzeichnet, vermitteln das subjektive Gefühl, ein guter
Mensch zu sein, obgleich sie die
Grenze zur K. überschritten haben,
weil der Betreffende gar nicht mehr
anders handeln kann. Die Einsicht in
die K. kann somit subjektiv durch
den Anschein sittl. Gesinnung verdeckt u. objektiv dadurch erschwert
sein, daß die Übereinstimmung mit
kranken Zügen der Öffentlichkeit
eher das abweichende Verhalten des
Nonkonformisten als das überein-
stimmende des ↑ Konformisten als
krank erscheinen läßt.

Lit.: S. Freud, Das ökonomische Problem des Masochismus, Werke
Bd. XIII.; V. v. Weizsäcker, Der kranke
Mensch. Einführung in die medizinische Anthropologie, Stuttgart 1951;
J. Bodamer, Arzt u. Patient, Freiburg
i. Br. 1962; A. Görres (Hrsg.), Der
Kranke – Ärgernis der Leistungsgesell-
schaft, Düsseldorf 1971; M. Merleau-
Ponty, Phänomenologie der Wahrnehmung, I. Teil. Der Leib, Berlin
²1974, P. Watzlawick, J. H. Beavin,
D. D. Jackson, Menschliche Kommunikation, Bern-Stuttgart-Wien ³1972;
R. D. Laing, Das geteilte Selbst, Köln
1974; W. Loch (Hrsg.), Die K.lehre der

Psychoanalyse, Stuttgart ²1971; Der
Kranke in der modernen Gesellschaft,
hrsg. v. A. Mitscherlich, T. Brocher, O.
v. Mering, K. Horn, Köln 1972; A.
Mitscherlich, K. als Konflikt, 2 Bde.,
Frankfurt/M. 1974/5; K. E. Rothschuh
(Hrsg.), Was ist Krankheit? Darmstadt
1975.   *A. S.*

Krieg (gerechter) ↑ Friede, Weltrepublik.

Kriegsdienstverweigerung ↑ Wehrdienst.

Krise (der Moral) ↑ Herrschaft, Moralkritik.

Kriterium ↑ Moralprinzip.

Kritik ↑ Moralkritik.

Kritischer Rationalismus. Der k. R.,
von *Popper* begründet u. im deutschen Sprachraum besonders von
Albert vertreten, verficht ein neues
Rationalitätsmodell von Wissenschaft, dann auch von ↑ Politik, das
unter Verzicht auf absolute Gewißheit rationale u. kritische Prüfung
fordert. Die klassische Erkenntnistheorie, die von selbstevidenten Ver-
nunftprinzipien (↑ Rationalismus)
oder täuschungsfreien Beobachtungen (↑ Empirismus) ausgehe, führe in
das Trilemma: infiniter Regreß, logi-
scher Zirkel oder Abbruch des Ver-
fahrens. Dieser Aporie der sog. Begründungsphilosophie entgeht der
k. R. durch einen konsequenten Fal-
libilismus (keine Erkenntnis gilt als
an sich irrtums- und vorurteilsfrei) u.
einen theoretischen Pluralismus, wonach man sich mittels Konstruktion
erfahrungsbezogener Hypothesen u.

deren Kontrolle durch begriffliche u. empirische Kritikversuche der ↑ Wahrheit annähere. Der k. R. hält die Erfahrung für eine Falsifikations-, keine Verifikationsinstanz, er kritisiert die hermeneutische u. sprachanalytische Philosophie (↑ Methoden der E), weil sie sich letztlich gegen Kritik immunisieren, u. im sog. Positivismusstreit das dialektisch-hermeneutische Verfahren der ↑ kritischen Theorie. In der neueren Diskussion wird die wissenschaftstheoretische Auffassung des k. R. aus einer Analyse der Wissenschaftsgeschichte heraus kritisiert *(Th. Kuhn, Lakatos, Feyerabend).*

Für die Politik vertritt der k. R. eine liberale Sozialphilosophie. Im Anschluß an *Bergson* fordert er als politisch-soziale Lebensordnung eine *offene Gesellschaft,* die durch freie Konkurrenz der Anschauungen, durch Revisionismus u. Reformismus (gegen die revolutionäre ↑ marxistische E) zu sozialem u. politischem Wandel im Dienst der ↑ Freiheit u. ihrer institutionellen Sicherung führe. Der k. R. lehnt ebenso eine quasi-deduktive politische Theologie konservativer oder ↑ utopischer Herkunft ab, die die Politik aus Offenbarungen einer göttlichen Autorität ableitet, wie quasi-induktive Systeme, die die individuellen Bedürfnisse für sakrosankt halten (Wohlfahrtsökonomie: ↑ Entscheidungstheorie) u. dabei deren soziokulturelle Abhängigkeit sowie ↑ Herrschaft u. ↑ Konflikte leugnen. Politik sei als rationales soziales Experimentieren auf der Basis theoretisch gestützter Sozialkritik u. -technologie durchzuführen. Sie ziele nicht auf utopische

↑ Ideale absoluter ↑ Gerechtigkeit oder Freiheit, sondern auf Eliminierung konkreter Übelstände (negativer ↑ Utilitarismus) durch schrittweise Verbesserung (Stückwerktechnik). – Man kann gegen den k. R. einwenden, daß er die transzendental-reflexive Analyse der Konstitutionsbedingungen von Erkenntnis u. sittl. Handeln (↑ Begründung) unterschlage, deshalb in seiner Kritik der Begründungsphilosophie nicht voll überzeuge u. er seine impliziten normativen Leitideen wie Wahrheit u. Freiheit nicht legitimiere, ferner daß er für die Politik erst mehr ein allgemeines Programm sei, das es noch näher auszuführen u. gegebenenfalls zu modifizieren gelte.

Lit.: K. Popper, Logik der Forschung Tübingen [10]1994; ders., die offene Gesellschaft u. ihre Feinde, 2 Bde., Tübingen [7]1992; ders., Das Elend des Historizismus, Tübingen [6]1987; ders., Conjectures and Refutations, London [5]1974; ders., The Self and its Brain, Berlin u.a. 1977; H. Albert, Traktat über k. Vernunft, Tübingen [5]1991; ders., Aufklärung u. Steuerung, Hamburg 1976; ders., Traktat über rationale Praxis, Tübingen 1978; ders., Die Wissenschaft und die Fehlbarkeit der Vernunft, Tübingen 1982; ders., Kritik der reinen Erkenntnislehre, Tübingen 1987; T. W. Adorno u.a., Der Positivismusstreit in der dt. Soziologie, Neuwied/Berlin [5]1976; D. Aldrup, Das Rationalitätsproblem in der polit. Ökonomie, Tübingen 1971; P. A. Schilpp (Hrsg.), The Philosophy of K. Popper, La Salle/Ill. 1974; Th. Kuhn, Die Struktur wissenschaftlicher Revolutionen, Frankfurt/M. [2]1976; O. Höffe, Strategien der Humanität, Frankfurt/M. [2]1985, Kap. 5 u. 10.2; P. Feyerabend, Wider den Methodenzwang, Frankfurt/M. 1976; H. F. Spinner, Popper u. die Politik, Berlin/Bonn 1978; H. Keuth, Realität u. Wahrheit, Tübingen 1978; ders. (Hrsg.), Popper, Logik der Forschung, Berlin 1997; L. Schäfer, Karl R. Popper, München 1988; K. Salamun (Hrsg.), Karl R. Popper u. die Philosophie des k. R., Amsterdam 1989; ders. (Hrsg.), Moral und Politik aus der Sicht des k. R., Amsterdam 1991; A. Bohnen, A. Musgrave, Wege der Vernunft, Tübingen 1991; D. Miller, Critical Rationalism, Chicago 1994.   *O. H.*

Kritische Theorie bezeichnet die in den 30er Jahren am Institut für Sozialforschung (begr. 1924 in Frankfurt u. nach dem New Yorker Exil wieder dort ansässig, daher: *Frankfurter Schule*) insbesondere von *M. Horkheimer, Th. W. Adorno* u. *H. Marcuse* begründete marxistische Theorie der ↑ Gesellschaft. (1) Als geschichtsphilosophische Methode versucht sie, eine „Theorie des Verlaufs der gegenwärtigen Epoche" *(M. Horkheimer)* auszuarbeiten. Sie modifiziert einerseits *Hegels* objektive Logik der ↑ Weltgeschichte, indem sie die Menschengattung als bewußtes Subjekt der Geschichte einsetzt, und kritisiert *Hegels* Idealismus als abstrakte „Verklärung" gesellschaftlicher Widersprüche. Andererseits greift die k. T. *Marx'* Ansatz auf, die Geschichte der menschlichen Gattung als Naturprozeß zu erklären (↑ Materialismus) u. der ↑ Gesellschaft als deren Handlungssubjekt die objektive Möglichkeit zuzusprechen, in einem „aktiven Humanismus" *(Horkheimer)* ↑ Glück u. ↑ Freiheit zu verwirklichen. (2) Als Wissenschafts- u. Technik-Kritik wirft die k. T. dem Positivismus *K.*

Poppers u. a. (↑ k. Rationalismus) einen naiven, an der sinnlichen Oberfläche von ↑ Natur u. Gesellschaft verharrenden, dem Idealismus einen die Vernunft mystifizierenden Begriff von Wissenschaft vor. Die k. T. versteht kritische Wissenschaft als reflexive u. soziale Vermittlung (Dialektik) von Objektivität u. Begriff, von Erfahrungswissenschaften (Empirie) u. theoretischem Denken, als ↑ Praxis: als kritisch-revolutionäre Theorie zur Durchsetzung vernünftiger gesellschaftlicher Verhältnisse. (3) Als Kritik der Erkenntnis verweist die k. T. auf den Zusammenhang von Erkenntnis u. ↑ Interesse: die „erkenntnisleitenden Interessen bilden sich im Medium von Arbeit, Sprache u. Herrschaft" *(J. Habermas).* Nur die an der ↑ Emanzipation der Gesellschaft interessierte Selbstreflexion kann danach in einem rationalen Diskurs (Idee der idealen Sprechgemeinschaft) den auf ↑ Herrschaft gerichteten Charakter von Wissenschaft aufklären u. als ↑ Ideologie kritisieren. Erkenntnistheorie ist nach dieser These nur als Gesellschaftstheorie möglich. – Die k. T. wurde als Geschichtstheologie kritisiert, die Natur u. Gesellschaft identifiziert u. der Natur im Widerspruch zu ihrem theoretischen Ansatz einen Vorrang vor der Geschichte einräumt *(M. Theunissen).* Der k. T. wurde weiterhin ihr Dogmatismus vorgeworfen, mit dem sie „nur eine Wahrheit" behauptet *(Horkheimer).* Schließlich kann gegen die Idee der idealen Sprechgemeinschaft eingewandt werden, daß sie mit dem theoretischen Ideal des rationalen Diskurses einen abstrakten Begriff der

Gesellschaft verbindet, der sich primär mit der Rationalität u. nicht mit der ↑ Sittlichkeit des Handelns rechtfertigt. (4) Zur k. T. als E: ↑ DiskursE.

Lit.: M. Horkheimer, K. T., 2 Bde., Frankfurt/M. 1968, bes. Bd. 2, S. 146–199; H. Marcuse, Philosophie u. k. T., in: Zeitschrift für Sozialforschung, Bd. 6, 1937; J. Habermas, Erkenntnis u. Interesse, Frankfurt/M. 1968, Abschn. I., 3, II., 8 u. III.; ders., N. Luhmann, Theorie der Gesellschaft oder Sozialtechnologie, Frankfurt/M. 1971; ders., Theorie des kommunikativen Handelns, 2 Bde., Frankfurt/M. 1981; ders., Faktizität u. Geltung, Frankfurt/M. 1992; M. Theunissen, Gesellschaft u. Geschichte, Berlin 1969; M. Horkheimer, Th. W. Adorno, Dialektik der Aufklärung, Frankfurt/M. 1971; M. Jay, Dialektische Phantasie . . ., Frankfurt/M. 1976; H. Dubiel, Wissenschaftsorganisation u. Erfahrung, Frankfurt/M. 1978; R. Geuss, Die Idee einer k. T., Königstein 1983; A. Honneth, Kritik der Macht, Frankfurt/M. 1985; ders., Kampf um Anerkennung, Frankfurt/M. 1992. *W. V.*

Kult ↑ Religion.

Kultur (lat. colere: bauen, gründen) umfaßt im Unterschied zur gewachsenen ↑ Natur den vom Menschen geschaffenen Lebensraum. In einem traditionellen Verständnis wird K. im Sinne der geschichtlichen K.werke (Kunst: ↑ Spiel, ↑ Wissenschaft, ↑ Religion) als Ergebnis eines Handelns, das seinen Zweck in sich selbst hat, von *Zivilisation* als instrumentaler, funktionaler, von sozialen Zwecken bestimmter Lebensform unterschieden *(E. Troeltsch, T. Mann).* In k.anthropologischen Begriffen der K. hat dagegen das Element der Zivilisation Vorrang: der ↑ Mensch schafft sich als Mängelwesen zum Ausgleich seiner Instinktunsicherheit die K. als zweite Natur *(A. Gehlen).* Institutionell ist der K.Begriff, nach dem K. ein aus autonomen u. koordinierten ↑ Institutionen gebildetes Ganzes ist *(B. Malinowski).* Diesem K.begriff von universellen Formen, Funktionen u. Strukturen der Organisation von K.en wurde der Vorwurf gemacht, den europäischen K.begriff auf alle K.en der Erde zu übertragen u. die individuellen Formen sog. primitiver K.en zu entwerten (*Eurozentrismus,* ↑ interkultureller Diskurs). Diese Kritik nimmt der *Kulturalismus* auf, der einer einheitlichen Theorie der K. gegenüber skeptisch ist, ein rein kontextgebundenes Studium einzelner K.en fordert u. ein vergleichendes Studium ablehnt *(R. Benedict).* Von diesen ethnologischen, soziologischen u. institutionellen K.begriffen ist der e zu unterscheiden. Er geht vom Vorrang des an sittl. Normen orientierten Handelns vor dem technischen u. ökonomischen aus. Dabei wird keine ‚höhere‘ von einer ‚niederen‘ K. ebensowenig wie K. von Zivilisation getrennt, sondern gefordert, daß im funktionellen Zusammenhang menschlicher Fähigkeiten u. Leistungen sowohl im instrumentalen wie im kommunikativen Handeln notwendig sittl. u. humane Normen anerkannt u. gültig sein müssen, damit jenen Leistungen kultureller Wert u. ↑ Sinn beigemessen werden kann. Sittl. Normen sind danach Grundaxiome u. Kriterien der K. als menschlicher Lebensform.

Lit.: Th. Mann, Betrachtungen eines Unpolitischen ([1]1918), Darmstadt o. J.; E. Troeltsch, Deutscher Geist u. Westeuropa, Tübingen 1925; H. Freyer, Theorie des gegenwärtigen Zeitalters. Stuttgart 1955, Teil I u. II; R. Benedict, Urformen der K., Hamburg 1955, Kap. I–III, VII, VIII; A. Gehlen, Urmensch u. Spätkultur, Frankfurt/M.-Bonn [2]1964; Teil I; A. Schweitzer, K. u. E, München 1972; B. Malinowski, Eine wissenschaftliche Theorie der K., Frankfurt/M. 1975, S. 45–172; H. Brackert (Hrsg.), Naturplan u. Verfallskritik, Frankfurt/M. 1984.   *W. V.*

Kulturalismus ↑ Kultur.

Kulturfortschrittsmoral ↑ Fortschritt.

Kunst ↑ Spiel.

Kynische Ethik. Als Kyniker bezeichnet man eine asketische Philosophenschule der Antike; die Bezeichnung „Hund" *(kyon)* wählte (oder erhielt) der Schulgründer *Diogenes v. Sinope* wegen seiner extrem einfachen u. zugleich höchst provozierenden Lebensweise. „Askese" hat hier den ursprünglichen Sinn der „Einübung" in eine philosophische Lebenshaltung, die zum Teil aus intellektuellen Exerzitien, zum Teil aus Verzichtleistung u. einer Schulung in Bedürfnislosigkeit bestand. Durch die Vermittlung des *Antisthenes* scheint die kynische Schule auf *Sokrates* zurückzugehen; durch ihre maßgebliche Wirkung auf *Zenon v. Kition* wurde sie prägend für die Stoa. Eine Wirkung auf das christliche Askeseideal und die Gestalt des Wanderpredigers besteht nachweislich. Prominent ist bis heute das Verzichtsideal des *Diogenes*, der in

einer Tonne gewohnt haben soll. Die k. E weist – in weitgehender Übereinstimmung mit anderen hellenistischen Philosophenschulen – folgende Hauptlehren auf: ↑ Glück ergibt sich aus einem Leben „gemäß der Natur"; das Glück ist für jeden durch gezielte Übungen erreichbar; es besteht in einer Herrschaft der Vernunft, während Unglück auf falschen Urteilen u. verwirrten Emotionen beruht; sein Kern liegt in einer Selbstdisziplin, die ein Leben unter allen äußeren Umständen gestattet *(Ideal des Weisen).*

Lit.: Diogenes Laertios, Leben u. Meinungen berühmter Philosophen, VI, 70–71; Dio Chrysostomus, Orationes 4,6,8–10,32,72; F. Sayre, The Greek Cynics, Baltimore 1948; H. Niehues-Pröbsting, Der Kynismus des Diogenes u. der Begriff des Kynismus, München 1979; M.-O. Goulet-Cazé, L'ascèse cynique: Un commentaire de Diogène Laërce VI, 70–71, Paris 1986.   *C. H.*

L

Laster ↑ Tugend.

Leben bezeichnet neben dem komplexen biologischen System organischer Strukturen u. Funktionen wesentlich die zwischen Geburt u. Tod gegebenen Entfaltungs- u. Selbstbestimmungsmöglichkeiten des Menschen als ↑ Person. Das biologische L. ist aber nicht allein durch Funktionen wie Stoffwechsel, Selbstaufbau u. Arterhaltung bestimmt. Merkmale wie Reizbarkeit, Sinnesfunktionen u. Bewegung ermöglichen eine relativ autonome Selbstdarstellung des Lebendigen über seine biologischen Funktionen hinaus. Auch die *Selbsterhaltung,* die alle Organe, Regulationen u. Stoffwechselprozesse umfaßt, ist dementsprechend nicht nur eine auf das Lebewesen allein bezogene Funktion, sondern eine „Weltbeziehung" *(A. Portmann).* Im biologischen Sinn dient L. nicht der bloßen Sicherung des *Überlebens,* wodurch weder die organischen Regenerationsprozesse noch die Fortpflanzung oder Artumwandlung zu erklären sind. Noch weniger ist das humane L. in seinem Entfaltungs- u. Selbstdarstellungsinteresse (↑ Kultur) oder biologisch vom Überleben im Kampf aller gegen alle *(T. Hobbes)* bestimmt. Aus der Perspektive der Evolution (↑ evolutionistische E), der ständigen Weiterentwicklung des L. u. seiner funktionellen Ordnung, erscheint das Überleben als Grundproblem des L.: Danach ist das planmäßige Altern u. der Tod des Individuums einer Art im Fortschritt der Entwicklung der Arten „genetisch einprogrammiert" *(M. Eigen).* Die Evolution ist aber als genetischer Prozeß weder eine aktuelle Bedrohung noch L.ziel eines ↑ Individuums oder einer Gattung. Biologische Prozesse liefern keine Kriterien für den ↑ Wert des L. oder die Beurteilung von Phänomenen wie dem Streben nach ↑ Glück u. ↑ Liebe. Die biologischen L.Prozesse u. -organismen enthalten keine Teleologie (↑ Ziel) als Maßstab für die Zweckmäßigkeit menschlichen L. – Das *Altern* ist zwar mit dem biologischen Lebenszyklus verbunden; seine Phasen, vom Säuglings- über das Jünglings- bis zum Greisenalter, unterscheiden sich jedoch nach ihren

sozialen Rollen, Beziehungen u. deren Rechten u. ↑ Pflichten. Mit den Stufen sind bestimmte geistige, seelische u. körperliche Leistungen u. Bedürfnisse verbunden, die ein Alter mit dem anderen in Beziehung setzen u. besonders in den frühen u. späten Altersstufen von der sozialen Umwelt abhängig machen. Die unantastbare Würde menschlichen L. (↑ Humanität) u. das gleiche Recht aller Menschen auf L. (↑ Menschenrechte) ist nicht an physische, psychische oder intellektuelle Leistungen gebunden. Menschliches L. gilt in allen Entwicklungsstufen als Zweck in sich selbst u. ist nicht von äußerer Verfügung oder Zwecksetzung bestimmt. Entscheidende e Kriterien des L. sind ↑ Freiheit u. ↑ Verantwortung, die für ein menschenwürdiges L. zumindest der Möglichkeit nach gegeben sein müssen. Diesen Kriterien, besonders aber der Selbstzwecklichkeit des L. entsprechen die ↑ Pflicht zur Erhaltung des L. u. das Verbot der *Tötung* (↑ Abtreibung, ↑ Medizinische E, ↑ Selbstmord). Dem Menschen ist die absolute Verfügungsgewalt über sein eigens u. das L. anderer entzogen. – Wie unzureichend menschliches L. als Summe chemisch oder physikalisch gesteuerter Reaktionen begriffen ist, zeigt die Bedeutung des Todes für das L. Der *Tod* ist zwar auch das Ende bestimmter biologischer Funktionen, konstituiert aber den jeweils einmaligen geschichtlichen Wert des L.: Es gewinnt angesichts seiner Endlichkeit ↑ Sinn (↑ existentialistische E, ↑ Lebensphilosophie), und zwar unabhängig von Annahmen über die Unsterblichkeit der Seele

(↑ Religion) oder die Existenz ↑ Gottes. – Vgl. anthropozentrisches u. biozentrisches Denken.

Lit.: Platon, Phaidros. 245 d–250 e; T. Hobbes, Leviathan, Kap. 13; G. W. F. Hegel, Wissenschaft der Logik, Bd. 2, Buch 3, Abschn. 3; M. Heidegger, Sein u. Zeit, Teil 1, Abschn. 1; A. Schweitzer, Kultur u. E, München [2]1972, Kap. XXI f; A. Portmann, Aufbruch der L.forschung, Zürich 1965; H. Schäfer u. a., Was ist der Tod?, München 1970; F. Jacob, Die Logik des Lebenden, Frankfurt 1972; J. Schwardtländer (Hrsg), Der Mensch u. sein Tod, Göttingen 1976; H. Ebeling (Hrsg.), Der Tod in der Moderne, Königstein/Ts. 1979; G. Scherer, Das Problem des Todes in der Philosophie, Darmstadt 1979; O. Rowe, The Construction of Life und Death, Chichester 1982; J. Glover, Causing Death and Saving Lives, London [2]1991, chap. 3 u. 7; A. Leist (Hrsg.), Um L. u. Tod, Frankfurt/M. 1990; O. Höffe, Moral als Preis der Moderne, Frankfurt/M. [3]1995, Kap. 12.2 „Macht euch die Erde untertan".   *W. V.*

Lebensgrundsatz ↑ Norm.

Lebenskrise ↑ Person, Psychotherapie.

Lebenslüge ↑ Wahrheit.

Lebensphilosophie bezeichnet eine Richtung der Philosophie des 19. u. beginnenden 20. Jh., die gegenüber der einseitigen Betonung der bewußten Rationalität des Menschen u. der Fähigkeit der Selbstreflexion in der Aufklärung *(Descartes, Kant)* u. im Deutschen Idealismus *(Fichte, Hegel)* die Abhängigkeit von vorbewußten Prozessen der Natur u. des Lebens

zur Geltung bringt. In der ↑ E entwickelt sich die Stellungnahme der L. aus der Kritik eines „Du sollst", das in reiner Vernunfteinsicht erfaßt wird. So wird es bei *Kant* unter Absehung von allen Neigungen als ↑ Pflicht begriffen oder bei *Hegel* als vernünftiger ↑ Wille, zu dem sich die Triebe bilden müssen. Die L. weist auf den versteckten Machtanspruch des einzelnen hin, der sich in solchen abstraktvernünftigen Forderungen an sich selbst (Selbstbeherrschung: ↑ Besonnenheit) u. an den anderen (Herrschaft über den Mitmenschen) verbirgt, obgleich sie sich am ↑ Guten zu orientieren scheinen (↑ Gesinnung). Für die L. werden sie damit zum Inbegriff der Heuchelei u. einer ↑ doppelten Moral. Aus der ↑ Moralkritik entwickelt die L. ihr Prinzip, den blinden Drang des ↑ Lebens nicht zu verneinen, sondern ihn in das eigene Wissen u. Wollen zu integrieren.

Für den *Kant*kritiker *Schopenhauer* ist die Welt der Vorstellung zugleich die Welt der sich bekämpfenden ↑ Individuen, der Egoismen (↑ Selbstinteresse) u. sich ausschließenden Machtansprüche. Diese lassen sich nicht durch die abstrakte Forderung des ↑ kategorischen Imperativs zügeln, der selbst zum Ausdruck des Machtstrebens wird. Hinter der Welt der Erscheinungen mit den besonderen Willen der Individuen steht nach *Schopenhauer* nicht ein vernünftiger Wille, sondern der „Wille" der Gattung in seinem blinden Drang. Mißverständlicherweise wird die Auffassung der L. manchmal als *Voluntarismus* (lat. voluntas: Wille) gekennzeichnet. Wenn aber die Quelle alles Unrechts (↑ Gerechtigkeit) u. ↑ Leidens in den bewußten Sonderbestrebungen der Individuen zu sehen ist, die in Gegensatz zueinander geraten, dann gilt es, den eigenen Willen zurückzunehmen *(Schopenhauers Pessimismus)* u. der Stimme der Gattung folgend sich in fremdes Leid zu versetzen (Altruismus: ↑ Wohlwollen). *Schopenhauer* begründet die E der allgemeinne Menschen- ↑ Liebe „im Mitleid, in dem das fremde Leiden an sich selbst u. als solches mein Motiv wird" (Werke, Bd. III, S. 697–99).

F. Nietzsche folgt *Schopenhauer* in der Absicht, die reflexive ↑ Vernunft auf ihren Grund im unbewußten Drang des Lebens, in Affekt u. Gefühl (↑ Leidenschaft) zu hintergehen. Er lehnt jedoch dessen Konsequenz der MitleidsE als Ausdruck der Verneinung von Lebensäußerungen u. als sklavische Moral in der Tradition der christlichen Nächstenliebe (↑ christliche E) ab. *Nietzsches* Moralkritik macht sich an der Verleugnung von Machtansprüchen fest, die sich in moralischen Forderungen an die Mitmenschen verbergen. Die ↑ Moral sei insgesamt Ausdruck eines Ressentiments (↑ Neid), in dem der eigene Machwille gekränkt u. der Schmerz darüber verdrängt worden sei. Die moralische Forderung sei daher Ausdruck einer sublimen Rache u. des Versuches des Sklaven, wieder die Oberhand zu gewinnen. *Nietzsche* weist den Weg zur Befreiung von der Verlogenheit der Moral durch Anerkennung der eigenen Natur u. des *Willens zur Macht* (Egoismus: ↑ Selbstinteresse). Vulgäre Formen der L. haben den Willen zur Macht als politische Machtergreifung, die Überwindung der Vernunftmoral als moralischen Freibrief mißverstanden u. entgegen *Nietzsches* Ideal des „aristokratischen" Europäertums dem Faschismus den Weg bereitet. *Nietzsches* Hinweis auf ein Leben „jenseits von ↑ Gut u. ↑ Böse" steht (für ihn) als Befreiungstat des „letzten Menschen" noch unter dem Diktat der negativen Affekte gegen die Moral u. einer indirekten Abhängigkeit von ihr. Eine geradezu übermenschliche Verwandlung fordert die Verwirklichung des *Übermenschen,* der zu einer heiteren Bejahung des Lebens fähig sein soll *(Optimismus)* u. zum Inbegriff von *Nietzsches* E des vornehmen u. starken Menschen wird. – Lebensphilosophische Voraussetzungen gehen über *Nietzsche* u. den *Schopenhauerianismus (E. v. Hartmann)* in die Psychoanalyse *Freuds* ein. Ihre Moralkritik (↑ Krankheit) steht im Dienste des Wiederzugänglichmachens unbewußter, verdrängter Wünsche. Damit will sie gemäß ihrem therapeutischen Ethos (↑ Psychotherapie) zu einer die Gefühle integrierenden Rationalität anleiten, die eine Vorbedingung ↑ sittl. Handelns darstellt.

Lit.: A. Schopenhauer, Preisschrift über die Grundlage der Moral; ders., Die Welt als Wille u. Vorstellung; F. Nietzsche, Zur Genealogie der Moral; ders., Jenseits von Gut u. Böse; ders., Zarathustra; S. Freud, Das Ich u. das Es, Werke Bd. XIII; ders., Die Disposition zur Zwangsneurose, Werke Bd. VIII; E. v. Hartmann, Die Philosophie des Unbewußten, Werke Bd. VII–IX, Leipzig 1904; K. Löwith, Von Hegel zu Nietzsche, Stuttgart 1941; O. F. Bollnow, Die L., Berlin 1958; M. Heidegger, Nietzsche, Bd. I u. II, Pfullingen 1961.

A. S.

Lebensqualität bezeichnet die normativen u. materiellen Bedingungen, die zur humanen Gestaltung des ↑ Lebens notwendig sind. Der Begriff stammt aus der Wohlfahrtsökonomie (↑ Entscheidungstheorie), hat aber neben seiner ökonomischen auch eine ökologische, sozialpolitische u. e Bedeutung. L. basiert auf der Annahme, daß wirtschaftliches Wachstum weder Maßstab noch alleiniges Mittel zur ↑ Humanisierung des Lebens ist. Wachstum soll vielmehr selbst eine Funktion der L. sein. Die ökologischen Grenzen des Wachstums (Rohstoffprobleme, Umweltverschmutzung, Bevölkerungsexplosion) haben Untersuchungen veranlaßt, Grunddaten u. Grenzwerte der menschlichen Lebenswelt u. der Belastbarkeit der ↑ Natur zu bestimmen.

Die Schwierigkeit, quantifizierbare Kriterien für diese Grunddaten zu gewinnen, lenkte auf das normative Problem der L.: ihre Abhängigkeit von sozialpolitischen Zielen u. Entscheidungen. Die Befriedigung von Grundbedürfnissen, die Freiheit von Not u. ↑ Angst u. die Förderung individueller Verantwortung u. Selbstbestimmung stehen als sozialpolitische Ziele im Mittelpunkt bei der Bestimmung der Leitlinien des Lebensstandards u. der sozialen Sicherung. Die Methode der Bestimmung von L. durch demokratische Willensbildung soll selbst Bestandteil der L. sein. – L. bestimmt sich aus qualitativ verschiedenen Elementen; aus materiellen Bedingungen humanen Lebens u. individuell auszufüllenden sittl. Normen. Die Befriedigung von Bedürfnissen u. demokratischen Verfahren kann nicht schon als Inhalt u. Kriterium individueller Lebens-, Wert- u. Zielvorstellungen gelten. L. ist ein sozialer Imperativ mit e Relevanz, indem sie Grundnormen sozialen Lebens definiert, an denen der einzelne die Normen seines Handelns orientieren kann. Individuelle Normen sollen mit Hilfe sozialer besser realisierbar sein, nicht aber inhaltlich festgelegt werden. Die Rangordnung sozialer Werte im Sinne des ↑ Gemeinwohls setzt die L. entsprechend dem Postulat, daß die Ordnung der verfügbaren Sachmittel der Ordnung der Menschen u. der ↑ Gesellschaft dienstbar gemacht werden soll, u. nicht umgekehrt.

Lit.: Qualität des Lebens, 10 Bde., Frankfurt/M. 1973; F.-W. Dörge (Hrsg.), Qualität des Lebens, Opladen 1973; W. Euchner, Egoismus u. Gemeinwohl, Frankfurt/M. 1973; D. Meadows u.a., Die Grenzen des Wachstums, Stuttgart 1972; W. L. Oltmann (Hrsg.), ‚Die Grenzen des Wachstums‘, Hamburg 1974; L. in der Bundesrepublik Deutschland, Frankfurt/M./New York 1984.   *W. V.*

Legalität ↑ Sittlichkeit.

Legitimation(skrise)   ↑ Begründung, Herrschaft, Moralkritik.

Legitime Gewalt ↑ Gewalt.

Leib. Unter dem menschlichen L. verstehen wir die angeborene organische Ganzheit, die durch seelisch-geistiges Erleben u. Handeln organisiert u. gestaltet wird. Abstrahiert man von Psyche u. Bewußtsein und betrachtet lediglich die anatomisch-physiologische Seite, dann sprechen wir vom Körper des Menschen. Sittl. Handeln setzt die Handlungsfähigkeit des Menschen, d. h. ein Handeln im L., voraus (↑ Handlung). Dieser kann durch äußere Verletzungen oder organische ↑ Krankheiten beeinträchtigt sein u. damit den Handlungsspielraum empfindlich einschränken. Er kann durch Erkrankung des seelischen Erlebnis im ↑ Menschen in Auflösung geraten und weitgehend zerfallen. Dadurch kann eine strukturelle Unfähigkeit zu sittl. Handeln auftreten, die teilweise oder völlig von ↑ Verantwortung entlastet. Die e bedeutsame Frage besteht darin, inwieweit die Erreichung u. Wahrung der Integrität des eigenen L. selbst vom Handelnden mitgetragen u. daher sittl. verantwortbar ist, ob also die L.einheit eine sittliche Aufgabe darstellt.

Um den menschlichen L. zureichend zu bestimmen, ist hinter die eigene Bewußtseins- u. Erlebnisschwelle, ja hinter die unbewußten Erfahrungsgehalte der Träume u. Phantasien in den Bereich der Körpersensationen, der Reflexe u. physiologischen Reaktionen zurückzugehen. Der L. ist fundiert im natürlichen Leben des Organismus, der in einem Austausch mit der Umwelt steht. Wird der Gleichgewichtszustand (Homöostase), der für die Selbst- und Arterhaltung notwendig ist, unter- oder überschritten, dann werden Verhaltensreaktionen in ihm ausgelöst, die Ausdruck eines Mangelzustandes (Deprivation) oder von ↑ Bedürfnissen (z. B. Hunger, Durst etc.) sind u. auf Befriedigung (Sättigung) abzielen. Solche Reaktionen können reflexhaft (z. B. Magensaftsekretion) oder zufällig entstehen u. sich durch Verstärkung von seiten der Umwelt zu Verhalten formen. Unterhalb der Handlungs- u. Erlebnisschwelle kennen wir solche reflexartigen Reaktionen (z. B. Augenschließen bei Gefahr) auf Umweltereignisse. Die Mängelzustände unseres Organismus gehen aber auch in unser Erleben ein. Sie stellen Triebreize dar, die wir als Körperempfindungen affektiv erfassen u. die sich in unserem Erleben psychisch als Wünsche niederschlagen (z. B. sexuelles Verlangen nach einem Partner). Sinnesorgane u. Bewegungsapparat stehen im Dienste unserer Wünsche. Mit *Seele* bezeichnen wir das Organisationsprinzip des Körpers, das von Körperempfindungen angetrieben durch die Organe des Körpers unsere Wünsche zu befriedigen sucht. In dieser Sicht, die jeder Mensch prinzipiell noch mit den Tieren gemeinsam hat, ist die psychophysische Einheit der höheren organismischen Lebewesen begründet. Die ↑ Sozialisation des Menschen zeigt, daß entsprechend den Anforderungen in der Mutter-Kind-Beziehung u. den Gegebenheiten der organischen Reifung stufenweise die Sensorik u. Motorik bestimmter Körperpartien entwickelt wird, zunächst die für die Tastwahrnehmung wichtigen Mund-Handpartien, dann die für die optische Wahrnehmung zentrale Augen-Stirngestalt, schließlich die für die akustische Verständigung notwendigen Hör-Sprechbereiche. Mit der Sprachfähigkeit ist die Körperlichkeit des Kleinkindes allseitig ausgebildet, so daß dieses in die Lage versetzt wird, eine Vorstellung von der Einheit seines Körpers zu gewinnen, die durch die Hautoberfläche zur Außenwelt abgegrenzt wird. Nach *J. Lacan* wird durch die Imitation der Körperbewegungen anderer Menschen oder der eigenen im Spiegel die Gewißheit der Einheit des eigenen Körpers vermittelt (Spiegelstufe). Die Fähigkeit, eine Vorstellung der senso-motorischen Einheit zu haben, ermöglicht es, zu sich „Ich" zu sagen. Das Bewußtsein des eigenen Körpers nennen wir mit *Merleau-Ponty* L. (corps vécu). Es markiert die endgültige Trennungslinie des menschlichen vom tierischen Erleben.

Dieses leibliche Bewußtsein bezieht sich auf die biologisch vorgegebene, schicksalhafte Körperlichkeit, die wissentlich u. willentlich (↑ Wille) angenommen und vom Bewußtsein organisiert und gestaltet wird. Die Einheit des l.lichen Bewußtseins ist somit nicht gegeben, sondern aufgegeben. *Merleau-Ponty* spricht von der zweideutigen Existenz zwischen Einheit u. Zerfall, Integration u. Desintegration, Gesundheit u. Krankheit. Die Gestaltpsychologie nennt dies nicht reflexive, dynamische L.-bewußtsein das Körperschema des Menschen, das im Unterschied zu ihrer Auffassung jedoch nicht allein psychologisch erklärt werden kann, da es aus Interaktionen entsteht, d. h. sozialen Ursprungs ist. Mit der eigenen Körperlichkeit übernimmt das Kind eine schicksalhaft vorgegebene, biologisch bedingte sexuelle Prägung. In den geschlechts-spezifischen

Erlebnisformen der Ödipalphase u. der Pubertät muß es diese in seine Intentionalität übernehmen u. seinem leiblichen Bewußtsein integrieren. Gelingt dies, dann erfährt es sich als männliches oder weibliches Wesen. Leidet die ↑ Sozialisation jedoch unter einem strukturellen Konflikt in der elterlichen Erziehungspraxis (z. B. zwischen Schuldgefühl u. verdrängten Wünschen), dann werden sich auch auf seiten des Kindes kein einheitlich-intentionales Erleben u. Handeln, sondern widersprechende psychische Tendenzen u. ein gebrochenes L.verhältnis ausbilden. Ist die Weise der elterlichen Zuwendung gar paradox, d. h. in ein u. derselben Handlung Zuwendung u. Abwendung zugleich, dann wird auch auf seiten des Kindes eine schizoide Überreflektiertheit das eigene L.verhältnis auflösen oder eine depressive Selbstzerstörungstendenz (*Selbstverstümmelung* oder ↑ Selbstmord) den Weg in den psychotischen Zerfall einleiten. Der neurotische Konflikt wird daher die sittl. Verantwortlichkeit für die Leibeinheit einschränken, die psychotische Abwendung wird sie weitgehend aufheben. Von der kranken Form der Beendigung des eigenen Lebens ist jedoch der aus Verantwortung für sich selbst u. die Mitmenschen au sich genommene Freitod zu unterscheiden.

Lit.: Seneca, An Lucilius, Briefe über E, Nr. 70; D. Hume, Of Suicide; M. Merleau-Ponty, Phänomenologie der Wahrnehmung, I. Teil, Berlin ²1974; K. Löwith, Die Freiheit zum Tode, in: Vorträge u. Abhandlungen, Stuttgart 1966; R. Spitz, Vom Säugling zum Kleinkind, Stuttgart 1974; J. Lacan, Das Spiegelstadium als Bildner der Ichfunktion . . ., Schriften I, Frankfurt/M. 1973; B. Forstholm, L. u. Unbewußtes, Bonn 1977; Th. v. Uexküll, Lehrbuch der psychosomat. Medizin, München u. a. 1979; A. Barkhaus u. a. (Hrsg.), Identität, Leiblichkeit, Normativität, Frankfurt/M. 1996, Teil II. *A. S.*

Leid heißt eine Erfahrung, in der wesentliche Lebensvorstellungen oder Zukunftserwartungen des Menschen durch äußere oder innere Ereignisse in schmerzhafter Weise eingeschränkt oder gänzlich unterdrückt werden. Zur Verwirklichung eines sinnvollen menschlichen Lebens (↑ Humanität) wünschen wir uns mit Recht Gesundheit, berufliche Anerkennung, ↑ Freunde, ein freiheitliches Gemeinwesen usw. Versagungen (↑ Verzicht) von seiten der Wirklichkeit verletzen uns u. bereiten Schmerz. Seine lähmende Wirkung auf das Handeln macht die Bewältigung von L. zum sittl. Problem. *Freud* unterscheidet drei L.quellen, einmal die Übermacht der ↑ Natur, dann die Hinfälligkeit des eigenen Körpers, schließlich mangelhafte u. ungerechte soziale Einrichtungen. Dazu kommt, daß die Versagungen der Wirklichkeit unter bestimmten Bedingungen (schwache Konstitution, schwere Kindheit) geradezu traumatischen Charakter annehmen u. zur seelischen ↑ *Krankheit* führen können. Dies innere L. ist meist durch schwere ↑ *Angst* u. Isolierung gekennzeichnet. Von dieser krankhaften Vereinsamung, die sich in Identitäts- u. Rollenverlust äußert, müssen wir eine *Einsamkeit* der Selbstfindung unterscheiden, die eine Bedingung gelingender ↑ Kommunikation darstellt.

Frühe Erklärungsversuche, die das L. als vom Menschen selbstverschuldet u. daher als gerechte ↑ Strafe darstellten, stießen auf den Widerspruch, daß es Gerechte u. Ungerechte in gleicher Weise trifft (Altes Testament, Buch Hiob). So mußte es eher als ↑ Schicksal oder Schickung begriffen werden, das letztlich als ungelöstes Rätsel stehen blieb. Theologie und Philosophie verstrickten sich in der Frage, wie angesichts einer von L. u. Sinnlosigkeit geprägten Welt ein guter Gott als ihr Schöpfer zu rechtfertigen sei (Theodizeeproblem, ↑ das Böse). Die Einsicht, daß durch gemeinsame Anstrengung L. zu vermeiden oder zu lindern ist, löste die Menschheit von einer fatalistischen Hinnahme des Schicksals, wie sie meist im Kismetglauben der ↑ islamischen E gesehen wird. Die gesellschaftlichen Anstrengungen zur L.vermeidung waren die Antriebskräfte der ↑ Kultur, die in ↑ Wissenschaft, ↑ Technik u. ↑ Politik die Natur zu beherrschen, Krankheit zu heilen u. soziale Wohlfahrt zu befördern suchte. Heute wissen wir, daß diese Anstrengungen, wenn sie zu Ausbeutung u. Unterdrückung pervertieren, ihrerseits neues L. schaffen. Daraus ergibt sich die sittl. Konsequenz, diese Möglichkeiten nur in solidarischer Weise zur Vermeidung oder Linderung von L. einzusetzen.

Alle gesellschaftliche Anstrengung hat jedoch ihre Grenze am nicht vermeidbaren L., das daher das Individuum mit umso größerer Wucht trifft. Dazu gehören neben dem bisher ungelösten Problem heimtückischer u. unheilbarer Krankheiten vor allem die Gebrechen des Alterns u. der Tod. Sofern die Möglichkeit des Alters (z. B. Verständigung mit der Jugend) nicht als sittl. Aufgabe ergriffen werden, können seine Lasten den Menschen bis zur *Verzweiflung* am Sinn des Lebens treiben (↑ Nihilismus). Während der Tod der Mitmenschen in der Trauer bewältigt werden kann, bedeutet die Erwartung des eigenen Todes die radikalste Vereinzelung. Als sittl. Konsequenz bleibt hier nur der Versuch, nicht in Bitterkeit, Ressentiment oder Resignation zu stagnieren, sondern dies Schicksal gemäß den Kräften der Persönlichkeit u. den eigenen Sinnerwartungen zu integrieren.

Lit.: Altes Testament, Buch Hiob; A. Schopenhauer, Die Welt als Wille u. Vorstellung, IV. Buch; S. Freud, Das Unbehagen in der Kultur, Werke Bd. XIV; S. Kierkegaard, Die Krankheit zum Tode; A. Camus, Der Mythos von Sisyphos, Düsseldorf 1960; W. Bitter (Hrsg.), Einsamkeit in medizinisch-psychologischer, theologischer u. soziologischer Sicht, Stuttgart 1967; W. Oelmüller (Hrsg.), Leiden, Paderborn 1986.   A. S.

Leidenschaft. Unter L. verstehen wir sinnliche Wünsche sexueller oder aggressiver Natur, die sich in heftigen Affektzuständen u. intensiven Gefühlen äußern. Der Mensch kann von ihnen derart hingerissen u. beherrscht werden, daß er seine Besinnung u. vernünftige Selbstbestimmung verliert. Dies hat zu dem klassischen Problem geführt, ob man mehr der Vernunft oder mehr den L.en gehorchen solle oder wie ein Ausgleich zwischen beiden herbeigeführt werden könne. Während die E

des *Aristoteles* den Ausgleich zwischen beiden Aspekten des Handelns in einer strebenden Vernunft bzw. einem vernünftigen ↑ Streben sucht, ist die neuzeitliche Fragestellung eher durch eine Konfrontation gekennzeichnet, deren Exponenten *Kant* u. *Nietzsche* darstellen. Während *Kant* die vernünftige Selbstbestimmung unter Abbruch der L. für das sittl. Handeln fordert – was zu dem Vorwurf des ↑ Rigorismus in der Moral Anlaß gab –, plädiert *Nietzsche* für die Anerkennung der eigenen Affektivität, für die Stärke der L., die ihr Maß in sich selbst tragen soll. Die aristotelische Lösung des Problems ist uns in der Gegenwart erschwert, weil wir zum einen durch die Psychoanalyse wissen, daß die vernünftige Selbstbestimmung nicht ohne weiteres bis in die unbewußten Quellen der L. hinabreicht, u. zum anderen, weil in Kriegen u. politischer Gewalt ungeheure Leidenschaften freigesetzt worden sind, die den zur vernünftigen Orientierung notwendigen sozialen Rahmen beeinträchtigt haben.

Der Ansatzpunkt für die Entwicklung von *Begierden* u. L. im physiologisch bedingten Verhalten ist darin zu sehen, daß der menschliche Organismus durch Energieverbrauch den Gleichgewichtszustand (Homöostase) zur Umwelt verliert, Entbehrungen erleidet u. daher ↑ Bedürfnisse (der Nahrungsaufnahme, Liebeszuwendung usw.) entwickelt. In solchen herabgestimmten Augenblicken (Deprivation) wird er auf Reize der Umwelt in besonders heftiger Weise reagieren. So definieren Verhaltenspsychologen die *Emotion* als

Zustand der Stärke u. Schwäche von Reaktionen gegenüber der Umwelt. Je nach Erfolg oder Mißerfolg wird der menschliche Organismus diese Reaktionen zu einem Verhaltensmuster entwickeln, einer „emotionalen Disposition". Der Ausgangspunkt beim Verhalten berücksichtigt jedoch noch nicht die spezifisch menschliche Erlebnisweise von Gefühlen u. L.en. Durch Verstand u. Sprache gewinnt der Mensch ein freieres Verhältnis zu den Anforderungen der Umwelt u. kann daher in geeigneter Weise dazu wissentlich-willentlich-emotional Stellung nehmen, d. h. intentional antworten (↑ Verstehen, ↑ Wert). Die Einübung solcher Stellungnahmen von Gefühl u. Verstand zur ↑ Situation führt zu regelmäßigen Gewohnheiten, zu den *Neigungen* eines Menschen, die wir als situationsgerecht erleben. Doch Gefühle u. *Affekte* können eine solche Heftigkeit annehmen, daß sie an der Situation vorbeigehen u. geradezu sinnlos werden können. Die Psychoanalyse verweist auf Wünsche u. ↑ Bedürfnisse des Es, die teils nie im bewußten Erleben zugelassen oder aus ihm verdrängt wurden. Im Vorgang der Verdrängung findet eine Veränderung am Affektgehalt unserer Wünsche oder Vorstellungen statt. Teils werden die Affekte von einer Vorstellung auf die andere verschoben (die Wut gegenüber dem Vater auf die Gesellschaft), teils werden sie qualitativ umgewandelt (die unterdrückte Abneigung äußert sich in übermäßiger Freundlichkeit), teils werden sie vertauscht (die Vorwürfe gegenüber dem Anderen werden zu Selbstvorwürfen).

Da die Affekte u. L.en aus der Empfindung von Körper- oder Triebreizen erwachsen u. sich in der Sinneswahrnehmung u. in Körperbewegungen äußern, d. h. die Gesamtheit des Menschen als ↑ Leibwesen betreffen, werden sie auch seine *Sinnlichkeit* genannt. Wenn mehr die sexuellen Antriebe dieses Sinnenwesens im Vordergrund stehen, sprechen wir von einem sinnlich-erotischen, wenn mehr die aggressiven, von einem *zorn*mütigen Menschen. Gefühle u. Affekte erschöpfen sich jedoch nicht in einmaligen Zuständen, sondern verfestigen sich darüber hinaus zu Gewohnheiten u. Prägungen, die das *Temperament* eines Menschen genannt werden. ⌐ Das zentrale e Problem besteht darin, wie man die Vernunft verwirklichen kann, ohne die Leidenschaften zu unterdrücken. Zwischen den gegensätzlichen Positionen der Selbstbestimmung durch Vernunft unter Abbruch der L.en (*Kant*) u. der freien Realisierung der L.en unter Absehung von Gut u. Böse *(Nietzsche)* besteht eine innere Beziehung. Ihr Gemeinsames ist die Notwendigkeit von Herrschaft, sei es der Vernunft oder der L.en. In dem Maße, wie sich der Herrschaftsanspruch der Vernunft gegen die L.en erhebt, versuchen diese die Herrschaft über die Vernunft zu erringen. Aus diesem Dilemma der Neuzeit sucht bereits *Schiller* einen ersten „ästhetischen" Ausweg im freien ↑ Spiel der Kunst. Sie soll ein Modell dafür sein, wie man den Affekten u. L.en verbunden sein u. sie dennoch in eine vernünftige Form bringen kann. Dieser gewaltlose Weg des ästhetischen Spiels als der Versöhnung von Form- u. Stofftrieb, von Vernunft u. Sinnlichkeit wird jedoch nur dann wirksam, wenn Mittel und Wege gefunden werden, ihn in die sittl.-politische Praxis des menschlichen ↑ Handelns zu übertragen.

Lit.: Aristoteles, Nikomach. E, Kap. I 13; ders., Rhetorik, Kap. II 2–11; R. Descartes, Les Passions de l'âme; I. Kant, Kritik der praktischen Vernunft; F. Schiller, Über die Ästhetische Erziehung des Menschen; F. Nietzsche, Jenseits von Gut und Böse; A. Kenny, Action, Emotion and Will, London 1963.   *A. S.*

Leistung ↑ Arbeit.

Lernen ↑ Belohnen u. Bestrafen, Erziehung.

Liberalismus ↑ Staat, WirtschaftsE.

liberum arbitrium ↑ Freiheit, Wille.

Liebe. Der Begriff L. hat unterschiedliche Bedeutungen. Häufig meint er nur das sexuelle Verlangen, dann wieder die erotischen Gefühle, schließlich gemeinsame geistige Interessen. Er reicht von den flüchtigen Sympathiebezeugungen über die Verliebtheit bis zu ↑ Freundschaft u. ↑ Ehe, von der Partnerschaft mit einer einzigen geliebten Person bis zur allgemeinen Menschenliebe; er bezeichnet gleichrangige Beziehungen der Freundschaft u. asymmetrische der *Fürsorge* u. *Wohltätigkeit.* Einige Theoretiker der griechischen u. ↑ *christlichen E* vertreten die Ansicht, daß sittl. Handeln u. L. ein u. dasselbe sei. Allerdings verstehen sie unter L. (amor) eine Bewegung der Seele, die letzten Endes auf das Gute

abzielt *(Platon, Augustinus).* Sie kennen freilich auch die ↑ Leidenschaften, die die Erreichung dieses Zieles gefährden. Die Gefahr, daß leidenschaftliche L. in den Gegensatz zum ↑ Guten treten kann, veranlaßt manche E, das sittl. Handeln unabhängig von der L. in der Pflicht zu begründen, nach der ↑ jüdischen E in der Pflicht gegenüber den theonomen Gesetzesvorschriften, nach *Kant* gegenüber dem Sittengesetz im Innern des Menschen. In diesem Gegensatz von leidenschaftlicher L. u. ↑ Sittlichkeit nimmt *Nietzsche* umgekehrt Partei für die uneingeschränkte Realisierung der L. ohne Rücksicht auf sittl. Prinzipien. Volle L. könne sich nur „jenseits von Gut und Böse" verwirklichen.

Von der ↑ Bedürfnisseite her gründet die L. in der ↑ Leiblichkeit des Menschen, die ↑ sexuell bestimmt ist. Der Geschlechtstrieb bedarf der Befriedigung. Dieses biologische Erfordernis findet seinen psychischen Ausdruck in den mannigfachen sexuell bestimmten Erlebnisformen u. Phantasien, die auf Erfüllung drängen. Da die menschliche Wirklichkeit nur unter ganz spezifischen Voraussetzungen sexuelle Befriedigung erlaubt, bildet sich eine von der direkten Befriedigung abgelenkte Erlebnisschicht der zärtlichen Gefühle von Sympathie u. Zusammengehörigkeit, die *Freud* „zielgehemmte" Erotik nennt. Da auch diese ↑ Bedürfnisse in der Wirklichkeit auf Versagung stoßen, bedarf es der menschlichen Vernunft, um andere, der sexuell-erotischen Bedeutung entkleidete sublime, d. h. geistige Interessen am anderen zu entwickeln.

Der Begriff der L. umfaßt alle diese drei Bedeutungsschichten von der sexuellen Bedürfnisstruktur über die Erotik bis zum geistigen Interesse. Daraus ergibt sich für den Menschen die schwierige Aufgabe, seine ganze psycho-physische Einheit vom Recht der Sinnlichkeit über das der Gefühle bis zu vernünftigen Ausdrucksformen zu realisieren.

Die Bedürfnisse der L. müssen in soziale Interaktionsformen eingebracht werden. Dies bedeutet, den schwierigen Ausgleich zu finden zwischen einer angemessenen SelbstL. u. der L. zum anderen. Sowohl die Aufopferung seiner selbst in einem extremen Altruismus (↑ Wohlwollen, ↑ Ausbeutung) wie die des anderen im Egoismus (↑ Selbstinteresse) zerstören auf längere Sicht die L. Die durch die Endlichkeit des Menschen begrenzte L.fähigkeit erlaubt ihm überdies nur, persönliche Beziehungen in einem privaten Umkreis, dagegen sachbezogenere im öffentlichen Bereich zu finden. *Aristoteles* unterscheidet zwischen ↑ Freundschaft (philia), die ein gegenseitiges Wohlwollen einschließt, u. ↑ Gerechtigkeit, die das Gesetzmäßige vertritt. Die im privaten Bereich dominierende freundschaftliche L. geht stufenweise in die den öffentlichen Bereich bestimmende Gerechtigkeit über. Ein Minimum an L. enthalten aber alle sittl. Handlungen, auch die von der Gerechtigkeit bestimmten werden nie zur bloßen Pflicht. Erst die ↑ christl. E fordert die allgemeine *NächstenL.*, die sich auch auf die Feinde erstrecken soll. Die gewaltsam-feindliche Aktion eines einzelnen, einer Gruppe, Klasse oder eines Staates bedeutet in der Regel jedoch eine Verunmöglichung der L.; vielmehr wird sie sich der eigenen unterdrückten Seite zuwenden u. in Solidarität ausdrücken *(Marx)*. Den Feinden gegenüber scheint lediglich eine Anerkennung u. Achtung ihrer Menschlichkeit als Inbegriff einer allgemeinen MenschenL. erreichbar zu sein. Die Interaktionsform der L. wird in der Regel durch symmetrisch-gleichrangige u. asymmetrisch-ergänzende Strukturen zwischen den Partnern in einem ausgewogenen Maße geprägt sein. Eine besondere e Problematik werfen die strukturell asymmetrischen Beziehungsformen der *Fürsorge* und *Wohltätigkeit* auf. Hier scheint nahezu unvermeidbar, daß die menschliche Zuwendung zum ungleichen Partner Formen der Abhängigkeit erzeugt, wie dies am Beispiel der ↑ Entwicklungshilfe deutlich wird (↑ Paternalismus). *Heidegger* hat diese Problematik in der Unterscheidung der „einspringend-beherrschenden" und der „vorausspringend-befreienden" Fürsorge angezeigt. Die praktische Verwirklichung der L. ist durch die in der primären u. sekundären ↑ Sozialisation erfolgte Formierung der ↑ sexuellen u. aggressiven Triebe vordeterminiert (z. B. heterosexuelle oder homosexuelle Orientierung, Partnerwahl nach dem Anlehnungstypus oder dem narzißtischen Typus). Bei einem entwickelten relativ autonomen Selbst kann sie eigenverantwortlich übernommen u. in freier Zuwendung zum Partner verwirklicht werden. Da die menschliche Sozialisation unter den gegebenen Bedingungen freilich nie ohne

Versagung erfolgt, wird sich in jede L. auch *Antipathie* u. *Haß* mischen. Diese Ambivalenz übersehen die meisten L.gebote u. fördern so ungewollt die Unterdrückung der Aggression.

Lit.: Platon, Das Gastmahl; Aristoteles, Nikomach. E, Buch VIII–IX; Augustinus, Confessiones, Buch I u. X; I. Eibl-Eibesfeld, Liebe u. Haß, München 1970; B. Welte, Dialektik der L., Frankfurt/M. 173; E. Fromm, Die Kunst des L.ns, Frankfurt/M. 1975; H. Kuhn, L. Geschichte eines Begriffs, München 1975; N. Luhmann, L. als Passion, Frankfurt/M. 1982.   *A. S.*

Linguistische E ↑ MetaE, Methoden der E.

Lob ↑ Belohnen u. Bestrafen.

Logizismus ↑ MetaE.

Lohnmoral ↑ Vergeltungsmoral.

Lüge ↑ Doppelte Moral, Wahrheit.

Lust ↑ Freude, Leidenschaft.

Lustprinzip ↑ Freude.

M

Macht ↑ Herrschaft.

Manipulation meint im menschlichen Bereich die Steuerung fremden Bewußtseins u. fremden Verhaltens ohne Wissen u. Willen der betreffenden Person, u. zwar meist zu Zwekken, die im Interesse der Manipulierenden liegen. M. kann durch Techniken symbolischer Information erfolgen, die nicht-kognitive Lernprozesse (Erwartungsänderungen, Motivationsänderungen, Bedürfnisänderungen etc.) steuern, oder durch unmittelbare Eingriffe in den physischen Organismus, die biologische Wachstumsvorgänge u. psychische Werdeprozesse gezielt auslösen u. regeln. Zwar hat bereits die antike Rhetorik in rudimentärer Kenntnis psychischer Gesetzmäßigkeiten manipulative Techniken zum Zwecke der Überredung entwickelt, doch die Freisetzung einer nahezu unbegrenzten Verfügungsmöglichkeit über menschliches Verhalten verdankt sich der neuzeitlichen Naturwissenschaft u. der Verschränkung ihrer Erkenntnisse mit reproduzierbaren Verfahren des Machens u. Herstellens, denen die Phänomene der unbelebten, belebten u. beseelten Natur in gleicher Weise subsumiert wurden. Manipulative Techniken im großen Stil u. mit methodischer Präzision werden heute in der Ökonomie zur Weckung von Konsumbedürfnissen verwendet *(Werbung)*, in der Politik zur Steuerung politischen Verhaltens *(Propaganda)*, in der Publizistik zur Regulierung des Informationsstandes (Entlarvung, Verschleierung) in Biologie, Medizin u. Psychologie vor allem auf dem Gebiet der angewandten Genetik zum Zweck gezielter Züchtung (*Genmanipulation:* ↑ Gentechnik) u. der Verhaltenstherapie zum Zweck des Abbaus neurotischer Symptome (Konditionierung: ↑ Belohnen–Bestrafen). Die moralische Fragwürdigkeit der M. menschlichen Verhaltens kommt zum Ausdruck in der meist abwertenden Verwendung des Wortes: im manipulativen Umgang mit Menschen werden diese zu steuerbaren, verwendbaren, machbaren Objekten degradiert. Die Rechtfertigung von M. zu therapeutischen Zwecken findet dort ihre Grenze, wo Heilung durch Methoden möglich erscheint, die der Selbstklarung u. Selbstbestimmung (↑ Freiheit) der Person einen Spielraum lassen bzw. eröffnen.

Lit.: A. D. Bidermann, H. Zimmer (Hrsg.), The M. of Human Behavior, New York 1961; H. W. Franke, Der manipulierte Mensch, Wiesbaden 1964; L. Krasner, L. P. Ullmann (Hrsg.), Research in Behavior Modification, New York 1965; H.-J. Eysenck, S. Rachmann, Neurose – Ursachen u. Heilmethoden, Berlin 1967; A. Portmann, M. des Menschen als Schicksal u. Bedrohung, Zürich 1969. F. Wagner (Hrsg.), Menschenzüchtung, München 1970; A. Etzioni, Die zweite Erschaffung des Menschen. M. der Erbtechnologie, Opladen 1977; K. Dohmen (Hrsg.), Gentechnologie – Die andere Schöpfung?, Stuttgart 1988; K. Bayertz, Wissenschaft, Technik u. Verantwortung, in: ders. (Hrsg.), Praktische Philosophie, Hamburg 1991, 173–209 (Lit.).

M. F.

Marxistische Ethik. Die m. E ist Ergebnis der materialistischen Analyse des ökonomisch geprägten gesellschaftlichen Bewußtseins als Bedingung menschlichen Handelns. Sie betrachtet sich als Produkt von Produktionsverhältnissen (Überbauphänomen) u. sieht in diesen nicht nur die Rechtfertigung der Geltung, sondern auch das unmittelbare Wirkungsfeld ihrer Thesen. Die m. E will gleichermaßen ↑ Theorie u. Praxis sein.

(1) Die orthodoxe m. E, die von den meisten kommunistischen Parteien insbesondere der östlichen Länder vertreten wird, ist eine ↑ KlassenE: eine Handlungslehre, die in kapitalistischen Gesellschaften (↑ WirtschaftsE) die ↑ Interessen der Arbeiterklasse gegen die sie unterdrückende u. ausbeutende Klasse der Eigentümer an Produktionsmitteln durchsetzen soll. In kommunistischen Gesellschaften dient diese E als theoretische Grundlage der moralischen ↑ Erziehung der ↑ Individuen nach den Gesetzmäßigkeiten der materialistischen geschichtlichen Entwicklung (↑ Materialismus). Ziel dieser „bewußten Formung von Gesinnung u. Verhalten" ist der *Kommunismus*: eine Gesellschaft, in der mit der Abschaffung alles privaten ↑ Eigentums die ↑ Entfremdung des Menschen, die Teilung der ↑ Arbeit u. alle Formen der ↑ Herrschaft u. damit die sozialen Klassenunterschiede aufgehoben sein sollen. Der ↑ Staat soll dabei „absterben"; an die „Stelle der Regierung über Personen tritt die Verwaltung von Sachen u. die Leitung von Produktionsprozessen" *(F. Engels)*. In der Entwicklung zum Kommunismus spielt die m. E die entscheidende Erziehungsfunktion: sie soll einen Menschen formen, der sich der Gesellschaft freiwillig unterordnet u. der Organisation der Produktionsprozesse eine unerzwungene u. unbestrittene Achtung entgegenbringt. Die sozialistische Moral wird aber nicht als Ergebnis theoretischen Lernens vorgestellt, sondern als gesellschaftliches

Bewußtsein, das sich im *Klassenkampf*, in den Phasen der revolutionären, gewaltsamen Befreiung des Proletariats bildet. Der Klassenkampf gilt als unausweichliche Konsequenz des ständig wachsenden Antagonismus (Widerstreit) zwischen den Gesellschaftsformationen, deren gegensätzliche ökonomische Bedingungen nicht nur unversöhnliche Interessen, sondern auch unvereinbare sittl. ↑ Normen schaffen. Sein Ziel ist die Auflösung aller Klassenwidersprüche, nicht nur innerhalb von ↑ Gesellschaften, sondern auch zwischen ihnen. Dieses letzte Ziel aller geschichtlichen Entwicklung soll die *Weltrevolution,* die Herstellung einer einzigen Weltgesellschaft, leisten.

Der m. E fällt im Kampf auf dem Weg zur Diktatur des Proletariats als erster Stufe der Entwicklung zum Kommunismus die Aufgabe zu, das Fortschrittsbewußtsein als Idee zu begründen. In diese Phase auf dem Weg zur Machtübernahme bildet sich das Klassenbewußtsein des *Proletariats* (lat. proletarius: Bürger der untersten Klasse) als Bewußtsein seiner Interessen *(K. Marx).* Dieses Bewußtsein ist nicht etwa durch Einkommensunterschiede oder Herkunft, sondern durch die Stellung im Produktionsprozeß begründet. Die m.E formt den Prozeß der Bewußtseinsbildung einerseits als „Theorie der Moralentstehung", andererseits als Praxis der ↑ Determination revolutionären Handelns. „Erste e Norm" ist dabei, die „materiellen Bedingungen einer freien schöpferischen Persönlichkeit zu entwickeln" *(H. J. Sandkühler).* Dabei sollen ↑ Werte wie ↑ Humanität, ↑ Gewissen, ↑ Pflicht, ↑ Gemeinwohl, Solidarität u. ↑ Glück eine regulative Funktion haben. In der Entwicklung zur klassenlosen Gesellschaft als letzter Stufe des revolutionären Prozesses gilt die besondere Aufmerksamkeit aber der Steigerung der materiellen Bedingungen. Ihre Bedeutung u. damit die der individuellen Produktivität betont die *sowjetische* E: die Erziehung zur kommunistischen Moral wird auf die Basis einer umfassenden technischen Ausbildung der Jugend gestellt *(W. I. Lenin).* Die Produktionskräfte sollen stärker als in den kapitalistischen Ländern gesteigert werden, so daß die Menschen einen ständig wachsenden Zeitanteil ihrer geistigen Entwicklung widmen können. Jeder Mensch soll wenigstens in Grundzügen alle Berufe kennen *(N. I. Bucharin).* Die sittl. Entwicklung der ↑ Individuen wird somit abhängig von ihrer materiellen Leistungsfähigkeit. Da der Wandel der Eigentumsformen durch die russische Revolution nicht zu einem entsprechenden Bewußtseinswandel geführt hat, konzentrieren sich die Hoffnungen auf einen qualitativen Durchbruch zu einem neuen Bewußtsein, dem die Devise „Jedem nach seinen Bedürfnissen" (XXII. Parteitag der KPdSU, 1962) adäquat ist, auf die „Führungstätigkeit" der Partei u. die lückenlose Organisation von Gesellschaft u. Produktion. Das Proletariat tritt seine Rolle als Träger des fortschrittlichen sittl. Bewußtseins an die Wissenschaftler ab, deren Wissen vom Menschen „tendenziell Totalitätsbewußtsein" ist. Sittl. Verpflichtungen seien daher nur als Verallgemeinerung wissenschaftlichen Wissens zur Weltanschauung gerechtfertigt *(H. J. Sandkühler)*; m. E soll eine reine Naturwissenschaft werden.

(2) Obwohl es keine klare Trennung im Begriffsgebrauch zwischen m. E u. *sozialistischer E* gibt, lassen sich unter der letzteren alle die e Theorien verstehen, die in anthropologischer Kritik der m. E den Menschen nicht nur als Produkt u. Abbild materieller Prozesse (↑ Determination), sondern auch als geschichtlich u. schöpferisch Handelnden verstehen. Die gesellschaftlichen Ziele seien nicht schon an sich, unabhängig vom ↑ Gewissen, dem Verantwortungsbewußtsein u. den Triebkräften individuellen Handelns sittl. *(G. Lukács)*. Sittl. Normen würden nicht von der Natur, sondern von der ↑ Kultur geschaffen *(R. Garaudy)*; sie entstünden nicht aus sozialen Beziehungen, ihre axiologischen Wurzeln reichten tiefer als gegenständliche Aneignungsprozesse *(C. Luporini)*. Diese Ansätze, die vom orthodoxen Marxismus als e Revisionismus, als reformistisches Abweichen von der marxistischen Grundlehre, bekämpft werden, greifen auf die E *Kants* u. *Fichtes (E. Bernstein, M. Adler, K. Vorländer)*, aber auch auf Elemente der ↑ kritischen Theorie (*K. Kosik*), der ↑ existentialistischen E u. der ↑ Lebensphilosophie zurück *(J.- P. Sartre*, sog. *Praxis-Gruppe: G. Petrović* u. a.). Ihr Ziel ist ein demokratischer Sozialismus, der auf der Basis eines parlamentarischen Systems (↑ Demokratie) ein Höchstmaß an individueller ↑ Freiheit u. Selbstentfaltung gewähren soll. Klassenkampf u. Revolution werden als Mittel zur Durchsetzung sozialer Interessen verworfen.

(3) Die anthropologische Kritik am Determinismus der m. E muß durch eine Kritik an deren e Grundbegriffen ergänzt werden. (3.1) Soziale Konflikte werden nicht allein zwischen, sondern auch innerhalb ökonomisch bestimmter Klassen ausgetragen. Die Aufhebung des Klassenwiderspruchs bewirkt noch keine konfliktlose Gesellschaft. Im übrigen haben ↑ Konflikte auch positive, z. B. integrative Wirkungen. Darüber hinaus verhindern die demokratischen Systeme der wirtschaftlichen Stabilisierung, daß Konflikte notwendig zum Klassenkampf führen. Klasseninteressen werden nicht in einer Art Naturprozeß sichtbar; sie müssen vielmehr formuliert u. gerechtfertigt werden. Ist letzteres nicht mit vernünftigen Mitteln möglich, verbirgt sich hinter der Berufung auf das Klasseninteresse die „Inthronisierung einer Ideologie" *(A. Rappoport)*. (3.2) Sittl. Normen können nicht gleichzeitig der Lösung sozialer Widersprüche dienen u. Produkt u. Abbild dieser Widersprüche sein. Ebensowenig kann das Klassenbewußtsein gleichzeitig schon vorhandene Ursache u. noch zu erreichendes Ziel sittl. ↑ Normen sein, soll es eine neue Qualität von ↑ Sittlichkeit begründen. Wird es aber als Ziel vorweggenommen, müssen seine Normen notwendig, wenn auch negativ an bestehenden sittl. Normen orientiert sein. Auch der Hinweis auf die legitimierende Kraft revolutionärer Gewalt löst diesen Zirkel nicht auf; denn die Gewalt ist lediglich das

Gegenteil vernünftiger Rechtfertigung, nicht aber deren Alternative. (3.3) Der wechselseitige Bedingungszusammenhang zwischen sozialer Praxis u. Verhaltensformen gestaltet zwar das konkrete individuelle Handeln u. bedingt auch ein soziales Empfinden für ↑ Gut u. ↑ Böse, konstituiert aber nicht die normative Geltung der Kriterien sittl. guten Handelns. Sie gelten unabhängig von ökonomischen u. sozialen Bedingungen, weil ihr oberster Zweck gerade die Ermöglichung der ↑ Freiheit des menschlichen Handelns unabhängig von diesen Bedingungen ist. (3.4) Mit dem Vorrang politischer vor sittl. Zwecken u. Prinzipien kehrt die m. E nicht nur das Verhältnis von politischen Mitteln u. sittl. Zwecken um, sie erfüllt auch das Grundkriterium e Theorien nicht, den Menschen als sittl. Wesen in seiner Würde (↑ Humanität) unabhängig von seiner autonomen Wahl zwischen sittl. gutem oder schlechtem Handeln anzuerkennen.

Lit.: K. Marx, Manifest der Kommunistischen Partei, MEW, Bd. 4, bes. S. 462–474; F. Engels, Anti-Dühring, MEW, Bd. 20, Abschn. 3; ders., Der Ursprung der Familie, des Privateigentums u. des Staats, MEW, Bd. 21, bes. Kap. IX; W. I. Lenin, Staat u. Revolution, in: Lenin, Werke, Bd. 25, Berlin 1960, bes. S. 400 f; ders., Die Aufgaben der Jugendverbände, in: Lenin, Werke, Bd. 31, Berlin 1959, bes. S. 280 ff; N. I. Bucharin, Theorie des historischen Materialismus, Hamburg 1922, S. 363 f; H. J. Sandkühler u. a. (Hrsg.), Marxismus u. E, Frankfurt/M. 1974, bes. S. I ff, 157 ff, 193 ff, 262 ff; Moral u. Gesellschaft, Beiträge v. K. Kosik, J.-P. Sartre, R. Garaudy, A. Schaff u. a.,

Frankfurt/M. 1968; A. Schaff, Marxismus u. das menschliche Individuum, Wien u. a. 1965; K. Kosik, die Dialektik des Konkreten, Frankfurt/M. 1967, S. 19 f; K. A. Schwarzmann, E ohne Moral, Berlin-Ost 1967, Kap. I; G. Lukács, Schriften zur Ideologie u. Politik, Darmstadt/Neuwied ²1973, S. 1–40, 75–81; G. Petrović, Philosophie u. Revolution, Reinbek 1971, S. 272 ff; W. Eichhorn, Wie ist E als Wissenschaft möglich? Berlin-Ost 1965, Abschn. I, 5–7; H. Boeck, E Probleme der sozialistischen Führungstätigkeit, Berlin-Ost 1968, Teil 1; W. Lange (Hrsg.), Lebensweise, e Werte, medizinischer Fortschritt, Halle 1984.   *W. V.*

Masochismus ↑ Sadistisch-masochistisch.

Maß ↑ Besonnenheit.

Masturbation ↑ Sexualität.

Materiale E ↑ Formale E.

Materialismus (lat. materia: Stoff) versteht als Theorie alles Wirkliche stofflich-quantitativ u. von stofflichen Prozessen wirkursächlich ableitbar u. schließt andere Erklärungsprinzipien aus (Monismus). ↑ Weltanschaulich lehnt der M. die Existenz ↑ Gottes ebenso wie die einer unsterblichen Seele u. nicht-materielle geistige Prinzipien einer autonomen ↑ Vernunft u. ↑ Freiheit des Menschen als ↑ Ideologie ab. Der wissenschaftliche u. weltanschauliche M. des Marxismus (↑ marxistische E), der Elemente des französischen M. *(La Mettrie, Holbach)* übernimmt, erklärt die Abhängigkeit der Geschichte u. Entwicklung des ↑ Menschen von den materiellen Bedingungen der ↑ Arbeit: Die quantitative Steigerung der Klassenkonflikte (↑ Klassen-E) im Produktionsprozeß führt zu qualitativen sozialen, politischen u. ökonomischen Veränderungen (↑ Revolution, historischer M.). ↑ Wissenschaft, ↑ Kultur, ↑ E u. ↑ Religion werden als Produkte u. ideologische Phänomene (Überbauphänomene) dieses Prozesses verstanden. Gegenüber einem naiven M., der den Aufbau der ↑ Welt mechanistisch auf physikalische Gesetze zurückführen will *(E. Haeckel),* versteht sich der marxistische als historischer u. dialektischer M.: Die Zielbestimmungen des historischen M. (kommunistische Gesellschaft) sollen mit den objektiven, sich wechselseitig bedingenden (dialektischen) Prozessen in ↑ Natur u. ↑ Gesellschaft übereinstimmen, deren Gesetze die Erkenntnis abbildet (Abbildtheorie). Ungelöste Probleme jedes wissenschaftlichen M. sind einmal, wie der Begriff Materie physikalisch zu erklären ist, zum andern, wie nichtmaterielle Bewußtseinsphänomene (z. B. Denken) auf materielle Prozesse (z. B. des Gehirns) zurückführbar sind. – Das Prinzip der Selbsterhaltung (↑ Sozialdarwinismus), das egoistische Streben nach eigenem Nutzen, materiellen Gütern u. ihrem Genuß gelten als Kriterien einer materialistischen Lebensanschauung. Aus marxistischer Perspektive ist dieser M. eine Form der Entfremdung u. Produkt der ↑ Ideologie des Liberalismus u. Kapitalismus (↑ WirtschaftsE). Der sittl. begründete Vorwurf des M. trifft aber erst dann, wenn ein als unbegrenzt steigerbar geltender privater *Konsum* (lat. consumere: verbrauchen) primärer Maßstab des sozialen Status wird u. Vorrang vor sozialen Prinzipien gewinnt. Dieses einseitige Konsumverhalten verändert das soziale Wertgefüge, indem es Güter u. Leistungen in Anspruch nimmt, ohne bereit zu sein, deren soziale Kosten an Arbeit u. Interaktion mitzutragen. Sittl. gerechtfertigt ist der Konsum innerhalb der Grenzen der materiellen Lebenssicherung u. der ↑ Lebensqualität.

Lit.: H. Reichelt (Hrsg.), Texte zur materialistischen Geschichtsauffassung von L. Feuerbach, K. Marx, F. Engels, Frankfurt/M./Berlin/Wien 1975, S. 8 f, 141 ff, 511 ff; E. Haeckel, Die Welträtsel (1899), Leipzig 1933, Abschn. III; E. Bloch, Das M.problem, seine Geschichte u. Substanz, Frankfurt/M., 1972; F. A. Lange, Geschichte des M. u. Kritik seiner Bedeutung in der Gegenwart, 2 Bde., Frankfurt/M. 1974; H. J. Sandkühler (Hrsg.), Marxistische Wissenschaftstheorie, Frankfurt/M. 1975, Abschn. 1; A. Schmidt, Drei Studien über M., München 1977; H. Robinson, Matter and Sense, Cambridge 1982; C. Mukerij, From Graven Images, New York 1983.   *W. V.*

Maxime ↑ Norm.

Medienethik (M.E). M. gewinnen in modernen Kommunikations-, Informations- u. Freizeitgesellschaften ständig an Bedeutung (besonders die Massenm. wie Film, Fernsehen, Radio oder das Internet, einschließlich der traditionellen Printm. Buch u. Presse). Einerseits wächst ihre Bedeutung als Informationsquelle (gegenüber der persönlichen Erfahrung oder dem mündlichen Bericht). Sie beeinflussen dabei wesentlich die politische Tagesordnung der Parlamente u. Regierungen, das Wahlverhalten der Bürger sowie die gesellschaftlich geteilten Grundwerte u. Präferenzen. Andererseits nimmt der Anteil der Kulturprägung seitens der M. zu (im Vergleich zur traditionellen familiären oder regional-lokalen Prägung). Wie grundlegend ein durch eine M.innovation bewirkter gesellschaftlicher Wandel sein kann, zeigt bereits der folgenreiche Übergang von der Mündlichkeit zur Schriftlichkeit bei der Entstehung früher Hochkulturen.

Im Zusammenhang der von M. verbreiteten Informationen stellen sich hauptsächlich drei e Probleme: 1. der Konflikt zwischen einem „Recht auf Information" seitens der Öffentlichkeit u. dem individuellen Persönlichkeits- oder Datenschutz (Problem des Skandaljournalismus); 2. das Problem der wahrheitsgemäßen Darstellung (besonders virulent durch neue Möglichkeiten der Suggestion virtueller Realitäten); 3. Die Beschneidung freier Meinungsäußerung u. das Zensurproblem. Letzteres ergibt sich gegenwärtig ebenso dringlich aus einer (in vielen Staaten beobachtbaren) politisch motivierten Einschränkung der Meinungsfreiheit wie aufgrund der (in den westlichen Ländern üblich gewordenen) Boulevardisierung u. Kommerzialisierung der vermittelten Inhalte („Infotainment"). Für den Kontext der „Kulturstiftung" durch M. sind vor allem folgende Probleme zu nennen: 1. das pädagogische Problem, das sich aus der Vorbildfunktion für das Sozialverhalten von Kindern ergibt (Gewalt, Pornographie, Kriminalität); 2. das Problem des Traditions-, Kul-

tur- u. Minderheitenschutzes (Bedrohung der kulturellen Vielfalt); 3. das Problem einer möglichen Verarmung menschlicher Fähigkeiten durch Trivialisierung u. Kommerzialisierung des Alltags (Tendenz zur Visualisierung u. zu einem „Verlust der Schriftlichkeit", Virtualisierung des Realitätsverständnisses u. eine einseitige Betonung von Konsumwerten); 4. das soziale Problem von Isolierung u. Vereinsamung sowie von Lethargie u. Passivität (Konsumentenverhalten). Eine detaillierte M.E ist wegen der Komplexität der Problemlage bislang nicht erarbeitet worden.

Der Gemeinwohlverpflichtung der M. steht gegenwärtig eine starke Tendenz zur globalen Ökonomisierung (Kampf um Quoten und Marktanteile) u. zur Informationsbeschleunigung (Zwang zur aktuellen Berichterstattung) entgegen. Am ehesten ist die M.E bisher unter Rückgriff auf das journalistische Berufsethos sowie aus der Perspektive der M.pädagogik behandelt. Ein denkbares Paradigma für eine umfassende M.E könnte die akademische Freiheit bilden, bei der dem einzelnen Forscher (u. entsprechend dem M.schaffenden) völlige Freiheit innerhalb bestimmter e u. juristischer Grenzen zugestanden wird. Neben Elementen der Selbstbindung von Journalisten (Berufsgrundsätze; StandesEen) sowie von M.unternehmen (E-Kodizes, Leitlinien) u. der Kontrollfunktion der Justiz scheint M.kontrolle möglich: 1. als Kontrolle durch eine kritische Öffentlichkeit (durch Schule, Universität, aber auch durch wechselseitige Kritik der M. untereinander); 2. durch Kontrollorgane, die die Pluralität der inhaltlichen Ausrichtung sicherstellen (u. a. zur kartellrechtlichen Vermeidung von Monopolisierung); 3. durch institutionelle M.kontrolle (etwa durch die nationalen Presseräte, die gegenwärtig allerdings noch ohne Sanktionsmittel sind).

Lit.: M. McLuhan, Die Gutenberg-Galaxis. Das Ende des Buchzeitalters, Düsseldorf/Wien 1968; J. Baudrillard, La société de consommation, Paris 1970; M. Gurevitch u. a. (Hrsg.), Culture, Society, and the Media, London 1982; H. Maier (Hrsg.), E der Kommunikation, Freiburg/Schweiz 1985; M. Haller, H. Holzhey (Hrsg.), M.E, Opladen 1992; A. Holderegger (Hrsg.), E der M.kommunikation, Fribourg/Freiburg i. Br. 1992; R. Merkert, M. u. Erziehung, Frankfurt/M. 1992; U. F. Schmälzle (Hrsg.), Neue M. – neue Verantwortung, Bonn 1992; W. Wunden (Hrsg.), Öffentlichkeit u. Kommunikationskultur, Hamburg/Stuttgart 1994; W. Teichert, Journalistische Verantwortung, in: J. Nida-Rümelin (Hrsg.), Angewandte E, Stuttgart 1996, 750–776. *C. H.*

Meditation ↑ Buddhistische E, Spiritualität.

Medizinische Ethik. Schon in der Frühzeit hat sich die Ärzteschaft organisiert u. ihr m. Können, das sich wie jede Kunstfertigkeit (↑ Technik) mißbrauchen läßt, durch feierliche Selbstverpflichtungen gebunden – sie finden sich nicht nur im westlichen Kulturkreis –, die sich auf die ärztliche Kunst, auf das Verhältnis zum Patienten u. zum eigenen Berufsstand erstrecken. Heute gehören die Ärzte u. das m. Pflegepersonal mit den Richtern, Geistlichen, vielleicht auch Lehrern zu den wenigen Berufen, die noch eine eigene ↑ BerufsE haben. Die m. E hat sich aus der ärztlichen E heraus entwickelt. Sie umfaßt die sittl. Verbindlichkeiten, die für das gesamte, relativ autonome Teilsystem der ↑ Gesellschaft, das Gesundheitswesen, gelten, also für die Ärzte u. das Pflegepersonal, für die Arzneimittelforschung, die Krankenhäuser u. Kliniken, die Versicherungen, den Gesetzgeber, nicht zuletzt den Patienten selbst. Da hier nicht nur eigenverantwortliche Subjekte, sondern auch ↑ Institutionen eine Rolle spielen, gehört zur m. E außer einer personalen E (der Ärzte, Forscher, Patienten . . .) auch eine „E der m. Institutionen u. Organisationen", die freilich erst in Ansätzen existiert.

Die m. E ist keine SonderE, die das Gesundheitswesen außergewöhnlichen ↑ Pflichten oder ↑ Rechten aussetzt, sondern die allgemeine ↑ Moral den hier besonderen Aufgaben unterwirft. Sie erklärt das somatische (leibliche) u. geistige Wohlergehen des ↑ Menschen zur obersten Richtschnur („salus aegroti suprema lex") u. fordert, daß der Arzt zusammen mit dem Pflegepersonal sich ohne Ansehen der Person ganz in den Dienst gesunden, überdies möglichst schmerzfreien ↑ Lebens als Grundlage ↑ freien u. ↑ sinnerfüllten Handelns stellt. Dazu kommt als sittl. Minimum das Verbot zu schaden („nil nocere"). Der einschlägige „Eid des *Hippokrates*" (ca. 3. Jh. v. Chr.), zeitgemäß reformuliert von der World Medical Association im „Genfer Ärztegelöbnis" (1948), wendet die allgemeine ↑ sittl. ↑ Pflicht, anderen in Not zu helfen, auf die besondere Berufssituation des Arztes an. Die m. E ist darüber hinaus den Grundprinzipien der ↑ (Nächsten-) Liebe u. der Menschenwürde (↑ Humanität) verpflichtet. Die Medizin soll aufgrund u. im Rahmen ihrer mit Hilfe der ↑ Wissenschaft ↑ methodisch gewonnenen Mittel dem Patienten zu elementaren Bedingungen eines lebenswerten Lebens verhelfen. Dabei kann aus Einsicht in die Bedeutung psycho-sozialer Konflikte für die Entstehung u. den Verlauf vieler ↑ Krankheiten die Integration der Verhaltenswissenschaften (m. Psychologie, m. Soziologie, ↑ Psychotherapie, Psychosomatik) als gleichberechtigter Partner in der Ausbildung der Ärzte u. in der Krankenversorgung geboten sein. Zur Aufgabe des Arztes gehört es nicht nur, sich heilend (Therapie, kurative Behandlung), vorbeugend (Prävention, Prophylaxe) oder wiederherstellend (Rehabilitation) um die Gesundheit des Patienten zu kümmern, sondern ebenso, ihn gemäß dem Prinzip der Menschenwürde nicht bloß als Objekt von Diagnose u. Therapie zu betrachten, sondern ihn dabei auch als menschliches Subjekt ernst zu nehmen. Der Patient ist nicht bloß ein defekter Körper, sondern eine leiblich-seelische Einheit. Dagegen ist es kaum sinnvoll, mit der Weltgesundheitsorganisation das Ziel der Medizin, die in erster Linie somatisch zu bestimmende Gesundheit, als Zustand völligen körperlichen, seelischen u. sozialen Wohlbefindens zu definieren. Dieses Ziel ist nicht bloß ↑ utopisch, sondern auch latent totalitär, da es einem gesellschaftlichen Teilsystem das ↑ Recht u. die Kompetenz zuspricht, über das menschliche Leben als ganzes zu verfügen.

Für den, der nicht bloß Heiltechniker, sondern auch Heilkundiger ist, stellt sich die M. nicht nur als naturwissenschaftlich-technischer Lehr- u. Forschungszweig dar, sondern als Beruf mit einem sittl. Ethos. Dessen selbstverständliche Anerkennung wirkt der Tendenz zur Verrechtlichung entgegen, erhält der Ärzteschaft den erforderlichen Entscheidungsspielraum u. verhindert jene *Defensivmedizin,* die zwar rechtlichen Verwicklungen aus dem Weg geht, sich aber nicht mehr auf die besondere Situation des Einzelpatienten einläßt. Solange die M. ihre sittl. Grundsätze wie selbstverständlich anerkennt, reicht ein *ärztliches Ethos* aus, zu dem – außer m. Sorgfalt – Verständnis u. Einfühlungsvermögen, Gesprächsbereitschaft, die Fähigkeit, Mut zu machen, u. die Bereitschaft gehören, nicht alle Probleme zu „somatisieren", um Angst u. Hoffnungslosigkeit nur als Depression zu etikettieren, die allein mit Psychopharmaka zu behandeln sind. Die komplementäre *E des Patienten* verlangt von ihm, dem Arzt einen Vertrauensvorschuß zu gewähren, ohne ihn als allwissenden Übermenschen zu betrachten oder auch nur als „Ersatz" für Freunde u. Lebenspartner. Ein Arzt kann nur dann seine Arbeit optimal erfüllen, wenn er nicht „mit jedem Patienten mitstirbt". – Nach dem Euthanasie-Programm u. den Menschenversuchen des Nationalsozialismus, nach japanischen Experimenten mit Kriegsgefangenen, dem Mißbrauch der Psychiatrie in der Sowjetunion u. gewissen nordamerikan. Forschungsexperimenten reicht das ärztliche Ethos allein nicht aus. Zu Recht entwickelt sich nach dem Zweiten Weltkrieg eine eigene, bald hochdifferenzierte m. E.

Die neuen Möglichkeiten der M., menschliches Leben zu verlängern oder es beginnen zu lassen, haben bald große Hoffnungen, bald tiefe Ängste heraufbeschworen u. bislang unbekannte Entscheidungssituationen geschaffen. Die m. E würde es sich zu einfach machen, wenn sie nun entweder – mit Berufung auf die Forschungsfreiheit (↑ WissenschaftsE) u. das Selbstbestimmungsrecht – eine unbegrenzte Verfügung über menschliches Leben vertreten oder aber – mit Hinweis auf die Unantastbarkeit menschlichen Lebens – die neuen Möglichkeiten schlechthin verwerfen würde. Denn im Gegensatz zu einer radikalen Entmoralisierung der m. Forschung ist einerseits die Unverletzlichkeit menschlichen Lebens nicht nur ein unbestrittener Grundsatz der E, sondern auch des positiven ↑ Rechts; sie ist der Forschungs- und Entscheidungsfreiheit immer vorgeordnet. Andererseits betrifft das Rechtsgebot nur fremdes Leben; die ↑ Selbsttötung ist zwar ein sittl. Problem, rechtlich aber freigestellt. Darüber hinaus sind weder der Beginn noch das Ende des menschlichen Lebens einfach Naturereignisse, so daß sie keiner weiteren Festlegung bedürften. Ferner gibt es Situationen des Konflikts, z. B. zwischen dem Leben der Mutter u. dem des Fötus.

Gegen die Neigung zu einer vorschnellen Moralisierung oder aber Entmoralisierung muß die m. E gewisse Grundregeln bekräftigen: (a) das Prinzip der Unverletzlichkeit fremden Lebens, das für den Arzt ganz besonders gilt; (b) das (freilich nachgeordnete) Recht des Menschen auf Entscheidungsfreiheit; sowie (c) das Recht auf Forschung. Auch sollte die Medizin (d) weder die wirtschaftlichen Möglichkeiten noch das Ordnungsgefüge einer Gesellschaft überbeanspruchen; schließlich besteht (e) die Aufgabe, den Begriff menschlichen Lebens zu präzisieren u. zu differenzieren. Solche Grundregeln sind im Hinblick auf die neuen Probleme produktiv auszulegen, um auf einer mittleren Ebene normative Gesichtspunkte, vielleicht sogar praktische Regeln zu erarbeiten, die die konkrete Einzelfallbeurteilung leiten, dabei aber innerhalb des verbindlichen Grundrahmens eine Vielfalt von Entscheidungsmöglichkeiten offen lassen. Diese schwierige u. nicht selten von Argumentationsnot begleitete Aufgabe einer „neuen m.E" läßt sich nur interdisziplinär lösen, da es sowohl auf m. Sachwissen als auch auf dessen sittl. u. rechtliche Beurteilung ankommt. Damit die e Perspektive rechtzeitig ins Spiel kommt, sollte diese m.-e Diskussion der m. Forschung nicht nachlaufen, sondern sie begleiten.

Einige besondere Probleme der m. E liegen, neben der Frage des Schwangerschaftsabbruchs (↑ Abtreibung), im folgenden: (1) Die Organisationsstruktur von Kliniken darf nicht bloß von der m. Erkenntnis u. Technologie sowie einer rationalen Bürokratie bestimmt sein, da diese zu einer Spezialisierung des m. Personals, zu einer Fragmentierung der m. Betreuung u. zu einer entpersönlichenden Technisierung der Arzt-Patient-Beziehung neigt. Durch Großkrankenhäuser werden zwar immer komplizertere Krankheiten heilbar, zugleich aber die humanen Ansprüche (↑ Humanität) des Patienten auf kontinuierliche Betreuung, auf ↑ Kommunikation u. Geborgenheit häufig vernachlässigt, was zugleich das körperliche u. seelische Wohlbefinden beeinträchtigt. Trotz des hohen Technisierungsgrades der modernen M. darf sich der Arzt nicht zum Einsatzleiter von Apparaten degradieren lassen. Überdies wird im Verlauf der „Patientenkarriere" – vom Allgemeinarzt über den Facharzt zur Klinik – der Krankheitsbegriff immer enger.

(2) Für die Informationspflicht des Arztes lassen sich kaum allgemein verbindliche Regeln formulieren, da die je verschiedene ↑ Situation (die besonderen Belange, die Belastbarkeit des Patienten usw.) zu berücksichtigen ist (↑ Klugheit). Indessen kann man als Leitprinzip den Dialog zwischen Arzt u. Patient aufstellen, durch den der Kranke nicht bloß als Objekt behandelt wird, sondern als Partner in einem Prozeß des Gesundwerdens, der – aus Achtung vor seiner Würde als ↑ Person – eine angemessene Aufklärung verdient. Gerade bei riskanten u. einschneidenden Maßnahmen ist der Patient am Prozeß der ↑ Entscheidung über die Behandlung zu beteiligen, allerdings weniger in bezug auf die rein fachliche Seite als auf ihr Verhältnis zum Leben des Patienten.

(3) Dank des m. Fortschritts erhält die Ersetzung von Organen und Geweben durch *Organverpflanzung (-transplantation)* seit den 50er u. 60er Jahren ein zunehmendes therapeutisches Gewicht. Nieren- u. Herz-, aber noch nicht Leber- und Lungenverpflanzungen sind mittlerweile Routineeingriffe. Die Schwierigkeiten liegen weniger im chirurgisch-technischen als im immunologischen Bereich; außerdem fehlt es an geeigneten Spenderorganen. Obwohl im ↑ Islam generell verboten u. in Japan mindestens bis vor kurzem nur bei lebenden Spendern zulässig, erscheint die Organverpflanzung dann sittl. gerechtfertigt, wenn sie im Fall lebender Spender mit deren Einwilligung, nach gründlicher Aufklärung u. nicht mit für den Spender lebenswichtigen Organen erfolgt. Die Mehrzahl der Organe stammt aber von Verstorbenen, was die Frage nach dem Todeszeitpunkt aufwirft. Nach fast einhelliger Auffassung (bei wenigen Bedenken, vgl. *Hoff/Schnitten* 1994, Teil 2) tritt der Tod unabhängig vom Funktionieren von Atmung u. Kreislauf mit dem irreversiblen Verlust der Großhirn- u. Hirnstammfunktion ein *(Hirntod).* Um Interessenkonflikte zu vermeiden, muß dies von (zwei) nicht bei der Verpflanzung beteiligten Ärzten festgestellt werden. In manchen Ländern gilt die sog. *Widerspruchslösung:* wo kein Widerspruch vorliegt, gilt die Zustimmung als erteilt. Überzeugender ist die *Einwilligungs-* oder Zustimmungslösung, die eine Willensäußerung des Verstorbenen vor seinem Tod oder ersatzweise der Angehörigen erfordert.

(4) Die e Beurteilung der *Euthanasie* (griech., schöner: leichter, weil leidloser Tod) fordert Unterscheidungen: (a) die Tötung Kranker oder Schwachsinniger ohne Verlangen, die Vernichtung „lebensunwerten" Lebens, ist als Widerspruch gegen die Grundaufgabe des Arztes u. als tiefer Eingriff in das ↑ Grundrecht jedes Menschen auf Leben strikt unsittl. (b) Gegen die Tötung auf Verlangen von seiten schwer Leidender spricht nicht bloß die Grundpflicht des Arztes, sondern auch eine ↑ pragmatische Überlegung: Da es keine effektiven Mittel gibt, Nötigung oder sublimen Druck ganz auszuschließen sowie einen bloß vorübergehenden Wunsch vom überlegten u. festen Entschluß zu unterscheiden, würde mit der Freigabe der Tötung auf Verlangen der Weg zur ↑ Manipulation eröffnet. Allerdings kann man sich Maßnahmen vorstellen, die dieses Risiko erheblich vermindern. Daß der Arzt nicht töten darf, bedeutet jedenfalls nicht, daß er dem Kranken immer mit allen m. Mitteln gegen seinen erklärten Willen den Zugang zum Sterben verriegeln soll. (c) Gegen eine Tötung menschlicher Organismen, die zwar noch biologisch meßbare Lebensvorgänge zeigen, denen aber wegen irreparabler organischer Defekte jede spezifisch menschliche Form von Bewußtsein, Erleben u. Kommunikation fehlt, läßt sich einwenden, zum Begriff der Menschenrechte gehöre es, daß sie dem Menschen als Menschen zukommen, d. h. jedem Wesen, das von Menschen abstammt. Dagegen spricht das Argument, daß man hier nicht mehr sinnvoll von *menschli-*chem Leben sprechen könne, dem es nicht bloß um die Aufrechterhaltung rein biologischer Lebensprozesse, sondern um das in irgendeiner Form lebenswerte Leben geht. (d) Als *Sterbehilfe* diskutiert man die Frage, ob Ärzte zur Linderung eines qualvollen u. erniedrigenden, zudem unheilbaren Leidens Mittel verabreichen dürfen, die als Nebenwirkung die Lebenszeit des Patienten verkürzen, oder ob sie auch zur Abkürzung des Leidens die Therapie einstellen dürfen. Das erstere erscheint deshalb als sittl. erlaubt, weil der primäre Zweck der Maßnahme, die Schmerzlinderung, zur ärztlichen Grundaufgabe gehört, dem Wohlergehen des Kranken zu dienen. In bezug auf das andere ist es sinnvoll, zwar vorhandene Eigenaktivitäten menschlicher Organismen zu stützen oder wieder in Gang zu bringen, jedoch nicht einen „natürlichen" Sterbeprozeß um jeden Preis hinauszuzögern oder ein bewußtloses, von sich her lebensunfähiges, nur noch passives, aus sich heraus weder Luft noch Nahrung aufnehmendes Wesen durch raffinierte Apparaturen künstlich am Leben zu halten. (e) Indessen besteht Sterbehilfe vor allem darin, Patienten, deren Tod naht, eine Hilfe anzubieten, die sich nicht auf die Verabreichung schmerzstillender Mittel beschränkt, sondern den Patienten in seiner ↑ Angst u. seinem ↑ Leid nicht allein läßt, wobei diese gegenwärtig häufig vernachlässigte Aufgabe nicht nur, vielleicht nicht einmal primär, aber auch vom m. Personal auszuüben ist.

(5) Nicht nur der Ablauf menschlichen Lebens, sondern auch der Be-

ginn u. das Ende stellen einen Ent-
wicklungsprozeß dar, in dem gewisse
biologische Sachverhalte herausra-
gen, aus denen allein sich aber keine
sittl. u. rechtlich entscheidenden Definitionen ableiten lassen. In bezug
auf den Lebensbeginn kommt es z. B.
auf die sittl.-politische (Vor-)Frage
an, ob man sich auf die früheren oder
aber späteren Entwicklungsschritte
beruft.

Der Umstand, daß der Schutz fremden Lebens Vorrang vor der eigenen
Entscheidungsfreiheit genießt, spricht
für einen früheren, der emphatische
Begriff einer menschlichen Person für
einen späteren Zeitpunkt: Während
mit der Zeugung ein Leben, aber
noch nicht ein artspezifisch menschliches Leben beginnt, führt die Vereinigung der Ei- mit der Samenzelle
ohne Zweifel zu einem menschlichen
Organismus, in dem schon die Eigenart u. Besonderheit eines Individuums vorprogrammiert sind. Bis
zur Einnistung in die Gebärmutter
sind aber noch Zwillingsbildungen
möglich; mit der Einnistung beginnt
dagegen das individuelle menschliche
Leben. Analog zur Definition des
menschlichen ↑ Todes durch Erlö-
schen der Gehirntätigkeit – mit der
Möglichkeit, zwischen Großhirn- u.
Gesamthirntod zu unterscheiden –
kann man den Beginn des menschlichen als des personalen Lebens jedoch auch von der Herausbildung
der Hirnstrukturen u. dem Anfang
der Gehirntätigkeit (enger: dem der
Großhirntätigkeit) her definieren.

Da der Organismus mit der Be-
fruchtung zu einem menschlichen
Leben wird, ist er im rechtlichen Sinn
nicht als bloße Sache zu betrachten,
über die die Eltern beliebig verfügen
dürfen. Da er andererseits erst im
Fortgang der Entwicklung seine Individualität und Personalität gewinnt, könnte man in der Frühzeit
eine Güterabwägung zwischen dem
Recht des werdenden Menschen u.
den Interessen der Eltern, z. B. m.
Eingriffen direkt nach einer Vergewaltigung, für sittl. vertretbar halten.

(6) Auch wenn eine ungewollte
Kinderlosigkeit keine Krankheit ist,
gehört ihre Therapie in den legitimen
Aufgabenbereich der M. Zwar haben
Eltern keinen „natürlichen Anspruch" auf ein eigenes Kind, so daß
sie mit allen m.-technischen Mitteln
ihre Unfruchtbarkeit überwinden
dürften (zudem besteht die Möglichkeit der Adoption). Es gibt aber auch
keine „sittl. Pflicht", jede Unfruchtbarkeit als unabänderliches Geschick
anzusehen. Bei künstlichen Befruch-
tungshilfen, die den Beginn menschlichen Lebens aus dem natürlichen
Zusammenhang, dem sexuellen Erleben der Eltern u. der Entwicklung
des Embryos im Mutterleib, heraus-
lösen u. gewissermaßen ins m. Labor
verlegen, ist zuerst das Wohl des
künftigen Kindes zu berücksichtigen,
u. dieses ist nicht nur in m., sondern
auch in psychologischer u. sozialer
Hinsicht zu verstehen. Das Kind hat
ein Recht auf ein integres, allenfalls
bei schweren Schäden zu behandeln-
des Erbgut, ferner ein Recht auf eine
geregelte Vater- u. Mutterschaft sowie darauf, sich nach Möglichkeit
im geschützten Raum einer inte-
gren Mutter/Eltern-Kind-Beziehung
zu entwickeln.

(7) Bei Versuchen an Kranken
(Humanexperimenten) ist grundsätz-

lich zu unterscheiden zwischen solchen, die eine direkte Bedeutung für Diagnose, Therapie u. Prophylaxe der Untersuchungsperson haben (therapeutische Versuche), u. solchen, die nur der allgemeinen m. Forschung dienen (nichttherapeutische Versuche). Dem Arzt sollten neue Behandlungswege freistehen, sofern sie versprechen, das Leben des Patienten zu retten, seine Gesundheit wiederherzustellen oder seine Leiden zu lindern. Sofern dies nicht ohne Versuche möglich ist, dürfen diese nur von hinreichend qualifizierten Personen u. mit geeigneter m. Ausrüstung durchgeführt werden. Sie müssen sich auf Labor- oder Tierversuche oder andere wissenschaftlich bewährte Methoden u. Erkenntnisse stützen. Sie dürfen nur dann durchgeführt werden, wenn die Wichtigkeit des Zweckes in einem ärztlich vertretbaren Verhältnis zu den sorgfältig abgeschätzten Risiken steht. Dabei ist der Arzt dem Interesse seines tatsächlichen Patienten u. nicht dem unbestimmten allgemeinen Interesse möglicher künftiger Patienten verpflichtet. Die Versuche sollten sog. *E-Kommissionen* (Beratungsgremien, die die m. u. e Aspekte eines Forschungsvorhabens überprüfen) vorgelegt werden. Indem sie Wertgesichtspunkte einbringen u. deren Rangordnung vorstrukturieren, sich bei m. Versuchen für die Rechte der Versuchspersonen einsetzen, auf Risiken aufmerksam machen u. Vergleiche mit anderen Fällen anstellen, können sie eine sachgerechte ↑ Entscheidung erleichtern, aber nicht abnehmen. Versuche dürfen keinesfalls ohne freie Zustimmung der zu un-

tersuchenden Person bzw. ihres gesetzlichen Vertreters, überdies nach gründlicher Aufklärung durchgeführt werden. Versuche auf der Grundlage von unvollständiger Information, Täuschung oder gar Gewalt sind in keinem Fall sittl. zulässig. Eine evtl. sittl. Pflicht des Patienten, sich zum eigenen Wohl u. dem der Mitmenschen an notwendigen Forschungsuntersuchungen zu beteiligen, enthebt nicht von der Pflicht, auf der Basis eines entsprechenden Appells die freie Zustimmung einzuholen. – In Nürnberg (1947), Helsinki (1964), Tokio (1975), Hawaii (1977) u. Manila (1984) wurden internationale Empfehlungen über Versuche an Menschen verabschiedet.

(8) Weil der Anteil der Kosten des Gesundheitswesens am Bruttosozialprodukt in den letzten Jahrzehnten enorm gestiegen ist, stellt sich eine Aufgabe, die ins ärztliche Ethos noch nicht eingegangen ist: der Umgang mit *knappen Ressourcen.* Aus zwei Gründen hat sich die Aufgabe verschärft: wegen eines generell gestiegenen Anspruchsniveaus u. wegen einer speziellen Leistungs-, nicht eigentlich Kostenexplosion aufgrund des m. ↑ Fortschritts. In dieser Situation bedarf es zweierlei: auf seiten der Patienten, Ärzte, Versicherungen . . . eine ↑ Besonnenheit, die den steigenden Ansprüchen entgegenwirkt, u. auf seiten des Gesetzgebers ↑ Gerechtigkeit hinsichtlich des Verhältnisses von Inanspruchnahme u. Finanzierung der m. Leistungen. Sofern er von der üblicherweise zuständigen Tauschgerechtigkeit abweicht, bedarf es der Begründung. Innerhalb der einschlägigen Kran-

kenversicherung ist ein gestuftes Modell denkbar, bestehend aus einer Grund-, einer Aufbau- u. einer Zusatzversicherung.

(9) Die Medizin ist nicht bloß ein Gegenstand der E, sondern auch eine ↑ Wissenschaft, deren praxis- u. fallorientiertes, gegen einen Methodenmonismus skeptisches Vorgehen der E, zumal wenn sie sich als ↑ praktische Philosophie versteht, als Vorbild dienen kann. Große Denker nehmen sich gern das Muster eines Arztes, *Hippokrates,* zum Vorbild: *Bacon* u. *Galilei,* um der scholastischen Disputation eine experimentelle Forschung entgegenzusetzen; *Leibniz,* weil er die Harmonie aller Dinge bekräftigt sieht; *Kant,* weil er bemerkenswerte Verhaltensregeln entdeckt.

Lit.: K. Deichgräber, Der hippokratische Eid, Stuttgart 1955; B. Häring, Heilender Dienst, Mainz 1972; P. Krauß, Medizinischer Fortschritt u. ärztliche E, München 1974; I. Illich, Die Enteignung der Gesundheit, Reinbek 1975; H. Saner, H. Holzhey (Hrsg.), Euthanasie, Basel 1976; J. Zander (Hrsg.), Arzt u. Patient, Düsseldorf 1976; J. Schwartländer (Hrsg.), Der Mensch u. sein Tod, Göttingen 1976; J. A. Humber, R. F. Almeder (Hrsg.), Biomedical Ethics and the Law, New York/London 1976; U. Eibach, Medizin u. Menschenwürde, Wuppertal 1976; R. M. Veatch, R. Branson (Hrsg.), Ethics and Health Policy, Cambridge, Mass. 1976; H. v. Nußbaum (Hrsg.), Die verordnete Krankheit, Frankfurt/M. 1977; J. Wunderli, K. Weißhaupt (Hrsg.), Medizin im Widerspruch, Olten/Freiburg 1977 (Anhang: ärztl. E-Codes); S. F. Spicker, H.T. Engelhardt (Hrsg.), Philosophical Medical Ethics: Its Nature and Significance, Dordrecht/Boston 1977; V. Eid, R. Frey (Hrsg.), Sterbehilfe, Mainz 1978; W. T. Reich (Hrsg.), Encyclopedia of Bioethics, 5 Bde., New York [2]1995; P. Sporken, C. Genewein, Menschsein/Menschbleiben im Krankenhaus, Düsseldorf 1979; T. L. Beauchamp, J. F. Childress, Principles of Biomedical Ethics, New York/Oxford [3]1989; O. Höffe, Sittl.-politische Diskurse, Frankfurt/M. 1981, Teil III; A. Laufs, Arztrecht, München, [5]1993; W. Wieland, Strukturwandel u. ärztliche Medizin, Heidelberg 1986; O. Marquard u. a. (Hrsg.), Anfang u. Ende des menschlichen Lebens, München/Paderborn 1986; ders. u. a. (Hrsg.), E u. soziale Verantwortung, München/Paderborn 1988; ders. u. a. (Hrsg.), e Probleme des ärztlichen Alltags, München/Paderborn 1988; H.-J. Kramer, Rechtsfragen der Organtransplantation, München 1987; B. A. Brody, Moral Theory and Moral Judgements in Medical Ethics, Dordrecht 1988; H.-M. Sass (Hrsg.), Medizin u. E, Stuttgart 1989; A. Leist (Hrsg.), Um Leben u. Tod, Frankfurt/M. 1990; D. Lamb, Organ Transplants and Ethics, London/New York 1990; K. Hegselmann, K. Merkel (Hrsg.), Zur Debatte über Euthanasie, Frankfurt/M. 1991; R. Toellner u. a. (Hrsg.), Organtransplantation, Stuttgart 1991; W. Pöldinger, W. Wagner (Hrsg.), E in der Psychiatrie, Berlin u. a. 1991; R. Dworkin, Die Grenze des Lebens, Hamburg 1994; J. Hoff, J. in der Schmitten (Hrsg.), Wann ist der Mensch tot?, Reinbek 1994; L. Honnefelder, G. Rager (Hrsg.), Ärztliches Urteilen u. Handeln. Zur Grundlegung einer m. E, Frankfurt/M. 1995; J. Harris, Der Wert des Lebens, Berlin 1995; U. Wiesing, Zur Verantwortung des Arztes, Stuttgart-Bad Canstatt 1995; K. Bayertz (Hrsg.), Moral. Konsens. Technische Eingriffe in die menschl. Fortpflanzung als Modellfall, Frankfurt/M. 1996; S. Goeppert, M. Psychologie, Freiburg/Br. 1996; Jahrbuch für Wissenschaft u. E, Berlin 1996 ff.   *O. H.*

Mensch. Der M. ist im Unterschied zum Tier, aber auch zu ↑ Gott eine leiblich-seelisch-geistige Einheit, die als ↑ Person in sozialen Beziehungen mit anderen M.en lebt. Da das menschliche ↑ Leben sich seiner Erscheinung nach als Einheit darstellt, liegt es nahe, entweder hinter den unterschiedlichen Wesenszügen ein einheitliches Formprinzip des M. anzunehmen oder anstelle eines einheitlichen Wesensbegriffs die unterschiedlichen Wesenszüge in ihrem wechselseitigen Verhältnis zu bestimmen. (1) Ein einheitlicher Wesensbegriff läuft Gefahr, den M. abstrakt als „gewissermaßen alles" *(Thomas v. Aquin)* zu bestimmen, ohne daß seine spezifischen Eigenschaften u. Möglichkeiten als Denkender, Wollender u. Handelnder hinreichend verstanden wären. *Anthropologie* (griech., Wissenschaft vom M.) wird dann zu einer philosophischen Grundwissenschaft, die die Ordnung der ↑ Seele *(Platon),* des Denkens *(Thomas v. Aquin)* oder der ↑ Natur *(Spinoza)* für alle Wissensformen verbindlich macht. (2) Als Alternative bleibt, den M. vom Spannungsverhältnis seiner Wesenszüge her als offenes, der ↑ Welt u. seinen Mitmenschen zugewandtes Wesen zu verstehen. Damit können die unterschiedlichen Lebensformen u. -ziele des M. u. die Bedingungen ihrer Möglichkeit bestimmt werden. Ihnen entsprechen perspektivisch u. methodisch unterschiedliche Wissensformen: dem vernünftigen u. sprachlichen Wesen die Theorien des

Denkens (Philosophie), dem politischen u. sozialen Wesen des M. die Theorien des Handelns (↑ praktische Philosophie, ↑ E, Soziologie etc.), dem physischen u. psychischen Wesen Biologie u. Psychologie. Die Anthropologie setzt sich in diesem Fall aus Elementen dieser Wissensformen zusammen u. bildet keine Theorie mit einheitlichem methodischem Fundament. Der M. kann so als Wesen der ↑ Theorie u. Praxis verstanden werden: Er ist sowohl der Erkenntnis der Wahrheit wie des guten Handelns fähig *(Aristoteles).* – Mit der Frage, was der M. „als frei handelndes Wesen aus sich selbst macht oder machen kann u. soll" *(Kant),* wird er als Wesen der ↑ Freiheit bestimmt, das sich gegen seine begierdehafte Natur zu dem entfaltet, was es als Schöpfer u. Gestalter seiner Geschichte seinen vernünftigen Möglichkeiten nach sein kann. (3) Als geschichtlich Handelnder ist der M. von seinen Vollendungsbedingungen sowohl als politisch-soziales wie als vernünftig-sprachliches Wesen abhängig. Das geglückte M.sein ist Resultat einerseits sittl. gutes Lebens in einer Gemeinschaft u. der Fähigkeit, ↑ Wahrheit zu erkennen, andererseits aber der Bedingungen der Realisierung seiner selbstgewählten Ziele in bestimmten geschichtlichen u. sozialen Verhältnissen. Grundproblem des M. ist es, wie er sich mit Hilfe seines theoretischen, praktisch-sittl. u. technischen Vermögens seine Praxis vermitteln kann. (4) Der Vergleich organischer Fähigkeiten des M. mit denen hochentwickelter Tiere verdeutlicht seine biologische Mängelhaftigkeit u. die Notwendigkeit ihres Ausgleichs (Kompensation) durch kulturelle Fähigkeiten. Der M. sieht sich zur Entwicklung seiner geistigen Anlagen u. zur Schaffung einer ↑ Kultur als zweiter Natur genötigt *(A. Gehlen)*. Damit können zwar Entstehungsformen menschlicher ↑ Institutionen erklärt, nicht aber die ↑ Freiheit des Handelns u. die Prinzipien praktischer u. theoretischer Erkenntnis begründet werden. Diese sind weder Ergebnis einer Anpassung an eine gefährdende natürliche oder soziale Umwelt noch einer „Verstärkung" genetischer Anlagen durch ein von Lohn u. ↑ Strafe bedingtes Lernen eines angepaßten Verhaltens (Konditionierung, *B. F. Skinner*). Freiheit, Würde (↑ Humanität) u. Wahrheitsfähigkeit des M. können nicht mit der gattungsgeschichtlichen Entwicklung, der Evolution (↑ evolutionistische E) oder mit den Verhaltensdispositionen des M. erklärt werden. Biologisch (↑ Biologismus) oder behavioristisch (engl. behaviour: Verhalten) erfüllt der M. lediglich die Funktionen seiner Selbsterhaltung. Sein Handeln ist nicht frei, d. h. nicht mit Hilfe vernünftiger Einsicht in die ↑ Normen des Handelns wählbar, sondern determiniert (↑ Determinismus) u. damit unzureichend bestimmt. (5) Es genügt auch nicht, im entgegengesetzten Sinne einer Geist-Anthropologie die „Stellung des M. im Kosmos" seinem „apriorischen Wertgefühl" u. einer allgemeinen geistigen u. vitalen Tätigkeitsenergie („Gefühlsdrang") zuzuschreiben *(M. Scheler)*. Sein geistiges, erkennendes Wesen befähigt den M. zwar, daß er „Nein" sagen kann u. nicht von Trieben u. Instinkten

manipuliert u. an eine Umwelt gebunden ist. Unklar ist, wie der „Geist" sich gegen die vitale Triebstruktur durchsetzen kann. Seine Bestimmung ist zu unspezifisch, um den ↑ Sinn der unterschiedlichen Dimensionen menschlichen Lebens (↑ Arbeit, ↑ Liebe, ↑ Verantwortung) zu konstituieren. (6) Der M. muß sich seine ↑ Welt immer erst schaffen; er ist zugleich Natur u. Geschichte *(H. Plessner)*. Sein Erkennen u. Handeln unterliegt daher keinem starren, unveränderlichen Ordnungsprinzip. Es gibt zwar biologische u. psychische Grundbedingungen, die Bedürfnisstruktur menschlichen Daseins. Die Möglichkeiten u. Bedingungen ihrer Befriedigung sind aber nicht vorgegeben, sondern von den bewußt geschaffenen Formen menschlicher ↑ Gesellschaft abhängig. Der M. schafft insofern seine ↑ Bedürfnisse selbst, als er den Anspruch auf ihre Befriedigung nicht natural, sondern sozial legitimiert. Damit konstituiert sich die individuelle Bedürfnisstruktur intersubjektiv. (7) Auch das Bewußtsein seiner eigenen Subjektivität, sein Verhältnis zu sich selbst, bildet den M. in seiner Beziehung zu den Mitmenschen. Die M.en haben füreinander motivierende Kraft: die Erfahrung des anderen macht erst die Selbsterfahrung möglich, in der der M. die Intentionen seines Umgangs mit den Mitmenschen gewinnt. Nur intersubjektiv gewinnt der M. die Fähigkeit zu spezifisch menschlichen Akten wie ↑ Liebe, Reue, Verzweiflung u. zur Beurteilung ihres Werts. – Die Gefahr der ↑ Entfremdung u. Selbstverfehlung begleitet diesen intersubjektiven Prozeß der Bewußtseinsbildung, da einmal die Kriterien des guten oder schlechten Handelns nicht unmittelbar evident sind u. zum anderen auch die Intentionen einer scheinbar sittl. guten Handlung von egoistischen Zwecken bestimmt sein können. Es ist Aufgabe der ↑ Erziehung, dem M. die kognitiven u. emotiven Fähigkeiten zum sittl. guten Handeln (sittl. Kompetenz) zu vermitteln. Die in diesem Handeln anstrebbaren ↑ Werte werden in der menschlichen Entwicklung (↑ Sozialisation) verinnerlicht. Ihre Kriterien bedürfen aber einer vernünftigen Begründung in zwischenmenschlicher Verständigung (↑ Kommunikation). Sie sind nicht Ergebnis der „unbewußten Bedingungen des sozialen Lebens" (C. Lévi-Strauss, ↑ Strukturalismus). Der M. ist als geschichtlich Handelnder in seiner individuellen Entwicklung von den inhaltlichen Bedingungen seiner Sozial- u. Gattungsgeschichte abhängig. Gleichwohl ist er in der ↑ Entscheidung über die Alternativen seines Handelns, in der vernünftigen Reflexion u. in der Willensbildung über seine Ziele u. Zwecke, d. h. in der Gestaltung seiner eigenen Geschichte frei. Sein soziales u. durch ↑ Sprache ermöglichtes Verhältnis zu seinen Mitmenschen ist die Grundbedingung dieser Freiheit. Sie konkretisiert sich in der Praxis des M. Aufgabe der Anthropologie ist es daher, den Begriff menschlicher Praxis zu bestimmen u. mit den Wissensformen vom M. die Bedingungen seiner Geschichte aufzuklären.

Lit.: Platon, Timaios, 69 b–92 c; Aristoteles, Über die Seele, Buch III; ders.,

Politik, Buch I, 2; Thomas v. Aquin, De veritate I, 1; B. Spinoza, Die E, Teil III; I. Kant, Anthropologie in pragmatischer Hinsicht, Vorrede, § 56; M. Scheler, Die Stellung des M. im Kosmos, S. 36 ff, 49 ff; T. Litt, M. u. Welt, Heidelberg ²1961, Kap. 1, 6, 13; M. Theunissen, Der Andere, Berlin 1965, S. 19 ff; 118 ff; A. Gehlen, Der M., Frankfurt/M.-Bonn ⁸1966, Einführung u. Teil II; D. Lévi-Strauss, Das wilde Denken, Frankfurt/M. 1968, Abschn. VII u. IX.; H. Plessner, Philosophische Anthropologie, Frankfurt/M. 1970, S. 31 f, 187 ff; O. Marquard, Schwierigkeiten mit der Geschichtsphilosophie, Frankfurt/M. 1973, Teil 2; B. F. Skinner, Jenseits von Freiheit u. Würde, Reinbek 1973, Teile 1–4 u. 9; M. Müller, Philosophische Anthropologie, hrsg. v. Vf., Freiburg/München 1974, S. 207 ff u. 303 ff; H. G. Gadamer u. a., Neue Anthropologie, Bd. 7, Teil 2; J. Köhler, Die Grenze von Sinn, Freiburg/München 1983; Kindlers Ezyklopädie Der M., 10 Bde., München 1982 ff; O. Höffe (Hrsg.), Der Mensch – ein politisches Tier?, Stuttgart 1992.   *W. V.*

Menschenrechte ↑ Grundrechte.

Menschenwürde   ↑ Grundrechte, Humanität.

Metaethik nennt sich eine seit Beginn dieses Jh. im anglo-amerikanischen Sprachraum entwickelte Forschungsrichtung, die keine inhaltlichen Aussagen *(Neutralitätsthese)* über das sittl. Gute einzelner Handlungen, ihrer Regeln oder des Kriteriums der Regeln machen (moralischer Diskurs: ↑ normative E), sondern solche Aussagen auf ihre sprachliche Form hin untersuchen will (Meta-Diskurs). Der M. geht es (a) um die sprachliche *Bedeutung* sittl. Prädikate wie ‚gut‘, ‚richtig‘ (↑ Moral, ↑ Sittlichkeit), ‚Sollen‘, ↑ ‚Pflicht‘, auch ↑ ‚Handlung‘, ↑ ‚Gewissen‘, ‚Absicht‘ (daher auch: [sprach-]analytische E, linguistische E), (b) um die Unterscheidung ihrer sittl. von der nichtsittl. Verwendung u. (c) um die Frage, ob u. wie man sittl. Urteile rechtfertigen kann. Es gibt vier Grundrichtungen, die sich teilweise überschneiden: (1) Nach dem *Nonkognitivismus* (schon *Hume*) ist der Bereich des Sittl. keiner wissenschaftlichen (wahren u. objektiv gültigen) Erkenntnis fähig. Denn sittl. Überzeugungen entziehen sich den beiden Wahrheitskriterien des logischen Positivismus, dem logisch-mathematischen Beweis und der Überprüfung durch Beobachtung oder Experiment. (1.1) Im *Emotivismus* haben sittl. Urteile lediglich die Bedeutung, unsere eigenen rein subjektiven Gefühle (der frühe *Ayer*) oder Einstellungen (*Stevenson,* der späte *Ayer*) zu bekräftigen u. appellativ die anderer zu beeinflussen. Dagegen läßt sich einwenden, zur Bedeutung sittl. Urteile bzw. ihrer Grundsätze gehöre es, Allgemeingültigkeit u. Objektivität zu beanspruchen. (1.2) In der weniger extremen Form *Hares* handelt es sich um Empfehlungen *(Präkriptivismus),* bei denen man bereit ist, allgemeine Gründe (z. B. gemäß der ↑ Goldenen Regel oder dem Prinzip der Verallgemeinerung: ↑ kategorischer Imperativ) anzugeben.

(2) Der *Kognitivismus* hält an der prinzipiellen Erkennbarkeit des Sittl. fest. (2.1) Nach dem *Naturalismus* (*Lewis, Perry*) erweisen sich sittl.

Prädikate bei näherer Analyse als gleichbedeutend mit gewissen empirischen Prädikaten, etwa ‚gut‘ mit ‚nützlich‘ (↑ Utilitarismus) oder ‚lustvoll‘ (Hedonismus: ↑ Freude). Sittl. Urteile lassen sich dann aus wahren Sätzen über den Menschen u. die Welt ableiten; die Suche nach der richtigen Moral wird zur Angelegenheit der empirischen Wissenschaften. Überzeugender ist es jedoch, ein konkretes *sittl. Urteil* (Du sollst den dort Ertrinkenden retten) als Synthesis eines empirischen (Jemand ist am Ertrinken) u. eines normativen Elementes (Ertrinkende soll man retten) aufzufassen, wobei das normative Element auch als allgemeines sittl. Urteil für sich ausgesagt werden kann (Notleidenden soll man helfen).

Das Standardargument gegen die verschiedenen Formen des Naturalismus ist seit *Moore* der Nachweis eines *naturalistischen Fehlschlusses* (= n. F.), die Definition von ‚sittl. (an sich) gut‘ durch empirische oder metaphysische Begriffe (z. B. ‚an sich gut‘ = ‚lebensdienlich‘). Allerdings ist nicht jeder behauptete n. F. tatsächlich einer. Von *Moores* semantischem Problem ist *Humes* logisches, der *Sein-Sollen-Fehlschluß,* der unzulässige Übergang von deskriptiven (empirischen oder metaphysischen Seins-) zu normativen (Sollens-) Aussagen (z. B. von ‚x ist nützlich‘ zu ‚Du sollst x tun‘), zu unterscheiden. (2.2) Als Alternative zum Naturalismus versteht sich der *Intuitionismus* (schon *Reid,* neuerdings *Moore, Ross, Prichard, Ewing*). Er hält die grundlegenden sittl. Urteile für in sich evident, d. h. einer bloß intuitiven Erkenntnis zugänglich, was die schwierige Aufgabe stellt, Entscheidungskriterien für die Richtigkeit von Intuitionen (↑ Gefühl, ↑ Wert) zu benennen.

(3) Während die (non-)kongnitivistischen Positionen die Erkennbarkeit des Sittl. diskutieren, analysiert der *e Logizismus* die für den moral. Diskurs spezifische Argumentationsmethode. Dessen Regeln gewinnt er aus der sozialen Funktion der Moral *(Toulmin, Baier)* oder aus der Bedeutungsanalyse sittl. Prädikate *(Hare)*. Die ↑ *deontische Logik,* die Logik der normativen Modalitäten ‚geboten‘, ‚verboten‘, ‚freigestellt‘ bildet inzwischen eine eigene Forschungsrichtung (*v. Wright* u. a.).

(4) Zunächst von Rawls aus dem Mittelpunkt der anglophonen E-Debatte verdrängt, geht es der neueren M. weniger um den epistemologischen Gegensatz von Kognitivismus u. Nonkognitivismus als um die ontologische Unterscheidung von Realismus u. Antirealismus und deren Konsequenzen für die Philosophie des Geistes, die Handlungstheorie u. die Semantik. Nach dem Realismus gibt es moralische Tatsachen, die unabhängig von unseren moral. Urteilen existieren *(Murdoch, Wiggins, McDowell)*. Ob ein moral. Urteil wahr oder falsch ist, ist demnach allein vom Bestehen des durch das Urteil ausgedrückten Sachverhalts abhängig. Daß es moral. erhebliche Tatsachen gibt, ist freilich selten bestritten worden; daß sich moral. Urteile vollständig auf Tatsachen zurückführen lassen, ist, abgesehen von einem ↑ Faktum der Vernunft, problematisch. Unter Aufnahme neuer

sprachphilosophischer Entwicklungen glaubt der Realismus, die Naturalismuskritik von *Moore* entkräften zu können *(Boyd, Brink)*. Demgegenüber bestreiten Antirealisten die Existenz genuin moralischer Tatsachen u. meinen dann, einen e ↑ Relativismus vertreten zu müssen (z. B. *Harman*), oder sie müssen die Geltung moral. Urteile auf andere Weise erklären (wie z. B. im „Quasirealismus" von *Blackburn*).

Der traditionellen E ist die M. nicht ganz fremd, denn die Analyse der Prinzipien des Sittl. wird als Begriffsanalyse durchgeführt, geleitet von der Frage nach der Konstitution u. Legitimation des Sittl.: *Aristoteles* geht vom formalen Begriff des Guten als Ziel jedes menschlichen ↑ Strebens aus u. bestimmt das schlechthin höchste Gut (Ziel) als ↑ Glück (im Sinne von Autarkie). *Kant* fragt nach dem, was ohne Einschränkung gut ist u. identifiziert es mit dem guten Willen, dessen Prinzip er in der ↑ Freiheit (im Sinne von Autonomie) sieht. Aus der Begriffs- u. Prinzipienanalyse ergibt sich auch das Kriterium für die sittl. Beurteilung von Lebensformen *(Aristoteles)* oder Maximen *(Kant)*, das Glück bzw. der kategorische Imperativ, so daß die Trennung von M. u. normativer E nur bedingt nötig ist. – Zum Meta-Diskurs gehört auch die Untersuchung der ↑ Methoden u. des Sinnes einer philosophischen E.

Lit.: Aristoteles, Nikom. E, Kap. I 1–6, III 1–7; D. Hume, Untersuchung über die Prinzipien der Moral, Buch III, Abschn. I 1; I. Kant, Grundlegg. z. Metaphysik der Sitten, 1. u. 2. Abschn.; G. E. Moore, Principia Ethica; A. J.

Ayer, Sprache, Wahrheit u. Logik, Stuttgart 1970, Kap. 6; C. L. Stevenson, Ethics and Language, New Haven 1944; K. Baier, Der Standpunkt der Moral, Düsseldorf 1974; R. M. Hare, Die Sprache der Moral, Frankfurt/M. 1972; ders., Freiheit u. Vernunft, Düsseldorf 1973; ders., Moralisches Denken, Frankfurt/M. 1992; W. D. Hudson (Hrsg.), The Is-Ought-Question, London 1969; I. Murdoch, The Sovereignty of Good, London/New York 1970; O. Höffe, Naturrecht ohne naturalist. Fehlschluß, Wien 1980; A. Pieper, Sprachanalyt. E u. praktische Freiheit, Stuttgart 1973; I. Craemer-Ruegenberg, Moralsprache u. Moralität, Freiburg/München 1975; G. Grewendorf, G. Meggle (Hrsg.), Sprache u. E, Frankfurt/M. 1974; G. Harman, Das Wesen der Moral, Frankfurt/M. 1981; F. v. Kutschera, Grundlagen der E, Berlin/New York 1982; J. L. Mackie, E, Stuttgart 1983; R. Stuhlmann-Laeisz, Das Sein-Sollen-Problem, Stuttgart 1983; M. Riedinger, Das Wort ‚gut‘ in der angelsächsischen M., Freiburg/München 1984; S. Blackburn, Spreading the Word, Oxford 1984, Kap. 6–7; ders., Essays in Quasi-Realism, Oxford 1993, Teil II; D. Wiggins, Needs, Values, Truth, Oxford 1987; G. Sayre-McCord (Hrsg.), Essays on Moral Realism, Ithaca/London 1988; D. Brink, Moral Realism and the Foundations of Ethics, Cambridge 1989.   O. H.

Metaphysikfreie E ↑ Methoden der E.

Methoden der Ethik (M. n d. E). M.n sind Verfahrensweisen, nach denen komplex in sich strukturierte Prozesse des Denkens, auch des Handelns folgerichtig u. zielstrebig ausgeführt werden. Als Musterbeispiel methodischer Exaktheit gilt die logische Ableitung. M.n sind in der Regel keine starren Verfahren, sondern lassen es mehr oder weniger offen, wie man sie in wechselnden Situationen erfolgreich anwendet. Sie sind weniger präzise Direktiven als Orientierungshilfen, die man durch wiederholte Verwendung (Einübung) lernt. Die Bestimmung der rechten M. hängt vom Gegenstand u. dem Erkenntnisinteresse ab. Die philosophische E ist als Philosophie durch Argumentation, Reflexion u. Voraussetzungslosigkeit sowie als E durch die Idee eines sinnvollen (sittl. guten u. gerechten) menschlichen Lebens bestimmt. Mit dem Ziel, Irrtum zu destruieren u. ↑ wahres Wissen zu begründen, richtet die philosophische E primär keine Appelle an den Menschen, sondern bringt Definitionsvorschläge, Behauptungen, Widerlegungs- u. Begründungsversuche; sie prüft vorgegebene Fragestellungen u. Grundbegriffe u. bildet neue, was insgesamt die Qualität der Reflexion hat: Die E distanziert sich von einem unmittelbaren Wissen des Sittl., um in neuer Hinwendung zu ihm es in seine Elemente aufzugliedern, es aus Prinzipien u. schließlich aus einem ersten Prinzip, dem ↑ Moralprinzip, widerspruchsfrei zu rechtfertigen oder auch zu kritisieren (↑ Moralkritik) sowie die Prinzipien in sich u. im Verhältnis zueinander zu bestimmen. Zugleich beansprucht sie, in dem Sinn voraussetzungslos zu sein, daß sie nichts als gegeben anerkennt, das prinzipiell ihrer Diskussion entzogen sein sollte. Auch das noch so Selbstverständliche muß sich in Frage stellen lassen. Die Selbstkritik gehört zu den konstitutiven Momenten jeder Philosophie. – Eine umfassende argumentative Reflexion des Sittl. läßt sich nur durch eine Vielfalt von einander ergänzender M.en bewältigen, wofür die E des *Aristoteles* beispielhaft ist. Eine einzige M. zu totalisieren wird der komplexen Sache nicht gerecht.

Damit die Argumentation nicht gehaltlos (leer) bleibt, muß sie sich einer empirischen Basis vergewissern. Der Sachgehalt der Begriffe u. Theorien bzw. Hypothesen ist an das menschliche Leben zurückgebunden, sofern es sich unter den Anspruch des Sittl. stellt. Wie man eine Ausgangsbasis gewinnt, die allen vertraut u. zugleich verbindlich ist, u. wie man von ihr ausgehen soll, ist kontrovers. Die *hermeneutische* (griech.: Auslegung, ↑ Verstehen betreffende) E (= herm. E: *J. Ritter,* auch *H. G. Gadamer* u. deren Schüler) behauptet den Vorrang der geschichtlichen Erfahrung vor der abstrakten Deduktion. Die E sei keine Mathematik, die – von Prinzipien (Axiomen) ausgehend – ein zwar widerspruchsfreies, gegenüber der Wirklichkeit der Menschen aber beziehungsloses System konstruieren, vielmehr die sittl.-politische Wirklichkeit in ihrer Geschichtlichkeit begreifen solle. Gegen *Kants* u. stärker noch gegen *Fichtes* Versuch skeptisch, ein allgemeines u. daher auch ungeschichtliches Moralprinzip aufzustellen u. daraus alle Verbindlichkeiten abzuleiten, will die herm. E – ausgehend von der Lebensweise u. den Vorstellungen erfahrener u. vernünftiger Menschen – das Sittl. als das Allgemeine in der geschichtlichen Wirklichkeit selbst aufsuchen. Als

Vorbild dafür gilt die ↑ praktische Philosophie von *Aristoteles* u. *Hegel,* deren aktualisierte Interpretation einen Beitrag zum systematischen Verständnis der Gegenwart leisten soll. Obwohl die herm. E zu Recht die abstrakte Gegenüberstellung von Geschichte u. Systematik aufheben will, hat sie sich doch mehr mit der Klassiker-Interpretation als mit der Auslegung der Gegenwart beschäftigt. Da sie eine vorhandene ↑ Moral u. Sitte (↑ Institutionen, Verhaltensweisen usf.) auf die in ihr enthaltene Idee allgemeiner Verbindlichkeit hin auslegen will, neigt sie dazu, das Bestehende zu rechtfertigen, ohne es auch dort, wo es nötig wäre, im Namen der ↑ Sittlichkeit zu kritisieren. Zudem kann sie sich – aufgrund der Skepsis gegenüber transzendentaler E – der leitenden Idee des Sittl. nicht methodisch vergewissern; ihre Rechtfertigung mag daher plausibel sein, strikt begründet ist sie nicht.

Die *phänomenologische* E (= phän. E) wurde von *E. Husserl* grundgelegt, von *M. Scheler* u. *N. Hartmann* systematisch ausgebaut u. von *D. v. Hildebrand, A. Pfänder, H. Reiner* u. anderen fortentwickelt. Ihr geht es um ein befundgetreues, unvoreingenommenes Aufzeigen u. Beschreiben der Phänomene, wie sie sich in einer Anschauung eigener Art *(Intuition)* zur Kenntnis bringen sollen. Die phän. E analysiert den Bereich der idealen materialen ↑ Werte u. ihr subjektives Korrelat, das sittl. Bewußtsein, in dem sich die Werte als Sollensforderungen unterschiedlichen Ranges finden. Als materiale WertE geht sie von ontologischen Unterscheidungen aus, die – wie die von

Sach- u. Personenwerten, sinnl. u. geistigen Werten – als selbstevident u. a priori gültig unterstellt werden, eine intersubjektive Prüfung deshalb überflüssig mache sollen. Methodisch schwieriger gestaltet sich die Erhellung der „Sinngesetze des emotionalen Lebens", die *M. Scheler* durch die Analyse von ↑ Liebe, Sympathie (↑ Wohlwollen), Haß, Scham, Demut aufsucht, sowie die Analyse des sittl. Bewußtseins. Letztere muß vom eigenen Bewußtsein ausgehen, das aber nicht das sittl. Bewußtsein schlechthin, sondern eine geschichtliche Gestalt (ein christl. Ethos oder dgl.), zudem in individueller Ausprägung ist. Um trotzdem zu allgemeinen Grundstrukturen zu kommen, könnte man die Resultate der Analysen als vorläufige Thesen aufstellen, die von anderen auf der Grundlage ihrer Analysen geprüft: bestätigt oder verworfen werden. Allerdings fragt es sich, wie man im Fall der Nichtbestätigung verfährt u. welche Verbindlichkeit überhaupt das Bewußtsein eines konkreten ↑ Individuums für die E hat.

In einem allgemeinen Sinn ist jede wissenschaftliche E *analytisch*. Denn sie zerlegt ihren Gegenstand, das sittl. ↑ Handeln, in seine verschiedenen Elemente u. Aspekte u. sucht diese m. zu bestimmen. Im engeren Sinn heißt heute die E analytisch, die – dem Wissenschaftsideal des logischen Positivismus folgend – einen intersubjektiv verbindlichen Ausgangspunkt sucht u. analysiert. (a) Von *Moore* u. dem späten *Wittgenstein* beeinflußt, geht die *sprachanalytische (linguistische) E* von der Umgangssprache aus. Sie reflektiert, beschreibt, erklärt u. kommentiert die Art u. Weise, wie wir moralische Ausdrücke (gut, richtig, auch Absicht, ↑ Gewissen, ↑ Freude, Handlung, Handlungsgrund usw.) verwenden u. wie wir moralisch argumentieren (↑ MetaE: *Ayer, Stevenson, Nowell-Smith, Hare, Blackburn, Gibbard*). (b) Die *normativanalytische E* geht von den sittl. Urteilen lebenserfahrener u. vernünftiger Menschen aus u. sucht die Urteile in ein widerspruchsfreies System zu bringen, das – von obersten sittl. Grundsätzen ausgehend – unsere Überzeugungen erklären, gelegentlich aus korrigieren soll (↑ Utilitarismus; *Rawls*). Sie gerät in Schwierigkeiten, falls es zu den sittl. Vorstellungen unterschiedliche Grundsätze u. Moralsysteme gibt, weil sie deren Konkurrenz nicht mehr methodisch entscheiden kann.

Ob die E den Ausgang bei der sittl.-politischen Wirklichkeit, bei idealen Werten oder dem sittl. Bewußtsein, bei der Umgangssprache oder den Überzeugungen erfahrener Menschen nimmt, die entsprechenden Analysen bleiben von den im Ausgang (Vorwissen) enthaltenen Grundbedeutungen von ↑ Mensch u. Welt abhängig. Durchschaut man die Abhängigkeiten, so werden sie als „metaphysische" Prämissen qualifiziert, kritisiert u. eliminiert. Die moderne philosophische E versucht, ohne solche Prämissen auszukommen; sie will nicht mehr, wie häufig in der Tradition (z. B. *Platon, Spinoza*), das sittl. Handeln aus einer Gesamtkonzeption des Seienden heraus verstehen. Das Stichwort *E ohne Metaphysik (Patzig, W. Schulz)* bezeichnet deshalb eine die moderne E mitkonstituierende kritische Idee, ohne daß eine bestimmte E für sich beanspruchen könnte, völlig „metaphysikfrei" zu sein. Denn ihre Prämissen liegen nicht offen zutage, sondern werden erst durch ein eigenes kritisches Verfahren u. meist erst dann offenbar, wenn das zugrundeliegende Verständnis von Welt u. Mensch seine Tragfähigkeit, die allgemeine Zustimmung, verliert. Die durch *Kant* begründete, von *Fichte* u. dem frühen *Schelling* fortgesetzte, in der Gegenwart zu neuem Ansehen gelangte Transzendentalphilosophie untersucht deshalb die Bedingungen a priori der Möglichkeit von Erfahrung, als *transzendentale E* die von sittl. Erfahrung. Auch sie geht von gewöhnlichen sittl. Urteilen aus, ist also keinesfalls wirklichkeitsfremd, abstrahiert aber von allen besonderen, meist doch kontroversen Inhalten sowohl der abgeleiteten ↑ Normen als auch der sittl. Grundsätze u. sucht deren identische Form auf: das, was das Sittl. konstituiert. Sie führt geschichtlich konkretes Sollen auf das Moment des Unbedingten zurück u. leistet somit in einem emphatischen Sinn ↑ Begründung. Unabhängig von ihren wechselnden Inhalten zeichnen sich sittl. ↑ Normen durch den Anspruch aus, allgemeingültig, also objektiv u. notwendig zu sein. Ihr oberster Maßstab ist deshalb der ↑ kategorische Imperativ. Dem entspricht auf der Seite des Subjekts das Bewußtsein, zu Handlungen schlechthin ohne Rücksicht auf entgegenstehende Antriebe der ↑ Bedürfnisse u. ↑ Leidenschaften oder auf die Chancen der Verwirk-

lichung in der realen Welt verpflichtet zu sein. Als Bedingung a priori der Möglichkeit allgemein verbindlicher Normen gilt deshalb der transzendentale Begriff von ↑ Freiheit: die von allem Empirischen unabhängige Autonomie des ↑ Willens. – In einer Radikalisierung der transzendentalen M. unternimmt es *Fichte,* das Prinzip der Sittlichkeit selbst noch einmal, nämlich aus dem Prinzip der Wissenschaftslehre zu begründen. – Durch den Ausweis der Autonomie als sittl. Prinzip enthält jede transzendentale E ein eminent kritisches Moment: die Weigerung, ein Gegebenes bloß als Gegebenes für die Instanz des Richtigen zu halten, verbunden mit dem indirekten Appell zur Befreiung von jeglicher Heteronomie. – Weiter als das transzendentale Programm reicht *Kants* Intention einer *praktischen Vernunftkritik*. Sie intendiert, im Gegensatz zur Vorstellung, Sittlichkeit sei eine bloße Illusion, die Wirklichkeit reiner praktischer Vernunft aufzuweisen. Dazu bildet sie den Begriff eines vom empirischen Bestimmungsgründen ganz unabhängigen Begehrens, zeigt seine Wirklichkeit in der Tatsache unserer sittl. Urteile auf (Faktum der Vernunft), formuliert ihr Grundgesetz, für bedürftige Vernunftwesen als ↑ kategorischen Imperativ, und sucht dessen transzendentales Prinzip auf.

Dialektik heißt seit *Platon* die – neben der transzendentalen M. – der Philosophie eigentümliche GrundM., einen plausiblen Satz (Position oder These) mit seinem ebenso plausiblen Gegen-Satz (Negation, Antithese) zu konfrontieren, um dadurch das dogmatische Beharren auf dem einen oder dem anderen Satz aufzuheben. Platonische Dialektik bezeichnet den kunstgerechten Umgang mit Sätzen, der zu einer Einsicht führt, die selbst nicht mehr in Sätze einzugehen braucht: zu einer Selbsterfahrung der Diskussionspartner, etwa zur Erfahrung ihres Nichtwissens. – Der markanteste Vertreter neuzeitlicher Dialektik ist *Hegel*, der gegenüber *Kant* u. *Fichte* den institutionellen Begriff der Sittlichkeit als die Aufhebung u. Synthese der einander abstrakt gegenüberstehenden Begriffe von Legalität u. Moralität einführt u. im Bereich der Sittlichkeit den ↑ Staat als Synthese der zueinander antithetischen Begriffe von ↑ Familie u. bürgerlicher ↑ Gesellschaft behauptet.

Lit.: Platon, Der Staat, Buch VI–VII; Aristoteles, Nikomach. E, Kap. I 1, 2, 7 u. II 2; I. Kant, Kritik der prakt. Vernunft, bes. 1. Buch; J. G. Fichte, Das System der Sittenlehre (1798), bes. 1. Hst.; G. W. F. Hegel, Grundlinien der Philosophie des Rechts; M. Scheler, Der Formalismus in der E . . ., Bern/München ⁵1966; N. Hartmann, E, Berlin ⁴1962; D. v. Hildebrand, Die Idee der sittl. Handlung . . ., Darmstadt 1969; H. G. Gadamer, Platos dialekt. E, Hamburg ²1968; J. Rawls, Ein Entscheidungsverfahren für die normative E, in: Texte zur E, München 1976; A. Roth, E. Husserls e Untersuchungen, Den Haag 1960; J. Ritter, Metaphysik u. Politik, Frankfurt/M. 1969, bes. S. 57 ff, S. 281 ff; O. Marquard, Hegel u. das Sollen, Philosoph. Jahrb. Bd. 72, 1964; G. Patzig, E ohne Metaphysik, Göttingen 1971, bes. Kap. II–III; W. Schulz Philosophie in der veränderten Welt, Pfullingen ³1976, Teil V; A. Pieper, Sprachanalyt. E u. prakt. Freiheit, Stuttgart u. a. 1973; H. Reiner, Die Grundlagen der Sittlichkeit, Meisenheim a. G. 1974; G. Grewendorf, G. Meggle (Hrsg.), Sprache u. E, Frankfurt/M. 1974; W. Oelmüller (Hrsg.), Transzendentalphilosophische Normenbegründungen, Paderborn 1978; O. Höffe, E u. Politik, Frankfurt/M. ³1987, Kap. 2, 5, 7; ders., Immanuel Kant, München ⁴1996, Kap. 9; ders., Kategorische Rechtsprinzipien, Frankfurt/M. 1990; H. Krings, System u. Freiheit, Freiburg/München 1980; S. Blackburn, Spreading the Word, Oxford 1984, Kap. 5–6; A. Gibbard, Wise Choices, Apt Feeelings, Oxford/New York 1990.   *O. H.*

Minderheiten ↑ Diskriminierung.

Minderwertigkeit ↑ Diskriminierung.

Minderwertigkeitsgefühl   ↑ Sadistisch-masochistisch.

Mitbestimmung ↑ Demokratie.

Mitleid ↑ Wohlwollen.

Mitmenschlichkeit ↑ Wohlwollen.

Mittel ↑ Ziel.

Modernismus ist eine vielschichtige Geistesströmung, die, unter dem philosophischen Einfluß von *M. Blondel* u. *H. Bergson,* gegen Ende des 19. Jh. die katholische Theologie aus ihrem Gegensatz zur Philosophie, Geschichtswissenschaft u. protestantischen Theologie der Zeit herausführen u. die kirchliche ↑ Rechtsordnung u. ↑ Politik an demokratische u. soziale Strömungen angleichen wollte (*L. Laberthonnière, E. le Roy, A. Loisy* in Frankreich, *G. Tyrell* in England). Ihr demokratisches Kirchenverständnis, die Anwendung profan-wissenschaftlicher, historisch-kritischer Methoden in der Schriftinterpretation u. die Deutung der Dogmen nach Kriterien eines subjektiven, erlebnismäßigen Moralismus wurden von Papst Pius X. im Dekret Lamentabili (1907) u. in der Enzyklika Pascendi (1907) verurteilt.

Lit.: R. Marlé (Hrsg.), Au coeur de la crise moderniste, Paris 1960; E. Poulat, Histoire, dogme et critique dans la crise moderniste, Paris 1962; L. Bedeschi, Lineamenti dell'antimodernismo, Parma 1970.   *M. F.*

Monogamie ↑ Ehe.

Moral (lat. mores: Sitten, Charakter) **u. Sitte** stellen den für die Daseinsweise der Menschen konstitutiven (keinesfalls auf Fragen der ↑ Sexualität beschränkten) normativen Grundrahmen für das Verhalten vor allem zu den Mitmenschen, aber auch zur Natur u. zu sich selbst dar. M. u. S. (geltende oder positive M.) bilden im weiteren Sinn einen der Willkür der einzelnen entzogenen Komplex von Handlungsregeln, Wertmaßstäben, auch Sinnvorstellungen. M. u. S. werden nicht allein in persönlichen Überzeugungen u. Verhaltensweisen, sondern auch in der Verfaßtheit öffentlicher ↑ Institutionen (↑ Eigentum, ↑ Familie usf.), letzlich in der gelebten (nicht bloß postulierten) wirtschaftlichen, sozialen, politischen u. kulturellen (besonders auch religiösen) ↑ Ordnung sichtbar. Sie bilden ein von inneren Spannungen nicht freies Ganzes, das in seiner jeweiligen Gestalt für Klein- oder Großgruppen, auch für ganze Kulturkreise charakteri-

stisch ist u. die Unterscheidung von „fremd" u. „dazugehörig" mitbegründet. Sie werden durch Aufwachsen in der entsprechenden Gruppe, durch Vor- u. Nachmachen, Leitbilder, verbale oder nichtverbale Billigung u. Mißbilligung angeeignet u. zur persönlichen Haltung, Sinnesart befestigt (↑ Erziehung), mit der Gefahr, daß die eigene M. u. S. absolut gesetzt u. Fremde mit anderer M. u. S. ↑ diskriminiert werden.

Als *Ethos* (griech. ēthos, Gewöhnung u. ethos, gewohnter Lebensort, Charakter) waren M. u. S. ursprünglich die ungeschiedene Einheit vom Guten, Geziemenden u. ↑ Gerechten: objektiv als Lebensgewohnheit u. subjektiv als Charakter. Zu ihr gehörten „die ganze Erziehung u. Pflege der Gesundheit, die Ehe, die Heilkunst, der Feldbau, der Krieg, das Reden u. Schweigen, der Verkehr untereinander u. mit den Göttern" *(Nietzsche)*. Aufgrund eines längeren kulturgeschichtlichen Differenzierungsprozesses beziehen sich M. u. S. heute nur noch auf einen Teil des größeren Zusammenhanges: Anders als Etikette (Tischsitten, Anredeform usf.), deren habituelle Befolgung *Anstand* heißt, wollen M. u. S. als grundsätzlichere Aspekte des menschlichen (Zusammen-)Lebens nicht bloß durch stillschweigende Übereinkunft *(Konvention)* gelten, sondern auch richtig, *gültig* sein. Im Unterschied zum ↑ Recht bestimmen M. u. S. eine geschichtlich gewachsene Lebensform, die weder aus formellen Akten staatlicher Gewalt stammt noch sich mit ↑ Strafen verbindet, die unmittelbar das Leben oder Eigentum betreffen; die Sanktionen von M. u. S.

bestehen in Tadel, Vermeiden sozialer Beziehung usf. M. u. S. unterscheiden sich auch vom *Brauch* (Vätersitte: mores maiorum), der als bloßes Herkommen *(Gewohnheit)* die reine Antithese zur ↑ Begründung darstellt. Dessen oft übergenaue, ängstlich beachtete Verhaltensmuster sind in den offeneren, gegenüber der bloßen Überlieferung kritischen industriellen Großgesellschaften zum Feiertagsschmuck abgesunken (Brauchtum, Folklore). Obwohl M. u. S. auch ein jeweils Vorgegebenes sind, verbindet sich mit ihnen ein höheres Maß an Bewußtheit u. Verantwortung auf seiten der Betroffenen. In der heute noch sinnvollen Form beruhen M. u. S. auf einer allgemeinen Grundübereinstimmung (Achtung vor der Menschenwürde, Negation von Zwang, Minderung von Leiden usf.: ↑ Humanität, ↑ Pflichten) u. sind wegen der dazu gehörenden ↑ Toleranz offen für partikulare Gruppen mit konkurrierenden M.en u. S.n. – Kulturanthropologisch betrachtet sind M. u. S. die Direktiven u. Stabilisationskerne, die das durch seine Organe und ↑ Instinkte kaum geschützte Leben des Menschen auf der Basis gegenseitigen Vertrauens sichern u. den einzelnen durch vorgefundene Lebensmuster vom Zwang zur Formschöpfung u. Entscheidung entlasten *(Gehlen)*. In soziologischer Perspektive dienen M. u. S. der Integration u. Stabilität sozialer Systeme *(T. Parsons)*, wodurch ein (in Grenzen) vorhersagbares Zusammenleben mit Verläßlichkeit u. ↑ Verstehen möglich ist. Über diese genetisch gesehen frühen Aufgaben im Rahmen der kollektiven Selbsterhaltung (Ersatzfunktionen angesichts menschlichen Instinktmangels) hinaus bilden M. u. S. jenes gruppen- u. kulturspezifische Richtmaß eines sinnvollen Lebens, das – aus kollektiven Erfahrungen u. schöpferischen Sinnentwürfen gebildet – der humanen Selbstdarstellung u. -verwirklichung dienen will.

In M. u. S. gehen empirische u. normative Momente eine lebensmäßig untrennbare Einheit ein. Sie bilden eine geschichtlich konkrete Lebensform, in der sich der Anspruch menschlichen Handelns auf Unbedingtheit (↑ Sittlichkeit) mit den jeweiligen Randbedingungen: den klimatischen, geographischen, wirtschaftlichen u. a. Lebensbedingungen, den traditionellen Glaubensüberzeugungen sowie dem Stand empirischer Kenntnisse verbindet. Da das Unbedingte nur in geschichtlich wechselnden Verhaltensweisen u. Institutionen zur Darstellung kommt, wird Sittlichkeit ohne die Konkretion in M. u. S. nicht wirklich. Allerdings ist die Konkretion in der jeweils herrschenden M. u. S. immer noch eine begrenzte, geschichtlich mehr oder weniger angemessene Gestalt der Sittlichkeit. Sowohl aufgrund neuer Lebensbedingungen als auch wegen des Anspruchs auf ein humanes Dasein sollten M. u. S. stets zur Veränderung *(Wandel der Moral)* u. Kritik (↑ Moralkritik) hin offen sein, was keinesfalls einen e ↑ Relativismus begründet. Dabei könnte die überkommene Ordnung von M. u. S., die *Tradition* (↑ Kommunitarismus), für sich beanspruchen, durch ihren bisherigen Stand sich im großen und ganzen bewährt zu haben.

Solange sie nicht als schädlich oder unzweckmäßig erkannt ist, wäre es vernünftig, ihr zu folgen, also dem Kritiker die Beweislast der Revisionsbedürftigkeit aufzubürden (↑ provisorische M.). – Die Adjektive „moralisch" u. „sittl." beziehen sich weniger auf M. u. S. als auf Moralität und Sittlichkeit.

Lit.: F. Nietzsche, Morgenröte, Abschn. 9, 19, 34; H. Bergson, Die beiden Quellen der M. u. der Religion; F. Tönnies, Die S., Berlin 1909; E. Durkheim, Bestimmung der moral. Tatsache, in: ders. Soziologie u. Philosophie, Frankfurt/M. 1967; ders., Erziehung, M. u. Gesellschaft. Vorlesung an der Sorbonne 1902/03, Frankfurt/M. 1984; ders., Physik der S.n u. des Rechts. Vorlesungen zur Soziologie der M., Frankfurt/M. 1991; A. Macbeath, Experiments in Living, London 1952; G. Gurvitch, Morale théorique et science des mœurs, Paris 1963; L. Reinisch (Hrsg.), Vom Sinn der Tradition, München 1970; P. F. Strawson, Gesellschaftl. M. u. persönl. Ideal, in: G. Grewendorf, G. Meggle (Hrsg.), Sprache u. E, Frankfurt/M. 1974; G. Funke, Gewohnheit, S., Sittlichkeit, Archiv f. Rechts- u. Sozialphilos. Bd. 47, 1961; A. Gehlen, Anthropol. Forschung, Reinbek 1968, Abschn. 3; ders., M. u. HyperM., Frankfurt/M. 1973; W. Kluxen, E des Ethos, Freiburg/München 1974; R. Spaemann, Zur Kritik der polit. Utopie, Stuttgart 1977, S. 1 ff: Die zwei Grundbegriffe der M.; ders., Moralische Grundbegriffe, München ⁴1992; N. Luhmann, S. H. Pfürtner (Hrsg.), Theorietechnik u. M., Frankfurt/M. 1978; K. P. Rippe, e Relativismus, Paderborn u.a. 1993; D. Copp, Morality, Normativity and Society, New York/Oxford 1995; M. u. Macht: Merkur, H. 570/571, Stuttgart 1996.

O. H.

Moralische Dilemmata entstehen, wenn eine Person oder auch eine Gruppe zwei oder mehr e Verpflichtungen in einer Situation gleichzeitig einhalten sollte, aber nur eine Verpflichtung erfüllen kann. Sie werden häufig, aber zu Unrecht mit tragischen Konflikten verglichen, für die es aufgrund unvereinbarer Gebote keine Lösungen gibt (vgl. ↑ Pflichtenkollision). Tatsächlich sind m. D. aber alltäglich, wenn etwa familiäre mit beruflichen Verpflichtungen und diese mit Pflichten gegen die eigene Person kollidieren. ↑ Abtreibung und allgemein ↑ Entscheidungen über Leben und Tod sind besonders schwierige Beispiele m. D. Die Wahl einer Verpflichtung schließt die Verletzung einer oder mehrerer anderer Verpflichtungen ein. Es ist allerdings, ähnlich wie bei der ↑ Pflichtenkollision, umstritten, ob im strengen Sinn gleichzeitig mehr als eine Verpflichtung gelten kann. Die ↑ deontische Logik faßt Verpflichtungen als Überzeugungen auf, die wahr oder falsch sein können. Nach dem Prinzip, daß Sollen Können einschließt, sei lediglich eine Verpflichtung geboten. Weiterhin geht sie davon aus, daß die Verpflichtung zu einer Handlung x u. die Verpflichtung zu einer Handlung y als Verpflichtung zu x u. y zusammengefaßt werden können (Agglomerationsprinzip). Wenn nun x u. y nicht gleichzeitig erfüllbar sind, schließt die deontische Logik, können x u. y nicht beide in einer Situation geboten sein. Sie versteht das Prädikat ,ist geboten' in Anlehnung an das modallogische Prädikat ,ist notwendig'. Da zwei einander widersprechende Aussagen nicht beide notwendig wahr sein können, scheint von zwei nicht gleichzeitig erfüllbaren Geboten entsprechend auch nur eines wirklich geboten zu sein. Die Geltung der von der deontischen Logik angenommenen Prinzipien u. ihre Anlehnung an die Modallogik sind allerdings fraglich. *B. Williams* lehnt z.B. das Agglomerationsprinzip ab. Er schlägt vor, m. D. als Konflikte zwischen Wünschen zu verstehen, von denen nur einer erfüllbar ist; der unerfüllte Wunsch verschwindet nicht einfach, sondern bleibt offen u. wird enttäuscht. Auf diese Weise muß nicht, wie *Ross, Hare* u.a. fordern, der Gebotscharakter bestimmter Verpflichtungen geleugnet werden. Wenn das Sollen von Geboten nicht als Müssen, also nicht als notwendig, verstanden wird, sind mehrere gleichzeitig geltende Verpflichtungen möglich. Lösungen m. D., bei denen durch rationale, wohlerwogene Entscheidungen Gebote unerfüllt bleiben, setzen diese Gebote nicht außer Kraft. Daher bleibt die Frage, wie die unerfüllten Gebote zu verstehen sind, als ↑ Schuld oder als verantwortbare Einschränkung anderer ebenfalls geltender Verpflichtungen.

Lit.: W. D. Ross, Foundations of Ethics Oxford 1939; B. Williams, Ethical Consistency, in: ders., Problems of the Self, Cambridge 1973, 166–186; I. Levi, Hard Choices, Cambridge 1986, chap. 2; C. W. Gowans (ed.), Moral Dilemmas, Oxford 1987; O. Höffe, Universalistische E u. Urteilskraft: ein aristotelischer Blick auf Kant, in: Zeitschrift für philosophische Forschung 44 (1990), bes. 556 ff; W. V., Vernünftige Wahl, rationale Dilemmas u. moralische Konflikte, in: Martin Hollis, W. V., (Hrsg.), Moralische Entschei-

dung u. rationale Wahl, München 1992; P. S. Greenspan, Practical Guilt, New York/Oxford 1995, 246 ff. *W. V.*

Moralische Erziehung ↑ Erziehung.

Moralisches Gefühl ↑ Gefühl.

Moralisches Gesetz ↑ Moralprinzip.

Moralischer Sinn ↑ Gefühl.

Moralismus ist ein vieldeutiger Ausdruck. *Fichte* bezeichnet mit M. eine E, die im Gegensatz zum Eudämonismus (↑ Glück) nicht beim sinnlichen Sein stehenbleibt u. mit dem transzendentalen Standpunkt (↑ Methoden) verbunden ist (Wissenschaftslehre, 1801 § 26). – Um M. handelt es sich auch, wenn man mit *Kant* die Vernunft letztlich nur auf das Moralische gerichtet sieht (Kritik der reinen Vernunft, B 825 ff) oder mit *Fichte* nicht bloß das Handeln, sondern auch das Erkennen als Selbstrealisierung von ↑ Freiheit begreift. – In polemischer Absicht bezeichnet M. entweder ein Denken, das aufgrund abstraktformaler Gesetze die Lebendigkeit des wirklichen Menschen erstickt u. die Weite des sittl. Guten verbirgt, oder eines, das die Dimension des Sittl. im Verhältnis zu anderen Kulturbereichen und Beurteilungsaspekten überbewertet.

O. H.

Moralität ↑ Sittlichkeit.

Moralkritik hinterfragt die in einer Gesellschaft herrschende ↑ Moral auf ihren verborgenen Zweck und erschüttert so die Unmittelbarkeit ihrer Geltung; die Gebote u. Verbote verlieren ihren Tabucharakter. M. entsteht dort, wo eine Gesellschaftsordnung u. ihre leitenden Wertvorstellungen zu zerfallen beginnen. Sie verschärft den Zerfall oder sucht ihn aufzuhalten: M. ist entweder entlarvend, indem sie einen kompromittierenden Grund, oder rechtfertigend, indem sie einen *legitimierenden* Grund aufzeigt.

(1) Die entlarvende M. weist auf einen Zweck, der den Zwecken widerspricht, die die jeweilige Moral selbst vorschreibt: auf Neid der Götter *(Sophisten)*, Egoismus der Herrschenden *(Thrasymmachus* in Platons ‚Staat‘, 338 f; ↑ marxistische E), Ressentiment der Schwachen *(Kallikles* in Platons ‚Gorgias‘, 491 f; *Nietzsche).* Zu ihr gehört es auch, die anscheinend selbstlosen Regungen wie Mitleid und Nächsten-↑ Liebe als bloße Rationalisierungen des ↑ Selbstinteresses *(Hobbes, La Rochefoucauld),* das ↑ Gewissen als eine nach Innen verlegte fremde Stimme *(Freud, Adorno),* eine Lebensordnung als ↑ entfremdend *(Marx)* oder angeblich ↑ freie Entscheidungen als biologisch, psychologisch, geschichtlich u. ökonomisch-gesellschaftlich ↑ determiniert *(Darwin, Nietzsche, Freud, Marx)* zu demaskieren. Ziel der entlarvenden M. ist die Desillusionierung überlieferter Illusionen, der Nachweis eines falschen Bewußtseins. M. intendiert *Aufklärung,* die den Menschen aus seiner selbstverschuldeten, von den politischen u. religiösen Mächten bewußt oder unbewußt beförderten Unmündigkeit befreien will. Ein falsches Bewußtsein bemißt sich an der Idee eines richtigen Bewußtseins. Mit

der Ablehnung bestehender Verbindlichkeiten verbindet sich deshalb zumindest implizit eine Bejahung der Idee sittl. Verbindlichkeit. Die Aufhebung einer Moral geschieht im Namen von ↑ Moralität; M. ist selbst ein moralisches Ereignis. – Auch die entlarvende M. ist in der Regel nicht bloß destruktiv. *Nietzsche* z.B. kritisiert einerseits die angeblich seit *Platon* herrschende Einstellung, nach der man den Sinn des Daseins bloß in lebensjenseitigen objektiven ↑ Werten sucht, sowie ihr planes Gegenteil, den europäischen ↑ Nihilismus des 19. Jh., der alle dem Dasein Verbindlichkeit gebenden Werte, Normen u. Wahrheiten historisch relativiert. Andererseits deckt er ein ↑ Moralprinzip auf, das einen neuen Lebenshorizont eröffnen soll: die Selbstbejahung u. Steigerung des ↑ Lebens als ↑ „Wille zur Macht“. Dieses Prinzip ist weniger ein neuer Wert als ein neuer Ort der Wertsetzung, der nicht einfach die alten Werte durch neue ersetzt, sondern sie – sofern sie der M. standhalten – aus anderen Gründen rechtfertigt.

(2) Die rechtfertigende M. kann auf eine völlige Rechtfertigung oder auf eine nur partielle hinauslaufen. Im zweiten Fall werden zwar die Leitprinzipien anerkannt, von innen her die konkreten Normen aber kritisiert. Die Kritik kann sich auf zwei Argumente berufen: Entweder ist die Moral verfallen, sie hat sich von ihrem Leitprinzip entfernt (etwa die Moral der sozialistischen Staaten vom humanen Anspruch der ↑ marxistischen E) oder die Lebensbedingungen haben sich so verändert (von der Agrar- zur Industriegesellschaft,

von der Knappheit vieler Güter zu deren Überfluß oder umgekehrt), daß der Zweck, der der überlieferten Moral zugrundelag, eine Veränderung ihrer Normen erforderlich macht, wenn der Zweck noch weiter erreicht werden soll.

(3) Während die entlarvende u. die rechtfertigende M. eine Moral auf ihre inhaltliche Richtigkeit prüfen (M. erster Ordnung), prüft eine M. zweiter Ordnung die Begriffe, Kriterien, Prinzipien und ↑ Methoden der Moral u. ihrer Kritik. Sie unterscheidet zwischen der Moral in ihrer geschichtlich wandelbaren u. oft unzulänglichen Wirklichkeit u. ihrem übergeschichtlichen ↑ Moralprinzip, sie fragt nach der formalen Qualität eines Moralprinzips u. nach dem Grund von Moral überhaupt, gleich woraus sie jeweils inhaltlich bestehen.

Lit.: Hobbes, Leviathan, Kap. 6; La Rochefoucauld, Maximen u. Reflexionen; I. Kant, Beantwortung der Frage: Was ist Aufklärung?; F. Nietzsche, Menschliches, Allzumenschliches; ders., Morgenröte; ders., Jenseits von Gut u. Böse; ders., Zur Genalogie der Moral; ders., Aus dem Nachlaß der Achtzigerjahre; J.-P. Sartre, Das Sein u. das Nichts, Hamburg 1952; Th. W. Adorno, Minima Moralia, Frankfurt/M. [3]1970; R. P. Wolff u. a., Kritik der reinen Toleranz, Frankfurt/M. [8]1973; G. Vattimo, Friedrich Nietzsche, Stuttgart/Weimar 1990; V. Gerhardt, Friedrich Nietzsche, München [2]1995.

O. H.

Moralphilosophie ↑ Ethik.

Moralprinzip. In ontologischer u. erkenntnismetaphyischer Redeweise versteht man unter einem Prinzip (lat. principium, gr. archē) jeweils „ein Erstes . . ., aus dem eine Sache entweder besteht oder entsteht oder erkannt wird" (*Aristoteles* Metaph. 1013 a), einen letzten Grund des Seins, des Werdens u. Erkennens. In transzendental-philosophischer Sprache (↑ Methoden der E) sind Prinzipien die letzten einheitsstiftenden „Grundsätze und Regeln" theoretischer u. praktischer Vernunft (vgl. *Kant*, Kritik d. r. Vernunft B 355 ff). Unter M. wird entsprechend im heutigen moralphilosophischen Sprachgebrauch der letzte bzw. ein letzter praktischer Grundsatz verstanden, der nicht aus einer allgemeineren ↑ Norm ableitbar ist u. als Kanon der Deduktion, ↑ Begründung, Rechtfertigung u. Kritik untergeordneter Normen fungiert. Das M. dient so gesehen als oberstes *Kriterium,* als letzter Maßstab praktischen Argumentierens, das implizit oder explizit in jeder Begründung singulärer oder genereller moralischer Urteile in Anspruch genommen wird. Beispiele für solche M.ien sind: jedermann handle jederzeit nach der vernünftigen ‚Natur' der Dinge (↑ stoische E), nach dem Willen Gottes (↑ theologische E), im Blick auf das größtmögliche eigene (e Egoismus: ↑ Selbstinteresse) oder allgemeine ↑ Glück (↑ Utilitarismus), nach verallgemeinerungsfähigen Maximen bzw. in Anerkennung des Selbstwerts aller ↑ Personen (*Kant*), nach in einem herrschaftsfreien, vernünftigen Dialog konsensfähigen Interessen (↑ DiskursE). Die Ermittlung u. Entfaltung des M. (vielfach auch *Prinzip der* ↑ *Sittlichkeit* genannt) ist zentrale Aufgabe einer ↑ normativen E; als systemstiftendes Begründungsprinzip eines praktischen Normengefüges wird es häufig in verkürzender Ausdrucksweise mit dem *moralischen Gesetz* bzw. dem *Sittengesetz* überhaupt identifiziert.

Kontrovers in der aktuellen philosophischen Diskussion ist die Beantwortung der Frage nach der Möglichkeit rationaler Rechtfertigung des Geltungsanspruchs eines Prinzips, das die rationale Begründung von Zwecksetzungen, Handlungen u. Handlungsnormen erst ermöglichen soll. In der von *Platon* u. *Aristoteles* grundgelegten antiken u. mittelalterlichen Ontologie, der auch die E eingegliedert war, wurde das M. (bzw. das, was mit diesem Modewort gemeint ist) u. die von ihm fundierten Handlungsnormen (soweit überhaupt in Gestalt genereller Verpflichtungsurteile expliziert) implizit oder explizit in einer Theorie objektivwerthafter, hierarchisch gestufter Seinsordnung (↑ das Gute) festgemacht u. über sie im Begriff der Vollendung bzw. des Glücks des Menschen verankert. Die Transzendentalphilosophie *Kants* sieht im formalen Gesetz des ↑ kategorischen Imperativs das oberste *Kriterium* der moralischen Beurteilung menschlicher Willensbestimmungen. Sein unbedingter Sollensanspruch u. die in ihm gebotene Prüfung der Verallgemeinerungsfähigkeit von Handlungsmaximen wird rekonstruiert als die Struktur spezifisch endlicher Vernunftautonomie, als nötigendes Verhältnis des „eigenen notwendigen Wollens" eines „Gliedes einer intelligiblen Welt" zu sich selbst als eines nicht von Natur aus vernünftigen „Gliedes der Sinnenwelt". Die nichtkognitivistische Behandlung praktischer Urteile, die im Gefolge des spätmittelalterlichen Nominalismus wie des neuzeitlichen ↑ Empirismus auftrat, führt die in M.ien zum Ausdruck kommenden Geltungsansprüche auf irrationale Glaubensakte, Entscheidungen oder naturwüchsige Gefühle zurück u. schneidet die Frage nach ihrer möglichen argumentativen Rechtfertigung oder Kritik ab. Demgegenüber betonen ↑ kritische Theorie wie ↑ konstruktive E wieder die mögliche Abkunft praktischer Normen aus praktischer Vernunft. Sie rekurrieren allerdings in ihrer ‚Letztbegründung' nicht mehr auf eine transzendentale Metaphysik vernünftiger Subjektivität überhaupt (u. auf Autonomie als Bestimmungsgrund ihres Handelns) wie *Kant* u. *Fichte,* sondern maieutisch rekonstruierend auf transzendentale Bedingungen zwischenmenschlicher Kommunikation: die moralische Grundnorm läßt sich als unhintergehbares Implikat vernunftorientierter Verständigung aufweisen; ihre Anerkennung habe selbst jener bereits vollzogen, der diese Anerkennung noch vor der Vernunft vorgebrachter Argumente abhängig machen will *(Apel).*

Lit.: D. Hume, Eine Untersuchung über die Prinzipien der Moral: I. Kant, Grundlegung zur Metaphysik der Sitten; J. G. Fichte, Das System der Sittenlehre; J. Bentham, Eine Einführung in die Prinzipien der Moral u. der Gesetzgebung; G. E. Moore, Principia Ethica; K. O. Apel, Transformation der Philosophie II, Frankfurt/M. 1973, 358 ff; P. Lorenzen, O. Schwemmer, Kon-

struktive Logik, E u. Wissenschafts-
theorie, Kap. II, Mannheim ²1975;
M. G. Singer, Verallgemeinerung in der
E, Frankfurt/M. 1975; J. J. Kupper-
mann, The Foundations of Morality,
London 1983; P. Singer (Hrsg.), A
Companion to Ethics, Oxford 1991,
Teil IV; G. Patzig, Gesammelte Schrif-
ten I. Grundlagen der E, Göttingen
1994.   *M. F.*

Moralpsychologie heißt die wissenschaftliche Betrachtungsweise, die
die subjektiven Bedingungen ↑ sittl.
↑ Handelns, seine Motivation (↑ Gesinnung) untersucht. Dabei spielen
physiologische Bedingungen des Organismus (physiologische Psychologie) ebenso eine Rolle wie erlernte
Verhaltensanomalien (Verhaltenspsychologie). Sie hat darüber hinaus die
motivierende Bedeutung des aktuellen Bewußtseinslebens der ↑ Person
(Gestaltpsychologie) ebenso zu berücksichtigen wie die Bedeutung der
jenseits der Bewußtseinsschwelle lie-
genden unbewußten Anteile des Erlebens (Psychoanalyse: ↑ Psychotherapie).

Lit.: L. H. Eckensberger, Entwicklung
sozialer Kognition, Stuttgart 1980;
H. Bertram (Hrsg.), Gesellschaftlicher
Zwang u. moralische Autonomie,
Frankfurt/M. 1986; F. Oser (Hrsg.),
Transformation u. Entwicklung. Grundlagen der Moralerziehung, Frank-
furt/M. 1986; W. Edelstein, G. Nunner-Winkler (Hrsg.), Zur Bestimmung
der Moral. Beiträge zur Moralfor-
schung, Frankfurt/M. 1986; W. Edelstein u. a. (Hrsg.), Moral u. Person,
Frankfurt/M. 1993.   *A. S.*

Moralstatistik ↑ Empirismus.

Moraltheologie ist die von der katholischen Theologie entwickelte
Theorie vom guten christlichen Leben. Als E der Erlösten entfaltet sie
die Lehre von den religiös-sittl. Verpflichtungen u. den ↑ Tugenden des
durch die Taufe zum übernatürlichen
Sein erhobenen ↑ Menschen. Entsprechend der im christlichen Dogma
begründeten Unterscheidung von
↑ Natur u. Übernatur, von Schöpfungsordnung u. Heilsgeschichte, vom
Reich der Natur u. dem der Gnade
sowie entsprechend der katholischen
Auffassung von der Beziehung beider
(die Gnade setzt die Natur voraus u.
vollendet sie), leistet M. die Synthese
‚natürlicher‘ ↑ E mit den ‚Offen-
barungwahrheiten‘ der Heilsgeschichte. Die erste Stufe der M. bildet so eine rationale E, die sich in ihrer faktischen Gestalt großenteils
(schöpfungstheologisch umgeprägt)
stoisch-neuplatonischen Naturrechtsdenken (↑ Naturrecht, stoische E)
u. aristotelischer Tugendethik verdankt. Die radikalen Forderungen
eschatologisch bestimmter JesusE
(↑ christliche E), die die aristotelische Zentraltugend der ↑ Gerechtigkeit überbieten u. den Rahmen von
für jedermann geltenden ↑ Pflichten
sprengen, werden teils in Aszetik u.
Mystik verinnerlicht, teils in nicht
nicht allgemein gebotenen, kirchen-
juridisch eingebundenen ‚Weg der
Vollkommenheit‘ (durch die Ordens-
gelübde der Armut, Keuschheit u.
des Gehorsams) aufgehoben. Die
zweite Stufe ↑ christlicher E entwik-
kelt die M. im allgemeinen aus der
Lehre von den Sakramenten, die das
übernatürliche Erlösungswerk Christi u. die durch ihn freigesetzten
Gnaden in die konkrete geschichtliche Welt institutionell vermitteln. Im

Glauben an ihre Heilswirksamkeit
u. in der Befolgung der sie konstituierenden rituellen Praxis sieht M.
den Weg, die natürliche ↑ Sittlichkeit zu überhöhen, die gnaden-
hafte Rechtfertigung durch Christus
u. das übernatürliche ↑ Leben zu gewinnen, zu bewahren u. zu vermehren.

Lit.: J. Mausbach/G. Ermecke, Katholische M., Münster Bd. I–II ⁹1959, Bd. III
¹⁰1961; B. Häring, Das Gesetz Christi,
Freiburg ⁶1961; J. Fuchs, Moral u. M.
nach dem Konzil, 1967; A. Auer, Autonome Moral u. Christlicher Glaube,
Düsseldorf 1971, W. Korff, Theologische E, Freiburg i. Br. 1975; J. Ratzin-
ger, Prinzipien christlicher Moral,
Einsiedeln 1975; W. Kluxen, Philosophische E bei Thomas v. Aquin, Hamburg ²1980; E. Schockenhoff, Naturrecht u. Menschenwürde, Mainz 1996.
                                        M. F.

Motivation ↑ Gesinnung, Handlung,
Verstehen.

Mündigkeit ↑ Emanzipation.

Mut ↑ Tapferkeit.

Mystik ↑ Spiritualität.

N

Nächstenliebe ↑ Liebe.

Narzißmus ↑ Person.

Nationalismus ↑ Patriotismus-Kosmopolitismus.

Natur wird einmal als die Gesamtheit aller beobachtbaren, nicht von
Menschen hergestellten, sondern gewachsenen, anorganischen u. organischen, pflanzlichen u. tierischen Gegebenheiten betrachtet (materialer
N.begriff). Zum anderen gilt der Inbegriff der gesetzmäßig erfaßbaren
Bestimmungen eines Dinges wie auch
des Menschen als dessen N. (formaler
N.begriff). N. wurde im materialen
Sinne als Gegenbegriff zum ↑ Menschen u. seinem Handeln *(Aristoteles),* zu Geist *(Hegel),* zu ↑ Freiheit
(Kant), zu Geschichte *(Droysen),* zu
↑ Kultur u. Gesellschaft *(Hobbes,
Locke)* als nicht-vernünftiges, kausal
determiniertes Material menschlichen Gestaltens verstanden. N. galt
auch dort, wo ihr eigene Bewegungsprinzipien *(Aristoteles)* oder eine innere rationale Gesetzlichkeit *(I. Kant)*
zugebilligt wurde, als Mittel im
Dienst menschlicher Verfügungsgewalt. – Der *Naturalismus* lehnt zwar
die Ausbeutung (↑ Entfremdung) der
N. ab, definiert aber Begriffe wie
Kultur u. Geist auch dort, wo er die
Versöhnung von Mensch u. N. fordert *(K. Marx),* einseitig materiali-
stisch (↑ Materialismus). Er ver-
kennt damit ebenso wie der bloße
Verfügungsanspruch über die N.,
daß die N. als Lebensraum des Menschen nicht anders als die N. des
Menschen selbst der Kultur bedarf:
der Pflege u. Erhaltung ihres Bestan-
des. – Die Zerstörbarkeit der N., die
Probleme der Umweltverschmutzung
(↑ anthropozentrisches u. biozentrisches Denken, Umweltschutz), der
Knappheit von Rohstoffen u. des geringer werdenden natürlichen Le-
bensraums der Menschen erinnern
eindringlich an die ↑ Verantwortung
des Menschen gegenüber der N. Öko-

logische Probleme sind eine Form sozialer Probleme, da sie die Existenz der menschlichen Gesellschaft gefährden. Da ökologische Probleme in hochzivilisierten Gesellschaften nicht gänzlich vermeidbar sind, die einmal zerstörte N. sich andererseits nicht aus eigener Kraft erneuern kann, stehen politische u. ökonomische Entscheidungen nicht nur unter dem Anspruch, die sozialen Kosten der Zerstörung von natürlicher Umwelt geringer zu halten als die Gewinne zur Verbesserung menschlicher Lebensbedingungen (↑ Lebensqualität); sie stehen auch unter der sittl. Verpflichtung, zu verhindern, daß die ↑ Freiheit, die Lebens- u. Entfaltungsmöglichkeiten künftiger Generationen eingeschränkt werden.

Lit.: Aristoteles, Physik, Buch VIII; I. Kant, Kritik der reinen Vernunft, § 26 u. A 216/B 263; K. Marx, Ökonomisch-philosophische Manuskripte, III; J. G. Droysen, Historik, Darmstadt ⁶1971, S. 406 ff; E. Nagel, Naturalism Reconsidered, in: Proceedings and Addresses of the American. Phil. Association 28 (1954/55), 5–17; W. Heisenberg, Das N.bild der heutigen Physik, Hamburg 1965; K. H. Meyer-Abich (Hrsg.), Frieden mit der N., Freiburg 1979; G. Großklaus (Hrsg.), N. als Gegenwelt, Karlsruhe 1983; J. Passmore, Man's Responsibility for Nature, London 1974; D. Birnbacher (Hrsg.), Ökologie u. E, Stuttgart 1981; R. Spaemann, Das Natürliche u. das Vernünftige, München 1987; ders., N., in: Philos. Essays, Stuttgart 1994; D. Emmet, The Passage of Nature, London 1991; O. Höffe, Moral als Preis der Moderne, Frankfurt/M. 1993; II: Ökologische E; L. Honnfelder (Hrsg.), N. als Gegenstand der Wissenschaft, Freiburg/München 1992, bes. 151–190; M. Schlitt,

UmweltE, Paderborn 1992; A. Bartels, Grundprobleme der modernen N.philosophie, Paderborn 1996.   *W. V.*

Naturalismus ↑ MetaE, Natur.

Naturalistischer Fehlschluß ↑ MetaE.

Naturrecht. Die Theorie des N. versucht, faktisch bestehendes Recht in Richtung auf eine ↑ Ordnung zu transzendieren, die menschlicher Setzung bzw. Vereinbarung vorausliegt u. diese normiert. Damit wendet sich die Theorie gegen den Anspruch eines strengen ↑ Rechtspositivismus, demzufolge geltendes ↑ Recht allein schon durch seine Gesetztheit als ,rechtens' oder gültig zu erweisen sei; mit bescheideneren Formen des Rechtspositivismus ist das N.sdenken aber vereinbar.

(a) Grundproblem jeder N.theorie sind Begriff u. ↑ Begründung jener vorausliegenden Ordnung, die seit den *Sophisten* u. *Aristoteles* als ↑ ,Natur' angesprochen wird. Natur wird dabei verstanden als sinnvolles u. verpflichtendes Ordnungsgefüge, das auch die Weise menschlichen Handelns u. Zusammenlebens normierend präformiert u. alles Gesetz, das sich naturwüchsiger ↑ Sitte, expliziter Vereinbarung oder willkürlichem Erlaß verdankt, als sinnvolle Entsprechung u. Fortsetzung rechtfertigt oder als Störung u. Abweichung diskreditiert. Bei *Platon* u. *Aristoteles,* in Stoa (↑ stoische E), Neuplatonismus u. christlicher Scholastik gilt (trotz gewichtiger Unterschiede) Natur als Inbegriff einer hierarchisch gestuften, von ↑ Zwecken bewegten Ordnung (Kosmos, bzw. Schöpfung), in der jedem Seienden gemäß seinem Wesen der ihm eigene Platz zugewiesen ist. Menschliche Existenz, durch Bewußtsein u. ↑ Freiheit vermittelt, kann u. soll im vernünftigen Blick auf die zwecktätige Anordnung der Natur ihre aus vorgegebenen Anlagen ersichtliche (unterschiedliche) Aufgabe übernehmen u. ihr Wesen selbsttätig vollenden.

(b) Die Fragwürdigkeit dieses Konzepts begleitet die N.theorie seit ihren Anfängen. Die sophistische Kritik brachte die Schwierigkeit zum Bewußtsein, in der erfahrbaren Natur ein nicht von partikulären Interessen bestimmtes Kriterium zu finden, das die Unterscheidung normativer Aspekte von bloß faktischen der Natur erlaubt. Als ebenso schwierig erwies sich die Aufgabe, in der vorgegebenen gesellschaftlichen Welt die natürlichen Momente von jenen künstlichen zu trennen, die die im Gewand expliziter Rechtsetzung oder anonymer gesellschaftlicher Prozesse auftretende menschliche Willkür je schon geprägt hat. Vollends problematisch wird teleologisch begriffenes N. durch die Dominanz des neuzeitlichen ↑ Wissenschaftsbegriffs, der Natur als wertfreien, mathematisch beschreibbaren Kausalzusammenhang bewegter Materie deutet, zu dem der Begriff des Rechts bzw. der ↑ Pflicht in keine sinnvolle Beziehung mehr gesetzt werden kann. Konsequenterweise formt der *Rationalismus* der Moderne das N. zu einem Vernunftrecht um. Sein analytisch-synthetisches Verfahren begreift Recht nicht mehr aus einer naturhaft-zweckvoll vorgegebenen Gemeinschaftsordnung, sondern durch eine rationale Konstruktion; diese erschließt aus vorgegebenen Prämissen (der Mensch als gesellig-ungeselliges Bedürfnis- u. Triebwesen, die vorhandenen Mittel der Befriedigung, die vernünftigen Rechte aller einzelnen) die Bedingungen der Ordnung gegenseitig vereinbarer Ansprüche. Aus der Verbindlichkeit der Natur wird eine Verbindlichkeit der ↑ Vernunft, die dort eine Preisgabe bzw. Kontrolle der Natur verlangt, wo deren Mechanik gerade nicht Ordnung garantiert, sondern ins Chaos zu führen droht (*Naturzustand* als Status nicht durch transsubjektive Vernunft kontrollierter Rechtsansprüche). In der Bestimmung der vernunftrechtlich zu sichernden Ansprüche aller einzelnen bleibt das rationalistische N. indessen einem schillernden Naturalismus verhaftet (*Hobbes, Grotius, Pufendorf*, z.T. *Rousseau*). Erst *Kant* hat den Begriff eines „a priori durch jedes Menschen Vernunft erkennbaren Rechts" (Metaph. d. Sitten § 36) geklärt. Er ist der Inbegriff aller Rechte u. ↑ Pflichten, die sich aus dem Begriff eines freien Vernunftwesens ergeben, das zu anderen freien Subjekten in ein Verhältnis der Interaktion, der Abhängigkeit u. möglicher Beeinträchtigung tritt. Menschliche Vernunft bedarf zur Erreichung ihrer sittlichen Zwecke des äußeren Freiheitsspielraums; als Vernunft will sie auch die Vernunft der anderen: damit ist die Teilung der äußeren Freiheitssphäre nach einem alle in gleicher Weise verpflichtenden Gesetz anerkannt. Da menschliche Willkür nicht von selbst diesem Gesetz gehorcht, verlangt das

Vernunftrecht von sich aus zu seiner Verwirklichung die Etablierung einer positiven ↑ Gewalt, die die Willkür des einen zur Kompatibilität mit der Willkür des anderen zu zwingen vermag (↑ Staat). Das positive Gesetz dient der Sicherung u. Durchsetzung des natürlichen Rechts, der ‚Probierstein der Rechtmäßigkeit eines jeden öffentlichen Gesetzes' ist die mögliche Zustimmung aller Betroffenen, insofern sie vernünftig sind (↑ Gesellschaftsvertrag). Die teleologische *lex naturalis* war ein Gesetz natürlich vorgegebener Zwekke, das N. der Neuzeit macht die vernünftige Freiheit aller u. ihr empirisches Korrelat kompatibler Willkürfreiheit zum Prinzip u. Maßstab allen positiven Rechts.

Lit.: Aristoteles, Nikomach. E, Buch V 10; Cicero, De republica; ders. De legibus; Thomas v. Aquin, Summa theol. I–II, qu. 90–97; F. Suárez, De legibus ac Deo Legislatore; S. Pufendorf, De jure naturae et gentium; J. Locke, Essays on the Law of Nature; I. Kant, Metaphysik der Sitten, 1. Teil: Metaph. Anfangsgründe der Rechtslehre; J. G. Fichte, System des N.; G. W. F. Hegel, Rechtsphilosophie; H. Kelsen, N.lehre u. Rechtspositivismus, Berlin 1928; H. L. A. Hart, Der Begriff des Rechts, Frankfurt/M. 1973; L. Strauss, N. u. Geschichte, Stuttgart 1956; E. Bloch, N. u. menschliche Würde, Frankfurt/M. 1961; H. Welzel, N. u. materiale Gerechtigkeit, Göttingen ⁴1962; E. Wolff, Das Problem der N.lehre, Karlsruhe ⁴1964; W. Maihofer (Hrsg.), N. oder Rechtspositivismus?, Darmstadt ²1972; J. Ritter, N. bei Aristoteles, in: ders., Metaphysik u. Politik, Frankfurt/M. 1969; W. Röd, Geometrischer Geist u. N., München 1970; F. Heinimann, Nomos u. Physis, Darmstadt ²1972; F. Böckle, E. W. Böckenförde (Hrsg.), N. in der Kritik, Mainz 1973; O. Höffe, N. ohne naturalist. Fehlschluß, Wien 1980; ders., Politische Gerechtigkeit, Frankfurt/M. 1987, Kap. 4; D. Mayer-Maly, P. M. Simons (Hrsg.), Das N.s-denken heute u. morgen, Berlin 1982; E. Schockenhoff, N. u. Menschenwürde, Mainz 1996; M. Kaufmann, Rechtsphilosophie, Freiburg/München 1996 (Lit.); M. Forschner, Koinos nomos – lex naturalis. Stoisches u. christliches Naturgesetz, in: Th. Grethlein, H. Leitner (Hrsg.), Inmitten der Zeit, Würzburg 1996, 25–46.   *M. F.*

Naturzustand   ↑ Gesellschaftsvertrag.

Neid nennt man eine Haltung des Menschen, in der er seinen Mitmenschen körperliche und geistige Vorzüge, Vermögen und Ansehen offen oder versteckt mißgönnt, weil er sie selbst besitzen möchte. Aufgrund dieser egoistischen (↑ Selbstinteresse) Prämisse ist der N. der sittl. Haltung des ↑ Wohlwollens im zwischenmenschlichen Verhältnis entgegengesetzt. Die mittelalterliche ↑ Tugendlehre in der ↑ *aristotelischen* Tradition *(Thomas v. Aquin)* rechnete den N. (lat. invidia) zu den Lastern. Diese stellen eine seelische Disposition dar, die unser ↑ Handeln in der Form begleitet, daß wir nicht im Besitze unserer selbst, d. h. nicht in vernünftiger Weise bei uns sind. Diese rein e Betrachtungsweise unterstellt, daß es ausschließlich in der freien Verfügung (↑ Verantwortung) des einzelnen steht, ob er sich für die Haltung des Wohlwollens oder des N. entscheidet. Demgegenüber hat *Hobbes* gezeigt, daß N. und Mißgunst nicht ohne ihre gesellschaftlichen Hintergründe verstanden werden können. In der modernen Gesellschaft, in der der Privategoismus des einzelnen nur durch vertragliche Bindungen in Schranken gewiesen werden kann, wird die bedingungslose Rivalität durch den reglementierten *Konkurrenz*kampf ersetzt. Auf seinem Boden gedeihen N. und Eifersucht, weil jeder am meisten besitzen möchte. Diese gesellschaftliche Betrachtungsweise allein erklärt jedoch nicht, warum bestimmte Individuen an N. und Eifersucht erkranken, andere dagegen nur gelegentlich davon berührt werden. *Nietzsche* hat versucht, der tiefen psychologischen Genese dieser Phänomene nachzugehen. Demnach scheint dem N. ein *Ressentiment* zugrunde zu liegen, das aus dem Schmerz über eine frühere Verletzung, den daraus resultierenden Rachegefühlen und ihrer Betäubung entspringt. Damit wird der N. zum Ausdruck einer unbewußten Vorgeschichte, die die unbewältigte Kränkung und die Position des Schwächeren zur Voraussetzung hat. Die psychoanalytische Deutung sieht die Wurzel des N. in einer nicht bewältigten oralen Gier, die Wurzel der *Eifersucht* dagegen in einer aus früher Traumatisierung entspringenden Verlustangst, die durch den völligen „Besitz" des anderen verdeckt werden soll.

Lit.: Thomas v. Aquin, summa theol. I–II, q. 84 u. II–II, q. 36; Th. Hobbes, Leviathan, Kap. I, 10 u. 13; F. Nietzsche, Zur Generalogie der Moral, Erste Abhandlung; M. Scheler, Das Ressentiment im Aufbau der Moralen, in: Vom Umsturz der Werte; H. Schoeck,

Der N. Eine Theorie der Gesellschaft, Freiburg ^{2}1968; M. Klein, Das Seelenleben des Kleinkindes, Reinbek 1972; A. Altmann, Ressentiment u. Moral bei Nietzsche, Bonn 1977. *A. S.*

Neigung ↑ Leidenschaft.

Neurose ↑ Krankheit.

Neutralitätsthese ↑ MetaE.

Nihilismus (lat. nihil: nichts) ist (1) als geschichtliche Erfahrung das Resultat der Entwertung aller obersten, dem ↑ Leben u. Sterben bislang ↑ Sinn gebenden sittl.-politischen Grundsätze. Dort, wo die bisherigen ↑ Normen u. ↑ Werte ihre Geltung verlieren, weil das sie tragende Prinzip, etwa der Glaube an ↑ Gott (vgl. *Nietzsche:* Gott ist tot) oder an die unverletzliche Würde (↑ Humanität) jedes ↑ Individuums fragwürdig geworden ist, erscheint das Leben insgesamt als sinnlos u. der N. wird zur bedrückenden Erfahrung einzelner oder ganzer Gruppen u. ↑ Gesellschaften. Das Gefühl der Leere u. Sinnslosigkeit des Lebens kann unbeschränktem Egoismus (↑ Selbstinteresse), Verbrechen, ↑ Selbstmord oder apathischer Gleichgültigkeit (↑ Indifferenz) gegenüber dem eigenen Leben u. dem anderer Raum geben (vgl. *F. Dostojewski*, Die Brüder Karamasow; *R. Musil*, Der Mann ohne Eigenschaften; *F. Kafka*, Der Prozeß u. a.). Die Möglichkeit der Erfahrung der Sinnlosigkeit zeigt, daß dem Menschen der Sinn seines Lebens nicht naturhaft vorgegeben ist, sondern von ihm gesucht u. gestiftet werden muß. Der N. läßt sich deshalb weder durch Kritik an der Diagnose eines Zerfalls herrschender

↑ Moral u. Sitte noch durch die Beschwörung brüchig gewordener Grundsätze prinzipiell überwinden, sondern nur durch den Aufweis eines neuen, tatsächlich verbindlichen u. deshalb auch allgemein überzeugungsfähigen Lebens- u. ↑ Moralprinzips. So hat *Nietzsche* den im 19. Jahrhundert zu beobachtenden Verfall des Glaubens an die sogenannten platonisch-christlichen, am Jenseits orientierten Sinnsetzungen u. die Hinwendung zum Diesseits als europäischen (heute wohl schon weltweiten) N. diagnostiziert. Gegenüber einem „schwachen N.", dem ein Erleiden des allgemeinen Sinnzerfalls das Leben zusammenbricht, setzte er einen „starken N.", der aus dem Willen zur Macht als dem neuen lebensbejahenden Prinzip der Wertsetzung (↑ Lebensphilosophie) heraus lebt (vgl. *G. Benn*, N. ist ein ↑ Glücksgefühl). Allerdings hat es den Anschein, daß *Nietzsche* bloß ein Gegenprinzip zur brüchig gewordenen Moral der Schwachen u. Schlechtweggekommen u. eine damit verbundene Umwertung aller Werte, nicht auch ein schlechthin allgemeines Moralprinzip formuliert hat.

Der (2) theoretische N. bestreitet jede Möglichkeit zur ↑ wahren Erkenntnis (Agnostizismus), der (3) e N. jede Möglichkeit, allgemein verbindliche Grundsätze des persönlichen u. politischen Lebens zu ↑ begründen. Die Unterscheidung zwischen ↑ guten (↑ Sittlichkeit) u. ↑ bösen Handlungen wird ebenso prinzipiell geleugnet wie die zwischen ↑ gerechten u. ungerechten politisch-sozialen Ordnungen *(Amoralismus)*, was zu einer Lebenshaltung

führen kann, die jede Moral u. Sitte verachtet *(Zynismus,* benannt nach den Kynikern – ↑ kynische E –, einer vom Sokrates-Schüler Antisthenes gestifteten Philosophenschule, die ihr Ideal der Bedürfnislosigkeit bis zur Verachtung von Anstand u. Sitte verwirklichte; vgl. *Diderot,* Rameaus Neffe). (3.1) Ein „naiver e N." beruft sich darauf, daß ständig gegebenen Verbindlichkeiten zuwider gehandelt wird. Ihm liegt das Mißverständnis zugrunde, ein Sollensanspruch bestehe nur dann zu Recht, wenn er auch erfüllt werde. (3.2) Der „e N. des Weltmannes" weist auf die soziokulturelle Verschiedenheit geltender Moral u. Sitte hin (↑ Relativismus). Die Verschiedenheit betrifft aber zunächst nur die abgeleiteten Normen, nicht die Prinzipien selbst. Unter wechselnden soziokulturellen Randbedingungen lassen dieselben Prinzipen nicht bloß andere abgeleitete Normen zu, sondern machen dies sogar erforderlich. (3.3) Der „e N. des Aufklärers" sucht jede Moral durch Aufdecken kompromittierender Gründe zu entlarven. So berechtigt aber seine ↑ Moralkritik im Einzelfall sein mag – sie kann nur eine bestimmte Moral, nicht jede Moral verwerfen. Vielmehr beruft sich die Kritik, mindestens implizit, selbst auf allgemein verbindliche Prinzipien, ohne die die Kritik nicht sittl. überzeugend wäre. In seiner Kritik leistet dieser Begründungsversuch des e N. die Verwerfung einer bestehenden Moral u. zugleich die Anerkennung von moralischer Verbindlichkeit.

Mit N. kennzeichnete als erster *F. H. Jacobi* im „Sendschreiben an *Fichte*" (1799) dessen Idealismus, der alles auf ein Nichts, das leere Ich, gründe. Seit *F. v. Baader* bezeichnet N. jede Leugnung Gottes u. der Offenbarung, seit dem russischen Anarchismus (↑ Herrschaft; vgl. *Turgenjew,* Väter u. Söhne) die Leugnung der Gültigkeit jeder politischen Ordnung. *Sartres* Betonung der absoluten ↑ Freiheit u. ↑ Verantwortung des Menschen, nach dem der Mensch keine feste ↑ Natur hat, sondern nichts anderes als das ist, wozu er sich selbst macht, hat seiner ↑ existentialistischen E den Vorwurf des N. eingetragen.

Lit.: D. Diderot, Rameaus Neffe, Stuttgart 1977, F. Nietzsche, Aus dem Nachlaß der Achtziger Jahre (Wille zur Macht); G. Benn, Nach dem N., Stuttgart 1932; M. Heidegger, Zur Seinsfrage, Frankfurt/M. 1977; ders., Der europäische N., Pfullingen 1967; F. Sayre, Greek Cynics, Baltimore 1948; J.-P. Sartre, Das Sein u. das Nichts, Hamburg 1952; E. Jünger, Über die Linie, Frankfurt/M. 1950; W. Bröcker, Im Strudel des N., Kiel 1951; A. Camus, Der Mensch in der Revolte, Hamburg [2]1958; E. Mayer, Kritik des N., München 1958; M. Polany, Jenseits des N., Dordrecht/Stuttgart 1961; D. Arendt (Hrsg.), N. Die Anfänge von Jacobi bis Nietzsche, Köln 1970; J. Salaguarda (Hrsg.), Philosophische Theologie im Schatten des N., Berlin 1971; W. Weier, N., Paderborn u. a. 1980; E. Severino, Vom Wesen des N., Stuttgart 1983.   *O. H.*

Nirwana ↑ Buddhistische E.

Nonkognitivismus ↑ MetaE.

Norm. Die Rede von N.en ist umgangs- u. wissenschaftssprachlich ebenso vielfältig verbreitet wie vieldeutig. Im Ausgang vom lateinischen Wortsinn (norma: Regel, Muster, Maßstab, Vorschrift, leitender Grundsatz) läßt sich die Bedeutungsvielfalt des Wortes N. wie folgt klassifizieren: (a) N. als empirisch ermittelter Durchschnittswert der gemeinsamen Beschaffenheit einer Klasse von Gegenständen, im Blick auf den der einzelne Gegenstand als normal bzw. anomal bezeichnet wird (*Anomalie, Normalität*). (b) N. als Idee, als ideativer Begriff, als Grenzbegriff einer Eigenschaft im Status unüberschreitbarer Vollkommenheit, im Blick auf den empirische Gegenstände bzw. Handlungen als mehr oder weniger gelungene Annäherungen realisiert u. beurteilt werden (bevorzugte Beispiele sind Gegenstände der Geometrie u. rationalen Mechanik, aber auch der Kunst etc.). (c) N. im technisch-pragmatischen Sinn. Im Gegensatz zur N. als Grenzbegriff eine nach Gesichtspunkten der Zweckmäßigkeit u. Realisierbarkeit fixierte konventionale Maßeinheit bzw. *Regel,* die die Klassifizierung von Gegenständen u./oder die Schematisierung von Handlungen u. Handlungserfolgen ermöglicht (Beispiel: DIN-Norm, Spielregeln). (d) N. im rechtlichen oder moralischen Sinn als genereller Imperativ, der rechtliches u. ↑ sittl. Handeln von Einzelnen u. Gruppen orientiert. Sie kann sich auf Handlungsziele (ZielN.) u. Formen des Handelns, auf Handlungen in Abhängigkeit von bestimmten ↑ Situationen (bedingte N.) oder in Unabhängigkeit von bestimmten Situationen (unbedingte N.) beziehen.

Die philosophische Rede von N.en ist keineswegs auf das Gebiet

der ↑ praktischen Philosophie beschränkt; N.en haben eine grundlegende Funktion auch dort, wo es um
die Gewinnung theoretischer Erkenntnis geht. Wo immer menschliches Tun sich selbst u. seine Gegenstände gesetzlich ordnet, findet Nor-
mierung statt. N. ist so gesehen jede
Handlungsregel, die die Form des
Denkens wie den Aufbau von Sprache u. gegenständlicher Erkenntnis
(also Redehandlungen), den Umgang
mit Dingen wie kommunikative
Praxis einem Ordnungsschema unterstellt, das die Beliebigkeit subjektiven Meinens, Begehrens u. Tuns
transzendiert. Die logischen N.en
etwa sind jene Regeln, die die folge-
richtige u. widerspruchsfreie Form
möglichen Redens überhaupt bestimmen; wissenschaftliche N.en konstituieren in ihren terminologischen
u. methodischen Festsetzungen den
Rahmen für ein mögliches System
kognitiv-wahrer Aussagen über einen bestimmten Gegenstandsbereich,
technische N.en enthalten ↑ pragmatisch fundierte Anweisungen methodischer Naturbeherrschung, praktische N.en sind (rechtliche u. moralische) Grundsätze, die mehrere oder
alle Subjekte einer Gruppe oder Gesellschaft situationsabhängig oder si-
tuationsunabhängig zu Zwecksetzungen oder Handlungen auffordern
u. die Form von Gemeinschaft vorgeben (subjektiv-praktische Grundsätze nennt man *Maximen* oder persönliche *Lebensgrundsätze*).

Ein besonderes Problem philosophischer Reflexion ist die N.en-
begründung. Die ↑ deontische Logik
untersucht im Unterschied zur Logik
der Aussagen die Logik der Impera-

tive (der deontischen Modalitäten
‚geboten‘, ‚verboten‘, ‚freigestellt‘) u.
vermag als formales Instrumentarium ein gegebenes N.ensystem auf
seine innere Konsistenz hin wohl zu
überprüfen, dieses selbst aber nicht
wiederum zu begründen. Der ↑ Empirismus sieht in den BasisN.en unseres theoretischen u. praktischen Argumentierens ‚willkürliche Konventionen‘, der Apriorismus rekurriert
auf in sich evidente Vernunftgesetze
des Denkens u. Handelns bzw. auf
eine vorgegebene Ordnung des Seins
u. der Werte oder aber er versucht,
sie als vernünftige Festsetzungen eines rationalen Diskurses über Probleme der Lebenspraxis zu rekonstruieren u. zu rechtfertigen.

Lit.: O. W. Haseloff, H. Stachowiak
(Hrsg.), Kultur u. N. Schriften zur wissenschaftlichen Weltorientierung, Berlin 1957; G. H. von Wright, Handlung,
N. u. Intention, Berlin 1976; P. Lorenzen, Normative Logic and Ethics,
Mannheim 1964; A. Pieper, Artikel N.
in: Handb. philos. Grundbegriffe, Bd.
4; R. Bubner, Handlung, Sprache u.
Vernunft, Frankfurt/M. 1976, Kap. III–
IV; O. Höffe, E u. Politik. Frankfurt/M.
³1987, Kap. 3 (I); A. Pieper, Pragmatische u. e Normenbegründung, Frank-
furt/M. 1979; M. Forschner, Mensch
u. Gesellschaft, Darmstadt 1989, Kap.
1 (Lit.); A. Gibbard, Wise Choices, Apt
Feelings. A Theory of Normative Judgement, Oxford/New York 1990;
G. Patzig, Relativität u. Objektivität
moralischer N.en, in: ders., Gesammelte Schriften I, Göttingen 1994, 9–43.
                                    M. F.

Normalität ↑ Norm.

Normative Ethik. Die n. E sucht die
sittl. Gebote u. Verbote sowie die

sittl. Werturteile in einen systematischen Zusammenhang zu bringen, der durch ein höchstes Gebot (↑ Moralprinzip), evtl. auch mehrere solche Gebote konstituiert wird. Je nachdem, was als höchstes Gebot gilt, lassen sich vier Positionen unterscheiden (wobei die konkreten Gebote sich häufig decken können): (1) Die ↑ *theologische E* stellt als Höchstes die Forderung auf, dem Willen ↑ Gottes zu gehorchen (↑ christliche, ↑ islamische E usf.). Das Grunddilemma dieser n. E hat schon *Platon* im ‚Eutyphron' formuliert: Ist etwas sittl. richtig (fromm), weil es Gott geboten hat (eine Autorität als Rechtfertigungsgrund), oder hat es Gott geboten, weil es sittl. richtig ist (Gott als Inbegriff des Sittl.)? – Während (2) der ↑ *Utilitarismus* das Wohlergehen aller Betroffenen für die höchste sittl. Forderung hält, sieht es (3) die *egoistische E* nur im eigenen langfristigen Wohl (↑ Selbstinteresse), sei es der einzelnen *(Hobbes, La Rochefoucauld)*, sei es einer Gruppe (↑ KlassenE). Beide Formen der n. E betrachten die Folgen einer Handlung u. bewerten sie nach dem höchsten Ziel, dem empirisch-pragmatisch verstandenen ↑ Glück. Eine n. E, die sich auf ein höchstes Ziel bezieht, heißt ↑ teleologische E (griech. télos: Ziel, Zweck). Dazu gehört außer dem Utilitarismus auch *Aristoteles'* ↑ StrebensE, die das Glück allerdings nicht empirisch-pragmatisch versteht, oder *Nietzsches* E, deren höchstes Ziel die Steigerung des Lebens ist (↑ Lebensphilosophie). (4) In der *deontologischen E* (griech. to déon: das Erforderliche, die Pflicht) sind teleolo-

gische, vor allem empirisch-pragmatische Überlegungen zur Begründung sittl. Gebote ausgeschlossen. Eine Handlung gilt als sittl. richtig, wenn sie Maximen folgt, die in sich gut sind; z. B. sind Versprechen als solche zu halten *(Kant, Ross)*. Allerdings ist der teleologischen E, etwa dem Utilitarismus, die deontologische E nicht diametral entgegengesetzt. Denn sie vertritt auch die Maxime, das Wohlergehen anderer zu befördern, erfordert also bei ihrer Anwendung (nicht Begründung) empirisch-pragmatische Überlegungen. Überdies wird die Maxime nicht bloß behauptet, sondern selbst noch aus dem ↑ kategorischen Imperativ begründet, der auch weitere Maximen wie das Prinzip der Achtung vor der menschlichen Würde (↑ Humanität) oder ein ↑ Gerechtigkeitsprinzip legitimiert, so daß diese Position sowohl dem ↑ Begründungsanspruch der Philosophie als auch gewöhnlichen Moralvorstellungen mehr entspricht als ein reiner Utilitarismus. Zur n. E zählt auch die ↑ Moralkritik, die die jeweils herrschende ↑ Moral zu entlarven oder zu rechtfertigen sucht.

Aus methodischen Gründen u. wegen der Konkurrenz unterschiedlicher n. E en geht es einer philosophischen E nicht bloß um einen Zusammenhang unserer Moralvorstellungen, sondern auch darum, durch eine Analyse des Begriffs der ↑ Sittlichkeit u. durch Anwendung angemessener ↑ Methoden eine Begründung zu leisten.

Lit.: Aristoteles, Nikomach. E; I. Kant, Grundlegung zur Metaphysik der Sitten; W. D. Ross, The Right and the Good; R. B. Brandt, Ethical Theory. The Problems of Normative and Critical Ethics, Englewood Cliffs./N. J. 1959; W. K. Frankena, Analyt. E, München 1972, Kap. 2–5; G. Harman, Das Wesen der Moral, Frankfurt/M. 1981; O. Höffe, E u. Politik, Frankfurt/M. ³1987; R. Wimmer, Universalisierung in der E. Analyse, Kritik u. Rekonstruktion e Rationalitätsansprüche, Frankfurt/M. 1980; F. Furger, Was E begründet, Zürich 1984; J. Raz, The Morality of Freedom, Oxford 1986; J. E. Tomberlin (Hrsg.), Ethics, Atascadero 1992; E. Tugendhat, Vorlesungen über E, Frankfurt/M. 1993. *O. H.*

Normative Kraft des Faktischen ↑ Empirismus.

Normenbegründung ↑ Begründung.

Normenkonflikt ↑ Pflichtenkollision.

Normenlogik ↑ Deontische Logik.

Normenwandel ↑ Relativismus.

Notlüge ↑ Notsituation.

Notsituation. Von N. spricht man in der E, wenn eine Person unter verschiedenen moralisch verpflichtenden Handlungsnormen steht, deren Anwendung sich in einer konkreten Entscheidungssituation gegenseitig ausschließt (↑ Pflichtenkollision). In der Regel sind solche Konfliktsituationen lösbar nach dem Prinzip der Güter- u. Pflichtenabwägung, demzufolge die Erfüllung einer höheren Pflicht zu Lasten einer geringeren, die Rettung eines höheren Gutes zu Lasten eines geringeren moralisch geboten ist. Von N. im strengen Sinn

könnte nur die Rede sein, wenn in einer derartigen *Ausnahmesituation* verschiedene sich ausschließende Pflichten gegeben sind, die auf gleich starken Verpflichtungsgründen ruhen. Die scholastische wie die *kantische* E bestreiten die objektive Möglichkeit einer derartigen ↑ Pflichtenkollision; im Bereich subjektiven Meinens ist sie ein bekanntes Phänomen (↑ Gewissenskonflikt).

In der ↑ Rechtssprache werden N.en unter dem Terminus *Notstand* verhandelt. Von Notstand wird dann gesprochen, wenn entscheidende Rechtsgüter eines Individuums oder einer Gemeinschaft gefährdet sind u. die Gefahr nur durch Verletzung eines fremden Rechtsgutes abgewendet werden kann. Die Situation des Notstandes (aktuelle Gefahr für Leib u. Leben) konstituiert ein Notrecht. Juridisch unproblematisch u. in nahezu allen Rechtsordnungen anerkannt ist das Recht der *Notwehr* (im Falle eines unrechtmäßigen Angriffs auf mein Leben) u. der *Nothilfe* (im Fall eines unrechten Angriffs auf das Leben anderer), das als letzte Verteidigungsmöglichkeit auch die Tötung des Angreifers erlaubt. Als problematisch gilt die Berufung auf ein Notrecht dann, wenn die Gefahr von keinem unrechtmäßigen Angriff ausgeht u. die Abwehrhandlungen gegen Rechte von Personen verstoßen, die bezüglich der Gefahr juridisch unschuldig sind. (Betrachtet man ungeborenes menschliches Leben bereits als Person, so sind hiermit etwa auch Fälle medizinisch indizierter ↑ Abtreibung charakterisiert.) In diesem Fall spricht man nicht von rechtfertigendem, sondern von entschuldigendem Notstand, d. h. die Nothandlung wird als objektiv rechtswidrig behauptet, jedoch nicht unter ↑ Strafe gestellt, weil vom Täter aufgrund seiner N. ein rechtmäßiges Verhalten nicht gefordert werden kann (Paradebeispiele: ein Schiffbrüchiger stößt den anderen vom Brett, um sich selbst zu retten: *Karneades;* jemand begeht ein Verbrechen, unter lebensbedrohendem Druck: Befehlsnotstand). Selbst wenn in solchen Fällen das Strafgesetz keine Sanktionen verhängt, weil die durchs Gesetz angedrohte Strafe nicht größer sein könnte als die N., so gilt doch, daß „es keine Not geben kann, welche, was unrecht ist, gesetzmäßig machte" *(Kant).* Dies gilt übrigens für unrechtmäßige Notstandshandlungen jeglicher Art, auch für bloße Redehandlungen *(Notlüge),* die die Rechtsgüter anderer mittelbar oder unmittelbar verletzen.

Während also der im Falle einer nicht durch ungerechten Angriff herbeigeführten N. bemühte ‚Rechtsgrundsatz' „Not kennt kein Gebot' nur die rechtliche Straflosigkeit, nicht aber die objektive Rechtmäßigkeit einer Handlung zu begründen vermag, scheint das im Fall der Notwehr herangezogene Prinzip „vim vi repellere licet" *(Cicero, Thomas v. Aquin, S. Pufendorf* u. a.) sowohl die juridische Straflosigkeit wie die moralische Erlaubtheit (u. U. sogar Gebotenheit) einer gewaltsamen Verteidigungshandlung zu rechtfertigen. Die Befürworter dieses Grundsatzes verweisen in der Regel darauf, daß die etwaige Tötung eines Angreifers nicht Mittel zur Abwehr, sondern deren unbeabsichtigte, wenn auch vorausgesehene u. in Kauf genommene Folge ist (↑ Erfolg).

Lit.: Cicero, Pro Milone; Thomas v. Aquin, Summa theol. II–II, qu. 64; I. Kant, Metaph. d. Sitten, Einleitung in die Rechtslehre II; ders., Von einem vermeintlichen Recht, aus Menschenliebe zu lügen; A. Baumgarten, Notstand u. Notwehr, Tübingen 1911; R. Maurach, Kritik der Notstandslehre, Berlin 1935; W. Gallas, Pflichtkollision als Schuldausschließungsgrund, in: Festschr. Mezger, München/Berlin 1954; D. Kratsch, Grenzen der Strafbarkeit im Notwehrrecht, Berlin 1968; H. Suppert, Studien zur Notwehr . . ., Bonn 1973; M. Kaufmann, Rechtsphilosophie, Freiburg/München 1996, 89 ff (Lit.). *M. F.*

Notwehr ↑ Notsituation, Widerstandsrecht.

Notwendigkeit ↑ Kategorischer Imperativ, Schicksal.

Nützlichkeitsmoral ↑ Utilitarismus.

O

Objektiver Geist ↑ Institution.

Offenbarung ↑ Religion.

Offene Gesellschaft ↑ Gesellschaft, Kritischer Rationalismus.

Öffentliche Gewalt ↑ Gewalt.

Öffentliches Interesse ↑ Gemeinwohl.

Ökologie ↑ Umweltschutz.

Ökologische E ↑ Umweltschutz.

Ökonomie ↑ WirtschaftsE.

Onanie ↑ Sexualität.

Opportunismus ↑ Konformität.

Opposition ↑ Demokratie.

Optimismus ↑ Lebensphilosophie.

Ordnung ist eine nach Gesetzen u. Regeln gegliederte Ganzheit von einander wechselseitig zugeordneten Elementen, die entweder vorgefunden u. entdeckt (O. der ↑ Natur) oder durch menschliches Handeln u. Denken bewirkt u. nach menschlichen Bedürfnissen geschaffen wird (O. des Denkens, der Logik, der Methodik, O. der ↑ Kultur u. ↑ Technik, O. des ↑ Rechts). Der kosmologische (griech. kosmos, Welt) Begriff der O. schließt von der vorfindlichen O. der ↑ Welt analog auf einen Schöpfer oder ein vernünftiges Prinzip *(Platon)*. Erkenntnistheoretisch ist der Begriff der O. begründet, der von der O. des Erkennens u. der Erfahrung die O. der Natur u. die übersinnliche O. der ↑ Freiheit ableitet *(Kant)*. Die Sittl. u. rechtliche O. löst der O. der Natur ab, indem sie die Prinzipien der ↑ Gerechtigkeit u. der auf ↑ freier u. vernünftiger Beratung beruhenden ↑ Entscheidung zur Grundlage der sozialen u. kulturellen O. (↑ Institution) einer ↑ Gesellschaft macht. Sie befreit den ↑ Menschen vom Zwang seiner eigenen (Triebstruktur) u. der äußeren Natur, indem sie die Befriedigung seiner Bedürfnisse gesellschaftlich sichert. Die sittl. O. hat teleologischen (griech. telos: Ziel) Charakter: sie ermöglicht sowohl individuelle Selbstbestimmung u. das Streben nach ↑ Glück wie soziales ↑ Leben durch ↑ Normen des Handelns. Sie wird daher als Lösung des ↑ Konflikts zwischen der egoistischen, von Selbsterhaltung bestimmten Natur des Menschen (↑ Selbstinteresse) u. der Notwendigkeit einer sozialen Organisation *(Hobbes'* Problem der O.) im Sinne einer bloßen Versöhnung u. Integration abweichender u. gegensätzlicher Interessen *(T. Parsons)* unzureichend verstanden. Diesem Mißverständnis entspricht eine O. um der O. willen, die O. als Selbstzweck begreift u. jedes Abweichen von ihr durch Individuen oder Gruppen unabhängig von einem dabei entstandenen Schaden mit Sanktionen (↑ Strafe) bedroht. – Analog kann O. im individuellen Bereich zum Selbstzweck werden, wenn die O.liebe die Entscheidungs- u. Bewegungsfreiheit bei der Erfüllung eigener u. fremder Wünsche u. Bedürfnisse u. bei der Wahrnehmung von ↑ Pflichten behindert.

Lit.: Platon, Gorgias, 503 e–509 c; T. Hobbes, Leviathan, Kap. 13–15; I. Kant, Prolegomena . . ., § 38; M. Scheler, Der Formalismus in der E u. die materiale WertE, Bern [4]1954, Teil 1, Abschn. II. B; T. Parsons, Structure and Process in Modern Societies, Glencoe 1960, Teil IV, Kap. 8; H. Krings, Ordo, Hamburg [2]1982; H. Barth, Die Idee der O., Stuttgart 1958; H. Kuhn, F. Wiedermann (Hrsg.), Das Problem der O., Meisenheim 1962; R. Zintl, Individualistische Theorien u. die O. der Gesellschaft, Berlin 1983; W. Dahlberg, O., Sein u. Bewußtsein, Frankfurt/M. 1984.   *W. V.*

Organverpflanzung ↑ medizinische E.

P

Parlamentarismus ↑ Demokratie.

Parteilichkeit ↑ Gerechtigkeit.

Partizipation ↑ Demokratie.

Paternalismus bezeichnet den Versuch eines einzelnen oder des Staates, das Wohlergehen anderer ↑ Personen (bzw. der Staatsbürger) auch ohne deren Einwilligung, extremenfalls sogar gegen ihren Willen herzustellen. Der Ausdruck P. wird fast immer negativ verwendet, steht also für autoritär-illiberale Versuche dieser Art. Das schließt nicht aus, daß es nicht auch berechtigte Eingriffe in die ↑ Autonomie von Personen geben kann, etwa die Verhinderung der Selbsttötung eines psychisch Kranken oder die staatliche Festlegung einer allgemeinen Schulpflicht. *J. Rawls* hingegen bezeichnet als „P." gerade solche institutionellen Grundsätze, auf die man sich in einem fiktiv angesetzten Urzustand einigen würde, um die eigenen Interessen für den Fall sicherzustellen, daß ↑ Vernunft u. ↑ Wille einer Person versagen.

Solche berechtigten Eingriffe scheinen immer dann vorzuliegen, wenn man von einer hypothetischen Zustimmung ausgehen darf; das ist dann der Fall, wenn die Einwilligung einer Person unter normalen Umständen als selbstverständlich gelten kann, u. d. h., wenn zentrale ↑ Interessen u. grundlegende ↑ Bedürfnisse einer Person berührt sind. Dazu muß die betreffende Person zum fraglichen Zeitpunkt kognitiv oder psy- chisch erheblich behindert sein, oder es müssen ihr wichtige Informationen (z. B. zur Gefährlichkeit einer Handlung) fehlen. Eine Begrenzung der Autonomie rationaler Erwachsener ist darüber hinaus nur im Interesse der gleichen Autonomie anderer vertretbar u. steht nur der staatlichen Rechtsordnung zu (*Zwangsbefugnis:* ↑ Recht, ↑ Staat), hierbei scheint es jedoch angemessener, nicht von „P." zu sprechen. In jedem anderen Fall sollten Personen als die besten Richter über ihre eigenen Interessen akzeptiert werden; selbst der Mißbrauch von Autonomie erschient als sinnvoller als ein P. *Kant* bezeichnet eine „väterliche Regierung", die die Staatsbürger als „unmündige Kinder" behandle, sogar als den „größten denkbaren Despotismus". Die Grenzziehung zwischen P. und berechtigten Freiheitsbeschränkungen bleibt freilich häufig problematisch: beispielsweise im Fall einer lebensrettenden Bluttransfusion bei Zeugen Jehovas oder im Fall einer gutgemeinten Lüge zum (vermeintlichen oder tatsächlichen) Wohl eines Kranken (↑ Krankheit). Auch gehen die Auffassungen darüber auseinander, ab wann ein Sozialstaat zum paternalistischen Fürsorgestaat wird.

Lit.: Platon, Politeia, Buch III; I. Kant, Über den Gemeinspruch: Das mag in der Theorie richtig sein, taugt aber nicht für die Praxis; J.S. Mill, Über die Freiheit; J. Rawls, Eine Theorie der Gerechtigkeit, Frankfurt/M. 1975 (§§ 33, 39); R. Sartorius (Hrsg.), Paternalism, Minneapolis 1982; D. VanDeVeer, Paternalistic Intervention, Princeton N.J. 1986; O. Höffe, Vernunft u. Recht, Frankfurt/M. 1996, Kap. 9.   *C. H.*

Patriotismus – Kosmopolitismus. P. meint Liebe zur Heimat, zum Volk, zur eigenen politischen Gemeinschaft. Sittl. Bedeutung gewinnt P. insofern, als die Bestimmung des Menschen u. des rechten Lebens in einen wesentlichen Zusammenhang zum konkreten ‚Ort des Wohnens‘ (= griech. ethos), zu der durch je eigene ↑ Sitten, Gesetze u. ↑ Institutionen verfaßten politischen Gemeinschaft gesetzt wird. Die Affirmation des Vaterlandes, des eigenen Volkes u. seiner politischen Ordnung u. die Übernahme der zu seiner Erhaltung u. Pflege nötigen Verpflichtungen ist so gesehen eng verbunden mit der Bejahung der eigenen sittl. Identität, die sich mehr noch als den Eltern der Polis verdankt (vgl. *Platon, * Kriton 50 e–52 a). P. unterscheidet sich von der Verfallsform des *Nationalismus* durch die Achtung der Eigenart fremder politischer Gemeinschaften (↑ Toleranz) sowie durch die Anerkennung jedes Menschen als eines Zwecks an sich selbst (↑ Humanität), der weder als Fremder noch als Mitbürger zum bloßen Mittel des eigenen politischen Ganzen herabgestuft werden darf *(Kant).* Der einzelne ist Teil des ↑ Staates als des ihn umfassenden u. tragenden Ganzen u. ist doch als Mensch mehr als er. Das Moment der Überlegenheit des einzelnen gewinnt eminente Bedeutung, sobald der Staat physisch u. sittl. verfällt bzw. eine nicht an freier politischer Gemeinschaft orientierte Funktion übernimmt. Der K. der Spätantike (↑ stoische E) u. der Neuzeit (v. a. seit der Aufklärung) trägt in seiner Idee des *Weltbürgertums* (↑ Weltrepublik), das alle Menschen

als gleichberechtigte Mitbürger u. die ganze Erde als seine Heimat, als die große Weltstadt *(Diderot)* anerkennt, dem geschichtlichen Umstand Rechnung, daß ein einzelner Staat dem Menschen nicht mehr den sittl. Lebensinhalt zu vermitteln vermag. P. als sittl. Kategorie ist sinnvoll nur auf der Basis wirklicher u. möglicher politischer Gemeinschaft, die sich durch spezifische Formen identitätsstiftender Tradition, Sprache, Arbeit u. kommunikativer Interaktion konstituiert *(Rousseau).* Der neuzeitliche liberale Staat, der sich primär instrumental als vom Kalkül der Bürger geschaffene Sicherungsinstanz privater ↑ Rechte versteht, die tiefgreifende ökonomische u. politische Verschränkung der Nationen u. ein gesellschaftliches Leben, das zunehmend durch universal standardisierte Formen der ↑ Arbeit, des Wettbewerbs u. der ↑ Kommunikation geprägt ist, lassen den P. als geschichtlich überholt, als sittl. indifferent, u. U. gar als bedenklich erscheinen.

Gleichwohl zeigt die jüngste Geschichte, daß die Ignorierung jeder Bindung des Menschen an seine nähere Heimat u. deren besondere sittl. u. kulturelle Traditionen durch einen zentralistisch organisierten „Mehrvölkerstaat" für diesen auf Dauer selbstdestruktiv ist. Gelebte Sittlichkeit baut sich auf in konzentrischen integrativen Kreisen. Ein politisches Weltbürgertum u. moralischer Universalismus bedürfen offensichtlich der Stützung u. Bodenhaftung in partikulär u. regional gelebten u. erlebten Handlungs- u. Traditionsgemeinschaften mit besonderen Sitten u. Symbolen (↑ Kommunitarismus), um auf Dauer tragfähig zu sein: „Ist es doch etwas Großes, dieselben Denkmäler der Vorfahren zu besitzen, dieselben heiligen Handlungen zu begehen u. gemeinsame Grabmäler zu haben" (*Cicero*, De off. I, 55).

Lit.: Platon, Kriton; Cicero, De officiis I, 50–58; J.-J. Rousseau, Discours sur l'économie politique; ders., Considérations sur le gouvernement de Pologne; I. Kant, Über den Gemeinspruch: das mag in der Theorie richtig sein ... (v. a. Abschn. II u. III); J. G. Fichte, Reden an die deutsche Nation (v. a. 8. Rede); P. Singer, The Expanding Circle, Oxford 1983, Kap. II; O. Höffe, Kategorische Rechtsprinzipien, Frankfurt/M. 1990, Kap. 9; ders., Vernunft u. Recht, Frankfurt/M. 1996, Kap. 5 u. 7; K. Hübner, Das Nationale, Graz u. a. 1991; A. MacIntyre, Ist Patriotismus eine Tugend?, in: A Honneth (Hrsg.), Kommunitarismus, Frankfurt/M. 1993, 84–102.   *M. F.*

Pazifismus ↑ Friede.

PersönlichkeitsE ↑ Person.

Person. Der P.begriff spielt in der E eine prominente Rolle, da allein P.en als moralisch Handelnde auftreten können (↑ Handlung). Noch wichtiger ist der Umstand, daß P.en vielleicht die einzigen, zumindest aber die primären *Adressaten* e Handelns sind; ob daneben auch Nicht-P.en wie Tiere oder gar Naturgüter (Flüsse, Wälder oder Meere) als Objekte moralischer Verpflichtung gelten sollen, ist kontrovers. In jedem Fall hat der P.begriff im Kontext der Frage nach den Handlungszielen eine starke normative u. anti-reduktionistische Färbung, was in einer Feststellung wie „Schließlich geht es hier um P.en" zum Ausdruck kommt. Der P. wird dabei häufig eine unbedingte Bedeutung oder ein absoluter Wert zugeschrieben; besonders *Kant* hat in der Selbstzweckformel seines ↑ kategorischen Imperativs dieser Intuition Ausdruck verliehen („Handle so, daß du die Menschheit, sowohl in deiner Person als in der Person eines jeden anderen, jederzeit zugleich als Zweck, niemals bloß als Mittel brauchst").

Begriffsgeschichtlich leitet sich P. vom lateinischen Ausdruck „persona" (= Theatermaske) ab; dessen übertragene Bedeutungen „Rolle (die jemand spielt)", „Funktion", „Image" führen auf dem Weg über die sog. prosopographische Bibelexegese zur Anwendung von „P." auf die drei Hypostasen Gottes. Ursprung des modernen P.begriffs ist somit die christliche Trinitätsspekulation. Bei *Thomas v. Aquin* wird P.alität besonders durch die Eigenschaft des Selbständigseins charakterisiert (*per se existere*). Seit der frühen Neuzeit bildet sich bei den Naturrechtstheoretikern ein ethischer Personalismus aus, der P.en als moralische Entitäten (*entia moralis*) den bloßen Naturdingen (*entia physica*) gegenüberstellt. In dieser Tradition steht der theologische *Personalismus* des 19. Jahrhunderts (*F. Schleiermacher, W. Stern, B. P. Bowne, E. S. Brightman*). Im 20. Jahrhundert wurde er teils von *M. Scheler*, teils von den jüdischen Dialogphilosophen (*M. Buber, F. Rosenzweig, E. Lévinas*), teils von Neuscholastikern (*É. Gilson, J. Maritain, E. Mounier*) fortgeführt. Personalistische Ansätze sind insgesamt durch die Tendenz charakterisiert, P.alität als ein nicht auf andere Phänomene zurückführbares, als ein elementares Faktum zu beschreiben.

Alltagssprachlich setzen wir den Ausdruck „P.en" mit „Menschen" gleich. Es ist daher naheliegend anzunehmen, daß der Bereich der P.en mit der Reichweite der biologischen Art *homo sapiens* zusammenfällt. Dagegen richtet sich das Bedenken, dies sei nur ein kontingentes Faktum; richtig ist, daß sich die Existenz nicht-menschlicher P.en wie Außerirdischer, Engel, uns unbekannter Tiere oder künftig konstruierbarer intelligenter Maschinen nicht von vornherein ausschließen läßt. Auch wenn alle Menschen (u. nur Menschen) P.en sein mögen, sind sie es nicht, *weil* sie Menschen sind; gesucht wird ein davon unabhängiges Kriterium. Dieses wird meist anhand der Frage diskutiert, was p.ale Identität über einen Zeitraum ausmacht.

Die beiden traditionellen Lösungen sind einerseits die Annahme einer substantiellen Seele (z. B. *Platon, Descartes*) als Grundlage der P.alität u. andererseits die Annahme, daß eine bloß physische Kontinuität, etwa des Gehirns, als Bedingung ausreicht. *J. Locke* hat demgegenüber ein psychologisches Kriterium vorgeschlagen, nach dem P.en durch Selbstbewußtsein u. Erinnerungsfähigkeit charakterisiert sind. *Kant* kritisiert die gleichsam gegenständliche Auffassung der P. bei Rationalisten und Empiristen u. unterscheidet ein transzendentales Subjekt (als Bedingung der Möglichkeit der Erfahrung) von einer konkreten P. (die sich aus dem Kontext bestimmter Handlungsmöglichkeiten ergibt). Bei *P. F. Strawson* gilt der P.begriff als „logisch primitiv", d. h. als nicht weiter analysierbar; eine P. ist demnach eine Entität, über die man sowohl Aussagen auf der körperlichen Ebene (M-Prädikate) als auch den mentalen Ebene (P-Prädikate) treffen kann.

Die Suche nach den zentralen Definitionsmerkmalen des P.-Begriffs erhält dadurch besondere Brisanz, daß sich aus ihnen ein Ausschlußkriterium ergibt (Sind befruchtete Eizellen, Föten, Komatöse, Schwerstbehinderte usw. P.en?). Die Frage, wer als P. gelten soll, ist dann gleichbedeutend mit der Frage, wem man solche Ansprüche wie das Recht auf Überleben, auf Autonomie oder auf körperliche Unversehrtheit zugestehen soll u. wem nicht. Bestritten wird diese Konsequenz von *D. Parfit,* der die Vorstellung einer strikten p.alen Identität insgesamt zugunsten einer Konzeption der zeitlichen Folge von P.en preisgeben will, sich damit aber nicht durchgesetzt hat. Vielmehr bleiben die Konsequenzen der vorgeschlagenen P.definitionen besonders innerhalb der Diskussion um ↑ Abtreibung, Euthanasie u. Sterbehilfe virulent.

Mögliche Kriterien für das Vorliegen von Personalität sind Vernunft, Bewußtsein, Selbstbewußtsein, Kommunikationsfähigkeit oder sittl. Bewußtsein; bereits die traditionelle P.definition des *Boethius* nennt Vernunftfähigkeit als Kriterium von Personalität (*persona: naturae rationabilis individua substantia;* „P. ist die unteilbare Substanz einer vernunftfähigen Natur"). Von Bedeutung ist auch das von *H. Frankfurt* vorgeschlagene Charakteristikum, P.en verfügten über „Volitionen zweiter Ordnung", d. h. über Wünsche, Absichten, Entschlüsse usw., die sich auf Volitionen erster Ordnung richten können. Alle diejenigen Definitionsversuche, die eine bestimmte mentale oder kognitive Leistung als konstitutiv für P.en ansetzen, haben freilich teilweise kontraintuitive Folgen, wie etwa die Debatte um *P. Singer* oder der Vorschlag von *M. Tooler* (in: *M. F. Goodman*) zeigt, nur Lebewesen mit dem bewußten Wunsch weiterzuleben besäßen ein Lebensrecht; nach *Singer* oder *Tooler* wären nicht nur Föten, sondern auch Kleinkinder vom P.status ausgeschlossen. Eine Möglichkeit, solche Konsequenzen zu vermeiden, ohne ein kognitives P.en-Kriterium preiszugeben, könnte in der Unterscheidung zwischen aktuellen u. potentiellen P.en oder auch zwischen strikten u. sozialen P.en (z. B. Kindern) liegen. *R. Spaemann* verteidigt das P.kriterium der biologischen Zugehörigkeit zur Menschheit; er wendet sich dagegen, den P.status als Resultat der (willkürlichen) Aufnahme in eine „Anerkennungsgemeinschaft" zu verstehen, aber auch dagegen, ihn als Zugehörigkeit zur Klasse aller Dinge mit einer Reihe von bestimmten angebbaren Eigenschaften zu interpretieren.

Lit.: Platon, Phaidon; ders., Phaidros; Aristoteles, De anima; Augustinus, De trinitate; Boethius, Contra Eutychen et Nestorium; Thomas v. Aquin, Summa theologica II–I, qu. I–XVIII; R. Descartes, Meditationes de prima philosophia; H. G. Frankfurt, Freedom of the Will and the Concept fo a P., in: Journal of Philosophy 68 (1971); B. Williams, Probleme des Selbst, Stuttgart 1978; D. Parfit, Reasons and Persons, Oxford 1984; M. F. Goodman (Hrsg.), What is a Person? Clifton N. J. 1988; M. Fuhrmann, B. Kible, G. Scherer, M. Scherner, Artikel P., in: Historisches Wörterbuch der Philosophie, Bd. 7, 1989, 269–338; Th. Kobusch, Die Entdeckung der P., Freiburg/Basel/Wien 1993; P. Singer, Praktische Ethik, Stuttgart ²1994; R. Spaemann, P.en. Versuche über den Unterschied zwischen „etwas" u. „jemand", Stuttgart 1996.   *C. H.*

Personalismus ↑ Person.

Perversion ↑ Krankheit.

Pessimismus ↑ Lebensphilosophie.

Pflicht ist ein Grundbegriff e Reflexion, der erstmals von der ↑ stoischen E (to kathäkon = das Gebührende, Geziemende) ausgebildet, über *Cicero* (officium = Pflicht) Eingang in die ↑ christliche E fand, in der deutschen Aufklärung zentrale Bedeutung gewann (bei *Wolff, Crusius* u. a. unter dem Terminus obligatio = *Verbindlichkeit*) u. bei *Kant* u. *Fichte* dann mit dem Wesen der ↑ Sittlichkeit in engste Beziehung gesetzt wurde. Heute spricht man von P.en im Sinne verbindlicher Aufgaben, die mit der spezifischen Funktion einer Person in einer Gruppe oder Gesellschaft verbunden sind. Die philosophische Rede von P. meint die Gebotenheit einer Handlung im Blick auf ein unbedingtes moralisches Gesetz (↑ kategorischer Imperativ, ↑ Moralprinzip). Handlungen nach juridisch fixierten u./oder brauchtumsmäßig (↑ Moral u. Sitte) eingespielten ↑ Normen können nur P. sein, insofern diese Normen selbst durch ein moralisches Gesetz begründet sind. Im Begriff der P. kommt zum Ausdruck, daß ein freier Wille einem unbedingten *Sollen,* einem schlechterdings gebietenden Anspruch unterstellt ist, dem er nicht immer schon von selbst folgt. Der Begriff der P. impliziert je schon den Gedanken unbedingter Nötigung, die den faktischen Trieben u. Wünschen (d. h. Neigungen) des Subjekts entgegengesetzt sein kann u. nicht in diesen ihre Begründung findet. Wenn *Kant* in der P. als „praktisch unbedingter Notwendigkeit der Handlung", als „unbedingt nötigender Verbindlichkeit eines nicht schlechterdings guten Willens" das Wesen sittl. Forderung zu treffen glaubt u. Moralität als „Handeln aus reiner Achtung für dieses Gesetz" definiert, so liegen diesen Bestimmungen gängige Erfahrungen zugrunde, die der „natürliche gesunde Verstand" unter dem Titel P. subsumiert. Jedermann kann unterscheiden zwischen den Handlungen, die er tut, weil er dieses oder jenes wünscht u. begehrt, u. jenen Handlungen, die er ausführt, weil er sich zu ihnen verpflichtet fühlt. Der Charakter verpflichtender Nötigung ist anderer Art als der eines rationalen Begehrens, das um langfristiger u. übergeordneter Ziele willen die Verfolgung damit nicht kompatibler Wünsche beschränkt. Die Eigenart moralischer Verpflichtung kommt ferner zum Vorschein im Gefühl der *Achtung,* das wir dem moralischen Gesetz u. dem Handeln nach diesem Gesetz entgegenbringen. ↑ Bedürfnisse u. ihre Befriedigung

sind nicht Gegenstand der Achtung, ebensowenig wie ein Handeln nach Klugheitsmaximen im Dienst eines vernünftigen Lebensgenusses. Achtung empfinden wir vorzüglich einer Person gegenüber, die um der P. willen im Konfliktfall auch gegen ihre Neigungen zu handeln vermag.

Der Begriff der P. impliziert den Gedanken einer gesetzgebenden Instanz. Für die ↑ stoische E figurierte ‚Natur' bzw. ‚Weltvernunft' als verpflichtender Grund, für die ↑ christliche E der persönliche ↑ Gott, der die geschaffenen Subjekte in seinen Geboten in Anspruch nimmt. Das P.gemäße ist so das Naturgemäße bzw. das Gottgefällige. Erst die Neuzeit (speziell *Kant*) entwickelte den der sittl. Freiheit adäquaten Gedanken der Autonomie, der P. als unbedingte Selbstaufforderung u. Selbstbindung vernünftiger ↑ Freiheit eines Wesens interpretiert, das zur Vernunft fähig u. nicht immer schon vernünftig ist. Grund der Verpflichtung ist somit die „Persönlichkeit" als vernünftig freies Wesen.

Nach der Art der Verpflichtung u. der Beziehung u. Erzwingbarkeit der Handlungen, zu denen man verpflichtet ist, unterscheidet man in der Regel zwischen vollkommenen u. unvollkommenen P.en, zwischen P.en gegen sich selbst, gegen andere u. gegen Gott (insofern Gott als nichterfahrbare Idee eines Vernunftwesens neben anderen erfahrbaren Vernunftwesen figuriert, nur noch zwischen P.en gegen sich selbst u. andere), zwischen RechtsP. u. TugendP. Die vollkommenen (engen) P.en umreißen das Feld des unbedingt Notwendigen der P.befolgung, das jeden in gleicher Weise betrifft u. die gebotenen bzw. verbotenen Handlungen eindeutig bestimmt (primär in Gestalt von Verboten, etwa der Tötung, der Lüge, des Geizes etc.), die unvollkommenen (weiten) P.en sind solche, die zwar ein striktes Gesetz für die Maxime der Handlungen enthalten, im Blick auf Art u. Grad der Handlungen jedoch nichts a priori bestimmen, sondern der freien Willkür bzw. der ↑ Klugheit einen Spielraum lassen (z. B. die P. zur Vervollkommnung der eigenen Naturanlagen). RechtsP.en sind solche, für die eine äußere Gesetzgebung möglich ist, TugendP.en jene, die nicht erzwingbar sind, weil sie zu Zwecksetzungen verpflichten, die als innere Gemütsakte von keiner äußeren Gesetzgebung bewirkt u. von keiner Rechtsprechung beurteilt werden können. Erzwingbar sind stets nur p.gemäße (legale) Handlungen, nicht aber Handlungen aus P. (moralische), d. h. solche, in denen das Gesetz auch das Motiv zur Handlung bildet (↑ Verdienstlichkeit).

Lit.: Cicero, De officiis; I. Kant, Grundlegung zur Metaph. d. Sitten; Kritik d. praktischen Vernunft, 1. Teil, I. Buch, 3. Hauptstück; Metaph. d. Sitten, 2. Teil, I. Ethische Elementarlehre; J. G. Fichte, Das System der Sittenlehre, 2. u. 3. Abschnitt; W. D. Ross, The Right and the Good, Oxford 1930; W. A. Pickard-Cambridge, Two Problems about Duty, Mind Bd. 41, 1932; G. E. Hughes, Motive and Duty, Mind Bd. 53, 1944; M. Moritz, Studien zum P.begriff in Kants kritischer E, The Hague 1951; C. H. Whiteley, On Duties, Proceedings of Aristotelian Society Bd. 53, 1952/3; H. Reiner, Die Grundlagen der Sittlichkeit, Meisenheim ²1974; M. Forschner, Gesetz u. Freiheit. Zum Problem der Autonomie bei I. Kant, München/Salzburg 1974, Teil VI; G. E. Moore, Grundprobleme der E, München 1975, Kap. IV; J. S. Fishkin, The Limits of Obligation, New Haven/London 1982. *M. F.*

Pflichtenkollision. Unter P. versteht man den gleichzeitigen Bestand solcher Verbindlichkeiten ein u. derselben Person, die sich grundsätzlich oder doch für den Moment der Handlung gegenseitig ausschließen, gleichwohl aber als in zwingender Weise verpflichtend anerkannt werden. Dem Problem einer möglichen P. sehen sich all jene E-Theorien konfrontiert, die eine Pluralität irreduzibler Moral- ↑ Normen bzw. nicht hierarchisierbarer ↑ Werte vertreten, die in der Anwendungssituation konfligieren können (*Normenkonflikt;* z. B. kann das Gebot der Hilfeleistung mit dem Verbot der Lüge konfligieren; doch auch im Rahmen ein u. derselben Norm sind Konflikte denkbar, z. B. wenn mehrere hilfsbedürftig sind, ich aber nur einem oder wenigen helfen kann). In der im Anschluß an *Platon* u. *Aristoteles* ausgebildeten scholastischen E führte die Idee der Einheit des sittl. ↑ Guten zum Gedanken eines einheitlichen Systems der sittl. Welt mit hierarchisch gestufter Güter- u. Pflichtenordnung. Der scheinbare Konflikt sich ausschließender Verpflichtungen (etwa gegenüber sich selbst, der ↑ Familie, der ↑ Gesellschaft, dem ↑ Staat, ↑ Gott) ist objektiv lösbar zugunsten des stärkeren Verpflichtungsgrundes, der in der hierarchischen Seinsordnung vorgegeben ist u. die in concreto allein verpflichtende Aufgabe begründet (vgl. etwa Abrahams Opfer seines Sohnes Isaak als klassisches Beispiel des AT). Dem Gedanken einer möglichen P. steht auch die E Kants ablehnend gegenüber. ↑ Pflicht ist nach ihm die objektiv praktische Notwendigkeit eine Handlung nach dem Gesetz der Vernunft, u. da zwei einander entgegengesetzte Regeln nicht zugleich notwendig sein können (Vernunft ist charakterisiert durch ihre systematische Einheit), „ist eine Kollision der Pflichten u. Verbindlichkeiten gar nicht denkbar". Diese abstrakte Lösung der Frage, deren Stringenz unbestreitbar ist, scheint gleichwohl der Problematik konkreter ↑ Notsituationen nicht gerecht zu werden. So kann etwa die Pflicht, einem Freund zu helfen, mit der Pflicht, für die Familie zu sorgen, in der Einmaligkeit der Entscheidungssituation derart konfligieren, daß beide Handlungsalternativen als sittl. u. unsittlich zugleich erscheinen, falls Zusatzkriterien wie Nähe u. Ferne der Person etc. keine eindeutige Entscheidung nahelegen. Für W. D. Ross, der einen möglichen objektiven Konflikt allgemeiner Verpflichtungsregeln (prima facie duties, z. B. Du sollst nicht lügen, Du sollst Notleidenden helfen) anerkennt, ist in einer Konfliktsituation die konkrete Pflicht (actual duty), die objektiv je nur eine sein kann, nicht aus einem allgemeine Regelsystem allein deduzierbar, sondern immer nur als wahrscheinlich begründbar im Blick auf die konkreten Umstände der Entscheidungssituation (↑ Klugheit). Der Reduzierung möglicher P.en dient die institutionelle Gliederung des gesell-schaftlichen Lebens (↑ Institution). – ↑ Moral. Dilemmata.

Lit.: I. Kant, Metaphysik der Sitten, Rechtslehre, Einleitung; W. D. Ross, The Right and the Good; ders., Moral Obligation; W. Gallas, P. als Schuldausschließungsgrund, in: Festschr. Mezger, München/Berlin 1954; M. Forschner, Reine Morallehre u. Anthropologie, in: Neue Hefte f. Philosophie, H. 22, 1983; O. Höffe, Universalistische E u. Urteilskraft. Ein aristotelischer Blick auf Kant, in: Zeitschrift für philosophische Forschung, 44/4, 1990. M. F.

Phänomenologische E ↑ Methoden der E.

Philanthropie ↑ Liebe.

Philosophie der Befreiung versteht sich als einen selbständigen philosophischen Ansatz aus Lateinamerika in bewußter Absetzung von der europäischen Tradition; ihr zentrales Thema ist die Überwindung kolonial geprägter Denkformen. Die dominierenden abendländischen Ansätze von Ontologie u. Subjektphilosophie bilden nach Ansicht der P. d. B. die Grundlage der weltweiten politischen Repression, der kulturellen Überheblichkeit des Westens, der wirtschaftlichen Ausbeutung u. der Unterdrückung der Frau. Der P. d. B. diagnostiziert als Wurzel solcher Phänomene der ↑ Entfremdung eine philosophische Verdinglichung u. Entkonkretisierung der Person, die sich aus der Einbeziehung aller Andersheit in eine abstrakte u. systematische Ganzheit ergeben soll; diese Mißachtung von Fremdheit sei die Voraussetzung politisch-sozialer Ausbeutung. Gegen eine solche reduktionistisch erlangte Totalität setzt die P. d. B. selbst eine unverkürzte Alterität u. Exteriorität des Mitmenschen (einschließlich fremder Kulturen). Gestützt auf Arbeiten von *J. C. Scannone, S. Bondy* u. *L. Zea* ist der Hauptvertreter der P. d. B. gegenwärtig *E. Dussel.* Er beruft sich besonders auf die von *E. Lévinas* (gegen *Heidegger*) entwickelte E der „uneinholbaren Andersheit" des Mitmenschen, die in der Tradition des jüdisch-christlichen Personalismus steht (↑ Person). Durch ihre zugleich politische wie metaphysische Ausrichtung besitzt die P. d. B eine enge Affinität zur lateinamerikanischen „Theologie der Befreiung" *(L. Boff, G. Gutiérrez).*

Lit.: E. Dussel, Para una ética de la liberación latinoamericana, 2 Bde., Buenos Aires 1973; E. Dussel, D. E. Guillot (Hrsg.), Liberación latinoamericana y Emmanuel Lévinas, Buenos Aires 1975; E. Dussel, Herrschaft u. Befreiung, Freiburg/Schweiz 1985; H. Krumpel, Philosophie in Lateinamerika, Berlin 1992; H. Schelkshorn, E der Befreiung, Wien 1992; L. Zea, El pensamiento latinoamericano, México ³1976; ders., Signale aus dem Abseits. Eine lateinamerikanische Philosophie der Geschichte, München 1989. 			C. H.

Pietismus ↑ Christliche E.

Pleonexie ↑ Besonnenheit.

Pluralismus ist ebenso wie ↑ Toleranz ein Grundmerkmal der Moderne. P. bedeutet nicht bloß eine Vielfalt, sondern das gleichberechtigte Neben- u. Gegeneinander von natürlichen oder sozialen Elementen, denen ein übergeordnetes Prinzip der Einheit fehlt. Der P. kann metaphysisch verstanden werden u. mit *Christian Wolff* jene Philosophien bezeichnen, die eine Vielfalt von Wesen zur Erklärung der Welt annehmen. In neuerer Zeit hat *William James* eine unendliche Menge begrenzter Tatsachen, Beziehungen u. Systeme behauptet, die sich in ständigem Fluß befinden, zu immer neuen Verhältnissen u. Strukturen führen u. für deren Erkenntnis es keine festen Kategorien u. Kriterien, sondern nur perspektivische Orientierungspunkte gibt. Der Pluralismus kann auch die methodische Voraussetzung wertneutraler Sozialwissenschaften meinen, die Mannigfaltigkeit von Kulturformen, von der die „Soziologie auszugehen hat" *(Scheler).* Als e P. bezeichnete *Gehlen* „die Tatsache, daß es mehrere voneinander funktionell wie genetisch unabhängige u. letzte sozialregulative Instanzen im Menschen gibt". Von *Nietzsche, Bergson* u. *M. Weber* beeinflußt, wird das Ethos der Gegenseitigkeit von dem des Wohlbefindens (Eudämonismus: ↑ Glück) unterschieden, das ↑ Familienethos mit seiner Erweiterung zum Humanitarismus (↑ Humanität) vom Ethos der ↑ Institutionen, besonders des ↑ Staats. Während sie gewöhnlich nebeneinander bestehen, wenden sie sich in Krisenzeiten gegeneinander.

Heute wird der P. vornehmlich gesellschaftlich u. politisch verstanden, wobei sich empirische Elemente, eine Vielfalt von ↑ Religionen u. Konfessionen (religiöser P.), ↑ Werten (WertP.), gesellschaftlichen Gruppen (sozialer P.) u. politikbestimmenden Kräften (politischer P.), mit einem normativen Element verbinden, der Anerkennung der Vielfalt u. Unterschiedlichkeit. In der ↑ Demokratie gibt der P. den verschiedenen Kräften das ↑ Recht, sich für ihre ↑ Interessen einzusetzen. Vertreter der älteren ↑ kritischen Theorie verweisen jedoch auf Unterprivilegierte, die im Prozeß des Interessenausgleichs benachteiligt sind. *Carl Schmitt* fürchtet dagegen die zentralen anarchistischen Tendenzen des P., dessen Kompromisse (↑ Konflikt) weder zu einer moral. noch technisch-wirtschaftlich idealen ↑ Politik führen.

Der P. folgt aus der Weltoffenheit des ↑ Menschen, verbunden mit der Vielfalt seiner Interessen, ↑ Werte u. Lebensentwürfe sowie seiner Irrtumsanfälligkeit. Im P. tritt der Reichtum menschlicher Möglichkeiten, zugleich die Begrenztheit jeder einzelnen Lebensgestalt zutage u. das Recht des Menschen, als selbstverantwortliche ↑ Person u. mündiger Bürger seinen Lebensweg zu gehen.

Andererseits ist P. ein undialektischer Begriff, der die Vielfalt ohne die komplementäre Einheit u. die Konkurrenz ohne Kooperation begreift. Lebensfähig u. wünschenswert ist kein absoluter, nur ein relativer P.

Lit.: W. James, Das pluralistische Universum, Leipzig 1914; A. Gehlen, Moral und Hypermoral. Eine pluralistische E, Frankfurt/M. 1973; G. Püttner, Toleranz als Verfassungsprinzip. Prolegomena zu einer rechtl. Theorie des pluralistischen Staates, Berlin 1977; W. A. Kelso, American Democratic Theory. Pluralism and its Critics, Westport/London 1978; E. Fraenkel, Deutschland u. die westl. Demokratien, [7]1979, 197–221; H. Oberreuter (Hrsg.), P.,

Opladen 1980; J. L. Seurin (Hrsg.), La démocratie pluraliste, Paris 1981; O. Höffe, Den Staat braucht selbst ein Volk von Teufeln, Stuttgart 1988, 105–124: P. u. Toleranz; J. Rawls, Die Idee des politischen Liberalismus, Frankfurt/M. 1992, Kap. 5–6.   *O. H.*

Politik meint in einem vorläufigen Sinne den ‚Kampf um Macht' in ↑ Gesellschaft u. ↑ Staat. Macht wird dabei als Chance begriffen, „innerhalb einer sozialen Beziehung den eigenen Willen auch gegen Widerstreben durchzusetzen" *(M. Weber).* Als formalisierte Form dieses Kampfes ist P. die „Kunst, gesellschaftliche Tendenzen in rechtliche Formen umzusetzen" *(H. Heller).* P. ist dann die Tätigkeit des Staates, in der er sich gegen andere gesellschaftliche u. politische Einheiten zu einem Ganzen bildet (Integration) u. sein Wesen bestimmt *(R. Smend).* In ihrer weitesten Auslegung ist P. jede Tätigkeit u. Lebensform in einem Staat *(C. Schmitt).* – Während die letzte Auffassung keinen u. die übrigen nur einen sekundären Bezug zwischen E u. P. herstellen, ist dieses Verhältnis für *Aristoteles* zentral. Für ihn ist die ↑ Gerechtigkeit normative Bedingung u. wie das ↑ Glück jedes einzelnen Ziel der P. als Lebensform der freien Bürger einer Polis. P. als praktische Wissenschaft (↑ praktische Philosophie) schließt E u. Ökonomik ein, P. als Gegenstand der Wissenschaft umfaßt alle Angelegenheiten der Bürger einer ↑ Gesellschaft. Ziel der P. als e Wissenschaft u. ↑ Praxis ist das gute ↑ Handeln u. ↑ Leben u. die beste ↑ Verfassung. Sie soll durch Belehrung, Gewöhnung u. Einübung in die sittl. ↑ Tu-

genden in einem sich selbst genügen-
den (autarken), sittl. guten Leben
verwirklicht werden. Grundlegende
Elemente der P., die praktisches Wissen, Können u. den sittl. Willen vereinigt, sind Erfahrung, praktische
↑ Klugheit u. sittl. Tugenden. Die
neuzeitliche Auffassung von P. ist einerseits geprägt durch die Trennung
der P. von einer spezifischen ↑ christlichen E *(N. Machiavelli)* u. andererseits durch die Forderung, das er-
wünschte Leben mit wissenschaftlicher Genauigkeit herzustellen, mithin P. zu einem Gegenstand theoretischer Wissenschaft zu machen *(T.
Hobbes)*. An die Stelle der E tritt bei
Machiavelli ein „bürgerlicher Humanismus" *(J. G. A. Pocock)*, der
unter Glück (fortuna) u. Tugend (vir-
tù) als Elemente der P. jeweils das
versteht, was zur Erneuerung des
Staatswesens im Augenblick gewaltsamer Befreiung von Unterdrückung
u. Niedergang notwendig erscheint,
sei es Mord oder das Brechen von
Eiden u. Verträgen. *Hobbes'* rationa-
listisches Modell, Erkenntnis von Erscheinungen u. Wirkungen aus deren
Ursachen abzuleiten (reasoning),
trennt in seiner Anwendung auf Handeln u. P. das berechenbare Wirken
des ↑ Rechts-Systems des ↑ Staats
von den subjektiven Zielen der Politiker. Damit wird eine Unterscheidung zwischen der subjektiv-will-
kürlichen P. u. der rechtlich gesicher-
ten Weise des Regierens möglich, wie
sie *J. Bodin* u. der ↑ Rechtspositivismus *(Rehm, Kelsen)* treffen. ↑ Recht
wird damit, wie zuvor E, von P. getrennt. P reduziert sich auf den subjektiven Kampf um Macht u. eine
Technik der ↑ Gewalt u. ist nicht

mehr grundsätzlich an eine Staatsform gebunden.

Die Bindung der P. an Recht u.
↑ Verfassung u. der Verzicht auf
Gewalt sind die grundlegenden Forderungen demokratischer P., die im
normativen Sinne das antike Ideal
erneuern. Die sittl. Normen der
↑ Grundrechte, des ↑ Gemeinwohls
u. der Daseinsvorsorge verpflichten
diese P. in ihren legislativen, exekutiven u. judikativen Funktionen u.
bei der Willensbildung. P. ist den
Verfassungszielen verantwortlich u.
sittl. verpflichtet, sich unter den
staatlichen u. sozialen Normen öffentlich u. vernünftig zu rechtfertigen. P. hat nicht den Charakter einer
e Handlungslehre, ist aber bei der
Ausübung wie bei der Gewinnung
von Macht an die genannten sittl.
Normen gebunden. Die Möglichkeiten der P. sind in komplexen, hochindustrialisierten ↑ Gesellschaften
einerseits abhängig von Planung u.
↑ Wissenschaft. Diese können die
Legitimität von P. sowohl steigern
wie vermindern, jedoch nicht ersetzen. Andererseits sind die Möglichkeiten der P. abhängig von Willensbildung u. öffentlichem Interesse.
Unter beiden Bedingungen ist P. abhängig von ihrer sittl. Kompetenz,
die zwar nicht über die Herstellbar-
keit politischer Ziele, jedoch über deren humanen Wert u. damit über deren Bedeutung für Willensbildung u.
öffentliches Interesse kritisch urteilen
kann.

Lit.: Aristoteles, Nikom. E, Buch I, VII,
X; ders., P., Buch IIII; N. Machiavelli,
discorsi. Gedanken über P. und Staatsführung, Stuttgart 1966, Buch I,
Kap. 4–7, Buch III. Kap. 3–8 u. 49;

T. Hobbes, Leviathan, Kap. 5, 9, 11, 14, 18, 21; H. Kelsen, Reine Rechtslehre, Leipzig/Wien 1934; H. Rehm, Geschichte der Staatsrechtswissenschaft, Freiburg u. a. 1896; M. Weber, P. als Beruf; J. Habermas, Theorie u. Praxis, Neuwied/Berlin ²1967, S. 13–51; W. Hennis, P. u. praktische Philosophie, Neuwied/Berlin, 1963; H. Maier, Die Lehre der P. . . ., in: Wissenschaftliche P., hrsg. von Oberndörfer, Freiburg 1962; J. G. A. Pocock, The Machiavellian Moment, Princeton 1975; D. Sternberger, Drei Wurzeln der P., Frankfurt/M. 1978; O. Höffe, Strategien der Humanität, Frankfurt/M. ²1985, Kap. 10–12; ders., E u. P., Frankfurt/M. ³1987, Kap. 6, 15; ders., Sittl.-polit. Diskurse, Frankfurt/M. 1981, 2. Teil; ders., Politische Gerechtigkeit, Frankfurt/M. 1987; ders., Vernunft u. Recht, Frankfurt/M. 1996; K. Hartmann, Politische Philosophie, Freiburg/München 1981; R. Lay, E für Wirtschaft u. P., München 1983; S. Collini u. a., That Noble Science of Politics, Cambridge 1983; W. Becker, W. Oelmüller (Hrsg.), P. u. Moral, München/Paderborn 1987; K. Bayertz (Hrsg.), E u. P., Stuttgart 1996. *W. V.*

Politische Beteiligung ↑ Demokratie.

Politische Moral ↑ StandesE.

Politische Ökonomie ↑ WirtschaftsE.

Polygamie ↑ Ehe.

Positives Recht ↑ Recht.

Positivismus ↑ Empirismus.

Prädestination ↑ Vorsehung.

Präskriptivismus ↑ MetaE.

Pragmatik (griech. prágma: Handlung) im e, nicht im semiotischen oder im erkenntnistheoretischen (↑ Pragmatismus) Sinn hat mehrere Bedeutungen: (a) die (Individual-)P. untersucht, wie man am besten sein persönliches Wohlergehen verfolgt. So nennt *Kant* die Ratschläge der ↑ Klugheit, die die angemessenen Mittel für das eigene ↑ Glück gebieten (rationales ↑ Selbstinteresse), pragmatische Imperative im Unterschied zu den technischen u. den ↑ kategorischen (moralischen) Imperativen. Eine solche P. steht im Gegensatz zur E als Theorie der ↑ Sittlichkeit. (b) Sofern die P. den Spielraum oder das Können von Praxis bestimmt, die E aber die Richtung oder das allgemeine Sollen, ist sie sittl. indifferent. (c) Die P. steht dort in einem Komplementärverhältnis zur E, wo sie die kultur- u. situationsinvariant gültigen Prinzipien der E gemäß dem jeweiligen historischen, sozioökonomischen u. persönlichen Handlungskontext zu konkretisieren sucht. Die so verstandene P. übernimmt die für die Realisierung sittl.-politischer ↑ Verantwortung unabdingbare Aufgabe, den Anspruch der Sittlichkeit bereichs- u. situationsgerecht aufzuarbeiten u. sie so mit den konkreten geschichtlichen Verhältnissen zu vermitteln. Der Versuch, die Vermittlung mittels rein rationaler Verfahren durchzuführen (wie im ↑ Utilitarismus mittels des hedonistischen Kalküls oder wie in der ↑ konstruktiven E mittels eines bestimmten Beratungsmodells), erweist sich als eine sachunangemessene szientistische Verkürzung. – (d) Die Untersuchung von Handlungsregeln, die dem Wohlergehen einer Gruppe, Gemeinschaft oder dem alle Menschen (↑ Utilitarismus) dienen, zählt zur *SozialP.*

Lit.: I. Kant, Grundlegung zur Metaphysik der Sitten, Akad. Ausg. Bd. I, S. 416 ff; ders., Anthropologie in pragmat. Hinsicht; H. Lenk, Pragmatische Philosophie, Hamburg 1975; O. Höffe, Strategien der Humanität, Frankfurt/M. ²1985; A. Pieper, Pragmatische u. e Normenbegründung, Freiburg/München 1979, Kap. 3; H. Stachowiak (Hrsg.), P., 5 Bde., Hamburg 1986 ff.

O. H.

Pragmatismus (griech.prágma: Handlung), bezeichnet eine in den USA von *Peirce, James* u. *Dewey* entwickelte, in Europa von *F. C. S. Schiller, Papini, Bergson, Simmel* u. *Vaihinger* (↑ Lebensphilosophie) vertretene philosophische Richtung, die in der ↑ Wissenschaft nur jene Begriffe und Sätze für sinnvoll hält, die sich auf die Praxis beziehen. Dabei bezeichnet Praxis nicht bloß Situations- oder Lebenspraxis, sondern auch die experimentierende Forschungspraxis der Wissenschaftler. Der amerikanische P. reicht von einer Methode zur Begriffserklärung über eine Konsensustheorie der ↑ Wahrheit bis zu einer pädagogisch-politischen Theorie. Der Begründer *Peirce* betrachtet die Wissenschaft im Gegensatz zur traditionellen Erkenntnis- u. Wissenschaftstheorie, nach der sie entweder auf ersten Prinzipien (↑ Rationalismus) oder letzten Tatsachen (↑ Empirismus) beruhe, als je neuen Übergang von Zweifeln (verstanden als Irritierung einer Verhaltensgewohnheit) zu gemeinsamen Überzeugungen, die die Verhaltenssicherheit wiederherstellen. Zwar wird hier nicht die Wahrheit auf beliebige Nützlichkeit reduziert. Erst *James* leugnet den Allgemeinheitscharakter von Wirklichkeit u. bezeichnet Hypothesen, die für ein ↑ Individuum zufriedenstellend wirken, als wahr, wodurch Wahrheit zur Funktion der Handelnden u. ihrer Anpassung an die Umwelt wird. Aber die Wissenschaft wird – u. das entspricht ihrer modernen Grundeinstellung (↑ kritischer Rationalismus) – als prinzipiell fallibel (irrtumsfähig) verstanden: Die Gemeinschaft der Forscher sucht nach Wahrheit, ohne sich ihrer je endgültig gewiß zu sein. In seiner E wendet sich *Peirce* gegen einen VulgärP., der auf die Befriedigung sinnlicher Bedürfnisse zielt (↑ Freude). Letzter Zweck des Handelns sei vielmehr etwas, das sich aus Vernunftgründen empfiehlt: ein an sich bewundernswertes ↑ Ideal, d. i. etwas, das sich von einer unbegrenzten Gemeinschaft in einem unbegrenzten Handlungsverlauf (in the long run) konsistent verfolgen läßt. *Dewey* hat gesellschaftlich-politische u. e-pädagogische Konsequenzen des P. gezogen. Er versteht die ↑ Demokratie als eine zur Forschergemeinschaft analoge Lebensordnung: als die Experimentiergemeinschaft mündiger Menschen, in der jeder dem anderen die Aufstellung plausibler Hypothesen, keiner aber dem anderen den Besitz absoluter Wahrheit zutraut. – Der amerikanische P. hat großen Einfluß auf die Wissenschafts- u. Gegenstandstheorie von *Quine* u. die transzendentale (Sprach-)P. von *Apel,* auch *Habermas,* die zur Begründung von ↑ E u. ↑ kritischer (Gesellschafts-)Theorie transzendentales u.

sprachanalytisches Denken (↑ Methoden) zu begründen suchen. – Kritisieren läßt sich am P. der undialektische Vorrang der Praxis vor der Theorie (die Wahrheit als regulatives Erkenntnisideal wird der Lebensfunktion der Erkenntnis geopfert) u. – mit *Scheler* – die Unterbewertung von Bildungswissen (Entfaltung der Person) u. Erlösungswissen (Teilhabe am Höchsten).

Lit.: K.-O. Apel (Hrsg.), C. S. Peirce, Schriften, Frankfurt/M. 1976; ders., Der Denkweg von C. S. Peirce, Frankfurt/M. 1975; E. Martens (Hrsg.), Texte der Philosophie des P. (C. S. Peirce, W. James, F. C. S. Schiller, J. Dewey), Stuttgart 1975; W. James, Der P., Hamburg 1977; B. Russell, Der P. (1909), in: Philosoph. u. polit. Aufsätze, Stuttgart 1971; M. Scheler, Erkenntnis u. Arbeit, Frankfurt/M. 1977; J. Dewey, Demokratie u. Erziehung, Braunschweig 1930; P. A. Schilpp (Hrsg.), The Philosophy of J. Dewey, New York 1939; J. v. Kempski, C. S. Peirce u. der P., Stuttgart/Köln 1952; A. J. Ayer, The Origins of P., San Francisco 1968; W. V. Quine, Ontolog. Relativität . . ., Stuttgart 1969; K.-O. Apel u. H. Krings, in: H. M. Baumgartner (Hrsg.), Prinzip Freiheit, Freiburg/München 1979; R. Rorty, Kontingenz, Ironie u. Solidarität, Frankfurt/M. 1989; J. P. Murphy, Pragmatism, Boulder u. a. 1990; K. Oehler, Ch. S. Peirce, München 1993.   *O. H.*

Praktisches Gesetz ↑ Moralprinzip.

Praktische Philosophie. Die p. P. untersucht im Unterschied zur theoretischen P. nicht Erkennen u. Sein, sondern menschliche Praxis. Sie umfaßt sowohl die ↑ E als auch die ↑ WirtschaftsE und ↑ Politik (Sozial-,

Rechts- u. StaatsP.). In einem weiteren Sinn kann man auch Anthropologie, ↑ Religions-, ↑ Geschichts- u. ↑ KulturP. zu ihr rechnen. Die Zusammenfassung dieser Disziplinen zur p. P. gründet auf der Einsicht in ihren sachlichen Zusammenhang: Das Normative ist auch für die Politik konstitutiv u. die politische Dimension für das Moralische. Dieser Zusammenhang gilt nicht bloß für die Begründung der p. P. bei *Aristoteles* u. die an ihn anknüpfende Lehrtradition bis *Chr. Wolffs* ,Philosophia practica universalis' (1738). Auch durch die Trennung von Moralität u. Legalität (↑ Sittlichkeit) bei *Kant* wird er nicht ganz aufgehoben; denn Kants ,Metaphysik der Sitten' (1797) enthält eine ↑ Rechts- u. eine ↑ Tugendlehre. *Hegel* erneuert in seiner Rechtsphilosophie die aristotelische Tradition, u. der klassische ↑ Utilitarismus betrifft das persönliche ebenso wie das politische Handeln. Bei *Nietzsche,* in der ↑ existentialistischen u. der ↑ WertE dagegen verschwindet die politische, bei *Marx* die moralische Dimension fast vollständig.

Mit der thematischen Abgrenzung der p. P. von der theoretischen P. ist jedoch erst eine vorläufige Bedeutung der p. P. erfaßt. Im eigentlichen Sinn gehört zu ihr auch eine praktische Intention. Ohne auf methodisches Vorgehen zu verzichten (↑ Methoden der E), will p. P. der sittl. Verbesserung der Praxis dienen. Sie beschränkt sich deshalb weder auf ↑ MetaE noch auf die Erörterung des ↑ Moralprinzips oder des ↑ höchsten Gutes. Weit lebensnäher prüft sie auch die Herausforderung der E durch e ↑ Determinismus, ↑ Nihilismus u. ↑ Relativismus, untersucht sie das Sittl. in seinen unterschiedlichen Aspekten u. gemäß den verschiedenen Lebensbereichen (↑ Arbeit, ↑ Grundrechte, ↑ Leib, ↑ medizin. E, ↑ Recht, ↑ Tugend usw.). Die p. P. kann Sittlichkeit jedoch nicht ursprünglich hervorbringen, sondern nur eine schon vorhandene persönliche u. politische Sittlichkeit erhellen u. reflexiv verbessern. − *Kant* u. noch deutlicher *Fichte* erkennen der p. P. den Primat gegenüber der theoretischen P. zu, da nicht bloß das sittl. Handeln, sondern auch das Erkennen als Selbstrealisierung von ↑ Freiheit gilt.

Seit den Griechen dient der P. in der Regel die Mathematik als Vorbild. Ihre Aufgabe einer p. P. erfüllt die E leichter, wenn sie sich − zusätzlich oder statt dessen − an der Jurisprudenz und der ↑ Medizin orientiert, also an praxis- und fallorientierten, gegen ein bloß deduktives Vorgehen skeptischen Wissenschaften.

Lit.: J. Ritter, Metaphysik u. Politik, Frankfurt/M. 1977; M. Riedel (Hrsg.), Rehabilitierung der p. P., 2 Bde., Freiburg/München 1972, 1974; W. Hennis, Politik u. p. P., Stuttgart 1977; A. Baruzzi, Was ist p. P.?, München 1976; O. Höffe, E u. Politik, Frankfurt/M. ³1987; ders., Sittl.-polit. Diskurse, Frankfurt/M. 1981; ders., Artikel p. P., in: Staatslexikon, Bd. 4, Freiburg u. a. ⁷1988, Sp. 522–532; K. Bayertz (Hrsg.), p. P. Grundorientierungen angewandter E, Reinbek b. Hamburg 1991.   *O. H.*

Praktischer Syllogismus ↑ Deontische Logik.

Praktische Vernunft ↑ Freiheit, Sittlichkeit.

Praktische Vernunftkritik ↑ Methoden der E.

Praxis ↑ Handlung, Theorie-Praxis-Verhältnis.

Prinzip der Nützlichkeit ↑ Utilitarismus.

Prinzip der Sittlichkeit ↑ Moralprinzip.

Prinzip der Verallgemeinerung ↑ Kategorischer Imperativ.

Probabilismus nennt man folgende, v. a. von Jesuitentheologen der nachtridentinischen Zeit systematisch ausgebaute Moralmaxime: In ↑ Gewissens- ↑ Konflikten bezüglich der Gebotenheit, Verbotenheit bzw. Erlaubtheit von ↑ Handlungen, die nicht eindeutig im Blick auf Sittengesetz u. kirchliche Lehrautorität entscheidbar sind, darf man einer hinlänglich begründbaren u. von namhaften Autoritäten vertretenen Meinung folgen, selbst wenn die entgegengesetzte Ansicht mehr Wahrscheinlichkeit u. mehr Autoritäten auf ihrer Seite hat (lex dubia non obligat). Nach dem ‚Probabiliorismus‘ darf von zwei sittl. Meinungen nur die probablere (wahrscheinlichere) befolgt werden, nach dem ‚Äquiprobabilismus‘ muß sie mindestens so probabel sein wie die entgegenstehende. Der Hinneigung zu einer gering u. schwach begründeten Wahrscheinlichkeit der katholischen ↑ Kasuistik stellte sich der rigorose ‚Tutiorismus‘ (↑ Rigorismus) *Pascals* u.

der Jansenisten entgegen. Er wurde von der katholischen Kirche verurteilt.

Lit.: B. Pascal, Lettres à un Provincial; J. Mausbach, Die katholische Moral u. ihre Gegner, Köln ⁵1921; J. Ternus, Zur Vorgeschichte der Moralsysteme von Vitoria bis Medina, Paderborn 1930.   *M. F.*

Proletariat ↑ Marxistische E.

Propaganda ↑ Manipulation.

Provisorische Moral ist der Inbegriff von sittl. verantwortbaren Verhaltensregeln für jene Zwischenzeit, in der man eine streng wissenschaftliche ↑ E erarbeitet, sie aber noch nicht vollendet hat. Der Begriff stammt von *Descartes,* der im Rahmen seiner neuen Universalwissenschaft auch eine über jeden Zweifel erhabene ↑ Moral, ein neues Verhältnis der ↑ Menschen zur ↑ Natur u. zu seinesgleichen anvisierte. Weil man aber das ↑ Handeln nicht bis zur Vollendung der Universalwissenschaft suspendieren kann, stellt er eine aus drei Maximen bestehende p. M. auf: (1) Um nicht naiv seinen persönlichen Vorurteilen zu folgen, solle man sich nach den Landesgesetzen, der ererbten ↑ Religion u. den besonnensten Menschen des eigenen Lebenskreises richten. (2) Ein einmal eingeschlagener Weg ist bis zum Beweis der Richtigkeit des Gegenteils entschlossen weiterzugehen. (3) Man soll lieber die eigenen Wünsche als die Weltordnung ändern wollen. – Da man heute die ↑ Wissenschaft für einen unabschließbaren Prozeß hält, überdies die Human-

wissenschaften nicht die Verläßlichkeit der Naturwissenschaften haben, bezeichnet die Idee einer p. M. ein wichtiges Moment der ↑ praktischen Philosophie unter den Bedingungen moderner Wissenschaft: die Aufgabe, moralische Gewißheit (d. h. ein Handeln frei von Selbstvorwürfen) zu suchen, obwohl es keine unbezweifelbare Richtigkeit gibt; ferner die Aufgabe, in pluralistischen Gesellschaften Regeln des Zusammenlebens zu bestimmen, obwohl die Fragen nach den letzten Verbindlichkeiten kontrovers sind. – *Descartes'* Maximen haben einen anti- ↑ utopischen Charakter, wofür sich gute Gründe anführen lassen, denn (1) gibt es ohne eine Anerkennung von Bestehendem keine ↑ Institutionen; (2) heißt Wollen, Kontinuität stiften; (3) ist die natürliche u. soziale Welt nicht beliebig veränderbar (*Spaemann*). Allerdings gehört es zur zeitangemessenen p. M., weder das Bestehende jeder ↑ Moralkritik zu entziehen noch Moral u. ↑ Politik ohne jede Wissenschaft zu ↑ begründen.

Lit.: Descartes, Abhandlung über die Methode, Kap. 3; R. Cumming, Descartes' Provisional Morality, The Review of Metaphysics Bd. 9, 1955/56; R. Spaemann, Prakt. Gewißheit. Descartes' p. M., in: ders., Zur Kritik der polit. Utopie, Stuttgart 1977; A. Klemt, Descartes u. die Moral, Meisenheim 1971.   *O. H.*

Psychoanalyse ↑ Psychotherapie.

Psychose ↑ Krankheit.

Psychosomatik ↑ Krankheit.

Psychotherapie. Therapie ist der Versuch der Wiederherstellung der durch ↑ Krankheit zerstörten psychophysischen Einheit u. Interaktionsfähigkeit des Menschen durch ein kunstvolles methodisches Verfahren. Im engeren Sinne unterscheiden wir die medizinische Therapie, die bei den Störungen der biologisch-physiologischen Seite des Menschen ansetzt, von der P., die die Störungen seiner Erlebnis- u. Interaktionsfähigkeit im Blick hat (psychisch-soziale Seite). Da Krankheit die Freiwilligkeit des Handelns als Voraussetzung sittl. Handelns teilweise oder nahezu ganz zerstören kann, stellt Therapie eine notwendige Bedingung zur Wiederherstellung voller ↑ Verantwortung dar. Eine wesentliche Vorbedingung der Therapie ist die Krankheitseinsicht. Diese ist dadurch erschwert, daß es Verhaltensweisen des Menschen gibt, die der Betreffende in der vollen Überzeugung seiner Gesundheit oder sogar sittl. ↑ Gesinnung vollbringt, obwohl sie bereits die Grenze zur Krankheit überschritten haben. Krankheitseinsicht im psychologischen Sinn bedeutet, die Lösung der Lebensprobleme nicht allein mittels eigener sittl. Kräfte, sondern in einer P. zu suchen. Umgekehrt gibt es *Lebenskrisen* (z. B. bei Berufs- und Partnerschaftsentscheidungen, bei Todeserfahrungen etc.), die durchaus mit den eigenen Kräften der ↑ Person u. mit intersubjektiver Beratung zu bewältigen sind, ohne daß eine P. angezeigt erscheint. In der Regel sind hier die Übergänge fließend. P. u. sittl. Handeln stehen in einem Ergänzungsverhältnis der Art, daß die Leistung der geglückten

P., die psychosoziale Gesundheit des Menschen eine notwendige Vorbedingung, wenn auch keine Garantie darstellt, daß das ↑ Gute getan u. das ↑ Böse unterlassen wird.

Eine Bestimmung des Therapiebegriffs muß die Einheit des biologisch-psychologisch-soziologischen Wissens vom ↑ Menschen im Blick haben. Dies wird bereits bei der Verhältnisbestimmung der medizinischen Therapie u. der P. deutlich. Die Entwicklung der ↑ Medizin zeigt, daß selbst im Falle organischer Schädigung die psychologischen Veränderungen des Patienten (Psychosomatik) u. die Einbettung in die Umweltbeziehungen (Medizinsoziologie) nicht unberücksichtigt bleiben können. Ebenso verlangt die P. teils eine medizinische Abklärung körperlicher Schäden, teils eine begleitende medizinische Unterstützung der P. Die psychologischen Verfahren der Therapie im engeren Sinne unterscheiden sich je nach ihrem Blickwinkel auf die menschliche Psyche als Verhaltenstherapie, Gestalttherapie u. psychoanalytische Therapie. Die *Verhaltenspsychologie,* die die Krankheit wesentlich als abweichendes Verhalten des Organismus zur Umwelt auffaßt, versteht P. als Modifikation des Verhaltens durch ↑ Belohnung u. Bestrafung, d. h. als Verhaltenssteuerung u. Kontrolle. Sie erweist sich nicht nur bei begrenzten Symptomen (z. B. Stottern) als erfolgreich, sondern besonders bei organischen (z. B. hirnorganischer) Schädigungen, bei denen nicht mehr an Einsicht appelliert werden kann.

Die *Gestalttherapie* sieht in der Krankheit wesentliche Prozesse der

Unfähigkeit zu emotionalem Ausdruck u. der Bewußtseinsverengung. Ihre Therapie versucht an das bewußt-aktuelle Erleben anzuknüpfen u. durch Rollenspiel u. Aussprechen der Gefühle in Einzelbeziehungen u. Gruppenkonstellationen die Krankheitsbarrieren zu überwinden. Auch die *psychoanalytische* Therapie ist gemäß einer frühen (*Breuer-Freud*schen) Bezeichnung eine Gesprächstherapie (talking cure). Ihre Absicht geht jedoch darauf, die als Krankheitsursachen begriffenen frühkindlichen Beziehungskonflikte durch Wiederbelebung der Erinnerung (mit Hilfe der Traumanalyse) emotional auszutragen, um dadurch eine Neuorientierung des gegenwärtigen Erlebens zu erreichen. Entsprechend ihrem differenzierten Instrumentarium unterscheidet sie mehrere Therapieformen. P. im analytischen Sinne meint ein Verfahren, das nur abgegrenzte Konflikte anvisiert u. durch Stützung der persönlichkeitseigenen Kräfte eine Lösung herbeizuführen sucht. Davon ist die *Psychoanalyse* zu unterscheiden, die in einem langwierigen Verfahren die emotionale Vorgeschichte der ↑ Person unter dem Blickwinkel von Stagnation u. Wiederholungen aufzuarbeiten sucht. Ebenso sind die Verfahrensweisen der Individual- u. *Gruppentherapie* zu unterscheiden, die sich durch das jeweilige „Setting" (klassische Zweierbeziehung Analytiker – Analysand, oder Analytiker – Gruppe) unterscheiden.

Ist Gesundheit als Ziel der P. so verstanden, daß sie abweichendes (nonkonformes) Verhalten des einzelnen dem öffentlichen Verhalten anpaßt (↑ konform macht)? Während die Verhaltenstherapie eher am durchschnittlichen Verhalten der Umwelt orientiert ist, fassen Gestalttherapie u. psychoanalytische Therapie das Ziel negativ als Leidbeseitigung. Allerdings ist keine Therapieform in der Lage, die das individuelle ↑ Leid mitverursachenden öffentlichen Konflikte zu lösen. Aber sie kann die subjektive Fähigkeit wiederherstellen, die Konflikte zu erleben u. gegebenenfalls an ihrer Beseitigung mitzuarbeiten.

Lit.: E. H. Erikson, Einsicht u. Verantwortung. Die Rolle des Ethischen in der Psychoanalyse, Stuttgart 1966; H. E. Richter, Die Gruppe, Reinbek 1972; F. Perls, Gestalt-Therapie in Aktion, Stuttgart 1974; St. Rachmann, Angst. Formen, Ursachen u. Therapie, München 1975; Ch. Kraiker (Hrsg.), Handbuch der Verhaltenstherapie, München ²1975; ders. u. B. Peter (Hrsg.), P.führer. Wege zur seelischen Gesundheit, München 1983; R. R. Greenson, Technik u. Praxis der Psychoanalyse, Bd. I, Stuttgart 1975.

A. S.

Puritanismus ↑ Christliche E.

Q

Quietismus ↑ Stoische E.

R

Rache ↑ Ehre.

Radikalismus ↑ Gewalt.

Rassismus ↑ Diskriminierung.

Rationalismus ↑ Naturrecht.

Rationalität heißt ganz allgemein die
Fähigkeit u. der Maßstab zu einem
vernunftgemäßen Vorgehen im Erkennen (↑ Methoden) u. Handeln.
Der nähere Begriff hängt davon ab,
ob man R. bloß als Mittelrichtigkeit
versteht oder um die Dimension der
leitenden Ziel- u. Zweckrichtigkeit
erweitert (↑ Sittlichkeit, ↑ kategorischer Imperativ).

Lit.: H. Schnädelbach (Hrsg.), R. Philosophische Beiträge, Frankfurt/M.
1984; M. Hollis, R. u. soziales Verstehen, Frankfurt/M. 1991; N. Rescher,
R., Würzburg 1993.   O. H.

Rationalitätskriterium   ↑ Entscheidungstheorie.

Raub ↑ Eigentum.

Realismus ↑ MetaE.

Rechenschaft ↑ Verantwortung.

Recht im „objektiven" Sinn ist der
Inbegriff von normativen Verbindlichkeiten (Normen, aber auch Strukturen u. Verfahren sowie dem ihnen
gemäßen Verhalten), die – zu einer
bestimmten Zeit u. für eine konkrete
politische Gemeinschaft gültig – das
Zusammenleben formell regeln. Die
R.normen finden ihren Ausdruck vor
allem in R.sätzen, den geschriebenen
oder ungeschriebenen (Gewohnheits-
R.) *Gesetzen* u. ihrer richterlichen
Auslegung (RichterR.). R. im „subjektiven" Sinn heißen die Ansprüche,
etwas zu tun, zu fordern oder zu besitzen, die jemandem durch das R.

im objektiven Sinn ausdrücklich zu-
erkannt sind. – Trotz einer ursprünglichen Einheit u. immer noch
bestehender mannigfaltiger Beziehungen (das VertragsR. z.B. enthält
moral. Begriffe wie: Treu u. Glauben, Arglist, gute Sitten) ist das R.
heute begrifflich von ↑ Moral u. Sitte zu unterscheiden. Anfangs beruhte
das R. nur auf der ständigen, gleich-
förmigen R.sausübung u. auf der
einheitlichen R.süberzeugung der Beteiligten (GewohnheitsR.). Heute
stammt das R. zum größten Teil aus
formellen Akten staatlicher Gewalt
(Verfassungs- u. Gesetzgebung, auch
R.sprechung); es wird durch die Exe-
kutivorgane des ↑ Staates (Regierung, Verwaltung, Polizei) durchgesetzt, seine Befolgung durch andere
staatliche Organe, die Gerichte, formell überprüft; u. dort, wo die Übertretung des R. ↑ Strafen nach sich
zieht, werden sie öffentlich verhängt
u. betreffen unmittelbar die ↑ Freiheit (Gefängnisstrafe) oder das ↑ Eigentum (Geldstrafe). Anders als die
persönliche ↑ Sittlichkeit (Moralität) regelt das R. nur äußeres Verhalten u. schreibt keine ↑ Gesinnungen,
etwa die ↑ Gerechtigkeit als ↑ Tugend vor. – Das R. bildet einen komplexen hierarchischen Zusammenhang. Es besteht aus Regeln erster
Ordnung mit Geboten (z.B. Steuern
zu zahlen), Verboten (z.B. von Diebstahl oder Mord) u. Verfahrensregeln (z.B. über Ehe- oder Vertrags-
schließung) sowie aus Regeln zweiter
Ordnung für die Entscheidung von
Streitfällen u. die Schaffung neuer
R.verhältnisse (mit Verfahrensvor-
schriften u. normativen Leitprinzipi-
en über die Einführung, Veränderung

oder Abschaffung von R.regeln zweiter Ordnung). Die traditionelle Zweiteilung der R.gebiete in PrivatR. (Bürgerliches R., HandelsR.), das die Interessen der Einzelnen, der Gruppen u. Verbände im Verhältnis zueinander regelt, u. öffentliches R. (StaatR., VerwaltungsR., StrafR., ProzeßR.), das öffentlichen Interessen dient u. hoheitliche Maßnahmen festlegt, ist nicht mehr unbestritten, da die strenge Trennung von privater u. öffentlicher Sphäre nicht immer durchzuhalten ist, z. B. ArbeitsR., WirtschaftsR. u. SozialR. sich diesem Schema weitgehend entziehen.

Das R. wurzelt in fundamentalen Bedingungen des Menschseins, ohne aus ihnen ableitbar zu sein: Da Menschen zur gleichen Zeit den gleichen Lebensraum teilen, geraten sie in wechselseitigen Einfluß. Aufgrund unterschiedlicher ↑ Bedürfnisse, Interessen u. ↑ Sinnvorstellungen sowie der Knappheit vieler Güter ist das Zusammenleben ständig von ↑ Konflikten bedroht, die aufgrund mangelnder ↑ Instinkte nicht schon biologisch geregelt sind. Überdies sind die Menschen in vielfacher Hinsicht aufeinander angewiesen (vgl. Hilfsbedürftigkeit der Kinder, ↑ Sexualität, Arbeitsteilung, Sprach- u. ↑ Kommunikationsbegabung). Das R. stellt jene Form dar, die wechselseitige Angewiesenheit u. die Konflikte zu bewältigen (sie zu lösen oder schon ihr Entstehen zu verhindern), die sich nicht nach den jeweiligen Machtverhältnissen richtet, sondern an deren Stelle allgemeine Regeln, die Gesetze, treten läßt. Im R.zustand wird eine über die Ausnahmesituation der ↑ Notwehr hinausgehende Gewalt als Mittel individueller Konflikbewältigung abgelehnt; jede nicht vom Gesetz legitimierte Gewaltanwendung ist R.bruch (Friedensfunktion des R.). Durch das R. wird die Willkür der einzelnen wechselseitig eingeschränkt. Zugleich werden subjektive R.e gewährt (Schutz von Leben u. Eigentum, Nichteinmischung von Polizei u. Verwaltung in Privatangelegenheiten: ↑ GrundR.e), die jedem Individuum gegenüber anderen Individuen sowie gegenüber der Bevormundung durch Gruppen, selbst durch den Staat einen Raum der freien Entfaltung u. eigenverantwortlichen Selbstverwirklichung (↑ Freiheit) bestimmen u. auch garantieren (Schutzfunktion des R.). Um den in den modernen Verfassungen gebotenen Schutz der Menschenwürde (↑ Humanität) konkret zu verwirklichen, hat sich der Staat als Antwort auf die wirtschaftlichen u. sozialen Probleme fortgeschrittener Industriegesellschaften vom liberalen zum sozialen R.staat entwickelt, indem er im R. neben der Friedens- u. Freiheitssicherung zunehmend existenzsichernde u. darüber hinaus wirtschafts- u. sozialgestaltende Aufgaben übernimmt. Durch Gesetze zur Sozialversicherung, -hilfe, -versorgung u. -förderung, durch SteuerR., Wettbewerbs-R., Mitbestimmungsgesetze usf. setzt das R. Rahmenbedingungen für soziale Sicherheit u. soziale Gerechtigkeit. – Der R.zustand entsteht nicht von allein, sondern muß geschaffen werden. Da die Konfliktbewältigung nach Maßgabe der jeweiligen Machtverhältnisse einen zumindest latenten Kriegszustand bedeutet, der nicht bloß für die Schwächeren, sondern auch für die Stärkeren von Nachteil ist, liegt die Einrichtung des R.zustandes – jenseits aller konkurrierenden individuellen Interessen – im gemeinsamen Interesse aller. Deshalb setzt sie keine ausdrückliche sittl. Motivation voraus, sondern läßt sich schon aus dem aufgeklärten ↑ Selbstinteresse, als Ergebnis eines Vertrages von rationalen Egoisten, rekonstruieren (*Hobbes, Rawls:* ↑ Gesellschaftsvertrag).

Die Idee einer wechselseitigen Willkürbeschränkung, Friedens-, Existenz- u. Freiheitssicherung konkretisiert sich in der für die Idee des R. grundlegenden Forderung nach ↑ Gleichheit vor dem Gesetz (R.gleichheit). Damit das R. konkretes Verhalten bestimmen kann, müssen die einzelnen R.normen nach Tatbestand u. R.folge hinreichend genau angegeben sein (Orientierungssicherheit des R.), weshalb im Gefolge der Aufklärung das R. vor allem in Kontinentaleuropa vornehmlich in kodifizierter Form: in R.büchern (Bürgerliches Gesetzbuch, Strafgesetzbuch usf.) niedergelegt ist. Damit die R.bestimmungen auch eingehalten werden, gehören zu einer R.ordnung unabhängige Gerichte, die das Verhalten von Individuen, Organisationen, von Verwaltung, Polizei, selbst vom Gesetzgeber nach Maßgabe der R.regeln erster u. zweiter Ordnung beurteilen u. das R. notfalls auch gegen den Widerstand von Individuen u. Gruppen wirksam durchsetzen (Realisierungssicherheit des R.). – Mit Ausnahme weniger Sonderfälle (KirchenR., VölkerR.) u. einiger gewohnheitsrechtlich geregel-

ter Gebiete ist es der Staat, der durch die Legislative R. setzt, so wie er es durch die Exekutive u. das Gerichtswesen durchsetzt. Der Staat hat das R.monopol: Jede Setzung der entsprechenden Staatsorgane schafft tatsächlich geltendes R.: das *positive R.* im Unterschied zur Idee des richtigen Rechts, zur politisch-sozialen ↑ Gerechtigkeit u. zum Vernunft- oder ↑ Naturrecht. Die Setzung des R. aus der Macht des Gesetzgebers bedeutet allerdings nicht, daß jedes positive R. aus einer willkürlichen Dezision (↑ Entscheidung) stammt. In Anknüpfung an das Herkommen, aber auch in dessen Kritik, mit Bezug auf die sich wandelnden wirtschaftlichen, gesellschaftlichen u. kulturellen Verhältnisse u. in der Orientierung an der Idee der Gerechtigkeit werden die R.normen in einem formal festgelegten Prozeß politischer Entscheidung gewonnen u. durch die R.sprechung präzisiert u. fortgebildet (RichterR.). In einem komplizierten Wechselverhältnis ist das R. sowohl die Bedingungen für Staat u. ↑ Gesellschaft als auch deren Resultat.

Wie es die totalitären Staaten dieses Jh. zur Genüge zeigen, ist das positive R. nicht immer auch formal u. inhaltlich richtiges R. Um die staatliche Willkür einzuschränken, gibt es die verfassungsrechtlichen Geltungsnormen über die Entstehungsvoraussetzungen von Gesetzen, ferner Gerichte, die die Gesetze auf ihre Verfassungsgemäßheit hin prüfen. Darüber hinaus ist eine Kritik des positiven R. nach Maßgabe der Lebenswirklichkeit, vor allem aber im Namen der Gerechtigkeitsidee u. der MenschenR.e (der persönlichen

FreiheitsR.e, der polit. MitwirkungsR.e: ↑ Demokratie u. der SozialR.e) möglich u. oft genug dringend. Die R.kritik entbindet allerdings nicht von der Pflicht zum R.gehorsam; diese Pflicht ist aber nicht unaufhebbar (R.widerstand: ↑ Gewissen); staatliche Normen wie die Rassengesetze im Dritten Reich verdienen keinen Gehorsam.

Lit.: Th. Hobbes, Leviathan, Kap. 13 ff; I. Kant, Metaphys. Anfangsgründe der R.lehre; J. Bentham, Of Laws in General; G. W. F. Hegel, Grundlinien der Philosophie des R.; E. Durkheim, Physik der Sitten u. des R.s. Vorlesungen zur Soziologie der Moral, Frankfurt/M. 1991; G. Radbruch, R.sphilosophie, Stuttgart ⁸1973; H. Kelsen, Reine R.lehre, Wien ²1960; H. L. A. Hart, Der Begriff des R., Frankfurt/M. 1974; M. Barkun, Law without Sanctions, New Haven/London 1968; L. Lautmann, W. Maihofer, H. Schelsky (Hrsg.), Die Funktion des R. in der modernen Gesellschaft, Bielefeld 1970; A. Görlitz (Hrsg.), Handlexikon zur R.wissenschaft, München 1972; J. Freund, Le droit aujourd'hui, Paris 1972; W. Maihofer (Hrsg.), Begriff u. Wesen des R., Darmstadt 1973; A. Kaufmann, W. Hassemer (Hrsg.), Einführung in R.philosophie u. R.theorie der Gegenwart, Heidelberg/Karlsruhe ⁶1994; O. Höffe, E u. Politik, Frankfurt/M. ³1987, Kap. 6, 8. 14; ders., Polit. Gerechtigkeit, Frankfurt/M. 1987; ders., Kategorische R.sprinzipien, Frankfurt/M. 1990; ders., Vernunft u. R., Frankfurt/M. 1986; Neue Hefte für Philosophie, H. 17: R. u. Moral, Göttingen 1979; U. Nembach, K. v. Bonin (Hrsg.), Begründung des R., 2 Bde., Göttingen 1979; R. B. Unger, Law in Modern Society, London 1976; E. E. Ott, Die Methode der R.sanwendung, Zürich 1979; R. Dworkin, Bürgerrechte ernstgenommen, Frankfurt/M. 1984; R. Dreier, R. – Moral – Ideologie, Frankfurt/M. 1981; ders., R. – Staat – Vernunft, Frankfurt/M. 1991; U. Wesel, Frühformen des R. in vorstaatlichen Gesellschaften, Frankfurt/M. 1985; F. Bydlinski, Fundamentale R.sgrundsätze, Wien/New York 1988; V. Saladin, B. Sitter (Hrsg.), Widerstand im Rechtsstaat, Freiburg (Schweiz) 1988; K. Günther, Der Sinn für Angemessenheit. Anwendungsdiskurse in Moral u. R., Frankfurt/M. 1988; W. Böckenförde, R., Staat, Freiheit, Frankfurt/M. 1991; A. Renaut, L. Sosoe, Philosophie du droit, Paris 1991; J. Derrida, Gesetzeskraft, Frankfurt/M. 1991; J. Habermas, Faktizität u. Geltung, Frankfurt/M. 1992; R. Alexy, Begriff u. Geltung des R.s, Freiburg/Br. 1991; K. F. Röhl, Allgemeine R.lehre, Köln u. a. 1994; V. Jones, Rights, London 1994; M. Beck-Managetta u. a. (Hrsg.), Der Gerechtigkeitsanspruch des R.s, Wien/New York 1996.   *O. H.*

Rechtfertigung ↑ Begründung, Herrschaft.

RechtsE ↑ Gerechtigkeit, Naturrecht, Recht.

Rechtspositivismus. Der R. ist keine homogene Theorie, sondern eine weit verzweigte Familie teils bescheidener, teils anspruchsvoller rechts- und staatstheoretischer Positionen; für die E von Belang ist das Verhältnis zur Idee eines moralisch richtigen ↑ Rechts, der ↑ Gerechtigkeit bzw. des ↑ Naturrechts. (1) Nach einem rechts-e ↑ Relativismus gibt es für die Gerechtigkeit keine kulturübergreifend gültigen Kriterien; tatsächlich besteht aber Einigkeit sowohl über das Prinzip der Tauschgerechtigkeit, die Gleichwertigkeit des Nehmens und Gebens, wie über Grundsätze der Verfahrensgerechtigkeit. (2) Der R. als Naturrechtskritik trägt Einwände zusammen, denen allerdings ein entsprechend modifiziertes „kritisches ↑ Naturrecht" begegnen kann. (3) Der R. als Theorie einer autonomen Rechtswissenschaft versucht mit gutem Grund, eine sowohl von sittl. wie politischen Elementen (möglichst) freie Wissenschaft zu etablieren u. vertritt dabei die *Trennungsthese*. Diese lautet, in unmißverständlicher Vereinfachung: Trennung von Recht u. Moral; sie besteht genauer in der bloß begrifflichen Trennung von positiv geltendem u. moralisch wünschbarem Recht. (4) Anspruchsvoller ist ein rechtstheoretischer R., demzufolge das positive Recht vollständig ohne moralische Elemente zu definieren sei. Den Diskussionsrahmen gibt *Hobbes'* Wort vor: non veritas sed auctoritas facit legem. Die Frage, ob das positive Recht tatsächlich lediglich von einer Autorität abhängt, entscheidet sich am Begriff der Autorität. Nach der *Imperativentheorie* des älteren R., *Hobbes, Bentham, Austin,* reicht eine überlegene Macht aus, nach *H. Kelsen* bedarf es einer autorisierten Macht, nach *Hart* zusätzlich der Anerkennung der Betroffenen. Die nähere Analyse zeigt, daß sich ohne ein Minimum von Gerechtigkeit eine rechtlich autorisierte Macht nicht zureichend unterscheiden läßt von krimineller Gewalt. Zum Begriff des bloß positiven Rechts gehört schon eine „rechtsdefinierende Gerechtigkeit" *(O. Höffe).* (5) Als eine sozialgeschichtliche

Theorie der Moderne behauptet der R., das Recht sei nicht schlechthin, wohl aber in der Neuzeit von überpositiven Elementen frei. Diese Ansicht übersieht nicht bloß die rechtsdefinierende Gerechtigkeit, sondern auch, daß gerade zur neuzeitlichen Rechtsentwicklung die Anerkennung von überpositiven Grundsätzen gehört, von Gerechtigkeitsprinzipien wie der ↑ Demokratie, den ↑ Grund- u. Menschenrechten, der Sozialstaatlichkeit u. dem ↑ Umweltschutz.

Lit.: Th. Hobbes, Leviathan, bes. Kap. 26; I. Kant, Rechtslehre, „Einleitung in die Rechtslehre"; J. Bentham, Of Laws in General; J. Austin, The Province of Jurisprudence Determined, (1832) London 1954; H. Kelsen, Reine Rechtslehre, Wien ²1960; H. L. A. Hart, Der Begriff des Rechts, Frankfurt/M. 1973; N. Luhmann, Ausdifferenzierung des Rechts, Frankfurt/M. 1981; W. Ott, Der R., Berlin ²1992; O. Höffe, Politische Gerechtigkeit, Frankfurt/M. 1987, Teil I. *O. H.*

Rechtsstaat ↑ Staat.

Regel ↑ Norm.

Regelutilitarismus ↑ Utilitarismus.

Reiz u. Reaktion ↑ Belohnen u. Bestrafen.

Relativismus. Der e R., der mehr von Sozialwissenschaftlern als Moralphilosophen vertreten wird, bestreitet die Allgemeingültigkeit einiger (schwächere Form) oder aller (stärkere u. im folgenden untersuchte Form) sittl. Maßstäbe. Er wird immer dann aktuell, wenn einzelne oder Gruppen durch Reisen, Reiseberichte oder kulturgeschichtliche Studien ihren Erfahrungsbereich erweitern u. dabei in den verschiedenen Gesellschaften auf sehr unterschiedliche Gebote u. Verbote stoßen, bei differenzierten Gesellschaften sogar innerhalb von ihnen. Wer alle ↑ Normen seiner Gruppe oder Gesellschaft für *sittl.* richtig u. deshalb allgemeingültig hält, wird durch diese Erfahrung in seinem sittl. Bewußtsein erschüttert. Setzt er die Erfahrung absolut, muß er an der Möglichkeit allgemeingültiger Maßstäbe verzweifeln u. in einen e R. verfallen, der sich aus der richtigen Beobachtung kultureller Vielfalt noch keineswegs ableiten läßt. Ein radikaler R. erklärt jede vergleichende Kulturwissenschaft, sogar jeden ↑ interkulturellen Diskurs für unmöglich. Indem er nur kultureigene Rechte anerkennt, leistet er sogar dem ↑ Rassismus Vorschub.

Zwei Grundformen von e R. sind zu unterscheiden: (1) Der *empirische R.* hebt die Unterschiede zwischen den herrschenden ↑ Moralen hervor, ohne zur Berechtigung der Unterschiede Stellung zu nehmen. (1.1) Als *kultureller* oder *deskriptiver R.* betont er die Verschiedenheit der Normen (des Sexualverhaltens, der Beziehungen zwischen Eltern u. Kindern usw.), fordert auch zu Recht Achtung vor den unterschiedlichen ↑ Kulturen u. ihren Traditionen (↑ Toleranz), unterschlägt aber die ebenso festzustellenden Gemeinsamkeiten (wie: Inzest-, Lügeverbot, ↑ Lebensschutz, Anerkennung von Hilfsbereitschaft u. ↑ Tapferkeit, positive Bewertung ↑ ehelicher ↑ Sexualbeziehung im Unterschied zur Promiskuität, die Rechtsform des Zusammenlebens u. ↑ Gerechtigkeitsgrundsätze zumindest der Verfahrens- u. der Tauschgerechtigkeit). Zudem übersieht er meist, daß die beobachteten Unterschiede in der Regel nur die relativ konkreten Alltagsnormen betreffen. Diese stellen aber erst die Anwendung allgemeiner Grundsätze unter gewissen Randbedingungen dar: unter den für die jeweilige Gesellschaft charakteristischen geographischen, klimatischen, ökonomischen u. a. Situationsfaktoren, unter traditionellen Glaubensüberzeugungen sowie empirischen Kenntnissen über die wahrscheinlichen Folgen der Handlungsweisen. Erst wenn man aufgrund von keineswegs immer einfachen Interpretationsprozessen bei den konkreten Normen von den spezifischen Randbedingungen einer Gesellschaft abstrahiert, findet man die sittl. entscheidenden Fundamentalnormen. (1.2) Der deskriptive R. als solcher beweist noch keinen *prinzipiellen R.,* nach dem die sittl. Grundsätze selbst nur kulturrelativ sind. Ebensowenig bedeutet jeder *Normenwandel* schon einen *moralischen Wandel* der betreffenden Gesellschaft. Oft haben sich nicht die Grundsätze, sondern bloß die Zeiten, nämlich die Randbedingungen geändert. Und umgekehrt: Wenn man trotz veränderter Randbedingungen an denselben konkreten Normen festhält, verrät man die einstmals bestimmenden sittl. Grundsätze.

Sobald man die beobachteten Normen als situations-, auch kulturspezifische Anwendung *(Kontextualisierung)* allgemeiner Grundsätze erkennt, ist es nicht mehr erstaunlich, sondern geradezu notwendig, daß sie nicht immer u. überall gleich sind: Die erste Interpretation der kulturellen Vielfalt erweist sich als perspektivische Täuschung (vgl. die ↑ Goldene Regel u. die Tausch- u. die Verfahrens- ↑ Gerechtigkeit als kulturübergreifende Moralkriterien). Allerdings gibt es auch Unterschiede in den Grundsätzen, z. B. bei Beleidigungen, Rache u. Großmut, die nicht gleichermaßen sittl. gerechtfertigt sind. Man begeht vielmehr einen naturalistischen Fehlschluß (↑ MetaE), wenn man aus dem empirisch-prinzipiellen R. einen (2) *normativen R.* ableitet, nach dem die verschiedenen Prinzipien gleicherweise sittl. richtig sind. Der normative R. setzt zusätzlich jene nonkognitivistische Richtung der MetaE voraus, nach der eine rationale Beurteilung verschiedener Prinzipien u. ihre ↑ Begründung nicht möglich seien. Die sittl. Grundsätze sollen je nach Individuum, Gruppe, Klasse, Rasse oder Kultur unterschiedlich sein. Dagegen läßt sich einwenden, damit verfehlte man den Sinn sittl. Grundsätze, die als sittl. die Allgemeingültigkeit u. Objektivität beanspruchen (↑ kategorischer Imperativ). Überall dort, wo sich diese Ansprüche nicht aufrechterhalten lassen, gewinnt man keine Argumente für den normativen R., wohl solche gegen die angebliche ↑ Sittlichkeit der entsprechenden Grundsätze (oder auch Grundwerte u. -normen).

(3) Der *meta-e R.* stellt die methodologische Behauptung auf, daß es keine kulturübergreifende ↑ Methode gibt, die Gültigkeit des Moralsystems einer Kultur gegenüber anderen wissenschaftlich nachzuweisen.

Als *e Pluralismus* bezeichnet *Gehlen* „die Tatsache, daß es mehrere voneinander funktionell wie genetisch unabhängige u. letzte sozialregulative Instanzen im Menschen gibt". Von *Nietzsche, Bergson* u. *M. Weber* beeinflußt, wird das Ethos der Gegenseitigkeit von dem des Wohlbefindens (Eudämonismus: ↑ Glück) unterschieden, das ↑ Familienethos mit seiner Erweiterung zum Humanitarismus (↑ Humanität) vom Ethos der ↑ Institutionen, besonders des ↑ Staats. Während sie gewöhnlich nebeneinander bestehen, wenden sie sich in Krisenzeiten gegeneinander.

Lit.: F. Nietzsche, Zur Genealogie der Moral; E. Westermarck, Ethical Relativity, London 1932; A. Macbeath, Experiments in Living, London 1952; H. Kron, Ethos u. E. Der Pluralismus der Kulturen u. das Problem des e Relativismus, Frankfurt/M./Bonn 1960; R. B. Brandt, Hopi Ethics, Chicago ²1974; W. Rudolph, Der kulturelle R., Berlin 1986; G. Patzig, E ohne Metaphysik, Göttingen 1971, III.; O. Höffe, Praktische Philosophie – Das Modell des Aristoteles, Berlin ²1996, Teil II; ders., Politische Gerechtigkeit, Frankfurt/M. 1987, Teil I; A. Gehlen, Moral u. Hypermoral. Eine pluralist. E, Frankfurt/M. 1973; J. Ladd (Hrsg.), Ethical Relativism, Belmont/Cal. 1973; M. J. Herskovits, Cultural Relativism, New York 1973; G. Harman, Moral Relativism Defended, in: The Philosophical Review Bd. 84, 1975; R. Ginters, R. in der E, Düsseldorf 1978; K. Günther, Der Sinn für Angemessenheit. Anwendungsdiskurse in Moral u. Recht, Frankfurt/M. 1988; D. B. Wong,

Moral Relativity, Berkeley/Los Angeles
1984; K. P. Rippe, e R., Paderborn
1993.   *O. H.*

Religion (lat. religio: ↑ Pflicht, Gewissenhaftigkeit, Ehrfurcht) ist ein
Wort, dessen etymologische Herlei-
tung ebenso umstritten ist wie die
durch es bezeichnete Sache. Während sich die Philologie auf die Abkunft des Wortes aus dem lat. Verb
relegere (sich immer wieder hinwen-
den, so *Cicero*, statt religare = zu-
rückbinden, so *Augustinus, Laktanz*)
zu einigen scheint, ist den versuchten
Wesensbestimmungen nur gemeinsam, daß mit dem Terminus R. ein
Verhältnis des Menschen zum Göttlichen angesprochen wird. Wie allerdings die beiden Momente u. ihre
Beziehung beschaffen sein müssen,
um sie als R. benennen zu können,
ist kontrovers. So charakterisiert
man im Blick auf kulturelle Phänomene, die gemeinhin als R. bezeichnet werden, das Verhältnis teils als
primär kognitiven Zustand, als das
Fürwahrhalten (= *Glaube*) eines Systems von Aussagen über das Bestehen von Sachverhalten, die die Existenz des Göttlichen, sein Wesen u.
seine Beziehung zur Welt beschreiben, teils als eine Weise rituellen
Verhaltens, das jene übermenschli-
chen Mächte gnädig zu stimmen versucht, von denen man glaubt, daß sie
den Lauf der Natur u. des menschlichen Lebens entscheidend beeinflussen (R. = *Kult*), teils als eine moralische Grundhaltung, teils als eine
emotionale Grunderfahrung (R. =
das Gefühl schlechthinniger Abhängigkeit des Menschen vom unverfügbar Göttlichen: *Schleiermacher*). Gegenüber derartig einseitigen Wesens-

bestimmungen lassen sich besser eine
Reihe von Grundzügen nennen, die
mehr oder weniger vollständig gegeben sein müssen, um ein kulturelles
Phänomen als R. bezeichnen zu können. (a) Ein Glaube an übernatürliche Wesen (↑ Gott) u. Kräfte, (b)
die Unterscheidung heiliger u. profa-
ner Gegenstände, (c) rituelle Akte,
die sich um heilige Gegenstände zen-
trieren, (d) die Annahme eines vom
Göttlichen angeordneten u. sanktio-
nierten Moralkodex, (e) spezifische
Gefühle, die in Gegenwart heiliger
Gegenstände u. ritueller Praxis entstehen u. in Verbindung gesetzt werden zum Göttlichen, (f) Gebete u.
andere Formen der Kommunikation
mit dem Göttlichen, (g) eine aus Erzählungen, Bildern u. Begriffen zu-
sammengesetzte Vorstellung von Natur u. Geschichte im ganzen, die den
Platz des Individuums in der Welt u.
die Möglichkeit seines (irdischen
oder jenseitigen) *Heils* oder Unheils,
seiner *Erlösung* oder Verdammung
vorzeichnet, (h) eine Art der Gemeinschaft, die durch Anerkennung
u. Praxis des eben Genannten konstituiert wird (*Kirche*, Religionsgemein-
schaft).

Die verschiedenen geschichtlichen
R.en sind durch die Betonung eines
oder mehrerer der genannten Grundzüge charakterisiert. Entsprechend
dem Kriterium, wo das Göttliche
primär gesucht u. lokalisiert u. welche Art des Verhaltens als adäquate
menschliche Antwort angesehen
wird, lassen sich typologisch sakramentale, prophetische u. mystische
R. unterscheiden. (a) Die *sakramentale* R. sucht das Göttliche bzw. dessen Inkorporation oder Manifestati-

on primär in heiligen Dingen; (b) die *prophetische* R. in Ereignissen der Geschichte u. in von Gott inspirierten Äußerungen großer begnadeter Persönlichkeiten (das Schlüsselwort ist hier nicht Sakrament, sondern *Offenbarung*); das Zentrum der (c) *mystischen* R. bildet nicht ein gegenständlich Göttliches, auch nicht ein personales göttliches Du, das sich in Wort u. Geschichte bekundet, sondern ein innerer Zustand, eine Erfahrung, die die Verschmelzung des Individuums mit dem Göttlichen zum Inhalt hat. – Bezüglich der Antwort auf das Göttliche konzentriert die sakramentale R. ihr Interesse auf rituelle Akte, die die heiligen Gegenstände zum Bezugspunkt haben. Primitive R.en, die durchwegs sakramentalen Charakter tragen, legen mehr Gewicht auf rituelle Untadeligkeit als auf moralische Integrität. Die prophetische R. hingegen rückt die theoretische u. praktische Annahme der göttlichen Offenbarung in den Mittelpunkt, der Glaube gilt als höchste ↑ Tugend, die adäquate menschliche Antwort bildet eine ↑ sittl. Grundhaltung auf der Basis des Glaubens. Für die mystische R. haben Askese (↑ Verzicht) u. Kontemplation (oder auch orgiastisch-ekstatische Praktiken) entscheidende Bedeutung auf dem Weg des Menschen zur Verschmelzung mit dem Göttlichen. Der Gebrauch von Zeremonien, die Annahme göttlicher Botschaften, die Orientierung an moralischen Normen mögen hilfreich sein als Momente einer asketischen u. kontemplativen Praxis, bei Erreichung des Ziels verlieren sie jedoch ihre Bedeutung. Wie der Sakramentalismus, so tendiert auch Mystik (↑ Spiritualität) zur Trennung von R. u. Moral. Unter den klassischen R.en können ↑ Buddhismus u. philosophischer ↑ Hinduismus als vorzüglich mystisch, ↑ Judentum, ↑ Islam u. Konfuzianismus (↑ chinesische E) als primär prophetisch, populärer Hinduismus wie alle polytheistischen u. primitiven R.en als vorwiegend sakramental bezeichnet werden, wenngleich Hochreligionen wie Buddhismus, Hinduismus, Judentum u. Islam durch eine wechselvolle Geschichte der Vermischung u. Konflikte der drei verschiedenen Grundzüge geprägt sind. Dies zeigt sich besonders deutlich im ↑ Christentum, wo der Konflikt des sakramentalen mit dem prophetischen Element zu tiefgreifenden Spaltungen führte u. das mystische Element ein wenn auch jederzeit beargwöhntes u. in rituelle, moralische u. dogmatische Schranken gewiesenes Bürgerrecht erhielt.

R.geschichtliche Untersuchungen haben mit einiger Plausibilität in fast allen bekannten R.en Entwicklungstendenzen aufgewiesen, die sich als progressive *Säkularisierung*, Spiritualisierung u. Moralisierung beschreiben lassen; als Säkularisierung: mit zunehmender Kenntnis weltlicher Gesetzmäßigkeiten wird das Göttliche in einen der Erfahrungswelt jenseitigen Bereich verlagert u. die Welt entgöttlicht, oder die Theologumena werden weltlich umgedeutet (etwa Heils- zur ↑ Fortschrittsgeschichte); als Spiritualisierung: die Säkularisierung geht einher mit einer Vergeistigung des Göttlichen, seine Prädikate verlieren ihren Bezug zu dinglich Anschaubarem, rituelle Praxis u. religiöse Lehre werden zunehmend als bloß symbolische Aktion bzw. als bloß mystische oder bildhafte Darstellungsform aufgefaßt; als Moralisierung: verlieren Natur- u. geschichtliche Ereignisse für den Menschen den Charakter des Geheimnisvollen, Schrecklichen, Unverfügbaren, Schicksalhaften, so verliert auch das Göttliche den Charakter einer dunklen, geheimnisvollen Macht u. nimmt zunehmend Züge an, die sich als Ideale moralischen Verhaltens bestimmen lassen (↑ Gerechtigkeit, ↑ Liebe, Fürsorge, Erbarmen). Während in keiner der frühen Kulturen die Götter weder mit hohen moralischen Attributen bedacht werden noch als Gesetzgeber u. Richter moralischen Verhaltens gelten, sondern als Hüter der Erfüllung religiöser Praktiken fungieren, werden in HochR.en die Gottesvorstellungen zunehmend der Entwicklung moralischer Normen angepaßt (vgl. etwa die moralische Reinigung des Götterglaubens in Griechenland durch *Sokrates* u. *Platon,* im Judentum durch die Propheten; auch im Christentum verschwindet z. B. in der Gegenwart der ehedem feste Glaube, daß ein Ungetaufter, wie tugendhaft auch immer er lebt, nicht gerettet werden könne). Am Ende einer derartigen Entwicklung steht eine völlige Moralisierung des Göttlichen (Gott ist Inbegriff des Guten, das ↑ höchste Gut, R. ist Anerkennung moralischer Gesetze als göttlicher Gebote: *Kant, Fichte*).

Die historisch-faktische Beziehung zwischen R. und Moral (↑ Sittlichkeit) ist also keineswegs so zu sehen, als hätten moralische Überzeugungen ihren Ursprung in religiösen Vorstellungen. Dieser Befund berührt indessen noch nicht die begriffliche Ebene. Hier wurde u. wird vielfach die Geltung moralischer Gesetze als nur auf die Souveränität eines gesetzgebenden göttlichen Willens rückführbar angenommen (↑ theologische E), der Glaube an Gott entsprechend als für Moralität konstitutiv erachtet (noch in der Aufklärung, etwa bei *Locke* u. *Rousseau,* galt deshalb Atheismus als gleichbedeutend mit Amoralität). Die Konsequenz dieses Gedankens wäre, daß keine Handlung, keine Handlungsmaxime, kein Handlungsziel als in sich gut oder schlecht, sondern so nur im Rekurs auf einen souverän gebietenden göttlichen Willen qualifizierbar wäre. Dies widerspricht offenkundig dem Begriff eines moralischen Sollens, das nicht dadurch begründbar wird, daß man auf den Befehl eines (wenn auch noch so potenten) arbiträren Willens verweist. Im Begriff eines allmächtigen u. allwissenden Gottes liegt nichts, das die Begründung moralischer Gehorsamsverpflichtung enthielte. Dies ist der Grund dafür, daß theologische Reflexionen in moralischen Begründungsfragen häufig auf ↑ Klugheitserwägungen rekurrieren. Viele R.en enthalten den Gedanken der *Unsterblichkeit der Seele* bzw. einer endzeitlichen Wiederauferstehung u. eines jenseitigen Gerichts: das vernünftige ↑ Selbstinteresse läßt es sinnvoll erscheinen, den Geboten Gottes als des endzeitlichen Richters zu folgen. Moralische Verpflichtung ist indessen als moralische nur aus einem in sich gültigen moralischen Prinzips begründbar. Die Anerkennung göttlicher Gebote als moralisch verpflichtend ist nur dadurch zu begründen, daß man die Gebote selbst u. ihren Urheber als moralisch erweist. Wir brauchen bereits moralische Urteilsfähigkeit, ehe wir religiöse Obligationen als moralisch verpflichtend zu rechtfertigen vermögen (so bereits *Platon,* Euthyphron, später vor allem *Kant*). Lediglich empirisch beantwortbar ist die vor allem in der Aufklärung diskutierte Frage, ob allein der religiöse Glaube an eine unsterbliche Seele, an einen allwissenden u. richtenden Gott den Menschen auf die Dauer die hinreichende Motivation zu sittl. Handeln zu geben vermag.

Lit.: Platon, Euthyphron; Cicero, De natura deorum; Augustinus, De vera religione; Thoman v. Aquin, Summa theol. II–II, qu. 81–101; F. Suarez, De virtute et statu religionis; I. Kant, Die R. innerhalb der Grenzen der bloßen Vernunft; J. G. Fichte, Versuch einer Kritik aller Offenbarung; G. W. F. Hegel, Vorlesungen über die Philosophie der R.; J. St. Mill, Three Essays on R.; M. Scheler, Vom Ewigen im Menschen; H. Bergson, Les Deux Sources de la morale et de la r.; W. G. Maclagan, Theological Frontiers of Ethics, London 1961; R. Otto, Das Heilige, München [35]1963; W. P. Alston, Artikel R. in: Encyclopedia of Philosophy, Bd. 7; M. Horkheimer, Die Sehnsucht nach dem ganz Anderen, Hamburg 1970; B. Mitchell (Hrsg.), The Philosophy of R., Oxford 1971; W. W. Bartley, Morality and R., London 1971; A. Auer, Autonome Moral u. christlicher Glaube, Düsseldorf 1971; H. R. Schlette, Skeptische R.philosophie, Freiburg 1972; N. Luhmann, Funktion der R., Frankfurt/M. 1977; H. Bürkle, Einfüh-

rung in die Theologie der R.en, Darmstadt 1977; W. Buckert, Griechische R. der archaischen u. klassischen Epoche, Stuttgart 1977; B. Mitchell, The Justification of Religious Belief, London [2]1981; K. Wuchterl, Philosophie u. R., Stuttgart 1982; F. Wiedmann, R. u. Philosophie, Würzburg 1985; F. v. Kutschera, Vernunft u. Glaube, Berlin 1991; F. Ricken, F. Marty (Hrsg.), Kant über R., Stuttgart 1992.

M. F.

Religionsfreiheit ↑ Toleranz.

Religionskritik ist ein bestimmter Typus der Religionsphilosophie. Diese entstand als relativ eigenständige philosophische Disziplin mit dem Versuch der Aufklärung, ↑ Religion möglichst unabhängig von den Aussagen vorgegebener Religionen u. deren Anspruch auf übernatürliche Offenbarung rein rational zu begründen *(Descartes, Locke, Leibniz, Kant, Fichte, Hegel).* Ihre zentralen Fragestellungen (1. nach der objektiven Geltung religiöser Aussagen, 2. nach der moralischen u. sozialen Funktion religiöser Vorstellungen, 3. nach der anthropologischen Basis der Entstehung von Religion) wurden in der 19. Jh. systematisch auftretenden R. kritisch gegen Religion überhaupt gewendet, u. zwar in szientifischer *(A. Comte)*, anthropologisch-moralischer *(L. Feuerbach, F. Nietzsche)*, soziologisch-politischer *(K. Marx, F. Engels)* u. psychologischer *(S. Freud)* Argumentationsweise. Ihre Ansätze sind auch in der gegenwärtigen R. leitend. Das szientifische Argument sieht in religiösen Aussagen vorwissenschaftliche Erklärungsversuche undurchschauter

Naturtatsachen. Religion als Resultat menschlicher Unwissenheit schwinde proportional zum Fortschritt menschlichen Wissens. Das anthropologische Argument interpretiert Religion als Projektion anthropologischer Tatbestände, den Gottesglauben als in wirkliche Wesen verwandelte Wünsche des Menschen. Das moralische Argument kennzeichnet Religion als Ideologie der Schwachen, die den Starken an seiner geglückten Selbstrealisation hindern soll u. das Diesseits zugunsten eines imaginären Jenseits depotenziert. *Marx* u. *Engels* übernehmen den Gedanken der Projektion u. rekonstruieren die sozialen Bedingungen der Entstehung dieser Wünsche, die in Gestalt religiöser Projektion den politisch u. sozial Unterdrückten eine entlastende Illusion, den Herrschenden ein willkommenes Instrument zur Verschleierung ungerechter Verhältnisse bescheren. Für die Psychoanalyse *Freuds* ist Religion „ein Versuch, die Sinneswelt, in die wir gestellt sind, mittels der Wunschwelt zu bewältigen". Insofern diese Illusion, deren Struktur u. Funktion sich nach dem Modell frühkindlicher seelischer Mechanismen entschlüsseln lassen, durch ihr Denkverbot der wissenschaftlichen Wahrheitssuche Schranken setze, ist sie gefährlich u. der vernünftigen Lebensbewältigung hinderlich. Gemeinsam ist all diesen religionskritischen Ansätzen die These, daß Religion der Selbstaufklärung u. geglückten Selbstverwirklichung menschlichen Lebens im Wege steht.

Lit.: L. Feuerbach, Das Wesen des Christentums; K. Marx, F. Engels, Über Religion; A. Comte, Catéchisme positiviste; F. Nietzsche, Zur Genealogie der Moral; ders., Der Antichrist; S. Freud, Die Zukunft einer Illusion; ders., Totem u. Tabu; E. Fromm, Psychoanalyse u. Religion, Zürich 1966; B. Russell, Religion and Science, Oxford 1960; R. Garaudy, Gott ist tot, Berlin 1965; E. Bloch, Atheismus im Christentum, Frankfurt/M. 1968; H. R. Schlette, Skeptische Religionsphilosophie, Freiburg 1972; W. Bender, J. Deninger (Hrsg.), R., München 1973; Arbeitstexte f. d. Unterricht: R. (Hrsg. N. Hoerster), Stuttgart 1984; H. Lübbe, Religion nach der Aufklärung, Graz 1986.   *M. F.*

Resignation ↑ Indifferenz.

Resozialisierung ↑ Strafe.

Ressentiment ↑ Neid.

Reue ↑ Schuld.

Revolution (lat. revolvere: zurück-, umwälzen) ist politisch-historisch eine Form von ↑ Gewalt. Ihr Ziel ist die radikale oder graduelle Veränderung der rechtlichen, politischen, sozialen, ökonomischen oder religiösen ↑ Ordnung, von ↑ Verfassung u. ↑ Staat. Die sozial R. soll von Ausbeutung (↑ Entfremdung) durch die ↑ Herrschaft u. die ↑ Institutionen sozialer Gruppen u. Klassen befreien. Die nationale R. hat das Ziel nationaler Selbstbestimmung u. die Befreiung von militärischer, politischer oder ökonomischer Unterdrückung durch nationale Minderheiten (↑ Diskriminierung) oder andere Staaten. R.en entstehen als Aufruhr u. Auflehnung gegen Ungleichheit *(Aristoteles)* u. Rechtlosigkeit. Ihre Ursachen sind vom jeweiligen Verlangen nach ↑ Gleichheit, von der bisherigen Ordnung u. den Gründen ihrer Instabilität abhängig. R.en setzen ein System sozialen Handelns voraus, dessen ↑ Normen u. ↑ Werte als integrative Kräfte gleichermaßen der Aufrechterhaltung der Ordnung wie deren Auflösung u. Zerstörung dienen können. Die Gewalt der R. ist daher die Kehrseite der bisherigen Ordnung *(T. Parsons)*, da sie sich mit denselben Normen, die der Integration dienen, rechtfertigen kann. R. kann demnach nie eine totale Negation des bisherigen Systems der ↑ Gesellschaft u. ein absoluter Neubeginn sein. – Den Verlust der Integrationskraft der ‚alten‘ Ordnung begründen die Theorien der sozialistischen R. mit den extremen Machtungleichheiten des Kapitalismus (↑ WirtschaftsE) u. der damit verbundenen sozialen Krise. Sie wird den Beherrschten als Widerspruch bewußt u. veranlaßt sie zum Umsturz *(Marx, Lenin)*. Der R. muß einerseits eine Selbstanalyse der Gesellschaft in Form einer R.-Theorie vorausgehen. Andererseits bildet sich das ‚neue Bewußtsein‘ erst in der R. selbst. – Das Problem der *R.E* ist die Rechtfertigung revolutionärer Gewalt. Sie soll als Mittel zur Herstellung von ↑ Freiheit, ↑ Glück u. ↑ Frieden u. zur Befreiung von Angst u. Elend legitim sein. Freiheit wird dabei als Befreiung u. Gewalt als Gegengewalt definiert. Ihre sittl. Rechtfertigung beruht auf einem „historischen Kalkül" *(H. Marcuse)*, der die absolute Gültigkeit sittl. Normen bestreitet u. die R. selbst zum Kriterium neuer Normen u. Werte macht. – Falls die neuen Nor-

men aber rational zu rechtfertigen sein sollen, muß ihre Legitimation auch vor der R. möglich sein. Die Differenz zwischen historischer u. absoluter ↑ Sittlichkeit wird damit fragwürdig. Das Verhältnis von revolutionärem Mittel (Gewalt) u. Zweck (Freiheit) ist nur dann sittl. legitimierbar, wenn einmal die sittl. Kriterien der R. bereits gerechtfertigt sind u. die sozialen Kosten, die Verluste an ↑ Leben u. Sachgütern, rechtfertigbar erscheinen. R. ist dann nur als verfassungsmäßig garantiertes Widerstandsrecht (Art. 20, 4 GG) legitim.

Lit.: Aristoteles, Politik, Buch V; K. Marx, Manifest der Kommunistischen Partei; W. I. Lenin, Werke, Bd. 25: Staat u. R.; H. Arendt, Über die R., München 1963, Kap. 2–5; K. v. Beyme, Empirische R.forschung, Opladen 1973, Abschn. 2, 3, 6; H. Marcuse, KonterR. u. Revolte, Frankfurt/M. 1973, Abschn. 2–4; J. Ellul, Von der R. zur Revolte, Hamburg 1974, Teil I, II IV; D. Claussen, List der Gewalt. Soziale R.en u. ihre Theorien, Frankfurt/M. 1982; N. O'Sullivan (Hrsg.), Revolutionary Theory and Political Reality, New York 1983.   *W. V.*

RevolutionsE ↑ Revolution.

Rigorismus (lat. rigor: Starrheit, Härte, Strenge) bezeichnet umgangssprachlich die e Position oder sittl. Haltung, nach der man sittl. Grundsätze (wie: nicht zu lügen, Versprechen zu halten) unter allen Umständen zu befolgen hat. Während der R. sich zu Recht gegen die Neigung der Menschen wendet, leichtfertig Ausnahmen von sittl. Geboten zu suchen (moralische Laxheit), übersieht oder bestreitet er, daß es Situationen gibt, in denen mehrere, gleicherweise sittl. Grundsätze in Konflikt miteinander geraten (↑ Pflichtenkollision). – Philosophisch bezeichnet R. *Kants* These, daß es zur ↑ Sittlichkeit gehört, nicht bloß pflichtgemäß, sondern auch aus ↑ Pflicht, d.h. unter Ausschluß aller (sinnlichen) Neigungen als letztem Bestimmungsgrund des ↑ Willens zu handeln. Im Gegensatz dazu fordert *Schiller* eine in der ‚schönen Seele‘ (belle âme) Wirklichkeit werdende Harmonie von Vernunft und Sinnlichkeit, Pflicht u. Neigung. *Kant* sieht sich jedoch mit *Schiller* einig, daß weniger eine „kartäuserartige Gemütsstimmung“ als ein „fröhliches Herz“, ein heiteres u. freies Tun, die Echtheit tugendhafter Gesinnung verbürgt.

Lit.: F. Schiller, Über Anmut u. Würde; I. Kant, Die Religion innerhalb der Grenzen der bloßen Vernunft, 1. St., Anmerk. (Akad. Ausg. Bd. VI, S. 22–25); O. Höffe, Kategorische Rechtsprinzipien, Frankfurt/M. 1990, Kap. 7.
O. H.

Risikoethik. Aufgrund ihrer Dynamik birgt die moderne Zivilisation außer Chancen auch Risiken in sich, d.h. Gefahren, von denen sie oft weder die Art noch das Ausmaß, noch die Wahrscheinlichkeit des Eintreffens näher kennt. Dies trifft sowohl auf wissenschaftlich-technische als auch wirtschaftlich-gesellschaftliche Neuerungen zu. Weil ihre Nebenfolgen u. deren Bedeutung für die Menschen wesentlich unbekannt sind, verhält sich hier die Zivilisation allzu leicht wie ein Skifahrer in unbekanntem Gelände u. bei Nebel. Dagegen

bedarf es einer R.forschung, die mit derselben Phantasie u. Sorgfalt mögliche Gefahren u. deren Wahrscheinlichkeit erkundet wie die gewöhnliche ↑ Wissenschaft u. ↑ Technik neue Chancen. Zunächst erkunde man die Art der Gefahren. Sodann prüfe man, ob die noch unbekannten, daher unheimlichen Gefahren sich in überschaubare, zudem beherrschbare Risiken überführen, ob sich also die Gefahren domestizieren lassen. Weiterhin kläre man den (nicht bloß finanziellen, sondern auch personalen, sozialen, kulturellen . . .) Preis des Domestizierens u. achte dabei nicht nur auf den Nah-, sondern auch den Fernhorizont, also auf die andernorts Betroffenen u. die künftigen Generationen. Nicht zuletzt führe man Probephasen mit begleitender Kontrolle ein. Dabei sind die Risiken, die man zu tragen bereit ist, nur kulturabhängig zu bestimmen. Das e Kriterium ist freilich kulturunabhängig: die Gesamtnutzenerwartung muß höher als die Gesamtschadenserwartung ausfallen. Dazu kommt ein Gebot ausgleichender ↑ Gerechtigkeit; Gruppen, die durch gesamtgesellschaftlich vorteilhafte Optionen benachteiligt werden, verdienen einen Ausgleich. Sich selbst vor zu hohen Risiken zu schützen ist bloß ein Ratschlag der Klugheit; ein Gebot der Gerechtigkeit ist es aber, anderen den Risiken nur mit deren Zustimmung auszusetzen.

Die entsprechende R.debatte ist eine Bringschuld. Wer sie unterläßt, handelt wie jemand, der Autos für den Verkehr erlaubt, bevor man eine zuverlässige Bremstechnik einbaut. Die R.E richtet sich gegen einen Optimismus, der stets auf guten Ausgang hofft. Statt schwärmerischer ↑ Hoffnung bedarf es Nüchternheit bei der Einschätzung neuer Optionen u. Vor- u. Umsicht bei ihrer Verwirklichung. Als Beweislastregel für Konfliktfälle legt sich das Gebot nahe: Im Zweifelsfall für das Leben. Nur eine „Heuristik der Furcht" *(Jonas)*, die vornehmlich Übel erwartet, ist dagegen einseitig; denn weder die Nutzen-Kosten- noch die Chancen-Risiken-Bilanz der Moderne fallen insgesamt oder bezogen auf neue Optionen wie etwa die ↑ Gentechnik nur negativ aus.

Lit.: H. Jonas, Das Prinzip Verantwortung, Frankfurt/M. 1979; M. Douglas, A. Wildavsky, Risk and Culture. An Essay on the Selection of Technical and Environmental Dangers, Berkely 1983; U. Beck, R.gesellschaft, Frankfurt/M. 1986; O. Höffe, Moral als Preis der Moderne, Frankfurt/M. ³1995, bes. Kap. 5; R. Münch, R.politik, Frankfurt/M. 1996. *O. H.*

S

Sadistisch-masochistisch. S. heißt ein Verhalten gegenüber anderen, in dem die Ausübung von ↑ Gewalt mit Lust (↑ Freude) verbunden ist, m. dagegen eines in dem sich die Lustempfindung mit dem Erleiden von Gewalt durch andere verknüpft. Die Ausbildung s. oder m. Umgangsformen zwischen Menschen wird durch gesellschaftliche Umstände gefördert, in denen Gewalt zur grundlegenden Struktur gehört. Da die menschliche Erfahrung bisher keine gewaltfreien Räume kennt, ist jede ↑ Sozialisa-

tionsform mit der Ausbildung aggressiver Tendenzen u. Triebe verknüpft. Alle gesellschaftlichen u. erzieherischen Versuche, die Aggressivität zu unterdrücken, haben die umgekehrte Wirkung eines Aggressionsstaus mit der Gefahr eines abrupten Ausbruchs gehabt. Wenn es in der ↑ Erziehung nicht gelingt, die angestaute Aggression (↑ Gewalt) in einer realitätsgerechten, kontrollierten Form zuzulassen, können sich die aggressiven mit den libidinösen Tendenzen des Menschen verbünden u. hinter seinem Rücken durchsetzen. Die Psychoanalyse *Freuds* hat in den Entwicklungen der Analphase (1.–3. Lebensjahr) die Ansatzpunkte für die Ausbildung von s. u. m. Tendenzen ausfindig gemacht. Danach befördern verfrühte Reinlichkeitsforderungen Gefühle der Hilflosigkeit u. *Minderwertigkeit,* die das Luststreben an Gefügigkeit u. Unterwerfung binden (Aggression gegen sich selbst). Umgekehrt erlauben die trotzigen Selbstbehauptungsversuche der anal-s. Phase, an der Machtausübung u. *Grausamkeit* gegenüber anderen Gefallen zu finden. Da s. Gefühle im zwischenmenschlichen Verhältnis stets auch Momente der Identifikation mit dem leidenden Partner einschließen, ist zwischen s. u. m. Verhalten eine innere Dialektik des Sich-Sehens-im-Anderen festzustellen, die sich auch im Wechsel der Gefühle in ein u. derselben Person (Sadomasochismus) ausdrükken kann. Nicht nur die Lust an der Grausamkeit bedroht das sittl. Verhalten. Gemäß Freuds Unterscheidung dreier Formen des Masochismus (erotischer, femininer u. morali-

scher) bedeutet auch das Sich-Ge-
nießen als Leidender u. Opfernder
eine Verfehlung des Sittl.

Lit.: Marquis de Sade, Justine, in: Ausgewählte Werke, 6. Bd., Frankfurt/M.
1972–73; S. Freud, Das ökonomische
Problem des Masochismus, Werke,
Bd. XIII; J.-P. Sartre, Das Sein u. das
Nichts, III. Teil, 3. Kap., Hamburg
1952.   *A. S.*

Säkularisation ↑ Religion.

Sanktion ↑ Belohnen u. Bestrafen,
Strafe.

Scham ↑ Sexualität.

Scheidung ↑ Ehe.

Scheitern ↑ Existentialistische E.

Schicksal nennen wir die Gesamtheit
der Bindungen in uns u. außer uns,
die wir nicht durch eigene Tätigkeit
hervorgebracht haben. Menschliches
Tun u. Herstellen ist von ↑ Situa-
tions-Gegebenheiten abhängig, die es
vorfindet u. an die es in seiner schöpferischen Gestaltung anknüpfen
muß. In diesem Sinn spricht *Heidegger* von der Geworfenheit des
menschlichen Daseins als Bedingung
des Entwurfs. Schicksalhaft vorgefunden sind zunächst die Bedingungen der ↑ Natur außer u. in uns. Die
äußere Natur (geologische, klimati-
sche, ökologische Bedingungen etc.)
stellt dabei zugleich eine Chance wie
eine Bedrohung für menschliches
↑ Leben dar. Die Natur in uns ver-
sieht uns schicksalhaft mit einer
Körperkonstitution (↑ Leib) vom
Zeitpunkt u. den Umständen unserer

Geburt, dem Geschlecht, der Reifung
u. ihren Krisen (↑ Krankheit) bis zu
unserer Hinfälligkeit u. dem Tod
(↑ Leben). In zweiter Linie werden
auch die menschlichen Einrichtungen
(soziale, kulturelle, ökonomische u.
politische Institutionen) als schicksalhaft erfahren. Obgleich vom Menschen geschaffen, sind sie dem neu-
geborenen Leben gegenüber vorgegeben (↑ Sozialisation), ehe dieses
durch eigene Praxis in sie eingreifen
kann. *Freud* spricht mit Blick auf die
psychologische Entwicklung von
TriebS. Ebenso muß man vom sozialen (Klassen- u. Schichtenzugehörig-
keit) u. politischen S. (Krieg, Unterdrückung, Emigration u. Vertrei-
bung) sprechen. Die entscheidende
Frage im Hinblick auf die schicksalhaften Gegebenheiten besteht darin,
wie sich menschliches Tun u. Machen zu ihnen verhält. Die philosophischen Antworten reichen von der
Behauptung der ↑ Determination
durch die Lebensumstände u. der
Aufforderung zu widerstandslosem
Sichfügen in das S. (Manichäismus,
↑ Islamische E) bis zur Behauptung,
daß der Mensch selbst seine Lebensumstände produziert u. hervorbringt
(Selbstproduktion des Geistes bzw.
der Gattung bei *Hegel* u. *Marx,*
Konstitutionsgedanke der modernen
Natur- ↑ Wissenschaft u. ↑ Technik) u. der Aufforderung zur totalen,
weltverändernden Praxis (↑ Handlung). Die ↑ Entscheidung innerhalb
dieses Spektrums von Möglichkeiten
ist mitbedingt durch die metaphysische Sinndeutung des S. als blinder
Notwendigkeit (↑ Lebensphilosophie), als Schickung eines höheren
Wesens (*Geschick,* ↑ christl. E,

↑ islam. E, ↑ jüdische E) oder als Produkt des Zufalls (materialistische Theorien). Zwischen *fatalistischer* Hinnahme des S. u. der Annahme grenzenloser Machbarkeit muß eine differenzierte Beurteilung der menschlichen Situation zwischen Machbarem, möglicherweise Machbarem u. möglicherweise nie Machbarem unterscheiden. Da die vorgegebene Natur nie völlig in menschliche Produktion einholbar ist, kommt es neben der Eindämmung ihrer schädlichen Wirkungen in Naturkatastrophen u. Krankheiten (↑ Leid) darauf an, ihre Eigenständigkeit zu respektieren u. ihr gegenüber eine neue Rezeptivität zu entwickeln, statt sie in sinnloser Weise auszubeuten (↑ Umweltschutz). Dagegen ist das S. durch die menschlichen Institutionen, da vom Menschen hervorgebracht, in seinem Sinn veränderbar. Die Grundsätze der ↑ Humanität verbieten hier jedoch eine die freie Willensbildung mißachtende ↑ gewaltsame Veränderung oder zwangsweise Erhaltung.

Lit.: Altes Testament, Buch Hiob; Neues Testament, Die Apokalypse des Johannes; A. Schopenhauer, Die Welt als Wille u. Vorstellung; K. Marx, Ökonomisch-philosophische Manuskripte, III. Manuskript; S. Freud, Triebe u. TriebS., Werke Bd. X; M. Heidegger, Sein u. Zeit, Tübingen ⁹1960, §§ 31 u. 32; ders., Die Frage nach der Technik, in: Vorträge u. Aufsätze, Pfullingen 1954; R. Guardini, Freiheit, Gnade, S., München 1949. *A. S.*

Schintoismus (Schinto, japan. Weg der Götter) ist die ältere der beiden in Japan vorherrschenden Religionen. Die andere, der ↑ Buddhismus, kam im 6. Jh. von China über Korea nach Japan u. übte lange Zeit den größeren Einfluß aus. Sofern Japaner noch religiös – u. nicht Christen – sind, fühlen sie sich meist beiden Religionen verbunden, was dadurch erleichtert ist, daß der japan. Buddhismus viele Schinto-Gottheiten als frühere Manifestationen Buddhas verehrt. Der S. hat seinen Ursprung in der alten Tradition der Verehrung von Göttern (kami), die sich in ↑ Naturgegenständen u. -erscheinungen zeigen. Daraus entwickelte sich ein Kult der Ahnenverehrung, der sich auf die kaiserlichen Ahnen, die Geister der Vorfahren, Schutzgötter u. die Formen der Natur erstreckt. Der S. kennt weder eine theologische Lehre noch ein Glaubensbekenntnis, auch keine E im engen Sinn. Trotz seiner Naturverbundenheit gehen vom S. keine besonderen Impulse zum ↑ Umweltschutz aus.

Lit.: G. Kato, A Study of Shinto, Tokio 1926; ders., A Historical Study of the Religious Development of Shintoism, Tokio 1973; D. C. Holtom, The National Faith of Japan, New York ²1965; N. Naumann, Die einheimische Religion Japans, 2 Bde., Leiden 1988/1994. *O. H.*

Schuld hat zweifache Bedeutung, eine moralische u. eine rechtliche. Moralisch schuldig wird jemand, der mit seinen Handlungen oder Unterlassungen oder durch bloßen Vorsatz bewußt u. nach freier ↑ Entscheidung gegen sein ↑ Gewissen u. sittl. ↑ Normen verstößt. Da das Kriterium rechtlicher S. nicht bewußtes Handeln oder Unterlassen u. böser

↑ Wille, sondern der faktische Verstoß gegen Gesetze (↑ Rechts) ist, ist es notwendig, zwischen ihr u. moralischer S. zu unterscheiden. In der Regel macht sich jemand, der ein Verbrechen (↑ Strafe) begeht, auch moralisch schuldig. Jemand kann aber auch moralisch schuldig u. rechtlich unschuldig sein, wenn er z. B. aus Eigeninteresse Gebote der ↑ Pflicht mißachtet, deren Erfüllung rechtlich nicht verbindlich ist. Umgekehrt ist nicht jeder Verstoß gegen Gesetze, unter Umständen auch ein bewußt begangenes Verbrechen (z. B. unter einer illegitimen ↑ Herrschaft) unmoralisch. Moralische S. trifft auch den nicht, der eine Tat unter ↑ Gewalt oder Drohung, aus Furcht, in Notwehr u. unter Gefahr zur Rettung von ↑ Leben beging. Rechtliche S. kann bestehen bleiben, wenn die mit ihr eingegangene moralische S. getilgt ist, u. umgekehrt. – Moralische S. setzt als Kriterium die ↑ Freiheit des ↑ Menschen voraus: er muß zwischen seiner sittl. ↑ Pflicht u. einem sittl. nicht zu rechtfertigenden Interesse wählen. S. ist zwar im rechtlichen wie im moralischen Sinne vom subjektiven Verhältnis des Handelnden zu seiner Tat abhängig. Die Schwere der moralischen S. beruht aber nicht auf äußeren Kennzeichen einer ↑ Situation, sondern auf der Schwere des Verzichts auf bestimmte Interessen zugunsten einer Pflicht. Für die moralische S. ist im Unterschied zum rechtlich zumeßbaren Maß einer S. die ↑ Strafe u. die Strafwürdigkeit sekundär, da der moralisch Schuldige primär sich selbst verfehlt. Er verstößt gegen die ↑ Verantwortung,

die er als sittl. Wesen seiner Würde als ↑ Person gegenüber hat. Deshalb kann der Schaden, den er aus moralischer S. anderen u. sich zufügt, nur dann bestraft werden, wenn die S. gleichzeitig rechtlicher Natur ist: wenn eine Tat etwa die allgemeine Sorgfaltspflicht verletzt oder vorsätzlich u. fahrlässig begangen wurde. Rechtliche u. moralische S. trifft nur den, der s.fähig, d. h. sowohl hinsichtlich seines geistigen Zustands zurechnungsfähig ist als auch das Maß seiner S. u. Verantwortung seinem geistigen Vermögen nach rechtlich u. moralisch beurteilen kann. Diese Bedingungen sind Voraussetzungen der Rechtmäßigkeit von ↑ Strafe. Sie soll nicht nur der Abschreckung u. Vergeltung u. als Sanktion dem gerechten Interessenausgleich der beteiligten Individuen, sondern der künftigen Möglichkeit, sittl. gut zu handeln, dienen. Die Strafe als *Sühne* für eine rechtliche S. soll die Einsicht in die mit ihr eingegangene moralische S. ermöglichen. Der Sühnegedanke des Rechts impliziert eine moralische Qualität der rechtlichen S. Nur die Erkenntnis einer rechtlichen als moralischen S. ermöglicht *Reue:* nicht aufgrund äußeren Zwangs, sondern aus freiem Willen seine Tat als S. anzunehmen u. sich zur *Umkehr,* zur Orientierung seines Handelns an den sittl. Pflichten u. der Verantwortung sich selbst u. seinen Mitmenschen gegenüber zu entscheiden. – Das zur Reue notwendige, auf sittl. Kriterien beruhende S.bewußtsein ist von einem sittl. unbegründeten S.gefühl zu unterscheiden. Letzteres kann im Verhältnis zur tatsächlichen S. übermäßig groß, gar nicht vorhanden oder durch äußere Sanktionen erzwungen sein. Wenn das S.gefühl unbewußt genossen u. aufrechterhalten wird, ist es Ausdruck einer Neurose (↑ Krankheit). Als Ausdruck des Gerechtigkeitssinns ist das S.gefühl jedoch Bewußtsein der Verletzung auf Gegenseitigkeit beruhender Beziehungen des Vertrauens, der ↑ Freundschaft u. ↑ Liebe u. insofern Zeichen einer freien u. zurechnungsfähigen ↑ Person *(J. Rawls)*. Der S.begriff der ↑ christlichen E faßt S. nicht nur als Verfehlung des sittl. Wesens des Menschen, sondern auch als Verfehlung gegen ↑ Gott auf. Diese S. kann zwar durch Reue u. Umkehr gesühnt werden. Die eigentliche Aufhebung der S. ist aber nicht vom sittl. Willen des einzelnen, sondern allein von seinem Glauben (sola fide: *M. Luther*) an die rechtfertigende Gnade Gottes abhängig. Eine Selbstvergewisserung von S. oder S.losigkeit, wie sie moralisch u. rechtlich möglich ist, bleibt dem einzelnen hinsichtlich seiner religiösen S. versagt.

Lit.: I. Kant, Metaphysik der Sitten, Einleitung zur Tugendlehre; G. W. F. Hegel, Rechtsphilosophie, §§ 105–118; C. A. Campbell, P. H. Nowell-Smith, E. Fromm, Free Will, Responsibility and Guilt, in: M. K. Munitz (Hrsg.), A Modern Introduction to Ethics, New York 1958, S. 356–416; A. Kaufmann, Das S.prinzip, Heidelberg 1961; P. Manns, Fides absoluta . . ., in: Festschrift H. Jedin, Münster 1965; F. Schlederer, S., Reue u. Krankheit, München 1970; P. Ricœur, Die Fehlbarkeit des Menschen, Freiburg/München 1971; J. Rawls, Der Gerechtigkeitssinn, in: ders., Gerechtigkeit als

Fairneß, Freiburg/München 1977; ders., Eine Theorie der Gerechtigkeit, Frankfurt/M. 1975, Kap. 8; H. M. Baumgartner, A. Eser (Hrsg.), S. u. Verantwortung, Tübingen 1984.

W. V.

Schwangerschaftsabbruch ↑ Abtreibung.

Seele ↑ Leib, Religion, Verstehen.

Seelenwanderung ↑ Hinduistische E.

Sein-Sollen-Fehlschluß ↑ MetaE.

Selbst ↑ Person.

Selbstbeherrschung ↑ Besonnenheit.

Selbstbestimmung ↑ Freiheit.

Selbsterhaltung ↑ Leben, Selbstmord.

Selbstidentität ↑ Person.

Selbstinteresse heißt der Beweggrund eines Menschen, dem es in allem Tun u. Lassen letztlich nur um sich selbst geht. Die e Beurteilung des S. hängt vom Begriff des Selbst ab: (1) Gewöhnlich versteht man es psychologisch-subjektiv als Inbegriff von Trieben, ↑ Bedürfnissen u. Wünschen. Das S. richtet sich dann auf deren Befriedigung u. sucht die Selbsterhaltung, das Freisein von Not u. Entbehrungen, letztlich den Inbegriff der Erfüllung aller Interessen, das eigene ↑ Glück – allerdings ohne sich des Erfolgs sicher sein zu können. Das S. ist das natürliche Motiv des Menschen. Da die nächstliegende Befriedigung der jeweils vorhandenen flüchtigen Begierden oder festverwurzelten Leidenschaften langfristig gesehen das eigene Glück eher verhindert als sicherstellt u. da das ängstliche Verfolgen des eigenen Glücks unnötige Sorgen schafft, fordert ein aufgeklärtes S. einerseits eine Kontrolle der Begierde u. Leidenschaften, ferner eine rationale Überlegung der Folgen von Handlungen u. ihre Bewertung nach Maßgabe des Glücks (↑ Entscheidungstheorie) sowie die Willenskraft, stets den Überlegungen gemäß zu handeln; u. andererseits ist es im S., nicht übermäßig an sich selbst, zudem nicht bloß an sinnliche Lust u. materiellen Gewinn, an Erfolg u. Macht zu denken. Das S. für sich gebietet schon ein rationales, wenn auch noch nichtsittl. Handeln. Da der Mensch jedoch selbst Verantwortung für Leib, Leben u. Wohlbefinden trägt, ist die Vernachlässigung dieser Aufgaben nicht sittl., das S., sofern es die Aufgaben übernimmt, sittl. Nur eine (schon durch *Butler* u. vom Standpunkt der Psychoanalyse durch *E. Fromm* kritisierte) falsche Gegenüberstellung von S. u. Nächsten- ↑ Liebe oder ↑ Wohlwollen hält das S. für schlechthin unsittl. Unsittl. ist es allerdings, das S. zum letzten Maßstab allen Handelns zu machen u. es ohne Rücksicht auf die Interessen u. Rechte der Mitmenschen zu verfolgen *(Egoismus)*. *Stirner* behauptet, das einzig Reale sei das Ich u. alles habe nur insoweit Wert, wie es dem Ich dient. Wenn alle ausschließlich ihrem S. folgen, kommt es in der (prinzipiell nicht vermeidbaren) Situation, daß verschiedene Individuen dieselben Mittel der Befriedigung ihrer Wünsche beanspruchen, zu einem durch keine verbindlichen Regeln begrenzten Streit, zu „einem Krieg aller gegen alle" *(Hobbes):* Das zum allgemeinen Gesetz gewordene S. gefährdet seinen eigenen Zweck, das persönliche Glück. Die Gefährdung wird aufgehoben durch die Errichtung eines ↑ Rechtszustandes, der das S. aller nach Maßgabe allgemeiner Gesetz einschränkt u. so eine vernünftige ↑ Konfliktregelung schafft (↑ Entscheidungstheorie). – Weil man auf seine Mitmenschen in vielfältiger Form angewiesen ist u. man sich durch Rücksicht, Ehrlichkeit usw. ihr Vertrauen u. ihre Hilfsbereitschaft erwirbt, kann ein aufgeklärtes S. aus sich heraus viele der sittl. ↑ Pflichten anerkennen. Insofern sie aber nicht als solche, sondern nur als Mittel zum eigenen Wohl beachtet werden, handelt es sich dann nach *Kant* gleichwohl nur um Pflichtgemäßheit, nicht um ↑ Sittlichkeit.

(2) Wird das Selbst nicht psychologisch-subjektiv, sondern „objektiv" als das wahre Wesen des Menschen (↑ Humanität) verstanden, dann besteht das S. in der Entfaltung der dem Menschen eigentümlichen künstlerischen, sozialen, politischen u. intellektuellen Möglichkeit, vor allem in der Verwirklichung der menschlichen Vernunftfähigkeit. S. u. Sittlichkeit fallen hier zusammen *(Aristoteles, Spinoza)*. Das S. schließt von vornherein ein bloß naturwüchsiges Leben aus, das allein durch sinnliche Lust, durch Macht- u. Erwerbsstreben bestimmt ist. Unter Voraussetzung einer vernünftigen Kon-

trolle der Begierden u. ↑ Leidenschaften sieht *Aristoteles* den Menschen zu sich selbst finden in einem durch ↑ Gerechtigkeit, ↑ Freundschaft u. die anderen ↑ Tugenden geleiteten Zusammenleben von Freien (bios politikos) oder im Leben der Theorie (bios theoretikos).

Lit.: Aristoteles, Nikomach. E, bes. Buch I u. X, 6–9; Th. Hobbes, Leviathan, bes. Kap. 6. u. 13; J. Butler u. B. Russell, in: Texte zur E, München 1976; D. Hume, Untersuchung über die Prinzipien der Moral, Anhang II; B. de Mandeville, Die Bienenfabel oder Private Laster, öffentl. Vorteile; M. Stirner, Der Einzige u. sein Eigentum; H. Sidgwick, Die Methoden der E, Buch II; E. Fromm, Psychoanalyse u. E, Stuttgart u. a. ^{2}1954, S. 134–155; D. P. Gauthier (Hrsg.), Morality and Rational Self-Interest, Englewood Cliffs/N. J. 1970; ders., Morals by Agreement, Oxford 1987; K. Homann, Rationalität u. Demokratie, Tübingen 1988; R. Axelrod, Die Evolution der Kooperation, München ^{2}1991; R. Schüßler, Kooperation unter Egoisten, Oldenburg 1990; H. Krämer, Integrative E, Frankfurt/M. 1992.   *O. H.*

Selbstmord (engl./frz. suicide). Im S., auch *Freitod* oder *Selbsttötung* genannt, wartet man nicht auf den „natürlichen Tod", sondern setzt seinem ↑ Leben selbst ein Ende. Die Möglichkeit des S.es steht nur dem ↑ Menschen offen; sie zeigt, daß er nicht einfach da ist, sondern sich zu sich selbst verhält, in diesem Sinne frei ist, dabei eine radikale Verfügungsmacht hat, die ihm auch eine besondere ↑ Verantwortung aufbürdet. Deshalb ist eine naturalistische Anthropologie falsch, die wie z. B.

Hobbes u. *Spinoza* den Menschen auf das Generalziel der *Selbsterhaltung* festlegen u. den S. nur als völlige Unfreiheit verstehen kann. Weil der S. eine spezifisch menschliche, zudem unwiderrufliche Handlung ist, kommt seiner Bewertung seit jeher ein besonderes Gewicht zu; *Camus* kennt sogar „nur ein wirklich ernstes philosophisches Problem: den S.", da sich an ihm der ↑ Sinn des Daseins entscheide.

Seit den wegweisenden Untersuchungen von *Durkheim* werden die psychischen, sozialen u. kulturellen Determinationsfaktoren für S.e untersucht: Im Abendland (u. hier besonders in Mitteleuropa) ist die S.rate weit höher als in den ↑ islamischen, ↑ buddhistischen u. ↑ hinduistischen Ländern, was aus der Auflösung persönlicher Beziehungen, aus der Abnahme religiöser Bindungen, auch der Fähigkeit, ↑ Leid zu verarbeiten, sowie aus dem modernen Bewußtsein erklärt werden kann, sein Leben selbstverantwortlich zu gestalten. Die empirische S.forschung bezweifelt nicht, daß es den nach einer nüchternen Lebensbilanz frei gewählten Tod gibt, trifft ihn jedoch selten an. Sie bestreitet auch nicht, daß zum S. ein Moment der Stellungnahme gehört, zeigt aber, daß er in aller Regel von Menschen verübt wird, die sich in einer fundamentalen Lebenskrise befinden, am Sinn des Lebens in jener konkreten Weise verzweifeln, daß sie niemanden sehen, der sie versteht u. verläßlich zu ihnen hält – ein S.(versuch) ist ein „letzter Appell an die anderen" –, u. deren Freiheit u. Verantwortung stark eingeschränkt ist. Deshalb rich-

tet sich das ↑ medizinische u. so-
zialtherapeutische Tun nach dem
Grundsatz „in dubio pro vita" u.
sucht dem S.gefährdeten wieder zur
inneren Freiheit u. zu vertrauensvol-
len Sozialbeziehungen zu verhelfen.
Auch die sittl. Wertung muß sich der
meist pathologischen u. tragischen
Situation von S.en bewußt sein. Bevor man jemanden, der sich das Leben nimmt, als feige u. sittl. verwerflich verurteilt oder als ↑ tapfer u.
besonders frei rühmt, ist zu prüfen,
ob er nicht an seinem Leben zerbro-
chen, jedenfalls leidend u. hilfsbedürftig ist.

Die sittl. Beurteilung eines wirklich freien S.es ist umstritten. Nach
Sokrates, Platon u. *Aristoteles* ist S.
unerlaubt; nach der ↑ *epikureischen*
u. der ↑ *stoischen* E (z. B. *Seneca*) ist
man ↑ frei, sich sein Leben zu nehmen, während in der ↑ *christlichen*
E seit *Augustinus* der S. als Verstoß
gegen das Tötungsverbot u. den
Glauben gilt, daß der Mensch als Ge-
schöpf Gottes nur ein „Nutzungs-",
kein „Verfügungsrecht" über sein
Leben hat. *Thomas v. Aquin* ergänzt
die Begründung des S.verbotes durch
zwei Argumente im Anschluß an
Aristoteles: Der S. verstoße gegen die
Selbstliebe u. sei eine Ungerechtigkeit
gegen die Gesellschaft. Im Mittelalter
u. bis weit in die Neuzeit (in Groß-
britannien bis 1961) war der S.ver-
such auch nach staatlichem Recht
strafbar, während es nach *Kant* zwar
sittl. verwerflich ist, über sein Leben
als bloßes Mittel zu beliebigem
Zweck zu disponieren, das S.verbot
aber in die ↑ Tugend-, nicht in die
↑ Rechtslehre gehört. In der Aufklärung wird die christliche Position

von *Montaigne, Montesquieu, Voltaire* u. *Hume,* später auch von
Schopenhauer in Frage gestellt, von
Charles Moore dagegen verteidigt. In
jüngerer Zeit hat *Camus* die Ansicht
verworfen, im S. ließe sich die Ab-
surdität des Daseins überwinden,
während *Löwith, Kamlah* u. *Améry*
sich für die Freiheit zum eigenen Tod
einsetzen.

Eine abschließende Beurteilung des
S.es vom Prinzip der ↑ Freiheit
hängt allerdings von deren Begriff
ab. Die bloße Handlungsfreiheit
schließt den S. ein. Wenn man aber
zur Freiheit auch die Offenheit u.
Fraglichkeit der Zukunft rechnet,
dann steckt im S. ein Moment der
Negation, ebenso wenn man für die
Freiheit die Sozialdimension für konstitutiv hält; u. vom Prinzip der unveräußerlichen Menschenwürde her
behält das Leben auch gegen Leid,
Krankheit u. Erniedrigungen sein
unverlierbares Recht.

Lit.: Platon, Gesetze 873 c–d; Aristoteles, Nikomach. E, X; Seneca, An Lucilius, bes. Brief 70; Augustinus, Der
Gottesstaat, I 16–27; Montaigne, Essais, Buch 2, Kap. 3; Montesquieu,
Über die Ursachen der Größe u. des
Verfalls der Römer; ders., Persische
Briefe 76–77; D. Hume, Of Suicide, in:
Essays; Ch. Moore, A Fully Inquiry Into the Subject of Suicide, London 1790;
F. Nietzsche, Also sprach Zarathustra,
1. T., Vom freien Tode; E. Durkheim,
Der Selbstmord (frz. 1897), Frank-
furt/M. 1983; A. Camus, Der Mythos
von Sisyphos, Reinbek 1959; W. Bott-
ke, Suizid u. Strafrecht, Karlsruhe
1975; J. Améry, Hand an sich legen.
Diskurs über den Freitod, Stuttgart
1976; A. Eser (Hrsg.). Suizid u. Euthanasie als human- u. sozialwiss. Pro-

blem, Stuttgart 1976; H. Ebeling (Hrsg.), Der Tod in der Moderne, Königstein/Ts. 1979 (bes. K. Löwith u. W. Kamlah); A. Holderegger, Verfügung über den eigenen Tod?, Freiburg i. Ü./Freiburg i. Br. 1982; Suizid u. Recht auf den eigenen Tod, in: Concilium 21, 1985, H. 3 (darin z. B. A. Pieper); H.-L. Wedler, Der suizidgefährdete Patient, Stuttgart 1987; G. J. Fairbairn, Contemplating Suicide – The Language and Ethics of Self-Harm, London/New York 1955; G. Minois, Die Geschichte des S., Düsseldorf/Zürich 1996. *O. H.*

Selbsttötung ↑ Selbstmord.

Selbstverstümmelung ↑ Leib.

Selbstverwirklichung ↑ Sinn.

SexualE ↑ Sexualität.

Sexualität. Mit S. bezeichnen wir die durch die Geschlechtsorgane männlich oder weiblich geprägte ↑ Leiblichkeit, die geschlechtsspezifische psychologische Erlebnisweisen u. soziale Interaktionsformen ermöglicht. Das sittl. Problem der S. läßt sich dementsprechend biologisch-physiologisch im Hinblick auf die eigene Leiblichkeit, psychologisch in Anbetracht der eigenen sexuellen Wünsche u. Phantasien, soziologisch im Hinblick auf die Interaktionsweise mit anderen Menschen erfassen. Keine Dimension kann in ihrer sittl. Relevanz isoliert betrachtet werden. Der Gesichtspunkt der Biologie u. Physiologie allein erlaubt lediglich ein Recht der ↑ „Natur" in dem engen Sinn abzuleiten, daß die sittl. ↑ Verantwortung vorrangig dem Fortpflanzungszweck u. somit einer heterosexuellen Partnerwahl gilt,

denn der biologische Sinn der Leiblichkeit besteht in der Fortpflanzung zur Arterhaltung. Durch Einbeziehung der psychischen u. sozialen Gesichtspunkte verschiebt sich allerdings die sittl. Problematik. Wenn der psychische Sinn der S. im Ausdruck personaler ↑ Liebe besteht, stellt sich die Frage, ob dieser allein mit andersgeschlechtlichen Partnern erreichbar ist. Desgleichen kann eine ungewünschte Schwangerschaft die personale Liebe gefährden. Berücksichtigt man als soziales Sinnkriterium das ↑ freie u. ↑ friedliche Zusammenleben der Menschen, dann kann sich gegenüber der Forderung uneingeschränkter Fortpflanzungsfreiheit die Notwendigkeit einer ↑ Geburtenregelung ergeben, um Menschheitskatastrophen durch Überbevölkerung zu vermeiden. Familienplanung ist auf den Wegen der Empfängnisverhütung, der ↑ Abtreibung oder Sterilisation möglich. Bei der sittl. Überlegung wird man in der Regel dem geringfügigeren Eingriff in die Lebensvorgänge den Vorzug geben. Ein e Problem besonderen Gewichts wirft die ↑ Abtreibung auf, da hier der biologisch vorstrukturierte Sinn werdenden Lebens mit dem psychischen der Liebe oder dem sozialen des freien Zusammenlebens in Konflikt gerät. Auch die Sterilisation erfordert eine schwierige Abwägung zwischen biologisch-psychischen ↑ Bedürfnissen und sozialer Notwendigkeit. Aufgrund ihrer Unwiderruflichkeit muß hier im besonderen Maße das menschliche ↑ Recht auf Selbstbestimmung u. Selbstrealisierung auch im Hinblick auf Fortpflanzung berücksichtigt werden.

Die Psychologie der S. ist im hohen Maße durch die Psychoanalyse S. *Freuds* entwickelt worden. Er zeigte, daß sich auch im frühkindlichen Alter an den Organen der Nahrungsaufnahme u. der Ausscheidung eine über den bloßen Organzweck hinausreichende Lusterfahrung (Organlust) festmacht, die physiologisch durch Reizung der erogenen Zonen entsteht. Der engere Begriff der S. wurde damit in den weiteren der Libido (libido sexualis) einbezogen. Für die menschliche ↑ Sozialisation bedeutet dies, daß die Libido eine Entwicklung von der Realisierung der Teiltriebe (Partialtriebe) an durchmachen muß, bis sie günstigenfalls in die „vollsinnliche genitale" Liebe zum andersgeschlechtlichen Partner mündet. Die Stufen dieser Entwicklung beginnen mit der am Modell der Nahrungsaufnahme erlernten (oralen) Liebe. Gelingt nur diese Interaktionsform, so werden spätere sexuelle Beziehungen nach Art dieser frühen Symbiose erlebt. Dies bedeutet einen Vorrang des passiven Genusses verbunden mit Abtrennungsängsten u. Neigung zur Gefühlsverschmelzung (z. B. auch organistisch in Promiskuität u. Gruppen-S.). Die an den Ausscheidungsfunktionen festgemachten (analen) Libidoformen werden von passiver Gefügigkeit (Ansatzpunkt einer masochistischen Entwicklung) bis zur aktiven trotzigen Gewaltsamkeit (Ansatzpunkt für ↑ sadistische Entwicklungen) reichen. Die Entdeckung der Geschlechtsorgane (phallische Phase) beim Kleinkind schließt ein, daß es sie autoerotisch reizen u. sich selbst Befriedigung verschaffen

kann *(Onanie, Masturbation)*. Aber es wird auch Versuche machen, seine Liebe zu den Beziehungspersonen in geschlechtsspezifischer (ödipaler) Weise zu erproben. Je nach dem positiven Rollenangebot im Verhältnis zur Versagung wird im Ausgang die *hetero-* oder *homo*sexuelle Orientierung vorherrschen.

Die in der primären Sozialisation festgelegte sexuelle Ausrichtung ist weitgehend von der Erziehungspraxis der Bezugspersonen abhängig. Schon aus diesem Grund kann sie dem erwachsenen Menschen nicht voll ausgelastet werden. Zudem zeigt sich, daß jeder Mensch die Entwicklung der sexuellen Partialtriebe durchlaufen muß, die der sogenannte Perverse ausschließlich verwirklicht. Während der Neurotiker seine libidinösen Wünsche verdrängt hat, die ihn in Form von krankhaften Symptomen wieder bedrängen, ist der Perverse auf eine frühe Entwicklungsstufe fixiert, deren Möglichkeiten er aber voll realisiert, wohingegen der „Normale" seine Entwicklung zu andersgeschlechtlicher genitaler Liebe vollendet hat. Eine Verurteilung der *Homosexualität* verbietet sich, da sie als Ausdrucksmöglichkeit personaler Liebe ernstgenommen werden muß. Auch *Onanie* u. *Masturbation* müssen als Ausdrucksformen des Luststrebens akzeptiert werden. Da in ihnen die Autoerotik vorherrscht, besteht die sittl. Verantwortung darin, sie nicht zum Ersatz partnerschaftlicher Zuwendung werden zu lassen. Da das libidinöse Verlangen als Grundkraft des Menschen angesehen werden muß, stellt sich die Frage, ob ein ↑ Verzicht auf sie überhaupt möglich ist u. welchen Sinn die *Keuschheit* haben könnte. Nach psychoanalytischer Erkenntnis ist ein absoluter Triebverzicht nicht möglich. Als Lebensform kann sie nur gelingen, wenn das Schicksal der Verdrängung vermieden u. eine freie Wahl erfolgt, sowie wenn statt des sexuellen Partners geistige (sublime) Möglichkeiten der Befriedigung erschlossen werden.

Das sexuelle Bedürfnis des Menschen allein führt noch zu keiner Entwicklung fester sozialer Beziehungen. Im Unterschied zum Tier ist es nicht in den Zyklus eines Paarungs-, Brut- u. Pflegeinstinktes (↑ Instinkt) gebunden. Mit der Befriedigung erlischt das sexuelle Interesse bis zum erneuten Anwachsen. Partner u. ↑ Situationen der Befriedigung können dabei prinzipiell wechseln. Erst die durch ↑ Hemmung der direkten sexuellen Befriedigung bestimmte Erotik erlaubt es, ein individuelles Interesse am andern zu nehmen u. beständigere Beziehungsformen einzuleiten. Allerdings ist der partnerschaftlichen Bindungskraft der Erotik durch die sexuelle Gewöhnung eine Grenze gesetzt, wenn nicht gemeinsame Lebensinteressen u. geistige Beziehungen eine Sublimierung zur personalen ↑ Liebe ermöglichen. Zur E partnerschaftlichen Beziehungen ist freilich festzuhalten, daß weder ein sexuelles Einverständnis die personale Liebe garantiert noch umgekehrt die personale Liebe auch die sexuelle Befriedigung (vgl. das Problem von Frigidität u. Impotenz). Beide Probleme lassen sich nur auf der mittleren Ebene eines emotionalen, auf die Gefühlswahrnehmung eingestimmten Verständnisses lösen. Die soziale Partnerschaftsform der ↑ Ehe ist daher nur als Entwicklung aus einem wachsenden, emotional begründeten, ganzheitlichen Einverständnis zu sehen. Sexuelle Gesichtspunkte lassen sich daher aus dem vorehelichen Prozeß nicht ausschließen, wenngleich die *Scham* wechselseitige Rücksichtnahme erfordert.

Das Problem der S. hat auch politische Bedeutung. Der Nachweis der psychodynamischen Beziehungen zwischen S. u. Aggression durch die Psychoanalyse hat zu der Einsicht geführt, daß sexuelle Unterdrückung die Verführbarkeit der Massen u. die Bereitschaft zu kriegerischen Auseinandersetzungen steigert. Auch aus diesem Grunde kann sich ein freies u. friedliches öffentliches Zusammenleben nur auf der Basis sexuell nicht unterdrückter privater Beziehungen entwickeln.

Lit.: S. Freud, Drei Abhandlungen zur Sexualtheorie; M. Mead, Jugend u. Sexualität in primitiven Gesellschaften, München 1970; W. Trillhaas, SexualE, Göttingen 1970; W. Reich, Die sexuelle Revolution, Frankfurt/M. 1971; E. K. Scheuch, Die überschätzte S., in: Merkur 2, Jhg. 30, Stuttgart 1976; Kirchliche Sexualmoral u. menschliche S., hrsg. v. F. Böckle u. a., Düsseldorf 1977; M. Foucault, S. u. Wahrheit, 3 Bde., Frankfurt/M. 1986; H. Beck, A. Rieber, Anthropologie u. E der S., München/Salzburg 1982; G. Kokott, Die S. des Menschen, München 1995.   *A. S.*

Sexualmord ↑ Sexualität.

Sinn ist in seiner Grundbedeutung eine sprachliche Funktion, die Ausdrücken u. Begriffen in deren jeweiligem Verwendungszusammenhang eine bestimmte Bedeutung zuordnet. Dabei ist der S. sprachlicher Zeichen (Worte, Sätze) ebenso wie der nichtsprachlicher (Gesten etc.) einmal abhängig von der Absicht dessen, der sie äußerst, u. zum anderen vom Erkennen dieser Absicht durch den Hörer (intentionaler S.). (1) Der S. von ↑ Handlungen u. Interessen ist allgemein von Zwecken u. ↑ Zielen bestimmt, zu deren Verfolgung Menschen entweder bestimmbare u. rechtfertigbare Gründe oder nicht vollständig beschreibbare Motive oder beides gleichzeitig haben. Abhängig von der Realisierbarkeit von Zwecken u. Zielen ist der funktionale S. von Handlungen, der jedoch den S. der Zwecke selbst nicht näher qualifiziert. Unabhängig von der Realisierbarkeit ist der S. sittl. Zwecke: Sie haben als Kriterien menschenwürdiger Lebensführung normativen S. u. sind entsprechend dem Wesen des ↑ Menschen Zwecke in sich selbst u. Ausdruck des Selbst-S. menschlichen ↑ Lebens (teleologischer S.). Sittl. zu rechtfertigen ist der Lebens-S. dann, wenn der einzelne die Geltung sittl. ↑ Normen, das von ihnen bestimmte Verhältnis zu seinen Mitmenschen, d.h. eine soziale Rolle u. ihre ↑ Pflichten, an deren Erfüllung die Mitmenschen ihre Erwartung knüpfen, frei anerkennt. Voraussetzung der Anerkennung ist die Einsicht, daß jene Normen zur Rechtfertigung von Handlungen notwendig sind. Die Normen stehen hinsichtlich der Rechtfertigung der Lebensziele in einem Wechselverhältnis mit dem guten oder schlechten ↑ Willen, der die an ihn gerichteten Sollensansprüche bejaht oder verneint. (2) Der lebenspraktische S. ist weder funktional definierbar noch allein von sittl. Prinzipien ableitbar. Er ist einerseits abhängig von sittl. Zwecken, andererseits von der menschlichen Erfahrung, die diese Zwecke mit den individuellen Zielen u. Wünschen vermittelt. Voraussetzung der Identifikation mit Zielen wie ↑ Freiheit, ↑ Glück, ↑ Liebe ist die Erfahrung geglückter Vermittlungen (z.B. die Erfahrung der Elternliebe durch das Kind). Diese Erfahrung prägt den S. individueller Lebensziele. Das Scheitern jener Vermittlungen in ↑ Krankheit, ↑ Leid, Verzweiflung u. Tod kann zur Erfahrung der S.losigkeit u. S.gefährdung menschlichen Lebens (↑ existentialistische E, ↑ Nihilismus) führen. Wird diese Erfahrung nicht als bloßes ↑ Schicksal hingenommen oder als ↑ Entfremdung verworfen, macht sie eine S.dimension zugänglich, in der der S. z.B. von Liebe u. Glück über ihren Charakter als sittl. Ziele hinaus als notwendige Basis zwischenmenschlicher Beziehungen angesichts drohender S.-gefährdung erfahrbar wird. (3) Diese Erfahrung von S. impliziert einerseits die Anerkennung der Freiheit des anderen u. der sittl. Normen sozialen Lebens, andererseits die Einsicht, daß S.verwirklichung nicht durch egoistisches ↑ Selbstinteresse, sondern nur durch menschliche Solidarität u. Gemeinschaft möglich ist (↑ Humanität). Das Wechselverhältnis von S.erfahrung u. der Anerkennung von Normen bestimmt daher den Grad der *Selbstverwirklichung* des Menschen.

Ihr Ziel ist es, bei der Wahrnehmung von Möglichkeiten u. der Entfaltung individueller Anlagen eine Übereinkunft mit sich selbst u. seiner ↑ Welt zu erreichen. Diese Übereinkunft ist keine Anpassung an bestimmte äußere Verhältnisse; sie ist vielmehr abhängig von der in jeder zwischenmenschlichen Beziehung neu zu leistenden S.stiftung u. der gemeinschaftlichen Suche nach Möglichkeiten der S.identifikation als Basis gesellschaftlicher Integration. (4) Für den Prozeß der S.stiftung u. sozialen Integration hat das ↑ Verstehen des geschichtlichen S. der ↑ Kultur, der ↑ Religion, des ↑ Staats u. seiner ↑ Institutionen Bedeutung. Die Kriterien dieser Lebensformen haben einmal für den einzelnen eine teleologischen S. analog den sittl. Normen u. bestimmen zum anderen die Regeln sozialen Verhaltens.

Lit.: R. Lauth, Die Frage nach dem S. des Daseins, München 1953; M. Heidegger, Identität u. Differenz, Pfullingen 1957; K. Baier, The Meaning of Life, Canberra 1957; H. Krings, S. u. Ordnung, in: Philos. Jahrb., Bd. 69, 1961/62; R. Wisser (Hrsg.), S. u. Sein, Tübingen 1960; H. Reiner, Der S. unseres Daseins, Tübingen ²1964; G. Frege, Über S. u. Bedeutung, in: G. Patzig (Hrsg.), Funktion, Begriff, Bedeutung, Göttingen ³1969; N. Luhmann, S. als Grundbegriff der Soziologie, in: Habermas/Luhmann, Theorie der Gesellschaft oder Sozialtechnologie . . ., Frankfurt/M. 1971; A. Schütz, Der s.hafte Aufbau der sozialen Welt . . ., Frankfurt/M. 1974, Abschn. 2 u. 3; M. Müller, S.deutungen der Geschichte, Zürich 1976, Abschn. 1 u. 2.   W. V.

Sinnlichkeit ↑ Leidenschaft.

Sitte ↑ Moral u. Sitte.

Sittengesetz ↑ Moralprinzip.

Sittliche Gewißheit. (a) Häufig hat G. die psychologische Bedeutung eines unerschütterlichen, von jedem Zweifel freien subjektiven Überzeugtseins von der ↑ Wahrheit eines Sachverhalts bzw. der Geltung eines ↑ Wertes oder eines sittl. Gebotes. G. rückt so in die Nähe eines subjektiven ↑ Gefühls oder besser, sie benennt lediglich die Weise des Fürwahrhaltens, die sich durch seine Festigkeit von anderen Weisen wie Glauben, Meinen, Vermuten, Unterstellen unterscheidet (G. der Zustimmung). – Daneben wird von G. immer schon im Kontext der Rede von objektivem Wissen gesprochen: G. als festes, unverlierbares, gesichertes u. anerkanntes Wissen, das im Zusammenstimmen von Einsicht des Subjekts (subjektive *Evidenz*), Klarheit u. Deutlichkeit der Sache (objektive Evidenz) u. willentlicher Zustimmung besteht. Die mannigfaltigen Differenzierungen (unmittelbare-reflektierte, sinnliche-intuitive-rationale, theoretische-praktische, sittliche-religiöse-ästhetische, assertorische-apodiktische etc.) beziehen sich auf die Weise des Zustandekommens, auf subjektive Erkenntnisquellen u. objektives Bezugsfeld sowie auf die Art der Geltung des als gewiß Behaupteten. Was gewiß ist, wird sprachüblich als Wissen bezeichnet, u. Wissen impliziert den Anspruch auf Evidenz. All unser Behaupten u. Negieren, Argumentieren, Ableiten, Widerlegen, Überprüfen ist ein ununterbrochener Rekurs auf

Evidenz. – (b) Von s. G. spricht man im Unterschied zu der in theoretischen Urteilen beanspruchten G., wenn sittl. Phänomene (Werte oder Gebote) eine objektive Interpretation erfahren. Objektivität besagt hier: Wenn jemand ein sittl. Urteil fällt („dies ist gut, geboten" etc.), so spricht er einer Handlung, einer Handlungsmaxime, einem Handlungsziel moralische Eigenschaften zu, die diesen zukommen, unabhängig davon, ob sie von jemandem wahrgenommen werden oder nicht, unabhängig davon auch, welcher Art die emotionalen Reaktionen auf diese Eigenschaften bei ihm oder anderen Personen sind. Wer immer in diesem Sinn moralisch urteilt, beansprucht s. G. Das mit s. G. erkannte ↑ Gute unterscheidet sich von dem theoretisch Erkannten durch die Art seines Anspruchs, der nicht nur theoretische Zustimmung, sondern praktische Billigung fordert. – Außerhalb jedes Anspruchs auf Evidenz des Sittl. bleiben meta-e Theorien, die sich nicht mit der Wahrheit sittl. Urteile u. ihrer Begründungsprinzipien befassen, sondern allein ihre formallogische Struktur untersuchen (↑ MetaE). Auf eine spezifisch s. G. können auch „naturalistische" Theorien verzichten, die sittl. Phänomene als naturale Phänomene interpretieren, die alle Aussagen über Sittl. umformen in Aussagen über Naturvorgänge, in denen keine sittl. Prädikate mehr vorkommen u. die von anderen theoretischen Aussagen (naturwissenschaftlicher oder metaphysischer Art) nicht unterscheidbar sind. Jede ↑ normative E hingegen muß die Möglichkeit einer spezifisch s. G. an-

nehmen, die die objektive Geltung moralischer Prinzipien verbürgt. – Ein für die Praxis spezifisches Problem ergibt sich bei fehlender s. G. Während in der Theorie bis zur endgültigen Sicherung des Wissens jederzeit Urteilsenthaltung bzw. bloß hypothetische Zustimmung möglich u. geboten ist, ist hypothetisches Handelns nicht möglich und dulden Handlungen häufig keinen Aufschub. In diesem Zusammenhang steht *Descartes'* Konzept einer ↑ provisorischen Moral, deren Regeln u. a. die zwischenzeitliche Orientierung an den Normen der Tradition empfehlen.

Lit.: Descartes, Meditationes de prima philosophia; ders., Discours de la méthode, Kap. III; J. H. Newman, An Essay in Aid of a Grammer of Assent; G. E. Moore, Certainty, in: Philos. Papers, London 1959; K. Löwith, Wissen, Glaube u. Skepsis, Göttingen ²1958; D. Henrich, Der Begriff der sittl. Einsicht u. Kants Lehre vom Faktum der Vernunft, in: Die Gegenwart der Griechen im neueren Denken (Festschr. Gadamer), Tübingen 1960; F. Wiedmann, Das Problem der Gewißheit, München 1966; W. Stegmüller, Metaphysik, Skepsis, Wissenschaft, Berlin/Heidelberg/New York ²1969; R. Spaemann, Praktische G., in: ders. Zur Kritik der polit. Utopie, Stuttgart 1977; F. v. Kutschera, Grundlagen der E, Berlin 1982, Kap. 6; W. Baumgartner (Hrsg.), G. u. Gewissen, Festschr. f. F. Wiedmann, Würzburg 1987.   *M. F.*

Sittliche Urteilskraft ↑ Klugheit.

Sittlichkeit bezeichnet die uneingeschränkte Verbindlichkeit, unter der der ↑ Mensch in seinem Verhalten zu den Mitmenschen, aber auch zur

Natur u. zu sich selbst steht. S. ist ein Anspruch, der im Unterschied zum ↑ Recht nicht einklagbar ist u. anders als die jeweils herrschende ↑ Moral u. Sitte nicht aufgrund von sozialen Sanktionen, sondern um seiner selbst willen zu befolgen ist: S. wendet sich an den Menschen als freies Vernunftwesen (↑ Freiheit). Sofern man sich ihrem Anspruch stellt, tut man ↑ das Gute, sofern man absichtlich zuwiderhandelt, ↑ das Böse. Zwar steht der Mensch unter mannigfachen biologischen, psychologischen u. soziokulturellen Bedingungen (↑ Determination). Durch sie ist er aber nicht vollständig festgelegt. Indem er sich zu ihnen in ein Verhältnis setzt u. sie benennt, beurteilt, anerkennt oder verwirft u. auf ihre Veränderung hinarbeitet, realisiert er sich als sittl. Wesen u. zeigt, daß er über Vernunft nicht bloß im Bereich des Erkennens (theoretische Vernunft), sondern auch im Bereich des Handelns *(praktische Vernunft)* verfügt. Im Unterschied zum Tier trägt der Mensch für seine Existenz selbst ↑ Verantwortung.

S. ist keine Illusion, denn sie ist nicht erst dann wirklich, wenn man in einer Gesellschaft mit der schlechthin richtigen Moral lebt u. diese auch stets befolgt. S. beweist ihre Realität schon u. am augenfälligsten dort, wo man über Praxis (Einzelhandlungen, Institutionen) urteilt, sie sollte schlechthin nicht so sein, wie sie tatsächlich ist. Damit weigert man sich, ein Gegebenes als bloß Gegebenes anzuerkennen. Die Praxis wird der Verantwortung der Menschen zugerechnet u. unter den mit unterschiedlicher Radikalität

auftretenden Anspruch gestellt, richtig zu sein: Technische oder instrumentelle Verbindlichkeiten richten sich gegen sachliche Fehler, durch die ein bestimmtes ↑ Ziel verfehlt wird; (sozial-) ↑ pragmatische Verbindlichkeiten verwerfen Ziele, die zum eigenen Schaden gereichen (von einzelnen oder ganzen Gruppen u. Gesellschaften). Während es in solchen Fällen um begrenzte u. bedingte Verbindlichkeiten geht, bezeichnet S. die Dimension des Unbedingten, durch die menschliche Praxis als ganze verantwortbar ist. Da es willkürlich wäre, Fragen der Richtigkeit auf die Dimensionen des Technischen u. Pragmatischen zu beschränken, bezeichnet S. einen unabweisbaren Anspruch. Menschliche Praxis erschöpft sich nicht darin, Funktion für anderes zu sein, sondern sucht letztlich einen ↑ Sinn in sich selbst.

S. ist nicht auf bestimmte Bereiche u. Aspekte des Lebens beschränkt, weder auf ↑ Sexualität noch auf außergewöhnliche ↑ Grenzsituationen; sittl. sein heißt, sein Leben in allen Bereichen verantwortbar führen. Die konkrete sittl. Praxis ist von vielen soziokulturellen Faktoren abhängig. Weil sich diese Bedingungen verändern, nimmt die S. im Verlauf der Geschichte verschiedene Konkretionen an. S. dokumentiert sich nicht in einer zeitlos u. unfehlbar gültigen Tafel angeblich absoluter Werte u. Normen u. wird daher auch nicht durch den welt- u. geschichtsweit zu beobachtenden Wandel (e ↑ Relativismus) kompromittiert, vielmehr kann ohne ihn S. nicht zu ihrer geschichtlich angemessenen konkreten Darstellung kommen. S. ist nicht mit einer bestimmten Moral identisch, vielmehr bezeichnet sie den unbedingten normativen Anspruch, von dem her die Moral ihre Rechtfertigung oder auch Disqualifizierung erfährt. S. schließt deshalb ↑ Moralkritik nicht aus, kann diese vielmehr herausfordern, wie es die Kritik an der ↑ Vergeltungsmoral im Namen einer Moral der (Nächsten- u. Feindes-) ↑ Liebe gezeigt hat.

Der nähere Begriff der S. hängt mit der Grundvorstellung vom Menschen u. seiner Praxis zusammen. Aus den Versuchen, S. zu bestimmen, ragen zwei heraus: (1) Betrachtet man mit der für die griechische Lebensauffassung exemplarischen Nikomachischen E des *Aristoteles* das menschliche Tun als spontane Bewegung auf ein Ziel hin (↑ Streben), so kann man es nur dann als *in sich* sinnvoll denken, wenn man es nicht technisch-pragmatisch versteht. Denn andernfalls käme es nicht auf das Tun selbst, sondern auf sein Resultat an, bei dem zu fragen wäre, worumwillen es hervorgebracht werden soll, usf. Es ließe sich kein prinzipiell höchstes Ziel denken, von dem her das Tun als ganzes seinen Sinn erfährt. Anders ist es, wenn man das Handeln sittl.-praktisch versteht u. wenn es (nach der Figur einer Rückwendung auf sich selbst) die immanente Vollkommenheit sucht. Letztlich kommt es nicht darauf an, Werke zu vollbringen oder Bedürfnisse zu befriedigen, sondern darauf, normativ gebildete Handlungsintentionen zu realisieren, z. B. im Umgang mit Besitz u. Geld nicht primär Reichtum zu vermehren, sondern ↑ gerecht zu sein. Bei aller Notwendigkeit von Techniken u. Künsten für die menschliche Existenz – diese ist erst dann in sich sinnvoll, wenn sie sittl.-praktisch geführt wird. S. zeigt sich im guten u. gerechten Miteinanderhandeln, das durch ↑ Erziehung u. Übung zu einer die ↑ Leidenschaft beherrschenden Haltung der ↑ Tugend wird u. sich im Ethos der Gemeinschaft darstellt. S. realisiert sich hier als Einheit von „Subjektivem", der Tugend des einzelnen, u. „Objektivem", dem geschichtlichen Ethos. Ihr Prinzip ist – als grundsätzlich nicht mehr überbietbares Ziel – das ↑ Glück (eudaimonia), sofern es nicht ein quantitatives Maximum an persönlichem u. gesellschaftlichem Wohlergehen meint (↑ Utilitarismus), sondern die Qualität des Sichselbst-Genugseins (autarkeia) eines klugen u. gerechten Zusammenlebens.

(2) Das Aristotelische Modell ist nur soweit angemessen, wie menschliches Handeln tatsächlich ein Verfolgen vorgegebener Ziele, ein Streben, ist. Mit dem Ethos setzt es einen allgemeinen sozialen Konsens über ein ökonomisch-politisches Normgefüge voraus, z. B. darüber, welche Regeln in bezug auf die Verteilung von Gütern u. Lasten in einer Gesellschaft gerecht sind. Durch Moralkritik im Namen von S. wird aber ein gegebenes Ethos in Frage gestellt. Menschliches Handeln ist demnach komplizierter als nur sittl. „Streben". In Verschärfung des Problems nimmt *Kant* Grundelemente der vom griechischen Denken abweichenden biblisch- ↑ christlichen E auf. Nach *Kant* besteht S. nicht bloß in der Herrschaft über sinnliche Antriebe,

sondern in der Unabhängigkeit von ihnen. In einer Radikalisierung der im Begriff der S. angesprochenen Auflösung von Verhaltensweisen als bloßen Gegebenheiten kommt es vor jedem Verfolgen von Zielen darauf an, aus einer Distanz zu Zielen diese allererst zu setzen. Das menschliche Handeln entspricht einem Begehren, das in einem freien Verhältnis zu sich selbst steht, dem autonomen ↑ Willen. Prinzip der S. ist nicht der Inbegriff des *Erreichens* aller Ziele, das Glück, sondern der Grund des *Selbst-Setzens* von Zielen, die Freiheit im Sinne von Autonomie. *Kant* denkt die S. im Gegensatz zur latenten Willkür im handelnden Subjekt, zur Gefährdung vernünftigen Handelns durch die Macht der ↑ Bedürfnisse, Leidenschaften u. Triebe. S. dokumentiert sich deshalb in der Tatsache des Bewußtseins, zu bestimmten Handlungen verpflichtet zu sein ohne Rücksicht auf entgegenstehende Antriebe u. Chancen der Verwirklichung *(Faktum der Vernunft)*. Ihr Anspruch richtet sich an ein Wesen, das seine sinnlichen Beweggründe nicht abstreifen kann, sondern ein Bedürfniswesen bleibt. S. drückt sich deshalb in bezug auf den Menschen in einem Sollen, im ↑ kategorischen Imperativ, aus. Dieser stellt an das Sinneswesen Mensch den Anspruch, je neu seine Bedürfnisnatur so radikal zu überschreiten, daß er im Überschreiten sein eigentliches Selbst, seine Vernunftnatur, findet.

S. wird bei *Kant* als Qualifikation des Subjekts, als *Moralität* gedacht, nach der die Übereinstimmung mit dem Sittengesetz (↑ Moralprinzip) selbst unmittelbar den Bestimmungsgrund des Handelns ausmacht („aus Pflicht handeln"). Moralität dokumentiert sich im ↑ Gewissen, in der ↑ Gesinnung u. in der Stärke des Vorsatzes, der ↑ Tugend. S. als Moralität ist indessen keine folgenlose Innerlichkeit. Mehr als „frommer Wunsch", fordert sie die Aufbietung aller Mittel, soweit sie in der Gewalt des Handelnden stehen. Allerdings ist dort, wo die Kräfte nicht ausreichen u. der Mangel nicht selbstverschuldet ist, die Defizienz keine moralische. – Moralität ist von der *Legalität* unterschieden, die einerseits, in bezug auf einzelne, die Übereinstimmung einer Handlung mit dem Sittengesetz ohne Berücksichtigung der zugrundeliegenden Maxime meint („pflichtgemäß handeln") und die andererseits, in bezug auf die Gemeinschaft, die Sphäre des Rechts bezeichnet, die das Dasein der äußeren Freiheit regelt. Aus der Legalität einer Handlung kann man nicht auf ihre Moralität schließen, da die entsprechende Handlung auch aus nichtsittl. Motiven entspringen kann, so der Angst vor sozialer Ächtung, gerichtlicher Verfolgung oder der Strafe im Jenseits. – Während bei *Kant* S. das gleiche wie Moralität bedeutet, führt *Hegel* aus Kritik am imperativischen Charakter von *Kants* Moralität u. unter Rückgriff auf *Aristoteles* und das griechische Ethos S. wieder als politischen Begriff ein, den er von der auf die subjektive Seite beschränkten Moralität abhebt. S. wird zum Inbegriff jener bei *Kant* zur Legalität gehörenden ↑ Institutionen ↑ Familie, bürgerliche ↑ Gesellschaft u. ↑ Staat. In ihnen sieht *Hegel* das Prinzip der

Moralität, die Freiheit, zu geschicht-
lich-politischer Wirklichkeit kommen. Allerdings soll damit nicht jede
Form dieser Institutionen gerechtfertigt werden. Deren Interpretation als
Wirklichkeit der Freiheit setzt vielmehr einen normativen Begriff dieser
Institutionen voraus.

Lit.: Aristoteles, Nikomach. E;
D. Hume, Untersuchung über die Prin-
zipien der Moral; I. Kant, Grundlegung
zur Metaphysik der Sitten; ders., Kritik
der praktischen Vernunft, bes. 1. Buch;
ders., Die Metaphysik der Sitten;
J. G. Fichte, System der Sittenlehre;
G. W. F. Hegel, Grundlinien der Philosophie des Rechts; J. Ritter, Moralität
u. S., in: ders., Metaphysik u. Politik,
Frankfurt/M. 1969; R. M. Hare, Freiheit u. Vernunft, Düsseldorf 1973;
K. Baier, Der Standpunkt der Moral,
Düsseldorf 1974; H. Reiner, Die
Grundlagen der S., Meisenheim 1974;
O. Höffe, Sittl.-politische Diskurse,
Frankfurt/M. 1981, Teil I; ders., Kate-
gorische Rechtsprinzipien, Frank-
furt/M. 1990; ders. (Hrsg.), Grundle-
gung zur Metaphysik der Sitten, Frank-
furt/M. ²1993; ders. (Hrsg.), Aristote-
les, Nikomach. E, Berlin 1995;
W. Kuhlmann (Hrsg.), Moralität u. S.,
Frankfurt/M. 1986; G. Harman, Das
Wesen der Moral, Frankfurt/M. 1981;
J. L. Mackie, E, Stuttgart 1981. *O. H.*

Situation nennen wir die Gegebenheiten u. Möglichkeiten unserer natürlichen u. mitmenschlichen (ökonomischen, sozialen, politischen u.
kulturellen) Umwelt, mit denen wir
uns erkennend, ↑ wollend u.
↑ handelnd auseinandersetzen müssen. Die Berücksichtigung der S. ist
deshalb von sittl. Bedeutung, weil je
nach ihrer Beschaffenheit die konkrete Bestimmung dessen, was hier

u. jetzt gut ist, verschieden ausfällt.
Die antike Philosophie war der Auffassung, daß sich das menschliche
Handeln über das Werden u. Vergehen der Dinge hinaus an einem We-
sensbestand orientieren könne, der
unabhängig von unserer Auffas-
sungsweise die sittl. ↑ Ordnung der
Welt repräsentiert (Kosmosgedanke),
wenngleich sich die Handlung in der
rechten S. (Kairos) realisieren müsse.
Demgegenüber betonen moderne
phänomenologische Ansätze, daß
man die Aussagen über die Beschaffenheit der Dinge nicht von der
menschlichen Zugangsweise (↑ Verstehen) abtrennen könne, sondern
daß sie s.spezifisch seien. Zwar ist
die menschliche Intention von der
UmweltS. bestimmt u. motiviert, zugleich aber erhalten die Dinge durch
die Intention erst ihren umweltlichen
Sinn. S. u. menschliche Intention bestimmen sich daher wechselseitig.
Jede menschliche Stellungnahme
stellt eine Wertung (↑ Wert) dar, die
in die S. eingreift u. sie verändert.
Durch solche Weiterbestimmungen
treffen wir stets neue S.en an, die jeder sittl. ↑ Entscheidung den Charakter des Einmaligen u. Besonderen
geben. Eine E, die die Bestimmung
des ↑ Guten ausschließlich von der
jeweiligen S. abhängig macht u. allgemeine ↑ Werte u. ↑ Normen
leugnet, nennen wir *SituationsE*. In-
des bildet jeder Mensch Gewohnheiten u. Regeln (Maximen) aus, die für
typische S.en gleichermaßen gelten.
Darüber hinaus trifft er auf S.en, die
bereits durch Handlungsgewohnhei-
ten u. Regeln der Mitmenschen
(gesellschaftliche ↑ Normen) struk-
turiert sind u. einen Zusammenhang

(Kontext) bilden, in den er sich einfügen soll. Aber weder die wechselnden S.en noch die persönlichen oder gesellschaftlichen Regeln allein sind zur Bestimmung des Guten hinreichend. Vielmehr bedarf es der Orientierung an einem schlechthin gültigen unbedingten Maßstab (↑ kategorischer Imperativ, ↑ Moralprinzip), der jedoch nur in wechselnden geschichtlichen Stellungnahmen zu verschiedenen S.en eingelöst werden kann.

Lit.: J.-P. Sartre, Das Sein u. das Nichts, IV. Teil, Hamburg 1952; M. Merleau-Ponty, Phänomenologie der Wahrnehmung, Berlin [2]1974; P. Ricœur, Le volontaire et l'involontaire, Paris 1948; J. Fuchs, S. u. Entscheidung, Frankfurt/M. 1952; D. v. Hildebrand, Wahre Sittlichkeit u. S.E, Düsseldorf 1957; O. Höffe, Praktische Philosophie. Das Modell des Aristoteles, Teil II, Berlin [2]1996; J. Barwise, J. Perry, S. u. Einstellungen, Berlin 1987.   *A. S.*

SituationsE ↑ Situation.

Skeptizismus ↑ Begründung.

Sklavenmoral ↑ Herrenmoral – Sklavenmoral, Lebensphilosophie.

Skrupellosigkeit ↑ Hemmung.

Solidarität ↑ Wohlwollen.

Solidaritätsprinzip ↑ Christliche E.

Solipsismus ↑ Kommunikation.

Sollen ↑ Pflicht.

Sowjetische E ↑ Marxistische E.

Sozialdarwinismus nennt sich eine pseudowissenschaftliche, sog. rassenhygienische Bewegung, die besonders Ende des 19. Jahrhunderts in Europa verbreitet war, aber erst in den Anschauungen des Nationalsozialismus ihren Höhepunkt fand. Der S. lehnt sich äußerlich an den *Darwinismus* an: Da mehr Einzelwesen jeder Art geboren werden, als tatsächlich leben können, sei der *Kampf ums Dasein* notwendig (↑ evolutionistische E, Soziobiologie). Er werde schließlich von den Wesen mit den vorteilhafteren Anlagen, die sich durch natürliche Züchtung vervollkommnen, gewonnen. Diese Grundthesen werden vom S. als soziale Entwicklungsgesetze zur Erhaltung einer als hochwertig geltenden menschlichen Rasse verstanden. Das Prinzip des ‚Rassenwohls' *(A. Ploetz)* ersetzt das des ↑ Gemeinwohls u. dient zur Legitimation der Eugenik: Kranke u. Leistungsschwache sollen der ‚Zuchtwahl' u. der harten sozialen Auslese zum Opfer fallen. Der extreme S. *(J. B. Haycraft, A. Tille)* fordert die „Opferung" des einzelnen für Rasse u. Volk u. lehnt soziale Maßnahmen im Gegensatz zum gemäßigten S. ab. Beide Strömungen stehen im Gegensatz zum ↑ Sozialismus. – Die Anschauungen des S. reichen von einer freiwillig an rassischen Prinzipien orientierten Wahl des Gatten bis zur wissenschaftlichen Keimauslese u. künstlichen Züchtung des Menschen, für die jedoch keiner Wertmaßstäbe entwickelt, sondern die vagen Kennzeichen der sog. ‚arischen' Rasse gefordert wurden. Der S. fördert Rassismus u. Antisemitismus (↑ Diskriminierung); er diente zur Rechtferti-

gung der Euthanasie (↑ medizin. E).
– Der humane Wert des ↑ Lebens
wird nicht etwa auf biologisch halt-
bare Grundbedingungen, sondern
auf rassistische Gesichtspunkte reduziert, die gegen die menschlichen
↑ Grundrechte u. die Selbstentfaltung der ↑ Person gerichtet sind.
Der ↑ Mensch gilt lediglich als
Züchter oder Zuchtmaterial. Für eine Beurteilung von minder- oder
hochwertigem Leben gibt es weder
sittl. noch wissenschaftliche Kriteri-
en. Auch die biologische Konstitution des Menschen läßt sich nur unter
Berücksichtigung seiner sozialen u.
personalen Bestimmung verstehen
(A. Portmann).

Lit.: Ch. Darwin, Über die Entstehung
der Arten . . ., Stuttgart 1974; J. B. Haycraft, Natürliche Auslese u. Rassenver-
besserung, Leipzig 1895; A. Ploetz,
Rassentüchtigkeit u. Sozialismus, Neue
deutsche Rundschau, 1894; Kritisch:
H. Conrad-Martius, Utopien der Menschenzüchtung. Der S. u. seine Folgen,
München 1955; A. Portmann, Biologische Fragmente zu einer Lehre vom
Menschen, Basel/Stuttgart ³1969;
H. M. Peters, Historische, soziologische
u. erkenntniskritische Aspekte der Lehre Darwins, in: Neue Anthropologie,
hrsg. v. H.-G. Gadamer u.a., Bd. 1,
Stuttgart 1972; H. W. Koch, Der S.,
seine Genese u. sein Einfluß auf das
imperialistische Denken, München
1973; H. G. Marten, Sozialbiologis-
mus, Frankfurt/M. 1983.   *W. V.*

Sozialer Friede ↑ Friede.

Soziale Integration ↑ Sozialisation.

Sozialethik. Die S. in einem weiteren
Sinn untersucht die sittl. ↑ Normen
u. Prinzipien menschlichen Zusammenlebens im institutionalisierten u.
nichtinstitutionalisierten Bereich. Die
S. im engeren Sinn klammert die
↑ Pflichten aus, die der Mensch als
↑ Individuum gegenüber anderen
hat, u. konzentriert sich auf die normalen Fragen der Grundinstitutio-
nen: auf den ↑ Sinn u. die sittl. angemessene ↑ Ordnung von ↑ Ehe u.
↑ Familie, ↑ Eigentum u. ↑ Wirtschaft, ↑ Recht, ↑ Strafe, ↑ Staat
usw. Die S. stellt die notwendige Ergänzung zur IndividualE dar, die die
↑ Verantwortung des Individuums
gegenüber dem Mitmenschen u. sich
selbst untersucht, ferner die Aufgaben der Gesellschaft gegenüber den
Individuen (↑ Subsidiarität). Auch
wenn manche Sozial- ↑ Pragmatiken
(z. B. ↑ Utilitarismus, auch ↑ konstruktive E u. ↑ kritische Theorie)
dazu neigen, nur die zwischenmenschlichen Aspekte des ↑ Handelns für e relevant zu halten, ist dies
für die S. nicht spezifisch, u. noch
weniger angemessen ist es, nur den
institutionalisierten Bereich für e be-
deutungsvoll zu erachten. – Die S.
geht davon aus, daß der ↑ Mensch
keine beziehungslose Monade, sondern „von Natur aus" ein soziales u.
politisches Wesen ist: Aufgrund anthropologischer Bedingungen wie der
↑ Sexualität, des Mangels an ↑ Instinkten u. der Sprachbegabung ist
der Mensch teils zum nackten Überleben als Individuum u. als Art, teils
zum angenehmen Leben, teils zur
Persönlichkeitsbildung, Selbstach-
tung u. Selbstverwirklichung auf *Kooperation:* auf die Hilfe u. Anerkennung von anderen u. die Auseinandersetzung mit ihnen, angewiesen.

Auf der anderen Seite ist das Miteinanderleben nicht durch angeborene Verhaltensmuster gesichert, sondern durch unterschiedliche ↑ Bedürfnisse u. Interessen, durch die Knappheit aller Güter sowie durch ↑ Leidenschaften wie ↑ Neid, Eifersucht u. Haß bedroht. Ohne entsprechende Erziehung, Selbstkontrolle u. institutionelle Vorkehrung gelingt weder das Überleben noch das ↑ glückliche Leben.

Die S. stellt menschliche Kommunikation u. Interaktion unter die Grundkriterien von politischer ↑ Freiheit u. ↑ Gerechtigkeit (hier verstanden als Prinzip des Rechts, nicht der ↑ Tugend). Durch sie wird ein in sich sinnvolles Zusammenleben möglich, das auf der wechselseitigen Anerkennung der Menschen als ↑ Personen gleicher Würde basiert u. in dem ↑ Konflikte nicht nach den jeweiligen Machtverhältnissen, sondern aufgrund allgemeiner Gesetze geregelt werden, die einer gleichen u. wechselseitigen Einschränkung u. Sicherung des individuellen u. gruppenmäßigen Lebensraumes dienen. Zu den Prinzipien einer S. gehören auch Solidarität (↑ Wohlwollen) als Mitgefühl u. Hilfe für Notleidende u. Unterdrückte sowie ↑ Toleranz als Achtung andersartiger Anschauungen u. Handlungsweisen. – Als Prinzip der Unantastbarkeit der Würde des Menschen, als ↑ Grundrechte u. als normative Leitprinzipien wie das Gebot, den demokratischen u. sozialen Rechtsstaat zu verwirklichen, sind die Grundforderungen der S. in die Verfassungen moderner Staaten eingegangen u. stellen die Grundkriterien dar, nach denen die soziale u. politische Ordnung in ihren verschiedenen Bereichen u. Aspekten des näheren auszugestalten ist. Bei deren konkreter Bestimmung durch die Gesetzgebung ist auf die Bedürfnisse, Interessen u. Sinnvorstellungen der Betroffenen in ihrer besonderen sozio-ökonomischen u. geschichtlich-kulturellen ↑ Situation Rücksicht zu nehmen, wofür die Erkenntnisse der Wirtschafts- u. Humanwissenschaften dienlich sind.

Lit.: Aristoteles, Politik, Buch I; Th. Hobbes, Vom Bürger, bes. Kap. 1 u. 2; I. Kant, Metaphysik der Sitten; G. W. F. Hegel, Grundlinien der Philosophie des Rechts; J. S. Mill, Über die Freiheit, bes. Kap. 3 u. 4; Th. Litt, Individuum u. Gemeinschaft, Leipzig ³1926; A. F. Utz, Bibliographie der S., Freiburg 1956 ff; T. Rendtorff, A. Rich (Hrsg.), Humane Gesellschaft, Zürich 1970; J. Rawls, Eine Theorie der Gerechtigkeit, Frankfurt/M. 1975; O. Höffe, Sittl.-polit. Diskurse, Frankfurt/M. 1981, Teil I; ders., Politische Gerechtigkeit, Frankfurt/M. 1987; ders., Vernunft u. Recht, Frankfurt/M. 1996; Handbuch der christl. E, 3 Bde., Freiburg u.a. 1978–1982; F. Furger, J. Wiemeyer (Hrsg.), Christliche S. im weltweiten Horizont, Münster 1992.

O. H.

Sozialisation nennen wir ein Interaktionsgeschehen, in dem der heranwachsende Mensch ebensosehr in die Regeln gesellschaftlichen Lebens eingeführt wird u. seine Rollen erlernt wie er sich in Verinnerlichung u. Auseinandersetzung mit ihnen zum ↑ Individuum ausbildet. *Soziale Integration* (↑ Gesellschaft) u. Individuierung bilden die beiden sich gegenseitig bedingenden Momente dieses Entwicklungsgeschehens. Wir nennen diejenige Phase „primäre Sozialisation", in der ein beginnendes menschliches Wesen die Grundqualifikationen des Handelns der Person erwirbt, u. „sekundär" diejenige, in der es zur ausgebildeten Handlungsfähigkeit neue Qualifikationen hinzuerwirbt. Dabei werden auch die Qualifikationen des ↑ gut oder ↑ böse Handelns erlernt, mithin die moralische Urteilsfähigkeit im Kind ausgebildet. – Philosophischer Ausgangspunkt einer S.theorie ist das Verständnis des ↑ Menschen als eines ↑ Bedürfniswesens, das in seiner Umwelt Befriedigung zu erreichen sucht. Unter diesem Gesichtspunkt können sowohl die biologischen Voraussetzungen der Reifung wie die psychologischen der Entwicklung u. die soziologischen der Interaktion integriert werden.

Der primäre Teil der S. gliedert sich in drei Organisationsstufen. In der coenästhetischen oder autistischen Phase (1.–3. Lebensmonat) steht die Bedürfnisbefriedigung nach Art des intrautrinären Lebens im Vordergrund. Körperempfindungen (Sensationen) zeigen die steigende Spannung (Anwachsen der Unlustgefühle) u. Entspannung (Lust: ↑ Freude) im Säugling an, während die Wahrnehmungsorgane noch durch hohe Reizschwellen geschützt sind. Die Bedürfnisbefriedigung erfolgt nach Art des Reiz-Reaktionsmusters mit dem Vorrang des affektiven Lebens. Versagungen nötigen zum Übergang in die zweite Phase, die durch Ausbildung des wahrnehmend-intentionalen Bewußtseins bestimmt ist (diakritische oder symbiotische Phase: 3.–15. Lebensmonat).

Ihre ungeschiedene Mutter-Kind-Einheit (Wahrnehmung von Teilobjekten) wird allmählich von der Realitätserfahrung (Individuation) abgelöst. Zunächst stehen Tast- u. Gesichtswahrnehmung im Vordergrund. Das blickerwidernde Lächeln des Säuglings kann als erstes Indiz einer intentionalen Erlebnisform angesehen werden, die Aussonderung der Mutter als Individuum in der sog. Acht-Monateangst als erste explizite Sozialbeziehung. Die Ungesicherheit der Bedürfnisbefriedigung außerhalb des Blickkontakts mit der Mutter nötigt zur Entwicklung der dritten S.stufe (ab dem 15. Lebensmonat), in der sich die S. des Menschen endgültig vom Tier trennt: die Sprache. Diese wird im Kontext mit Handlungen erlernt. Im Unterschied zu den tierischen Signalen, die an identische Situationen (z. B. Gefahr) gebunden sind, ist die Sprache symbolisch: Ihre Handlungsanweisungen können auf analoge Situationen angewandt u. daher in ein Netz von Bedeutungen eingebettet werden. – Das Erlernen der Sprache in Einheit mit bestimmten Interaktionsformen ist gleichzeitig auch mit einer effektiven Wertung als lieb oder freundlich, als gut oder böse verknüpft. In den Geboten u. Verboten der Eltern, speziell in der Geste des „Nein" werden sie explizit gemacht. Daran knüpft sich für das Kind die Unterscheidung des ↑ Ideals von der Wirklichkeit, des Sollens vom Sein u. damit die Genese des moralischen Urteils. Dieses entwickelt sich in den drei Stufen: a) Orientierung an äußeren Sanktionen u. deren Folgen, b) Sich-bestimmen-Lassen von der etablierten ↑ Autorität *(Verhaltensformung)*, c) Verinnerlichen der Prinzipien u. deren flexible Anwendung auf die konkrete ↑ Situation. Die Verbote gehen dabei ins Über-Ich, die Gebote ins Ich-Ideal ein. Bei Strenge oder Nachgiebigkeit der Autoritäten *(Verhaltenssteuerung)* wird das Über-Ich übermäßiges Schuldbewußtsein bzw. Strafbedürfnisse (übersozialisiertes Verhalten) oder im Falle labilen Verhaltens ein mangelndes Normenbewußtsein *(asoziales Verhalten)* ausbilden, was zu starke ↑ Hemmungen oder aber Hemmungslosigkeit zur Folge hat. In dem Maße, wie sich die elterliche Erziehungspraxis an Realerfordernissen orientiert, werden die verinnerlichten Verbote dem Selbst einen ↑ Entscheidungsspielraum freilassen u. damit ein relativ autonomes ↑ Gewissen u. *soziales* Handeln ermöglichen.

Lit.: R. Spitz, Vom Säugling zum Kleinkind, Stuttgart [4]1974; J. Piaget, Das moralische Urteil beim Kinde, Frankfurt/M. 1973; A. Lorenzer, Zur Begründung einer materialistischen S.theorie, Frankfurt/M. 1972; J. Habermas, Stichworte zu einer Theorie der S., in: ders., Kultur u. Kritik, Frankfurt/M. 1973; D. Geulen, Das vergesellschaftete Subjekt. Zur Grundlegung der S.theorie, Frankfurt/M. [2]1989; H. Veith, Theorien der S., Frankfurt/M./ New York 1996. *A. S.*

Sozialismus ↑ WirtschaftsE.

SozialistischeE ↑ Marxistische E.

Sozialpragmatik ↑ Pragmatik.

Sozialstaat ↑ Staat.

Soziobiologie heißt die Interpretation des Sozialverhaltens von Tier u. Mensch aus der Sicht der biologischen Evolutionstheorie (in Verbindung mit der Neurophysiologie); der Begriff S. wurde von *E. O. Wilson* (1975) geprägt. Ihre Grundannahme lautet, daß auch soziales Verhalten der natürlichen Selektion unterliegt. Trifft dies zu, so muß es sich in evolutionstheoretischen Begriffen darstellen lassen. Reduktionistisch verstanden, müßte die S. sogar zu einer Ablösung der bisherigen Humansoziologie durch eine strikt naturwissenschaftliche Sozialtheorie führen. Die Basis der evolutionären Betrachtungsweise der S. bildet die Konzeption einer „Genselektion" (nicht etwa einer Gruppen- oder Individuenselektion). In älteren darwinistischen Theorien ist das „altruistische" Verhalten zahlreicher Tiere unerklärbar; theoriegemäß müßte es innerhalb der Evolution verschwinden, da es sich auf die Chancen der es praktizierenden Individuen u. Gruppen im Selektionswettkampf i. d. R. nachteilig auswirkt. Die von der S. geprägten Begriffe Verwandtschaftsselektion *(kin selection)* u. Gesamtfitness *(inclusive fitness)* erlauben es hingegen, in der Begünstigung ähnlicher Gen-Ausstattungen einen wichtigen Selektionsvorteil zu sehen; Individuen begünstigen demnach genetische Verwandte – eine Behauptung, die sich empirisch eindrucksvoll bestätigen läßt. Auf diese Weise erscheint nicht mehr das Individuum als Nutznießer der Evolution; es dient als bloße „Überlebensmaschine" für Gen-Ausstattungen. Neben verwandtenbezogenem Altruismus gibt es allerdings bei höheren Wirbeltieren auch einen „reziproken Altruismus", bei dem nicht-verwandte Individuen einander in überschaubarer Zeit vergleichbare Vorteile verschaffen. Die Anwendung der S. auf den Menschen ist höchst kontrovers (z. B. bei der Frage nach einer genetischen Bedingtheit geschlechtsspezifischen Rollenverhaltens oder nach einem „Gen für Armut"); vor allem aus zwei Gründen ist hier Vorsicht geboten: Zum einen dürfte es angemessener sein, Menschen als „genetisch disponiert" denn als „genetisch determiniert" zu bezeichnen; eine restlose Erklärung kultureller, besonders ethischer Phänomene mittels der S. scheint unplausibel. Zum anderen ist bei der Diskussion der S. innerhalb der ↑ evolutionären E jeder naturalistische Fehlschluß zu vermeiden; auch wenn sich Verhaltensgrundsätze mit Hilfe der S. empirisch erklären lassen sollten, folgt daraus nicht, daß sie gut, gültig, wünschenswert oder richtig sind.

Lit.: Ch. Darwin, Die Abstammung des Menschen; ders., die Entstehung der Arten; E. O. Wilson, Sociobiology. The New Synthesis, Cambridge, Mass./London 1975; R. Dawkins, Das egoistische Gen, Hamburg 1996 (engl. 1976); D. P. Barash, Sociobiology and Behavior, London/New York 1977; F. M. Wuketits, Gene, Kultur u. Moral, Darmstadt 1990; K. Bayertz (Hrsg.), Evolution u. E, Stuttgart 1993; W. Lütterfelds, T. Mohrs (Hrsg.), Evolutionäre E zwischen Naturalismus u. Idealismus, Darmstadt 1993.   *C. H.*

Spiel meint eine Tätigkeit des ↑ Menschen, in der er über die zur Erhaltung seines ↑ Lebens notwendige Bearbeitung der ↑ Natur hinaus (↑ Arbeit) in freier Weise seine formgebenden Fähigkeiten in Auseinandersetzung mit dem Stoff erprobt. Die Möglichkeit des S. ist daher von der Beschaffenheit der Arbeitswelt abhängig, weil die Arbeit die Bedingungen für den Freiraum der Muße schaffen muß (Lösung des Problems der Selbsterhaltung) u. weil sie, solange sie die Kräfte des Menschen in einseitiger Weise bindet, die Notwendigkeit eines Ausgleichs u. einer Ergänzung des Menschseins in der *Freizeit* hervorruft. Die Arbeit muß daher im Unterschied zu *Huizinga* als die grundlegende Bedingung der ↑ Kultur angesehen werden. Innerhalb der durch sie festgelegten Grenzen überschreitet jedoch das S. den Bereich der Notwendigkeit zugunsten einer freieren u. umfassenderen Realisierung des Menschlichen (↑ Humanität), das im S. auf seine vollen Möglichkeiten vorgreift. Dies wird bereits deutlich in den von der Funktionslust bestimmten S.en der Kinder u. dem Wettstreit der Heranwachsenden, ebenso wie im künstlerischen u. kultischen S. der Erwachsenen, das sich im Fest ereignet. Voraussetzung dafür sind freilich neben dem Freisein vom Selbsterhaltungsdruck eine differenzierte Umweltbeziehung u. ein Gemeinschaftsbewußtsein *(Portmann)*.

Die Arbeitsaskese der bürgerlichen ↑ Gesellschaft u. die modernen Technologien haben dagegen dem Menschen einerseits das Bewußtsein der Selbstbestimmung u. ↑ Freiheit (Autonomie) u. damit der nahezu unbegrenzten Fähigkeit des Herstellens u. Machens vermittelt, ihn aber andererseits seiner natürlichen Umwelt ↑ entfremdet. Dadurch ist er in das Dilemma geraten, daß die Freiheit des Formierens gleichzeitig eine Ausbeutung der Natur als Material bedeutet, ebenso wie in ihm die Verwirklichung der ↑ Vernunft einer Unterdrückung der Sinnlichkeit (↑ Leidenschaft), die Erfüllung der ↑ Pflicht den ↑ Verzicht auf die Neigungen einschließt *(Kant)*. Diese Entzweiung der Praxis sucht *Schiller* dadurch zu überwinden, daß er Vernunft u. Sinnlichkeit im Ästhetischwerden des Menschen vereinigen will. Die *Kunst* soll das Auseinanderfallen von Form- u. Stofftrieb durch Verwirklichung des S.-triebs überwinden, da der Mensch nur da ganz Mensch sei, wo er spielt. Eine E, die die Realisierung des ↑ Guten an das Hervorbringen der schönen Gestalt (Anmut) bindet, heißt *ästhetische Moral.* Für *Schiller* wird sie zum Modell für menschliche Praxis überhaupt. Damit wird das Problem aufgeworfen, ob die Kunst zum Modell der Arbeitswelt werden kann oder nur deren Abbild darstellt. Idealismus u. Realismus sind in der Kunst die Antwort darauf. Während der Idealismus dem S. freien Lauf läßt, scheitert er am fehlenden Realitätsgehalt. Hingegen bedeutet die strikte Bindung der Kunst an die getreue Wiedergabe der Wirklichkeit den Verlust der Spontaneität u. Phantasie. Künstlerische Phantasie u. Wirklichkeitsbezug müssen ebenso in einem differenzierten Wechselverhältnis gesehen werden, wie S. u. Arbeit aufeinander einwirken müssen, ohne daß sie aufeinander reduziert werden könnten.

Lit.: F. Schiller, Über die ästhetische Erziehung des Menschen, bes. 15. u. 23. Brief; F. J. J. Buytendijk, Wesen u. Sinn des S., Berlin 1934; J. Huizinga, Homo Ludens. Vom Ursprung der Kultur im S., Hamburg 1956, H. Rahner, Der spielende Mensch, Einsiedeln 1952; E. Fink, S. als Weltsymbol, Stuttgart 1960; I. Heidemann, Der Begriff des S., Berlin 1968; G. Lukács, Geschichte u. Klassenbewußtsein, Neuwied-Berlin 1970, S. 245–267; A. Portmann, D. Kamper, Das S. in biologischer u. philosophischer Sicht, Merkur Bd. 9, 1975; J. Piaget, Nachahmung, S. u. Traum, Ges. Werke Bd. 5, Stuttgart 1975; W. Heusmann, K. Lotter (Hrsg.), Lexikon der Ästhetik, München 1992.

A. S.

Spieltheorie ↑ Entscheidungstheorie.

Spiritualität ist kein philosophischer Begriff, sondern ein Wort der christlich-religiösen Bildungssprache, die sich mit religiöser Erbauung, asketischer Praxis u. gläubiger Frömmigkeitsübung befaßt. Im allgemeinen meint es jenen religiös-sittl. Grundhabitus, der ein „Leben nach dem Geist" *(geistliches Leben)* im Gegensatz zu einem „Leben nach dem Fleische" (dem Leben des unerlösten, selbstbezogenen, auf natürliche Interessen beschränkten Menschen) bestimmt. S. bedeutet so das Ergriffensein vom Hl. Geist, das lebendige Erfaßtsein von der Heilswirklichkeit ↑ Gottes. S. ist also keine theoretische, sondern eine praktische Kategorie u. bezeichnet zumeist die Grund- ↑ Tugend eines christlichen Lebens überhaupt. Auf dem Hintergrund einer mehr oder weniger ausgeprägten dualistischen Daseins- u.

Weltinterpretation, die sich in den Antithesen von Gott-Welt, Geist-Leib, Irdisches-Jenseitiges, Licht-Finsternis dokumentiert, beinhaltet S. die gedankliche, emotionelle, willentliche u. lebenspraktische Loslösung von dieseitsorientierten Interessen, derart, daß man den Gütern „dieser Welt" gegenüber eine Indifferenz entwickelt, die einen jederzeit gelassenen Verzicht auf sie „um des Himmelreiches willen" ermöglicht. (Die Befreiung von der Verfangenheit in die „Welt" hat nicht notwendig deren Verachtung zur Folge; sie wird nur von einem Standpunkt jenseits der „Welt" aus erlebt u. gedeutet.) Aus diesem Grundzug christlicher S. resultiert die Bestimmung der einzelnen Momente, die ein geistiges Leben konstituieren. Als vorzügliches Mittel irdischer Abtötung u. läuternden Aufstiegs galt u. gilt die Askese (↑ Verzicht): d. h. negativ die (dauernde bzw. zeitweilige) Enthaltung bzw. Beschränkung von Schlaf, Essen, Kleidung, Gemeinschaft mit anderen, Sprache, Besitz, Geschlechtsgenuß etc., positiv die körperliche Peinigung durch sich selbst oder andere (sie wird in der Moderne meist abgelehnt). Das Leben nach dem Fleische wird abgetötet, um ein geistliches Leben freizusetzen. Zugleich wird der Mensch in symbolischer Weise mit dem getöteten Gott geeint, um sich mit dem Auferstandenen einigen zu können. Diese asketische Praxis wird teils begleitet, teils abgelöst durch eine spezifische Form der *Frömmigkeit:* die *Meditation.* Sie setzt bereits ein gewisses Maß an Freiheit von der Verfallenheit an irdische Interessen

voraus u. beinhaltet eine emotional besetzte, affirmativ sich versenkende Betrachtung der Heilstaten Gottes in Geschichte u. endzeitlicher Zukunft, die zugleich die persönliche Beziehung (nach Nähe u. Ferne) zu diesem von Gott angebotenen u. eröffneten übernatürlichen Leben bewußtmacht. Ist Askese der Stufe der Läuterung zugeordnet, so korrespondiert Meditation der Stufe der Erleuchtung. Einigen wenigen gelingt auf dem Wege kontemplativer Versenkung die Stufe der Einigung, des *mystischen* Erlebnisses, das durch die Minderung des Abstandsgefühls, durch beglückende Partizipation am bzw. Verschmelzung mit dem göttlichen Leben gekennzeichnet ist. (Obwohl der Begriff der S. im christlichen Sprachraum beheimatet ist, hat die ihm korrespondierende Praxis der Askese, der Meditation u. der Mystik ihre Parallelen in anderen Religionen, so vor allem im Buddhismus: ↑ buddhistische E, u. Hinduismus: ↑ hinduistische E.) Zwar bieten die geschichtlichen Erscheinungsformen christlicher S. ein breites, variantenreiches Spektrum, doch von Anfang an ist der gegen die „Finsternis der Welt" gerichtete Grundzug dominant. Märtyrer, Asketen, Jungfrauen u. Mönche waren stets die großen Leitbilder christlicher Frömmigkeit. In der Antike *(Klemens v. Alexandreia),* in Mittelalter *(Thomas v. Aquin),* ↑ Humanismus *(Erasmus v. Rotterdam, Franz v. Sales),* Reformation *(Luther, Calvin)* finden sich Ansätze, eine dem „Weltauftrag" zugeordnete S. des „Laien" zu entwickeln (beispielhaft hierfür ist die reformatorische

Interpretation des weltlichen Berufes als Berufung: ↑ BerufsE); hierzu gehört auch die katholische Bemühung um eine christliche ↑ SozialE im 19. u. 20. Jh. *(J. M. Sailer, Leo XIII, Pius XI, Pius XII)* u. um eine politische Theologie *(J. Moltmann, J. B. Metz)*; doch bleiben diese Versuche häufig (vor allem im Katholizismus) hinter den monastischen Idealen zurück oder haben nur deren Anpassung an veränderte soziale u. kulturelle Gegebenheiten zum Inhalt (wie etwa bei *Ch. Foucauld* u. *R. Schutz*).

Lit.: Klemens v. Alexandreia, Paidagogos; Augustinus, Confessiones; Bonaventura, Itinerarium mentis in Deum; Meister Eckhart, Reden der Unterscheidung; Thomas v. Kempen, Nachfolge Christi; Ignatius v. Loyola, Exerzitien; Franz v. Sales, Les vrays entretiens spirituels; Bossuet, Oraisons funèbres; Fénélon, Traité de l'éducation des filles; ders., Maximes de Saints; P. Pourrat, Spiritualité chrétienne I–IV, Paris ¹1921–1928; A. Farges, Voies ordinaires de la vie spirituelle, Paris 1925; R. Garrigou-Lagrange, Les trois âges de la vie intérieure, I–II, Paris 1938; E. d'Ascoli, Spiritualità precrestiana, Brescia 1952; J. Gauthier, Spiritualité catholique, Paris 1953; R. Guardini, Der Herr, Paderborn ¹³1964; Ch. Foucauld, Oeuvres spirituelles, Paris 1958; R. Spaemann, Reflexion u. Spontanität. Studien über Fénélon, Stuttgart 1963; H. Dumoulin, Östliche Meditation u. christliche Mystik, Freiburg 1966; Glaubenserfahrung u. Meditation. Wege einer neuen S., Freiburg/Basel/Wien 1975; G. Ruhbach, J. Sudbrack (Hrsg.), Große Mystiker, München 1984.   M. F.

Sprachenanalytische E ↑ MetaE, Methoden der E.

Sprache ↑ Kommunikation.

Staat. Der S. hat als politische u. organisatorische Einheit u. ↑ Ordnung einer ↑ Gesellschaft sittl.-anthropologische, rechtliche (↑ Recht), ökonomische, sozio-kulturelle u. geographisch-ethnische Bedingungen. Die unterschiedlichen S.theorien geben jeweils einigen dieser Bedingungen höhere Bedeutung als den anderen. – Die Theorien des idealen S. geben den sittl.-anthropologischen Bedingungen den Vorrang; sie konstruieren den besten S. entweder als Einheit analog zum Menschen, in der das ↑ Glück aller unter der ↑ Herrschaft des ↑ Guten, der ↑ Gerechtigkeit u. ↑ Wahrheit durch ↑ Erziehung erreicht werden soll *(Platon)* oder als Vielheit u. Gemeinschaft, die von der besten ↑ Verfassung mit dem Ziel des Glücks jedes einzelnen zu einem Ganzen geformt wird, in dem quantitative Verhältnisse (Armut-Reichtum) u. qualitative Kriterien (Herrschaft der Besten) ein Gleichgewicht bilden *(Aristoteles)*. Das vernünftige u. politische Wesen des Menschen ermöglicht die Geltung der Gerechtigkeit u. der angeborenen u. anerzogenen ↑ Tugenden als Prinzipien des S.

Die instrumentalistischen S.theorien stellen die rechtlichen u. ökonomisch-sozialen Bedingungen des S. in den Vordergrund. Danach ist der S. Ergebnis eines ↑ *Gesellschaftsvertrags,* der einerseits dem Überleben der im Naturzustand sich wechselseitig bedrohenden ↑ Individuen mit der Zustimmung aller (Konsens) u. der Sicherung ihrer individuellen Interessen *(Hobbes)*, andererseits der

Erhaltung der naturgesetzlich veran-
kerten Prinzipien der ↑ Gleichheit,
des ↑ Lebens u. der ↑ Freiheit der
Menschen u. ihres durch ↑ Arbeit
geschaffenen ↑ Eigentums dienen
soll *(Locke)*. Der S. ist zwar Monopol der Macht, soll aber durch das
System des ↑ Rechts den einzelnen
vor der widerrechtlichen ↑ Gewalt
anderer Individuen u. Gruppen u.
selbst des S. schützen. Die Trennung
von s.lichen u. individuell-sozialen
Interessen dieses auf seine Rechts- u.
äußeren Machtfunktionen beschränkten S.begriffs (MinimalS.) wird aufgehoben, wenn der allgemeine Wille
als Wille der Mehrheit mit dem S.
identifiziert wird *(Rousseau)*. Das
Recht ist dann nicht mehr nur Funktion s.licher Macht, sondern formal
mit ihr identisch. Die politische Gemeinschaft wird als handelndes Subjekt analog der natürlichen Person
des Monarchen gedacht (Souveränität), deren Handlungen der Gesellschaftsvertrag Verbindlichkeit verleiht. Der Zweck des „Spiels der
Staatsmaschine" *(Rousseau)* ist es,
den einzelnen auch gegen seinen Willen zu zwingen, frei zu sein.

Die idealistischen S.theorien greifen die rechtlichen Elemente der instrumentalistischen auf u. leiten sie
von den anthropologischen Prinzipi-
en des Menschen als eines Vernunftwesens ab. Der Gesamtwille als
Handlungssubjekt entstammt nun „a
priori aus der Vernunft" *(Kant)*. Er
wird vom aufgeklärten Herrscher,
dem „personifizierten Recht", wahrgenommen u. verwirklicht. Ihm gegenüber haben die Bürger absolute
Gehorsamspflicht, die ein Recht auf
Widerstand, wie es zuvor bereits

konzipiert war *(Locke)*, unmöglich
macht. Dabei sind jedoch Freiheit,
Gleichheit u. Selbständigkeit unabdingbare Attribute des S.bürgers.
Ziel der republikanischen Verfassung
ist nicht das Wohl u. Glück des Bürgers, sondern das „Heil des S.", die
„größte Übereinstimmung der Verfassung mit Rechtsprinzipien"
(Kant). Die Gerechtigkeit wird aufgrund des Prinzips apriorischer
Rechtfertigung von Rechtsansprü-
chen als „öffentlich kundbar" gedacht (Prinzip der Publizität), u. jedes Unrecht soll nach diesem Kriterium „durch ein Experiment der
reinen Vernunft" unmittelbar erkennbar sein. In dieser S.theorie soll
das pflichtgemäße Handeln (Legalität), nicht aber die Gesinnung des
einzelnen (Moralität) durch Erziehung ‚von oben' gesteigert werden. –
Diese Trennung zwischen der sittl.
Natur des Rechts u. dem sittl. Wesen
des Menschen ist dann überwunden,
wenn der S. nicht nur rechtlich, sondern auch sittl. zum System wird, in
dem das Einzelinteresse u. die moralischen Prinzipien „aufgehoben" u.
vereinigt sind. Der S. als „Wirklichkeit der sittlichen Idee" u. als „göttliche Idee, wie sie auf Erden vorhanden ist" *(Hegel)*, verbindet das
Selbstbewußtsein des einzelnen u. die
Freiheit aller zu einer Einheit.

Die Theorie des *Rechts-S.* vereinigt
Elemente der idealistischen S.theo-
rien u. legt sie institutionell aus. Die
Garantien von ↑ Eigentum, Ver-
trags- u. Gewerbefreiheit wie auch
die Gesetzmäßigkeit der Verwaltung
sind rechtsstaatliche Kriterien, die
zwar von der Erklärung der ↑ Menschenrechte beeinflußt sind, aber zu-

nächst primär unter den Bedürfnissen der liberalen Konkurrenzgesellschaft (↑ WirtschaftsE) ausgelegt werden. Auch hier gilt der S. noch als handelndes Subjekt (G. *Jellinek*); er ist aber, wie auch neuerdings wieder von neoliberalen S.theorien (R. *Nozick*) vorgeschlagen wird, von ökonomischen u. sozialen Aufgaben befreit (Minimal-S.). Dieser Vorrang des formalen Rechts wird im sozialen Rechts-S. (Art. 28, 1 GG) überwunden, indem über die Gewaltverteilung u. die Unabhängigkeit der Rechtsprechung als formale Kriterien des Rechts-S. hinaus die materialen Aufgaben der Sicherung der Konsumbedürfnisse u. des ↑ Gemeinwohls institutionell gesichert werden. Die Identifikation von S. u. Rechtsordnung wird im *Sozialstaat* (Art. 20 u. 28 GG) aufgehoben, der verpflichtet ist, soziale Gegensätze auszugleichen, eine gerechte Sozialordnung u. sozialen ↑ Frieden zu garantieren. Der S. ist kein autonom handelndes Subjekt mehr, sondern einem System der Kontrollen zwischen den einzelnen Gewalten unterworfen. Zur Sicherung des Gleichgewichts zwischen formalen u. sozialen rechtsstaatlichen Prinzipien (↑ Freiheit, ↑ Gleichheit, ↑ Grundrechte) u. zur politischen Willensbildung ist ein Ausbau sowohl von Rationalitätskontrollen, zu denen u. a. die wissenschaftliche Politikberatung zählt, wie der Kooperation zwischen repräsentativen Organen (Parlamenten), staatlichen Bürokratien u. Organen (Verbänden), die gesellschaftliche Gruppen repräsentieren, notwendig. Eine bloße Steigerung des Systems der sozialen Vorsorge u. öf-

fentlichen Fürsorge, wie sie der *Wohlfahrts-S.* anstrebt, erhöht nicht per se die Partizipation der Bürger u. gewährleistet weder die individuellen noch die sozialen u. ökonomischen Entfaltungsmöglichkeiten. Eine gerechte Verteilung ist nicht unabhängig von der Steigerung des Sozialprodukts möglich.

Eine Hypostasierung des S. im Sinne der instrumentalistischen u. idealistischen Theorien birgt sowohl die Gefahr des totalen S. wie die der Auflösung staatlicher Ordnung in Anarchie u. ↑ Revolution. Beide begründen die Notwendigkeit des Absterbens des S. damit, daß der hypostasierte S. nicht legitimierbar ist. Zur Abwendung dieser Gefahr macht die ↑ Verfassung unserer ↑ Demokratie die Würde (↑ Humanität) u. Freiheit des Menschen zum absoluten Maßstab der Rechtfertigung staatlichen Handelns. Der S. kann nicht, etwa im Sinne eines quasitheologischen Verständnisses von Souveränität, Legitimationsprinzip seiner selbst sein. Im repräsentativen System des demokratischen S. bleibt das Element des ‚Konsens‘ der Vertragstheorien nicht formal, sondern wird durch Wahlen u. politische Willensbildung konkret. Eine e Legitimation des S. ist nur möglich, wenn an die Stelle des Prinzips der Souveränität u. des formalen Vertragsprinzips das der ↑ Freiheit tritt. Diese Forderung gerät aber dann mit sich selbst in Widerspruch, wenn Freiheit über ihre grundrechtlichen Bestimmungen hinaus als unbegrenzt oder als unbedingtes Prinzip nur formal gedacht wird. Mit der Unbegrenztheit der Freiheit verliert auch die Macht des S. ihre Grenzen u. wird unkontrollierbar *(J. S. Mill)*. Freiheit muß, um Kriterium für die Kontrolle staatl. Gewalt zu sein, über ihren theoretischen Charakter als kritisches Prinzip hinaus einen sozialen u. individuellen Glückswert haben. Sie muß daher einerseits eine konkrete Gestalt haben, um als kritisches Prinzip ein gesetzlicher Maßstab der Beurteilung freiheitlichen Verhaltens in S. u. Gesellschaft zu sein; sie muß andererseits konkret sein, um sich selbst in ihrer jeweils unzureichenden Gestalt kritisieren u. damit neue Maßstäbe ihrer Verwirklichung setzen zu können.

Lit.: Platon, Der S., Buch V–VII; Aristoteles, Politik, Buch I–III; T. Hobbes, Leviathan, Kap. 17–24; J. Locke, Über die Regierung, Kap. 7–14; J.-J. Rousseau, Der Gesellschaftsvertrag, Buch I, Kap. 5–8; I. Kant. Über den Gemeinspruch . . ., II; ders., Zum ewigen Frieden, II; G. W. F. Hegel, Rechtsphilosophie, §§ 257–360; K. Marx, Kritik der Hegelschen Rechtsphilosophie; J. S. Mill, Über die Freiheit, Abschn. I–V; ders., Representative Government, Abschn. I–III u. XVIII; G. Jellinek, Allgemeine S.lehre, Berlin ³1929; S. I. Benn, R. S. Peters, Social Principles and the Democratic State, London ⁴1965; M. J. C. Vile, Constitutionalism and the Separation of Powers, Oxford 1967; R. Smend, S.rechtliche Abhandlungen u. andere Aufsätze, Berlin 1968; H. Kuhn, Der S., München 1967; C.-E. Bärsch, Der S.begriff in der neueren deutschen S.lehre . . ., Berlin 1974; M. Kriele, Einführung in die S.lehre, Reinbek 1975; W.-D. Narr, C. Offe (Hrsg.). WohlfahrtsS. u. Massenloyalität, Köln 1975; M. Oakeshott, On Human Conduct, Oxford 1975, III; R. Nozick, Anarchie, S., Utopia, München 1976; E. W. Böckenförde, S., Gesellschaft, Freiheit, Frankfurt/M. 1976; H. Krings, S. u. Freiheit, Freiburg i. Br. 1980, S. 185 ff; P. Koslowski u. a. (Hrsg.), Chancen u. Grenzen des SozialS., Tübingen 1983; O. Höffe, Polit. Gerechtigkeit. Grundlegung einer krit. Philosophie von Recht u. S., Frankfurt/M. 1987; ders., Vernunft u. Recht, Frankfurt/M. 1996, Teil II; H. Willke, Ironie des S.es, Frankfurt/M. 1992.

W. V.

StaatsE ↑ Gerechtigkeit, Staat.

Standesethik. Die S. bestimmt die sittl. q Pflichten der Menschen unter Berücksichtigung ihrer sozialen Stellung (z. B. als Vater, Arzt, Beamter etc.), ihrer Funktionen u. Leistungen in ↑ Familie, Beruf (↑ BerufsE) u. ↑ Gesellschaft. Die Stände entsprechen dem jeweiligen sozialen Status, bestimmten Fähigkeiten u. Bildungsniveau. Die ihnen entsprechenden ↑ Tugenden (z. B. die Unbestechlichkeit des Beamten, die Fairneß des Sportlers etc.) sind keine Bedingungen, sondern Folgen der Standeszugehörigkeit; sie stellen die ↑ Ehrbegriffe der Stände dar u. beinhalten bestimmte sittl. ↑ Pflichten u. soziale Erwartungen ihnen gegenüber: deren *politische Moral*, die positionsgebundenen sittl. Pflichten, die im Unterschied zu den allgemeinen sittl. ↑ Normen der ↑ Politik (↑ Grundrechte) gewohnheitsrechtlicher Natur sind. – Im Unterschied zu sozialen Klassen (↑ KlassenE) bilden die modern begriffenen Stände keine streng definierbare soziale Kategorie u. bezeichnen weder Summen von Menschen in gleicher ökonomischer Lage noch organisierte ökonomische

Machtfaktoren, sondern Gruppen, die durch gleiches Ansehen, Prestige u. gemeinsame Attribute verbunden sind. Demgegenüber bestimmte der historisch-politische Standesbegriff seit dem Mittelalter seine Mitgliedschaft als Grundlage der staatlichen ↑ Ordnung streng erblich (Adel, Geistlichkeit, Bürger etc.) und, über die Pflichten hinaus, durch rechtliche, von einer Obrigkeit sanktionierte Privilegien. – Die theologischen Stände bezeichnen einmal die besondere Stellung in der Glaubensgemeinschaft u. die ihr entsprechenden Pflichten als Laie, Kleriker, Ordensangehöriger, zum andern die Phasen der menschheitlichen u. individuellen Heilsgeschichte (Stand der Erbsünde oder Erlösung bzw. Stand der Gnade oder Sünde).

Lit.: Aristoteles, Politik, Buch III; W. Schöllgen, Der Begriff der Standespflicht in seiner Bedeutung für die heutige Pastoral- u. Moralpädagogik, in: Konkrete E, Düsseldorf 1961, S. 107 ff; J. H. Kaiser, Ständestaat, in: Staatslexikon der Görres-Gesellschaft, Bd. 7, Sp. 657; W. Korff, Ehre, Prestige, Gewissen, Köln 1966, S. 65 ff, 165 ff; M. Weber, Wirtschaft u. Gesellschaft, Tübingen ⁵1972, S. 179 ff; G. Lenski, Macht u. Privileg, Frankfurt/M. 1973, S. 112 ff. *W. V.*

Sterbehilfe ↑ Medizinische E.

Sterilisation ↑ Geburtenregelung, Sexualität.

Stoische Ethik. Die Stoa gilt als einflußreichste philosophische Schule der Spätantike, ihre Blütezeit reicht über fünf Jhe.: vom Verfall des Alexanderreichs bis zum Ende des zweiten Jh. n. Chr. Sie wird in drei Perioden eingeteilt: die ältere *(Zenon, Kleanthes, Chrysipp),* die mittlere *(Panaitios, Poseidonios)* u. die jüngere Stoa *(Seneca, Musonius, Epiktet, Marc Aurel).* Ihr Gedankengebäude, das sich in Logik, Physik u. ↑ E gliedert u. synkretistisch aus kynisch-sokratischen, aristotelischen u. vorderorientalisch-religiösen Elementen zusammensetzt, stellt nach dem Verfall der griechischen Polis erstmals eine universale E ins Zentrum des Interesses. Im römischen Kaiserreich zur beherrschenden Geistesmacht geworden, vom Christentum in wesentlichen Grundsätzen absorbiert u. in der neuzeitlichen Aufklärung als Alternative zur ↑ christlichen E wiederbelebt (v. a. *Montaigne, Rousseau),* gewinnt die s.E wirkungsgeschichtlich die größte Macht, die je eine philosophische E hat erringen können *(Dilthey).* Die s.E ist nicht ↑ theologisch, auch nicht (im kantischen Sinn) rein rational, sondern kosmologisch begründet. Die ↑ Welt ist ihr als Kosmos, in ihrer schönen u. vernünftigen ↑ Ordnung, der höchste ↑ Sinn, das Göttliche selbst. Ihr Prinzip ist die identische göttliche Substanz des lebenden u. belebenden Feuers (das Pneuma, die Seele, die ↑ Vernunft des Alls), die sich periodisch in die Mannigfaltigkeit der Elemente u. ihrer konkreten Verbindungen auseinanderlegt u. wieder in sich zurücknimmt (Ekpyrosis-Palingenesis). In den Dingen erscheint dieses Feuer als wesentliche, gestaltgebende Qualität (Hexis), in den Pflanzen als wachsende ↑ Natur (Physis), in den Tieren als sich bewegende u. begehrende Seele (Psyche), in den

Menschen als lebendiger, selbstbe-
wußter Geist (Nous). Dieser göttliche Kosmos wird als der große Weltstaat bezeichnet, in den alle Dinge u.
Wesen, hierarchisch gestuft, als
Glieder eingeordnet sind. Freier Bürger dieses ↑ Staates kann u. soll der
Mensch werden, insofern er sich bewußt u. willentlich seinen Gesetzen
(das Gesetz des Weltstaats = das Naturgesetz im praktischen Sinn) hin-
gibt u. in ihren Dienst stellt. ↑ Sittlichkeit bzw. ↑ Tugend wird also
bestimmt als bewußte u. willentliche
Übernahme der zweckvollen, durch
Vernunft erkennbaren Gesetzlichkeit
der Natur; sie ist zugleich notwendige u. hinreichende Bedingung für
menschliches ↑ Glück. Ihre Antithese bildet ein Leben nach der
↑ Leidenschaft, nach den widerver-
nünftigen, auf sich selbst zentrierten
Trieben, die ihre flüchtige Befriedigung in äußeren Glücksgütern suchen, die nicht ausschließlich in der
Verfügungsgewalt innerer ↑ Freiheit
liegen, u. die den Menschen auf die
Stufe eines animalischen Lebens her-
absinken lassen. Das Ideal der s.E,
der stoische Weise, ist entsprechend
charakterisiert durch *Apathie*, durch
Leidenschaftslosigkeit, durch innere
Seelenruhe, die freilich nicht mit
quietistischer Passivität zu verwech-
seln ist, sondern als gleichmütige
Kontrolle der Gefühle vernünftiges
↑ Wohlwollens für andere (Eupa-
thie) u. tätiges Engagement in der
gesellschaftlich-geschichtlichen Welt
neben sich hat. Dies unterscheidet sie
von der *Ataraxie* ↑ *Epikurs,* des
großen Gegenspielers der s.E. Während *Epikur* die Natur als Welt dem
atomistischen Zufall preisgibt, um

den Menschen im privaten Genuß
des festlichen Lebens auf seine eigene
autark u. unerschütterlich gemachte
Natur zu stellen (dies ist das Ziel der
Ataraxie), ist für die s.E eine teleologisch interpretierte Natur die Instanz, die jedem Menschen seinen
Ort im Ganzen zuweist u. auf die
Erhaltung u. Vollendung seiner Naturanlage (immer schon als Anlage
zu Vernunft u. selbstwerthafter Tugend ausgelegt) verpflichtet. Die
↑ Pflicht (to kathäkon, to kator-
thõma) wird erstmals zum zentralen
Terminus der E. Obwohl die harmonische Persönlichkeit, das vollendete ↑ Individuum das Ziel auch der
stoischen *ars vivendi* darstellt, wird
dies als nur in Gemeinschaft mit anderen erreichbar konzipiert. Vor allem die ↑ sozial-e Maximen haben
die bleibende Bedeutung der Stoa
begründet: im familiären Bereich
sind es die geforderte Gleichberech-
tigung von Mann u. Frau, das Eigen-
recht das Kindes, die Gleichheit von
Herren u. Sklaven als Menschen, im
gesellschaftlichen die Verpflichtung
der Reichen zur (Nächsten-) ↑ Liebe, die positive Wertung der ↑ Arbeit, die Begründung einer spezifischen ↑ Berufs- u. GeschäftsE, im
politischen die Verpflichtung des Bürgers zum aktiven Beitrag in der so-
cietas civilis, die dort ihre Grenze
findet, wo das positive Gesetz dem
ewigen Naturgesetz widerspricht.
Wesentlich kosmopolitisch orientiert
(↑ Patriotismus-Kosmopolitismus),
hat die Stoa erstmals ein allgemein
verpflichtendes Naturgesetz u. die
daraus resultierenden ↑ Rechte des
Menschen als Menschen (↑ Grundrechte) formuliert u. in der Idee eines

einheitlichen Weltstaates (↑ Weltrepublik) den Gedanken der Menschheit u. allgemeinen Brüderlichkeit
propagiert.

Lit.: Stoicorum veterum fragmenta
(Hrsg. v. Arnim); Cicero, De officiis;
ders., De finibus bonorum et malorum;
Seneca, Ad Lucilium epistulae morales;
Epiktet, Diatribai, Encheiridion (Hrsg.
Flavius Arrianus); Marc Aurel, Wege
zu sich selbst; A. Bonhöffer, Die E des
Stoikers Epiktet, 1894, Neudr. Stutt-
gart 1968; Hierocles, E. Elementarlehre
(Hrsg. v. Arnim) Berlin 1906; M. Poh-
lenz, Die Stoa. Geschichte einer geisti-
gen Bewegung, 2 Bde., Göttingen ⁴1970/
72; B. Inwood, Ethics and Human
Action in Early Stoicism, Oxford 1985;
A. A. Long, D. N. Sedley, The Helleni-
stic Philosophers, 2 Bde., Cambridge
1987, Bd. I, 344–437; Bd. II, 341–431,
(Lit.); M. Forschner, Die stoische E,
Darmstadt ²1995 (Lit.); A. A. Long,
Stoic Studies, Cambridge 1996.   *M. F.*

Stolz ↑ Ehre.

Strafe ist ganz allgemein ein Übel,
das jemand einem anderen, weil dieser eine mißbilligte ↑ Handlung ausgeführt hat, mit Absicht zufügt
(*Sanktion*: Zwangsmaßnahme). S. als
Institution des ↑ Rechts (staatliche
KriminalS.) wird nach einem vorsätzlichen (bewußten u. gewollten)
Verstoß gegen Rechtsnormen von
den dazu autorisierten Personen
(Richtern) zur Aufrechterhaltung der
Rechtsordnung verhängt u. fügt dem
Täter etwas ihm im allgemeinen Un-
angenehmes,   Schmerzliches   zu
(GeldS., FreiheitsS. usw.). S. unterscheidet sich von der ↑ Manipula-
tion (Konditionierung, Propaganda)
sowie der Unschädlichmachung von
Menschen mit asozialen Tendenzen

dadurch, daß ihre Kriterien (was u.
wie hoch bestraft wird) öffentlich
bekannt sind u. daß die S. erst nach
einem Verstoß erfolgt, so daß dem
↑ Individuum die Wahl zwischen
Rechtsgehorsam u. Risiko von S. anheimgestellt ist. S. verbindet soziale
Kontrolle mit individueller ↑ Freiheit. Eine e annehmbare Begründung
der S. kann keine der drei in den
zeitgenössischen *S.theorien* vorherrschenden Prinzipien Abschreckung,
Vergeltung u. Besserung für sich allein als zureichend betrachten, sondern muß in einer differenzierten Gesamtkonzeption nach deren Verbindung suchen.

(1) Die von *Hobbes, Beccaria, Bentham, Schopenhauer, A. v. Feuerbach*
u. dem neueren ↑ Utilitarismus vertretene Theorie der *Abschreckung
(Generalprävention)* sieht als allgemeines S.ziel den Interessenschutz
der Allgemeinheit: Durch S.andro-
hung sollen potentielle Rechtsbrecher abgeschreckt u. zur Rechtstreue
motiviert werden, so daß die Häufigkeit von Rechtsbrüchen gemindert wird u. Rechtsgüter wie
↑ Leben, Gesundheit, Handlungsfreiheit, ↑ Ehre öffentlichen Schutz
erhalten. In manchen Bereichen
scheint die Abschreckungswirkung
relativ hoch zu sein (bei Steuerhin-
terziehung, Versicherungsbetrug, be-
trunkenem Fahren, vorsätzlicher Tötung usw.), in anderen dagegen
relativ gering (etwa bei Notzucht).
Schon deshalb erscheint die Begründung der Institution S. durch Abschreckung allein als nicht zureichend. Trotzdem versucht die *Fajia*
(Legismus), eine der Schulen ↑ chi-
nesischer E, durch drakonische Stra-

fen selbst für kleine Vergehen jeden Regelverstoß zu verhindern.

(2) Die Vergeltungstheorie als allgemeine S.theorie *(Kant, Hegel, E. Brunner)* rechtfertigt nicht die natürwüchsige Reaktion des verletzten Rechtsempfindens einer Gesellschaft, die Rache (Genugtuung des Opfers, Talionsgesetz), sondern geht vom Begriff der (wiederausgleichenden) Gerechtigkeit aus (Retributionstheorie). Sie betrachtet den Rechtsbruch als Anmaßung einer Ausnahmestellung gegenüber den Mitbürgern, was einen Ausgleich mittels S. erfordert. Als Theorie bloß der S.zuerkennung bedeutet die Vergeltungstheorie eine einschränkende Bedingung jeder S.theorie, auch der Abschreckungstheorie. Danach darf man nur den Rechtsbrecher, u. zwar nur den zurechnungsfähigen (↑ Verantwortung), nicht auch Unschuldige bestrafen, selbst dort nicht, wo man mit solcher Bestrafung evtl. einen größeren Schaden für die Allgemeinheit verhindern könnte. Die Gerechtigkeit verlangt ferner, ohne Ansehen der ↑ Person gleiche Taten gleich u. ungleiche Taten nach Maßgabe der Schwere des Rechtsbruchs zu bestrafen (Parkübertretungen u. Ladendiebstähle geringer als Vergewaltigung oder vorsätzliche Tötung).

(3) Die *Resozialisierungstheorie*, in Deutschland seit *F. v. Liszt*, neuerdings besonders von den Autoren des „Alternativentwurfs zum S.recht" vertreten, zielt auf eine Verhinderung weiterer S.taten seitens der Täter. Sie fordert die Stärkung der Disposition u. Fähigkeit zu rechtskonformem Verhalten bei Rechtsbrechern aufgrund einer inneren Anerkennung der Rechtsordnung. Die Wiedereingliederung von S.fälligen in die Gesellschaft kann zwar weder einziges noch höchstes S.ziel sein, weil sie die Verhinderung von Rückfalltaten der von Erstverbrechen unterordnet u. weil sie die gerechte S.zumessung einschränkt: Es müßte nicht nach Tatschwere, sondern nach Erziehungsbedüftigkeit des Täters gestraft werden, so daß etwa der Konflikttäter, der aus einer spezifischen, sich kaum wiederholenden ↑ Situation heraus handelt, gegenüber dem Hangtäter bevorzugt würde. Zudem kann die innere Anerkennung der Rechtsordnung nicht erzwungen werden. Sinnvoll dagegen ist die Resozialisierung als ein Kriterium des S.vollzugs, was tiefgreifende Veränderungen der überkommenen Praxis notwendig macht, aber auch (als S.aussetzung zur Bewährung, als bedingte Entlassung, Urlaub, offener oder halboffener Vollzug) gelegentlich in ↑ Konflikt mit dem Ziel der öffentlichen Sicherheit geraten kann.

Die *Todesstrafe*, die man früher zur Abschreckung besonders schlimmer Gewaltverbrechen als notwendig erachtete, ist in den meisten modernen Rechtssystemen abgeschafft worden: teils weil eine wirksame Abschreckung von ihr gar nicht ausgeht, teils weil sie eine totale Verfügung über menschliches Leben beinhaltet, was dem Staat nicht mehr zugebilligt wird. Unter dem Gesichtspunkt einer ↑ Humanisierung des S.vollzugs wird neuerdings auch die lebenslange FreiheitsS. verworfen, da der Gefangene nach einer bestimmten Zeit seelisch so weit abstumpft, daß er die Fähigkeit verliert, für seine ↑ Schuld einzustehen u. für sie zu sühnen.

Eine ideologiekritische Betrachtung der S. behauptet, sie gründe in einem primär triebhaften S.verlangen der Gesellschaft, das individual- u. massenpsychologische Wurzeln habe (*P. Reiwald*, *K. Ostermeyer* u.a.): Die Institution der S. diene der moralischen Selbstbestätigung, der Projektion eigener Schuldgefühle auf den Verbrecher, der Abfuhr individueller u. kollektiver Aggressionen, der Verfestigung von ↑ Herrschaft usw. Diese Kritik trifft aber, soweit überhaupt, nur die FreiheitsS., nicht das ganze S.system. Zudem übersieht sie über mancher Irrationalität gegebener S.systeme das legitime Interesse von ↑ Staat u. ↑ Gesellschaft am Schutz von Rechtsgütern.

Lit.: Th. Hobbes, Leviathan, Kap. 28; C. B. Beccaria, Über Verbrechen u. S.n (1794), Leipzig 1905; I. Kant, Die Metaphysik der Sitten, Akad. Ausg. VI 331–337; J. Bentham, An Introduction to the Principles of Morals and Legislation, §§ 12–17; G. W. F. Hegel, Grundlinien der Philosophie des Rechts, §§ 90–103, 220–229; P. Reiwald, Die Gesellschaft u. ihre Verbrecher, Frankfurt/M. ²1974; H. L. A. Hart, Recht u. Moral, Göttingen 1971, S. 58 ff; P. Noll, Die e Begründung der S., Tübingen 1962; J. Baumann (Hrsg.), Programm für ein neues S.recht, Frankfurt/M. 1968; E. Schmidhäuser, Vom Sinn der S., Göttingen ²1971; H. Holzhauser, Willensfreiheit u. S., Berlin 1970; B. Gareis, E. Wiesnet (Hrsg.), Hat S. Sinn?, Freiburg 1974; G. S. Becker, Essays in the Economics of Crime and Punishment, New York 1974; A. Ross, On Guilt, Responsibility and Punishment, London

1975; H. Ostermeyer, Die bestrafte Gesellschaft, München 1975; M. Foucault, Überwachen u. S.n, Frankfurt/M. 1977; J. Rohrbach, Schuld u. S., Kastellaun 1978; Amnesty International, Die Todesstrafe, Reinbek 1979; C. Hinkeldey (Hrsg.), S.justiz in alter Zeit, Rothenburg o. d. T. 1980; U. Neumann, U. Schroth, Neuere Theorien von Kriminalität u. S., Darmstadt 1980; U. Tähtinen, Non-violent Theories of Punishment. Indian and Western, Helsinki 1982; W. Hassemer, K. Lüdersen, W. Naucke, Fortschritte im Strafrecht durch die Sozialwissenschaften?, Heidelberg 1983; J. Feinberg, The Moral Limits of the Criminal Law, 4 Bde., Oxford 1984 ff; R. A. Duff, Trials and Punishment, Cambridge 1986; O. Höffe, Kategorische Rechtsprinzipien, Frankfurt/M. 1990, Kap. 8; K. A. Papageorgion, Schaden u. S., Baden-Baden 1994; J. Simmons u.a. (Hrsg.), Punishment, Princeton 1995. O. H.

Straftheorien ↑ Strafe.

Streben bedeutet, mit eigenen Kräften u. nicht aus äußerem Zwang, sondern aus eigenem Antrieb auf ein ↑ Ziel zugehen. S. heißt jede spontane u. finale Aktivität. Das setzt nicht bloß – was man schon bei Organismen findet – ein ziel- oder zweck*gemäßes* Verhalten voraus, sondern auch, daß man sich das Ziel vorstellt, es bejaht u. mit den entsprechenden Mitteln zu verfolgen sucht S. ist keine rein naturhafte, sondern eine reflektierte, eine bewußte und freiwillige Tätigkeit, die deshalb dem Subjekt zugerechnet werden kann; es trägt dafür ↑ Verantwortung. Insofern ist S. keine naturphilosophische, sondern eine e Kategorie. Es bezeichnet eine für den

Menschen spezifische Bewegungs-
form („die Sonderstellung des Menschen im Kosmos": *M. Scheler*) u.
zugleich den Zusammenhang des
Menschen mit der Natur, die Teilhabe am Gurndphänomen der Bewegung.

In einer E, die vom S. als der
Grundstruktur menschlichen ↑ Handelns ausgeht, in einer *S.E* (etwa bei
Aristoteles) gilt ein Handeln als sittl.
gut, wenn es sich seine Ziele nicht
durch die Affekte u. ↑ Leidenschaften u. die Mittel nicht durch momen-
tane Einfälle vorgeben läßt (unsittl.
S.), sondern wenn es aufgrund eines
gelungenen ↑ Erziehungsprozesses
spontan jene Ziele verfolgt, die der
↑ Tugend entsprechen, u. Mittel u.
Wege wählt, die aus reiflicher Überlegung stammen (sittl. S.). – Neben
dieser Unterscheidung von sittl. u.
unsittl. S. läßt sich beim S. die Unterscheidung zwischen Poiesis u. Praxis
treffen. Sie geht auf *Aristoteles* zurück u. ist für die Theorie menschlichen Handelns fundamental geworden. Poiesis (Herstellen, Machen)
bezeichnet ein S., sofern es auf etwas
(ein Werk, Resultat oder einen Zustand) zugeht, das für etwas anderes
als die S.bewegung selbst gut ist, die
es hervorgebracht hat. Das Resultat
ist etwa gut, um es zu verkaufen, zu
gebrauchen oder um es auszustellen
u. Anerkennung zu finden. Praxis
(Handeln) dagegen bezeichnet ein S.,
sofern es seinen Sinn in sich selbst
hat, etwa ein Umgang mit Besitz u.
Macht, der nicht Reichtum u. Einfluß vermehren, sondern ↑ gerecht
sein will.

Wenn man zu den Zielen, die jedes
S. als S. verfolgt, den Begriff eines
schlechthin höchsten Zieles bildet,
gewinnt man das Prinzip des S.: den
Begriff eines Zieles, über das hinaus
kein Ziel mehr gedacht werden
kann, den Begriff des ↑ Glücks (im
Sinne von Autarkie). Da jedes Herstellen nicht um seiner selbst, sondern um eines anderen willen geschieht, läßt sich das menschliche
Leben trotz aller Notwendigkeit politischer Tätigkeiten letztlich nur auf
der Grundlage sittl. Praxis als sinnvoll, als glücklich gelungen denken. –
Das neuzeitliche Denken hat den
S.begriff als Grundbegriff humaner
Praxis in Frage gestellt, einerseits in
Richtung auf eine Radikalisierung
menschlicher Verantwortlichkeit
durch die Begründung von Zielen
aus der autonomen praktischen Vernunft (↑ Freiheit: *Kant*), andererseits in Richtung auf eine Einschränkung menschlicher Verantwortlichkeit durch Aufweis vor- u. unterbe-
wußter ↑ Determination menschlichen S. (Triebkräfte: *S. Freud*).

Lit.: Aristoteles, Über die Seele, Kap. III
9–11; ders., Nikomach. E, bes. Kap. I 1
u. 5, III 1–7; VI 2, 4–5, 8–10; B. de Spinoza, E, 3. Teil; J. G. Fichte, Grundlage
der gesamten Wissenschaftslehre, §§ 5–
7; J. Malik, Der Begriff des S. bei Thomas v. Aquin, Philosoph. Jahrb. Bd. 70,
1962/63; M. de Biran, L'effort, Paris
1966; O. Höffe, E u. Politik, Frank-
furt/M. ³1987, Kap. 11; ders., Aristoteles, München 1996, Kap. 13. *O. H.*

StrebensE ↑ Streben.

Strukturalismus. Der S. ist eine wissenschaftliche Methode im Bereich
der Humanwissenschaften (Ethnolo-
gie, Psychoanalyse, Geschichts-, Lite-

ratur- u. Sprachwissenschaft), die menschliche Äußerungen u. Verhaltensweisen nicht als isolierte Erscheinungen, sondern als Teile eines systematischen Zusammenhangs erklärt. Die Modelle der Struktur sind das sprachliche Laut- und Zeichensystem. Die Laute oder Zeichen werden entsprechend ihrer Funktion, Austauschbarkeit, Kombinierbarkeit u. Ersatzbarkeit innerhalb der Sprache (langue u. langage) u. des Sprechens (parole) nicht nach ihrer zeitlichen Abfolge (Diachronie), sondern zu einem bestimmten Zeitpunkt bestimmt (Synchronie). Da die Sprache als soziales Phänomen verstanden wird, sollen deren Gesetze für die Gesamtheit aller menschlichen Verhältnisse als Grundform von ↑ Gesellschaft gültig sein. Die Struktur ist demgemäß ein Regelsystem, das soziales Verhalten ebenso wie Erkenntnisprozesse unabhängig vom Bewußtsein des denkenden u. handelnden Subjekts steuert *(C. Lévi-Strauss)* u. mit ihrer fortschreitenden Aufklärung als politisches u. soziales Steuerungsinstrument dienen soll. Der S. betrachtet den ↑ Menschen als Produkt der anonymen Regeln der „Ordnung der Dinge" *(M. Foucault)* u. spricht sozialen u. sittl. ↑ Normen jeglichen Wert ab. Umstritten ist der S. nicht nur hinsichtlich seiner anti-humanistischen Ideologie u. der mechanistischen Übertragung sprachlicher Strukturen auf die soziale Wirklichkeit, sondern auch als wissenschaftliche Methode.

Lit.: C. Lévi-Strauss, Das wilde Denken, Frankfurt/M. 1968; G. Schiwy, Der französische S., Reinbek 1969; ders., S. u. Zeichensysteme, München 1973; M. Foucault, Archäologie des Wissens, Frankfurt/M. 1973; ders., Von der Subversion des Wissens, München 1974; P. Pettit, The Concept of Structuralism, Dublin 1975; K. Füssel, Zeichen u. Strukturen, Münster 1983; U. Horstmann, Parakritik u. Dekonstruktion, Würzburg 1983.   *W. V.*

Subsidiarität (lat. subsidium: Hilfe) ist ein Prinzip der ↑ Sozial- u. der StaatsE, das früher nur aus der christlichen Soziallehre bekannt war, namentlich den Enzykliken *Rerum Novarum* (1981) u. *Quadragesimo anno* (1931). Die Sache ist älter, konfessionsunabhängig u. geht bis auf *Platon (Politeia* II, 369 b) u. *Aristoteles (Politik* I 2) zurück: Weil das letztentscheidende Maß, der einzelne Mensch, sich nicht selbst genug ist, bedarf er jener Kooperation mit seinesgleichen, die in der ↑ Familie beginnt u. über Sippe, Dorf hin zum politischen Gemeinwesen u. am Ende – wie man ergänzen muß – zu einer ↑ Weltrepublik reicht. Dabei haben die „Stufen" der Gesellschaft keinen Selbstzweck, sollen vielmehr dem einzelnen Hilfe bringen. Die moralische Grundlage der S. bildet nicht die ↑ christliche Nächstenliebe, sondern die ↑ Gerechtigkeit. Die S. geht von einer Hierarchie von Gesellschaftsstufen aus u. besagt, daß – hier gegen den ↑ Kommunitarismus – alles, was der einzelne aus eigener Initiative u. mit eigenen Kräften zu leisten vermag, ihm nicht entzogen werden u. der Gemeinschaft zugewiesen werden darf. Und gegen die Gefahr der Machtakkumulation der höheren Instanzen verlangt sie, einerseits keine Zuständigkeit höher als nötig anzusetzen, andererseits, wenn erforderlich, Zwischeninstanzen einzuschieben. Weil der Einzelmensch das Maß abgibt, spricht sich bei Kompetenzkonflikten die S. nicht grundsätzlich für die kleinere Einheit aus, sondern für diejenige, die am meisten dem Individuum dient.

In der ↑ Rechts- u. Staatstheorie ist die S. ein Kompetenzverteilungsprinzip im Sinne einer Rechts- u. Staatsidee, nicht einer entscheidungsgenauen Regel: Kompetenzen werden nicht von oben nach unten, sondern umgekehrt delegiert; sie gehen letztlich von den Betroffenen, dem Volk, aus (↑ Demokratie). Als Kompetenzausübungsprinzip spricht die S. den Handlungsvorrang den Einzelstaaten vor Europa oder einer ↑ Weltrepublik zu. Dafür gibt es drei Kriterien: nach der Erfordernisklausel muß die höhere Einheit jeweils überhaupt erforderlich sein; nach der Besser-Klausel muß sie die Sache besser machen; u. nach dem Gebot der Verhältnismäßigkeit darf sie nur die geringstnötige Kompetenzart in Anspruch nehmen.

Lit.: H. Schnatz (Hrsg.), Päpstliche Verlautbarungen zu Staat u. Gesellschaft, Darmstadt 1973, bes. 405 f; O. v. Nell-Breuning: Baugesetze der Gesellschaft. Solidarität u. S., Freiburg 1990; D. Merten (Hrsg.), Die S. Europas, Berlin ²1994; K. W. Nörr, Th. Oppermann (Hrsg.), S.: Idee u. Wirklichkeit, Tübingen 1996; C. Stewing, S. u. Föderalismus in der Europäischen Union, Köln u. a. 1992; O. Höffe, Vernunft u. Recht, Frankfurt/M. 1996, Kap. 10.   *O. H.*

Sucht heißt ein ↑ krankhaftes Verhalten vor allem im Bereich der Nahrungs- u. Genußmittelaufnahme (insbesondere bei rauscherzeugenden Mitteln), bei denen der regelmäßige Mißbrauch Abhängigkeit (physischer u. psychischer Art) erzeugt u. fortschreitend die Identität der ↑ Person auflöst. Zahlreiche S.Phänomene (Freß- u. MagerS., Alkoholismus, Nikotin- u. Drogenmißbrauch) kreisen um den Bereich der Oralität im weitesten Sinn. Das durch den Mißbrauch vorübergehend gesteigerte Wohlbefinden wird dabei jeweils von einer Phase der Depression u. Niedergeschlagenheit abgelöst, die nach einer Wiederholung des Befriedigungserlaubnisses verlangt. Daraus ergibt sich der nahezu ausweglose Zirkel der S., der den Kranken immer tiefer in die Abhängigkeit u. körperliche Erkrankung treibt. Untersuchungen über den Verlauf der Einstiegs- über die Gewöhnungs-, die Verzweiflungsphase bis zur Selbstzerstörung der Person zeigen, daß stets frühkindliche Schädigungen für die Entstehung mitverantwortlich sind, daß eine zerrüttete ↑ Ehe u. ↑ Familie, verfehlter ↑ Beruf oder Vereinsamung als auslösende Faktoren dazu kommen u. eine ausgeprägte ↑ Selbstmordneigung die S.erkrankungen begleitet. Psychoanalytische Deutungen sehen die S.erkrankung im Zusammenhang des Mißglückens der Objektbeziehungen (in der Partnerschaft oder im Berufsleben) u. der darauffolgenden regressiven Abwendung in die Welt frühkindlicher Erlebnisweisen. Die primärnarzißtische Gefühlswelt soll die fehlende ↑ personale Identität ersetzen; statt dessen spaltet sie die Persönlichkeit fortschreitend auf. Im Extremfall endet die S. in der Selbstzerstörung, in asozialen Handlungen (insbes. im Bereich der Kriminalität), im körperlichen Verfall, in der Psychose oder im Selbstmord. Dem Auftreten der S.erkrankung vorgelagerte frühkindliche Schädigung lähmt bereits in der Anfangsphase die persönlichkeitseigenen Kräfte. Wichtigste vorbeugende Maßnahme ist eine ↑ Erziehungspraxis, die durch realitätsgerechte Aufklärung die Neugierde des Jugendlichen befriedigt u. durch schrittweise Gewöhnung an den notwendigen ↑ Verzicht (optimale Frustration) den Wirklichkeitsbezug fördert. In der fortgeschrittenen Phase der S.gewöhnung u. Selbstzerstörung müssen wir mit einem weitgehenden Verlust der Freiwilligkeit (↑ Handlung) u. Selbststeuerung der Person (↑ Abulie) rechnen. Die ↑ sittl. Aufgabe der Mitmenschen kann daher nur darin bestehen, durch teilnehmendes ↑ Verstehen die noch vorhandene Bereitschaft zur Selbsthilfe oder ↑ Psychotherapie u. medizinischen Therapie zu unterstützen.

Lit.: A. Mitscherlich, Vom Ursprung der S., Stuttgart 1963; J. v. Scheidt, Der falsche Weg zum Selbst. Studien zur Drogenkarriere, München 1976; J. Eisenburg (Hrsg.), S. Ein Massenphänomen als Alarmsignal, Düsseldorf 1988; D. Ladewig, S. u. S.krankheiten, München 1996. *A. S.*

Sühne ↑ Schuld.

Sünde ↑ Böse, das.

Suizid ↑ Selbstmord.

Supererogation ↑ Verdienstlichkeit.

Sympathie ↑ Wohlwollen.

Systemtheorie. Die S., die vor allem von *T. Parsons* begründet wurde u. hierzulande u. a. von *N. Luhmann* vertreten wird, untersucht die relativ unveränderlichen gesellschaftlichen Bedingungen, die sowohl das menschliche Handeln wie dessen soziale Zusammenhänge stabilisieren bzw. verändern. Als Systeme des Handelns gelten alle realen Ganzheiten wie Gesellschaften u. soziale Gruppen, aber auch kulturelle Normen, Wertsysteme u. Gegenstände der äußeren ↑ Natur, die sich in der unübersichtlichen Vielfalt der veränderlichen Umwelt erhalten. Die Systeme haben die Funktion, die komplexe Umwelt durch bestimmte Formen der Erlebnisverarbeitung (Wahrnehmungsgewohnheiten, Wirklichkeitsdeutungen, Werte), die sich institutionell verfestigt haben (↑ Institutionen), zu vereinfachen u. dadurch konkretes Verhalten zu erleichtern. Die S. vertritt die These, daß eine feste Rangordnung von ↑ Werten, gemessen an der komplexen Situation jeder Handlung, zu starr sei u. den ↑ Menschen lebensunfähig mache. Im konkreten Handeln müßten jeweils bestimmte Werte zugunsten derer aufgegeben werden, die bestimmte Wirkungen zur Erhaltung des Bestands von sozialen Systemen erwartbar machen. Demgemäß versteht die S. sittl. ↑ Ziele nicht als allgemeine Handlungsziele, sondern als Funktionen zur Verminderung (Reduktion) von Komplexität, relativ zu bestimmten Wirkungen (Funktionalismus). Sittl. Normen gelten dann als unzureichend, da sie abweichendes Verhalten ohne Rücksicht darauf, daß es erst aufgrund zuneh-

mender Komplexität der Gesellschaft
möglich ist, als unsittl. beurteilen.
Sollensansprüche erfüllen lediglich
die Funktion, faktische Erwartungen
auf Dauer vor Enttäuschung zu sichern u. Enttäuschungen, die notwendig auftreten, da jedes System
für seine Wirklichkeit zu einfach u.
zu unzureichend ist, abzuwickeln. –
Die S. hat für die ↑ Gerechtigkeit
keinen genuinen Ort. Sie versteht
sittl. Normen einseitig als Anpas-
sungsfunktionen der sozialen Interaktion. Sie berücksichtigt nicht aus-
reichend, daß sittl. Prinzipien nicht
unmittelbare, sondern indirekte
Zwecke des Handelns sind u. diesem
weder als fixe Werthierarchie gegen-
überstehen noch an konkrete Handlungsziele gebunden sind. So lassen
sich z. B. indirekt vom Prinzip der
↑ Humanität für die Bereiche komplexer sozialer Systeme im Hinblick
auf die tatsächlichen sozialen Erwartungen unterschiedliche, konsensfähige Kriterien humanen ↑ Lebens
ableiten.

Lit.: T. Parsons, The Structure of Social
Action, Glencoe ²1949, S.739 ff; ders.,
Das System moderner Gesellschaften,
München 1972, Kap. 2; J. B. Berg-
mann, Die Theorie des sozialen Systems
von T. Parsons, Frankfurt/M. 1967,
Abschn. II, VIII: Rechtssoziologie,
Bd. 1, Reinbek 1972, Abschn. II, 2, II, 8
u. III, 3; ders., Zweckbegriff u. System-
rationalität, Frankfurt/M. 1973, Kap. I,
III, 3 u. IV. 2.; R. Prewo u. a., Sy-
stemtheoretische Ansätze in der Sozio-
logie, Reinbek 1973, Abschn. III;
O. Höffe, Strategien der Humanität,
Frankfurt/M. ²1985, Kap. 10 u. 11;
ders., Kategorische Rechtsprinzipien,
Frankfurt/M. 1990, Kap. 3.1; H. J. Gie-
gel (Hrsg.), System u. Krise, Frank-

furt/M. 1975; F. Scholz, Freiheit als
Indifferenz, Frankfurt/M. 1982.
W. V.

T

Tabu. Mit T. bezeichnen wir Gegenstände, Bereiche u. Vorstellungen,
die als unberührbar u. verboten gelten u. daher zu vermeiden sind. T.s
entstanden ursprünglich meist im
Zusammenhang der ↑ Religion u.
der Erfahrung des Numinosen. Sie
qualifizierten bestimmte Bereiche als
unberührbar, weil sie als heilig u.
übermächtig oder auch als ↑ böse u.
gefährlich galten. Die Skala der religiösen T.s reicht von primitiven
↑ Naturphänomenen bis zum monotheistischen Verbot der Benennung
↑ Gottes. T.s haben ebenso soziale,
wirtschaftliche u. politische Bedeutung. In ihnen drückt sich aus, was
eine Gruppe oder ↑ Gesellschaft für
ihren Bestand als besonders gefährlich erachtet u. durch Vermeidungen
zu bannen sucht. Dies beginnt bei
hygienischen Vorschriften, der Re-
glementierung der ↑ Sexualität u.
Aggression (Sicherung der ↑ Herrschaft). Im persönlichen Bereich
macht sich die Tabuisierung häufig
an den eindrucksvollsten Erfahrungen des menschlichen ↑ Lebens, an
den Bereichen der Geburt, der Sexualität u. des Todes fest. Aufklä-
rungsbewegungen haben besonders
dann die menschliche ↑ Vernunft
gegen den T.Glauben mobilisiert,
wenn er im Dienst der Unterdrükkung stand. – Ein Bereich, der bei
den primitiven Völkern tabuisiert
wird, ist das *Totem*. Mit *Totemismus*
bezeichnen wir die animistische Vor-

stellung, daß ein einzelner oder eine Gruppe (Sippe, Stamm) in einer magischen Beziehung des Lebensaustausches zu einer Pflanze oder einem Tier (Totemtier) steht. *Freud* hat dieses Phänomen unter gewaltsamer Übertragung der psychoanalytischen (↑ Psychotherapie) Einsicht des Ödipuskomplexes auf die Kulturanthropologie als symbolische Präsenz des ermordeten Stammesvaters zu deuten versucht. Neuere ethnologische Untersuchungen konnten diese Ansicht nicht bestätigen.

Lit.: S. Freud, Totem u. T.; B. Malinowski, Magie, Wissenschaft u. Religion, Frankfurt/M. 1973; J. Haeckel, Der heutige Stand des Totemproblems, in: Mitteilungen der Anthropologischen Gesellschaft 82, Wien 1953; Th. W. Adorno, SexualT. u. Recht heute, in: Eingriffe, Frankfurt/M. 1963; C. Lévi-Strauss, Das wilde Denken, Frankfurt/M. 1968. *A. S.*

Tadel ↑ Belohnen u. Bestrafen.

Tao ↑ Dao: chinesische E.

Tapferkeit (gr. andreia, lat. fortitudo, frz. courage) gilt seit der antiken E als eine der vier Kardinaltugenden (neben ↑ Klugheit, ↑ Besonnenheit, ↑ Gerechtigkeit), die zusammen die Grundbedingungen sittl. vollkommenen Handelns darstellen. Übernimmt man die durch die *Aristotelische* E erarbeitete Bestimmung sittl. ↑ Tugend als einer durch Naturanlage, einsichtige Entscheidung u. Gewöhnung vermittelten Haltung sittl. Wollens u. Handelns, so läßt sich T. definieren als jener Habitus, der einen Menschen die als richtig

erkannten Ziele u. Mittel auch dann verfolgen läßt, wenn dieses Verfolgen mit wirklichen oder möglichen Gefahren u. Beeinträchtigungen für seine ,äußeren' Glücksgüter (soziale Anerkennung u. Macht, Besitz, ja Leib u. Leben) verbunden ist. T. ist die Tugend des *Mutes*, der um sittl. Ziele willen die Empfindungen der Angst, der Furcht u. des Schmerzes zu überwinden vermag, u. ist insofern der *Feigheit* entgegengesetzt; sie ist als Tugend an vernünftige Überlegung u. sittl. Einsicht gebunden u. insofern von unbedachter Kühnheit unterschieden. Tapfer kann nur sein, wer ↑ Sittlichkeit als Endziel anerkennt u. wer verwundbar ist. Da der Tod die größte Verwundung menschlichen Lebens darstellt, bewährt sich T. paradigmatisch im Angesicht des Todes. So gesehen wird es verständlich, wenn T. im eigentlichen Sinn als Bereitschaft, im Kampf (für die Polis, den Staat, das Reich Gottes) zu fallen *(Aristoteles, Augustinus, Thomas v. Aquin)* bestimmt u. in der Geschichte zumeist als militärische Tugend ausgezeichnet wurde. Gleichwohl ist diese Beschränkung weder rational ↑ begründbar noch durch den heutigen Sprachgebrauch abgedeckt. T. bewährt sich sowohl in geduldiger Hinnahme von Unveränderlichem wie im aktiven Einsatz für sittl. Ziele jeglicher Art. Ihre von heroischem Todesmut entfernte u. für die gesellschaftliche Alltagspraxis relevantere Bedeutung zeigt sie als *Zivilcourage,* die im aktiven Vertreten des rechtlich u. moralisch als richtig Erkannten eigene wirtschaftliche u. soziale Nachteile riskiert. Die Rechtfertigung der T. indessen als einer Tugend, die im Konfliktfall um sittl. Ziele willen auch die Furcht vor dem Tod zu überwinden vermag, hängt entscheidend von einer den Aufbau der E bestimmenden Theorie der ↑ Güter u. Zwecke ab. Wo (wie etwa bei *Hobbes*) das Leben als größtes Gut, ↑ Sittlichkeit als Inbegriff der ein friedliches Leben sichernden Verhaltensweisen sowie die Furcht vor gewaltsamen Tod als vernünftigmachender Affekt begriffen wird, ist diesem Begriff von T. die letzte Begründungsbasis entzogen.

Lit.: Platon, Laches; Aristoteles, Nikomach. E, Buch III; Cicero, De officiis; Thomas v. Aquin, Summa theol. II–II, q. 123–128; Quaest. disp. de virtutibus cardinalibus; H. Cohen, E des reinen Willens, Kap. 13; O. F. Bollnow, Wesen u. Wandel der Tugenden, Frankfurt/M. 1958, Kap. V.; J. Pieper, Vom Sinn der T., München ⁸1963; L. Strauss, Hobbes' politische Wissenschaft, Neuwied/Berlin 1965, Kap. IV: Adelstugend; M. J. Mills, The Discussions of Andreia in the Eudemian and Nicomachean Ethics, in: Phronesis 25 (1980), 198–218; D. S. Hutchinson, The Virtues of Aristotle, London 1986.
M. F.

Technik. Das griechische Wort Techne wird von den Anfängen philosophischer Reflexion bis *Platon* meist synonym mit Wissen (Episteme) verwendet u. meint: sich auf etwas verstehen, mit einer Sache vertraut sein u. umgehen können. *Aristoteles* verändert u. präzisiert den Begriff durch die Unterscheidung von Techne u. Phronesis (↑ Klugheit), zweier Wissensformen, die es im Gegensatz zu Episteme mit Veränderbarem zu tun haben (Niko-

mach. E, Buch VI, 4 u. 5). So in den Zusammenhang einer neu konstituierten ↑ praktischen Philosophie gestellt, bedeutet T. ein auf generalisierter Erfahrung beruhendes u. nach lehrbaren Regeln vorgehendes Können im Herstellen von Gegenständen dinglicher (Werkzeuge, Gebrauchsgüter, Kunstwerke) oder geistiger Art (etwa sprachliche Gebilde), im Hervorbringen von Zuständen (der Gesundheit durch den Arzt: ↑ medizinische E) oder im Betreiben von Geschäften (die Techne des Händlers). T. ist die Fähigkeit, Vorgegebenes mit natürlichen oder selbstverfertigten Mitteln nach bestimmten Regeln auf einen gegebenen ↑ Zweck hin umzugestalten. Dieser antike u. auch mittelalterliche Begriff von T. als menschlicher Kunstfertigkeit im weitesten Sinn gewinnt eine neue, primär vom Resultat bestimmte Bedeutung durch die in der Renaissance beginnende Verschmelzung von T. u. Naturwissenschaft: Die praktische Naturbewältigung wird theoretisch durchdrungen, rekonstruiert u. vorbereitet, die Naturwissenschaft selbst, aufs engste mit künstlichem Gerät verbunden, definiert ihre Begriffe zunehmend ,operational' durch Schemata instrumentellen Handelns. Die Verfeinerung überkommener u. Entwicklung neuer Geräte bis hin zu Maschinen u. Systemen sich selbst regulierender Automation verlagern den Schwerpunkt der Tätigkeit vom Subjekt in eine objektivierte Welt der Mittel u. ersetzen immer mehr Funktionen des Menschen im Umgang mit der Natur u. mit seinesgleichen. Durch die dem neuzeitlichen naturwissenschaftlich-technischen Denken

immanente Tendenz, das Feld möglicher Machbarkeit bis ins letzte auszuschöpfen (T. als Resultat eines
tendenziell universalen Herrschafts-
willens: *Heidegger*), werden Poten-
tiale der Natur freigesetzt u. Mittel
der Produktion (u. Destruktion), des
Verkehrs, der Information, der Organisation etc. geschaffen, die ihrerseits menschliches Leben u. Zusammenleben nunmehr unhintergehbar
bestimmen. Die Problematik der T.
besteht darin, daß sie Natur wie gesellschaftliches Leben mehr u. mehr
in den Prozeß technischer Funktionalität hineinzieht u. zu Momenten ihrer ↑ Rationalität macht, ohne
die überkommenen wie neu entstehenden Fragen handlungsorientieren-
der Zwecksetzung u. Sinninterpre-
tation beantworten zu können. Der
immer stärkeren Rückwirkung des
wissenschaftlich-technischen ↑ Fortschritts auf den institutionellen Rahmen von Gesellschaft wie auf das
Leben des Einzelnen korrespondiert
keineswegs von selbst eine Zunahme
praktischer Vernunft (↑ Technikfolgen).

Lit.: O. Spengler, Der Mensch u. die
T., München 1931; F. Dessauer, Streit
um die T., Frankfurt/M. 1956;
A. Gehlen, Die Seele im technischen
Zeitalter, Hamburg 1957; M. Heidegger, Die Frage nach der T., in: Vorträge
u. Aufsätze, Pfullingen ²1959; J. Habermas, T. u. Wissenschaft als ‚Ideologie‘, Frankfurt/M. ²1969; H. Lenk,
Philosophie im technologischen Zeitalter, Stuttgart 1971; S. Müller, Vernunft
u. T., Freiburg/München 1976; W. C.
Zimmerli, T. oder: Wissen wir, was wir
tun?, Basel/Stuttgart 1976; H. Lenk,
G. Ropohl, T. u. E, Stuttgart 1987;
H. Lübbe, Der Lebenssinn der Indu-

striegesellschaft, Berlin 1990; J.-P.
Wils, D. Mieth (Hrsg.), E ohne Chan-
ce? Erkundungen im technologischen
Zeitalter, Tübingen ²1991; K. Bayertz,
Wissenschaft, T. u. Verantwortung, in:
ders. (Hrsg.), Praktische Philosophie,
Hamburg 1991, 173–209 (Lit.);
O. Höffe, Moral als Preis der Moderne,
Frankfurt/M. ³1995; G. Ropohl, E u.
T.bewertung, Frankfurt/M. 1996.
M. F.

Technikfolgen sind ein gewichtiges
Thema der E geworden, weil die wissenschaftlich geleitete Technik die
Arbeits- u. Lebenswelt der Menschen
in globalem Umfang immer nachhal-
tiger beeinflußt, umgestaltet u. auch
schafft, u. die künftigen Chancen der
Menschheit auf ein Überleben u. ein
Leben in Würde von den Folgen
ebenso wie der Weiterentwicklung
der technischen Welt abhängen.

Primäre Problemfelder praktischer
Verantwortung u. ethischer Reflexion, die sich durch T. in diesem
Jahrhundert eröffneten u. eröffnen,
sind: (a) die Sicherung der globalen
Umwelt der Menschen angesichts einer Gefährdung der gesamten Biosphäre u. der ökologischen ‚Nische‘
menschlichen Lebens durch Schad-
stoffemission u. Verbrauch von natürlichen Resourcen; (b) die Klärung
der moralischen Erlaubtheit/Nichter-
laubtheit der militärischen u. zivilen
Nutzung der Kernenergie im Blick
auf Folgen, Folgelasten u. Risiken
ihrer Verwendung; (c) die Sicherung
artgerechten tierischen Lebens
(↑ Tierschutz) ebenso wie menschlicher Würde (↑ Humanität) im Rahmen der Anwendung von Biotechno-
logie im Bereich der Humanmedizin
(↑ medizinische E), der Agrarindu-

strie u. Lebensmittelproduktion; (d) die Abschätzung von Gefahren und Chancen der Prägung, Bildung, Manipulation u. Deformation des Menschen durch die moderne Medien- und Computertechnik; (e) die Sicherung der Humanität der Arbeitswelt im Rahmen der Globalisierung der marktgesellschaftlichen Ökonomie, die durch die neuen Techniken und Systeme der Information u. Mobilität ermöglicht und vorangetrieben wird.

Primäre Fragestellungen der allgemeinen E im Kontext der T. beziehen sich auf den Begriff der (geteilten u. eingeschränkten) ↑ Verantwortung des Handelns unter Bedingungen technischer Systeme u. der Verantwortlichkeit des Handelns unter Bedingungen zunehmender Prognoseschwierigkeiten bezüglich der Nebenfolgen der Entwicklung u. des Einsatzes von Technik (↑ RisikoE).

Lit.: K. Bayertz, Wissenschaft, Technik u. Verantwortung. Grundlagen der Wissenschafts- u. TechnikE, in: ders. (Hrsg.), Praktische Philosophie. Grundorientierung angewandter E, Hamburg 1991; C. F. Gethmann, Die E technischen Handelns im Rahmen der T.beurteilung, in: A. Grunwald, H. Sax (Hrsg.), Technikbeurteilung in der Raumfahrt, Berlin 1994; H. Hastedt, Aufklärung u. Technik, Frankfurt/M. 1994; C. Hubig, Technik- u. WissenschaftsE, Heidelberg 1993; H. Lenk, Zwischen Wissenschaft und E, Frankfurt 1992; G. Patzig, Gesammelte Schriften II: Angewandte E, Göttingen 1993. *M. F.*

Technokratie ↑ Herrschaft.

Telelogische E ↑ Normative E, Ziel.

Temperament ↑ Leidenschaft.

Terror ↑ Gewalt.

Theodizee ↑ Böse, das.

Theologische Ethik. Unter t.E sind all jene Theorien einer ↑ normativen E subsumierbar, die die moralische Qualität menschlichen Handelns auf ihre Entsprechung bzw. Nichtentsprechung dem Willen ↑ Gottes gegenüber gründen. Die t.E beantwortet die Frage nach dem ↑ Moralprinzip u. dessen Rechtfertigungsmöglichkeit durch den Rekurs auf die gesetzgebende ↑ Autorität des göttlichen Willens, dem alle endlichen, geschaffenen Wesen zu absolutem Gehorsam verpflichtet sind. Die Frage nach der Erkennbarkeit dieses Willens wird im allgemeinen schöpfungs-t. durch den Verweis auf normativ ausgezeichnete Ordnungen, die in der Welt ersichtlich u. als Ausdruck des Schöpferwillens interpretierbar sind, und/oder durch den Glauben an direkte Offenbarung Gottes (↑ Religion) in bestimmten Personen oder Institutionen beantwortet. Die t.E ist streng genommen nur dann konsequent, wenn sie allein den souveränen Willen Gottes zum Grund moralischer Verpflichtung macht, nicht aber gewisse moralische Eigenschaften dieses Willens (wie seine absolute Güte u. Vollkommenheit), da dann ein vom Willen Gottes unabhängiges Kriterium des moralisch Richtigen in Anspruch genommen würde; vgl. dazu etwa die Frage *Platons* (Euthyphron): Ist etwas gut, weil die Götter es geboten haben, oder haben die Götter es geboten, weil es gut ist? Eine konsequente t.E vertreten so gesehen nur alttestamentliche (vgl. das klassische Beispiel des von Abraham geforderten Sohnesopfers) u. z.T. auch neutestamentliche Autoren, der Nominalismus des Spätmittelalters *(Duns Scotus, Wilhelm v. Ockham, Luther)* u. pietistische Richtungen der Schulphilosophie *(Crusius).* Die meisten religiösen Moralsysteme hingegen folgen in der Rechtfertigung ihres Verweises auf den Willen Gottes als letzten Kanon menschlicher Verpflichtung verschiedenen, nicht t. Gründen (wohl in Anbetracht der Tatsache, daß ein souveräner göttlicher Wille allein ein wenig plausibles Moralprinzip abgibt): Der Begriff Gottes als Personifizierung des an sich ↑ Guten, als Inbegriff der ↑ Werte, als Verteiler ewigen ↑ Glücks oder ewiger Verdammnis, als Ideal absoluter Vernunft (intellectus archetypus) liefert jenen Grund, auf dem für das Moralprinzip der t.E argumentiert wird. Insofern die Existenz des göttlichen Willens nicht als rechtfertigender Grund moralischer Verbindlichkeit, sondern als theoretisches Postulat einer endlichen Vernunft in praktischer Absicht fungiert, ein Postulat, das die Bedingung einer Synthese von ↑ Natur u. ↑ Freiheit, von ↑ Glück u. Moralität enthält, ist die religiöse Interpretation des Sittengesetzes als eines göttlichen Gebots mit einer autonomen Moralbegründung vereinbar *(Kant).*

Lit.: Platon, Euthyphron; Chr. A. Crusius, Entwurf der notwendigen Vernunft-Wahrheiten, wiefern sie den zufälligen entgegengesetzt werden; ders., Anweisung vernünftig zu leben; I. Kant, Kritik der praktischen Vernunft I. Teil, II. Buch, 2. Hauptstück; E. Brunner, Das Grundproblem der E, Zürich 1931; ders., Das Gebot u. die Ordnungen, Zürich ⁴1939; F. Böckle, Gesetz u. Gewissen, Grundfragen t.E in ökumenischer Sicht, Luzern/Stuttgart 1965; G. E. M. Anscombe, Ethics, Religion and Politics, Coll. Phil. Pap. III, Oxford 1981; E. Würthwein, O. Merk, Verantwortung, Stuttgart 1982; J. Rohls, Geschichte oder E, Tübingen 1991; E. Schockenhoff, Naturrecht u. Menschenwürde, Mainz 1996.   *M. F.*

Theologische Tugenden ↑ Tugend.

Theorie-Praxis-Verhältnis. Das T.P.V. bezeichnet in der E die Beziehung, die zwischen der unmittelbaren Verwirklichung der ↑ Sittlichkeit im ↑ Handeln (dem Ethos des Handelnden) u. dem wissenschaftlichen Begreifen dieses Handelns (der ↑ E) besteht. Wenn diese Beziehung nicht äußerlich u. zufällig sein soll, muß es im sittl. Handeln Gründe geben, die seine Analyse durch T. sinnvoll machen, bzw. die T. muß eine Rückwirkung auf die sittl. P. haben. Die sittl. P. im alltäglichen Lebenskontext beruft sich auf die unmittelbare Erfahrung, daß das ↑ Böse u. das ↑ Leid nicht, das ↑ Gute u. die ↑ Freude jedoch sein sollen. Erleben (↑ Verstehen) u. praktische Stellungnahme im Handeln sind wechselseitig aufeinander bezogen. Selbsterfahrung, soziale Erfahrung u. die Erfahrung der natürlichen Umwelt bilden den Zusammenhang einer Lebenswelt *(Husserl),* in der das Handeln immer schon durch Lebensgewohnheiten u. ↑ Sitte geregelt ist. Doch bereits im Alltag brechen die

Divergenzen auf. Zugeständnisse an die eigene Person differieren oft mit Forderungen der Allgemeinheit gegenüber, selbst in ein u. derselben Person treten Erkennen u. Handeln, *innere Überzeugung u. tatsächliches Verhalten* auseinander (↑ doppelte Moral). Sittl. Probleme sind jedoch dadurch von echten (persönlichen oder sozialen) Orientierungskrisen zu unterscheiden, daß jene eine Lösung innerhalb der unmittelbar anerkannten Grundsätze der Sitte erlauben, dagegen in diesen die Prinzipien des sittl. Handelns selbst u. ihre Begründung in Frage stehen, so etwa wenn die eigene ↑ Gewissensentscheidung gegen die ↑ Normen der ↑ Gesellschaft steht. Die Frage der Legitimität sittl. Prinzipien erfordert T., die durch methodische Distanzierung u. reflexive ↑ Begründung die Wiederherstellung der Einheit der sittl. P. einleiten soll.

(a) Die E als T. ist seit *Aristoteles* vor allem dadurch gekennzeichnet, daß im Unterschied zur Naturerkenntnis, bei der die Erfahrung stets nachträglich zur Überprüfung der T. im Experiment befragt werden kann, eine philosophische Beschäftigung mit dem Gegenstand der sittl. P. stets eigene sittl. Erfahrung voraussetzt (↑ praktische Philosophie). Damit scheidet ein T.typus im Sinne der empirischen Wissenschaften aus, der begründet erklären kann, warum dies u. nur dies unter den gegebenen Umständen sittl. richtig ist (*Hempel-Oppenheim-Modell* wissenschaftlichen Erklärens). (b) Das andere Verfahren, unter Verzicht auf empirisches Wissen die transzendentale Frage nach der Wissensform zu stellen, die apriorisch notwendig allen sittl. Aussagen zukommen muß *(Kant)*, ergibt zwar ein Kriterium für sittl. Urteile, nämlich daß sie der Form der Allgemeinverbindlichkeit u. Gesetzmäßigkeit genügen müssen (↑ kategorischer Imperativ). Aber dieses ist lediglich negativ (d. h. nicht verallgemeinerbare Grundsätze eliminierend) u. kann daher der sittl. P. keinen positiven Inhalt geben. (c) Der T.typus der Analyse wiederum kann entweder rein begriffs- u. sprachanalytisch verstanden werden. Dann verzichtet er auf einen inhaltlichen Bezug zur eigenen Lebenspraxis, sichtet wertfrei die verschiedenen sittl. Aussagen u. untersucht nur ihre logische Form (↑ deontische Logik, ↑ MetaE, ↑ Methoden der E). Abgesehen davon, daß solche normative Neutralität schwerlich erreichbar ist, beraubt sich diese T. der inhaltlichen Rückwirkung auf P. (d) Dagegen bedeutet ein inhaltliches Verständnis als hermeneutische Analyse, daß sich die T. an die unmittelbare Geltung sittl. Maßstäbe (der Tradition bei *Gadamer* u. *J. Ritter*) bindet u. nur deren Auslegung dient. (e) Der kritisch-dialektische T.typus wiederum unterscheidet sich davon, daß er in der Unmittelbarkeit von ↑ Sitte u. Gewohnheit wesentlich die negative Erfahrung der ↑ Entfremdung sieht, die durch gesellschaftliche Analyse der in ↑ Leid, Sinnlosigkeit u. Bosheit enthaltenen Widersprüche ihrerseits negiert u. dadurch überwunden werden soll. – T.typen mit größtmöglichem Objektivitätsanspruch u. methodischer Strenge (sprachanalytische, transzendentale E) handeln diesen Vorzug durch P.ferne u. fehlende

Motivationskraft ein. Hingegen fehlt der p.nahen Theorie (hermeneutische E) die kritische Distanz zur Erfahrung. Die Lösung des Problems der P.relevanz kann nur in einem mittleren T.typus gelingen, der aus der kritischen Analyse konkreter Erfahrung Modelle sittl. Handelns entwickelt, die den Spielraum für die sittl. Wahl offen halten. In ihm könnte sich die methodische Strenge, die der Gegenstand erlaubt, mit der Motivationskraft für die praktische Verwirklichung verbinden.

Lit.: Aristoteles, Nikomach. E, Buch I; I. Kant, Kritik der praktischen Vernunft, I. Teil, 1. u. 3. Buch; E. Husserl, Die Krisis der europäischen Wissenschaften, Husserliana Bd. VI, Den Haag 1954 III. Teil A; G. E. Moore, Grundprobleme der E., München 1975; N. Lobkowicz, Theory and Practice, London 1969; W. Stegmüller, Probleme u. Resultate der Wissenschaftst., Bd. I, Berlin, Heidelberg, New York 1969; M. Theunissen, Die Verwirklichung der Vernunft. Zu T.-P.-Diskussion im Anschluß an Hegel, Tübingen 1970; H. G. Gadamer, Hermeneutik als praktische Philosophie, in: M. Riedel (Hrsg.), Rehabilitierung der prakt. Philos. Bd. I; W. Wieland, Prakt. Philos. u. Wissenschaftst., ebd.; O. Höffe, Praktische Philosophie. Das Modell des Aristoteles, Kap. I 3–5 u. II, 5, Berlin ²1996; ders., Praktische Philosophie, in: Staatslexikon, Bd. 4, Freiburg u.a. ⁷1988, Sp. 522–532; J. Habermas, WahrheitsT.en, in: Festschrift für W. Schulz, Pfullingen 1973; A. Schöpf, Sigmund Freud, München 1982; S. Gosepath, Aufgeklärtes Eigeninteresse. Eine Theorie theoretischer u. praktischer Rationalität, Frankfurt a. M. 1992. *A. S.*

Therapie ↑ Psychotherapie.

Tierschutz. Der T. umfaßt alle Maßnahmen, die das Leben u. Wohlbefinden der Tiere namentlich gegen Eingriffe u. Bedrohungen von seiten des Menschen schützen, der seit jeher in Gemeinschaft u. Auseinandersetzung mit dem Tier lebt, das er teils als nützlich (als Beute, Haus- u. Zuchttier), teils als gefährlich u. schädlich (als „wildes Tier", „Schädling" u. Krankheitsüberträger) erlebt u. für das er leicht zum „Universalfeind" werden kann. Der T. betrifft als individueller jedes Einzeltier (z. B. Verbot der Tierquälerei, Gebot der artgerechten Haltung) u. als kollektiver die Arten (vgl. Jagdrecht, Naturschutz). Er beginnt mit menschlichen Interessen *(anthropozentrischer* T.): (a) dem *wirtschaftlichen* Motiv, einen Vermögenswert zu erhalten u. seinen Ertrag zu steigern, (b) dem *sozialen* Motiv, die Gefühle jener zu schonen, die an Tierquälerei Anstoß nehmen u. (c) dem *pädagogischen* Motiv, einer allgemeinen Verrohung entgegen zu wirken (vgl. z. B. *Kant*); er reicht aber darüber hinaus zum (d) ↑ *Umweltschutz*motiv, die Artenvielfalt zu erhalten, und schließlich (e) zum sittlichen Motiv, das Tier als solches zu schützen (e T.).

Der e T. ist zuerst religiös, später philosphisch-wissenschaftlich geprägt u. hängt davon ab, ob der ↑ Mensch einseitig in seiner Sonderstellung oder auch im Zusammenhang mit der Tierwelt gesehen wird: In den Naturreligionen gilt das Tier dem Menschen als artverwandt; nach der ↑ hinduistischen u. ↑ buddhistischen E ist es verboten, Tiere zu töten; im alten Ägypten herrscht eine

„partnerschaftliche" Beziehung zum Tier vor; für die ↑ jüdische u. ↑ christliche E ist das Tier von Gott geschaffen, zugleich dem Menschen untergeordnet, was als eine Treuhänderschaft verstanden werden kann, bei *Franz von Assisi* zur „*E der Brüderlichkeit*" überhöht wird, freilich nicht zu einer allgemeinen T.-E führt, gelegentlich sogar als absolute Verfügungsgewalt des Menschen über das Tier mißdeutet wird. Ansätze eines e T.es finden sich auch bei *Pythagoras* u. später bei *Plutarch.* Aber für die europäische Rechtsentwicklung ist die Unterscheidung des römischen Rechts zwischen Personen u. Sachen u. die Zuordnung der Tiere zur Sachenwelt bestimmend geworden. Der daraus resultierenden grundsätzlichen Rechtlosigkeit des Tieres tritt die ↑ utilitaristische Forderung entgegen, sich um das Wohlergehen aller empfindungsfähigen Lebewesen zu sorgen *(J. Bentham,* ferner *Schopenhauers* „E des Mitleids" u. *A. Schweitzers* „E der Ehrfurcht vor dem Leben"). Eine säkularisierte T.-E nimmt Abschied von einem ↑ anthropozentrischen Denken, demzufolge es im sittl. Handeln letztlich lediglich auf Interessen der Menschen ankommt, u. tritt einem menschlichen Gattungsegoismus entgegen. Sie wendet die sittl. Grundsätze, (a) Gleiches gemäß seiner Gleichheit gleich zu behandeln u. (b) niemanden zu schädigen, auf jene höher entwickelten Tiere an, die – wie jedermann beobachten kann u. die wissenschaftliche Verhaltensforschung seit *Darwin* vielfach bestätigt – schmerz-, angst- u. leidensfähig sind, u. gebietet, darauf gebührend Rücksicht zu nehmen.

Im Laufe des 19. Jahrhunderts bildet sich in Europa ein organisierter T. mit T.-vereinen, T.-heimen u. T.-gesetzen aus, die vor allem die Tierquälerei verbieten u. seit dem deutschen T.-gesetz von 1933 das Tier „des Tieres wegen" schützen, was in den neueren T.gesetzen Europas generell als Leitprinzip anerkannt wird. Danach ist z. B. bei der Tierhaltung eine artgemäße Nahrung u. Pflege sowie eine verhaltensgerechte Unterbringung, beim Töten von Wirbeltieren eine Betäubung u. bei Tierversuchen eine Einschränkung auf das unerläßliche Maß verbindlich. Angefangen mit gewissen Formen der Massentierhaltung u. des Tiertransports über den Mangel einer strengen Leidensbegrenzung bei Tierversuchen bis hin zu gewissen Sportarten u. dem Ausrotten oder Verdrängen vieler Wildtiere, ist der folgende Grundsatz des e T.es trotzdem noch nicht voll verwirklicht: „Dieses Gesetz dient dem Schutz des Lebens u. Wohlbefindens des Tieres. Niemand darf einem Tier ohne vernünftigen Grund Schmerzen, Leiden oder Schäden zufügen." (T.gesetz, § 1.)

Lit.: I. Kant, Die Metaphysik der Sitten, II. Tugendlehre, § 17; J. Bentham, An Introduction of the Principles of Morals and Legislation, § 17 (4) Anm.; C. Darwin, Expression to the Emotion in Man and Animals, New York 1955; A. Schweitzer, Kultur u. E, München ²1972, Kap. XXI–XXII; L. Kotter, Vom Recht des Tieres, München 1966; S. Clark, The Moral Status of Animals, Oxford 1977; A. Lorz, T.gesetz. Kommentar, München ⁴1992; K. Drawer, T. in Deutschland, Lübeck 1980; P. Singer, Befreiung der Tiere, München 1982; ders. (Hrsg.), Verteidigt die Tiere, Wien 1986; G. M. Teusch, Tierversuche u. T., München 1983; ders., Mensch u. Tier. Lexikon der T.E, Göttingen 1987; U. Händel (Hrsg.), T. Testfall unserer Menschlichkeit, Frankfurt/M. 1984; U. Wolf, Das Tier in der Moral, Frankfurt/M. 1990; C. A. Reinhardt (Hrsg.), Sind Tierversuche vertretbar?, Zürich 1990; H.-P. Schütt (Hrsg.), Die Vernunft der Tiere, Frankfurt/M. 1990; O. Höffe, Moral als Preis der Moderne, Frankfurt/M. ³1995, Kap. 12–13; A. Bondolfi (Hrsg.), Mensch u. Tier, Freiburg (Schweiz) 1994; T. B. Schmidt, Das Tier – Ein Rechtssubjekt?, Regensburg 1996.   O. H.

Tod ↑ Leben, Leid, Selbstmord, auch Hirntod: medizinische E.

Todesstrafe ↑ Strafe.

Tötung ↑ Leben.

Toleranz (lat. Duldung) meint das Gelten- u. Gewährenlassen (passive T.), besser noch: die Achtung, sogar freie Anerkennung (aktive u. kreative T.) andersartiger Anschauungen u. Handlungsweisen. Im griechisch-römischen Polytheismus war sie mindestens als religiöse T. weitgehend selbstverständlich. Rom erlaubt den besiegten Völkern, ihre eigenen Kulte auszuüben, sogar sie zu verbreiten; die Christen werden nicht aus religiösen Gründen verfolgt, sondern weil man von ihrer Weigerung, den überlieferten Göttern zu opfern, eine Bestrafung des ganzen Gemeinwesens fürchtet. Mit den die absolute ↑ Wahrheit beanspruchenden monotheistischen Religionen (dem Christentum als Erbe der ↑ jüdischen Religion, dem ↑ Islam) wird sie zum Problem. Während sich im Neuen Testament T.freundliche Elemente finden: etwa das Gleichnis vom Unkraut unter dem Weizen (Mt 13, 24–30 u. 36–43) u. Jesus Verhalten, zur Nachfolge einzuladen, nicht zu zwingen, während christliche Denker der Frühzeit *(Tertullian)* T. forderten, wird sie – sobald das Christentum zur Staatsreligion avancierte – bis weit über die Reformationszeit hinaus häufig mißachtet. Die gewaltsame Bekehrung von Heiden bleibt zwar die Ausnahme, gegen Häretiker breitet sich aber seit dem 11. Jh. die Todesstrafe aus u. erhält sich bis weit über die Reformation. Im christlichen Humanismus (*Dante, Marsilius* v. Padua, *Nikolaus* v. Kues, *Sebastian Castellio*), der deutschen Mystik, vor allem der Aufklärung *(Spinoza, Locke, Voltaire, Rousseau, Lessing, Schiller u.a.)* wird sie erneut, jetzt zusammen mit der religiösen Neutralität des ↑ Staates gefordert, von *Locke* u. *Rousseau* freilich erst als beschränkte T. – Atheisten sind ausgeschlossen –, da andernfalls die öffentliche Ordnung gefährdet sei. Seit dem Augsburger Religionsfrieden (1555) u. dem Edikt von Nantes (1598) werden zahlreiche T.edikte erlassen, lange Zeit aber nur widerstrebend.

Als persönliche Haltung gegenüber den Mitmenschen ist T. keineswegs an Gleichgültigkeit gegen religiöse, weltanschauliche, sittlich. u. politische Fragen gebunden (T. als Alibi des ↑ Nihilismus). Vielmehr setzt sie voraus, daß man feste Überzeugungen hat u. trotzdem die anderer respektiert. T. ist nicht die kontemplative Haltung eines unbeteiligten Beobachters, der allem, was war oder ist, mit Nachsicht begegnet. T. ist eine handlungsorientierte Haltung, die im Andersartigen soweit möglich einen Wert zu entdecken u. ihm ein Lebensrecht zu gewähren sucht. T. gründet in der Einsicht, daß kein ↑ Mensch schlechthin irrtums- u. vorurteilsfrei ist, ferner im Wissen um den Reichtum u. die perspektivische Befangenheit jeder konkreten Selbstverwirklichung, besonders aber in der Anerkennung anderer als freier u. ebenbürtiger ↑ Personen, die das ↑ Recht haben, die eigenen Vorstellungen zu äußern u. nach ihnen zu handeln, soweit sie nicht dasselbe Recht anderer beeinträchtigen. T. ermöglicht ein von ↑ Freiheit u. ↑ Humanität bestimmtes Zusammenleben. Sie endet dort, wo es um die Mißachtung der Rechte anderer geht. Deshalb ist sie nicht in dem Sinn repressiv, daß sie auch die Duldung der Unterdrückten gegenüber ihren Unterdrückern *(Marcuse)* fordert. T. ist ein Zeichen von Selbstüberwindung – sie muß aggressiv-destruktiven Triebwünschen abgerungen werden *(Mitscherlich)* – u. von Ichstärke, weil sie die Interessen anderer grundsätzlich anerkennt u. die Auseinandersetzung mit fremden Meinungen nicht scheut. T. vollendet sich im lebendigen Interesse an der Lebens- u. Kulturform anderer u. ist dann eine säkularisierte u. zurückhaltende Weise von ↑ (Nächsten-)Liebe. Die T. dient auch der ↑ Wahrheit; denn die freie Auseinandersetzung unterschiedlicher Meinungen befreit von Vorurteilen u. setzt neue Erkenntnis frei.

Staatliche T. realisiert sich in der rechtlichen Sicherung der ↑ Grundrechte der *Religions-*, Glaubens-, Gewissens- u. Meinungs*freiheit*. Trotz der Bedenken von *Marcuse, Wolff* u. anderen bleibt T. eine Grundtugend der modernen pluralistischen ↑ Demokratie, durch die sie ihre politisch-soziale Ordnung aufrechterhält, indem sie die Vielfalt rivalisierender Bekenntnisse, ↑ Weltanschauungen u. politischer Programme als legitim respektiert. Zugleich schützt die T., sofern sie zur sozialen Wirklichkeit wird, die Minderheiten, Randgruppen, auch Einzelgänger vor Repressionen u. ↑ Diskriminierungen eines unduldsamen *Fanatismus*, der, die eigenen Überzeugungen absolut setzend, sie anderen mit offener oder versteckter ↑ Gewalt aufzwingt. T. schließt nicht die Kritik an, den Protest gegen u. die Auseinandersetzung mit anderen Lebensvorstellungen aus. Im Gegensatz zur blanken Konfrontation eröffnet sie aber einen Freiraum, in dem die ↑ Konflikte sachlich ausgetragen u. entgegengesetzte Meinungen rational diskutiert werden können. – Zur T. auf internationaler Ebene gehört eine Achtung der verschiedenen Kulturen u. Traditionen, die jeden Ethnozentrismus ablehnt u. sich auf einen ↑ interkulturellen Diskurs einläßt.

Lit.: Nikolaus von Kues, De pace fidei; M. E. de Montaigne, De la liberté de conscience; B. de Spinoza, Theolog.-polit. Traktat, bes. Kap. 20; J. Locke, Ein Brief über T.; F. M. Voltaire, Traité sur la tolérance; G. E. Lessing, Nathan der Weise; F. Schiller, Don Carlos; J. S. Mill, Über die Freiheit, bes. Kap. 3 u. 4; N. Hilling, Die deutschen Reichsgesetze über T. u. konfessionelle Parität, Bonn 1917; J. Maritain, Wahrh. u.

T., Heidelberg 1960; O. Busch, T. u. Grundgesetz. Ein Beitrag zur Geschichte des T.denkens, Bonn 1967; H. Marcuse, B. Moore, R. P. Wolff, Kritik der reinen T., Frankfurt/M. ²1970; J. Lecler, Geschichte der Religionsfreiheit im Zeitalter der Reformation, 2 Bde., Stuttgart 1965; A. v. Campenhausen, Religionsfreiheit, Göttingen 1971; A. Mitscherlich, T. Überprüfung eines Begriffs, Frankfurt/M. 1974; U. Schultz (Hrsg.), T. Die Krise der demokrat. Tugend..., Reinbek 1974; P. King, Toleration, London 1976; K. Rahner, T. in der Kirche, Freiburg u. a. 1977; H. Lutz (Hrsg.), Zur Geschichte der T. u. Religionsfreiheit, Darmstadt 1977; G. Püttner, T. als Verfassungsprinzip, Berlin 1977; A. Pieper, Pragmat. u. e Normenbegründung, Freiburg/München 1979; Kap. 7: Zum Verhältnis von T. u. Autonomie; H. R. Guggisberg (Hrsg.), Religiöse T., Stuttgart 1984; J. Neumann, M. W. Fischer (Hrsg.), T. u. Repression. Zur Lage religiöser Minderheiten..., Frankfurt/M. 1983; O. Höffe, Den Staat braucht selbst ein Volk von Teufeln, Stuttgart 1988, 105–124; W. Kerber (Hrsg.), Wie tolerant ist der Islam? München 1991; J. Rawls, Die Idee des pol. Liberalismus, Frankfurt/M. 1992; Ch. Taylor, Mulitkulturalismus..., Frankfurt/M. 1993. O. H.

Totalitarismus ↑ Herrschaft.

Totemismus ↑ Tabu.

Tradition ↑ Moral u. Sitte.

Transzendentale E ↑ Methoden der E.

Trennungsthese ↑ Rechtspositivismus.

Treue ↑ Hoffnung.

Trieb ↑ Bedürfnis.

Tugend (griech. areté, lat. virtus) ist seit *Platon* u. *Aristoteles* ein Grundbegriff der ↑ E, der zwar in der Neuzeit gegenüber dem Begriff der ↑ Pflicht u. wegen der Hervorhebung e peripherer instrumentaler u. funktionaler „bürgerlicher T.en" (↑ Ordnungsliebe, Sparsamkeit, Pünktlichkeit, Fleiß: ↑ Arbeit) abgewertet wurde, recht verstanden aber seine zentrale e Bedeutung nicht verloren hat. T. ist das ↑ Ideal der ↑ (Selbst-)Erziehung zu einer menschlich vortrefflichen Persönlichkeit. Sie beinhaltet weder die Unterdrückung aller spontanen Neigungen oder den Rückzug in weltabgewandte Askese (↑ Verzicht) noch die Konservierung geschichtlich überholter oder die Überbewertung instrumenteller Verhaltensnormen. T. ist eine durch fortgesetzte Übung erworbene Lebenshaltung: die Disposition *(Charakter)* der emotionalen u. kognitiven Fähigkeiten u. Kräfte, das sittl. ↑ Gute zu verfolgen, so daß es weder aus Zufall noch aus Gewohnheit oder sozialem Zwang, sondern aus ↑ Freiheit, gleichwohl mit einer gewissen Notwendigkeit, nämlich aus dem Können u. der (Ich-)Stärke einer sittl. gebildeten Persönlichkeit heraus geschieht. T. haben bedeutet, Spielball weder seiner Triebkräfte: der naturwüchsigen ↑ Bedürfnisse u. ↑ Leidenschaften *(Laster)*, noch der sozialen Rollenerwartungen zu sein, sich vielmehr in ein kritisches Verhältnis zu ihnen gestellt u. die natürlichen u. sozialen Antriebskräfte so entfaltet zu haben, daß man jene ↑ Zwecke sich spontan setzt sowie zielstrebig u. überlegt verfolgt, die untereinander

u. mit denen der Mitmenschen im Einklang stehen können. T. haben heißt, folgerichtig u. aus ↑ Verantwortung für sich u. seine Mitmenschen ein Leben zu führen, das der Selbstverwirklichung dient u. sich mit einer eigenen, der höchsten Form von ↑ Freude verbindet. T. zeigt sich nicht (bloß) in exzeptionellen heroischen Taten, sondern bringt sich in einem ganzen Leben mit seinen verschiedenen Aspekten u. Bereichen zur Geltung.

Man kann die *eine* Haltung sittl. Lebens, die T., auch unter verschiedenen Aspekten betrachten u. dann von einer Mehrzahl von T.en sprechen. Seit *Platon* ist für das abendländische Ethos die Aufgliederung in vier Grundhaltungen, die *Kardinal-T.en,* maßgeblich (*Aristoteles* nennt noch andere, u. die ↑ christliche E erweitert sie um die *theologischen T.en* Glaube, ↑ Liebe u. ↑ Hoffnung); (a) Die ↑ Klugheit, eine VerstandesT. (areté dianoetiké), ist die Fähigkeit u. feste Bereitschaft, die hier u. jetzt richtigen Wege u. Mittel zu erkennen u. – gegenüber ideologischen Täuschungen, auch Selbsttäuschungen usw. – mit Kritik u. Realitätssinn das sittl. Gute situationsgerecht zu bestimmen. Die drei anderen Kardinal-T.en sind sittl. T.en (aretaí ethikaí), die – in notwendiger Ergänzung zur Klugheit – den Menschen fähig u. bereit halten, unbeirrt u. mit aller Kraft sein Wollen u. ↑ Streben auf das sittl. Gute zu richten. Ihre grundlegende Bestimmung geht auf *Aristoteles* zurück. Nach ihm sind sittl. T.en keine starren oder objektiv berechenbaren Verhaltensmuster, sondern die für Unter-

schiede in bezug auf Temperament, Fähigkeit u. Lage offenen Haltungen, in der jeweiligen soziokulturellen u. persönlichen ↑ Situation neu u. je selbst die Mitte zwischen den beiden Extremen zu finden, dem Übermaß u. dem Mangel, in denen sich der Mensch verfehlen würde. (b) ↑ Gerechtigkeit ist die Haltung der Achtung vor der Würde seiner selbst u. seiner Mitmenschen, die sich gleicherweise gegen Unrechttun u. Unrechtleiden wendet. (c) ↑ Tapferkeit ist die sowohl Tollkühnheit als auch Feigheit abwehrende Bereitschaft, auch gegen physische, soziale oder politische Bedrohung (Zivilcourage) für sein Leben u. seine Überzeugungen einzutreten; dann auch die Bereitschaft, in ↑ Leid, Verfolgung, schwerer Krankheit zu seinem Leben u. dessen Würde zu stehen. (d) Die ↑ Besonnenheit (Maß) lehnt eine Unterdrückung der menschlichen Triebkräfte ebenso wie ihre zügellose Befriedigung ab. Dem Verlangen des Menschen nach Essen, Trinken u. sexueller Freude, nach Reichtum u. sozialer Geltung sowie der Abneigung gegen Schmerz u. Leid entzieht sie ihre naturwüchsige Eigenmacht, ordnet sie in eine harmonische Erfüllung der verschiedenen sinnlichen wie nichtsinnlichen Freuden ein u. ermöglicht ↑ Glück.

Auf der Grundlage seines Begriffs der Freiheit als Autonomie bestimmt *Kant* die T. als die moralische Stärke in der Befolgung seiner Pflicht, die niemals zur Gewohnheit werden, sondern immer ganz neu u. ursprünglich aus der Denkungsart hervorgehen soll. – Zu den gegenwärtig relevanten T.en sind auch Solidarität

(↑ Wohlwollen) als Bereitschaft zur Hilfe für Notleidende u. Unterdrückte, ↑ Toleranz als Achtung andersartiger Anschauungen u. Handlungsweisen sowie ↑ Gelassenheit als die Fähigkeit zu rechnen, die Welt u. die Mitmenschen anzunehmen, den rechten Zeitpunkt des Handelns abzuwarten u. das rechte Maß des Tuns einzuschätzen.

In der neueren Debatte um die philosophischen Grundlagen der ↑ E erfährt der Begriff der T. aus verschiedenen Gründen wieder Beachtung: Im Unterschied zu einer an der Erfüllung von allgemeinen Regeln u. ↑ Pflichten (deontische E) oder an den Folgen einer ↑ Handlung (konsequentialistische E) orientierten E steht bei einer T.-E nicht die Bewertung der einzelnen Handlung, sondern die Bewertung der handelnden ↑ Person im Vordergrund. Der T.-E zufolge sind unsere Handlungen dann gut, wenn sie so wie die Handlungen eines T.haften sind. Anders als im Begriff der Pflichterfüllung oder der Handlungskonsequenz ist im Begriff der T. immer schon die Anforderung enthalten, daß die richtigen Handlungen auch aus den richtigen Motiven heraus erfolgen, d. h. man muß die guten Handlungen freiwillig u. gerne tun *(Aristoteles)*, weil sich die echte t.hafte Gesinnung nur in einer fröhlichen Gemütsstimmung äußert, „ohne welche man nie gewiß ist, das Gute auch lieb gewonnen, d. i. es in seine Maxime aufgenommen zu haben" *(Kant)*.

In neuerer Zeit wurde vor allem hervorgehoben, daß (ähnlich wie die ↑ Gerechtigkeit im Einzelfall der Ergänzung durch die Billigkeit bzw.

Epikie bedarf, um ein angemessenes Urteil zu erhalten) allgemeine Pflichten den Erfordernissen des Einzelfalls gegenüber unzureichend bleiben, während die T. richtige u. angemessene ↑ Entscheidungen in allen einzelnen ↑ Situationen ermöglicht. Ein weiterer Vorzug der T.-E wurde darin gesehen, daß der T.-Begriff nicht grundsätzlich die Vernachlässigung von Interessen des Handelnden verlangt: auch durch T.en, die in erster Linie anderen zugute kommen, ist der Handelnde immer auf sein eigenes Wohlergehen und ↑ Glück bezogen, u. zwar besonders dann, wenn die T. als ein Wert in sich und somit als ein Bestandteil des guten Lebens geschätzt u. nicht nur instrumentell auf die Erreichung bestimmter Ziele bezogen wird. Schließlich vermag die T.-E im Vergleich mit der deontischen und konsequentialistischen E. das Phänomen des ↑ Verdienstlichen (Supererogation) besser zu erklären. Die zahlreichen Erneuerungen der T.-E unterscheiden sich vor allem in der Frage, ob die T. universal vom Begriff des menschlichen Wohlergehens oder nur parochial und ↑ relativistisch von den Zielen und Gütern bestimmter Gemeinschaften abhängig zu machen ist.

Lit.: Platon, Charmides, Laches, Protagoras; Aristoteles, Nikomach. E, Buch II–VI; Thomas v. A., De virtutibus cardinalibus; A. Geulincx, E oder über die KardinalT.en (Fleiß, Gehorsam, Gerechtigkeit, Demut); A. Smith, Theorie der e Gefühle; I. Kant, Die Metaphysik der Sitten, 2. Teil: T.lehre; F. Nietzsche, Unsere T.en, in: Jenseits von Gut u. Böse; M. Scheler, Zur Rehabilitierung der T.; E. Anscombe,

Modern Moral Philosophy, in: Philosophy 33 (1958), 1–19 (dt. in: G. Grewendorf, G. Meggle (Hrsg.), Sprache u. E, Frankfurt/M. 1974); O. F. Bollnow, Wesen u. Wandel der T.en, Frankfurt/M. u. a. ²1975; J. Pieper, Das Viergespann Klugheit, Gerechtigkeit, Tapferkeit, Maß, München 1977; W. Jankelevitch, Traité des vertus, 3 Bde., Paris 1968; O. Höffe, Praktische Philosophie – Das Modell des Aristoteles, Berlin ²1996, Kap. II 2, 3, 5; ders., Sittl.-polit. Diskurse, Frankfurt/M. 1981, Kap. 4; E. H. Erikson, Einsicht u. Verantwortung, Frankfurt/M. 1971, S. 95–140; O. Betz (Hrsg.), T.en für heute, München 1973; P. T. Geach, The Virtues, Cambridge 1977; J. D. Wallace, Virtues and Vices, Ithaca/London 1978; P. Foot, Virtues and Vices, Berkeley u. a. 1978, I; A. MacIntyre, After Virtue, London ²1985; M. C. Nussbaum, The Fragility of Goodness, Cambridge 1986; D. S. Hutchinson, The Virtues of Aristotle, London 1986; R. Malkowski (Hrsg.), von T.en u. Lastern, Frankfurt/M. 1987; B. Louden, Morality and Moral Theory, New York 1992; J. W. Chapman, W. A. Galston (Hrsg.), Virtue, New York 1992; U. Wickert (Hrsg.), Das Buch der T.en, Hamburg 1995; O. O'Neill, T. u. Gerechtigkeit, Berlin 1996; R. Crisp (Hrsg.), How Should one Live? Oxford 1996; K. P. Rippe, P. Schaber (Hrsg.), TugendE, Stuttgart 1997; R. Crisp, M. Slote (Hrsg.), Virtue Ethics, Oxford 1997. *O. H.*

U

Übel ↑ das Böse.

Über-Ich ↑ Gewissen.

Überleben ↑ Evolutionistische E, Soziobiologie, Leben.

Überlegung ↑ Handlung.

Übermensch ↑ Lebensphilosophie.

Überzeugung u. tatsächliches Verhalten ↑ Theorie-Praxis-Verhältnis.

Umkehr ↑ Schuld.

Umweltschutz (engl. environmental protection) ist ein Sammelbegriff für alle Maßnahmen zur Bewahrung u. Schaffung lebensgerechter Umweltbedingungen für den Menschen. Wie jedes Lebewesen, so ist auch der Mensch mit seiner Umwelt, die gattungsgeschichtlich gesehen zunächst als ↑ Natur (als von sich her, d. h. ohne menschliches Zutun Bestehendes u. Werdendes) begegnet, in engster Wechselbeziehung, die sich als ökologisches Kreislaufsystem beschreiben läßt (*Ökologie*, gr. Haushaltskunde, d. h. die Wissenschaft von den Beziehungen der Lebewesen zu ihrer Umwelt). Natur liefert jene Elemente, deren Konsum zur Erhaltung u. Reproduktion des organischen Lebens erforderlich ist. Die Konsumtion entzieht der Natur Produkte u. gibt ihr Abfallprodukte zurück. Solange dieser Austausch so geartet ist, daß Natur in kontinuierlichen Auf- u. Abbauprozessen, teils sich selbst regulierend u. regenerierend, teils vom Menschen bewußt gesteuert, die für menschliches Leben erforderlichen materiellen Bedingungen bereitstellt u. bereitzustellen vermag, spricht man von ökologischem Gleichgewicht zwischen Mensch u. Natur. U. wird dann zum Problem, wenn durch den menschlichen Eingriff in Natur dieses Gleichgewicht gefährdet ist.

Das menschliche Ökosystem wird von primärer u. sekundärer Umwelt gebildet. Zur primären Umwelt (Biosphäre) zählt man Luft, Wasser, Gase, Mineralien, Pflanzen, Tiere etc. Mit sekundärer Umwelt (Technosphäre) werden die von der primären Umwelt durch menschliche Tätigkeit herausgehobenen u. hergestellten Systeme bezeichnet, wie Wohnbauten, Maschinen, Industrie- Verkehrs-, Informationssysteme etc. U. hat entsprechend zum Inhalt die Verhinderung von Störungen in diesem Umweltsystem, die gesundheitliche Nachteile bzw. lebensbedrohende Folgen für den Menschen entstehen lassen, wobei unter Gesundheit u. menschenwürdigem Leben nicht nur Freisein von ↑ Krankheit u. Gebrechen, sondern der Zustand körperlichen, geistigen u. sozialen Wohlbefindens zu verstehen ist. Die Aufgabe des U. hat so gesehen die Bestimmung der Qualität menschenwürdigen Lebens zur Voraussetzung (↑ Lebensqualität, ↑ Humanität).

Die Entwicklung der Menschheit seit der industriellen Revolution hat in den letzten Jahrzehnten zu einer ernsthaften *Umweltkrise* geführt. Die wichtigsten Problemfaktoren sind: ein dramatisches Wachstum der Erdbevölkerung, der immense Verbrauch fossiler Energieträger, der Einsatz u. die Verbreitung nebenwirkungsreicher u. risikobelasteter Technologien u. ihrer Produkte in der menschlichen Arbeits- u. Lebenswelt sowie in deren Gefolge die Belastung der Erde u. ihrer Atmosphäre mit Abfallprodukten, Strahlungen, Schadstoffen u. toxischen Substanzen, die das menschliche u.

nichtmenschliche Leben bedrohen bzw. in seinem Entfaltungsspielraum beeinträchtigen. Die Umweltkrise hat den Anstoß zur *ökologischen E* gegeben. Deren wichtigste Richtungen lassen sich nach dem Gesichtspunkt eines ↑ anthropozentrischen, pathozentrischen oder biozentrischen Ansatzes unterscheiden: je nachdem, ob in der Begründung von Verhaltensnormen gegenüber der Umwelt der Mensch, die Empfindungs- und Leidensfähigkeit von Lebewesen oder das Leben gleich welcher Art und Stufe als grundlegende Wertungsquelle fungiert. Mit dem Begriff U. kann man nun alle Zielsetzungen in bezug auf die Natur bezeichnen, die eindeutig anthropozentrisch begründet werden können: die Vermeidung oder Linderung direkter oder indirekter, gegenwärtiger oder zukünftiger Schädigungen u. Belästigungen von Menschen sowie die langfristige Sicherung ihrer natürlichen Lebensgrundlagen. Da die Umweltgüter in der Regel den Charakter öffentlicher ↑ Güter haben u. ihre Bedrohung bzw. Sicherung von kollektivem Handeln abhängt, sind primär politisch-rechtliche Regelungen nötig (die den Gesichtspunkten der ↑ Gerechtigkeit, der Zweckmäßigkeit u. der Rechtssicherheit zu genügen haben).

Von philosophischem Gewicht sind einmal die besonderen Dimensionen gegenwärtiger Umweltprobleme: neben der mit ihnen verbundenen Beeinträchtigung unmittelbar Betroffener ihre räumlichen u. zeitlichen Fernwirkungen ebenso wie ihre teils sichere, teils mögliche Irreversibilität; zum zweiten die Entwicklung u. Rechtfertigung von Verfahren vernünftiger Bewertung von Techniken mit hohen Umweltrisiken (nach Gesichtspunkten des Schadenspotentials, der Eintrittswahrscheinlichkeit, der psychologischen Wirkung des Bestehens von Katastrophenrisiken etc.); schließlich die Frage nach der geeigneten institutionellen Form politisch u. moralisch akzeptabler ↑ Entscheidungsfindung. – Die grenzüberschreitende Qualität vieler Umweltbelastungen, ihre Komplexität, ihr zeitlicher Wirkungshorizont, ihre häufige Irreversibilität u. ihre zum Teil verzweigte u. uneindeutige Verursacherstruktur stellen eine neuartige Herausforderung für die nationale u. internationale Politik dar. Deren Beantwortung wird über das Schicksal der Menschheit in den nächsten beiden Generationen entscheiden.

Lit.: H. H. Bennett, Soil Conservation, London 1939; Z. Dorst, Before Nature Dies, Moskau 1968; B. Commoner, The Closing Circle, New York 1971; P. Atteslander, Die letzten Tage der Gegenwart, Bern/München/Wien 1971; P. u. A. Ehrlich, Bevölkerungswachstum u. Umweltkrise, Frankfurt/M. 1972; H. Grümm, Energieerzeugung u. Umwelt, in: Atomwirtschaft-Atomtechnik, Düsseldorf 1971; J. W. Forrester, Der teuflische Regelkreis, Stuttgart 1972; G. Friedrichs (Hrsg.), Aufgabe Zukunft, Qualität des Lebens. Bd. 4 Umwelt, Frankfurt/M. 1972; U. u. Wirtschaftswachstum, Frauenfeld 1972; H. D. Engelhardt (Hrsg.), Umweltstrategie. UmweltE der Industriegesellschaft, Gütersloh 1975; Zeitschrift „Environmental Ethics" 1979 ff; J. Passmore, Man's Responsibility for Nature, London [2]1980; K. E. Goodpaster, K. M. Sayre (Hrsg.), Ethics and Problems of the 21st Century, Notre Dame (Ind.) 1979; H. Jonas, Das Prinzip Verantwortung, Frankfurt/M. 1979; D. Birnbacher (Hrsg.), Ökologie u. E, Stuttgart 1980; ders., Verantwortung für zukünftige Generationen, Stuttgart 1988; ders., Mensch u. Natur. Grundzüge der ökologischen E, in: K. Bayertz (Hrsg.), Praktische Philosophie, Hamburg 1991, 278–321 (Lit.); R. Attfield, The Ethics for Environmental Concern, Oxford 1983; G. Patzig, Ökologische E – innerhalb der Grenzen der bloßen Vernunft, Göttingen 1983; G. M. Teutsch, Lexikon der UmweltE, Göttingen/Düsseldorf 1985; H. Lübbe, E. Ströker (Hrsg.), Ökologische Probleme im kulturellen Wandel, München/Paderborn 1986; H. Rolston, Environmental Ethics, Philadelphia 1988; H. Walletschek, J. Graw (Hrsg.), Öko-Lexikon, München 1988; E. C. Hargrove, Foundations of Environmental Ethics, Engelwood Cliffs (N. J.) 1989; V. Hösle, Philosophie der ökologischen Krise, München 1991; D. Cansier, Umweltökonomie, Stuttgart/Jena 1993; L. Schäfer, Das Bacon-Projekt, Frankfurt/M. 1993; J. Nida-Rümelin, D. v. d. Pfordten (Hrsg.), Ökologische E u. Rechtstheorie, Baden-Baden 1995; O. Höffe, Moral als Preis der Moderne, Frankfurt/M. [3]1995, Teil II–III; D. v. d. Pfordten, Ökologische E, Reinbek 1996.   *M. F.*

Umwertung aller Werte ↑ Nihilismus.

Unbeherrschtheit ↑ Besonnenheit, Willensschwäche.

Ungehorsam, bürgerlicher/ziviler ↑ Widerstandsrecht.

Universale E ↑ KlassenE.

Universalisierungsprinzip ↑ Deontische Logik, Kategorischer Imperativ.

Unparteilichkeit ↑ Gerechtigkeit.

Unsterblichkeit der Seele ↑ Religion.

Urteil ↑ MetaE.

Urteilskraft ↑ Klugheit.

Utilitarismus (lat. *utilis:* nützlich) ist eine Richtung der normativen E, die, oft als *Nützlichkeitsmoral* abgestempelt, sich in der englischsprachigen Welt zu einem differenzierten Instrument der empirisch-rationalen Normenbegründung u. Gesellschaftsreform entwickelt hat. Kriterium der sittl. Verbindlichkeit ist das *Prinzip der Nützlichkeit*, nach dem jene Handlung sittl. geboten ist, deren Folgen für das ↑ Glück aller Betroffenen optimal sind. Dieses ↑ Moralprinzip enthält vier Teilprinzipien: (1) Im Unterschied zur deontologischen E (↑ normative E) sind Handlungen nicht aus sich heraus, sondern von ihren Folgen her zu beurteilen (Konsequenzen-Prinzip). (2) Der Maßstab der Folgen ist ihr Nutzen, nicht der für beliebige Ziele oder Werte (gegen *N. Hartmanns* Vorwurf des Wertnihilismus), sondern der für das in sich Gute (Utilitätsprinzip). (3) Als in sich gut u. höchster ↑ Wert gilt die Erfüllung der menschlichen ↑ Bedürfnisse u. Interessen, das Glück, wobei es den einzelnen überlassen bleibt, worin sie ihr Glück erwarten. Das Kriterium dafür ist das Maß an ↑ Freude, das eine Handlung hervorruft, vermindert um das mit ihr verbundene Maß an Leid (hedonistisches Prinzip). (4) Ausschlaggebend ist nicht das Glück bestimmter Individuen oder Gruppen, sondern das aller von der Handlung Betroffenen. Im Gegensatz zu jedem Egoismus (↑ Selbstinteresse) verpflichtet sich die U. auf das allgemeine Wohlergehen (Sozialprinzip).

Nach antiken Vorläufern *(Aristipp,* ↑ epikureische E) u. nach Vorarbeiten von *Hobbes, Hume, Priestley* u. a. findet sich die erste systematische Darstellung in *J. Benthams* ‚Einführung in die Prinzipien von Moral und Gesetzgebung‘ (1789). Diese Schrift, Grundlage vieler gesellschaftlicher u. politischer Reformen, entwickelt auch ein (allerdings zu grobes) Instrument zur Messung des sozialen Nutzens von Handlungen, den *hedonistischen Kalkül,* der zum Ausgangspunkt der Wohlfahrtsökonomie wurde (↑ Entscheidungstheorie). *J. S. Mills* ‚Utilitarismus‘ (1863) sucht den U. durch die Unterscheidung von höheren u. niederen ↑ Freuden zu verbessern. Die differenzierteste klassische Darstellung ist *H. Sidgwicks* ‚Die Methoden der E‘ (1874). – In der ersten Hälfte dieses Jh. heftig umstritten, erfährt der U. seitdem eine Erneuerung. Gegen den Einwand, sittl. Pflichten (z. B. Versprechen zu halten [↑ Wahrheit], Schulden zurückzuzahlen) seien immer gültig u. nicht nur dann, wenn sie dem sozialen Wohlergehen dienen, soll das Prinzip der Nützlichkeit nicht mehr auf einzelne Handlungen *(Handlungs-U.: J. J. C. Smart),* sondern auf Arten oder Regeln von Handlungen angewandt werden: Jene Handlungen gilt als sittl. erlaubt, die mit einer dem sozialen Wohlergehen dienenden Handlungsregel übereinstimmt *(Re-*

gel-U.: J. O. Urmson, R. B. Brandt).
Noch überzeugender ist eine Dreistufung: (a) Man suche eine zum ↑ Glück taugliche Lebensform; (b) in ihrem Rahmen entwickle man Regeln oder auch Grundhaltungen (↑ Tugenden); (c) erst von ihnen aus läßt sich das konkrete Handeln bestimmen. Selbst der Regel-U. steht noch im Gegensatz zu sittl. Überzeugungen, nach denen jeder ↑ Grundrechte hat, die auch zugunsten des Wohlergehens anderer nicht verletzt werden dürfen *(J. Rawls).* Dem könnte ein den U. ergänzendes Korrektiv-Prinzip der ↑ Gerechtigkeit entgegenkommen, das für Verteilungsfragen zuständig ist.

Die Stärke des U. beruht darin, daß er rationale Elemente (Prinzip der Nützlichkeit) mit empirischen (Kenntnisse über die Folgen einer Handlung u. deren Bedeutung für das Wohlergehen der Betroffenen) verbindet, ferner, daß die von ihm abgeleiteten sittl. Pflichten weitgehend mit den gewöhnlichen sittl. Überzeugungen übereinstimmen. Kritisieren kann man, daß er die Gerechtigkeitsfrage nicht angemessen löst, daß er Moralprobleme nur im Verhältnis der Menschen zueinander, nicht auch des Menschen zu sich selbst (↑ Pflichten) sieht, schließlich, daß bei ihm eine zureichende ↑ Begründung des Nützlichkeitsprinzips fehlt.

Lit.: J. Bentham, An Introduction to the Principles of Morals and Legislation; J. S. Mill, Utilitarismus; O. Höffe (Hrsg.), Einführung in die utilitarist. E. Klassische u. zeitgenössische Texte, Tübingen ²1992; ders., Strategien der Humanität, Frankfurt/M. ²1985,

Kap. 4; ders., E u. Politik, Frankfurt/M. ²1984, Kap. 4; ders. Kategorische Rechtsprinzipien, Frankfurt/M. 1990, Kap. 6; D. Lyons, Forms and Limits of Utilitarianism, Oxford 1965; N. Hoerster, Utilitarist. E u. Verallgemeinerung, Freiburg/München ²1977; J. Rawls, Eine Theorie der Gerechtigkeit, Frankfurt/M. 1975, Kap. 1; A. Quinton, Utilitarian Ethics, London 1973; J. C. Harsanyi, Essays on Ethics, Social Behavior and Scientific Explanation, Dordrecht 1978; B. Williams, Kritik des U., Frankfurt/M. 1979; W. R. Köhler, Zur Geschichte u. Struktur der utilitaristischen E, Frankfurt/M. 1979; R. B. Brandt, A Theory of the Good and the Right, Oxford 1979; A. Sen, B. Williams, Utilitarianism and beyond, Cambridge 1982; R. G. Frey (Hrsg.), Utility and Rights, Oxford 1985; R. W. Trapp, „Nicht-klassischer" U. Eine Theorie der Gerechtigkeit, Frankfurt/M. 1988; W. Schrader, U. Gähde (Hrsg.), Der klassische U., Berlin 1992; R. M. Hare, Moralisches Denken, Frankfurt/M. 1992; J. Nida-Rümelin, Kritik des Konsequentialismus, München 1993; M. Häyri, Liberal Utilitarianism and Applied Ethics, London/New York 1994.   *O. H.*

Utopie (griech.: ohne Ort). Eine U. entwirft eine mit der gegebenen Wirklichkeit nicht übereinstimmenden technische, ökonomische, politische oder religiöse ↑ Ordnung. Der Entwurf kann positiv das Bild einer Zukunft, in der jeder Mangel an ↑ Frieden, ↑ Freiheit, ↑ Gerechtigkeit u. ↑ Glück aufgehoben ist (positive U., z.B. *K. Marx*) oder negativ Schreckbilder von ↑ Gewalt u. Unterdrückung (negative U., z.B. *A. Huxley, E. Jünger*) oder konkret größtmögliche Verbesserungen vorhandener humaner u. sozialer Möglichkeiten vorstellen (konkrete U., z.B.

H. Marcuse, E. Bloch). Technische u. politische U.n setzen jeweils kritische Gegenbilder zu einer vorhandenen Wirklichkeit: als eine Form des besten ↑ Staates *(Platon),* als vernünftige, technische oder moralische Ideale *(Th. Morus, F. Bacon)* oder als Lösungen sozialer Probleme unter veränderten politischen u. ökonomischen Bedingungen *(C. Fourier).* Eine vollkommene Veränderung der Wirklichkeit u. einen neuen, von seinen ↑ Leiden u. Mängeln erlösten ↑ Menschen fordern religiöse U.n (z. B. Wiedertäufer, *Th. Münzer)* zur Verwirklichung einer tausendjährigen Herrschaft Christi (*Chiliasmus,* von griech. tausend) u. revolutionäre U.n (↑ Revolution) zur Verwirklichung eines von Herrschaft u. ↑ Gewalt befreiten Reichs der Freiheit *(K. Marx).* – Ihren mythischen Charakter verliert die U., wenn ihr Ziel in den Begriff der mündigen ↑ Gesellschaft umgemünzt wird. Die Funktion der U. übernimmt in dieser rational definierten Gesellschaft die von emanzipatorischem Erkenntnisinteresse geleitete u. durch Sprache real ermöglichte *Antizipation* (lat., Vorwegnahme) des „gelungenen Lebens" *(J. Habermas).* – Problematisch in allen U.n ist ihr ungeklärtes Verhältnis zur Geschichte, die aus dem Vorrang der Zukunft entstehende Unterbewertung von Vergangenheit u. Gegenwart. Dabei bildet nicht die begrenzte Realisierbarkeit utop. Forderungen das Moment der Gefahr, sondern die Fehleinschätzung real verfügbarer Mittel u. die Möglichkeit des Umschlagens enttäuschter u. überzogener ↑ Hoffnung in die ursprünglich bekämpfte

Gewalt. – U.n können eine integrale Rolle in bestehenden Gesellschaften spielen (vgl. *Th. Morus* oder ↑ christliche E). Ohne utopische (im Sinne von „kritische") Elemente kommen freiheitliche u. soziale politische Ordnungen nicht aus (↑ Demokratie, ↑ Gerechtigkeit, ↑ Gleichheit). Kriterium ihrer utopischen, nicht als vollkommen realisierbar erachteten Handlungsziele ist, im Gegensatz zu revolutionären U.n, ihre vernünftige Legitimierbarkeit.

Lit.: K. J. Heinisch (Hrsg.), Der utopische Staat, Hamburg 1960, bes. Th. Morus, F. Bacon; H. Swoboda (Hrsg.), Der Traum vom besten Staat, München 1972; K. Marx, Ökonomisch-philosophische Manuskripte, Mskr. III; A. Huxley, Schöne neue Welt, München/Zürich 1976; E. Jünger, Heliopolis, Tübingen 1949; M. Buber, Pfade in Utopia, Heidelberg 1950; K. Mannheim, Ideologie u. U., Frankfurt ³1952, Abschn. IV; J. Habermas, Erkenntnis u. Interessen, Frankfurt/M. 1968, Abschn. I; E. Bloch, Geist der U. (²1923), Frankfurt/M. 1973, S. 291–347; R. Nozick, Anarchie, Staat, Utopia, München 1976, Teil 3; R. Spaemann, Zur Kritik der polit. U., Stuttgart 1977; W. Voßkamp (Hrsg.), U.forschung, Stuttgart 1982; O. Höffe, Kategorische Rechtsprinzipien, Frankfurt/M. 1990, Kap. 9; S. Benhabib, Kritik, Norm u. U., Frankfurt/M. 1992.   *W. V.*

V

Verallgemeinerung ↑ Kategorischer Imperativ.

Verantwortung ist ein mehrstufiges Phänomen. Es gibt (1) die (Primär-)

V., „die jemand trägt", dabei als (1.1) spezifische AufgabenV. die Zuständigkeit für bestimmte Rollen, Funktionen u. Ämter u. als (1.2) generelle HandlungsV. die Zuständigkeit für die Folgen u. Nebenfolgen des eigenen Tun u. Lassens. (2) Die (Sekundär-)V., „zu der man gezogen wird", die RechenschaftsV., führt ein Moment der Anschuldigung, zumindest Verdächtigung mit sich, Zuständigkeiten seien vernachlässigt. (3) Bewahrheitet sich die Anschuldigung, so wird man erneut zur V. „gezogen": Die TertiärV. besteht in der *Haftung* für Verfehlungen oder Vernachlässigungen, in Schadenersatz u. Wiedergutmachung, evtl. auch ↑ Strafe.

Die der RechenschaftsV. u. der Haftung vorgeordnete AufgabenV. u. HandlungsV. bestehen in einer dreistelligen Beziehung: der Zuständigkeit (a) *von* ↑ Personen (b) *für* übernommene Aufgaben bzw. für das eigene Tun u. Lassen, auch für Charaktereigenschaften (c) *vor* einer Instanz, die Rechenschaft fordert: z. B. vor einem Gericht, vor den Mitmenschen, auch vor dem ↑ Gewissen oder vor ↑ Gott (d) *nach Maß-gabe* gewisser Kriterien. Nur einfache Aufgaben lassen sich vorweg u. in einem simplen Pflichtenheft festlegen, so daß Gewissenhaftigkeit ausreicht. Die Aufgaben der sog. V.sträger (Eltern, Politiker, Unternehmer, Intellektuelle . . .) sind strukturell komplexer: weder wohldefiniert noch von Kollisionen frei, weshalb es zusätzlich einer Sensibilität für neu entstehende Aufgaben u. einer höherstufigen Urteilskraft bedarf.

Aufgrund seiner Fähigkeit zur V. wird der ↑ Mensch zum Rechtssubjekt bzw. moralischen (auch religiösen) Subjekt, das für sein ↑ Handeln und dessen Folgen einzustehen hat u. im Bereich des ↑ Rechts ↑ Strafen oder ↑ Belohnungen, des Sozialen Lob oder Tadel, moralisch gesehen aber Achtung oder Verachtung verdient. – Die *rechtliche* V. betrifft Verpflichtungen aus Aufgaben u. Ämtern, die man übernommen hat, oder das Einhalten der allgemeinen Gebote u. Verbote des Rechts. Ihre subjektive Bedingung der Möglichkeit ist, daß man über *Zurechnungsfähigkeit* verfügt, insofern man aus eigenem Antrieb u. in einem Überschauen der ↑ Situation u. der Handlungsfolgen, also freiwillig u. bewußt (↑ Streben) handeln kann, was durch die frühkindlichen Erziehungsprozesse stark beeinflußt wird (↑ Sozialisation). Zurechnungsfähigkeit impliziert nicht, daß der Mensch ein Wesen ist, das ↑ frei von jeglicher äußeren oder inneren ↑ Determination ist. Allerdings können im Einzelfall spezifische Gründe, wie sie schon *Aristoteles* diskutiert hat, von V. teilweise oder vollständig entlasten, z. B. Zwang, Nötigung, Irrtum, Geisteskrankheit. Für den Psychologen u. Juristen ist die Grenze zwischen Verantwortlichkeit u. Nichtverantwortlichkeit oft schwierig zu ziehen.

Sittl. ist das Übernehmen von V., sofern es nicht aufgrund zu erwartender Belohnungen u. Strafen, sondern deshalb geschieht, weil man sich selbst als für Mitmenschen, die Welt u. sich selbst verantwortlich erkennt u. sich gemäß dieser V. als

Person einsetzt (sittl. *Engagement* im Gegensatz zum natürlichen Egoismus: ↑ Selbstinteresse). Sittl. V. betrifft auch die Welt (der ↑ Familie, des Arbeitsplatzes, der ↑ Politik), in der man lebt, ohne hier formelle Zuständigkeiten übernommen zu haben. Denn die Lebensverhältnisse des Menschen sind mindestens zum Teil erst durch gemeinsame ↑ Arbeit u. wechselseitiges Verhalten so geworden, wie sie sind, u. sind durch deren Veränderung beeinflußbar. – Die *V.E*, die *M. Weber* zum Beruf der Politik rechnet u., nicht ganz sachgerecht, in kontradiktorischem Gegensatz zur ↑ GesinnungsE stellt, fordert, nicht einfach hohen Geboten zu folgen, vielmehr in erster Linie auf die voraussehbaren Folgen der Handlungen zu achten u. für sie aufzukommen.

Lit.: Aristoteles, Nikomach. E, Kap. III 1–7; M. Weber, Politik als Beruf, in: Ges. polit. Schriften; W. Weischedel, Das Wesen der V., Frankfurt/M. [2]1958; H. Morris (Hrsg.), Freedom and Responsibility, Stanford 1961; K. Engisch, Die Lehre von der Willensfreiheit in der strafrechtsphilosoph. Doktrin der Gegenwart, Berlin [2]1965; W. Schulz, Philosophie in der veränderten Welt, Pfullingen [3]1976, Kap. V: V.; G. Picht, Wahrheit, Vernunft, V., Stuttgart 1969; R. Ingarden, Über die V., Stuttgart 1970; F. H. Erikson, Einsicht u. V., Frankfurt/M. 1971; R. Ginters (Hrsg.), Freiheit u. Verantwortlichkeit, Düsseldorf 1977; H. Jonas, Das Prinzip V., Versuch einer E für die technologische Zivilisation, Frankfurt/M. 1979; H. M. Baumgartner, A. Eser (Hrsg.), Schuld u. V., Tübingen 1983; P. Saladin, V. als Staatsprinzip, Bern/ Stuttgart 1984; O. Höffe, Moral als Preis der Moderne, Frankfurt/M. [3]1995, bes. Kap. 2.   *O. H.*

VerantwortungsE ↑ Verantwortung.

Verbindlichkeit ↑ Pflicht.

Verbot ↑ Deontische Logik.

Verbrechen ↑ Strafe.

Verdrängung ↑ Krankheit.

Verdienstlichkeit (**Supererogation**) bezeichnet den Bereich moralisch guter ↑ Handlungen, soweit diese durch ihre vorzügliche sittl. Qualität über das Maß des e strikt Geforderten hinausgehen. In der traditionellen ↑ christlichen E wird V. besonders mit den Leistungen der Heiligen oder bedeutender Glaubenszeugen in Verbindung gebracht. *Thomas v. Aquin* versteht alle freiwilligen Überschreitungen des Gebotenen als verdienstlich; er vertritt die Ansicht, die Verdienste der Heiligen gehörten der gesamten Kirche als ein Besitz, der sich auf andere Personen übertragen lasse. Die Reformatoren widersprechen dieser Konzeption von V., indem sie die Vorstellung, gute Werke ließen sich im Übermaß tun, grundsätzlich ablehnen u. gutes Handeln auf der Basis einer Gnadentheorie erklären. *Kant* dagegen hat die Vorstellung von V. in seiner Lehre von den „unvollkommenen Pflichten" wiederaufgegriffen; danach gibt es neben den vollkommenen Pflichten *(Rechtspflichten)* noch ein verdienstliches Mehr, darunter etwa die Förderung des Glücks anderer oder die Selbstvervollkommnung *(Tugendpflichten)*. *Kant* hält solche unvollkommenen Pflichten allerdings nicht für freiwillig, sondern durchaus für obligatorisch, freilich nur in einem indirekten Sinn, da aus ihnen keine eindeutigen Handlungsforderungen entstehen sollen; daher sind Tugendpflichten anders als Rechtspflichten staatlicherseits nicht erzwingbar. In der gegenwärtigen E-debatte wird der Begriff der V. vor allem von *J. O. Urmson* verteidigt. *Urmson* lehnt die dreifache Einteilung von Handlungen in moralisch verbotene, erlaubte u. verpflichtende als ungenügend ab; unerfaßt bleiben hier die Taten von Heiligen u. Helden, deren außerordentliche Dignität sich weder als nur „erlaubt" noch als „verpflichtend" beschreiben lasse. Kritiker der von *Urmson* geforderten vierten Kategorie wenden hiergegen ein, daß es die Pflicht eines jeden sei, die ihm jeweils mögliche beste Handlung zu tun; daher sei eine vierte Kategorie unnötig. Die Kritik kann dann etwa lauten, daß es sich bei Heiligen u. Helden nur um besonders leistungsfähige moralische Personen handelt. Über Sinn oder Unsinn des Begriffs der V. entscheidet also die Frage, ob sich basale Pflichten von einem freiwilligen, für die Allgemeinheit unzumutbaren Surplus präzise trennen lassen oder ob man sich jeden Handelnden als zur schrittweisen Erweiterung seines moralischen Aktionsfeldes verpflichtet vorstellen soll.

Lit.: Thomas v. Aquin, Summa theologica II–II, qu. 58,3 u. a.; I. Kant, Metaphysik der Sitten; J. O. Urmson, Saints and Heroes, in: A. Melden (Hrsg.), Essays in Moral Philosophy, Seattle 1958; J. Fishkin, The Limits of Obligation, New Haven 1982; D. Heyd, Supererogation, London 1982; W. Kersting, Der kategorische Imperativ, die vollkommenen u. die unvollkommenen Pflichten, in: Zeitschrift für philosophische Forschung 37 (1983); M. Baron, Kantian Ethics and Supererogation, in: Journal of Philosophie 84 (1987).

C. H.

Verfahrensgerechtigkeit ↑ Gerechtigkeit.

Verfassung ist als politische, ökonomische, rechtliche u. soziale ↑ Ordnung, als *Grundgesetz* eines ↑ Staates, ein System von ↑ Normen, die die ↑ Gesellschaft zu einem rechtlichen Ganzen integrieren. Nach *Aristoteles* sind die V.en gut, die das ↑ Gemeinwohl im Auge haben, u. die besten V.en sind die, die ein Gleichgewicht zwischen den sittl. (↑ Freiheit, ↑ Gerechtigkeit) u. sozialen (↑ Gleichheit, Reichtum, Armut) Kriterien von ↑ Demokratie u. Oligarchie herstellen. Die V. legt die Herrschaftsordnung, die Verteilung der Machtkompetenzen (Gewaltenteilung) u. die Prinzipien ihrer Organisationen schriftlich oder nichtschriftlich (z. B. England) fest, garantiert die ↑ Grundrecht u. die rechtliche Sicherung des einzelnen gegenüber dem Staat. Die Normen der V. sind in einer V.-Urkunde hinsichtlich ihrer jeweiligen historisch-konkreten Geltung nicht vollständig beschreibbar, sondern nur grundsätzlich zu umreißen, da sie als allgemeine Prinzipien unter allen historischen Bedingungen gelten sollen. Die Verwirklichung u. Interpretation der Grundrechte u. der Prinzipien des Rechtsstaats sind Aufgabe der ↑ Politik, der Rechtsprechung u. des gesellschaftlichen Lebens. Von diesem engeren politisch-rechtlichen Begriff der V. als System von Rechtsgarantien u. Machtverhältnissen zum Schutz von Individuen u. Gruppen ist der weitere Begriff der V. als Daseinsweise u. Lebensform der Gesellschaft *(C. Schmitt)* u. als individuell verbindlicher Sollensanspruch zu unterscheiden. Im engeren Sinn verpflichtet die V. politisches, rechtliches u. ökonomisches Handeln auf ihre Werte u. Ziele u. bestimmt die gesetzlichen Verfahren zur Regelung von ↑ Konflikten. Die V. enthält die Verfahrensregeln für die Gesetzgebung u. ihre eigene Änderung. Sie schließt davon die Grundrechte als ihre eigenen normativen Grundprinzipien aus u. setzt als letzte Entscheidungsinstanz über Änderungen u. Ergänzungen die V.-Gerichtsbarkeit ein. Dieses Kriterium unterscheidet freiheitlich-demokratische von autoritären V.en. Die Anerkennbarkeit der V.-Normen ist Inhalt einer hypothetisch vorausgesetzten allgemeinen Übereinkunft (↑ Konsens) bzw. eines ↑ Gesellschaftsvertrages, während deren Normativität u. Verpflichtungscharakter als Grundlage des Vertrags u. der Übereinkunft vorausgesetzt sind. Normativität u. Verpflichtungscharakter bleiben daher auch bei V.-Änderungen u. -Ergänzungen unantastbar. V.-Normen sind nur insofern historischem Wandel unterworfen, als der Wille der V. nicht von dem des Gesetzgebers trennbar ist. Sie setzen andererseits aber einen sittl. Anspruch, der nicht Gegenstand, sondern kritisches Korrelat sozialen Wandels ist.

Lit.: Aristoteles, Politik, Buch III; W. Abendroth, Das Grundgesetz, Pful-lingen 1966; E. W. Böckenförde, Staat, Gesellschaft, Freiheit. Studien . . . zum V.recht, Frankfurt/M. 1976; W. Hennis, V. u. V.-Wirklichkeit, Tübingen 1968; K. Hesse, Die normative Kraft des V., Tübingen 1959; K. Loewenstein, V.-Lehre, Tübingen ²1969; C. Schmitt, V.-Lehre, Berlin ⁵1970; G. Bien, Die Grundlegung der polit. Philosophie bei Aristoteles, Freiburg/München 1973, Teil V; P. Haungs (Hrsg.), V. u. politisches System, Stuttgart 1984; O. Höffe, Vernunft u. Recht, Frankfurt/M. 1996, Kap. 12.   *W. V.*

Vergebung ↑ Verzeihung.

Vergeltung ↑ Strafe.

Vergeltungsmoral, oft synonym mit *Lohnmoral,* ist ein meist polemisch verwendetes Wort, das sowohl eine Weise sittl. Gesinnung wie bestimmte Theorien charakterisiert. Von (egoistischer) Lohnmoral spricht man, wenn Personen anderen Personen gegenüber die Regeln der ↑ Humanität, der ↑ Gerechtigkeit, der Fairneß etc. nur deshalb befolgen, um im diesseitigen u./oder in einem erhofften jenseitigen Leben von eben diesen oder von anderen Personen dafür belohnt bzw. nicht bestraft zu werden (do ut des). Von Lohnmoral bzw. V. ist ferner die Rede in bezug auf Theorien egoistischer E, die sittl. Gesetze u. Ziele nicht als in sich sinnvoll u. verbindlich anerkennen, sondern nur als bedingte Imperative zur Erreichung persönlicher Vorteile. Von V. wird schließlich gesprochen bezüglich ↑ normativer Theorien, deren Gesetze auf einer spezifischen Interpretation des Prinzips kommutativer Gerechtigkeit basieren, das die gesollten sittl. u. rechtlichen Beziehungen der Menschen untereinander dem Maßstab äquivalenter Gegenseitigkeit unterstellt (lex talionis: Gleiches mit Gleichem vergelten; ↑ jüdische E, ↑ Goldene Regel). – Nach der ↑ hinduistischen E ist der ganze Kosmos von einem sittl. Vergeltungsgesetz (Karma) beherrscht.

Lit.: I. Kant, Die Religion innerhalb der Grenzen der bloßen Vernunft, IV. Stück; V. Hamp u. a., Art. Vergeltung, in: Lexikon f. Theol. u. Kirche Bd. X; A. Dihle, Die Goldene Regel, Göttingen 1962; F. Rickers u. a., Vergeltung u. Vergebung, Frankfurt/M./München 1974; R. Brandt (Hrsg.), Rechtsphilosophie der Aufklärung, Berlin/New York 1982 (Cattaneo, Forschner, Höffe, Oberer).   *M. F.*

Verhalten ↑ Handlung.

Verhaltensforschung ↑ Instinkt, Sozialisation.

Verhaltenssteuerung ↑ Sozialisation.

Verhaltensstörung ↑ Krankheit.

Verhaltenstheorie ↑ Belohnen u. Bestrafen, Psychotherapie.

Verleumdung ↑ Ehre.

Vernunft ↑ Freiheit, Sittlichkeit.

Vernunftkritik ↑ Methoden der E.

Versagung ↑ Verzicht.

Versöhnung ↑ Friede.

Versprechen ↑ Wahrheit.

Verstehen meint seit dem 19. Jh. die Erkenntnisweise der Geistes- oder Humanwissenschaften, die vom kausalen Erklären unterschieden wird. Während sich dieses auf naturwissenschaftliche Vorgänge, besonders auf das dem Menschen mit dem Tier gemeinsame Verhalten bezieht u. es in Reiz-Reaktionszusammenhängen (↑ Belohnen-Bestrafen) ursächlich begreift, hat das V. die spezifisch menschliche Ausdruckssphäre mit Erleben, Gestik, Sprache u. ↑ Handlungen zum Gegenstand. Es besteht darin, daß dem beobachtbaren Verhalten eine Intention oder Zielorientierung unterstellt wird, durch das es eine *Interpretation* oder ↑ Sinndeutung erhält. Seit *Husserl* verstehen wir unter Intentionalität die wissentlich-willentlich-emotionale Gerichtetheit des Bewußtseins auf etwas. Aufgrund des Begreifens des sichtbaren Datums vom ↑ Ziel her wird das V. oft teleologisch oder finalistisch genannt.

V. ist eine Erkenntnisweise, die bereits im alltäglichen Lebenszusammenhang geübt wird. In ihm verbindet sich eine Erkenntnis- u. Sprechleistung (Erfassen des Sinngehalts bzw. der Bedeutung eines Ereignisses) mit einer emotionalen Stellungnahme. Diese verlangt vom V.den eine *Einfühlung* (Empathie). Frühe V.theorien haben darin allein die spezifische V.leistung gesehen u. dazu beigetragen, daß es als irrational abgewertet wurde. Die Sprachspieltheorie *Wittgensteins* hat gezeigt, daß darüber hinaus zum V. eine praktische Einsicht gehört. So habe ich eine Sache erst wirklich verstanden, wenn ich praktisch zeigen kann, wie man es macht. Erkennen, Sprechen u. Handeln verdeutlichen sich wechselseitig. Im V. verbindet sich somit das Erkennen-Sprechen mit einer praktischen Fähigkeit u. einer emotionalen Stellungnahme (↑ Theorie-Praxis). Strukturell gesehen ist das V. von Vorannahmen (Meinungen, Lebensregeln) bestimmt, die der Erlebende an ein Ereignis (inneres oder äußeres, Natur- oder zwischenmenschliches Ereignis) heranträgt u. die seine Erwartungen bestimmen. Im Erlebnis bestätigen oder korrigieren sich diese Vorannahmen am tatsächlichen Ereignis u. bestimmen die Ausgangsbasis des nächsten V.vorgangs. Aufgrund der gegenseitigen Weiterbestimmung von Vorannahme u. Ereignis wurde diese Erkenntnisweise von *Heidegger* „hermeneutischer Zirkel" genannt. Um eine Verwechslung mit dem fehlerhaften logischen Zirkel zu vermeiden, sollte man besser von einem spiralförmigen Erkenntnisprozeß sprechen. In den Human- oder Geisteswissenschaften wird diese Erkenntnisweise aufgrund der Eigentümlichkeit des Gegenstandes in die Wissenschaft übernommen. Im Unterschied zu einer kausalen Erklärung der Natur, die auf die Warum-Frage antwortet, muß man in ihr eine Analyse der Bedeutung menschlicher Ausdrucksformen sehen, die auf die Wie-möglich-Frage antwortet. Ein Ereignis wird dabei aus einem Erwartungs- oder Regelzusammenhang verstanden, der seine Bedeutung expliziert. Logisch gesehen kann man daher von einem begriffsanalytischen Verfahren sprechen. Neuere methodologische Untersuchungen *(v. Wright)* haben diese Erkenntnisweise mit Blick auf das menschliche Handeln als praktisches ↑ Begründen oder Rechtfertigen bezeichnet u. dabei an die Form des praktischen Syllogismus (↑ deontische Logik) bei *Aristoteles* anzuknüpfen versucht. Danach kann ich eine Handlung als sinnvoll begründen, wenn ich davon ausgehe, daß 1. die Absicht bestand, das ↑ Ziel p zu erreichen, u. 2. die Überzeugung vorhanden war, daß a das geeignete Mittel ist, um p zu erreichen.

Das V. stößt auf Schwierigkeiten, wenn die Intention oder der Sinngehalt einer Handlung durch ↑ Krankheit oder Unterdrückung in systematischer Weise gebrochen sind. Wenn sich die Handlung in widersprechende Intentionen auflöst, wie beim neurotischen Konflikt, oder von der lebenspraktischen Wirklichkeit systematisch abgespalten ist, wie in der Psychose, ist ein unmittelbares V. nicht mehr möglich. „Unsinn" u. Sinnlosigkeit können dann nur aus biographischen oder gesellschaftlichen Bedingungen rekonstruiert werden. Ein V., das private Bedeutungen u. Regelsysteme sowie ideologisch verstellten Sinn erschließt, nennt man seit der kritischen Theorie von *Horkheimer, Adorno u. Habermas* Tiefenhermeneutik oder kritisches Verstehen.

Lit.: W. Dilthey, Der Aufbau der geschichtlichen Welt in den Geisteswissenschaften, Frankfurt/M. 1974; H. G. Gadamer, Wahrheit und Methode, Tübingen ²1965; A. Lorenzer, Sprachzerstörung und Rekonstruktion, Frankfurt/M. 1970; Hemeneutik u. Ideologiekritik, Frankfurt/M. 1971; G. H. v. Wright, Erklären und Verstehen, Frankfurt/M. 1974; P. Ricœur, Die Interpretation. Ein Versuch über Freud, Frankfurt/M. 1969, S. 15–72, 352–428; K.-O. Apel, Neue Versuche über Erklären u. V., Frankfurt/M. 1978; ders., Die Erklären-V.-Kontroverse in transzendentalpragmatischer Sicht, Frankfurt/M. 1979; M. Riedel, V. oder Erklären?, Stuttgart 1978; R. Selman, Die Entwicklung des sozialen V.s, Frankfurt/M. 1984; D. Davidson, Wahrheit u. Interpretation, Frankfurt/M. 1986; T. Haussmann, Erklären u. V. Zur Theorie u. Pragmatik der Geschichtswissenschaft, Frankfurt/M. 1991.   *A. S.*

Vertragstheorien ↑ Gesellschaftsvertrag.

Verzeihung. Die V. (auch: *Vergebung*) vergilt eine Verfehlung oder ↑ Schuld nicht durch ↑ Strafe, Rache oder ↑ Haß. V. ist eine singuläre Beziehung zwischen zwei Personen, die der Nächstenliebe, der ↑ Toleranz u. Großmut einen Vorrang vor der ↑ Gerechtigkeit einräumt. Dabei kann die moralische Besserung des Schuldigen ein Motiv der V. sein. Durch V. wird eine Person aber nicht primär in einer Gruppe oder Gesellschaft rehabilitiert, sondern wieder in eine persönliche Beziehung (der ↑ Freundschaft, des Vertrauens u. a.) aufgenommen. Die verletzte Person schließt ihre Gefühle u. Interessen aus u. will ausschließlich dem Wohl dessen dienen, der gegen das ↑ Recht oder die ↑ Sitte verstoßen hat. Dessen Schuld wird nicht objektiv, gegenüber Dritten, sondern nur für den aufgehoben, der verzeiht. V. schließt daher die Forderung einer angemessenen Sühne u. Wiedergutmachung gegenüber Dritten nicht aus, wenn diese zur Besserung des

Schuldigen, um des ↑ Gemeinwohls oder der Größe des Schadens willen notwendig ist. Analog zur V. zwischen Personen können auch öffentliche u. rechtliche Maßnahmen gegenüber einzelnen u. Gruppen (Begnadigung, Amnestie), aber auch Friedensverträge zwischen Staat u. Völkern anstelle von Vergeltung (↑ Strafe) V. als Grundlage einer Versöhnung bewirken. – V. gilt schon für jene E-en als sittl. ↑ Pflicht, die V. nicht aus der höheren Pflicht der Nächsten- oder Feindesliebe ableiten, sondern sich auf das ↑ Wohlwollen als menschlichen Charakter u. auf die Ordnung der ↑ Natur berufen: diese unterscheidet nicht zwischen Guten u. Schlechten (↑ stoische E) u. gibt den Menschen die harmonischen Ziele ihres Handelns vor (↑ chinesische E). Die ↑ christliche E verheißt demjenigen V. durch ↑ Gott, der seinen Feinden verziehen hat. Wer nicht verzeiht, verletzt sein eigenes Wesen als Ebenbild Gottes. Darüber hinaus sieht die christliche E ein Motiv für V. in der eigenen Mitschuld des Menschen, sofern er auf bewußte oder unbewußte, direkte oder indirekte Weise Anlaß zu einer Feindschaft oder Verfehlung gegeben hat. Die begangene Schuld soll dadurch jedoch nicht verharmlost werden.

Lit.: Neues Testament, Bergpredigt Mt 5,1 ff, Lk 6, 17 ff; Seneca, De beneficiis, Buch IV, Kap. 26, 1 u. 28, 3; Thomas v. Aquin, Summa theologica II–II, q. 25 a. 8 u. III, q. 84–90; G. W. F. Hegel, Phänomenologie des Geistes, Teil VI, C, c; J. H. Newman, Lectures on Justification, London 1840; H. Küng, Rechtfertigung, Einsiedeln

1957; G. Löhr, Gott – Gebote – Ideale, Göttingen 1991, S. 114 ff.   *W. V.*

Verzicht nennen wir die freiwillige Einschränkung unseres Luststrebens. Die E-en der jüngsten Vergangenheit schwankten zwischen einer extremen V.moral u. einer ebenso einseitigen Lustmoral (↑ Freude). Religiöse Auffassungen betonten umso mehr die Forderung von V. u. Opferbereitschaft für dieses Leben, als sie sein Schwergewicht ins Jenseitige verlegten. Die aus calvinistisch-christlichen Ursprüngen erwachsene Theorie des Kapitalismus erforderte den V. auf Genuß um der Ansammlung des Kapitals willen *(Max Weber)*. Demgegenüber forderte die ↑ kritische Gesellschaftstheorie *H. Marcuses* den Abbau überflüssiger gesellschaftlicher Einschränkungen, die Befreiung des Luststrebens u. die Erotisierung der Gesamtpersönlichkeit. Zwischen V.-moral u. Luststreben bedarf es einer neuen e Orientierung.

Die Psychologie des Säuglings u. Kleinkindes zeigt, daß sie zunächst ganz auf das Luststreben eingestellt u. dem V. abgeneigt sind. Die frühe symbiotische Beziehung zwischen ernährend-liebender Mutter u. Säugling (primärer Narzißmus) erlaubt ein ungestörtes Wohlbefinden, das „ozeanische Gefühl" einer affektiven Einheit (Herrschaft des Lustprinzips). Auf früh einbrechende *Versagungen* reagiert der Säugling mit Wut, Enttäuschung u. Aggression, ehe er sich in fortschreitendem Maße mit der Umwelt auseinandersetzt (Herrschaft des Realitätsprinzips). Zwischen Luststreben u. Einschränkungen von seiten der Wirklichkeit

kennt die Psychologie folgende Lösungsversuche: Entweder führen die Versagungen dazu, die eigenen Wünsche abzuwehren; diese radikale Form unbewußten V. schlägt in die neurotische ↑ Krankheit um. Oder sie leiten den Rückzug aus einer frustrierenden Wirklichkeit in die ursprüngliche Gefühlswelt des Säuglings ein; diese illusorische Weise der v.freien Wunscherfüllung endet in der ↑ Sucht oder im psychotischen Wahn. Die einzige Weise, mit der Wirklichkeit fertig zu werden, ohne die eigenen Wünsche aufzugeben, besteht darin, die unmittelbare Befriedigung aufzuschieben, um mittels Nachdenken u. Handeln die Wirklichkeit so zu formieren, daß sie Befriedigung erlaubt. Die Vermittlung von Lustprinzip u. Realitätsprinzip ist nur in der ↑ Arbeit (von der unmittelbaren Bearbeitung der Natur bis zur geistigen Arbeit) u. vermittels der sozialen Beziehungen möglich. Die ↑ Sozialisation des Menschen kann somit nur gelingen, wenn sie eine relative *Frustrations*toleranz ausbilden hilft. Diese Einsicht bildet die Grundlage für die sittl. Forderung eines freiwilligen V., der sich in den religiösen E-en meist auf *Armut,* Keuschheit (*Ehelosigkeit* u. *Enthaltsamkeit*) u. Gehorsam bezieht. Aber auch die klassisch-philosophischen E-en kennen eine *Asketik* als Lehre von der praktischen Einübung des guten Handelns, die auch den Aspekt des V. einschließt.

↑ Ideologiekritisch gesehen ist die sittl. Forderung des V. jedoch in sich zweideutig. Sie kann im Dienste der Unterdrückung stehen, wenn eine Gesellschaft die Arbeit so organi-

siert, daß sie dem Knecht V. abfor-
dert, um dem Herrn das Genießen zu
ermöglichen *(Hegel)*. Sie kann sich
aber ebenso als berechtigt erweisen,
wenn sie sich am Maßstab der realen
ökonomischen Möglichkeiten einer
Gesellschaft bemißt, die ihre Arbeit
so organisiert hat, daß deren Früchte
den Arbeitenden zugute kommt. Eine
besondere Bedeutung gewinnt daher
das Problem des V. unter den Bedingungen einer Überflußgesellschaft.
Für sie stellt sich nach innen das
Problem, ob nicht bei weitgehend
gesicherter Güterversorgung ein
Wachstum der Produktion um seiner
selbst willen sinnlos werden kann u.
daher V. auf übermäßigen Luxus
sittl. gefordert ist. Nach außen erhebt sich die Frage, ob nicht der
Realitätssinn von den reichen Ländern einen spezifischen V. fordert,
um zur Ermöglichung eines menschenwürdigen Lebens eine Umver-
teilung des Reichtums zugunsten der
armen Länder zu erreichen.

Lit.: G. W. F. Hegel, Phänomenologie
des Geistes, ed. J. Hoffmeister, Hamburg [6]1952, S. 141–150; M. Weber,
Die protestantische E; H. Marcuse,
Triebstruktur und Gesellschaft, Frank-
furt/M. 1967; R. Bergius, Frustration,
in: Handbuch der Psychologie II, Göttingen [2]1970; R. Spitz, Vom Säugling
zum Kleinkind, Stuttgart [4]1974.   *A. S.*

Verzweiflung ↑ Hoffnung, Leid.

Völkerbund ↑ Weltrepublik.

Vollkommenheit ↑ Gott.

Voluntarismus ↑ Lebensphilosophie.

Voraussicht ↑ Erfolg.

Vorbild ↑ Ideal.

Vorsehung ist ein Begriff der philosophischen u. theologischen Tradition. Er interpretiert die der menschlichen Planung, Verfügung u. z. T.
auch Erkenntnis entzogenen Momente von Natur u. ↑ Geschichte ebenso
wie die ↑ Handlungen der ↑ Menschen selbst als Produkte einer über-
menschlichen ↑ Vernunft. Ursprünglich aus der zweckmäßigen ↑ Ordnung des Makrokosmos wie lebender
Organismen erschlossen, meint V.
die zweckvoll schaffende Ordnungs-
macht einer unpersönlichen göttlichen Weltvernunft (die ↑ stoische
pronoia) oder einer jenseitigen allmächtigen u. allwissenden Schöpfer-
person (die providentia der christlichen Theologie). Unter ihrer vor-
sorgenden Planung würden die Welt,
d. h. das Bleibende u. Werdende der
↑ Natur, wie die Geschichte u.
Handlungen der Menschen eine sinnvolle Einheit, die auch menschliche
↑ Freiheit nicht zu sprengen vermag.
Das Grundproblem des V.gedankens
ist die Koordinierung der Möglichkeit menschlicher Freiheit mit der
vorgeblichen Wirklichkeit einer alles
lenkenden, erhaltenden u. vorausbe-
stimmenden Ordnungsinstanz. In
verschärfter, weil individualisierter
Form tritt es auf in der christlichen
Lehre von der *Prädestination:* Das
endgültige Heil oder Unheil des einzelnen ist vorausbestimmt im ewigen
göttlichen Heilsratschluß (Paulus,
Röm. 8,29 ff; 9–11; Eph. 1) u. soll
sich gleichwohl der Freiheit des
Menschen verdanken. ↑ Gott bewe-
ge u. bestimme den menschlichen
↑ Willen unmittelbar, ohne seine

Freiheit zu beeinträchtigen (vgl. *Thomas v. Aquin,* Summa theol. I., q 105 a 5; I–II, q 109 a 1). Nach der Kritik der philosophischen Grundlagen einer objektiv-teleologischen Natur- u. Geschichtsbetrachtung durch *Kant* könnte das mit dem Begriff V. Gemeinte philosophisch als Idee der reflektierenden Urteilskraft u. als Postulat der endlichen praktischen Vernunft verstanden werden; menschliches Erkenntnisinteresse unterstellt der Natur in ihrer Mannigfaltigkeit je schon eine rational faßbare systematische Einheit, um sinnvoll forschen zu können; praktische Vernunft unterstellt der Naturgeschichte der Menschengattung je schon eine vernünftige ‚Naturabsicht‘, um an ihrem Gebot der Darstellung des Sittengesetzes in der gesellschaftlich-geschichtlichen Welt nicht zu verzweifeln.

Lit.: Seneca, De providentia; W. Eichroth, V.glaube im AT, Festschr. O. Proksch, Leipzig 1934; R. Bultmann, Das Christentum im Rahmen der antiken Religionen, Zürich ²1954; N. Scholl, Providentia. Untersuchungen zur V.lehre bei Plotin u. Augustin, Freiburg 1960; M. Pontifex, Freedom and Providence, New York 1960; N. A. Luyten (Hrsg.), Zufall, Freiheit, V., Freiburg/München 1975; M. Dragona-Monachou, The Stoic Arguments for the Existence and Providence of the Gods, Athens 1976; P. Geach, Providence and Evil, Cambridge 1977.   *M. F.*

Vorurteil ↑ Diskriminierung.

W

Wagnis ↑ Existentialistische E.

Wahl ↑ Demokratie, Entscheidung.

Wahrhaftigkeit ↑ Wahrheit.

Wahrheit meint im sittl. Bereich den Maßstab oder das Kriterium, an dem sich das menschliche Handeln als gut oder schlecht erweist. Durch den Bezug auf das ↑ Handeln unterscheidet sie sich als praktische W. von der theoretischen der Naturerkenntnis. Da Handlungen stets ↑ wertende Stellungnahmen zur Sache darstellen, ist der Handelnde zunächst an sie verwiesen, um an ihrer Beschaffenheit die sittl. Qualität seines Handelns ablesen zu können. So scheint das Ziel der Gesundheit von der Sache her besser zu sein als das des Vergnügens, das Gutsein wäre demnach in der Seinsverfassung selbst begründet u. nach ihrem Aufbau zu bestimmen (ontologisches W.kriterium). In diesem Sinne stützen sich die *Aristotelische* E. u. die auf ihr basierende Tradition der ontologischen E auf die Ordnung der Dinge, an der sich die sittl. Zielfindung bewahrheiten soll. Obgleich die Sachorientierung ein notwendiges Moment bei der Bestimmung sittl. Handelns darstellt, läßt sich doch das Gutsein nicht einfach an den Gegenständen ablesen; es hängt vielmehr von den menschlichen Wünschen u. ↑ Bedürfnissen ab, welche Sachen als vorrangig ausgezeichnet u. welche lediglich als Mittel betrachtet werden (↑ Situation). Die W. sittl. Handelns bemißt sich somit ebensosehr an der Aufrichtigkeit subjektiver Stellungnahmen. Die subjektive Verpflichtung zur W. (z. B. im *Versprechen*) nennen wir *Wahrhaftigkeit* im Unterschied zum ↑ Gutsein als der objektiven W. des Handelns. Die

Wahrhaftigkeit der Gesinnung ist jedoch, wie *Nietzsche* u. *Freud* zeigten, nicht nur *Irrtümern* oder der Versuchung zur *Lüge* ausgesetzt. Selbst die *Lebenslüge* als wissentlich-willentliche Verleugnung einer grundlegenden sittl. Einsicht unterscheidet sich noch von den unbewußten Täuschungen, die reflexiv nicht erkennbar sind. Der Schmerz über versagte Wünsche (Trauma) kann dadurch betäubt werden, daß er aus dem Bewußtsein verdrängt u. nicht mehr wahrgenommen wird. Als unbewußte Kränkung (Ressentiment) wird er zur Wurzel der Verkennung der Wirklichkeit u. der Illusion, die sich sogar den Anschein sittl. Gesinnung geben kann. Die W. sittl. Handelns läßt sich somit nicht an der Bewußtheit über eigene Motive festmachen, sondern allenfalls an einer lebenspraktisch-affektiven Übereinstimmung der ↑ Person. Diese wiederum hängt davon ab, ob es gelingt, sowohl die eigenen unbewußten Wünsche (Es) wie die in Forderungen u. Schuldgefühlen verinnerlichten Ansprüche der Allgemeinheit (Über-Ich; Ich-Ideal) zuzulassen. In der Vermittlung von Wunsch u. Forderung, von Eigenem u. Anderem bildet sich das „Ich bin" einer Persönlichkeit, sein selbständiges ↑ Gewissen. Diese innere Übereinstimmung meiner verschiedenen ↑ Strebungen in der Einheit des „Ich bin" (intentionales Bewußtsein), das sich organisch im Leib Ausdruck verschafft, begründet die *Wahrhaftigkeit* der ↑ Person (subjektives W.kriterium). Aber die innere Stimmigkeit der eigenen Wertschätzung kann allein kein zureichendes W.kriterium bilden, weil

sie in den Gegensatz zu anderen ebenso persönlichen Wertungen geraten kann, die gleichfalls als sittl. gut gelten wollen. Die gesellschaftliche Allgemeinheit beansprucht daher aufgrund ihrer geschichtlichen Erfahrung gegenüber dem ↑ Individuum den Vorrang ihrer Normen u. Wertungen. In Gewohnheit u. ↑ Sitte festgehalten, bilden sie einen festen Maßstab, an dem sich das Individuum orientieren soll (traditionsgebundenes gesellschaftliches W.kriterium). Deshalb forderte schon die antike Philosophie (*Platon, Aristoteles*) vom sittl. Handelnden die Einübung in das Ethos (Sitte, Gewohnheit) der Gemeinschaft. Dieses kann jedoch nur solange sittl. Handeln garantieren, als das Individuum seine wesentlichen Bedürfnisse in ihm verwirklichen kann. Die in der Gesellschaft sichtbar werdenden Widersprüche u. ↑ Leiderfahrungen bewirken, daß der sittl. Anspruch des einzelnen mit Tradition u. Sitte in Konflikt gerät. Die Gewissensentscheidung des einzelnen erhält hier ihr Recht gegenüber dem Beharren auf Tradition u. Sitte. Eine gesellschaftliche Neuorientierung ist nur möglich, wenn sie das Recht des einzelnen auf freie Stellungnahme achtet (formale Anerkennung) u. seine wesentlichen Bedürfnisse berücksichtigt (inhaltliche Anerkennung). Die neuzeitlichen Naturrechtstheorien lösen die Frage der Neubegründung e W. durch das Prinzip der Übereinkunft (Konsens) u. vertraglichen Bindung (*Hobbes, Rousseau, Kant, Rawls:* ↑ Gesellschaftsvertrag). Neuere Theorien machen auch die inhaltliche Seite der menschlichen Bedürfnisse zum Gegenstand von Beratung und Konsens und überlassen ihre Befriedigung nicht dem Durchsetzungsvermögen des einzelnen *(Apel, Habermas)*. Der praktische Diskurs, der sich am Kriterium der idealen Kommunikationsgemeinschaft orientieren muß, hat den Sinn, das gestörte gesellschaftliche Einverständnis über die wahren, d.h. vernünftigen Bedürfnisse reflexiv wiederherzustellen (↑ DiskursE). Die durch Argumentation wiedergewonnene Übereinstimmung bildet den neuen Maßstab sittl. Handelns (diskursives gesellschaftliches W.kriterium). Die Anwendbarkeit dieses Maßstabes ist jedoch nicht nur abhängig vom Situationswissen u. von der subjektiven Wahrhaftigkeit, sondern auch von einem Minimum an lebenspraktisch eingespieltem Ethos der Gesellschaft. Die W.kriterien sittl. Handelns verweisen somit aufeinander, ohne daß eines allein absolute Geltung beanspruchen könnte.

Lit.: Platon, Politeia, Buch VI–VIII; Aristoteles, Nikomach. E, Buch VI, 1–2; Th. Hobbes, Leviathan, Kap. I, 14–15; J.-J. Rousseau, Der Gesellschaftsvertrag, Buch I, München 1959; I. Kant, Grundlegung zur Metaphysik der Sitten; ders., Über ein vermeintliches Recht, aus Menschenliebe zu lügen; F. Nietzsche, Genealogie der Moral; ders., Über W. u. Lüge im außermoralischen Sinn; A. Denecke, Wahrhaftigkeit, Göttingen 1972; K.-O. Apel, Transformationen der Philosophie, Frankfurt/M. 1973; Bd. II, S. 358–435; J. Habermas, W.theorien, in: Festschrift für W. Schulz, Pfullingen 1973; O. Höffe, E u. Politik, Kap. 8–9, Frankfurt/M. ³1987; B. Puntel, W.s-theorien in der Neueren Philosophie, Darmstadt 1978; ders. (Hrsg.), Der W.sbegriff. Neue Erklärungsversuche, Darmstadt 1987; ders., Grundlagen einer Theorie der W., Berlin/New York 1990; D. Davidson, W. u. Interpretation, Frankfurt/M. 1986; B. Hooker (Hrsg.), Truth in Ethics, Oxford 1996. *A. S.*

Wandel der Moral ↑ Moral u. Sitte, Relativismus.

Wehrdienst. Der W. ist in ↑ Demokratien wie der Bundesrepublik Deutschland verfassungsmäßig als Schutz des ↑ Staates auf die Abwehr außerstaatlicher Gefahren u. die Sicherung des ↑ Friedens beschränkt (Verbot eines Angriffskrieges, Art. 26, 1 GG). Die W.leistenden sollen für die freiheitlich-demokratische Grundordnung eintreten u. sie gegen äußere Angriffe verteidigen. Sie sind verpflichtet, allen Befehlen gegenüber, sowie sie die Würde des Menschen nicht verletzen (↑ Humanität), Gehorsam zu leisten. Obwohl einige ihrer ↑ Grundrechte (z.B. freie Meinungsäußerung, Freizügigkeit) eingeschränkt sind, genießen sie den vollen Schutz des Grundgesetzes. Die Aufgabe der Kriegsverhinderung im Zeitalter der atomaren Vernichtungswaffen durch eine glaubhafte Abschreckung hat den W. in hohem Maße technisiert. Darüber hinaus hat die Demokratisierung des Wehrwesens durch eine demokratische Wehrgesetzgebung, durch einen zivilen Oberbefehl u. eine zivile Verwaltung u. ferner die Unterrichtung der Soldaten über ihre Rechte u. Pflichten als Staatsbürger u. den politischen Zweck des W. (innere Führung) das traditionelle Autoritätsverhältnis der Soldaten verändert u.

einem beamtenrechtlichen Status angenähert. Der W. bleibt auf den Ausnahmefall, das Versagen der Abschreckung, ausgerichtet, das den Auftrag der Vernichtung u. Tötung des Gegners in Kraft setzt. Wer als Wehrpflichtiger diesen Auftrag aus weltanschaulichen, humanitären, politischen oder völkerrechtlichen Gründen für unvereinbar mit seinem ↑ Gewissen hält, hat das Grundrecht auf *Kriegsdienstverweigerung* (Art. 4, 3 GG u. § 25 Wehrpflichtgesetz): das Recht, den Dienst mit der Waffe bereits im Frieden zu verweigern. Er kann anstelle des W. einen zivilen Ersatzdienst in sozialen u. karitativen Organisationen leisten. Die sittl. Verpflichtung, nicht gegen rechtfertigbare Überzeugungen zu handeln, wird vom Gesetzgeber prinzipiell anerkannt. Problem der Anerkennung von Kriegsdienstverweigerern ist es, daß das Gewissen nicht durch inhaltliche Unterscheidungen, sondern durch seine Unbedingtheit begründet ist. Es gibt daher keine objektiven Verfahren, ein Gewissen zu prüfen. Das die Gewissensentscheidung der Kriegsdienstverweigerung aber nicht zur Privilegierung berechtigen soll, wird bisher an ihrer öffentlichen Rechtfertigung, der Äußerung von Gründen u. ihrer Beurteilung durch zivile Ausschüsse, festgehalten. Der glaubhafte Test des Gewissens, das Inkaufnehmen von Nachteilen durch Kriegsdienstverweigerer *(R. Spaemann)*, würde umgekehrt zur Privilegierung der W.leistenden führen.

Lit.: N. G. Baudissin, Soldat für den Frieden, München 1969; W. v. Bredow, Entscheidung des Gewissens . . ., Köln 1969; W. Durchrow, G. Schaffenroth (Hrsg.), Konflikte zwischen W. u. Friedensdienst, Stuttgart/München 1970; F. W. Seidler, H. Reindl, W. u. Zivildienst, München/Wien 1971, Teil II, III; R. Spaemann, Ist Gewissen testbar? in: Deutsche Zeitung, Nr. 20, 1976.

W. V.

Weisheit ↑ Klugheit.

Welt bezeichnet den gesamten Lebens-, Gestaltungs- u. Vorstellungsraum des ↑ Menschen. Griechisch bedeutet W. als Kosmos ursprünglich die ↑ Ordnung sowohl des künstlich Hergestellten wie des ↑ Rechts, aber auch die schöne Ordnung der W. „Himmel u. Erde, Götter u. Menschen" sind für *Platon* die W., die durch die ↑ Tugend der ↑ Freundschaft zusammengehalten wird; er unterscheidet die erkennbare geistige von deren Abbild, der sinnlichen W. Für *Aristoteles* ist die W.-Erkenntnis (Kosmologie) u. die Erkenntnis der Bewegungsprinzipien der Gestirne, des Menschen, seines Handelns, Herstellens u. Denkens u. der Natur, die höchste Wissenschaft. Erst mit *Thomas v. Aquin* gewinnt die ↑ Natur u. ihre Erforschung Bedeutung für die W., eine Entwicklung, die mit der zentralen Stellung des Menschen gegenüber der W. in der christlichen Theologie eingeleitet u. mit dem Wandel vom geo- zum heliozentrischen W.-Bild vollendet wurde (kopernikanische Wende). Als Inbegriff aller Erscheinungen ist W. für *Kant* kein Gegenstand der Erkenntnis, sondern Inbegriff aller Gegenstände. Mit jeder Aussage über die W. in ihrer Gesamtheit verstrickt sich die

Vernunft in Widersprüche (Antinomien). Der sinnlichen W. steht die der Vernunft, insbesondere des ↑ Sittlichen gegenüber. Die Phänomenologie *(E. Husserl)* vereinigt diese getrennten W.en u. begreift W. als Horizont des ↑ Verstehens u. Handelns. W. ist bei der Erkenntnis der Phänomene sowohl Thema wie dessen Voraussetzung. Sie schafft Bewußtsein u. wird zugleich im Bewußtsein geschaffen (Lebens-W.), als Natur-, Kultur- u. technische W. Die Existenzphilosophie *(M. Heidegger)* bestimmt das Dasein des Menschen als In-der-W.-Sein (↑ existentialistische E): W. ist der geschichtliche Spielraum u. ↑ Sinn-Horizont der Geschichte. Die ↑ christliche E spricht von der W.-Verantwortung des Menschen, die sich in den sittl. Forderungen der Sachlichkeit im Erkennen, Gestalten u. Nutzen der W. u. im Verzicht auf w.-haft Materielles darstellen soll. Die technisch-wissenschaftlichen oder politisch-weltanschaulichen W.-Bilder setzen gegen die Gefährdung des ↑ Lebens oder seines ↑ Sinnes Entwürfe, die die Erhaltung der W. mit bestimmten sittl. Grundforderungen verbinden.

Lit.: Platon, Gorgias, 508 a ff; I. Kant, Kritik der reinen Vernunft, B 448 ff; E. Husserl, Die Krisis der europäischen Wissenschaften, Den Haag 1959; M. Heidegger, Sein u. Zeit, Kap. 3 u. 4; K. Löwith, Der W.-Begriff der neuzeitlichen Philosophie, Heidelberg ²1968; G. Brandt, Die Lebens-W., Berlin 1971; G. Dux, Die Logik der W.-Bilder, Frankfurt/M. 1982. *W. V.*

Weltanschauung, ein bereits von *W. v. Humboldt,* besonders aber seit der Romantik u. dem Historismus verwendeter Begriff, meint heute eine in sich einheitliche, nicht notwendig vollständig bewußte Gesamtauffassung von Struktur u. Wesen, Ursprung u. ↑ Sinn der ↑ Welt u. des menschlichen ↑ Lebens in ihr. *(Rawls* spricht von „comprehensive doctrines": umfassenden Lehren.) Während ein *Weltbild* die Zusammenfassung u. gedankliche Verarbeitung der Ergebnisse der Natur- u. Sozialwissenschaften zu einer wissenschaftlichen Gesamtschau der Welt versucht, ist eine W. der Inbegriff von zunächst vorwissenschaftlich ausgebildeten, durch unterschiedliche natürliche u. geschichtliche Einflüsse geprägten Grundvorstellungen, die zudem die ↑ methodischen Grenzen der Einzelwissenschaften überschreiten, theoretische u. praktische Überzeugungen in einer ursprünglichen Einheit verbinden u. eine wertende Stellungnahme zum Ganzen der Welt vornehmen. W.en sind das für ↑ Kulturen u. Epochen, religiöse u. politische Gruppen, Bewegungen oder Richtungen charakteristische umfassende Bezugssystem des Erkennens, ↑ Handelns u. Beurteilens (antike oder mittelalterliche, christliche oder buddhistische, liberale oder marxistische W.). Sie begründen eine spezifische Weise der politischen-sozialen Grundstruktur einer Gemeinschaft u. des persönlichen Lebens innerhalb dieser Struktur. Aufgrund von humanen u. rationalen Überlegungen sowie von methodisch gewonnenen Erfahrungen sind W.en zu korrigieren. W.en u. ihre Anhänger, die sich gegen solche Kritik- o. Veränderungsprozesse abschirmen, entziehen sich dem von Philosophie, ↑ Wissenschaft, auch ↑ Religionen erhobenen ↑ Wahrheitsanspruch u. begründen konkurrierende Lebensformen, ohne eine vernünftige Lösung ihrer Konkurrenz zuzulassen. Sie vertreten dann implizit einen dogmatischen ↑ Relativismus u. sind – latent oder manifest – totalitär.

Lit.: W. Dilthey, W.lehre, (Ges. Schriften, Bd. 8), Stuttgart/Göttingen [2]1960; M. Scheler, Philosoph. W., Bern/München [3]1968; K. Jaspers, Psychologie der W.en, Heidelberg/Berlin, [5]1960; L. Gabriel, Logik der W., Graz u.a. 1949; M. Heidegger, Die Zeit des Weltbildes, in: Holzwege, Frankfurt/M. 1972; O. Marquard, W.typologie, in: Schwierigkeiten mit der Geschichtsphilosophie, Frankfurt/M. 1973; G. Dux, Die Logik der Weltbilder. Sinnstrukturen im Wandel der Geschichte, Frankfurt/M. 1982; N. Smart, Worldviews. Crosscultural Explorations of Human Beliefs, New York 1983; P. Kondylis, Macht u. Entscheidung. Die Herausbildung der Weltbilder u. die Wertfrage, Stuttgart 1984; S. W. Sire, The Universe Next Door. A Guide Book to World Views, Leicester 1988; J. Rawls, Die Idee des politischen Liberalismus, Frankfurt/M. 1992; ders., Political Liberalism, New York 1993.   *O. H.*

Weltbild ↑ Weltanschauung.

Weltbürger ↑ Patriotismus – Kosmopolitismus, Weltrepublik.

Weltbürgerrecht ↑ Weltrepublik.

Weltgeist ↑ Weltgeschichte.

Weltgeschichte (= W.G.). G. bedeutet ein aus (vergangenen) menschlichen ↑ Handlungen u. Widerfahrnissen bestehendes Geschehen (res gestae) sowie dessen erinnernde Vergegenwärtigung (memoria, historia rerum gestarum). G. als empirische Wissenschaft ist nie bloß beschreibende Datenreihung, sondern als rationale Verarbeitung historischer Quellen je schon von systematischen Vorstellungen bezüglich der Zusammenhänge der Ereignisse getragen. Die totalisierende Frage nach dem Ganzen als spezifisch geschichtsphilosophisches Problem ergibt sich, wenn man herauszufinden versucht, was der Zusammenhang all der einzelnen Zusammenhänge sei, die der Historiker feststellt. Das philosophische Interesse intendiert also nicht W.G. als Totalität aller historischen Ereignisse im Sinn einer Ereignis- oder Datenvollständigkeit, sondern als Totalität im Sinne der systematischen Einheit der historischen Datenfülle. Philosophie der W.G. ist so gesehen die Frage nach dem Wesen der G., nach ihrem Ursprung u. Ziel, nach den ihren Gang bestimmenden Gesetzen, nach ihrem ↑ Sinn.

Insofern G. als Zusammenhang menschlicher ↑ Handlungen vorgestellt wird, scheidet die Möglichkeit einer naturkausalen Systematisierung als unzureichend aus. Der teleologischen Systematisierung, derzufolge der G. ein alle Handlungen koordinierender einheitlicher menschlicher Plan zugrundeläge, widerspricht jede Erfahrung. Das ‚objektiv-teleologische' Konzept versucht die Interpretation des Zusammenhangs der Ereignisse aus einem ihnen selbst zugrundeliegenden u. sie objektiv, unabhängig von subjektiven Absichten der Menschen determinierenden End- ↑ Zweck. Das klassische Interpretationsmodell hierfür ist das der W.G. als Heilsgeschichte (von *Augustinus* bis *Bossuet,* seine Kritik vor allem bei *P. Bayle* u. *Voltaire*), derzufolge alle Ereignisse letztlich dem vom göttlichen Willen gesetzten Ziel dienen müssen. Im Ausgang nicht von theologischen Dogmen, sondern von Theoremen einer idealistischen Geistmetaphysik entwickelt *Hegel* (in teilweisem Anschluß an *Herder*) eine säkularisierte Variante dieses Modells: W. G. ist „die Auslegung des Geistes in der Zeit", der Gang des einen *Weltgeistes,* der in der Geschichte der getrennt erscheinenden Nationen u. ihrer Schicksale die verschiedenen Stufen seiner Bildung durchläuft, um schließlich in den rechtlich-politischen Institutionen wie im Bewußtsein der Menschen zu seiner Vollendung, zur Wirklichkeit seiner ↑ Freiheit zu gelangen. *Hegels* objektives Wissen beanspruchender Gedanke, daß es in der W. vernünftig zugegangen sei, verdrängt den kritischen Ansatz, den die G.philosophie durch *Kant* erhielt. Nach *Kant* ist aus einsichtigen Gründen die Einheit der G. kein möglicher Gegenstand theoretischen Wissens, sondern methodische Hypothese in ↑ pragmatisch-praktischer Absicht: Moralität (↑ Sittlichkeit) bedarf zu ihrer Realisierung in der Welt der Etablierung einer allgemeinen das ↑ Recht verwaltenden bürgerlichen ↑ Gesellschaft. Die praktisch geforderte Realisierung dieses Ziels muß theoretisch als erreichbar angenommen werden. Die Bedingung hierfür

allein in die eigene vernünftige Absicht des Menschen zu legen hieße die Augen verschließen vor der jederzeit möglichen u. wirklichen Unvernunft u. Amoralität der Menschen. W.G. ist der praktisch begründete Versuch, in dem „scheinbar widersinnigen Gang menschlicher Dinge" eine „Naturabsicht" zu rekonstruieren, die die zeitliche Evolution einer Rechtsverfassung, die Kulturgenese der Menschengattung zum Inhalt hat. Philosophie der W.G. ist die naturteleologische Rekonstruktion der politischen ↑ Vernunft aus der G., ein an historischen Daten zu messender Gedanke der moralisch bestimmten Vernunft, um dem Zweifel an der geschichtlichen Realisierbarkeit ihres Ziels zu begegnen.

Lit.: Augustinus, Vom Gottesstaat; Bossuet, Discours sur l'histoire universelle; G. B. Vico, Prinzipien einer neuen Wissenschaft von der gemeinsamen Natur der Völker; Voltaire, Essai sur les moeurs et l'esprit des nations; J. G. Herder, Ideen zur Philosophie der G. der Menschheit; I. Kant, Schriften zur G.philosophie, Stuttgart 1974; G. W. F. Hegel, Vorlesungen über die Philosophie der G.; F. Nietzsche, Vom Nutzen u. Nachteil der G. für das Leben; J. Burckhardt, W.liche Betrachtungen, Stuttgart 1963; L. v. Ranke, W.G., München 1921; R. G. Collingwood, Philosophie der G., Stuttgart 1955; K. Löwith, W.G. u. Heilsgeschehen, Stuttgart ⁶1973; W. Kamlah, Utopie, Eschatologie, G.steleologie, Mannheim 1969; R. Bubner, G.sprozesse u. Handlungsnormen, Frankfurt/M. 1984.   *M. F.*

Weltrepublik (gr. *kosmopolis*) heißt eine die gesamte Erde („Welt") um-

fassende Rechts- u. Staatsgemein-
schaft *(Weltstaat)*. Der wichtigste
Theoretiker einer W. ist *Kant* mit der
Schrift *Zum ewigen Frieden*. Mit
dem Argument, eine W. gefährde die
politische u. kulturelle Integrität der
Einzelstaaten ist der ↑ Kommunitarismus gegen jederart W. skeptisch
(Walzer). Der *Globalismus (Beitz*
u.a.) dagegen hält die Einzelstaaten
nur als historische Durchgangsstufe
für berechtigt u. setzt sich für jenen
homogenen Weltstaat ein, der die
Einzelstaaten aufsaugt bzw. zu Pro-
vinzen degradiert.

Zugunsten einer W. spricht das
universale rechtsmoral. Gebot, daß
über Konflikte zwischen den Menschen nicht die private Meinung u.
Gewalt entscheiden darf, sondern
nur das ↑ Recht u. seine ↑ staats-
förmige Sicherung. Deshalb ist mehr
als *Kants Völkerbund* vonnöten. Eine neue Dringlichkeit gewinnt das
Rechtsgebot durch die *Globalisierung* der Lebensverhältnisse. Sie beginnt bei den Verflechtungen von
Wirtschaft, Wissenschaft, Medien u.
Kultur u. setzt sich in einer sich
weltweit abzeichnenden Gesell-
schaftsform fort, die durch drei Faktoren bestimmt ist: Wissenschaft u.
↑ Technik, durch rationales Wirt-
schaften u. durch die Verbindung
von ↑ Menschenrechten, ↑ Demokratie u. Gewaltenteilung, also den
demokratischen Verfassungsstaat.
Da die primäre Rechtssicherung
durch die Einzelstaaten erfolgt, ist
die W. nur als deren rechtsförmige
Koexistenz, als ein Sekundärstaat
(*Völkerstaat* i.S. eines Staates von
Staaten) mit relativ wenigen Kompetenzen, legitim: die W. als Minimal-

staat *(Höffe)*. Das primordiale Recht
der Personen enthält das Recht, kollektive Identitäten auszubilden, ihnen
eine Rechtsform zu verleihen u. diese
staatsförmig zu sichern; folglich
bleiben Einzelstaaten legitim. Obwohl es auf Dauer ein Weltparla-
ment, eine Weltregierung u. eine
Weltjustiz braucht, ist aus pragmatischen (um Erfahrungen zu sammeln)
u. rechtsmoralischen Gründen (Ge-
waltverbot) die W. für lange Zeit
nichts anderes als der Inbegriff der
Rechtsgestalten, die man nach u.
nach für die verschiedenen Konflikt-
themen einrichtet. Eine weitergehen-
de W. darf man erst dann einrichten,
wenn hinreichend Vorsorge getroffen
ist gegen Gefahren wie Bürgerferne,
Überbürokratisierung, Machtakkumulation u. mangelnde politische Öffentlichkeit. – Nicht als Ersatz, wohl
aber zur Vorbereitung einer W. empfehlen sich zwei schon von *Kant* vertretene friedensfördernde Strategien:
die Demokratisierung aller Staaten u.
der freie, eine weltweite Prosperität
befördernde Handel.

Zuständig ist eine W. vor allem
für den Welt- ↑ Frieden, dabei – außer der Fortbildung des Völkerrechts
– für zwei „Menschenrechte von
Staaten", für ihre territoriale Integrität u. ihre politische u. kulturelle
Selbstbestimmung, ferner für ein
Weltbürgerrecht, das – nicht anstelle
der nationalen Bürgerrechte, wohl
aber zu ihrer Ergänzung – die Beziehungen von Privaten (Individuen,
Gruppen, Verbänden, Unternehmen)
zu fremden Staaten u. deren Privaten
regelt. Zu Recht verlangt *Kant* hier
ein Besuchsrecht, demzufolge man
nicht feindselig behandelt werden

darf, aber kein Gastrecht, das zu einer anspruchsvolleren ↑ Philanthropie („Menschenliebe") gehört u. gern zu Kolonialismus u. Imperialismus (↑ Diskriminierung) mißbraucht wird. Einzuschreiten (freilich unter dem Gleichheitsgebot) hat eine W. auch etwa bei Völkermord, um den internationalen Terrorismus u. Drogenhandel sowie die Verbreitung von ABC-Waffen zu bekämpfen u. um ein Sezessionsrecht (staatliches „Scheidungsrecht") im objektiven Sinn zu entwickeln, also jene Regeln, nach denen die Loslösung von einem bestehenden Staat legitim wäre. Nicht zuletzt ist für alle ein Recht auf Subsistenz zu garantieren. Weitere Hilfsaufgaben sind, weil nicht gerechtigkeitsgeboten, einer anderen, karitativen Weltorganisation zu übertragen.

Lit.: I. Kant, Zum ewigen Frieden; Ch. Beitz, Political Theory and International Relations, Princeton 1979; ders. u. a. (Hrsg.), International Ethics, Princeton 1985; B. Russett, Grasping the Democratic Peace, Princeton 1992; J. Rawls, The Law of Peoples, in: Critical Inquiry 20 (1993), 36–68; D. Held, Democracy and the Global Order, Cambridge 1995; O. Höffe (Hrsg.), I. Kant, Zum ewigen Frieden, Berlin 1995; ders., Vernunft u. Recht, Frankfurt/M. 1996, Kap. 5; M. Lutz-Bachmann, J. Bohmann (Hrsg.), Frieden durch Recht, Frankfurt/M. 1996.

O. H.

Weltrevolution ↑ Marxistische E.

Weltstaat ↑ Weltrepublik.

Werbung ↑ Manipulation.

Wert. Unter W.en versteht man die bewußten oder unbewußten Orientierungsstandards u. Leitvorstellungen, von denen sich Individuen u. Gruppen bei ihrer Handlungswahl leiten lassen. Älter als die philosophische Diskussion um den W.begriff ist die W.debatte in der Ökonomie, wo man einen (objektiven) TauschW. von einem (subjektiven) GebrauchsW. unterscheidet. Der W. eines ökonomischen Gutes bemißt sich an den Faktoren Bedürfnis, Nützlichkeit u. relative Seltenheit. Eine Theorie des objektiven arbeitW.s wurde erstmals von *D. Ricardo* vertreten; *K. Marx* stützt sich für seine These von der Ausbeutung der Arbeiter auf die Konzeption eines MehrW.s, der durch Arbeit erzeugt wird. In der Soziologie kam es zu Beginn des Jahrhunderts zu einem heftig geführten „W.urteilsstreit", bei dem es um die Frage ging, ob das von *M. Weber* vertretene Postulat der „W.freiheit der Wissenschaft" haltbar ist. Ähnlich gelagert ist der Konflikt um eine entweder schrittweise vollziehbare Sozialtechnik oder eine revolutionäre Gesellschaftsveränderung, wie er in den sechziger Jahren im sog. „Positivismusstreit" ausgetragen wurde (u. a. zwischen *Th. W. Adorno* u. *J. Habermas* einerseits u. *K. Popper* sowie *H. Albert* andererseits). In der empirischen Sozialforschung wird für die Gegenwart häufig ein W.wandel konstatiert, u. zwar von den „Pflicht- oder AkzeptanzW.en" (Fleiß, Disziplin, Pünktlichkeit) zu den „SelbstverwirklichungsW.en" (Autonomie, Kreativität, Lebensgenuß). Der W.-begriff ist in der gegenwärtigen öffentlichen Debatte stark mit Formeln konnotiert wie „Verfall der W.e",

„W.ewandel" oder „Pluralismus der W.e", die der Zeitdiagnose der empirischen Sozialforschung entstammen.

Die W.philosophie bildete in der zweiten Hälfte des 19. u. in der ersten Hälfte des 20. Jahrhunderts eine wichtige Gegenbewegung zum positivistischen Wissenschaftsverständnis. Grundthese aller W.philosophien ist die Selbständigkeit u. Irreduzibilität des Bereichs der W.e gegenüber dem Bereich der Tatsachen u. damit die Autonomie der w.setzenden Vernunft gegenüber empirischen Gesetzmäßigkeiten. Begründer der W.philosophie ist *H. Lotze,* an den sich *A. Ritschl* u. die neukantianische W.lehre *(W. Windelband, H. Rickert)* anschlossen. *Rickert* wendet sich gegen die Dominanz der naturwissenschaftlichen Ideals der W.freiheit u. verteidigt demgegenüber die W.bestimmtheit der Geschichts- u. Kulturwissenschaften. Die beiden wichtigsten W.philosophen des 20. Jahrhunderts sind *M. Scheler* u. *N. Hartmann.* In der Behauptung einer selbständigen Sphäre geht *Schelers* materiale W.E am weitesten (↑ formale E – materiale E); er nimmt eine intuitive Wesensschau an, in der W.e als „ideale Objekte" u. überdies ihre Hierarchie apriori „erfühlt" werden sollen. Eine frühe Kritik der W.philosophie ist *Nietzsches* Forderung nach einer „Umwertung der W.e"; er wendet sich damit scharf gegen die christliche Moral u. die traditionelle Metaphysik (↑ Nihilismus). Prominent sind ferner *Heideggers* frühe Kritik an der Unverbindlichkeit von W.en sowie *C. Schmitts* Rede von einer „Tyrannei der W.e", da W.e durch ihre subjektive Prägung in einem wechselseitigen Ausschlußverhältnis zueinander stünden. Die zentralen philosophischen Schwächen des W.begriffs liegen in seiner (scheinbaren oder tatsächlichen) Subjektivität u. seiner ontologischen Sonderstellung (Gibt es W.e-an-sich?). In die W.hierarchie eines Individuums fließen subjektive u. situative, soziale u. kulturspezifische Aspekte ein; die Chancen für eine objektive oder wenigstens intersubjektiv verbindliche W.ordnung (Axiologie) scheinen daher eher ungünstig. Auch dürfte es schwierig sein, alle Bereiche, in denen man von W.en spricht (wie E, Religion, Ökonomie, Freizeit, Arbeitswelt, Politik) innerhalb einer einzigen Theorie zu verknüpfen.

Lit.: D. Ricardo, Grundsätze der politischen Ökonomie u. der Besteuerung, Kap. 1, 1817/21; H. Lotze, Metaphysik, 1841; K. Marx, Das Kapital, 1867–94; A. Meinong, Abhandlungen zur W.theorie, Gesamtausgabe Bd. 3; F. Nietzsche, Nachgelassene Fragmente, KSA 9–13; H. Rickert, Die Grenzen der naturwissenschaftlichen Begriffsbildung, 1896/1902; M. Scheler, Der Formalismus in der E u. die materiale W.E, 1913/16; W. Windelband, Einleitung in die Philosophie, 1914; M. Weber, Der Sinn der ‚W.freiheit' der soziologischen u. ökonomischen Wissenschaften, 1918; N. Hartmann, E, 1926; C. Schmitt, Die Tyrannei der W.e, Hamburg 1979; K. H. Hillmann, W.wandel, Darmstadt ²1989; H. Klages, W.dynamik, Osnabrück 1988; H. Keuth, Wissenschaft u. W.urteil. Zu W.urteilsdiskussion u. Positivismusstreit, Tübingen 1989; C. I. Lewis, An Analysis of Knowledge and Valuation, 1946; N. Rescher, Introduction to Value Theory, 1969; M. Riedel, Norm u. W.urteil, Stuttgart 1979; E. Anderson, Value in Ethics and Economics, Cambridge/M. 1993.   *C. H.*

WertE ↑ Methoden der E, Wert.

Wertfreiheit ↑ Wert, WissenschaftsE.

Widerstandsrecht. Nach dem W.R. kann die als selbstverständlich vorausgesetzte Pflicht zum Rechtsgehorsam aufgrund überpositiver Rechtsverbindlichkeiten (↑ Naturrecht) aufgehoben u. ein w. gegen das Gesetz oder gegen Erlasse der Exekutive sittl. erlaubt sein. Die abendländische Idee des W.R.s hat antike, biblische u. germanische Wurzeln: Aus Gehorsam gegen eine göttliche Pflicht leistet *Antigone* dem Tyrannen Kreon Widerstand u. nimmt dafür den Tod in Kauf (vgl. *Sophokles*); *Sokrates* hält dagegen bei einem grundsätzlichen Einverständnis mit der politischen Ordnung den W. selbst gegen ein ungerechtes Todesurteil für illegitim (vgl. *Platons* „Kriton"). Im Christentum entsteht das W.R. aus dem Konflikt zwischen der Forderung, der von ↑ Gott eingesetzten Obrigkeit Gehorsam zu leisten (Röm 13,1), u. dem Gebot, Gott mehr zu gehorchen als den Menschen (Apg 5,29). Nach dem Lehensrecht darf bei offensichtlichen Rechtsverstößen die Treuepflicht aufgekündigt u. W. geleistet werden.

Im Mittelalter bildet sich das W.R. zu einem Instrument aus, mit dem der Herrscher wirksam kontrolliert werden kann, das aber bis in die frühe Neuzeit (vgl. *Althusius*) nur den Ständen, nicht Privatpersonen zukommt. Erst bei *Locke* kann es jeder Bürger beanspruchen, geht dann in die ersten Grund- u. Menschenrechtserklärungen ein u. wird nach den Erfahrungen mit dem Nationalsozialismus in einige deutsche Länderverfassungen (Berlin, Bremen, Hessen), später auch ins Grundgesetz (Art. 20, 4) aufgenommen. In den meisten anderen Staaten ist dies jedoch nicht der Fall; die Leitforderungen der politischen ↑ Gerechtigkeit sind nämlich in die Verfassungsstaaten eingegangen, zudem wirft ein „legalisiertes W.R." verfassungstheoretische Probleme auf, weshalb es z. B. *Kant* abgelehnt hat.

Als ein sittl., nicht notwendigerweise positivrechtlicher Anspruch kann das W.R. aber auch heute, freilich nur ausnahmsweise u. unter strengen Bedingungen, gerechtfertigt sein: (a) bei einem offensichtlichen, zudem elementaren Unrecht, (b) nach Ausschöpfen der für Protest u. Opposition legalen Rechts- u. Politikmittel, (c) mit der Bereitschaft, Nachteile in Kauf zu nehmen (vgl. *Rawls'* Aufrichtigkeitstest) u. (d) unter Verzicht auf ↑ Gewalt. Um nicht falsches Pathos eines W.es gegen Tyrannen anklingen zu lassen, spricht man im Anschluß an *Thoreaus* Protest gegen die nordamerikanische Sklaverei heute besser von einem *bürgerlichen (zivilen) Ungehorsam*, der (a) sittl.-politisch motiviert, (b) öffentlich, aber (c) gewaltlos, überdies (d) unter Beachtung des Gebotes der Verhältnismäßigkeit (e) geltendes Recht verletzt u. (f) einer Minderheit als Notrecht dient, mit dem sie an die Mehrheit bzw. ihre politischen Repräsentanten appelliert, Entscheidungen zu überprüfen, die (g) so fundamentale Staatsaufgaben wie den ↑ Frieden u. die Achtung der Menschenrechte aufs Spiel setzen; allerdings ist in der Regel nicht die grundsätzliche Anerkennung, sondern die konkrete Gefährdung dieser Staatsaufgaben umstritten.

Lit.: Sophokles, Antigone; Platon, Kriton; J. Locke, Über die Regierung, Kap. XVIII; I. Kant, Die Metaphysik der Sitten, I. Rechtslehre, Staatsrecht, Allg. Anm., A.; J. S. Mill, Über die Freiheit; H. D. Thoreau, Über die Pflicht zum Ungehorsam gegen den Staat, Zürich 1967; K. Wolzendorf, Staatsrecht u. Naturrecht in der Lehre vom W.R. des Volkes..., Breslau 1916; F. Kern, Gottesgnadentum u. W.R. im frühen Mittelalter, Neudr. Darmstadt 1970; H. v. Borch, Obrigkeit u. W., Tübingen 1954; J. Isensee, Das legalisierte W.R., Bad Homburg 1969; H. A. Bedau (Hrsg.), Civil Disobedience, New York 1969; H. Mandt, Tyrannislehre u. W.R., Darmstadt-Neuwied 1974; J. Rawls, Eine Theorie der Gerechtigkeit, Frankfurt/M. 1975, §§ 53–59; O. Höffe, Sittl.-politische Diskurse, Frankfurt/M. 1981, Kap. 6; R. Saage, Herrschaft, Toleranz, Widerstand. Studien zur polit. Theorie der niederländ. u. der engl. Revolution, Frankfurt/M. 1981; P. Glotz (Hrsg.), Ziviler Ungehorsam im Rechtsstaat, Frankfurt/M. 1983; T. Meyer u.a. (Hrsg.), W.R. in der Demokratie. Pro u. Contra, Köln 1984; P. Saladin, B. Sitter, W. im Rechtsstaat, Freiburg i. Ü. 1988; R. A. Rhinow, W. im Rechtsstaat, Berlin 1984; T. Lasker, Ziviler Ungehorsam. Geschichte, Begriff, Rechtfertigung, Frankfurt/M. u.a. 1989; P. Harris (Hrsg.), Civil Disobedience, Lanham 1989; I. Maus, Zur Aufklärung der Demokratietheorie, Frankfurt/M. 1992. *O. H.*

Wiedergeburt ↑ hinduistische E.

Wille bezeichnet die mentale Fähigkeit von ↑ Personen, selbständige Akte der ↑ Entscheidung u. der Wahl vorzunehmen. Der W. erscheint dabei als ein selbständiges u. unabhängiges Vermögen der Erstauslösung von Ereignissen; er bezeichnet die Fähigkeit, eine Kausalreihe in Gang zu setzen (Spontaneität des W.). Wie der Übergang von einem mentalen Vorgang zu einem Folgeereignis in der Außenwelt erklärt werden kann, ist dabei freilich höchst umstritten. Der W.nsbegriff unterstellt näherhin, daß die bezeichnete geistige Fähigkeit durch keine der zur Wahl stehenden Optionen und durch keine inneren Determinanten (Instinkt, Trieb, Sozialisation, Charakter) vollständig festgelegt wird. Im W.nsakt spielen naturale, soziale und charakterliche Tendenzen u. Dispositionen zwar eine wichtige, häufig sogar eine dominante, aber keine determinierende Rolle. Vielmehr kommt zu ihnen das Element bewußter Überlegung hinzu, das eine vom W. bestimmte Aktivität zu einer ↑ Handlung macht – im Unterschied zur nicht-willentlichen Aktivität von Tieren oder zu bloßen Ereignissen. Daneben ist der W.akt meist wesentlich von Emotionen geprägt. Das konative (Antrieb, Motivation) und das affektive Element unterliegen dem kognitiv-deliberativen (rational abwägenden) Element aber in dem Sinn, daß selbst eine Entscheidung für ein Triebziel oder eine Entscheidung aus Affekt als *bewußt* getroffen gelten müssen. Der W.nsbegriff steht nicht allein für den Entscheidungsakt, sondern zusätzlich auch für das Festhalten an einer bewußten Entscheidung, so daß man Unbeherrschtheit oder Handeln wider besser Einsicht auch als ↑ W.nsschwäche bezeichnen kann.

Der W. enthält zwar die Möglichkeit bloßer Willkür *(Voluntarismus, Dezisionismus);* aber eine echte Beliebigkeit der Entscheidung besteht nur im seltenen Fall eines motivationalen Gleichgewichts. Andernfalls gibt es eine Freiheit zur Willkür allenfalls im deskriptiven, aber nicht im normativen Sinn. Gleichgültig, wofür sich eine Person entscheidet: eine ausreichende Überlegung *soll* die Basis ihrer Entscheidung bilden. Faktisch bildet die Überlegung zumindest einen gewissen Teil: jemand hätte auch anders entscheiden können. Aus diesem Grund gilt für jede willentliche Aktivität das Prinzip der moralischen und juristischen Zurechenbarkeit *(Imputabilität)*. Liegt einem W.nsakt keine ausreichende Überlegung zugrunde, so daß z. B. vorhersehbare nachteilige Folgen eintreten, so ist die handelnde Person auch für den Mangel an Überlegung verantwortlich (↑ Verantwortung).

Ein zentrales Problem des so verstandenen W.nsbegriffs ist die Frage nach der W.nsfreiheit. Besteht eine vollständige kausale ↑ Determination aller Naturvorgänge, der (evtl. unbewußt) auch der W. unterliegt *(Determinismus)?* Dann scheint sich W.nsfreiheit nicht länger behaupten zu lassen. Oder gibt es neben der Kausalität der Naturprozesse noch eine Kausalität aus ↑ Freiheit *(Kant)?* Sind naturwissenschaftliche Beobachtungen, die für die Indeterminiertheit bestimmter Prozesse sprechen, Indizien für die Möglich-

keit einer W.nsfreiheit *(Indeterminismus)?* Oder bilden W.nsfreiheit u. Determinismus gar keine zwingende Alternative, sondern lassen sich miteinander logisch vereinbaren *(Kompatibilismus)?*

Ideengeschichtlich betrachtet dürfte der W.nsbegriff eine späte Entdeckung sein; es gibt gute Gründe anzunehmen, daß die griechische Philosophie, zumindest vor den Stoikern, nicht vollständig über ihn verfügt; sie versteht unter dem W. stets nur eine Strebenstendenz *(boulēsis, voluntas),* nicht ein Entscheidungsvermögen *(liberum arbitrium)*. Zwar verfügt bereits Aristoteles über Grundzüge einer Theorie des handlungsverursachenden Wahlvermögens *(hekousion, prohairesis);* in gewissem Umfang erklärt bereits er Handlungen für zurechenbar. Allerdings ergibt sich ein vollständiger W.nsbegriff erst aus dem Einfluß jüdisch-christlicher Elemente auf die Philosophie, vermutlich bei *Augustinus* (vgl. *A. Dihle*). Eine prominente Rolle spielt der W.nsbegriff im spätmittelalterlicher Voluntarismus eines *Wilhelm v. Ockham* oder *Heinrich v. Gent*, in dem der W. Gottes als absolutes Vermögen gedeutet wird. Bei *Descartes* ist es dagegen der menschliche W., der als unendliches Vermögen gedeutet wird. Für *Hobbes* ist der W. der jeweils gerade handlungswirksam werdende Affekt oder die Neigung. *Rousseau* verwendet den Begriff eines „allgemeinen W.s" *(volonté général)* zur Fundierung seiner Vertragstheorie (↑ Gesellschaftsvertrag). *Kant* bestimmt den W. als Vermögen, sein Begehren von Zweckvorstellungen leiten zu lassen; der „reine" W. ist –

im Gegensatz zur bloßen Willkür – frei von allen Neigungen; er befolgt ausschließlich die Gesetze der reinen praktischen Vernunft. Bei *Schopenhauer* erscheint der W. als ein hypostasiertes Weltprinzip *(W. als „Ding an sich")*, bei *Nietzsche* als Streben nach Erhaltung und Steigerung der Lebensmöglichkeiten mit dem Zielpunkt des „Übermenschen" *(W. zur Macht)*. Eine grundlegende sprachanalytische Kritik des W.nsbegriffs hat *Ryle* vorgetragen; danach soll der Begriff einer W.nshandlung keinen vertretbaren Sinn ergeben.

Lit.: Aristoteles, Nikomachische E, Buch III; Augustinus, De libero arbitrio; R. Descartes, Meditationes de prima philosophia, IV; Th. Hobbes, Leviathan; J.-J. Rousseau, vom Gesellschaftsvertrag; I. Kant, Grundlegung zur Metaphysik der Sitten; A. Schopenhauer, Die Welt als W. u. Vorstellung; F. Nietzsche, Also sprach Zarathustra; ders., Nachgelassene Fragmente, KSA 9–13; G. Ryle, Der Begriff des Geistes, Stuttgart 1969, Kap. 3; A. Kenny, Will, Freedom, and Power, Oxford 1975; ders., Freewill and Responsibility, London 1978; U. Pothast (Hrsg.), Freies Handeln u. Determinismus, Frankfurt/M. 1978; A. Dihle, Die Vorstellung vom W. in der Antike, Göttingen 1985; T. Honderich, How Free Are You? Oxford/New York 1993; G. Seebaß, Wollen, Frankfurt/M. 1993.   *C. H.*

WillensE ↑ Wille.

Willensschwäche oder Unbeherrschtheit (griech. *akrasia*) ist eine Form moral. Pathologie, deren genaue begriffliche Bestimmung seit der Antike *(Sokrates/Platon* u. *Aristoteles)* umstritten ist. *Sokrates* zweifelt, daß es

überhaupt W. gebe; denn niemand handle wider sein besseres Wissen, sondern nur aus Unwissenheit. Die bis heute maßgebliche Untersuchung stammt von *Aristoteles*. Er sieht W. dort gegeben, wo jemand im Unterschied zur moralischen Schlechtigkeit (moralisch schlechten Gewohnheiten) zwar gute Gewohnheiten besitzt, sich aber gelegentlich durch Zorn, Begierde oder Lust abbringen läßt. Anders als bei *Dante* fallen daher die Sünden des Leoparden, Wollust u. Habgier, weil moral. schlechte Haltungen, nicht unter die W. Bei der W. sind die moral. Vorgaben richtigen ↑ Handelns noch nicht hinreichend verwurzelt. Man weiß zwar, was man tut oder wozu, handelt also freiwillig, aber – einem Betrunkenen ähnlich – insofern mit begrenztem Wissen, als man von ihm keinen Gebrauch macht; man hat das Wissen nur wie einen toten Besitz. Zu Recht sieht *Aristoteles* zwei Arten von W.: „Die einen überlegen zwar, bleiben infolge der ↑ Leidenschaft nicht bei ihrer Überlegung; die anderen werden mangels Überlegung durch die Leidenschaften geführt." Auf beide Fälle trifft zu, was *Davidson* für das „Besondere an der Unbeherrschtheit" hält, „daß sich der Handelnde selbst nicht verstehen kann: Er erkennt in seinem eigenen absichtlichen Verhalten etwas wesentlich Vernunftwidriges".

Lit.: Platon, Protagoras 351 a–360 e; Aristoteles, Nikomach. E, VII 1–14; Thomas v. Aquin, Summa theol. I–II, q. 77; Dante, Göttliche Komödie, 5. Gesang, V. 56 f; D. Davidson, Wie ist W. möglich? in: ders., Handlung u. Ereignis, Frankfurt/M. 1985, 43–72.   *O. H.*

Wille zur Macht ↑ Lebensphilosophie.

Willkür ↑ Freiheit.

Wirkung ↑ Erfolg.

Wirtschaftsethik. Die W. bestimmt die ↑ Ziele u. ↑ Normen (↑ Sozial-E) des individuellen u. staatlichen wirtschaftlichen Handelns u. des Verhältnisses zwischen beiden. Diese Ziele u. Normen sind den formalen u. materialen Zwecken des ökonomischen Handelns übergeordnet u. lassen sich nicht aus diesen ableiten.

(1.1) Die Wissenschaft der *Ökonomie* (griech. oikos: Haushalt, nomos: Gesetz) kann zwar die Zusammenhänge der ökonomischen Faktoren beschreiben u. unter bestimmten hypothetischen Voraussetzungen Entscheidungsalternativen vorschlagen. Da aber die möglichen Folgen dieser Alternativen nicht alle absehbar sind u. die wissenschaftlichen Informationen allein noch keine Auswahl zwischen Entscheidungsalternativen rechtfertigen, sind für deren Beurteilung zusätzliche Wertkriterien notwendig. Die Ökonomie ist weder als Lehre von der Planung u. Gestaltung gesamtwirtschaftlicher Prozesse (Volkswirtschaftslehre/Nationalökonomie) noch als Lehre vom einzelwirtschaftlichen Handeln von Unternehmern (Betriebswirtschaftslehre) wertfrei (↑ WissenschaftsE). (1.2) Die angewandte Ökonomie hat primär die Aufgabe, knappe Güter so zu beschaffen u. zu verwenden, daß bestimmte individuelle oder soziale Zwecke (z. B. Bedürfnisbefriedigung, Lebenssicherung etc.) erreicht werden können. Die Wirtschaftssubjekte sollen die Güter, das Geld oder andere knappe Mittel unter Vermeidung von unnötigen Verlusten verwenden. (1.3) Das formale Prinzip der Ökonomie ist die optimale zweckbestimmte Ausnutzung vorhandener Möglichkeiten mit rationalen Mitteln (ökonomisches Prinzip: ↑ Entscheidungstheorie). Materiale Zwecke sind dabei der allgemeine wirtschaftliche u. technische Fortschritt u. die Steigerung der Produktion durch eine Entwicklung aller Ressourcen. Als sittl. Zwecke dieser Ziele gelten eine optimale Bevölkerungsentwicklung u. ein möglichst hohes Maß an individueller Selbstentfaltung u. Selbstbestimmung. Obwohl ökonomische Bedingungen zur Einlösung dieser Zwecke nur materielle Voraussetzungen schaffen können, hängt der Charakter der ökonomischen Systeme von einer grundsätzlichen Entscheidung darüber ab, ob die Realisierung der individuellen Zwecke die der sozialen zur Folge hat oder umgekehrt, oder ob diese Zwecke gegensätzlich sind u. eigens politische u. rechtliche Kriterien zu ihrem gerechten Ausgleich notwendig machen.

(2) Der klassische *Liberalismus* (lat. liberus: frei), der im 18. u. 19. Jahrhundert in England entstand u. die Grundlagen des ökonomischen Denkens der westlichen Welt heute noch weitgehend bestimmt, sieht im individuellen Gewinnstreben ein ↑ Streben nach ↑ Glück, das nicht nur dem einzelnen eine freie Entfaltung seiner Anlagen u. Fähigkeiten ermögliche, sondern als konkurrierendes Streben aller Mitglieder einer

Gesellschaft gleichzeitig das ↑ Gemeinwohl steigere *(A. Smith, J. Bentham)*. Wie durch eine „unsichtbare Hand" steuere eine der Markt im Spiel von Angebot u. Nachfrage sowohl die günstigsten Preise für den Konsum wie den vorteilhaftesten Profit. Die Ökonomie sei ein rechtsfreier Prozeß, ein System natürlicher Freiheiten, dessen Regeln sich in der sozialen Erfahrung u. der unmittelbaren Wahrnehmung u. dem Gefühl der Individuen bilden. Der ↑ Staat hat die Aufgabe, das durch menschliche ↑ Arbeit geschaffene ↑ Eigentum u. seiner Vermehrung zu schützen, ohne selbst in die ökonomischen Prozesse einzugreifen (Minimalstaat). Das ↑ Selbstinteresse, das jeder dem anderen zubilligt, u. der uneingeschränkte Wettbewerb sind die Grundprinzipien dieser W., die als *politische Ökonomie* die wissenschaftliche Lehre der Mittel zur Steigerung des individuellen u. staatlichen Wohlstands ist *(A. Smith)*. Der Liberalismus läßt offen, wie weit das ↑ Recht das Selbstinteresse u. den Handlungsspielraum des einzelnen einschränken soll u. wie die Interessenharmonie zu verwirklichen ist. Der gegenwärtige Neoliberalismus hält, trotz minimalstaatlicher Ideen *(R. Nozick)*, nicht an der natürlichen Interessenharmonie fest, sondern sucht nach Möglichkeiten der demokratischen Kontrolle ökonomischer Macht, gibt der Steigerung der Lebenschancen Vorrang vor einseitigen Wachstumserwartungen u. kritisiert den Kapitalismus *(R. Dahrendorf, J. M. Buchanan)*.

(3) Der *Kapitalismus* (lat. caput, Haupt, Summe) greift liberale Prinzipien auf: er radikalisiert den Wettbewerb u. führt zur Entfaltung u. zum Wohlstand von immer weniger Menschen. Eine der Ursachen dieser Entwicklung ist, daß die liberale Eigentumsgarantie nicht die chancengerechte Verteilung des Eigentums als Basis seiner leistungsgerechten Vermehrung voraussetzt. Eine andere Ursache ist, daß die Selbststeuerungsmechanismen des Wirtschaftsprozesses weder in der Lage sind, ein übersteigertes Gewinnstreben noch Konjunkturschwankungen zu verhindern, die Arbeitslosigkeit u. soziale Krisen bewirken.

(4) Der *Sozialismus* (lat. socialis, gemeinschaftlich) versteht diese Krisen als notwendige Folgen der Trennung von Kapital u. Arbeit im Kapitalismus u. der damit verbundenen ↑ Entfremdung der Arbeitnehmer u. Arbeitgeber. Die Vermehrung des konstanten Kapitals in der Hand immer weniger Kapitalisten u. das geringer werdende variable Kapital an Arbeit führe zum Sinken der Profitrate: der ständig wachsenden, technisierten Produktion stehe aufgrund der sinkenden Löhne u. der Arbeitslosigkeit ein sinkender Konsum gegenüber *(K. Marx)*. Dadurch steigere sich der Klassenwiderspruch (↑ marxistische E) bis zur ↑ Revolution u. der Auflösung des Privateigentums. Die W. des Sozialismus ist eine ↑ KlassenE: Nur die Proletarier haben einen legitimen Anspruch auf die Produkte ihrer Arbeit u. entsprechend auf Bedürfnisbefriedigung. – Der Sozialismus erkennt grundsätzlich die wirtschafts-ethischen Ziele des Liberalismus, die Selbstbestimmung u. Entfaltung der Persönlich-

keit u. die Übereinkunft von individuellem u. sozialem Interesse an. Er
verbindet damit aber die Kritik, der
Liberalismus abstrahiere diese Ziele
von ihren sozialen Bedingungen u.
stelle die Mittel ihrer Verwirklichung
nicht bereit: Die Individuen seien nur
äußerlich durch ihr Gewinnstreben
verbunden, eine lebendige Gemein
schaft sei damit unmöglich. Sozialismus u. Liberalismus erhoffen trotz
der gegensätzlichen Einschätzung des
sittl. Werts von Eigentum u. der unterschiedlichen Beurteilung von freiem Markt u. staatlich geplanter
Wirtschaft gleichermaßen die Verwirklichung der sittl. Zwecke der
Gesellschaft als Ergebnis des materialen Prozesses der Arbeit. Der Unterbewertung des Gegensatzes von
individuellem u. sozialem Interesse
durch den Liberalismus korrespondiert die Überbewertung des sozialen
gegenüber dem individuellen Interesse durch den Sozialismus.

(5) Liberale u. soziale ökonomische Ziele können wirtschaftsethisch
nur in einer sozial gestalteten
Marktwirtschaft vermittelt werden,
in der im Produktionsprozeß die sittl.
Zwecke einer demokratischen Ge-
sellschaftsform gelten. Die materialen Zwecke des wirtschaftlichen
Wachstums müssen dazu im individuellen wie im staatlichen ökonomischen Handeln mit den Prinzipien
der Bedarfs- u. Leistungsgerechtig-
keit (Verteilungsziele) übereinstimmen, der sozialen Sicherheit, der Erhaltung produktiver Ressourcen u.
der natürlichen Umwelt (Sicherungs-
ziele) dienen, den sozialen ↑ Frieden, die ↑ Freiheit bei der Teilnahme am Wirtschaftsprozeß, den

Machtausgleich zwischen den sozialen Gruppen (Arbeitgeber, Gewerk-
schaften, Verbände) u. die Stabilität
des wirtschaftlichen Systems (Ord-
nungsziele) sichern. Da diese Ziele
im wirtschaftlichen Handeln sowohl
untereinander wie mit den materialen Zielen der Erhaltung des Geld-
werts, der Vollbeschäftigung u. dem
wirtschaftlichen Fortschritt, da ferner diese materialen Ziele untereinander in ↑ Konflikt geraten können,
erfordern die wirtschaftlichen ↑ Entscheidungen sowohl im unternehme-
rischen wie im staatlichen Bereich
Beratungsprozesse. Diese können
zwar kein vollkommenes Gleichgewicht zwischen den Zielen herstellen.
Die Mitbestimmung (↑ Demokratie)
aller am Produktionsprozeß beteiligten Gruppen bzw. die Beratungen
der Parlamente legitimieren jedoch
die Entscheidungen über den jeweiligen Vorrang von Zielen. Diese Beratungsprozesse treffen dann legitime
Entscheidungen, wenn für sie die
sozialen ↑ Normen der ↑ Toleranz, ↑ Gerechtigkeit u. Solidarität
(↑ Wohlwollen) ebenso gelten wie
die w.e Normen der freien Bildung
von Eigentum u. seiner eigenverantwortlichen Verfügbarkeit, des gleich-
berechtigten Wettbewerbs u. der
↑ Verantwortung gegenüber dem
↑ Gleichwohl.

Lit.: A. Smith, Der Wohlstand der Nationen, Kap. I, 1–4, III, 1, IV, 1; ders.,
Theorie der e Gefühle, Bd. 2, Teil VI,
Abschn. 2; J. Bentham, Economic Wri-
tings, 3 Bde., London 1952, Bd. 1,
S. 81 f; J. S. Mill, Grundsätze der politischen Ökonomie, Bd. 1, Buch I, 1–4, II,
1–4, Bd. 3, Buch V, Aalen 1968;
K. Marx, Das Kapital, MEW Bd. 23,

Abschn. 7, MEW Bd. 25, Abschn. 3; M. Weber, Wirtschaft u. Gesellschaft, Teil 1, Kap. II, 2, I. u. III; ders., Die protestantische E u. der Geist des Kapitalismus, S. 17–205; F. Federici, Der deutsche Liberalismus, Zürich 1946; R. Dahrendorf, Gesellschaft u. Demokratie in Deutschland, München ²1972, S. 233 ff; J. A. Schumpeter, Kapitalismus, Sozialismus u. Demokratie, München ³1972, Kap. 3, Teil 5–14, 16–18; G. Duncan, Marx and Mill, Cambridge 1973, Teil 4; J. M. Buchanan, The Limits of Liberty, Chicago/London 1975; R. Nozick, Anarchie, Staat, Utopia, München 1976, Teil 2; T. Guldimann, Die Grenzen des Wohlfahrtsstaates, München 1976; F. A. v. Hayek, Liberalismus, Tübingen 1979; O. Höffe, Sittl.-politische Diskurse, Frankfurt/M. 1981, Kap. 6; P. Koslowski, E des Kapitalismus, Tübingen 1982; ders. (Hrsg.), Economics and Philosophy, Tübingen 1985; M. Hollis, W. Vossenkuhl (Hrsg.), Moralische Entscheidung u. rationale Wahl, München 1992; H. Lenk, M. Maring (Hrsg.), Wirtschaft u. E, Stuttgart 1992; G. Enderle u. a. (Hrsg.), Lexikon der W.E, Freiburg/Basel/Wien 1993.   *W. V.*

Wissenschaftsethik. Die W.E untersucht den ↑ Sinn u. die ↑ Verantwortung der W., dabei als *ForschungsE* die der wissenschaftlichen Forschung. Die verbreitete Ansicht, die W.E sei eine neue Aufgabe, hervorgerufen durch die Naturwissenschaft, ↑ Technik u. ↑ Medizin der Neuzeit, übersieht den anthropologischen Rang der W. (1) Mittels Beobachtungen u. Experimenten, begrifflicher Analyse u. anderen Verfahren sucht die W. auf methodischem Weg nach wahrer Erkenntnis von Sachverhalten (der ↑ Natur u. ↑ Gesellschaft, der Sprache, Kunst, auch der

Erkenntnis selbst) sowie nach deren Ursachen, Gründen u. Gesetzmäßigkeiten. In der W. vollendet sich das natürliche Streben des Menschen nach Wissen *(Aristoteles)*. Von *Platon* u. *Aristoteles* bis zum Rationalismus der Neuzeit *(Hobbes, Descartes* u. a.) verstand man unter W. die grundsätzliche Höchstform von Wissen: das Ideal einer sicheren, weil aus wahren u. schlechthin ersten Sätzen, den Prinzipien, begründeten u. deshalb notwendigen Erkenntnis. Die modernen W.en verstehen ihre Aussagen nur noch als (mehr oder weniger stark bewährte) Hypothesen, die – der kritischen Überprüfung ausgesetzt – immer wieder neu modifiziert u. revidiert werden können (↑ kritischer Rationalismus, ↑ Pragmatismus). Trotz dieser tiefgreifenden Veränderung ist die ↑ sittl. Grundaufgabe der W. von *Platon* u. *Aristoteles* bis *Russell* u. *Popper* dieselbe: Forschung u. Lehre kompromißlos der Wahrheit zu verpflichten. Ob die W. aus theoretischer Neugierde, aus natur- u. sozialtechnologischem, aus kritisch-hermeneutischem oder therapeutischem Interesse motiviert ist: in ihren Aussagen selbst sollen alle persönlichen u. gruppenspezifischen Interessen u. Bekenntnisse hinter der Idee objektiver ↑ Wahrheit zurücktreten. Die W.E gebietet es, an keiner Überzeugung dogmatisch u. autoritätsgläubig festzuhalten, sie vielmehr auf ihre Richtigkeit zu prüfen, Vorurteile zu überwinden, die sich immer wieder neu aus Täuschungen durch die Sinne, die Sprache u. den Verstand, die Gewohnheit u. Tradition ergeben, u. ein fortschreitend weiteres u. tieferes Verständnis von natürlicher u. menschlicher Wirklichkeit zu suchen. In diesem Sinn ist die *Wertfreiheit* ein der W. immanentes sittl. Prinzip. W. ist eine Instanz gegen Unklarheit u. Ungenauigkeit, gegen Irrtümer u. Täuschungen; sie verlangt Experimentierfreude u. neben methodischem auch kreatives Denken. Die Gesellschaft dagegen muß die Forscher von dem Zwang entlasten, mit den vorherrschenden substantiellen politischen oder religiösen Ansichten übereinzustimmen u. Zensur- oder Inquisitionsbehörden Rede u. Antwort zu stehen; zu den sozialen u. politischen Lebensbedingungen gehört die *Forschungsfreiheit*. Nun ist diese in den westlichen Demokratien in den Verfassungen verankert; u. die Verpflichtung auf vorurteilslose Wahrheitssuche wird durch die Sozialstruktur des Forschungsbetriebes, insbes. durch wissenschaftliche Konkurrenz gesichert, so daß beide Verbindlichkeiten als fast trivial erscheinen. Trotzdem werfen sie zeitspezifische Probleme auf. So setzt etwa die kritische Überprüfung von Forschungsergebnissen voraus, daß sie überhaupt publiziert werden, was für viele Forschungen im Bereich von Militär u. Privatwirtschaft nicht gesichert ist.

(2) Während man in der antiken Theorie die unveränderliche Struktur des Kosmos interessenlos betrachtet u. zugleich die Welt in Ruhe läßt, gibt die neuzeitliche W. das kontemplative Ideal als vorherrschendes Leitbild auf. Vom ↑ christlichen Gebot der Nächstenliebe (↑ Liebe) inspiriert, stellt sie sich in den Dienst des menschlichen Wohlergehens, zunächst vor allem der Arbeitserleichterung und der Gesundheit *(Bacon, Descartes);* zugespitzt: Medizin statt Metaphysik. U. mit dem Experiment wird sie aus einem „Handeln als Denken" zu einem „Handeln in u. an der Welt". Zwar findet das „Handeln an der Welt" zuerst im Kleinmaßstab, zudem an lebloser Materie statt; und die Veränderungen der Welt sind sowohl gut abschätzbar als auch, lebenspraktisch gesehen, umkehrbar (reversibel), so daß die neue Dimension der W.E zunächst vernachlässigt werden kann. Heute dagegen können w.liche Experimente wegen ihres Großmaßstabs (z. B. Atombombenversuche) die Flora, Fauna u. Atmosphäre der Erde irreversibel verändern, dabei in der Regel (schwer) schädigen. Dazu verbergen sich in Forschungsstätten wie genbiologischen Labors vorher unbekannte Betriebsgefahren, weshalb Sicherheitsüberlegungen einen festen Bestandteil der W. bilden müssen und in ernsten Fällen eine unabhängige Kontrolle notwendig wird. Dabei liegt die Beweislast für die Unbedenklichkeit auf seiten der Forscher, die nach möglichen Gefahren (↑ Technikfolgen) mit derselben Sorgfalt wie nach neuen Ergebnissen suchen müssen (↑ RisikoE). Schließlich betrifft die Forschung die Bausteine, die Anfangsphasen und das Ende des menschlichen Lebens; sie wird an schmerzempfindsamen Tieren u. – teils in den Natur-, teils den Sozialw.en – am Menschen durchgeführt, so daß die ursprünglich e neutrale Neugierde einmal mehr ihre Unschuld verliert. *Humanexperimente,* die, wenn auch aus theo-

retischem Interesse, gegen allgemein anerkannte Verbindlichkeiten verstoßen wie: das Verbot zu lügen, das ↑ Grundrecht auf Leib, ↑ Leben u. eine Privatsphäre, das Selbstbestimmungsrecht, das ↑ Eigentumsrecht u. das Recht auf freie Persönlichkeitsentfaltung sind unzulässig. Der e Grundsatz „wissenschaftliche Objektivität, aber nicht die Rücksichtslosigkeit gegen die ‚Objekte'", gilt auch für w.liche *Versuche an Tieren,* insofern diese Schmerzempfinden u. Erinnerungen, deshalb Angst haben können. Tierversuche sind nur bei eng bestimmten F.szwecken, insbes. medizinisch-pharmakologischen Zielen, legitim u. auch nur dann, wenn sie sich auf das unerläßliche Maß beschränken u. darüber hinaus eine strenge Leidensbegrenzung einhalten (↑ Tierschutz).

(3) Die neuzeitliche W. hat sich selbst einer e Verantwortung unterworfen; sie will das Leben der Menschheit erleichtern, insbes. das Leid mindern. Mit Hilfe der NaturW.en u. ↑ Technik, auch der WirtschaftsW.en sollen die Menschen von materieller Not (von Hunger, Armut u. Krankheit), mit Hilfe der SozialW.en von gesellschaftlicher u. politischer Not (von Diskriminierung, Unterdrückung u. Ausbeutung) befreit werden. In der Tat ist der neuzeitlichen W. eine Fülle von lebensdienlichen u. zivilisationsfördernden Entdeckungen u. Erfindungen gelungen. Aber am Ende zeigt sich eine Doppelgesichtigkeit der Natur- u. (ansatzweisen) Sozialbeherrschung. Die W. stellt ein ungeheures Machtpotential bereit, das wie jede Macht nicht nur zur Hilfe, sondern

auch zur Zerstörung fähig ist. Die Bedrohung beginnt nicht erst mit einer Nutzung, die sich wie Angriffswaffen gegen das Wohlergehen der Menschen richtet. Die im einzelnen u. im Kleinmaßstab noch leicht neutralisierbaren Nebenfolgen führen aufgrund der Zahl, Reichweite u. Kumulierung zu einer Veränderung der natürlichen u. sozialen Lebenswelt, etwa zu Energieverknappung, Umweltzerstörung, Bevölkerungsexplosion, ferner zu einer Komplizierung der Gesellschaftsverhältnisse. Andererseits läßt sich ohne die W. ein sicheres Überleben der Menschen kaum noch vorstellen; überdies ist von neuen Entdeckungen u. Erfindungen einige Hilfe zur Bewältigung schädlicher Nebenfolgen zu erwarten. Deshalb ist es nicht sinnvoll, die W. pauschal zu verwerfen, wohl aber sie auf die Frage zu verpflichten: Werden die in der Natur vorhandenen zerstörerischen Gewalten gemindert, wird Leben gerettet, bewahrt, geschützt u. wird zu einem menschenwürdigen Leben verholfen oder wird das Leben bedroht, gefährdet, werden weitere Risiko- und Zerstörungsfaktoren in die Natur eingebracht? Das e Leitprinzip heißt: Bewahrung u. Humanisierung des menschlichen Lebens samt seiner vielfältigen Umwelt. Ob die Anerkennung dieses Prinzips durch die Formen der Selbstkontrolle oder aber durch staatliche Institutionen geschieht, hängt weitgehend von der W.lergemeinschaft selbst ab, etwa von ihrer Fähigkeit, in die Kriterien guten Experimentierens („good laboratory practise") auch e Grundsätze einzubringen u. in der W.sförderung nicht nur fachliche, sondern soweit notwendig auch e u. ökologische Gesichtspunkte zu beachten. Dabei kommt es auf Gewissenhaftigkeit, Sensibilität und oft auch jene höherstufige Urteilskraft (↑ Klugheit) an, die mit Konfliktsituationen zu Rande kommt (↑ Pflichtenkollision). Darüber hinaus bedarf es einer „Kultur der Rechtzeitigkeit". Die w.lichen Berufsverbände können e Richtlinien aufstellen, so wie sie sich bei Ärzten (↑ medizinische E) oder Psychologen schon seit langem finden. Außerdem bedarf es eines neuen Selbstverständnisses. Ohne die humanen Leitziele aufzugeben, sollten die W.en sich die Ambivalenz ihrer Leistung eingestehen, überdies versuchen, den Zivilisationsprozeß, auch wenn dies nur in Grenzen möglich ist, in eine vom Menschen gewollte Richtung zu lenken.

(4) In der zunehmend wichtigen w.lichen Politikberatung bei öffentlichen ↑ Entscheidungsprozessen sollen sich die W.ler weder als Alibi u. Feigenblatt der jeweils Herrschenden mißbrauchen lassen noch sich der Mitwirkung bei öffentlichen Aufgaben entziehen. Mit Hilfe ihres Sach- u. Methodenverstandes sollen sie die rationale Qualität der Entscheidungen verbessern, aber auch die Verläßlichkeitsgrenzen der W.en, gerade der HumanW.en beachten u. zwischen w.licher Analyse u. persönlicher sittl.-politischer Stellungnahme unterscheiden.

(5) Wegen ihrer so großen Bedeutung in vielen Bereichen der modernen Lebenswelt sollten die W.ler sich nicht bloß ihren Fachkollegen, sondern auch der Öffentlichkeit verständlich machen. Dieses kann nicht bedeuten, daß jeder Forschungsbeitrag für alle lesbar ist, wohl aber, daß wichtige Resultate u. Kontroversen der W.en über geeignete Medien auch dem Laien vermittelt werden.

(6) Einen Beitrag zur Humanisierung des menschlichen Lebens leisten nicht nur die Natur- u. Sozial-, sondern auch die GeistesW., insofern sie die Herkunft der Menschheit mit ihren unterschiedlichen Traditionen u. Kulturerzeugnissen aufarbeiten u. erinnernd festhalten sowie uns für Sprache, bildende Kunst u. Musik öffnen.

(7) Außerdem dokumentiert sich die Humanität in einer Existenzweise, die das Lebensnotwendige u. Nützliche übersteigt. Was bei *Aristoteles* u. seiner Tradition im Mittelpunkt stand, ist durch das neuzeitliche Interesse der W.en an technischer u. sozialer Relevanz zwar zurückgetreten, hat aber nicht sein Recht als Korrektiv verloren: Neben ihrer technologischen, kritisch-hermeneutischen u. therapeutischen Seite ist W. auch eine Grundhaltung, mit der man sich über partikulare Interessen erhebt. Zu den nicht nutzenorientierten, gleichwohl nicht unnützen Tätigkeiten des Menschen zählt die Suche nach wahrer Erkenntnis. W. kann eine Form menschlicher Existenz sein, in der man nicht bei der Besorgung des Lebensnotwendigen, der Bequemlichkeit, des Lebensgenusses u. materiellen Fortschritts stehenbleibt u. somit – analog zu ↑ Spiel u. Kunst oder zu einer durch ↑ Gerechtigkeit bestimmten Gesellschaft – ↑ Freiheit u. Humanität zum Ausdruck bringt.

In einer funktional gegliederten Gesellschaft für die Kultur des Wissens verantwortlich, können die W.en das Vorbild für ein Leben abgeben, in dem nicht die wirtschaftliche und die politische Macht zählen, sondern die überprüfbare Erkenntnis und die intellektuelle Kreativität. Im Fall der W. als Beruf, im Fall der Studenten auf Zeit, suche man in der W. als solcher ein sinnerfülltes Leben. Zu diesem Zweck darf man sich allerdings weder in den Accessoires noch den Nebentätigkeiten der W. verlieren. Vielleicht erweist sich ein Mehr an kontemplativer, zweckfreier W. am Ende sogar als nützlicher als ein Zuviel an instrumenteller W. Eine W.E beschränkt sich jedenfalls nicht auf Verbote gegen die Gefahr einer Enthumanisierung der W.spraxis oder ihrer Wirkungen; zur Geltung bringt sie die Humanität auch als eine positive Idee für die W.

Lit.: Aristoteles, Metaphysik, Buch I; ders., Nikomach. E, Kap. X 6–9; F. Bacon, Neues Organ der Wissenschaft; ders., Neu-Atlantis; Descartes, Abhandlung über die Methode; J.-J. Rousseau, Diskurs über Kunst u. W.; J. G. Fichte, Die Bestimmung des Gelehrten (1794), bes. 4. Vorles.; M. Weber, W. als Beruf, in: Gesammelte Aufsätze zur W.slehre; J. Bronowski, Science and Human Values, New York ³1965; C. F. v. Weizsäcker, Die Verantwortung der W. im Atomzeitalter, Göttingen ⁴1963; K. Jaspers, Wahrheit u. W.; A. Portmann, NaturW. u. Humanismus, München 1960; C. P. Snow, Die zwei Kulturen, Stuttgart 1967; J. Habermas, Technik u. W. als ‚Ideologie', Frankfurt/M. ²1975; W. Schulz, Philosophie in der veränderten Welt, Pfullingen ³1976, Teil I; O. Höffe, Stra-

tegien der Humanität, Frankfurt/M. ²1985, Kap. 10–12; ders., Sittl.-polit. Diskurse, Frankfurt/M. 1981, Teil III; H. Ringeling, Die Verantwortung der W., Bern 1977; J. A. Barnes, The Ethics of Inquiry in Social Science, Neu Dehli 1977; G. Böhme u. a., Die gesellschaftliche Orientierung des w.lichen Fortschritts, Frankfurt/M. 1978; W. Wahl (Hrsg.), E Probleme der W., Berlin 1978; K. Berg, K. E. Tranøy (Hrsg.), Proceedings of the Symposium on Research Ethics, New York 1983; E. Ströker (Hrsg.), E der W.en, München u. a. 1984; Max-Planck-Gesellschaft (Hrsg.), Verantwortung u. E in der W., München 1984; H. Lenk (Hrsg.), Humane Experimente?, München 1984; H. R. Baumgartner, H. Staudinger (Hrsg.), Entmoralisierung oder W.en? Physik u. Chemie, München/Paderborn 1985; W. R. Shea, B. Sitter (Hrsg.), Scientists and their Responsebility, Canton 1989; H. Holzhey u. a. (Hrsg.), Forschungsfreiheit. Ein e u. politisches Problem der modernen W., Zürich 1991; H. Lenk (Hrsg.), W. u. E, Stuttgart 1991; C. Hubig, Technik- u. W.E, Berlin u. a. 1993; O. Höffe, Moral als Preis der Moderne, Frankfurt/M. ³1995; R. E. Bulger u. a. (Hrsg.), The Ethical Dimensions of the Biological Sciences, Cambridge 1993; M. Salewski (Hrsg.), Das Zeitalter der Bombe. Die Geschichte der atomaren Bedrohung . . ., München 1995; Jahrbuch für W. u. E, Berlin 1996 ff.   *O. H.*

Wohlfahrtsökonomie ↑ Entscheidungstheorie.

Wohlfahrtsstaat ↑ Staat.

Wohltätigkeit ↑ Liebe.

Wohlwollen (gr. eúnoia, engl. benevolence) bedeutet gemäß der klassischen Definitionen des *Aristoteles* eine Einstellung gegenüber den Mitmenschen, in der wir ↑ das Gute für den anderen um des Guten willen anstreben. Als sittl. Haltung (↑ Tugend), die nicht nach dem Maß der Zuwendung fragt, wird es allerdings auf den ↑ Freundschaftsbereich eingeschränkt. Zusammen mit der ↑ Gerechtigkeit, die jedem das seine zuteilt u. im öffentlichen Bereich angemessen ist, gilt es als Inbegriff sittl. Einstellung im zwischenmenschlichen Verhältnis. Der klassische Begriff des W. zielt die Mitte zwischen der Selbstzentriertheit des Egoismus (↑ Selbstinteresse) u. der Fremdzentriertheit des *Altruismus* an. Diese meint ein Verhältnis zum Mitmenschen, in dem wir seine Ziele unter Zurückstellung eigener Interessen verfolgen. Uneingestandenerweise haben wir dabei die verleugneten Eigeninteressen doch im Blick, weil wir den anderen von uns abhängig machen. Im Verständnis der ↑ christlichen E, die sich an der biblischen Parabel vom barmherzigen Samariter orientiert, geht das Problem des W. in die Forderung der allgemeinen Nächsten- ↑ Liebe unter Einschluß von Solidarität u. Mitleid ein. Die *Hobbessche Kritik* mißtraut diesem allgemeinen W. u. sieht im ↑ Selbstinteresse die Basis jeglicher Moral. W. sei nur die Art u. Weise, wie jemand seine Macht u. Ehre im Verhältnis zu anderen erhöht. Die englische Moralphilosophie in der Tradition des ↑ *Utilitarismus* versucht demgegenüber den Nachweis zu führen, daß die Haltung des W. als Beförderung der ↑ Freude u. Wohlfahrt aller anderen vernünftigerweise im Selbstinteresse jedes Menschen liegt u. daher von allen geübt werden muß. Dieser Altruismus aus Selbstinteresse macht deutlich, daß W. jedenfalls nicht mit Schwäche gegenüber dem anderen verwechselt werden darf, sondern eine selbständige ↑ Persönlichkeit voraussetzt, die ihr Eigeninteresse einbringt. Die Abstufungen des W. beginnen beim W. spontaner Art, das wir *Sympathie* nennen u. nur auf einer oberflächlichen Kenntnis des anderen beruht. W. aus Bedauern über ↑ Leid oder Schaden des anderen nennen wir Mitleid, hilfreiches Verhalten in einer Situation Wohltätigkeit (↑ Liebe), die *Kant* als Beispiel des ↑ kategorischen Imperativ erwähnt. Wenn wir uns einer empfangenen Wohltat freuen, äußert sich unser W. als *Dankbarkeit*. W. gegenüber der eigenen Gruppe, Klasse, den Unterdrückten oder der ganzen Menschheit bekundet sich in *Solidarität*. Die Grenze einer Zuwendung zum Mitmenschen im Sinne des W. ist dann erreicht, wenn Beleidigung, Verletzung der eigenen Rechte, Bosheit u. Verbrechen die Basis des W. zerstören.

Lit.: Aristoteles, Nikomach. E, Buch VIII u. IX; Hobbes, Leviathan, Kap. I, 10; A. MacIntyre, Egoism and Altruism, in: The Encyclopedia of Philosophy. Bd. II, S. 462–466; T. Nagel, The Possibility of Altruism, Oxford 1970; H. E. Richter, Lernziel Solidarität, Reinbek 1974; R. B. Brandt, The Psychology of Benevolence and Its Implications for Philosophy, in: The Journal of Philosophy, Bd. 73, 1976; C. Gilligan, Die andere Stimme, München 1984; R. Spaemann, Glück u. Wohlwollen. Versuch über E, Stuttgart 1989.
A. S.

Y

Yoga ↑ Hinduistische E.

Z

Zen ↑ Buddhismus.

Zensur ↑ Grundrechte.

Ziel. Was wir mit Z. oder *Zweck* meinen, verweist in den Zusammenhang menschlicher Praxis. Die Z.findung orientiert sich an den natürlichen u. gesellschaftlichen Bedingungen der ↑ Situation u. Umwelt, an ihren Regeln, ↑ Normen, ↑ Werten oder ↑ Idealen, die bestimmte Z.e als möglich, erwünscht oder verboten ausweisen. Während das Tier unmittelbar von den Reizen der Umwelt abhängig ist u. seine Bedürfnisse in zwangsläufiger Reaktion auf sie befriedigt (↑ Instinkt), geben uns Denken u. Sprache einen Spielraum gegenüber der Umwelt, ihr Angebot in der Wahrnehmung zu sichten u. in der ↑ Handlung modifiziert zu beantworten. Umweltbedingungen (von außen) u. psychophysische ↑ Bedürfnisse (von innen) (Handlungsgründe) werden aus zwangsläufigen (kausalen) Faktoren (Handlungsursachen) in Motive unseres Handelns umgewandelt, wenn wir sie uns wissentlich aneignen, ↑ willentlich Stellung nehmen u. z.strebig (intentional) verwirklichen (Handlungsmotive). Die *Motive* geben das Worum-willen der Handlung oder die Z.e an, die Handlung selbst erweist sich als *Mittel,* sie zu erreichen. Die Z.e können dabei in der

Handlung selbst (Basishandlung) oder erst durch ihre Folgen erreicht werden. Handlungen sind nur ↑ verstehbar, wenn sie unter dem Gesichtspunkt betrachtet werden, ob sie Mittel darstellen, das gewünschte Z. zu erreichen. Durch das Wissen u. Wollen der Z.e grenzen sie sich von handlungsähnlichen Verhalten ab, in dem die Motive nicht kognitiv verarbeitet u. in Z.strebigkeit umgesetzt werden, sondern in unbewußter Weise geradezu zwangsläufig (nach Art kausaler Zusammenhänge) wirken u. die Symptome einer ↑ Krankheit hervorrufen. Das Wissen u. Wollen der Z.e darf aber umgekehrt nicht mit ausdrücklicher Überlegung u. bewußter ↑ Entscheidung gleichgesetzt werden. Im Normalfall verfolgen wir unsere Z.e in einer implizit wissentlich-willentlichen Weise: Wir sagen, das Handeln sei *final* gerichtet oder teleologisch zu verstehen. *Aristoteles* war der Auffassung, daß der Mensch außer der formellen Notwendigkeit, sich im Handeln an Z.en orientieren zu müssen, aufgrund seiner Polis-Natur (Erziehung u. Gewöhnung im Staat) tendenziell nach dem ihm gemäßen Guten, dem Gut-Leben strebe (Entelechie). Eine solche E, die eine letzte inhaltliche Z.bestimmtheit menschlichen Handelns annimmt, nennen wir *teleologische E.* Im modernen Sprachgebrauch wird dieser Ausdruck auch zur Bezeichnung einer E verwandt, die im Unterschied zu einer ↑ deontologischen E die Richtigkeit von Handlungen und deren Folgen im Lichte höchster Werte u. Z. bemißt.

Gegenüber der aristotelischen Auffassung behauptet die moderne E seit

Kant, daß wir auch in der Wahl der Z.e frei sind. Als Modellfall erscheint ihr die auf ausdrücklicher Überlegung basierende, bewußt getroffene Entscheidung. Im Unterschied zur implizierten Z.orientiertheit des alltäglichen Handelns nennen wir dieses explizite u. absichtsvolle Tun Zwecksetzung u. ihre Inhalte *Zwecke.* Soll die jeweilige Handlung meinem Zweck dienen, dann muß ich ihre *Zweck-Mittel-Rationalität (M. Weber)* und, da sie den Grundriß eines Handlungsplanes enthält, ihre Planrationalität prüfen. Auf diese stützen sich alle modernen Technologien, von den technischen im engeren Sinn bis zu den Sozialtechnologien. Dabei ist die Zwecksetzung offensichtlich willkürlich u. dem subjektiven Gutdünken anheimgestellt (irrational). Nur die Funktionalität der Mittel für die Zwecke wird rational gerechtfertigt. *Kant* sieht in der Willkür der Zwecksetzungen den Schein der ↑ Freiheit, in Wahrheit aber die Abhängigkeit von zufälligen Begierden u. Neigungen. Nach ihm lassen sich die Zwecke selbst nur dann als sittl. ausweisen, wenn auch sie dem Gesichtspunkt der Zweckmäßigkeit u. allgemeinen Verbindlichkeit unterzuordnen sind. Als letzter Zweck, der in sich selbst seine Zweckmäßigkeit erweist, erscheint die Menschlichkeit (↑ Humanität) des Menschen, der nach *Kant* jederzeit nur als Zweck an sich selbst u. nie bloß als Mittel gebraucht werden darf. Die durch diesen Grundsatz bestimmte Handlung gilt als moralisch u. im eigentlichen Sinn als frei oder autonom. Die Freiheit der moralischen Reflexion kann jedoch im lebenspraktischen Handeln nur wirksam werden, wenn sie in die Motive des psychischen Erlebens integriert werden kann u. somit die künftige Z.findung mitbestimmt.

Lit.: Aristoteles, Nikomach. E, Buch I u. II; I. Kant Grundlegung zur Metaphysik der Sitten; M. Weber, Der Sinn der „Wertfreiheit" der soziologischen u. ökonomischen Wissenschaften; ders., Soziologische Grundbegriffe, in: Gesammelte Aufsätze zur Wissenschaftslehre, Tübingen 1951; E. Husserl, Ideen zu einer reinen Phänomenologie u. phänomenologischen Philosophie II, Husserliana Bd. IV, Den Haag 1952, S. 172–280; N. Hartmann, Teleologisches Denken, Berlin 1951, S. 64–99; G. E. M. Anscombe, Intention, Oxford [2]1963; A. Kenny, Action, Emotion and Will, London [4]1969; N. Luhmann, Zweckbegriffe u. Systemrationalität, Frankfurt/M. 1973; G. H. v. Wright, Erklären u. Verstehen, Frankfurt/M. 1974, S. 83–121. *A. S.*

Zivilcourage ↑ Tapferkeit.

Zivilisation ↑ Kultur.

Zorn ↑ Leidenschaft.

Zukünftige Generationen ↑ Gerechtigkeit.

Zukunft ↑ Hoffnung.

Zurechnungsfähigkeit ↑ Verantwortung.

Zwang ↑ Gewalt.

Zweck ↑ Ziel.

Zynismus ↑ Nihilismus.

Quellen der Ethik

Platon (427–347 v. Chr.)
Sämtliche Werke (Übers. Schleiermacher), 6 Bde., Hamburg (Rowohlt)
1957 ff; Sämtliche Werke, Jubiläumsausgabe in 8 Bden. (Übers. Rufener),
München (Artemis) 1974; Platon-Studienausgabe (griech.-deutsch), 8 Bde.,
Darmstadt (Wissenschaftl. Buchgesellschaft) 1970 ff (Bd. I Protagoras, La-
ches, Eutyphron u. a., Bd. II Apologie, Kriton, Euthydemos, Gorgias u. a.,
Bd. III, Symposion u. a., Bd. IV Politeia I–X, Bd. V Phaidros, Parmenides,
Briefe, Bd. VI Theaitetos, Sophistes, Politikos, Bd. VII Timaios, Kritias, Phile-
bos, Bd. VIII Gesetze; Übersetzung Schleiermacher, teilweise Hieronymus-
Müller).
Einzelausgaben:
In der Phil. Bibl. Meiner, Hamburg: Euthyphron (griech.-deutsch), 1968; Laches (griech.-deutsch), 1970; Gastmahl (griech.-deutsch), 1973; Philebos,
1955; Der Staat, 1973; Protagoras, 1956.
Bei Reclam, Stuttgart: Laches (griech.-deutsch), 1975; Apologie des Sokrates
(griech.-deutsch), 1986; Charmides (griech.-deutsch), 1977; Euthyphron
(griech.-deutsch), 1986; Ion (griech.-deutsch), 1988; Protagoras (griech.-
deutsch), 1987; Das Gastmahl, 1976; Gorgias, 1961; Phaidon, 1957; Phaidros, 1957; Der siebente Brief, 1964; Der Staat, 1971.

Aristoteles (384–322 v. Chr.)
Aristotle in 23 volumes (griech.-englisch), London (Loeb Classical Library)
[1]1935, vol. XVIII Oeconomica and Magna Moralia; vol. XIX Nicomachean
Ethics; vol. XX Athenian Constitution. Eudemian Ethics. Virtues and Vices;
vol. XXI Politics. Aristotelis Ethica Nicomachea (ed. L. Bywater) (griech.),
Oxford Classical Texts, Oxford (University Press) [1]1894; Aristotelis Politica
(ed. W. D. Ross) (griech.), Oxford Classical Texts, Oxford (University Press)
[1]1957. Deutsche Aristoteles-Gesamtausgabe, Berlin (Akademie Verlag) u.
Darmstadt (Wissenschaftl. Buchgesellschaft), Bd. VI Nikomachische Ethik
[6]1974; Bd. VII Eudemische Ethik [2]1969; Bd. VIII Magna Moralia [3]1973;
Bd. IX Politik 1991; Bd. XI Physikvorlesung [2]1972; Bd. XIII Über die Seele
[4]1973.
Einzelausgaben:
Nikomachische Ethik, Zürich (Artemis) (Übers. O. Gigon) 1951, München
(dtv) (Übers. Gigon) 1972; Stuttgart (Reclam) (Übers. F. Dirlmeier) 1969;
Hamburg (Phil. Bibl. Meiner) (Übers. E. Rolfes) 1972; Politik, Hamburg
(Rowohlt) (Übers. F. Susemihl) 1965; Zürich (Artemis) (Übers. O. Gigon)
1955, München (dtv) (Übers. Gigon) 1973.

Theophrast (372/1–288/7 v. Chr.)
Charaktere (griech.-deutsch), Stuttgart (Reclam) 1981.

Stoicorum Veterum. Fragmenta (ed. Joh. v. Arnim)
4 Bde., Nachdruck Stuttgart (Teubner) 1964; Stoa und Stoiker. Die Gründer, Panaitios, Poseidonios (Hrsg. M. Pohlenz), Zürich (Artemis) 1950; Diogenes Laertius, Leben und Meinungen berühmter Philosophen. Buch I–X, Hamburg (Phil. Bibl. Meiner) 1967; A. A. Long, D. N. Sedley, The Hellenistic Philosophers, 2 Bde., Cambridge University Press 1987, Bd. I, 344–437; Bd. II, 341–431 (Lit.).

Epikur (341–271 v. Chr.)
Epikur (griech.-deutsch), Hamburg (Meiner), 1968; Epikur, Schriften, München o. J. (Goldmann TB); Epikur. Philosophie der Freude, Stuttgart (Kröner) [2]1956; Epikur. Von der Überwindung der Furcht (Übers. Gigon), Zürich (Artemis) [2]1968; Briefe, Sprüche, Werkfragmente (griech.-deutsch), Stuttgart (Reclam), 1989.

M. T. Cicero (106–43 v. Chr.)
De officiis – Vom rechten Handeln (lat.-deutsch), Zürich (Artemis) 1964, (lat.-deutsch) Stuttgart (Reclam) 1976, (dt.) München o. J. (Goldmann TB), Von den Pflichten (lat.-deutsch), Frankfurt/M. (Insel TB) 1991; Fragmente über die Rechtlichkeit (De legibus) (dt.), Stuttgart (Reclam) 1969; Staatstheoretische Schriften (De re publica, De legibus) (lat.-deutsch), Berlin (Akademie-Verlag) 1974; Laelius. Über die Freundschaft, Stuttgart (Reclam) 1970; Über den Staat, Stuttgart (Reclam) 1975; Vom höchsten Gut und größten Übel (De finibus bonorum et malorum), München o. J. (Goldmann TB), (lat.-deutsch), Stuttgart (Reclam) 1989; Gespräche in Tusculum (Tusculanae disputationes) (lat.-deutsch), München (Heimeran) [2]1970; (dt.) Stuttgart (Reclam) 1973; Cato der Ältere über das Greisenalter, Stuttgart (Reclam); 1987; De natura deorum – Über das Wesen der Götter (lat.-deutsch), Stuttgart (Reclam) 1995.

L. A. Seneca (um 4 v.–65 n. Chr.)
Vollständige lat. Ausgabe, 6 Bde., Leipzig (Teubner) 1902–23; Philosophische Schriften. Studienausgabe (lat.-deutsch), Darmstadt (Wissenschaftl. Buchgesellschaft) 1969 ff, 5 Bde., Bd. I (De providentia. De constantia sapientis. De ira. Ad Marciam de consolatione), Bd. II (De vita beata. De otio. De tranquillitate animi. De brevitate vitae u. a.), Bd. III (Ad Lucilium epistulae Morales I–LXIX), Bd. IV (Ad Lucilium epistulae morales LXX–CXXIV [CXXV]), Bd. V (De Clementia. De Benificiis).
Einzelausgaben:
De vita beata – Vom glückseligen Leben (lat.-deutsch), Stuttgart (Reclam) 1975; De clementia – Über die Güte (lat.-deutsch), Stuttgart (Reclam) 1970; Ad Lucilium epistulae morales – An Lucilius. Briefe über Ethik (lat.-deutsch),

2 Bde., Hamburg (Rowohlt) 1965; Vom glückseligen Leben. Trostschrift für Marcia. Von der Ruhe des Herzens, München o. J. (Goldmann TB); Moralische Briefe, Von der Vorsehung, München o. J. (Goldmann TB); De brevitate vitae – Von der Kürze des Lebens (lat.-deutsch), Stuttgart (Reclam) 1986; De tranquillitate animi – Über die Ausgeglichenheit der Seele (lat.-deutsch), Stuttgart (Reclam) 1984.

Epiktet (um 50–um 138 n. Chr.)
Epictetus, Diatribai, Encheiridion, Fragmente (griech.-englisch), 2 Bde., London (Loeb Classical Library) ¹1928; Handbüchlein der Moral, Stuttgart (Kröner) 1973, Stuttgart (Reclam) 1958; Epiktet, Teles u. Musonius, Wege zum glückseligen Leben, Zürich (Artemis) 1948.

Marc Aurel (121–180 n. Chr.)
In semet ipsum libri XII (griechisch), Lipsiae (Bibl. Teubneriana) ¹1913; Marcus Aurelius, Selbstgespräche, Reden, Sprüche (griech.-engl.), London (Loeb Classical Library) ¹1916; Selbstbetrachtungen, Stuttgart (Reclam) 1974; Wege zu sich selbst, Hamburg (Rowohlt) 1965.

Klemens von Alexandreia (um 150–um 216 n. Chr.)
Protreptikos; Paidagogos; Stromateis. Griech. Text in: J. P. Migne, Patrologia Graeca, Paris 1857 ff, Bde. 8, 9, sowie in: O. Stähling (Hrsg.), Die griechischen christlichen Schriftsteller der ersten drei Jahrhunderte, Berlin 1887 ff, Bde. 12 (³1972), 15 (²1960), 17 (²1970). Deutscher Text in: Bibliothek der Kirchenväter, München (Kösel), 2. Aufl. 2. Reihe, Bde. 7 u. 8 und Bde. 17, 19, 20, 1934–1938.

Plotin (204–269 n. Chr.)
Ausgewählte Schriften, Stuttgart (Reclam) 1973; Das Schöne. Das Gute. Entstehung und Ordnung der Dinge nach dem Ersten (griech.-deutsch), Hamburg (Phil. Bibl. Meiner) 1968; Die Glückseligkeit. Woher kommt das Böse. Das erste Gute, Hamburg (Phil. Bibl. Meiner) 1960.

Ambrosius von Mailand (um 340–397 n. Chr.)
De officiis ministrorum, in: J. P. Migne, Patrologia Latina, Paris 1878 ff, Bd. 14 ff, (dt.) Pflichtenlehre, in: Bibliothek der Kirchenväter, München (Kösel) 1917, Bd. 21.

Aurelius Augustinus (354–430)
De libero arbitrio – Der freie Wille (lat.-deutsch), Paderborn (Schöningh) 1961; Theologische Frühschriften (De libero arbitrio. De vera religione) (lat.-deutsch), Zürich (Artemis) 1962; De civitate dei – Vom Gottesstaat, Zürich (Artemis) 1955; Confessiones – Bekenntnisse (lat.-deutsch), München (Kösel) ²1960; De beata vita – Über das Glück (lat.-deutsch), Stuttgart (Reclam)

1982; De vera religione – Über die wahre Religion, Stuttgart (Reclam) 1991; Bekenntnisse (lat.-deutsch), Frankfurt/M. (Insel) 1987; Logik des Schreckens. Augustinus von Hippo, De diversis quaestionibus ad Simplicianum I 2, hrsg. v. K. Flasch, Mainz (Dietrich) 1990.

Petrus Abaelard (1079–1142)
Ethica seu scito te ipsum. Lat. Text in: J. P. Migne, Patrologia Latina, Paris 1878 ff, Bd. 178, sowie in: Beiträge zur Geschichte der Philosophie des Mittelalters, Bd. XXXI, Nr. 1–4, Münster 1919 ff; Peter Abelard's Ethics (Scito te ipsum – Know thyself), lat.-engl., ed., transl., introd. by D. E. Luscombe, Oxford (Clarendon Press) 1971.

Thomas von Aquin (1224–1274)
Die Ethik findet sich in der Summa theologica, Pars Prima Secundae (I/II) und Pars Secunda Secundae (II/II). Lat. Ausgaben sind zahlreich. Wohlfeil u. wissenschaftlich zuverlässig: S. Thomae Aquinatis Summa Theologiae (cum textu ex recensione leonina), 3 Bde. (ed. P. Caramello), Turin (Marietti) 1952, Bd. I u. II; Lat.-deutscher Text in: Die deutsche Thomas-Ausgabe, Salzburg (Pustet) 1933 ff, München-Heidelberg (Kerle) 1941 ff, Heidelberg/Graz/Wien/Köln (Kerle-Styria) 1950 ff. Die Ethik in den Bden. 9 ff; Quaestiones disputatae de virtutibus cardinalibus. Quaestiones disputatae de malo, in: Quaestiones disputatae (ed. R. Spiazzi), 2 Bde., Turin (Marietti) 1947; Expositio in 10 libros ethicorum Aristotelis ad Nicomachum (ed. A. Pirotta), Turin (Marietti) 1934; De regimine principum – Über die Herrschaft der Fürsten (dt.). Stuttgart (Reclam) 1975; Thomas v. Aquin, Die menschliche Willensfreiheit (Texte hrsg. v. G. Siewerth), Düsseldorf 1954.

Dante Alighieri (1265–1321)
Monarchia (lat.-deutsch), Stuttgart (Reclam) 1989.

Wilhelm von Ockham (1280/85–1347/9)
Texte zur politischen Theorie (lat.-deutsch), Stuttgart (Reclam) 1995.

Marsilius von Padua (1290–1342/3)
Defensor Pacis – Der Verteidiger des Friedens (lat.-deutsch), Darmstadt 1958; Der Verteidiger des Friedens, Stuttgart (Reclam) 1971.

Nikolaus von Kues (1401–1464)
De pace fidei, Nendel (Kraus) 1978; Der Friede im Glaube (dt.), Trier (Institut für Cusanus Forschung) 1982.

N. Machiavelli (1469–1527)
Il Principe – Der Fürst (dt.) Stuttgart (Kröner) 1972, (Reclam) 1961; Discorsi – Gedanken über Politik und Staatsführung, Stuttgart (Kröner) 1966. Wohl-

feile italienische Ausgabe: Opere de Machiavelli (ed. E. Raimondi), Milano (Mursia) 1969; Gesammelte Schriften in 5 Bden., München (Georg Müller) 1925.

Thomas Morus (More) (1478–1535)
The Yale Edition of the complete Works of St. Thomas More, lat.-engl., New Haven/London (Yale University Press) vol. IV Utopia, 1965; Utopia and a Dialogue of Comfort, London (Everyman's Library) 1965; Utopia (dt.), Stuttgart (Reclam) 1970; sowie in: Der utopische Staat, Hamburg (Rohwohlt TB) 1970.

J. Bodin (1530–1596)
Les six livres de la République, Nachdruck Aalen (Scientia) 1961; Über den Staat, Stuttgart (Reclam) 1982.

Montaigne (Michel Eyquem de M.) (1533–1592)
Essais (ed. Pierre Villey), 3 Bde., darin: Livre II, chap. XIX: De la liberté de conscience, Paris 1922 f – (dt.) Stuttgart (Reclam) 1969.

Giordano Bruno (1548–1600)
Von den heroischen Leidenschaften, Hamburg (Meiner) 1996.

F. Suárez (1548–1617)
De legibus – Über die Gesetze. Opera Omnia, Paris Bde. V u. VI.

J. Althaus (Althusius) (1557–1638)
Politica methodice digesta, 1603, Nachdruck: Harvard 1932, Aalen 1961, dt.: Grundbegriffe der Politik (Auszüge), hrsg. v. E. Wolf, Frankfurt/M. [2]1948.

F. Bacon (1561–1626)
The Advancement of Learning and New Atlantis, Oxford (Clarendon Press) 1974; The Essays of Counsels Civil and Moral, London (Everyman's Library) 1962; Neu Atlantis, Berlin (Akademie-Verlag) 1959, Stuttgart (Reclam) 1982, sowie in: Der utopische Staat, Hamburg (Rohwohlt TB) 1970; Essays oder praktische und moralische Ratschläge, Stuttgart (Reclam) 1970, Wiesbaden (Sammlung Dieterich) 1946; Neues Organ der Wissenschaften, Darmstadt (Wissenschaftl. Buchgesellschaft) 1981.

T. Campanella (1568–1639)
Der Sonnenstaat (dt.), in: Der utopische Staat, Hamburg (Rowohlt TB) 1970, Berlin (Akademie-Verlag) 1955.

H. Grotius (1583–1645)
De jure belli ac pacis – Drei Bücher vom Recht des Krieges und des Friedens (dt.), Tübingen 1950.

Th. Hobbes (1588–1679)
Leviathan, Neuwied/Berlin (Luchterhand) 1966, Frankfurt/M. (Ullstein TB) 1976, Hamburg (Meiner) 1996, Stuttgart (Reclam) 1970 (unvollständig); De homine. De cive – Vom Menschen. Vom Bürger (dt.), Hamburg (Phil. Bibl. Meiner) 1966; Leviathan (engl.) (ed. Oakeshott), Oxford (Blackwell) 1946; The Elements of Law: Natural and Politic (ed. F. Tönnies), Oxford 1888.

R. Descartes (1596–1650)
Les passions de l'âme – Die Leidenschaften der Seele (dt.), Leipzig (Phil. Bibl. Meiner) 1922; Discours de la méthode – Abhandlung über die Methode (franz.-deutsch), Hamburg (Phil. Bibl. Meiner) 1960, 3. u. 7. Teil; Abhandlung über die Methode, Stuttgart (Reclam) 1961.

Le Rochefoucauld (François VI., Duc de L. R.) (1613–1680)
Réflexions ou sentences et maximes morales, in: Oeuvres Complètes, Paris (Pléiade) 1973; Reflexionen oder moralische Sentenzen und Maximen, Stuttgart (Reclam) 1976. Eine vollständige (dt.) Sammlung der von La Rochefoucauld begründeten moralphilosophischen Aphorismenliteratur Frankreichs findet sich in:

Die Französischen Moralisten: La Rochefoucauld, Vauvenargues (1715–1747), Montesquieu (1689–1755), Chamfort (1741–1794), Galiani (1728–1787), Rivarol (1753–1801), Joubert (1754–1824), Jouffroy (1796–1842), 2 Bde., ed. F. Schalk, Bremen (Carl Schünemann) [2]1962.

B. Pascal (1623–1662)
Lettres à un Provincial. Pensées. ed. Pléiade, Paris 1950, ed. Garnier, Paris 1964; Über die Religion und über einige andere Gegenstände (Pensées) (ed. Wasmuth), (franz.-deutsch) Heidelberg (Schneider) [6]1963; (dt.) Stuttgart (Reclam) 1975; Briefe an einen Provinzial (franz.-deutsch), Heidelberg (Schneider) [2]1963.

A. Geulincx (1624–1669)
De virtute et primis eius proprietatibus quae vulgo virtutes cardinales vocantur – Ethik oder über die Kardinaltugenden (dt.), Hamburg (Phil. Bibl. Meiner) 1948.

B. de Spinoza (1632–1677)
Ethica ordine geometrico demonstrata – Die Ethik nach geometrischer Methode dargestellt (dt.), Hamburg (Phil. Bibl. Meiner) 1967, (lat.-deutsch), Darmstadt (Wissenschaftl. Buchgesellschaft) 1967, (lat.-deutsch), Stuttgart (Reclam) 1990; Kurze Abhandlung von Gott, dem Menschen und seinem Glück, Hamburg (Phil. Bibl. Meiner) 1965; Theologisch-politischer Traktat, Hamburg (Phil. Bibl. Meiner) 1976.

S. Pufendorf (1632–1694)
Elementorum jurisprudentiae universalis libri duo (lat.-engl.), Oxford/London
1931; De jure naturae et gentium libri octo (lat.-engl.), 2 Bde., Oxford 1934;
De officiis hominis et civis juxta legem naturalem (lat.-engl.), New York/
London 1927.

J. Locke (1632–1704)
Essays on the Law of Nature, Oxford (Clarendon Press) 1970; Some
Thoughts Concerning Education – Gedanken über Erziehung (dt.), Stuttgart
(Reclam) 1970; A Letter Concerning Toleration – Ein Brief über Toleranz
(engl.-deutsch), Hamburg (Phil. Bibl. Meiner) [2]1966; The Second Treatise of
Government – Über die Regierung, Hamburg (Rohwohlt) 1966, Stuttgart
(Reclam) 1974; Versuch über den menschlichen Verstand, Hamburg (Phil.
Bibl. Meiner) 1968.

G. W. Leibniz (1646–1716)
Politische Schriften I u. II (hrsg. H. H. Holz), Frankfurt/M. (Europ. Verlags-
anst.) 1966; Ad Ethicam B. d. Spinoza, in: Die philospophischen Schriften von
G. W. Leibniz, ed. C. J. Gerhardt, Berlin 1875, Neudr. Georg Olms, Hildesheim 1978, Bd. I, 139–152; Leibniz an Coste, Beilage, Bd. III, 423–431; Essais de Théodicée sur la bonté de Dieu, la liberté de l'homme et l'origine du
mal, Bd. VI, 21–375; Die Theodicée, Hamburg (Meiner)1996; Theodicee,
Berlin (Akademie Verlag) 1996.

Fénelon (François de Salignac de la Mothe) (1651–1715)
Traité de l'éducation des filles – Über Mädchenerziehung (dt.), Bochum
(Kamps pädagogische TB), o. J.; Paderborn (Schöningh) 1956; Geistliche
Werke, Düsseldorf (Patmos) 1961; Die Abenteuer des Telemach, Stuttgart
(Reclam) 1984.

Chr. Thomasius (1655–1728)
Einleitung zur Sittenlehre, Nachdruck Hildesheim (Georg Olms) 1968; Aus-
übung der Sittenlehre, Nachdruck Hildesheim (Georg Olms) 1968; Kurzer
Entwurf der Politischen Klugheit, Nachdruck Frankfurt/M. (Athenäum) 1971.

G. Vico (1668–1744)
De nostri temporis studiorum ratione – Vom Wesen und Weg der geistigen
Bildung (lat.-deutsch), Darmstadt (Wissenschaftl. Buchgesellschaft) 1963.

B. de Mandeville (1670–1733)
Die Bienenfabel oder Private Laster, Öffentliche Vorteile, Frankfurt/M.
(Suhrkamp-Theorie 1) 1968.

A. A. C. Shaftesbury (1671–1713)
An Inquiry Concerning Virtue or Merit – Untersuchung über die Tugend
(dt.), Leipzig 1905.

Chr. Wolff (1679–1754)
Vernünftige Gedanken von der Menschen Thun und Lassen, zur Beförderung ihrer Glückseligkeit (1720), Nachdruck, Hildesheim (Georg Olms) 1976; Philosophia practica universalis, methodo scientifica pertractata (2 Bde.; 1738–39), Nachdruck Hildesheim (Olms) 1971–1979; Philosophia moralis sive Ethica, methodo scientifica pertractata (5 Bde., 1750–1753), Nachdruck, Hildesheim (Olms) 1970–1973.

Montesquieu (Charles de Secondat, Baron de M.) (1689–1755)
De l'esprit des Lois – Vom Geist der Gesetze, Tübingen 1951, Stuttgart (Reclam) 1974; franz. Text, ed. Garnier, 2 Bde., Paris 1973.

J. Butler (1692–1752)
Fifteen Sermons preached at the Rolls Chapel (1726), London 1904 (Reprint 1964).

F. Hutcheson (1694–1746)
Nachdruck der Collected Works: Bd. I A Short Introduction to Moral Philosophy, Hildesheim (Georg Olms) 1971; Bde. V und VI: A System of Moral Philosophy, Hildesheim (Olms) 1969; (dt.) Sittenlehre der Vernunft, 2 Bde., Leipzig 1756.

Voltaire (F. M. Arouet) (1694–1778)
Essai sur les moeurs et l'esprit des nations, 2 Bde., Paris (ed. Garnier) 1963.

Th. Reid (1710–1796)
Inquiry into the Human Mind on the Principles of Common Sense, London 1746, (dt.) 1782; Th. Reid, Works (ed. W. Hamilton), 2 Bde., Edinburgh 1846–63.

D. Hume (1711–1776)
Enquiry Concerning the Principles of Morals – Untersuchung über die Prinzipien der Moral (dt.), Hamburg (Meiner) 1972, Stuttgart (Reclam) 1996, (engl.) Oxford (Clarendon Press) 1975; Essays Moral, Political and Literal, Oxford (University Press) 1963; Dialoge über die natürliche Religion, Stuttgart (Reclam) 1994.

J.-J. Rousseau (1712–1778)
Oeuvres Complètes, ed. Pléiade, Paris 1959 ff; Emile oder über die Erziehung, Stuttgart (Reclam) 1968, Paderborn (UTB Schöningh) [8]1987; Contrat Social – Der Gesellschaftsvertrag, Stuttgart (Reclam) 1971; Schriften zur Kulturkritik (die zwei Diskurse von 1750 u. 1755) (franz.-deutsch), Hamburg (Phil. Bibl. Meiner) [2]1971; Diskurs über die Ungleichheit (frz.-deutsch), Paderborn (UTB Schöningh) [3]1993.

Chr. A. Crusius (1715–1775)
Anweisung vernünftig zu leben, Nachdruck Hildesheim (Georg Olms) 1969.

C. A. Helvétius (1715–1771)
Vom Menschen, seinen geistigen Fähigkeiten und seiner Erziehung, hrsg.,
übers., eingel. v. G. Mensching, Frankfurt/M. (Suhrkamp) 1972; Vom Geist,
übers. Th. Lücke, Berlin/Weimar (Aufbau Verlag) 1973.

Holbach (Paul-Henri Thiry, Baron d'H.) (1723–1789)
Système de la nature ou des lois du monde physique et du monde moral
(1770), Nachdr. der Ausgabe Paris 1821, Hildesheim (Olms) 1966; Système
social ou Principes naturels de la morale et de la politique, Nachdr. der Ausg.
Amsterdam 1776, Stuttgart (Frommann) 1970; Politique naturelle, Nachdr. d.
Ausg. London/Amsterdam 1773, Hildesheim (Olms) 1971; System der Natur
oder von den Gesetzen der physischen und der moralischen Welt, Berlin
(Aufbau Verlag) 1960.

A. Smith (1723–1790)
Theory of Moral Sentiments – Theorie der ethischen Gefühle (dt.), Leipzig
1926; The Wealth of Nations, 2 vols., London (Everyman's Library) 1966,
(dt.) Der Wohlstand der Nationen, München (C. H. Beck) 1974.

I. Kant (1724–1804)
Kants Werke, Akademie-Textausgabe, 9 Bde., Berlin (de Gruyter) 1968
(Nachdruck der Akademieausgabe: Berlin 1902 ff); Kant, Werke in 12 Bän-
den, Theorie-Werkausgabe, Frankfurt/M. (Suhrkamp) 1968; Nachdruck der
Ausgabe I. Kant, Werke in 6 Bänden (ed. Weischedel), Wiesbaden (Insel-
Verlag) 1956 ff.
Einzelausgaben:
Grundlegung zur Metaphysik der Sitten, Hamburg (Phil. Bibl. Meiner) 1971,
Stuttgart (Reclam) 1976, Frankfurt/M. (Suhrkamp stw) 1974; Kritik der
praktischen Vernunft, Hamburg (Phil. Bibl. Meiner) 1974, Stuttgart (Reclam)
1973, Frankfurt/M. (Suhrkamp stw) 1974; Metyphysische Anfangsgründe der
Rechtslehre, Hamburg (Phil. Bibl. Meiner) 1986; Metaphysische Anfangs-
gründe der Tugendlehre, Hamburg (Phil. Bibl. Meiner) 1990; Die Religion in-
nerhalb der Grenzen der bloßen Vernunft, Hamburg (Phil. Bibl. Meiner)
1966, Stuttgart (Reclam); Der Streit der Fakultäten, Hamburg (Phil. Bibl.
Meiner) 1975; Kleinere Schriften zur Geschichtsphilosophie, Ethik und Politik, Hamburg (Phil. Bibl. Meiner) 1973; Schriften zur Geschichtsphilosophie,
Stuttgart (Reclam) 1974; Politische Schriften, Köln/Opladen (Westdeutscher
Verlag) 1965; Anthropologie in pragmatischer Hinsicht (Bd. VII der Akade-
mie-, Bd. VI der Weischedel-Ausgabe); Zum ewigen Frieden, Stuttgart
(Reclam) 1984; Über den Gemeinspruch . . . – Zum ewigen Frieden, Ham-
burg (Meiner) 1992.

J. G. Herder (1744–1803)
Briefe zur Beförderung der Humanität, 2 Bde., Berlin/Weimar (Aufbau-Verlag) 1971; Ideen zur Philosophie der Geschichte der Menschheit, 2 Bde., Berlin/Weimar (Aufbau-Verlag) 1965.

J. Bentham (1748–1832)
An Introduction to the Principles of Morals and Legislation; Of Laws in General, in: Collected Works, London 1970; Deontology – Deontologie oder die Wissenschaft der Moral, 2 Bde., Leipzig 1834; Introduction . . ., auszugsweise (dt.) in: O. Höffe (Hrsg.), Einführung in die utilitaristische Ethik, Tübingen (Francke) [2]1992.

F. Schiller (1759–1805)
Über Anmut und Würde, in: Sämtliche Werke, 5 Bde., (ed. Fricke u. Göpfert), Bd. 5 Philos. Schriften, München (Hanser) [2]1972; Über die ästhetische Erziehung der Menschen, München (Fink) 1967; Stuttgart (Reclam) 1976.

J. G. Fichte (1762–1814)
Sämtliche Werke, 11 Bde., Berlin (de Gruyter) 1971 (Nachdruck der Ausgabe von 1834/5, 1845/6, ed. I. H. Fichte); Werke, 6 Bde., Darmstadt (Wissenschaftl. Buchgesellschaft) 1962 (Nachdruck der Ausgabe von 1908–12, ed. F. Medicus).
Einzelausgaben in der Phil. Bibl. Meiner, Hamburg:
Von den Pflichten der Gelehrten, 1971; Grundlage des Naturrechts nach den Prinzipien der W.-L., 1967; System der Sittenlehre nach den Prinzipien der Wissenschaftslehre, 1969; Die Bestimmung des Menschen, 1962; Anweisung zum seligen Leben, 1970.

F. Schleiermacher (1768–1834)
Über die Religion. Reden an die Gebildeten unter ihren Verächtern, Stuttgart (Reclam) 1969.

G. W. F. Hegel (1770–1831)
Grundlinien der Philosophie des Rechts, Theorie-Werkausgabe Bd. VII, Frankfurt/M. (Suhrkamp) 1970, Hamburg (Phil. Bibl. Meiner) 1967, Stuttgart (Reclam) 1970; Phänomenologie des Geistes (Abschn. Der Geist), Hamburg (Phil. Bibl. Meiner) [6]1952, Frankfurt/M. (Theorie-Werkausgabe Bd. III, Suhrkamp) 1970; Enzyklopädie der philosophischen Wissenschaften §§ 488–552, Hamburg (Phil. Bibl. Meiner) 1969, Frankfurt/M. (Theorie-Werkausgabe, Bde. VIII–X, Suhrkamp) 1970; Vorlesungen über die Philosophie der Geschichte, Stuttgart (Reclam) 1989.

F. W. J. Schelling (1775–1854)
Über das Wesen der menschlichen Freiheit, Frankfurt/M. (Suhrkamp stw) 1975; Stuttgart (Reclam) 1964.

A. Schopenhauer (1788–1860)
Die beiden Grundprobleme der Ethik (Preisschrift über die Freiheit des Willens. Preisschrift über die Grundlage der Moral), in: Sämtliche Werke (ed. Löhneysen), Bd. III, Darmstadt (Wissenschaftliche Buchgesellschaft) 1962.

I. H. Fichte (1796–1879)
System der Ethik, Nachdruck Aalen (Scientia) 1969.

J. H. Newman (1801–1890)
An Essay in Aid of a Grammar of Assent (1870) – dt. Entwurf einer Zustimmungslehre, Mainz (Matthias Grünewald Verlag) 1961.

M. Stirner (K. Schmidt) (1806–1856)
Der Einzige und sein Eigentum, und andere Schriften, München (Hanser) ³1970, Stuttgart (Reclam) 1972.

J. St. Mill (1806–1873)
Utilitarianism. On Liberty. Considerations on Representative Government, London (Everyman's Library) 1972; Essay on Liberty – Über die Freiheit (dt.), Stuttgart (Reclam) 1974; On Utilitarianism – Über das Nützlichkeitsprinzip (dt.), Nachdruck Aalen (Scientia) 1968; Stuttgart (Reclam) 1975. Gesammelte Werke, 12 Bde., Aalen (Scientia) 1968; Drei Essays über Religion, Stuttgart (Reclam) 1984.

S. Kierkegaard (1813–1855)
Gesammelte Werke, Düsseldorf/Köln (Eugen Diederichs Verlag), Bd. 11/12: Der Begriff Angst, 1965; Bd. 4: Furcht und Zittern 1950; Bd. 19: Der Liebe Tun, 1966; Werke, Hamburg (Rowohlt), Bd. I: Der Begriff Angst, 1960; Bd. III: Furcht und Zittern, 1961; Der Begriff Angst, Stuttgart (Reclam) 1992; Tagebuch des Verführers, Stuttgart (Reclam) 1994.

R. H. Lotze (1817–1881)
Grundzüge der praktischen Philosophie, Leipzig 1882.

K. Marx (1818–1883)
Ökonomisch-philosophische Manuskripte aus dem Jahre 1844, in: Karl Marx, Texte zu Methode u. Praxis II, Hamburg (Rowohlt) 1966, ferner in: Marx-Engels Werke, Ergänzungsband 1. Teil, Berlin (Ost) (Dietz Verlag) 1973; Aus der Kritik der Hegelschen Rechtsphilosophie. Kritik des Hegelschen Staatsrechts, Marx-Engels Werke, Bd. 1, Berlin (Dietz Verlag) 1961; Thesen über Feuerbach. Die deutsche Ideologie (zus. mit F. Engels), Marx-Engels Werke, Bd. 3, Berlin (Dietz Verlag) 1959; K. Marx/F. Engels, Manifest der Kommunistischen Partei, MEW Bd. 4, 1959; K. Marx, Das Kapital, MEW Bde. 23–25, 1969.

H. Spencer (1820–1903)
The Principles of Ethics, 2 vols., London (Williams and Norgate), 1900/1904.

W. Dilthey (1833–1911)
System der Ethik. Gesammelte Schriften, Bd. X, Stuttgart/Göttingen 1958.

T. H. Green (1836–1882)
Prolegomena to Ethics, Oxford (Clarendon Press) [5]1906.

H. Sidgwick (1838–1900)
The Methods of Ethics (Repr.), New York 1966; (dt.) Die Methoden der Ethik, 2 Bde., Leipzig 1909, auszugsweise in: O. Höffe (Hrsg.), Einführung in die utilitaristische Ethik, Tübingen (Francke) [2]1992.

F. Brentano (1838–1917)
Grundlegung und Aufbau der Ethik, Bern (Francke) 1952; Vom Ursprung sittlicher Erkenntnis, Hamburg (Phil. Bibl. Meiner) 1955.

H. Cohen (1842–1918)
Ethik des reinen Willens, Berlin (Cassirer) [3]1921.

F. Nietzsche (1844–1900)
Werke, 5 Bde., Frankfurt/M./Berlin/Wien (Ullstein) (Nachdruck der Karl Schlechta Ausgabe München [6]1969) 1972, Bd. I: Menschliches, Allzumenschliches; Bd. II: Morgenröte. Gedanken über die moralischen Vorurteile; Also sprach Zarathustra; Bd. III: Jenseits von Gut und Böse; Zur Genealogie der Moral; Ecce homo; Bd. IV: Aus dem Nachlaß der Achtzigerjahre (Der Wille zur Macht); Umwertung aller Werte, 2 Bde., München (dtv) 1969; Also sprach Zarathustra, Stuttgart (Reclam) 1993; Die Geburt der Tragödie. Oder: Griechentum und Pessimismus, Stuttgart (Reclam) 1993; Jenseits von Gut und Böse, Stuttgart (Reclam) 1988; Die Philosophie im tragischen Zeitalter der Griechen, Stuttgart (Reclam) 1994; Vom Nutzen und Nachteil der Historie für das Leben, Stuttgart (Reclam) 1994; Zur Genealogie der Moral, Stuttgart (Reclam) 1988.

F. Paulsen (1846–1908)
System der Ethik, Berlin 1889, [12]1921.

S. Freud (1856–1939)
Studienausgabe, Frankfurt/M. (S. Fischer) [4]1969. Bd. I: Vorlesungen zur Einführung in die Psychoanalyse; Bd. III: Psychologie des Unbewußten (darunter: Jenseits des Lustprinzips); Bd. V: Sexualleben; Bd. VI: Hysterie und Angst; Bd. IX: Gesellschaft/Religion (darunter: Die kulturelle Sexualmoral und die moderne Nervosität; Das Unbehagen in der Kultur: Totem und Tabu). Als

Fischer-Taschenbuch: Der Witz und seine Beziehung zum Unbewußten, Frankfurt/M. 1958; Massenpsychologie und Ich-Analyse, Frankfurt/M. 1967; Zur Psychopathologie des Alltagslebens, Frankfurt/M. 1954; Totem und Tabu, Frankfurt/M. 1956; Abriß der Psychoanalyse. Das Unbehagen in der Kultur, Frankfurt/M. 1953; Drei Abhandlungen zur Sexualtheorie, Frankfurt/M. 1965.

H. Bergson (1859–1941)
Les deux sources de la morale et de la religion – Die zwei Quellen der Moral und der Religion (dt.), Jena 1933, und in: Materie und Gedächtnis und andere Schriften, Frankfurt/M. 1964.

J. Dewey (1859–1952)
Psychologie, New York [3]1891; My Pedagogic Creed, New York 1897; The School and Society, Chicago 1900, dt. 1905; Moral Principles in Education, Boston 1909; Human Nature and Conduct, New York 1922, dt. 1931; Theory of Valuation, Chicago 1939; Democracy and Education, New York 1916, dt. 1930, New York/London (Macmillan Paperback) 1966; Ethics (mit J. H. Tufts), New York 1908.

M. Weber (1864–1920)
Die protestantische Ethik und der Geist des Kapitalismus, 2 Bde., Hamburg (Siebenstern TB) 1968; Gesammelte politische Schriften, Tübingen (J. C. B. Mohr) [2]1958; Politik als Beruf, Berlin (Duncker & Humblot) [3]1958; Wirtschaft und Gesellschaft, Tübingen (J. C. B. Mohr) [5]1972, 2 Bde., Köln/Berlin (Kiepenheuer & Witsch) 1964.

A. Pfänder (1870–1941)
Philosophie der Lebensziele, Göttingen 1948.

G. E. Moore (1873–1958)
Principia Ethica (dt.), Stuttgart (Reclam) 1970; Ethics – Grundprobleme der Ethik (dt.), München (C. H. Beck) 1975.

M. Scheler (1874–1928)
Der Formalismus in der Ethik und die materiale Wertethik, Gesammelte Werke, Bd. 2, Bern/München (Francke) [5]1966; Vom Umsturz der Werte, Gesammelte Werke, Bd. III [4]1955; Wesen und Formen der Sympathie, Gesammelte Werke, Bd. VII [2]1973; Schriften aus dem Nachlaß: Zur Ethik und Erkenntnislehre, Gesammelte Werke, Bd. X, 1957; Die Stellung des Menschen im Kosmos, Bern/München [8]1975.

W. D. Ross (1877–1940)
The Right and the Good, Oxford (Clarendon Press) [8]1973; Foundations of Ethics, Oxford (Clarendon Press) [6]1968.

B. Bauch (1877–1942)
Grundzüge der Ethik. Nachdruck Darmstadt (Wissenschaftliche Buchgesellschaft) 1968.

L. Nelson (1882–1927)
Gesammelte Schriften in 9 Bden., Hamburg (Meiner), Bd. IV: Kritik der praktischen Vernunft (1972), Bd. V: System der philosophischen Ethik und Pädagogik (1970), Bd. VIII: Sittlichkeit und Bildung (1971).

N. Hartmann (1882–1950)
Ethik, Berlin [4]1962.

M. Schlick (1882–1936)
Fragen der Ethik, Wien 1930, Frankfurt/M. (Suhrkamp) 1984.

K. Jaspers (1883–1969)
Philosophie, 3 Bde., Berlin (Springer) [3]1956, Bd. 1: Philosophische Weltorientierung, Bd. 2: Existenzerhellung; Über Bedingungen und Möglichkeiten eines neuen Humanismus, Stuttgart (Reclam) 1965.

M. Heidegger (1889–1976)
Die Frage nach der Technik, in: Vorträge u. Aufsätze, Pfullingen (Günther Neske) 1954; Sein und Zeit (v.a. §§ 45–60), Tübingen (Niemeyer) [11]1967; Über den ‚Humanismus'. Brief an J. Beaufret, Frankfurt/M. (Klostermann) 1968.

J. Rawls (1921)
A Theory of Justice, Oxford Univ. Press 1971 – Eine Theorie der Gerechtigkeit, Frankfurt/M. (Suhrkamp) 1975; Gerechtigkeit als Fairneß, hrsg. v. O. Höffe, Freiburg/München (Alber) 1977; Die Idee des politischen Liberalismus. Aufsätze 1978–1989, Frankfurt/M. (Suhrkamp) 1992; Political Liberalism, New York 1993.

M. F.

Nachschlagewerke

Becker, L. C., Becker, C. B. (Hrsg.), Encyclopedia of Ethics, 2 Bde., Garland: New York/London 1992.

Brunner, O., Conze, W., Koselleck, R. (Hrsg.), Geschichtliche Grundbegriffe. Historisches Lexikon zur politisch-sozialen Sprache in Deutschland, 7 Bde., Klett: Stuttgart 1972–1992.

Drechsler, H., Hilligen, W., Neumann, F. (Hrsg.), Gesellschaft und Staat, Lexikon der Politik, Signal-Verlag: Baden-Baden [9]1995.

Edwards, P. (Hrsg.), The Encyclopedia of Philosophy, 8 Bde., Macmillan: New York 1967 (unveränderter Nachdruck in 4 Bden.: 1972).

Eicher, P. (Hrsg.), Neues Handbuch theologischer Grundbegriffe, 5 Bde., Kösel: München [2]1991.

Evangelisches Staatslexikon, 2 Bde., Kreuz Verlag: Stuttgart [3]1987.

Goodin, R. E., Pettit, Ph. (Hrsg.), A Companion for Contemporary Political Thought, Blackwell: Oxford 1993.

Handbuch der christlichen Ethik, 3 Bde., Herder: Freiburg u. a. [2]1993.

Handwörterbuch der Sozialwissenschaften, 12 Bde. und Registerband, G. Fischer u. a.: Stuttgart u. a. 1956–1969.

Hastings, J. (Hrsg.), Encyclopedia of Religion and Ethics, 12 Bde. und 1 Index-Bd., Clark: Edinburgh [4]1959 ff.

Höffe, O. (Hrsg.), Klassiker der Philosophie, 2 Bde., Beck: München [3]1994 f.

Kindlers Enzyklopädie „Der Mensch", 10 Bde., Kindler: Zürich 1981–1985.

Krings, H., Baumgartner, H. M., Wild, C. (Hrsg.), Handbuch philosophischer Grundbegriffe, 3 Bde. (Studienausgabe: 6 Bde.), Kösel: München 1973–1974.

Maier, H., Rausch, H., Denzer, H. (Hrsg.), Klassiker des politischen Denkens, 2 Bde., Beck: München Bd. I [6]1986, Bd. II [5]1987.

Miller, D. (Hrsg.), The Blackwell Encyclopedia of Political Thought, Oxford 1987.

Mittelstraß, J. (Hrsg.), Enzyklopädie Philosophie und Wissenschaftstheorie, 4 Bde., Bibliographisches Institut: Mannheim u. a. 1980–1997.

Nohlen, D. (Hrsg.), Lexikon der Politik, 7 Bde., Beck: München 1992 ff.

Rammstedt, O. (Hrsg.), Lexikon zur Soziologie, Westdt. Verlag: Opladen [3]1994.

Reich, W. T. (Hrsg.), Encyclopedia of Bioethics, 5. Bde., Macmillian: New York [2]1995.

Ricken, F. (Hrsg.), Lexikon der Erkenntnistheorie und Metaphysik, Beck: München 1984.

Ritter, J., Gründer, K. (Hrsg.), Historisches Wörterbuch der Philosophie, bisher: 9 Bde. (A–Sp), Schwabe: Basel/Stuttgart 1971 ff.

Sandkühler, H. J. (Hrsg.), Europäische Enzyklopädie zu Philosophie u. Wissenschaften, 4 Bde., Meiner: Hamburg 1990.

Schmidt, M. J., Wörterbuch zur Politik, Stuttgart 1995.

Sills, D. L. (Hrsg.), International Encyclopedia of the Social Sciences, 16 + 3 Bde., Macmillian & Free Press: New York 1968.

Singer, P. (Hrsg.), A Companion to Ethics, Oxford/Cambridge, Mass. 1991.

Staatslexikon. Recht, Wirtschaft, Gesellschaft, hrsg. v. d. Görres-Gesellschaft, 7. Aufl., 7 Bde., Herder: Freiburg i. Br. 1985–1993.

O. H.

Sammelbände

Birnbacher, D., Hoerster, N. (Hrsg.), Texte zur Ethik, Deutscher Taschenbuchverlag: München [8]1991.

Coleman, J. L. (Hrsg.), Philosophy of Law, 5 Bde., Garland: New York/London 1994.

Feinberg, J. (Hrsg.), Moral Concepts, Oxford University Press: Oxford 1970.

Foot, P. (Hrsg.), Theories of Ethics, Oxford University Press: Oxford 1967.

Grewendorf, G., Meggle, G. (Hrsg.), Sprache und Ethik. Zur Entwicklung der Metaethik, Suhrkamp Taschenbuch Wissenschaft: Frankfurt/M. 1974.

Höffe, O. (Hrsg.) Einführung in die utilitaristische Ethik. Klassische und zeitgenössische Texte, Francke: Tübingen [2]1992.

Laslett, P. u. a. (Hrsg.), Philosophie, Politics and Society, 5 Bde., Blackwell: Oxford 1956 ff.

Nida-Rümelin, J. (Hrsg.), Angewandte Ethik. Die Bereichsethiken und ihre theoretische Fundierung, Kröner: Stuttgart 1996.

Oberndörfer, D., Bergstraesser, A., Jäger, W. (Hrsg.), Klassiker der Staatsphilosophie, 2 Bde., Koehler: Stuttgart 1961, 1971.

Oelmüller, W. (Hrsg.), Materialien zur Normendiskussion, 8 Bde., Schöningh: Paderborn 1978–91.

Oelmüller, W. u. a. (Hrsg.), Philosophische Arbeitsbücher, bisher: 6 Bde., Schöningh: Paderborn 1977 ff.

Pahel, K., Schiller, M. (Hrsg.), Readings in Contemporary Ethical Theory, Prentice-Hall: Englewood Cliffs, N. J. 1970.

Pieper, A. (Hrsg.), Geschichte der neueren Ethik, 2 Bde., Francke: Tübingen 1992.

Quinton, A. (Hrsg.), Political Philosophy, Oxford University Press 1971.

Raphael, D. D. (Hrsg.), British Moralists. 1650–1800, 2 Bde., Clarendon Press: Oxford 1969.

Riedel, M. (Hrsg.), Rehabilitierung der praktischen Philosophie, 2 Bde., Rombach: Freiburg 1972, 1974.

Sellars, W., Hospers, J. (Hrsg.), Readings in Ethical Theory, Prentice-Hall: Engelwood Cliffs, New Jersey [2]1970.

Tomberlin, J. E. (Hrsg.), Ethics, Ridgeview: Atascadero, California 1992.

O. H.

„Denker" in der Beck'schen Reihe
Herausgegeben von Otfried Höffe

Verena Mayer
Gottlob Frege
1996. 176 Seiten mit 7 Abbildungen. Paperback
Beck'sche Reihe Band 534

Heiner Roetz
Konfuzius
1995. 133 Seiten mit 4 Abbildungen. Paperback
Beck'sche Reihe Band 529

Jan P. Beckmann
Wilhelm von Ockham
1996. 213 Seiten mit 4 Abbildungen. Paperback
Beck'sche Reihe Band 533

Wolfgang Bartuschat
Baruch de Spinoza
1996. 202 Seiten mit 5 Abbildungen. Paperback
Beck'sche Reihe Band 537

Günter Figal
Sokrates
1995. 144 Seiten mit 6 Abbildungen. Paperback
Beck'sche Reihe Band 530

Hans Michael Baumgartner/Harald Korten
Friedrich Wilhelm Joseph Schelling
1996. 262 Seiten mit 9 Abbildungen. Paperback
Beck'sche Reihe Band 536

Verlag C.H. Beck München

Philosophie bei C.H. Beck

Vittorio Hösle
Moral und Politik
Grundlagen einer politischen Ethik für das 21. Jahrhundert
1997. Etwa 1200 Seiten. Leinen

Otfried Höffe (Hrsg.)
Klassiker der Philosophie
Band 1: Von den Vorsokratikern bis David Hume
3., überarbeitete Auflage. 1994. 571 Seiten mit 23 Porträtabbildungen.
Leinen
Band 2: Von Immanuel Kant bis Jean-Paul Sartre
2., verbesserte Auflage. 1985. 557 Seiten mit 23 Porträtabbildungen.
Leinen

Otfried Höffe
Immanuel Kant
4., durchgesehene Auflage. 1996. 332 Seiten mit 8 Abbildungen.
Paperback
Beck'sche Reihe Band 506
Reihe „Denker". Herausgegeben von Otfried Höffe

Otfried Höffe
Aristoteles
1996. 315 Seiten mit 7 Abbildungen. Paperback
Beck'sche Reihe Band 535
Reihe „Denker". Herausgegeben von Otfried Höffe

Wilhelm Vossenkuhl
Ludwig Wittgenstein
1995. 368 Seiten mit 8 Abbildungen. Paperback
Beck'sche Reihe Band 532
Reihe „Denker". Herausgegeben von Otfried Höffe

Verlag C.H. Beck München